ŒUVRES COMPLÈTES

DE

QUINTE-CURCE

AVEC

LA TRADUCTION FRANÇAISE

DE LA COLLECTION PANCKOUCKE

PAR MM. AUGUSTE ET ALPHONSE TROGNON

NOUVELLE ÉDITION

REVUE AVEC LE PLUS GRAND SOIN

PAR

M. E. PESSONNEAUX

PROFESSEUR AU LYCÉE NAPOLÉON

PARIS

GARNIER FRÈRES, LIBRAIRES-ÉDITEURS

6, RUE DES SAINTS-PÈRES, ET PALAIS-ROYAL, 215

—

1861

OEUVRES COMPLÈTES

DE

QUINTE-CURCE

Paris. — Imprimerie de P.-A. BOURDIER et Cie, rue Mazarine, 30.

NOTICE

SUR QUINTE-CURCE

Il y a peu d'histoires qui aient joui d'un renom aussi populaire dans notre Europe moderne que celle d'Alexandre par Quinte-Curce. Hérodote et Thucydide, Tite-Live et Tacite ont été placés dans un rang plus haut par la critique; mais ils n'ont pas compté un plus grand nombre de lecteurs. Le nom d'Alexandre a fait pour son historien ce que faisait, au moyen âge, le nom de Charlemagne pour les contes et les romans de chevalerie : il lui a donné faveur auprès des esprits passionnés pour les beaux faits d'armes et les aventures de guerre, et lui a procuré, dans le nombre même des têtes couronnées, d'illustres admirateurs. On sait le mot de ce roi d'Espagne [1], qui, guéri d'une longue et cruelle maladie par l'intéressante lecture de l'historien d'Alexandre, s'écriait dans sa reconnaissance : « Fi d'Hippocrate, d'Avicenne et de tous les médecins! Vive Quinte-Curce, mon sauveur! » Plus tard, Vasquez de Lucène enchanta par les récits de cet écrivain la fougueuse imagination de Charles le Téméraire; et ils n'inspirèrent pas un

---

1. On a d'abord attribué ce propos à Alphonse X, dit le Sage, roi de Castille, qui vivait au treizième siècle; mais on l'a plus tard, et avec plus de raison, revendiqué pour Alphonse le Magnanime, roi d'Aragon et de Naples, qui régnait en 1450.

moindre enthousiasme à cet autre Charles, le héros de la Suède, qui n'eût pas manqué lui-même d'être appelé le *Téméraire*, si, avant lui, le duc de Bourgogne ne se fût emparé de ce surnom. Ce sont là, en faveur de Quinte-Curce, d'assez fameux témoignages, et qui nous dispensent d'en apporter d'autres à leur suite.

Cependant, il y a eu dans la destinée de cet écrivain quelque chose de singulier. C'est peu que nous ne sachions rien de sa vie; l'âge même où il a vécu est un insoluble problème, et il n'y a pas jusqu'à son nom que l'on se soit cru fondé à lui contester. On lit bien dans une lettre de Cicéron à son frère quelques mots d'éloges sur un jeune homme, honnête et instruit, du nom de Q. Curtius, mais rien qui du reste se rapporte à notre historien. Il en est de même du Curtius de Tacite, délateur effronté, en même temps que lâche flatteur, et qui, par ces mérites, avait su, sous Claude et Néron, compenser les torts de sa naissance. On ne voit point qu'il ait écrit d'histoire. On inclinerait davantage pour le rhéteur inscrit sur le catalogue de Suétone; mais il n'y a que son nom, sans un mot de plus, et ce n'est point assez des fleurs de rhétorique que Quinte-Curce a répandues à pleines mains dans ses pages, pour qu'on ait droit de l'identifier avec ce personnage. Restent donc les inductions que le livre même peut fournir sur son auteur. Il faut qu'elles soient bien douteuses, puisque la critique aux abois erre du premier au quatorzième siècle de l'ère chrétienne, sans trouver place pour asseoir de solides conjectures, et que l'on compte jusqu'à treize opinions diverses adoptées par les érudits. Nous allons passer en revue les principales.

Citons d'abord les paroles de Quinte-Curce relatives

au temps où il a vécu, et qui ont servi de fondement à ces opinions. Tout se réduit à deux passages. Le premier se trouve à la fin du récit de la prise de Tyr :

« Multis ergo casibus defuncta, et post excidium renata, nunc tamen longa pace cuncta refovente, sub tutela romanæ mansuetudinis acquiescit. » (Lib. IV, cap. 4, ad calcem.)

« Cependant, après avoir traversé de nombreuses révolutions, et s'être relevée de ses ruines, Tyr a vu tout renaître en son sein à la suite d'une longue paix, et elle se repose aujourd'hui à l'abri de la bienfaisante domination de Rome. »

Voici le second et le plus important. L'historien vient de parler des désordres auxquels fut livré l'empire d'Alexandre après la mort de ce prince :

« Quodque imperium sub uno stare potuisset, dum a pluribus sustinetur, ruit. Proinde jure meritoque populus romanus salutem se principi suo debere profitetur, cui noctis, quam pæne supremam habuimus, novum sidus illuxit. Hujus hercule, non solis ortus, lucem caliganti reddidit mundo, quum sine suo capite discordia membra trepidarent. Quot ille tum exstinxit faces! quot condidit gladios! quantam tempestatem subita serenitate discussit! Non ergo revirescit solum, sed etiam floret imperium. Absit modo invidia, excipiet hujus seculi tempora ejusdem domus utinam perpetua, certe diuturna posteritas. » (Lib. X, cap. 9.)

« Cet empire, qui, avec un seul chef, eût pu subsister, dès que plusieurs en soutinrent le poids, s'écroula. Aussi est-ce avec une juste reconnaissance que le peuple romain proclame hautement pour son sauveur le prince qui est venu, comme un astre nouveau, briller au milieu de cette nuit qui faillit être pour nous une nuit éternelle. Oui, c'est lui, et non pas le soleil, qui s'est levé pour rendre la lumière au monde, plongé dans les ténèbres, au temps où les membres de l'empire, privés de leurs chefs et déchirés en lambeaux, étaient tout palpitants. Que de torches ardentes il a éteintes alors ! que d'épées il a fait rentrer dans le fourreau ! quelle tempête il a dissipée par une soudaine sérénité ! Aussi l'empire ne renaît-il pas seulement à la vie, il est déjà florissant. Puisse la jalousie des dieux ne pas nous poursuivre, et les siècles qui succéderont au nôtre verront cette même maison se perpétuer dans une longue, sinon dans une éternelle postérité! »

Quelle est cette époque où Tyr avait refleuri sous la protection romaine? Surtout, quel est ce prince qui a rappelé à la vie l'empire presque à sa dernière heure? Ce sont là les questions sur lesquelles tant de solutions diverses ont été présentées.

On a commencé, comme de raison, par voir le règne d'Auguste dans ce règne réparateur de toutes les calamités de l'empire romain. P. Pithou, cependant, qui fait vivre Quinte-Curce sous ce prince, fonde moins son opinion sur le texte de la magnifique déclamation que nous venons de citer, que sur le style même de l'auteur dont la pureté et l'élégance ne peuvent appartenir, selon lui, qu'à l'âge d'or de la littérature romaine. A cela on répond : 1° que les paroles de Quinte-Curce ne peuvent désigner Auguste, sous qui la famille impériale, loin d'être ainsi florissante, parut au moment de s'éteindre; 2° que le ton de basse flatterie avec lequel l'écrivain s'exprime, et les maximes de servile obéissance qui, en certains endroits, lui semblent familières, ne se trouvaient pas encore dans la bouche des Romains, le lendemain de la chute de la république; 3° que le caractère de sa diction, loin d'en faire nécessairement le contemporain de Cicéron et de Tite-Live, le bannirait plutôt de cette époque où le goût latin était dans toute sa pureté [1].

---

1. On pourrait dire encore qu'il imite fréquemment Tacite, et par conséquent a vécu après lui, ce qui l'exclurait bien autrement du siècle

La réfutation est plus aisée encore à l'égard de Tibère : aucune des paroles du passage en question ne peut s'appliquer à lui.

Nous sommes forcés de nous arrêter davantage sur l'opinion qui veut que ce sauveur de l'empire ait été l'empereur Claude. Elle n'a guère en elle-même plus de fondement ; mais des noms respectables lui prêtent leur appui, Juste Lipse, Tellier, Dubos, Tiraboschi, et enfin Sainte-Croix. M. Lemaire, dans sa judicieuse préface, oppose très-bien à la pompe des expressions de Quinte-Curce le règne de Claude, avec toute sa honteuse nullité. Quelles épées l'imbécile mari de Messaline fit-il rentrer dans le fourreau ? quelles torches ardentes éteignit-il ? « On reconnaît assez clairement, dit Sainte-Croix, les dissensions qui suivirent le meurtre de Caligula, et les circonstances de l'avénement de Claude à l'empire. » Non certes, on ne saurait les reconnaître. Le débat n'était pas alors entre plusieurs compétiteurs qui, comme les successeurs d'Alexandre, se disputaient le pouvoir les armes à la main : il était, encore ne fut-ce que pour un bien court instant, entre la monarchie et la république. Comment ensuite comparer ce Claude, arraché tout tremblant du coin obscur où des rideaux l'enveloppaient, et traîné, malgré lui, au trône, en même temps qu'à la lumière, comment le comparer avec un astre qui est venu éclairer le monde plongé dans les ténèbres ? Tout ici nous semble aller à l'absurde.

On ne saurait trouver d'aussi fortes objections contre

---

d'Auguste. Mais que répondre au critique de mauvaise humeur qui vous soutiendrait que c'est Tacite qui a imité Quinte-Curce ? les arguments positifs nous manquèraient pour le convaincre. Nous laissons donc de côté cette probabilité.

l'avis de Freinshemius, Gérard Voss et d'autres, qui appliquent la brillante tirade de Quinte-Curce à Vespasien. Ce prince, en effet, vainqueur de Vitellius, mit fin aux guerres civiles, qui, depuis la mort de Néron, embrasaient l'empire. Les mots *faces restinxit, gladios condidit*, peuvent donc se rapporter à lui avec quelque justesse. Père de Titus et de Domitien, il pouvait donner au peuple romain le légitime espoir de voir l'empire se perpétuer dans sa maison : la dernière phrase du passage se trouve encore ainsi justifiée. Enfin le style de notre historien n'a rien qui ne soit en accord avec cet âge de la latinité. A toutes ces raisons M. Lemaire oppose les troubles de la Syrie et de la Palestine, au temps de Vespasien, et il y trouve un démenti formel à ce que dit Quinte-Curce de la paix et du bonheur dont jouissait la ville de Tyr sous la domination romaine. Cette objection a quelque poids ; mais ne peut-on pas y répondre que la Judée était pacifiée avant la fin du règne de Vespasien, et que, par conséquent, Tyr se trouvait alors en repos *sub tutela romanæ mansuetudinis*?

On nous excusera de ne réfuter en détail ni l'opinion du critique qui, toujours sur l'autorité du même texte, place Quinte-Curce parmi les écrivains du règne de Trajan ; ni celle de Barth, qui prétend le joindre à Claudien et à Ausone, pour en faire la parure littéraire du trône des Théodoses ; ni celle de Schmieder, qui sent le christianisme à chacune des pages de notre auteur ; ni celle enfin de Bodin, Guy Patin, etc., qui veulent que quelque latiniste du moyen âge, peut-être au onzième, peut-être au quatorzième ou au quinzième siècle, ait fabriqué, sous le nom fictif de Quintus Curtius Rufus, cette vie d'Alexandre. Tous ces savants hommes, libres de se promener dans le champ de l'hypothèse, y ont pris place à leur gré ; mais aucun n'a donné le moindre appui à ses conjectures. La critique manque de prise sur leurs assertions un peu plus ou un peu moins paradoxales, mais toutes sans fondement, et c'est assez de les avoir mentionnées.

Nous nous hâtons d'achever cette aride revue en disant quelques mots de la dissertation du comte Bagnolo (publiée à Bologne en 1741, sous le titre de : *Della gente Curzia, e dell' età di Q. Curzio*), dans laquelle l'auteur, avec un heureux mélange d'esprit et d'érudition, revendique l'Histoire d'Alexandre pour le règne de Constantin le Grand. Un des derniers et des meilleurs éditeurs de Quinte-Curce, Cunze, s'est d'ailleurs approprié cet avis, et peu s'en faut que M. Lemaire aussi ne s'en déclare hautement le partisan. En effet, Constantin trouva l'empire fort déchiré, lors de son avénement au trône, et ce qui tout à l'heure était vrai de Vespasien, ne l'est pas moins de cet empereur. La confusion étant même bien plus grande alors qu'après la mort de Néron, ces paroles emphatiques, *quum sine suo capite discordia membra trepidarent*, trouvent peut-être en ce dernier cas une plus naturelle et plus complète explication. Enfin, il faut ajouter qu'au temps de Constantin la ville de Tyr, qui avait été admise par l'empereur Sévère *au droit italique*, jouissait pleinement des bienfaits de la protection de Rome. Tout cela est fort plausible ; mais les doctes y ont encore réponse, et Sainte-croix, par exemple, vous dira que Quinte-Curce parle de la monarchie des Parthes comme existante de son temps (liv. v, chap. 8), et que cette monarchie avait été détruite par les Perses l'an 226 de J.-C., c'est-à-dire quatre-vingts ans avant le règne de Constantin. On pourrait, en outre, à l'observation de M. Lemaire sur le vocabulaire partout monarchique de Quinte-Curce opposer quelques phrases qui sentent, d'un peu plus près que cela ne saurait être au quatrième siècle, le voisinage de la république; surtout on pourrait se prévaloir avec avantage de cette brillante latinité, dont il n'y a guère d'exemples à cette époque où la barbarie entrait de toutes parts.

Que conclure de la diversité d'opinions que l'on vient de voir? Cela seulement, qu'on ne sait rien de précis sur la vie de Quinte-Curce; que, parmi les conjectures possibles, il y en a de plus ou moins raisonnables, mais aucune qui mérite d'obtenir l'autorité de la certitude. Il est superflu d'ajouter que nous nous tenons dispensés d'avoir un avis qui nous soit propre; quel poids aurait-il parmi ceux de tant de doctes personnages? Que le lecteur décide à son gré, *dijudicet ipse eruditus lector*, dirons-nous avec M. Lemaire, qui nous pardonnera ce petit emprunt, avec un ou deux autres plus considérables.

Notre jugement est en tout conforme à celui qu'énonce Sainte-Croix, le plus sûr appréciateur de la fidélité historique de Quinte-Curce; seulement, ce qui pourrait passer pour téméraire dans notre bouche ne saurait l'être sous la plume du savant écrivain pour qui la vie d'Alexandre a été l'objet de si longues et curieuses recherches. Nous nous retrancherons donc derrière son autorité, et citerons ses propres paroles.

« ..... Quinte-Curce, dit-il, s'est presque toujours fié au récit de Clitarque. Le caractère de cet auteur avait beaucoup de rapport avec le sien; l'un et l'autre s'embarrassaient moins de démêler le faux d'avec le vrai que de faire briller leur esprit. Quinte-Curce vivait dans un temps où, suivant Sénèque, les historiens voulaient acquérir de la réputation par des fables, et réveiller sans cesse l'attention publique par du merveilleux. Ils connaissaient le goût de la multitude pour le mensonge, et Quinte-Curce ne s'est que trop conformé à leur exemple. Il aime à raconter des faits peu croyables, et surtout à les accompagner de circonstances pleines d'exagération et quelquefois hors de toute vraisemblance. Il veut jeter dans l'étonnement, sur le compte de son héros, en se faisant admirer lui-même. On ne peut donc être trop en garde contre les charmes de son style, et aucun écrivain de l'antiquité ne doit être lu avec plus de précaution. Son ignorance en tactique le rend souvent inintelligible dans le récit des batailles, où il commet encore bien des fautes inexcusables. Il ne parle que d'une manière vague et obscure des saisons dans lesquelles sont arrivés les différents événements ; il ne fait pas mention des années, et ne les désigne même pas. De son inexactitude naît un désordre qui empêche de bien suivre le fil de la narration. Il s'embarrasse encore moins de la géographie, et son ouvrage fourmille d'erreurs sur cette matière.... Il paraît même n'avoir aucune idée de l'astronomie, ou du moins s'exprime-t-il avec ambiguïté sur les notions les plus communes de cette science. On ne peut lui refuser d'avoir rapporté avec assez de fidélité des détails précieux sur les mœurs, les usages, les lois même des Macédoniens; mais il oublie bien des événements, ou il néglige quelquefois les particularités les plus essentielles. » (*Examen critique des historiens d'Alexandre,* pages 109 à 111.)

Nous n'avons rien à ajouter à une appréciation aussi

exacte que l'est celle-là dans tous ses détails. Des exemples même n'apporteraient guère plus de lumière, et ce n'en est point ici la place. Sainte-Croix, d'ailleurs, en fournit un grand nombre dans son *Examen critique*, et M. Lemaire en a recueilli beaucoup aussi dans sa dissertation intitulée : *Quæ Curtio habenda fides*. Nous renvoyons le lecteur curieux à ces deux ouvrages.

Les autorités ne nous manqueraient pas non plus pour appuyer le jugement sévère que nous pourrions porter sur le talent de Quinte-Curce comme historien. C'est celui d'un rhéteur, et c'est ce que dit aussi le sage et judicieux Rollin; c'est ce que disent tous ceux qui ont fait de cet écrivain une sérieuse étude. Permis sans doute au cardinal du Perron, un des beaux diseurs de son temps, « de préférer une page de Quinte-Curce à trente de Tacite : » malheureusement la critique moderne, plus éclairée, sans trop de vanité, a rendu son arrêt en sens inverse. C'est la pensée qui domine dans Tacite, c'est la phrase dans Quinte-Curce. On peut l'offrir comme un brillant modèle à la jeunesse des écoles, qui ne voit dans les écrivains anciens qu'une ample moisson à faire des plus belles fleurs du langage; mais ceux qui chercheraient en lui un historien, ont besoin de savoir qu'il sacrifie sans cesse les plus graves devoirs que ce titre impose aux vaines jouissances du bel esprit qui se complaît en lui-même. Admirons donc son élégante narration, quoique souvent elle soit décousue dans sa marche, ou surchargée de vides ornements; ses belles harangues, quoiqu'elles aient plus d'éclat que de force, plus de pompe oratoire que de véritable éloquence; ses descriptions animées, quoique parfois pleines de confusion et d'incohérence; mais défions-nous de la parure étrangère dont il couvre les faits, de l'intérêt romanesque qu'il substitue à celui de la simple vérité ; et si nous laissons de côté la critique historique pour nous renfermer dans la critique littéraire, sachons encore trier avec soin le vrai et le faux or, et ne pas mettre un habile rhéteur au même rang que les beaux génies dont s'honore dans l'antiquité la Muse de l'histoire.

Par une fatalité malheureusement commune à tout ce qu'il y a eu d'historiens latins de quelque distinction, l'ouvrage de Quinte-Curce ne nous est arrivé que mutilé et très-incomplet. Les deux premiers livres tout entiers, les dernières pages du cinquième et le commencement du sixième, enfin une partie du dixième ont péri.

Disons maintenant quelques mots des traductions qui ont précédé la nôtre.

La première dont il soit mention est la traduction de Vasquez de Lucène, dont nous parlions plus haut, et qui fut faite pour Charles le Téméraire. Sainte-Croix dit qu'elle a été imprimée à Paris en 1503. On en conserve le manuscrit à la Bibliothèque impériale.

Celle de Jacques le Messier a été publiée dans la même ville en 1530.

Celle de Nicolas Séguier, mise au jour pour la première fois en 1613, a eu l'honneur d'une triple édition.

Nous avouons franchement n'avoir pris de ces trois versions aucune connaissance. Nous avons examiné les suivantes avec assez de soin, depuis que la nôtre est achevée, et nous pouvons en dire notre sentiment.

En 1646 parut : *Quinte-Curce, de la vie et des actions d'Alexandre le Grand, de la traduction de Claude Favre de Vaugelas*, et plus de quinze éditions ont succédé à cette première. La version de Vaugelas eut dans son temps.

une grande renommée ; mais on conçoit que les grâces de ce style, alors si admiré, aient vieilli maintenant : la façon de traduire est d'ailleurs très-libre, selon l'usage de ce temps ; beaucoup de difficultés sont omises ; des phrases entières sont quelquefois supprimées, sans qu'on en puisse imaginer la raison, par négligence ou par caprice ; enfin les erreurs de sens sont assez graves et assez nombreuses. Toutefois on y rencontre de temps à autre des tours heureux et des expressions d'une vive énergie, de celles qu'on appelle trouvées, pour marquer ce qu'il y a d'imprévu dans le plaisir qu'elles font à l'esprit.

La traduction de l'abbé Mignot (Paris, de l'imprimerie de Monsieur, 1784) est très-mauvaise. Les contresens y fourmillent ; c'est une continuelle et plate paraphrase, où l'auteur ne montre guère plus le sentiment du français que celui du latin.

Celle de Beauzée, qui date de la même année, est incomparablement meilleure. En général, elle est fort exacte : les termes y ont de la propriété, quelquefois même un certain caractère d'élégance ; mais presque partout l'allure du style est lente, les tours sont languissants, et l'éclat de la narration originale s'efface sous la main pesante du traducteur. C'est néanmoins un ouvrage digne de beaucoup d'estime.

Nous n'avons rien à dire des versions en langues étrangères. Leur nombre est seulement un témoignage de plus qui atteste la grande renommée de l'historien d'Alexandre.

QUINTE-CURCE

HISTOIRE D'ALEXANDRE LE GRAND

ROI DE MACÉDOINE.

LIVRE TROISIÈME[1].

I. Cependant Alexandre, ayant envoyé Cléandre avec de l'argent pour lever des troupes dans le Péloponèse, et réglé les affaires de la Lycie et de la Pamphylie, fit approcher son armée des murs de Célènes. Cette ville était alors traversée par le fleuve Marsyas, célèbre dans les légendes fabuleuses des Grecs. Sa source, descendant de la cime d'une montagne, tombe avec grand fracas sur un roc qui se trouve au-dessous ; de là, étendant son cours, il va arroser les campagnes environnantes, toujours limpide et n'ayant d'autres eaux que les siennes : aussi sa couleur, semblable à celle d'une mer calme, a-t-elle prêté aux fictions des poëtes, et l'on raconte que des nymphes, éprises d'amour pour le fleuve, ont fixé leur séjour sur ce rocher. Au reste, tant qu'il coule dans l'enceinte de la

I. Inter hæc Alexander, ad conducendum ex Peloponneso militem Cleandro cum pecunia misso, Lyciæ Pamphyliæque rebus compositis, ad urbem Celænas exercitum admovit. Mediam illa tempestate interfluebat Marsyas amnis, fabulosis Græcorum carminibus inclytus. Fons ejus, ex summo montis cacumine excurrens, in subjectam petram magno strepitu aquarum cadit : inde diffusus, circumjectos rigat campos, liquidus et suas duntaxat undas trahens. Itaque color ejus, placido mari similis, locum poetarum mendacio fecit : quippe traditum est nymphas, amore amnis retentas, in illa rupe considere. Ceterum, quamdiu intra muros fluit,

---

1. On sait que les deux premiers livres de Quinte-Curce ont été perdus, et que son ouvrage, tel qu'il nous est parvenu, ne commence qu'au troisième.

ville, il garde son nom; mais une fois sorti des murailles, roulant ses eaux avec plus d'impétuosité et d'abondance, il prend celui de *Lycus*.

Alexandre entra sans peine dans la ville que les habitants avaient abandonnée; puis, voulant assiéger la citadelle où ils s'étaient réfugiés, il envoya un héraut leur signifier de se rendre, s'ils ne voulaient être traités avec la dernière rigueur. Ceux-ci conduisent le héraut sur une tour que la nature et l'art avaient élevée à une prodigieuse hauteur, l'invitent à la mesurer de l'œil, et à déclarer à Alexandre qu'ils ont une autre idée que lui de la puissance de leurs murailles; qu'ils les savent inexpugnables, et qu'enfin ils mourront pour garder leur serment. Cependant, quand ils virent que la place était investie de toutes parts, et que leurs ressources diminuaient de plus en plus, ils convinrent d'une trêve de soixante jours, promettant que si, dans cet intervalle, Darius ne leur faisait parvenir des secours, ils livreraient la place. Ce délai expiré, et aucun renfort ne leur étant venu, ils se remirent au jour fixé entre les mains du roi.

Surviennent ensuite des députés d'Athènes, pour réclamer les prisonniers qu'on leur a faits au passage du Granique. Alexandre leur répondit que, la guerre de Perse terminée, il ferait rendre, non-seulement ceux-là, mais tous les autres prisonniers grecs. Cependant, cherchant toujours Darius, qu'il savait n'avoir point passé l'Euphrate, il se hâte de réunir toutes ses forces : toutes lui sont nécessaires pour courir les chances d'une si grande guerre. C'était la Phrygie que traver-

---

nomen suum retinet : at, quum extra munimenta se evolvit, majore vi ac mole agentem undas *Lycum* appellant.

Alexander quidem urbem destitutam a suis intrat ; arcem vero, in quam confugerant, oppugnare adortus, caduceatorem præmisit, qui denuntiaret, ni dederent, ipsos ultima esse passuros. Illi caduceatorem in turrim, et situ et opere multum editam, perductum, quanta esset altitudo, intueri jubent, ac nuntiare Alexandro, non eadem ipsum et incolas æstimatione munimenta metiri : se scire inexpugnabiles esse, ad ultimum, pro fide morituros. Ceterum, ut circumsideri arcem, et omnia sibi in dies arctiora viderunt esse, sexaginta dierum inducias pacti, ut, nisi intra eos auxilium Darius ipsis misisset, dederent urbem : postquam nihil inde præsidii mittebatur, ad præstitutam diem permisere se regi.

Superveniunt deinde legati Atheniensium, petentes ut capti apud Granicum amnem redderentur sibi. Ille nos hos modo, sed etiam ceteros Græcos restitui suis jussurum respondit, finito persico bello. Ceterum Dario imminens, quem nondum Euphratem superasse cognoverat, undique omnes copias contrahit, totis viribus tanti belli dis-

sait son armée, pays plus riche en villages qu'en villes. Alors s'y faisait remarquer le séjour autrefois célèbre du roi Midas, *Gordium*, ville que traverse le fleuve Sangarius, à distance égale de la mer du Pont et de celle de Cilicie. On sait que c'est entre ces deux mers que l'Asie a le moins de largeur, tant l'une et l'autre y resserrent les terres dans un isthme étroit. Cette langue de terre tient, il est vrai, au continent; mais, comme les flots la ceignent en grande partie, elle offre l'aspect d'une île, et, sans la faible barrière qu'elle leur oppose, les deux mers qu'elle sépare viendraient se confondre.

Alexandre, devenu maître de la ville, visita le temple de Jupiter. Il y vit le chariot qui avait porté Gordius, père de Midas, fort semblable en tout aux plus grossiers qu'on emploie à l'usage ordinaire. On y remarquait le joug formé de plusieurs nœuds repliés l'un sur l'autre, et dont l'entrelacement était imperceptible. Les habitants assurant qu'un oracle avait prédit l'empire de l'Asie à celui qui dénouerait ce lien inextricable, Alexandre fut tenté d'accomplir cette prédiction. Autour de lui se pressait une foule de Phrygiens et de Macédoniens : les uns tenus en suspens par l'attente, les autres inquiets de la téméraire confiance du roi. En effet, cette suite de nœuds était formée avec tant d'art, que ni l'œil ni l'esprit n'en pouvaient découvrir le commencement ou la fin; et la résolution hardie de la dénouer risquait, en échouant, d'être tournée en un fâcheux présage. Après avoir lutté un instant contre cet entrelacement mystérieux : « N'importe, dit-il,

---

crimen aditurus. Phrygia erat, per quam ducebatur exercitus, pluribus vicis, quam urbibus frequens. Tunc habebat quondam nobilem Midæ regiam; *Gordium* nomen est urbi, quam Sangarius amnis interfluit, pari intervallo Pontico et Cilicio mari distantem. Inter hæc maria angustissimum Asiæ spatium esse comperimus, utroque in arctas fauces compellente terram. Quæ, quia continenti adhæret, sed magna ex parte cingitur fluctibus, speciem insulæ præbet; ac, nisi tenue discrimen objiceret, maria, quæ nunc dividit, committeret.

Alexander, urbe in suam ditionem redacta, Jovis templum intrat. Vehiculum, quo Gordium Midæ patrem vectum esse constabat, aspexit, cultu haud sane a vilioribus vulgatisque usu abhorrens. Notabile erat jugum adstrictum compluribus nodis in semetipsos implicatis et celantibus nexus. Incolis deinde affirmantibus editam esse oraculo sortem, Asiæ potiturum, qui inexplicabile vinculum solvisset, cupido incessit animo sortis ejus implendæ. Circa regem erat et Phrygum turba et Macedonum, illa exspectatione suspensa, hæc sollicita ex temeraria regis fiducia. Quippe serie vinculorum ita adstricta, ut, unde nexus inciperet, quove se conderet, nec ratione nec visu percipi posset, solvere aggressus injecerat curam, ne in omen verteretur irritum inceptum. Ille nequaquam diu luctatus cum latentibus nodis :

comment on le défasse; » et, rompant tous les liens avec son épée, il éluda ou accomplit le sens de l'oracle.

Poursuivant ensuite son dessein de surprendre Darius partout où il se trouverait, il s'occupa d'assurer ses derrières, et mit sous les ordres d'Amphotérus la flotte de l'Hellespont, sous ceux d'Hégéloque les troupes chargées de délivrer Lesbos, Chios et Cos des garnisons ennemies. Cinq cents talents leur furent assignés pour les dépenses de la guerre; il en envoya six cents à Antipater et à ceux qui défendaient les villes grecques; des vaisseaux fournis par les alliés, d'après les termes du traité, durent veiller à la sûreté de l'Hellespont : car il ignorait encore la mort de Memnon, contre qui se dirigeaient toutes ces mesures, et savait fort bien que tout lui deviendrait aisé, si ce général ne lui suscitait aucun obstacle. Arrivé à Ancyre, le roi fit le dénombrement de son armée; puis, il entra dans la Paphlagonie. A cette province appartenaient les Hénètes, peuple dont on a cru que les Vénètes tirent leur origine. Tout le pays se soumit au roi, et, au prix de quelques otages, les habitants obtinrent d'être exemptés d'un tribut qu'ils n'avaient jamais payé aux rois de Perse eux-mêmes. Le commandement de cette province fut donné à Calas; et, ayant pris avec lui les renforts nouvellement arrivés de Macédoine, le roi se dirigea sur la Cappadoce.

II. La nouvelle de la mort de Memnon troubla Darius, comme elle devait le faire : dès lors, n'ayant plus d'espoir qu'en lui-même, il résolut de conduire la guerre en per-

---

« Nihil, inquit, interest quomodo solvantur; » gladioque ruptis omnibus loris, oraculi sortem vel elusit vel implevit.

Quum deinde Darium, ubicunque esset, occupare statuisset, ut a tergo tuta relinqueret, Amphoterum classi ad oram Hellesponti, copiis autem præfecit Hegelochum, Lesbum et Chium et Con præsidiis hostium liberaturos. His talenta ad belli usum quingenta attributa : ad Antipatrum et eos, qui Græcas urbes tuebantur, sexcenta missa : ex fœdere naves sociis imperatæ, quæ Hellesponto præsiderent. Nondum enim Memnona vita excessisse cognoverat, in quem omnes intenderat curas, satis gnarus cuncta in expedito fore, si nihil ab eo moveretur. Jamque ad urbem Ancyram ventum erat, ubi numero copiarum inito, Paphlagoniam intrat : huic juncti erant Eneti, unde quidam Venetos trahere originem credunt : omnisque hæc regio paruit regi; datisque obsidibus, tributum, quod ne Persis quidem tulissent, pendere ne cogerentur, impetraverunt. Calas huic regioni præpositus est : ipse, assumptis qui ex Macedonia nuper advenerant, Cappadociam petiit.

II. At Darius, nuntiata Memnonis morte haud secus quam par erat motus, omissa omni alia spe, statuit ipse decernere : quippe quæ per duces suos acta

sonne; il blâmait tout ce qu'avaient fait ses généraux, persuadé qu'à la plupart d'entre eux le talent avait manqué, à tous la fortune. Il établit donc son camp sous les murs de Babylone, et, pour que ses soldats marchassent avec plus de confiance à cette guerre, il leur donna le spectacle de toutes ses forces réunies. Une enceinte circulaire fut disposée de manière à contenir dix mille hommes; ce fut là, qu'à l'exemple de Xerxès, il fit le dénombrement de son armée. Depuis le lever du soleil jusqu'à la nuit, les troupes rangées d'après l'ordre qui leur était assigné entrèrent successivement dans l'enceinte; de là, elles se répandirent dans les plaines de la Mésopotamie, formant une troupe de cavaliers et de fantassins presque innombrable, et plus grande encore en apparence qu'elle ne l'était en réalité.

On comptait cent mille Perses, parmi lesquels trente mille soldats à cheval. La cavalerie des Mèdes montait à dix mille hommes, l'infanterie à cinquante mille. Les cavaliers barcaniens étaient au nombre de deux mille, tous armés de haches à deux tranchants et de boucliers légers semblables à la rondache; dix mille fantassins suivaient avec la même armure. L'Arménie avait envoyé quarante mille soldats d'infanterie et sept mille de cavalerie. Les Hyrcaniens, renommés par leur bravoure, pour des Asiatiques, étaient venus au nombre de dix mille, tous combattant à cheval. Les Derbices avaient armé quarante mille fantassins, le plus grand nombre avec des piques terminées en fer, les autres avec des bâtons durcis au feu; on comptait en outre deux mille cavaliers de cette

---

erant, cuncta damnabat, ratus, pluribus curam, omnibus abfuisse fortunam. Igitur castris ad Babylonem positis, quo majore animo capesserent bellum, universas vires in conspectum dedit : et circumdato vallo, quod decem millium armatorum multitudinem caperet, Xerxis exemplo numerum copiarum iniit. Orto sole ad noctem agmina, sicut descripta erant, intravere vallum : inde occupaverunt emissa Mesopotamiæ campos : equitum peditumque propemodum innumerabilis turba, majorem quam pro numero speciem gerens.

Persarum erant centum millia; in quibus eques triginta millia implebat. Med decem equitum, quinquaginta millia peditum habebant. Barcanorum equitum duo millia fuere; armati bipennibus levibusque scutis cetræ maxime speciem reddentibus : peditum decem millia pari armatu sequebantur. Armenii quadraginta millia miserant peditum; additis septem millibus equitum. Hyrcani egregii, ut inter illas gentes, sex millia expleverant, equis militatura. Derbices quadraginta millia peditum armaverant; pluribus hærebant ferro præfixæ hastæ, quidam lignum igni duraverant : hos quoque duo millia equitum ex eadem gente comitata sunt. A Cas-

nation. Des bords de la mer Caspienne était venu un corps de huit mille hommes de pied et deux cents chevaux. A leur suite se pressaient d'autres nations moins connues, formant en tout deux mille hommes et le double de cavalerie. Enfin, trente mille Grecs mercenaires, tous dans la fleur de l'âge, achevaient de compléter cette puissante armée. Car pour les Bactriens, les Sogdiens, les Indiens et les autres peuples voisins de la mer Rouge, sujets ignorés de leur roi même, la hâte avait été trop grande pour qu'on pût les faire venir.

Rien ne manquait moins à Darius que le nombre des soldats. Aussi, transporté de joie en embrassant toute cette armée d'un seul coup d'œil, et le cœur enflé par les espérances dont le remplissaient, avec leur légèreté ordinaire, les grands de sa cour, il se tourna vers l'Athénien Charidème, général expérimenté, banni de sa patrie par Alexandre et devenu son ennemi, et il lui demanda s'il lui croyait assez de forces pour écraser les Macédoniens. Mais l'exilé, oubliant sa condition et l'orgueil de la royauté : « Voici la vérité, lui dit-il, que tu ne voudrais peut-être pas entendre, mais qu'il faut que je te dise aujourd'hui; car vainement te la déclarerais-je plus tard. Cette armée, avec son vaste appareil, cette masse de nations arrachées à leurs demeures, de toutes les parties de l'Orient, peut bien être redoutable pour tes voisins; elle est resplendissante d'or et d'argent; ses armes sont éblouissantes, et celui qui n'en a point vu l'opulence ne saurait s'en faire une idée. Mais l'armée des Macédoniens, avec son aspect sauvage et négligé, cache, derrière ses boucliers et ses piques, des bataillons iné-

---

pio mari octo millium pedester exercitus venerat, ducenti equites. Cum his erant ignobiles aliæ gentes : duo millia peditum, equitum duplicem paraverant numerum. His copiis triginta millia Græcorum mercede conducta, egregiæ juventutis, adjecta sunt. Nam Bactrianos et Sogdianos et Indos ceterosque Rubri maris accolas, ignota etiam ipsi gentium nomina, festinatio prohibebat acciri.

Nec quidquam illi minus, quam multitudo militum defuit; cujus tum universæ aspectu admodum lætus, purpuratis solita vanitate spem ejus inflantibus, conversus ad Charidemum Atheniensem, belli peritum, et ob exilium infestum Alexandro (quippe Athenis jubente eo fuerat expulsus) percontari cœpit, satisne ei videretur instructus ad obterendum hostem? At ille et suæ sortis et regiæ superbiæ oblitus :

« Verum, inquit, et tu forsan audire noles; et ego, nisi nunc dixero, alias nequidquam confitebor. Hic tanti apparatus exercitus, hæc tot gentium et totius Orientis excita sedibus suis moles, finitimis potest esse terribilis : nitet purpura auroque, fulget armis et opulentia, quantam qui oculis non subjecere, animis concipere non possunt. Sed Macedonum acies, torva sane et inculta, clypeis hastisque immobiles

branlables et une force compacte d'hommes robustes. Tel est le corps d'infanterie auquel ils donnent le nom de *phalange*; les hommes y sont serrés contre les hommes, les armes contre les armes : attentifs au moindre signe de leur chef, ils ont appris à suivre leurs drapeaux et conserver leurs rangs. Ce qui est commandé, tous l'exécutent : faire face à l'ennemi, le tourner, se porter sur une aile ou sur l'autre, changer de front, sont autant de manœuvres aussi familières aux soldats qu'aux capitaines. Et garde-toi de croire que ce soit l'appât de l'or ou de l'argent qui les conduise; jusqu'ici, cette discipline s'est maintenue à l'école de la pauvreté : fatigués, la terre est leur lit; la première nourriture qu'ils rencontrent leur est bonne; jamais la durée de leur sommeil n'égale celle de la nuit. Et, la cavalerie thessalienne, les Acarnaniens, les Étoliens, toutes ces bandes invincibles à la guerre, crois-tu que de tels hommes puissent être repoussés avec des frondes et des bâtons durcis au feu? Il te faut une force égale à la leur; c'est dans le pays même qui les a vus naître, qu'il faut aller chercher des secours : tout cet or et cet argent, c'est à soudoyer des soldats que tu dois l'employer. »

Darius était d'un caractère doux et traitable ; mais la fortune gâte souvent le meilleur naturel. Aussi, ne pouvant souffrir la vérité, fit-il traîner au dernier supplice un hôte, un suppliant, un homme qui lui donnait alors les avis les plus salutaires. Celui-ci, n'oubliant pas même en cet instant son libre langage : « J'ai un vengeur tout prêt de ma mort. Celui-là même te punira d'avoir méprisé mes conseils, contre lequel je te les donnais tout à l'heure. Pour toi, changé si

cuneos et conferta robora virorum tegit. Ipsi *phalangem* vocant peditum stabile agmen. Vir viro, armis arma conserta sunt : ad nutum monentis intenti, sequi signa, ordines servare didicere. Quod imperatur, omnes exaudiunt : obsistere, circumire, discurrere in cornu, mutare pugnam, non duces magis quam milites callent. Et ne auri argentique studio teneri putes, adhuc illa disciplina paupertate magistra stetit : fatigatis humus cubile est : cibus quem occupant, satiat : tempora somni arctiora quam noctis sunt. Jam Thessali equites et Acarnanes Ætolique, invicta bello manus, fundis credo, et hastis igne duratis repellentur ; pari robore opus est : in illa terra, quæ hos genuit, auxilia quærenda sunt : argentum istud atque aurum ad conducendum militem mitte. »

Erat Dario mite ac tractabile ingenium, nisi etiam naturam plerumque fortuna corrumperet. Itaque veritatis impatiens hospitem ac supplicem, tunc maxime utilia suadentem, abstrahi jussit ad capitale supplicium. Ille ne tum quidem libertatis oblitus : « Habeo, inquit, paratum mortis meæ ultorem : expetet pœnas mei con-

soudainement par l'enivrement du pouvoir, ton exemple apprendra à la postérité que les hommes, une fois qu'ils se sont livrés à la fortune, oublient même la nature. » Comme il proférait ces dernières paroles, les bourreaux chargés de son supplice l'égorgèrent. Darius, dans la suite, en conçut un tardif repentir; il reconnut la vérité des paroles de Charidème, et lui fit donner la sépulture.

III. Thymodès, fils de Mentor, était un jeune homme actif; le roi lui ordonna de prendre des mains de Pharnabaze le commandement des soldats étrangers, sur lesquels il fondait le plus d'espoir, et qu'il comptait employer dans cette guerre; quant à Pharnabaze lui-même, il fut mis à la place de Memnon. Cependant, tourmenté des embarras de sa fortune présente, Darius était encore agité durant son sommeil par la menaçante image de l'avenir, soit que son esprit malade l'évoquât devant ses yeux, soit que ce fût un pressentiment réel de ses malheurs. Il lui sembla que le camp d'Alexandre était éclairé par une vaste lueur; peu après, ce prince lui était amené, revêtu des habits qu'il avait portés lui-même; il traversait à cheval les murs de Babylone, et disparaissait tout à coup avec le coursier sur lequel il était monté.

Les devins ajoutaient encore aux soucis du roi par la diversité de leurs interprétations. Les uns ne voyaient dans ce songe que de favorables présages : car le camp de l'ennemi avait pris feu, et Alexandre, dépouillé des vêtements royaux, lui avait été amené sous l'habit d'un Perse, et d'un Perse de condition obscure. D'autres lui donnaient une explication tout

---

silii spreti is ipse, contra quem tibi suasi. Tu quidem, licentia regni tam subito mutatus, documentum eris posteris, homines, quum se permisere fortunæ, etiam naturam dediscere. » Hæc vociferantem, quibus erat imperatum, jugulant. Sera deinde pœnitentia subiit regem, ac vera dixisse confessus, eum sepeliri jussit.

III. Thymodes erat, Mentoris filius, impiger juvenis, cui præceptum est a rege, ut omnes peregrinos milites, in quibus plurimum habebat spei, a Pharnabazo acciperet, opera eorum usurus in bello : ipsi Pharnabazo tradit imperium, quod ante Memnoni dederat. Anxium de instantibus curis agitabant etiam per somnum species imminuentium rerum, sive illas ægritudo, sive divinatio animi præsagientis arcessit. Castra Alexandri magno ignis fulgore collucere ei visa sunt : et paulo post Alexander adduci ad ipsum in eo vestis habitu, quo ipse fuisset : equo deinde per Babylonem vectus, subito cum ipso equo oculis esse subductus.

Ad hæc vates varia interpretatione curam distrinxerant. Alii lætum id regi somnium esse dicebant; quod castra hostium arsissent; quod Alexandrum, deposita regia veste, in persico et vulgari habitu perductum esse vidisset. Quidam contra

à fait contraire : la flamme, qui avait si vivement éclairé le camp des Macédoniens, annonçait l'éclat que jetterait Alexandre : nul doute qu'il ne devînt maître de l'Asie, puisqu'il s'était montré sous le même vêtement avec lequel Darius avait été salué roi. La crainte, comme c'est l'ordinaire, avait aussi réveillé le souvenir d'anciens présages. Darius, aux premiers jours de son règne, avait fait changer le fourreau du cimeterre persan contre celui qu'employaient les Grecs; et aussitôt les Chaldéens en avaient conclu que l'empire des Perses passerait à ceux dont le prince avait imité les armes. Quoi qu'il en soit, le roi charmé et de la réponse des devins, que l'on avait publiée parmi le peuple, et de la vision qui lui avait apparu dans son sommeil, donna l'ordre que l'on fît avancer son armée vers l'Euphrate.

C'était un usage traditionnel chez les Perses, de ne se mettre en marche qu'après le lever du soleil, lorsque le jour brillait de tout son éclat. Le signal du départ, donné par la trompette, partait de la tente du roi : au-dessus de cette tente, assez haut pour que tout le monde pût l'apercevoir, brillait l'image du soleil enchâssée dans du cristal. Voici quel était l'ordre de cette marche. En tête, sur des autels d'argent, était porté le feu que ces peuples appelaient éternel et sacré; les mages, placés auprès, chantaient des hymnes nationaux. Derrière eux s'avançaient trois cent soixante-cinq jeunes gens vêtus de robes de pourpre, égaux en nombre aux jours de l'année; car les Perses ont aussi divisé leur année en autant de jours. Venait ensuite un char consacré à Jupiter, traîné par des chevaux

---

augurabantur : quippe illustria Macedonum castra visa fulgorem Alexandro portendere : quod vero regnum Asiæ occupaturum esse, haud ambiguæ rei, quoniam in eodem habitu Darius fuisset, quum appellatus est rex. Vetera quoque omina, ut fit, sollicitudo revocaverat : Darium enim in principio imperii vaginam acinacis persicam jussisse mutari in eam formam, qua Græci uterentur; protinusque Chaldæos interpretatos, imperium Persarum ad eos transiturum, quorum arma esset imitatus. Ceterum ipse et vatum responso, quod edebatur in vulgus, et specie, quæ per somnum oblata erat, admodum lætus, castra ad Euphratem moveri jubet.

Patrio more Persarum traditum est, orto sole demum procedere, die jam illustri. Signum e tabernaculo regis buccina dabatur; super tabernaculum, unde ab omnibus conspici posset, imago solis crystallo inclusa fulgebat. Ordo autem agminis erat talis. Ignis, quem ipsi sacrum et æternum vocabant, argenteis altaribus præferebatur. Magi proximi patrium carmen canebant. Magos trecenti et sexaginta quinque juvenes sequebantur, puniceis amiculis velati, diebus totius anni pares numero : quippe Persis quoque in totidem dies descriptus est annus. Currum deinde Jovi

blancs, et que suivait un coursier d'une grandeur extraordinaire, que l'on appelait le coursier du soleil : des houssines d'or et des vêtements blancs distinguaient les conducteurs de ces chevaux. A peu de distance étaient dix chariots richement incrustés d'or et d'argent, et à leur suite était réunie la cavalerie de douze nations, d'armures et de mœurs différentes. Bientôt après, marchait, au nombre de dix mille hommes, le corps de troupes appelé par les Perses *Immortels*. Il n'en était aucun pour qui l'opulence barbare eût étalé plus de profusion : les uns avaient des colliers d'or, les autres des robes toutes brodées du même métal, et des tuniques à manches, ornées encore de pierres précieuses.

Quelques pas plus loin étaient les quinze mille guerriers qu'on nomme les *cousins du roi*. Mais toute cette multitude, dont la parure était presque celle des femmes, se distinguait plutôt par le luxe que par l'éclat de ses armes. On appelait *Doryphores* la troupe qui venait après eux, chargée d'ordinaire de porter le vêtement royal. C'étaient eux qui précédaient le char du roi; et lui-même s'y montrait sur un siége élevé. Les deux côtés du char étaient décorés d'images des dieux, figurées en or et en argent : le joug était parsemé de pierreries et surmonté de deux statues d'or, hautes d'une coudée, l'une représentant Ninus, et l'autre Bélus : au milieu, un aigle d'or, les ailes déployées, était placé comme un emblème sacré. La parure de Darius effaçait tout le reste en magnificence : sa tunique de pourpre était, dans le milieu, relevée

sacratum albentes vehebant equi : hos eximiæ magnitudinis equus, quem solis appellabant, sequebatur : aureæ virgæ et albæ vestes regentes equos adornabant. Haud procul erant vehicula decem, multo auro argentoque cælata. Sequebatur hæc equitatus duodecim gentium, variis armis et moribus. Proximi ibant quos Persæ *Immortales* vocant, ad decem millia. Cultus opulentiæ barbaræ non alios magis honestabat : illi aureos torques, illi vestem auro distinctam habebant, manicatusque tunicas, gemmis etiam adornatas.

Exiguo intervallo, quos *cognatos regis* appellant, decem et quinque millia hominum. Hæc vero turba, muliebriter propemodum culta, luxu magis quam decoris armis conspicua erat. *Doryphori* vocabantur proximum his agmen, soliti vestem excipere regalem; hi currum regis anteibant, quo ipse eminens vehebatur. Utrumque currus latus deorum simulacra ex auro argentoque expressa decorabant : distinguebant internitentes gemmæ jugum ; ex quo eminebant duo aurea simulacra cubitalia, quorum alterum Nini, alterum Beli gerebat effigiem. Inter hæc auream aquilam, pinnas extendenti similem, sacraverant. Cultus regis inter omnia luxuria notabatur : purpureæ tunicæ medium albo intextum erat ; pallam auro distinctam

par une broderie blanche; son manteau, où l'or étincelait, était orné de deux éperviers du même métal, qui semblaient fondre l'un sur l'autre à coups de bec; enfin, de sa ceinture d'or, semblable à celle d'une femme, pendait un cimeterre dont le fourreau était tout entier de pierres précieuses. Le diadème des rois s'appelle, chez les Perses, *cidaris*: celui de Darius était un bandeau de couleur bleue mêlée de blanc. Derrière le char marchaient dix mille soldats armés de piques enrichies d'argent et garnies de pointes d'or : à la droite et à la gauche du roi se pressaient environ deux cents de ses parents, les plus nobles; et ce cortége était fermé par trente mille fantassins, que suivaient les chevaux du roi, au nombre de quatre cents. Plus loin, à la distance d'un stade, s'avançait le char qui portait Sysigambis, mère de Darius; et dans un autre était son épouse : les femmes de ces deux princesses les accompagnaient à cheval. Quinze chariots appelés *armamaxes* portaient les enfants du roi, avec ceux qui les élevaient et leurs eunuques, classe d'hommes bien loin d'être méprisée en ces contrées. Les concubines royales avaient ensuite leur place, au nombre de trois cent soixante, avec leur parure toute semblable à celle des reines : derrière elles, six cents mules et trois cents chameaux transportaient les trésors du roi, sous l'escorte d'une troupe d'archers. Les femmes des parents et des favoris de Darius venaient à leur suite, ainsi que la foule des goujats et des valets d'armée. Aux derniers rangs enfin, pour fermer la marche, venaient les troupes légères sous leurs divers chefs.

aurei accipitres, velut rostris inter se corruerent, adornabant; et zona aurea muliebriter cinctus acinacem suspenderat, cui ex gemma erat vagina. *Cidarim* Persæ regium capitis vocabant insigne; hoc cærulea fascia albo distincta circumibat. Currum decem millia hastatorum sequebantur : hastas argento exornatas, spicula auro præfixa gestabant. Dextra lævaque regem ducenti ferme nobilissimi propinquorum comitabantur. Horum agmen claudebatur triginta millibus peditum, quos equi regis quadringenti sequebantur. Intervallo deinde unius stadii matrem Darii Sysigambim currus vehebat; et in alio erat conjux : turba feminarum reginas comitantium equis vectabatur. Quindecim inde, quas *armamaxas* appellant, sequebantur. In his erant liberi regis, et qui educabant eos, spadonumque grex, haud sane illis gentibus vilis. Tum regiæ pellices trecentæ sexaginta vehebantur, et ipsæ regali cultu ornatuque. Post quas pecuniam regis sexcenti muli et trecenti cameli vehebant, præsidio sagittariorum prosequente. Propinquorum amicorumque conjuges huic agmini proximæ, lixarumque et calonum greges vehebantur. Ultimi erant cum suis quisque ducibus, qui cogerent agmen, leviter armati.

Si de là on portait la vue sur l'armée macédonienne, l'aspect en était bien différent : les chevaux ni les hommes ne brillaient d'or ou d'habits richement variés ; tout leur éclat était celui du fer ou de l'airain. Toujours prêts à s'arrêter ou à poursuivre leur marche, libres de l'embarras du nombre et des bagages, attentifs, non pas seulement au signal, mais à un geste de leur chef, ils trouvaient partout un lieu pour camper et des vivres pour se nourrir. Aussi les soldats d'Alexandre ne lui manquèrent pas sur le champ de bataille. Darius, au contraire, roi d'une si grande multitude, fut réduit, par l'espace étroit où il combattit, au petit nombre qu'il avait méprisé dans son ennemi.

IV. Cependant Alexandre, après avoir confié à Abistamènes le commandement de la Cappadoce, s'était mis en marche avec toutes ses forces vers la Cilicie, et avait atteint l'endroit appelé le *Camp de Cyrus*. Cyrus y campa en effet, lorsqu'il conduisait son armée en Lydie, contre Crésus. Ce lieu est à cinquante stades de distance du passage par où l'on entre en Cilicie, et que les habitants ont nommé *Pyles* : ce sont des gorges étroites que la nature semble avoir faites à la ressemblance des fortifications élevées par la main des hommes.

Arsanes, qui commandait en Cilicie, songeant à ce que lui avait conseillé Memnon, au commencement de la guerre, embrasse une résolution qui, moins tardive, eût pu être salutaire. Il ravage la Cilicie par le fer et la flamme, pour n'y laisser à l'ennemi qu'un désert ; il détruit tout ce qui peut être de quelque ressource ; il veut abandonner stérile et nu le sol qu'il ne peut défendre. Mais il eût été bien plus utile d'occu-

---

Contra si quis aciem Macedonum intueretur, dispar facies erat : equis virisque non auro, non discolori veste, sed ferro atque ære fulgentibus. Agmen et stare paratum et sequi : nec turba, nec sarcinis prægrave ; intentum ad ducis non signum modo, sed etiam nutum ; et castris locus, et exercitui commeatus suppetebant. Ergo Alexandro in acie miles non defuit. Darius, tantæ multitudinis rex, loci, in quo pugnavit, angustiis redactus est ad paucitatem, quam in hoste contempserat.

IV. Interea Alexander, Abistamene Cappadociæ præposito, Ciliciam petens cum omnibus copiis, regionem, quæ *Castra Cyri* appellatur, pervenerat ; stativa ibi habuerat Cyrus, quum adversum Crœsum in Lydiam duceret. Aberat ea regio quinquaginta stadia ab aditu, quo Ciliciam intramus : *Pylas* incolæ dicunt arctissimas fauces, munimenta, quæ manu ponimus, naturali situ imitante.

Igitur Arsanes, qui Ciliciæ præerat, reputans quid initio belli Memnon suasisset, quondam salubre consilium sero exsequi statuit : igni ferroque Ciliciam vastat, ut hosti solitudinem faciat : quidquid usui esse potest, corrumpit, sterile ac nudum

per avec une forte garnison le défilé qui forme l'entrée de la Cilicie, et de se saisir à temps des hauteurs qui dominent le passage. De là, il pouvait impunément arrêter ou écraser l'ennemi qui marchait à ses pieds. Au lieu de cela, il se contenta de laisser quelques hommes à la garde des défilés, et se retira lui-même, livrant à la destruction un pays qu'il eût dû en préserver. Aussi ceux qu'il avait laissés en arrière, se croyant trahis, ne voulurent même pas soutenir la présence de l'ennemi, quoiqu'ils eussent pu, moins nombreux encore, garder le passage. En effet, la Cilicie est enfermée tout entière par une chaîne non interrompue de montagnes roides et escarpées : cette chaîne, qui prend naissance au bord de la mer, s'en écarte en décrivant dans son cours tortueux une sorte de croissant, et revient aboutir, par son extrémité opposée, à une autre partie du rivage. C'est à l'endroit où, retirée dans l'intérieur, elle s'éloigne le plus de la mer, que s'ouvrent, à travers l'enchaînement des rocs, trois passages, tous âpres et étroits, et dont un seul donne entrée en Cilicie. Du côté de la mer, le terrain s'abaisse et s'étend dans une plaine que coupent de nombreux ruisseaux : deux fleuves célèbres y coulent, le Pyrame et le Cydnus. Le Cydnus n'est point remarquable par l'étendue, mais par la limpidité de ses eaux. En effet, descendant lentement du lieu où il a sa source, il se répand sur un lit de sable ; aucun torrent ne vient, en s'y jetant, troubler la tranquillité de son cours ; et, toujours pur, toujours frais à cause des épais ombrages qui bordent ses rives, il va jusqu'à la mer, semblable à ce qu'il était à sa source.

solum, quod tueri nequibat, relicturus. Sed longe utilius fuit angustias aditus, qui Ciliciam aperit, valido occupare præsidio, jugumque opportune itineri immineus obtinere; unde inultus subeuntem aut prohibere, aut opprimere hostem potuisset. Nunc paucis, qui callibus præsiderent, relictis, retro ipse concessit, populator terræ, quam a populationibus vindicare debuerat. Ergo, qui relicti erant, proditos se rati, ne conspectum quidem hostis sustinere valuerunt, quum vel pauciores locum obtinere potuissent. Namque perpetuo jugo montis asperi ac præfupti Cilicia includitur; quod, quum a mari surgat, veluti sinu quodam flexuque curvatum, rursus altero cornu in diversum littus excurrit. Per hoc dorsum, qua maxime introrsum mari cedit, asperi tres aditus et perangusti sunt : quorum uno Cilicia intranda est, campestris eadem, qua vergit ad mare, planitiem ejus crebris distinguentibus rivis. Pyramus et Cydnus inclyti amnes fluunt. Cydnus non spatio aquarum, sed liquore memorabilis : quippe leni tractu e fontibus labens, puro solo excipitur, nec torrentes incurrunt, qui placide manantis alveum turbent. Itaque incorruptus idemque frigidissimus, quippe multa riparum amœnitate inumbratus, ubique fontibus suis similis in mare evadit.

Le temps avait détruit dans ce pays un grand nombre de monuments illustrés par les chants des poëtes. On y montrait l'emplacement des villes de Thèbes et de Lyrnesse, la caverne de Typhon, la forêt de Coryce, où croît le safran, et bien d'autres curiosités dont le nom seul s'était conservé. Ce fut donc par le défilé qu'on appelle les Pyles qu'Alexandre entra en Cilicie. On raconte qu'après avoir considéré cette position, il admira plus que jamais son heureuse fortune; il avouait que des pierres seules eussent suffi pour écraser son armée, s'il s'était trouvé des bras pour les rouler à son passage. La route pouvait à peine recevoir quatre hommes de front : les hauteurs la dominaient, et partout étroite, presque partout aussi elle était raboteuse et coupée par une infinité de ruisseaux sortant du pied des montagnes. Toutefois, craignant une attaque soudaine de l'ennemi caché dans quelque embuscade, il avait fait marcher en avant les Thraces armés à la légère pour reconnaître les chemins : une troupe d'archers avait aussi pris possession du sommet de la montagne; ils avaient l'arc tendu, étant bien avertis que ce n'était pas pour eux une marche, mais un combat.

De cette manière, l'armée parvint jusqu'à la ville de Tarse, où les Perses venaient de mettre le feu à l'instant même, pour éviter que ses richesses ne tombassent aux mains de l'ennemi. Mais Parménion avait été envoyé à la hâte, avec un corps de troupes, pour arrêter l'incendie; et, lorsque Alexandre sut que l'arrivée des siens avait mis en fuite les Barbares, il entra dans la ville qu'il avait sauvée.

Multa in ea regione monumenta, vulgata carminibus, vetustas exederat. Monstrabantur urbium sedes, Lyrnessi et Thebes; Typhonis quoque specus et Corycium nemus, ubi crocum gignitur, ceteraque, in quibus nihil præter famam duraverat. Alexander fauces jugi, quæ Pylæ appellantur, intravit. Contemplatus locorum situs, non alias magis dicitur admiratus esse felicitatem suam ; obrui potuisse vel saxis confitebatur, si fuissent, qui in subeuntes propellerent. Iter vix quaternos capiebat armatos : dorsum montis imminebat viæ, non augustæ modo, sed plerumque præruptæ, crebris oberrantibus rivis, qui ex radicibus montium manant. Thracas tamen leviter armatos præcedere jusserat, scrutarique calles, ne occultus hostis in subeuntes erumperet; sagittariorum quoque manus occupaverat jugum; intentos arcus habebant, moniti, non iter ipsos inire, sed prœlium.

Hoc modo agmen pervenit ad urbem Tarson, cui tum maxime Persæ subjiciebant ignem, ne opulentum oppidum hostis invaderet. At ille, Parmenione ad inhibendum incendium cum expedita manu præmisso, postquam Barbaros adventu suorum fugatos esse cognovit, urbem a se conservatam intrat.

V. Au milieu de cette ville coule le fleuve Cydnus, dont nous parlions tout à l'heure. On était alors en été, et nulle part cette saison n'a des feux plus dévorants que sur la côte de Cilicie : l'heure du jour la plus chaude avait commencé. Le roi, couvert de poussière et de sueur, se laissa inviter par la limpidité des eaux à y baigner ses membres encore tout échauffés. Déposant donc ses vêtements à la vue de toute l'armée, et croyant d'ailleurs s'honorer en montrant aux siens qu'une mise simple et peu coûteuse lui suffisait, il descendit dans le fleuve. Mais à peine y était-il entré, que ses membres, saisis d'un tremblement soudain, commencèrent à se roidir : bientôt la pâleur se répandit sur tout son corps, et la chaleur de la vie sembla l'avoir totalement abandonné. C'est dans cet état, voisin de la mort, que ses serviteurs le reçoivent dans leurs bras et le portent dans sa tente, privé de sentiment.

Une anxiété terrible, et presque même le deuil, étaient déjà dans le camp. Tous, fondant en larmes, accusaient la rigueur du sort : « Fallait-il que, dans le cours si rapide de ses succès, un roi, le plus illustre dont les siècles eussent gardé la mémoire, leur fût enlevé et pérît, non sur le champ de bataille et sous les coups de l'ennemi, mais en se baignant dans les eaux d'un fleuve ! Darius avançait cependant, victorieux avant d'avoir vu son ennemi ! Ils allaient regagner à grand'peine les mêmes contrées qu'ils avaient traversées en vainqueurs ! Tout y avait été dévasté par leurs mains ou par celles des Perses. Voulût-on ne pas les poursuivre, la faim et la misère triompheraient d'eux au milieu de ces vastes solitu-

---

V. Mediam Cydnus amnis, de quo paulo ante dictum est, interfluit, et tunc æstas erat, cujus calor non alium magis quam Ciliciæ oram vapore solis accendit : et diei fervidissimum tempus cœperat. Pulvere ac sudore simul perfusum regem invitavit liquor fluminis, ut calidum adhuc corpus ablueret. Itaque, veste deposita, in conspectu agminis, decorum quoque futurum ratus, si ostendisset suis levi ac parabili cultu corporis se esse contentum, descendit in flumen : vixque ingressi subito horrore artus rigere cœperunt : pallor deinde suffusus est, et totum propemodum corpus vitalis calor reliquit. Exspiranti similem ministri manu excipiunt, nec satis conpotem mentis in tabernaculum deferunt.

Ingens sollicitudo et pæne jam luctus in castris erat. Flentes querebantur, in tanto impetu cursuque rerum, omnis ætatis ac memoriæ clarissimum regem, non in acie saltem, non ab hoste dejectum, sed abluentem aqua corpus, ereptum esse et exstinctum. Instare Darium, victorem, antequam vidisset hostem ; sibi easdem terras, quas victores peragrassent, repetendas : omnia aut ipsos, aut hostes populatos ; per vastas solitudines, etiamsi nemo insequi velit, euntes, fame atque inopia

des. Qui leur donnerait le signal de la fuite? qui oserait succéder à Alexandre? Et, arrivés même dans leur retraite jusqu'aux bords de l'Hellespont, qui leur fournirait une flotte pour assurer leur passage? Puis, ramenant leur compassion sur le roi lui-même, c'était cette fleur de jeunesse, cette force d'âme qu'ils regrettaient; c'était ce roi, à la fois leur compagnon d'armes, qu'ils pleuraient de se voir enlevé et arraché, et ils ne songeaient plus à leurs propres maux. »

Cependant la respiration commençait à être plus libre : le roi entr'ouvrait les yeux, et, reprenant peu à peu ses esprits, il avait reconnu ses amis qui l'entouraient; mais une seule chose attestait que la violence du mal s'était ralentie, c'est qu'il en sentait toute l'étendue. Les tourments de l'esprit aggravaient les souffrances du corps : « Dans cinq jours, lui annonçait-on, Darius serait en Cilicie. Ainsi donc il allait être livré pieds et poings liés ! Une si grande victoire lui serait arrachée des mains, et c'était d'une mort obscure et vulgaire qu'il allait expirer dans sa tente ! » Il fait appeler aussitôt amis et médecins tous ensemble : « Vous voyez, leur dit-il, dans quel état de mes affaires la fortune m'est venue surprendre. Il me semble que j'entends le bruit des armes ennemies retentir à mon oreille; et moi, qui ai apporté ici la guerre, voilà que je suis provoqué. Ainsi donc Darius, lorsqu'il m'écrivait une lettre si superbe, était d'intelligence avec ma fortune ! mais ce sera vainement, si je puis être soigné au gré de mes désirs. Les circonstances ne me permettent ni remèdes lents, ni médecins timides; mieux vaut pour moi une mort prompte qu'une gué-

---

debellari posse. Quem signum daturum fugientibus? quem ausurum Alexandro succedere? Jam ut ad Hellespontum fuga penetrarent, classem, qua transeant, quem præparaturum? Rursus in ipsum regem misericordia versa, illum florem juventæ, illam vim animi, eumdem regem et commilitonem, divelli a se et abrumpi, immemores sui querebantur.

Inter hæc liberius meare spiritus cœperat : allevabat rex oculos, et paulatim redeunte animo, circumstantes amicos agnoverat : laxataque vis morbi ad hoc solum videbatur, quia magnitudinem mali sentiebat. Animi autem ægritudo corpus urgebat; quippe Darium quinto die in Ciliciam fore nuntiabatur. Victum ergo se tradi, et tantam victoriam eripi sibi e manibus, obscuraque et ignobili morte in tabernaculo suo exstingui se querebatur, admissisque amicis pariter et medicis : « In quo me, inquit, articulo rerum mearum fortuna deprehenderit, cernitis. Strepitum hostilium armorum exaudire mihi videor, et qui ultro intuli bellum, jam provocor. Darius ergo quum tam superbas litteras scriberet, fortunam meam in consilio habuit? sed nequidquam, si mihi arbitrio meo curari licet. Lenta remedia et

rison tardive. Si donc il y a quelque soulagement, quelque ressource à attendre des médecins, qu'ils sachent que je cherche un remède, non pas qui m'empêche de mourir, mais qui me permette de combattre. »

Cette fougueuse impatience avait causé à tout le monde une vive alarme : chacun, de son côté, se mit à le supplier de ne pas accroître le péril par sa précipitation, mais de s'en remettre aux médecins. Les remèdes non éprouvés leur étaient, disaient-ils, à bon droit suspects, puisque, à ses côtés même, l'or de l'ennemi cherchait à soudoyer des assassins. En effet, Darius avait fait publier qu'il donnerait dix mille talents à celui qui ferait périr Alexandre; et ils en concluaient que nul ne se trouverait assez téméraire pour hasarder un remède dont la nouveauté pût inspirer le moindre soupçon.

VI. Parmi les médecins les plus fameux se trouvait Philippe, Acarnanien de naissance, qui était venu de Macédoine avec le roi, et lui était très-fidèlement dévoué. Attaché à son enfance et chargé du soin de sa santé, il ne l'aimait pas seulement comme son roi, mais lui portait, comme à son nourrisson, la plus vive tendresse. Ce médecin promit un remède qui ne serait pas d'un effet immédiat, mais efficace : avec une simple potion, il ferait disparaître toute la force de la maladie. Cette proposition ne plut à personne, hormis à celui qui devait en courir les risques. C'est qu'en effet tout lui était aisé à souffrir, plutôt qu'un retard : les armes et les combats étaient sans cesse devant ses yeux; et il se croyait assuré de la vic-

---

segnes medicos non exspectant tempora mea : vel mori strenue, quam tarde convalescere mihi melius est. Proinde, si quid opis, si quid artis in medicis est, sciant me non tam mortis, quam belli remedium quærere. »

Ingentem omnibus incusserat curam tam præceps temeritas ejus. Ergo pro se quisque precari cœpere, ne festinatione periculum augeret, sed esset in potestate medentium; inexperta remedia haud injuria ipsis esse suspecta, quum ad perniciem ejus, etiam a latere ipsius, pecunia sollicitaret hostis (quippe Darius mille talenta interfectori Alexandri daturum se pronuntiari jusserat) : itaque ne ausurum quidem quemquam arbitrabantur experiri remedium, quod propter novitatem posset esse suspectum.

VI. Erat inter nobiles medicos e Macedonia regem secutus Philippus, natione Acarnan, fidus admodum regi : puero comes et custos salutis datus, non ut regem modo, sed etiam ut alumnum, eximia caritate diligebat. Is non præceps se, sed strenuum remedium afferre, tantamque vim morbi potione medicata levaturum esse promisit. Nulli promissum ejus placebat, præter ipsum, cujus periculo pollicebatur. Omnia quippe facilius quam moram perpeti poterat : arma et acies in oculis erant;

toire, s'il pouvait seulement se montrer aux premiers rangs de son armée : les trois jours même qu'il devait attendre pour prendre le breuvage (ainsi l'avait ordonné le médecin), ces trois jours étaient trop longs pour son impatience. Sur ces entrefaites, il reçoit une lettre de Parménion, le plus dévoué de ses courtisans. Il l'avertissait de ne pas confier sa guérison à Philippe, gagné, disait-il, par Darius, qui lui avait promis mille talents et la main de sa sœur.

Cette lettre l'avait jeté dans une grande perplexité; et il examinait en lui-même tout ce que la crainte d'un côté, et l'espérance de l'autre, lui pouvaient suggérer de raisons. « Persisterai-je à prendre ce breuvage, pour que, s'il est empoisonné, on puisse dire que j'ai mérité mon sort, quoi qu'il arrive? Condamnerai-je d'avance la fidélité de mon médecin? et me laisserai-je accabler dans ma tente? Non; mieux vaut périr par le crime d'autrui que par ma crainte. » Il flotta ainsi dans une longue incertitude; puis, sans faire part à personne de ce qui lui était écrit, il scelle la lettre de son anneau et la place sous son chevet. Deux jours s'étaient écoulés au milieu de toutes ces réflexions, et celui que le médecin avait fixé était arrivé. Celui-ci entre avec la coupe où il avait préparé la potion. Dès qu'il l'a vu, Alexandre s'appuie sur son coude pour se lever, et, tenant de la main gauche la lettre de Parménion, il prend de l'autre le breuvage, et l'avale sans crainte ; après quoi, il ordonne à Philippe de lire la lettre, ne détournant pas un moment les yeux de son visage, dans l'espoir d'y sur-

---

et victoriam in eo positam esse arbitrabatur, si tantum ante signa stare potuisset, id ipsum, quod post diem tertium medicamentum sumpturus esset (ita enim medicus prædixerat), ægre ferens. Inter hæc a Parmenione fidissimo purpuratorum litteras accipit, quibus ei denuntiabat, ne salutem suam Philippo committeret: mille talentis a Dario et spe nuptiarum sororis ejus esse corruptum.
Ingentem animo sollicitudinem litteræ incusserant; et, quidquid in utramque partem aut metus aut spes subjecerat, secreta æstimatione pensabat. « Bibere perseverem, ut, si venenum datum fuerit, ne immerito quidem, quidquid acciderit, evenisse videatur? Damnem medici fidem? in tabernaculo ergo me opprimi patiar? At satius est alieno me mori scelere, quam metu meo. » Diu animo in diversa versato, nulli, quid scriptum esset, enuntiat; epistolamque, sigillo annuli sui impressam, pulvino, cui incumbebat, subjecit. Inter has cogitationes biduo assumpto, illuxit a medico destinatus dies, et ille cum poculo, in quo medicamentum diluerat, intravit. Quo viso, Alexander, levato corpore in cubitum, epistolam, a Parmenione missam, sinistra manu tenens, accipit poculum, et haurit interritus; tum epistolam Philippum legere jubet, nec a vultu legentis movit oculos, ratus aliquas conscientiæ

prendre quelques indices de ce qui se passait dans sa conscience. Mais Philippe, après avoir achevé la lettre, montra plus d'indignation que de frayeur, et jetant au pied du lit et la lettre et son manteau : « Roi, dit-il, ma vie a toujours dépendu de toi ; mais aujourd'hui c'est vraiment par ta bouche sacrée et vénérable que je respire. Cette accusation de parricide dont on me charge, ta guérison la détruira : sauvé par moi, tu m'accorderas la vie. Je t'en supplie donc et t'en conjure, bannis toute crainte, et laisse ce breuvage se répandre dans tes veines ; donne quelque trêve à ton esprit, que des amis fidèles, je veux le croire, mais indiscrets dans leur zèle, ont troublé par des terreurs intempestives. » Ces paroles firent plus que rassurer le roi, elles le remplirent de joie et d'espérance. Alors, s'adressant à Philippe : « Si les dieux, dit-il, t'avaient donné à choisir le meilleur moyen d'éprouver mes sentiments, sans doute tu en eusses préféré un autre ; mais un plus sûr que celui dont tu as fait l'épreuve, tu n'eusses pas même pu en concevoir la pensée. J'avais reçu cette lettre, et pourtant j'ai pris la potion préparée par tes mains. Et maintenant, crois bien que, s'il me reste quelque inquiétude, c'est autant pour ton honneur que pour ma propre vie. » Ayant ainsi parlé, il tendit la main à Philippe.

Cependant l'action du médicament fut si forte, que les premières suites semblèrent confirmer l'accusation de Parménion : la respiration était pénible et étouffée ; Philippe, de son côté, ne négligeait aucune des ressources de son art : il appliquait des topiques au malade ; il ranimait ses esprits languissants par

---

notas in ipso ore posse deprehendere. Ille, epistola perlecta, plus indignationis quam pavoris ostendit ; projectisque amiculo et litteris ante lectum : « Rex, inquit, semper quidem spiritus meus ex te pependit, sed nunc vere, arbitror, sacro et venerabili ore trahitur. Crimen parricidii, quod mihi objectum est, tua salus diluet : servatus a me, vitam mihi dederis. Oro quæsoque, amisso metu, patere medicamentum concipi venis ; laxa paulisper animum, quem intempestiva sollicitudine amici, sane fideles, sed moleste seduli, turbant. » Non securum modo hæc vox, sed etiam lætum regem ac plenum bonæ spei fecit. Itaque : « Si dii, inquit, Philippe, tibi permisissent, quo maxime modo animum velles experiri meum, alio profecto voluisses ; sed certiore quam expertus es, ne optasses quidem. Hac epistola accepta, tamen quod dilueras bibi : et nunc, crede me non minus pro tua fide, quam pro mea salute, esse sollicitum. » Hæc elocutus, dextram Philippo offert.

Ceterum tanta vis medicaminis fuit, ut, quæ secuta sunt, criminationem Parmenionis adjuverint. Interclusus spiritus arcte meabat : nec Philippus quidquam inexpertum omisit. Ille fomenta corpori admovit ; ille torpentem, nunc cibi, nunc vini

l'odeur des aliments, par celle du vin ; puis, au premier retour de ses sens, il ne cessa de l'entretenir de sa mère et de ses sœurs, et de l'éclatante victoire qui se préparait pour lui. Mais, quand le breuvage fut répandu dans ses veines, et qu'insensiblement tout son corps en eut reçu la salutaire influence, l'esprit d'abord reprit sa vigueur, puis le corps, avec une promptitude au delà de toute attente. En effet, trois jours après cette crise, il fut en état de paraître devant ses soldats. Les regards de l'armée ne s'attachaient pas avec moins d'avidité sur Philippe que sur le roi lui-même : chacun lui serrait la main, chacun lui adressait des actions de grâces, comme à un dieu tutélaire. Car, outre le sentiment naturel de vénération que ce peuple porte à ses rois, on ne saurait dire tout ce qu'ils avaient d'admiration pour Alexandre, tout ce qu'ils sentaient pour lui de tendresse. Selon eux, il n'entreprenait rien que le secours des dieux ne lui fût assuré ; et, toujours secondée par la fortune, sa témérité même avait tourné au profit de sa gloire. Son âge, à peine mûr pour d'aussi grandes choses, et qui cependant suffisait à les accomplir, rehaussait encore l'éclat de toutes ses actions. D'autres avantages s'y joignaient, de moindre importance dans l'opinion commune, et qui n'en charment pas moins l'esprit du soldat : il savait prendre part à leurs exercices de corps ; il savait se vêtir et vivre à peu près comme un particulier ; il leur donnait l'exemple de la vigueur guerrière ; et toutes ces qualités, qu'il les dût à la nature ou à l'éducation, le faisaient à la fois chérir et respecter.

odore, excitavit. Atque, ut primum mentis compotem esse sensit, modo matris sororumque, modo tantæ victoriæ appropinquantis admonere non destitit. Ut vero medicamentum se diffudit in venas, et sensim toto corpore salubritas percipi potuit, primo animus vigorem suum, deinde corpus quoque, exspectatione maturius, recuperavit : quippe post tertium diem quam in hoc statu fuerat, in conspectum militum venit. Nec avidius ipsum regem, quam Philippum, intuebatur exercitus : pro se quisque, dextram ejus amplexi, grates habebant, velut præsenti deo. Namque haud facile dictu est, præter ingenitam illi genti erga reges suos venerationem, quantum hujus utique regis vel admirationi dediti fuerint, vel caritate flagraverint. Jam primum nihil sine divina ope aggredi videbatur : nam, quum præsto esset ubique fortuna, temeritas in gloriam cesserat. Ætas quoque, vix tantis matura rebus, sed abunde sufficiens, omnia ejus opera honestabat : et quæ leviora haberi solent, plerumque in re militari gratiora vulgo sunt ; exercitatio corporis inter ipsos, cultus habitusque paululum a privato abhorrens, militaris vigor : quibus ille vel ingenii dotibus, vel animi artibus, ut pariter carus ac venerandus esset, effecerat.

VII. A la nouvelle de la maladie du roi, Darius s'était avancé sur l'Euphrate avec toute la célérité que pouvait lui permettre la marche pesante de son armée. Des ponts furent jetés sur ce fleuve ; mais il lui fallut encore cinq jours pour le faire passer à ses troupes, quelle que fût sa hâte de devancer son ennemi en Cilicie. Cependant Alexandre, ayant repris toutes ses forces, était arrivé aux portes de la ville de Soles : il s'en rendit maître, y leva deux cents talents à titre d'amende, et mit une garnison dans la citadelle. Acquittant ensuite, au milieu du repos et des divertissements, les vœux qu'il avait faits pour obtenir la santé, il témoigna quelle était sa confiance, et quel mépris il faisait des Barbares. Des jeux furent célébrés en l'honneur d'Esculape et de Minerve. Tandis qu'il y assistait, l'heureuse nouvelle lui fut apportée d'Halicarnasse, que les Perses avaient été battus par ses troupes ; qu'en outre, les Myndiens, les Cauniens, et la plupart des peuples de ces contrées étaient passés sous son obéissance.

Les jeux terminés, Alexandre leva le camp, passa le Pyrame sur un pont qu'il y fit jeter, et se trouva bientôt dans la ville de Mallos : la marche suivante le conduisit à Castabale. Ce fut là qu'il rencontra Parménion, envoyé en avant pour reconnaître le bois par lequel il fallait passer pour arriver à la ville d'Issus. Parménion s'était emparé du défilé, et, après y avoir laissé une faible garnison, avait pris Issus, que les Barbares avaient abandonnée. De là, poursuivant sa marche, il avait débusqué de l'intérieur des montagnes les ennemis qui s'y étaient retranchés, avait mis garnison à toutes les issues ; puis, maître

---

VII. At Darius, nuntio de adversa valetudine accepto, celeritate, quantam capere tam grave agmen poterat, ad Euphratem contendit : junctoque eo pontibus, quinque tamen diebus trajecit exercitum, Ciliciam occupare festinans. Jamque Alexander, viribus corporis receptis, ad urbem Solos pervenerat : cujus potitus, ducentis talentis nomine mulctæ exactis, arci præsidium militum imposuit. Vota deinde pro salute suscepta per ludum atque otium reddens, ostendit, quanta fiducia Barbaros sperneret. Æsculapio et Minervæ ludos celebravit. Spectanti nuntius lætus affertur ex Halicarnasso, Persas acie a suis esse superatos ; Myndios quoque, et Caunios, et pleraque tractus ejus suæ facta ditionis.

Igitur, edito spectaculo ludicro, castrisque motis, et Pyramo amne ponte juncto, ad urbem Mallon pervenit : inde alteris castris ad oppidum Castabalum. Ibi Parmenio regi occurrit, quem præmiserat ad explorandum iter saltus, per quem ad urbem Isson nomine penetrandum erat. Atque ille, angustiis ejus occupatis, et præsidio modico relicto, Isson quoque desertam a Barbaris ceperat. Inde progressus, deturbatis qui interiora montium obsidebant, præsidiis cuncta firmavit ; occu-

de la route, était venu, comme nous l'avons dit tout à l'heure, messager de ses propres exploits. Le roi marcha alors sur Issus : on mit en délibération si l'on continuerait à avancer, ou si l'on attendrait les recrues que l'on savait arriver de Macédoine. Parménion était d'avis qu'il ne pouvait y avoir un lieu plus convenable pour livrer bataille : en effet, disait-il, les troupes des deux rois y seraient égales en nombre, puisque les défilés ne pouvaient contenir une grande multitude. Ce que les Macédoniens devaient surtout éviter, c'étaient les plaines, c'était la rase campagne où l'on pouvait les envelopper, les écraser entre deux fronts de bataille. Le danger pour eux était de succomber, non sous la valeur de l'ennemi, mais sous leur propre lassitude. Qu'on laissât aux Perses un libre espace pour s'étendre, et des troupes fraîches se présenteraient sans cesse au combat. Les motifs d'un si sage conseil furent aisément agréés, et il fut résolu que l'on attendrait l'ennemi dans les gorges du défilé.

Il y avait dans l'armée d'Alexandre un Perse nommé Sisinès : jadis député au roi Philippe par le gouverneur d'Égypte, il en avait été comblé de présents et d'honneurs, et avait abandonné sa patrie pour une terre étrangère ; plus tard, ayant suivi Alexandre en Asie, il était compté parmi ses confidents les plus dévoués. Un soldat Crétois vint remettre à cet homme une lettre scellée d'un cachet qui lui était tout à fait inconnu ; elle était de Nabarzanes, l'un des lieutenants de Darius, et il y exhortait Sisinès à se signaler par quelque action digne de sa naissance et de son caractère ; il en serait, ajoutait-il, grandement honoré auprès de son roi.

---

patoque itinere, sicut paulo ante dictum est, idem et auctor et nuntius venit. Isson inde rex copias admovit : ubi concilio habito, utrumne ultra progrediendum foret, an ibi opperiendi essent milites novi, quos ex Macedonia adventare constabat, Parmenio non alium locum prœlio aptiorem esse censebat : quippe illic utriusque regis copias numero futuras pares, quum angustiæ multitudinem non caperent. Planitiem ipsis camposque esse vitandos, ubi circumiri, ubi ancipiti acie opprimi possent. Timere ne, non virtute hostium, sed lassitudine sua vincerentur. Persas recentes subinde successuros, si laxius stare potuissent. Facile ratio tam salubris consilii accepta est : itaque inter angustias saltus hostem opperiri statuit.

Erat in exercitu regis Sisines Perses, quondam a prætore Ægypti missus ad Philippum, donisque et omni honore cultus, exsilium patria sede mutaverat : secutus deinde in Asiam Alexandrum, inter fideles socios habebatur. Huic epistolam cretensis miles, obsignatam annulo, cujus signum haud sane notum erat, tradidit. Nabarzanes prætor Darii miserat eam, hortabaturque Sisinem, ut dignum aliquid nobilitate ac moribus suis ederet : magno id ei apud regem honori fore.

Sisinès, dont la conscience était pure, essaya plusieurs fois de porter la lettre à Alexandre; mais, le trouvant distrait par tant de soins et par les préparatifs de la guerre, il attendait de moment en moment une occasion plus favorable, et ce retard le fit soupçonner de trahison. La lettre, en effet, avant de lui être remise, était passée par les mains du roi, qui, l'ayant lue, lui avait apposé un cachet inconnu, et l'avait fait porter à Sisinès, afin d'éprouver la fidélité de ce Barbare. Comme il était resté plusieurs jours sans se rendre auprès du roi, on en conclut qu'il l'avait gardée dans des vues criminelles, et, peu de temps après, des soldats crétois le tuèrent pendant qu'on était en marche, selon toute apparence, par l'ordre du prince.

VIII. Déjà les soldats grecs que Thymodès avait reçus des mains de Pharnabaze, cette troupe, la principale et presque l'unique espérance de Darius, étaient arrivés. Tous le pressaient vivement de retourner sur ses pas et de regagner les vastes plaines de la Mésopotamie. S'il désapprouvait ce conseil, qu'au moins il divisât ses innombrables bataillons, et n'exposât point à un seul des coups de la fortune toutes les forces de son empire. Ce conseil ne déplaisait pas tant au roi qu'à ses courtisans : à les entendre, la foi de ces mercenaires était douteuse, et, vendus à l'ennemi, leur trahison allait éclater. S'ils voulaient lui faire diviser ses troupes, c'était pour qu'eux-mêmes, opérant à part, pussent mieux livrer à Alexandre le poste qu'on leur aurait confié; le plus sûr était de les faire investir par l'armée entière, de les

---

Has litteras Sisines, utpote innoxius, ad Alexandrum sæpe deferre tentavit; sed quum tot curis apparatuque belli regem videret urgeri, aptius subinde tempus exspectans, suspicionem initi scelesti consilii præbuit. Namque epistola, priusquam ei redderetur, in manus Alexandri pervenerat, lectamque eam ignoti annuli sigillo impresso, Sisini dari jusserat, ad æstimandam fidem Barbari. Qui, quia per complures dies non adierat regem, scelesto consilio eam visus est suppressisse, et in agmine a Cretensibus, haud dubie jussu regis, occisus est.

VIII. Jam græci milites, quos Thymodes a Pharnabazo acceperat, præcipua spes et propemodum unica, ad Darium pervenerant. Hi magnopere suadebant, ut retro abiret, spatiososque Mesopotamiæ campos repeteret. Si id consilium damnaret, at ille divideret saltem copias innumerabiles, neu sub unum fortunæ ictum totas vires regni cadere pateretur. Minus hoc regi, quam purpuratis ejus displicebat : ancipitem fidem et mercede venalem proditionem imminere; et dividi non ob aliud copias velle, quam ut ipsi in diversa digressi, si quid commissum

écraser, et d'en faire un exemple du châtiment réservé aux traîtres.

Mais Darius était un prince doux et équitable : « Non, dit-il, jamais je ne commettrai un crime si odieux ; jamais je ne ferai massacrer par mes soldats des hommes qui sont venus ici sur ma parole. Et qui désormais se fiera à moi parmi les nations étrangères, si le sang de tant de soldats souille mes mains ? Personne ne doit payer de sa tête un avis imprudent : on ne trouverait plus de conseillers, s'il y avait un tel danger à l'être. Vous tous, enfin, chaque jour je vous réunis autour de moi en conseil, vous y émettez des opinions diverses ; et vous ne voyez pas cependant que je tienne pour le plus fidèle celui dont l'avis a été le plus sage. » Il fait donc dire aux Grecs qu'il les remercie de leurs bonnes intentions ; mais que rétrograder, serait livrer sans aucun doute son royaume à l'ennemi ; que la réputation est tout à la guerre, et que celui qui se retire est censé fuir. Le moyen d'ailleurs de traîner la guerre en longueur ? L'hiver approchait, et, dans un pays désert, tour à tour ravagé par son armée et par celle de l'ennemi, les vivres manqueraient bientôt à une si grande multitude. Il ne pouvait, non plus, diviser ses troupes sans être infidèle à la coutume de ses ancêtres, qui avaient toujours exposé aux chances de la guerre toutes les forces de leur empire. Et que pouvait-il craindre, lorsque ce roi, naguère si terrible, et que l'absence de son ennemi remplissait d'une présomptueuse confiance, devenu tout à coup, à la nouvelle de son approche, circonspect de téméraire qu'il se montrait, s'était réfugié dans

esset, traderent Alexandro. Nihil tutius esse, quam circumdatos eos exercitu toto obrui telis, documentum non inultæ perfidiæ futuros.

At Darius, ut erat sanctus et mitis, se vero tantum facinus negat esse facturum, ut suam secutos fidem, suos milites jubeat trucidari. Quem deinde amplius nationum exterarum salutem suam crediturum sibi, si tot militum sanguine imbuisset manus ? Neminem stolidum consilium capite luere debere ; defuturos enim qui suaderent, si suasisse periculum esset. Denique ipsos quotidie ad se vocari in concilium, variasque sententias dicere ; nec tamen melioris fidei haberi, qui prudentius suaserit. Itaque Græcis nuntiari jubet, ipsum quidem benevolentiæ illorum gratias agere ; ceterum, si retro ire pergat, haud dubie regnum hostibus traditurum : fama bella stare, et eum, qui recedat, fugere credi. Trahendi vero belli vix ullam esse rationem ; tantæ enim multitudini, utique quum jam hyems instaret, in regione vasta et invicem a suis atque hoste vexata non suffectura alimenta. Ne dividi quidem copias posse servato more majorum, qui universas vires semper discrimini bellorum obtulerint. Et, hercule, terribilem antea regem, et absentia sua ad vanam

les gorges des montagnes; semblable à ces ignobles animaux, qui, au moindre bruit des passants, courent se cacher dans l'épaisseur des forêts? Déjà même, par une feinte maladie, il trompait l'attente de ses soldats : mais il ne lui permettrait pas d'éviter plus longtemps le combat; il irait, jusque dans le repaire où la frayeur les avait conduits, écraser ces timides ennemis.

Il y avait dans ces paroles plus de jactance que de vérité. Cependant Darius, après avoir envoyé à Damas, en Syrie, sous une légère escorte, son trésor et tout ce qu'il avait de plus précieux, fit marcher le reste de ses troupes sur la Cilicie. Il était suivi, selon la coutume du pays, de sa mère et de son épouse; ses filles, avec son jeune fils, accompagnaient aussi leur père. Le hasard voulut que, la même nuit, Alexandre arrivât dans les gorges par lesquelles on entre en Syrie, et Darius dans l'endroit qui porte le nom de Pyles Amaniques. Les Perses ne doutèrent point que les Macédoniens n'eussent abandonné Issus, dont ils étaient maîtres, pour prendre la fuite. Ils le crurent surtout, lorsque tombèrent entre leurs mains quelques soldats blessés et malades qui n'avaient pu suivre le gros de l'armée. Darius, à l'instigation de ses courtisans, chez qui respirait le féroce génie des Barbares, fit couper et brûler les mains à tous ces malheureux; puis, il ordonna de les promener dans son camp, pour qu'ils y prissent connaissance de ses forces, et qu'après avoir tout examiné à loisir, ils allassent rendre compte à leur roi de ce qu'ils avaient vu.

---

fiduciam elatum, posteaquam adventare se senserit, cautum pro temerario factum, delituisse inter angustias saltus, ritu ignobilium ferarum, quæ, strepitu prætereuntium audito, silvarum latebris se occulerent. Jam etiam valetudinis simulatione frustrari suos milites. Sed non amplius ipsum esse passurum detrectare certamen : in illo specu, in quem pavidi recessissent, oppressurum esse cunctantes.

Hæc magnificentius jactata quam verius. Ceterum, pecunia omni rebusque pretiosissimis Damascum Syriæ cum modico præsidio militum missis, reliquas copias in Ciliciam duxit, insequentibus more patrio agmen, conjuge et matre. Virgines quoque cum parvo filio comitabantur patrem. Forte eadem nocte et Alexander ad fauces, quibus Syria aditur, et Darius ad eum locum, quem Amanicas Pylas vocant, pervenit. Nec dubitavere Persæ, quin, Isso relicta, quam ceperant, Macedones fugerent. Nam etiam saucii quidam et invalidi, qui agmen non poterant persequi, excepti erant. Quos omnes, instinctu purpuratorum, barbara feritate sævientium, præcisis adustisque manibus circumduci, ut copias suas noscerent, satisque omnibus spectatis, nuntiare, quæ vidissent, regi suo jussit.

Ayant donc levé son camp, il passe le fleuve Pinare, dans le dessein de s'attacher aux pas de l'ennemi, qu'il croyait en fuite. Mais, pendant ce temps, les prisonniers à qui il avait fait couper les mains, arrivent au camp des Macédoniens, et annoncent que Darius s'avance derrière eux avec toute la rapidité possible. A peine pouvait-on les croire. Alexandre envoie alors des éclaireurs le long de la côte, pour s'assurer si c'était Darius lui-même qui arrivait, ou si l'approche de quelqu'un de ses lieutenants n'avait été prise pour celle de l'armée entière. Mais, au moment où revenaient ces éclaireurs, on aperçut au loin une multitude considérable : bientôt des feux commencèrent à briller de tous côtés dans la campagne, et tout l'horizon sembla s'enflammer d'un vaste incendie, tant était grand l'espace qu'occupaient les tentes de cette armée sans ordre, et surtout encombrée de ses bêtes de somme.

Alexandre donna l'ordre d'asseoir son camp au lieu même où il était, plein de joie de combattre comme il l'avait ardemment souhaité, au milieu de ces défilés. Du reste, comme il arrive d'ordinaire aux approches d'une action décisive, sa confiance se tourna en inquiétude. Cette même fortune, dont la faveur lui avait donné tant de succès, il la redoutait maintenant, et non sans raison, après tout ce qu'elle avait fait pour lui. Il songeait combien elle est changeante ; et c'était une seule nuit qui le séparait du moment où cette importante question serait décidée ! Une autre pensée succédait à celle-là : la récompense était plus grande encore que le danger ; et s'il était incertain de vaincre, du moins était-il

---

Motis ergo castris, superat Pinarum amnem, in tergis, ut credebat, fugientium hæsurus. At illi quorum amputaverat manus, ad castra Macedonum penetrant, Darium, quanto maximo cursu posset, sequi nuntiantes. Vix fides habebatur. Itaque speculatores in maritimas regiones præmissos explorare jubet, ipsene adesset, an præfectorum aliquis speciem præbuisset universi venientis exercitus. Sed quum speculatores reverterentur, procul ingens multitudo conspecta est. Ignes deinde totis campis collucere cœperunt, omniaque velut continenti incendio ardere visa, quum incondita multitudo, maxime propter jumenta, laxius tenderet.

Itaque eo ipso loco metari suos castra jusserat, lætus, quod omni expetiverat voto, in illis potissimum angustiis decernendum fore. Ceterum, ut solet fieri, quum ultimi discriminis tempus adventat, in sollicitudinem versa fiducia est. Illam ipsam fortunam, qua aspirante, res tam prospere gesserat, verebatur, nec injuria, ex his quæ tribuisset sibi ; quamque mutabilis esset, reputabat. Unam superesse noctem, quæ tanti discriminis moraretur eventum. Rursus occurrebat, majora periculis

assuré de mourir généreusement et avec une grande gloire.

Il donna donc l'ordre à ses soldats de pourvoir aux besoins de leurs corps, et de se tenir ensuite prêts et sous les armes pour la troisième veille. Pour lui, il se transporta sur le sommet d'une haute montagne, à la lueur d'un grand nombre de torches, et il y offrit, selon l'usage national, un sacrifice aux divinités protectrices du lieu. Déjà, pour la troisième fois, la trompette avait donné le signal, et le soldat, d'après les injonctions du chef, était préparé à la marche et au combat : le commandement fut donné de s'avancer au pas accéléré; et le jour commençait à paraître, quand on arriva dans les gorges où l'on devait prendre position. Les coureurs rapportaient que Darius était à trente stades de distance. Alors Alexandre fait arrêter ses troupes, et, se revêtant lui-même de son armure, il les range en bataille. Des paysans effrayés allèrent annoncer au camp des Perses l'arrivée de l'ennemi. Darius ne pouvait se résoudre à croire que ceux qu'il poursuivait en fuyards vinssent à sa rencontre. Ce fut donc parmi tous les siens une grande épouvante. Plus disposés à la marche qu'au combat, ils saisissaient leurs armes avec précipitation ; mais l'empressement même avec lequel on les voyait courir de tous côtés et appeler aux armes leurs compagnons, ne faisait qu'ajouter à la frayeur. Les uns avaient gagné la crête des montagnes pour voir de là l'armée ennemie ; la plupart bridaient leurs chevaux. Dans cette armée sans unité, et où l'on n'attendait pas le commandement d'un seul chef, ce n'était partout que trouble et confusion.

---

præmia : et sicut dubium esset, an vinceret, ita illud utique certum esse, honeste et cum magna laude moriturum:

Itaque corpora milites curare jussit, ac deinde tertia vigilia instructos et armatos esse. Ipse in jugum editi montis ascendit, multisque collucentibus facibus, patrio more, sacrificium diis præsidibus loci fecit. Jamque tertium, sicut præceptum erat, signum tuba miles acceperat, itineri simul paratus et prœlio : strenueque jussi procedere, oriente luce pervenerunt ad angustias, quas occupare decreverant. Darium triginta inde stadia abesse præmissi indicabant. Tunc consistere agmen jubet; armisque ipse sumptis aciem ordinat. Dario adventum hostium pavidi agrestes nuntiaverunt, vix credenti occurrere etiam, quos ut fugientes sequebatur. Ergo non mediocris omnium animos formido incesserat : quippe itineri quam prœlio aptiores erant, raptimque arma capiebant. Sed ipsa festinatio discurrentium, suosque ad arma vocantium, majorem metum incussit. Alii in jugum montis evaserant, ut hostium agmen inde prospicerent; equos plerique frænabant. Discors exercitus, nec ad unum intentus imperium, vario tumultu cuncta turbaverat.

Darius résolut, dès le principe, d'occuper les hauteurs avec une partie de ses troupes, et d'envelopper ainsi l'ennemi par devant et par derrière : d'autres devaient lui être opposées du côté de la mer qui couvrait son aile droite, afin de le presser de toutes parts. Il commanda, en outre, à vingt mille hommes d'avant-garde, accompagnés d'une troupe d'archers, de passer le Pinare qui coulait entre les deux camps, et de tenir tête à l'armée macédonienne; s'ils ne le pouvaient faire, ils avaient ordre de se retirer dans les montagnes, et de tourner secrètement les derniers rangs de l'ennemi. Ces dispositions étaient pleines de sagesse; mais la fortune, plus puissante que tous les calculs, les fit échouer. Les uns, saisis de crainte, n'osaient exécuter les ordres qu'ils avaient reçus; les autres les exécutaient en vain, parce que là où les parties chancellent, le tout est ébranlé.

IX. Voici cependant quel fut son ordre de bataille. Nabarzanes protégeait l'aile droite, à la tête d'un corps de cavalerie, renforcé d'environ vingt mille frondeurs et archers. Avec lui était Thymodès, chef de trente mille fantassins grecs à la solde du roi de Perse. C'était là, sans aucun doute, la force de l'armée, troupe égale à la phalange macédonienne. A l'aile gauche, le Thessalien Aristomèdes menait un corps d'infanterie de vingt mille Barbares; pour les soutenir, avaient été placés les soldats des nations les plus belliqueuses. Le roi lui-même devait combattre à cette aile, et il était accompagné de trois mille cavaliers d'élite habitués à lui servir de garde, ainsi que d'un corps de quarante mille fantassins. A côté d'eux

---

Darius initio, montis jugum cum parte copiarum occupare statuit, et a fronte, et a tergo circumiturus hostem : a mari quoque, quo dextrum ejus cornu tegebatur, alios objecturus, ut undique urgeret. Præter hæc, viginti millia præmissa cum sagittariorum manu, Pinarum amnem, qui duo agmina interfluebat, transire et objicere sese Macedonum copiis jusserat; si id præstare non possent, retrocedere in montes, et occulte circumire ultimos hostium. Ceterum, destinata salubriter, omni ratione potentior fortuna discussit : quippe alii præ metu imperium exsequi non audebant, alii frustra-exsequebantur, quia, ubi partes labant, summa turbatur.

IX. Acies autem hoc modo stetit. Nabarzanes equitatu dextrum cornu tuebatur, additis funditorum sagittariorumque viginti fere millibus. In eodem Thymodes erat, græcis peditibus, mercede conductis, triginta millibus præpositus. Hoc erat haud dubium robur exercitus, par macedonicæ phalangi acies. In lævo cornu Aristomedes Thessalus viginti millia barbarorum peditum habebat. In subsidiis pugnacissimas locaverat gentes. Ipsum regem in eodem cornu dimicaturum tria millia delectorum equitum, assueta corporis custodia, et pedestris acies quadraginta millia

se trouvait la cavalerie des Hyrcaniens et des Mèdes, et derrière, celle des autres nations, répandue sur la droite comme sur la gauche. Ainsi disposée, l'armée avait à son avant-garde six mille hommes armés de javelots ou de frondes. Tous les endroits de ces gorges, dont l'abord était permis, étaient couverts de troupes; et des deux ailes, l'une s'appuyait au sommet de la montagne, l'autre au rivage de la mer : quant à l'épouse et à la mère de Darius, on les avait placées au centre avec toutes les autres femmes.

Alexandre mit à son front de bataille la force la plus redoutable des Macédoniens, la phalange. Nicanor, fils de Parménion, commandait l'aile gauche : près de lui, étaient Cénus, Perdiccas, Méléagre, Ptolémée et Amyntas, chacun à la tête de son corps d'armée. A l'aile gauche, qui s'étendait vers la mer, étaient Cratère et Parménion, mais Cratère sous les ordres de Parménion. La cavalerie était distribuée sur les deux ailes : celle de Macédoine, jointe aux Thessaliens, devait soutenir la droite, et les Péloponésiens la gauche. En avant de l'armée Alexandre avait placé une troupe de frondeurs, auxquels se mêlaient quelques archers. Les Thraces et les Crétois, armés aussi à la légère, faisaient partie de cette avant-garde. Quant aux troupes que Darius avait envoyées prendre position sur le haut de la montagne, on leur opposa les Agriens tout récemment arrivés de la Grèce. L'ordre fut de plus donné à Parménion de s'étendre autant qu'il le pourrait du côté de la mer, pour s'éloigner davantage des hauteurs où s'étaient postés les Barbares. Mais ceux-ci, n'osant ni faire tête aux troupes

---

sequebantur. Hyrcani deinde medique equites; his proximi ceterarum gentium ultra eos dextra lævaque dispositi. Hoc agmen, sicut dictum est instructum, sex millia jaculatorum funditorumque antecedebant. Quidquid in illis angustiis adiri poterat, impleverant copiæ, cornuaque hinc a jugo, illinc a mari stabant : uxorem matremque regis, et alium feminarum gregem in medium agmen acceperant.

Alexander phalangem, qua nihil apud Macedonas validius erat, in fronte constituit. Dextrum cornu Nicanor, Parmenionis filius, tuebatur : huic proximi stabant Cœnos, et Perdiccas, et Meleager, et Ptolemæus, et Amyntas, sui quisque agminis duces. In lævo, quod ad mare pertinebat, Craterus et Parmenio erant; sed Craterus Parmenioni parere jussus. Equites ab utroque cornu locati : dextrum Macedones, Thessalis adjunctis, lævum Peloponnenses tuebantur. Ante hanc aciem posuerat funditorum manum, sagittariis admixtis. Thraces quoque et Cretenses ante agmen ibant, et ipsi leviter armati. At iis, qui præmissi a Dario jugum montis insederant, Agrianos opposuit ex Græcia nuper advectos. Parmenioni autem præceperat, ut, quantum posset, agmen ad mare extenderet, quo longius abesset mon-

qui les venaient attaquer, ni envelopper celles qui les avaient dépassés, effrayés surtout à la vue des soldats armés de frondes, avaient pris la fuite : et cette circonstance mit en sûreté le côté de l'armée macédonienne que le roi avait craint de voir attaquer d'en haut. Les rangs présentaient un front de trente-deux hommes, le défilé ne permettant pas à l'armée un plus large développement. A mesure qu'elle avançait, cependant, le col de la montagne s'élargissait et offrait à ses mouvements un plus large espace : de telle sorte, qu'il fût possible, non-seulement de faire marcher l'infanterie sur un front plus étendu, mais même de répandre de la cavalerie sur ses côtés.

X. Déjà les deux armées étaient en présence, mais hors de la portée du trait, lorsque les Perses les premiers firent entendre leur clameur confuse et sauvage. Les Macédoniens y répondirent par un cri plus fort que ne semblait le comporter le chiffre de leur armée, mais que répétèrent les sommets des montagnes et la vaste étendue des forêts : car c'est l'effet ordinaire d'une enceinte de rochers et de bois, de renvoyer en le multipliant le son qui les a frappés. Alexandre marchait en avant, contenant de temps en temps les siens d'un signe de sa main, dans la crainte qu'une marche trop précipitée ne les mit hors d'haleine et ne rendît leurs coups incertains au moment d'engager l'action. Il parcourait ensuite les rangs à cheval, et adressait à ses soldats des paroles différentes, selon que le génie de chaque peuple les réclamait. Aux Macédoniens, vainqueurs en Europe dans tant de guerres, et qui étaient

---

tibus, quos occupaverant Barbari. At illi neque obstare venientibus, nec circumire prætergressos ausi, funditorum maxime aspectu profugerant territi : eaque res tutum Alexandro agminis latus, quod ne superne incesseretur timuerat, præstitit. Triginta et duo armatorum ordines ibant; neque enim latius extendi aciem patiebantur angustiæ. Paulatim deinde se laxare sinus montium, et majus spatium aperire cœperant; ita ut non pedes solum pluribus ordine incedere, sed etiam lateribus circumfundi posset equitatus.

X. Jam in conspectu, sed extra teli jactum, utraque acies erat, quum priores Persæ inconditum et trucem sustulere clamorem. Redditur et a Macedonibus major exercitus numero jugis montium vastisque saltibus repercussus : quippe semper circumjecta nemora petræque, quantamcunque accepere vocem, multiplicato sono referunt. Alexander ante prima signa ibat, identidem manu suos inhibens, ne suspensi, acrius ob nimiam festinationem concitato spiritu, capesserent prœlium. Quumque agmini obequitaret, varia oratione, ut cujusque animis aptum erat, milites alloquebatur. Macedones, tot bellorum in Europa victores, ad subigendam Asiam

partis pour la conquête de l'Asie et des contrées les plus reculées de l'Orient, moins par son ordre que par leur propre ardeur, il leur rappelait leurs anciennes vertus guerrières. Libérateurs de l'univers et destinés à accomplir la course glorieuse d'Hercule et de Bacchus, ils imposeraient leur joug, non pas seulement aux Perses, mais à toutes les autres nations : la Bactriane et l'Inde feraient partie de la Macédoine. C'était peu de chose que ce qu'ils voyaient maintenant ; mais tout devait être acquis par la victoire. Il ne s'agissait pas ici de se consumer en fatigues stériles autour des rocs escarpés de l'Illyrie et des montagnes de la Thrace ; c'étaient les dépouilles de l'Orient tout entier qui s'offraient à eux. A peine auraient-ils à se servir de leurs épées ; le choc de leurs boucliers suffirait pour disperser ces bataillons déjà mis en désordre par la peur. Il invoquait ensuite la mémoire de Philippe, son père, vainqueur des Athéniens ; et il leur remettait devant les yeux l'image de la Béotie, récemment conquise, et de la plus illustre de ses cités rasée jusqu'en ses fondements. Il leur rappelait et le Granique traversé ! et tant de villes, ou prises d'assaut, ou se livrant à merci ! et tout ce qui était derrière eux, enfin, abattu et mis à leurs pieds ! Lorsqu'il s'approchait des Grecs, il leur rappelait les anciennes guerres faites à la Grèce par ces Barbares, l'insolence de Darius et celle de Xerxès, qui étaient venus demander à leurs pères la terre et l'eau, leur enviant jusqu'à la jouissance de leurs fontaines et au pain qui les nourrissait chaque jour. Il leur parlait de leurs temples ruinés et dévorés par les flammes, de leurs villes emportées d'assaut, de toutes les lois divines et humaines tant

atque ultima Orientis, non ipsius magis quam suo ductu, profecti, inveteratæ virtutis admonebantur. Illos terrarum orbis liberatores, emensosque olim Herculis et Liberi patris terminos, non Persis modo, sed etiam omnibus gentibus imposituros jugum ; Macedonum Bactra et Indos fore ; minima esse, quæ nunc intuerentur, sed omnia victoria parari. Non in præruptis petris Illyriorum, et Thraciæ saxis sterilem laborem fore ; spolia totius Orientis offerri. Vix gladio futurum opus ; totam aciem suo pavore fluctuantem umbonibus posse propelli. Victor ad hæc Atheniensium Philippus pater invocabatur ; domitæque nuper Bœotiæ, et urbis in ea nobilissimæ ad solum dirutæ species repræsentabatur animis. Jam Granicum agmen, jam tot urbes, aut expugnatas, aut in fidem acceptas, omniaque, quæ post tergum erant, strata et pedibus ipsorum subjecta memorabat. Quum adierat Græcos, admonebat ab iis gentibus illata Græciæ bella, Darii prius, deinde Xerxis insolentia, aquam ipsam terramque postulantium, ut neque fontium haustum, nec solitos cibos relinquerent. Dein deum templa ruinis et ignibus esse deleta ; urbes eorum expugnatas ;

de fois violées. Quant aux Illyriens et aux Thraces, accoutumés à vivre de rapine, il appelait leurs regards sur cette armée resplendissante d'or et de pourpre, portant moins des armes que du butin pour l'ennemi : « Allez, leur disait-il, allez, vous, qui êtes des hommes, arracher leur or à ces lâches femmes; échangez les âpres sommets de vos montagnes, leurs roches nues et hérissées d'une glace éternelle, contre les plaines et les riches campagnes de la Perse. »

XI. Déjà les deux armées étaient à la portée du trait, lorsque la cavalerie des Perses fondit avec fureur sur l'aile droite de l'ennemi : car c'était un combat de cavalerie que cherchait à engager Darius, persuadé que la phalange faisait la force de l'armée macédonienne. Déjà même l'aile droite d'Alexandre était enveloppée. Dès qu'il s'en aperçut, il prit le parti de ne laisser sur la montagne que deux escadrons de sa cavalerie, et de lancer le reste au milieu de la mêlée. Détachant ensuite du gros de l'armée les cavaliers thessaliens, il commande à leur chef de passer à la dérobée derrière le corps de bataille, de se réunir à Parménion, et d'exécuter ponctuellement tous ses ordres.

Cependant les Macédoniens, pressés au milieu des Perses qui les environnaient de toutes parts, se défendaient avec vigueur; mais, serrés et se tenant en quelque sorte les uns aux autres, ils ne pouvaient diriger leurs javelots : à peine lancés, on les voyait s'entre-choquer et revenir sur les rangs d'où ils étaient partis; un petit nombre allait porter à l'en-

---

fœdera humani divinique juris violata referebat. Illyrios vero et Thracas, rapto vivere assuetos, aciem hostium auro purpuraque fulgentem intueri jubebat, prædam, non arma gestantem. Irent, et imbellibus feminis aurum viri eriperent, aspera montium suorum juga, nudosque colles et perpetuo rigentes gelu ditibus Persarum campis agrisque mutarent.

XI. Jam ad teli jactum pervenerant, quum Persarum equites ferociter in lævum cornu hostium invecti sunt; quippe Darius equestri prœlio decernere optabat, phalangem macedonici exercitus robur esse conjectans. Jamque etiam dextrum Alexandri cornu circumibatur. Quod ubi Macedo conspexit, duabus alis equitum ad jugum montis jussis subsistere, ceteros in medium belli discrimen strenue transfert. Subductis deinde ex acie thessalis equitibus, præfectum eorum occulte circumire tergum suorum jubet, Parmenionique conjungi et quod is imperasset, impigre exsequi.

Jamque ipsi, in medium Persarum undique circumfusi, egregie se tuebantur; sed conserti et quasi cohærentes tela vibrare non poterant : simul erant emissa, in eosdem concurrentia implicabantur, levique et vano ictu pauca in hostem, plura in humum innoxia cadebant. Ergo cominus pugnam coacti conserere, gladios impigre

nemi de légères et impuissantes blessures; la plupart tombaient inutilement à terre. Il fallut donc engager de près le combat, et les épées furent vaillamment tirées. Des flots de sang coulèrent alors : car les deux armées se touchaient de si près, que les armes se croisaient, et que les coups ne pouvaient s'adresser qu'au visage. Le timide et le lâche n'avaient point là le pouvoir de reculer : pied contre pied, et comme en un combat singulier, ils restaient attachés à la même place, jusqu'à ce qu'ils se fussent ouvert un passage par la victoire. Ils ne faisaient un pas en avant que sur le corps d'un ennemi terrassé; mais, fatigués, ils trouvaient un nouvel adversaire, et il était impossible de retirer, comme on le fait toujours, les blessés de la mêlée : devant, ils avaient l'ennemi; derrière, ils étaient poussés par leurs compagnons.

Alexandre remplissait aussi bien les devoirs de soldat que ceux de capitaine : il cherchait, en tuant Darius, le plus noble prix de la victoire. Darius, en effet, du haut de son char dominait le champ de bataille, et c'était pour les Perses un puissant aiguillon à le défendre; pour l'ennemi, à l'attaquer. Alexandre le pressait donc de plus en plus, lorsque Oxathrès se jeta au-devant du char même du roi son frère, avec la cavalerie qu'il commandait, remarquable entre tous par l'éclat de ses armes et la force de son corps, et surtout modèle bien rare de vaillance et de piété fraternelle. Ce combat l'illustra beaucoup; et on le vit tour à tour renverser à ses pieds ceux qui le pressaient imprudemment, et forcer les autres à fuir. Mais les Macédoniens, qui avaient leur roi au milieu d'eux, après s'être animés par de mutuelles exhortations, s'élancent

---

stringunt. Tum vero multum sanguinis fusum est. Duæ quippe acies ita cohærebant, ut armis arma pulsarent, mucrones in ora dirigerent. Non timido, non ignavo cessare tum licuit ; collato pede, quasi singuli inter se dimicarent, in eodem vestigio stabant, donec vincendo locum sibi facerent. Tum denium ergo promovebant gradum, quum hostem prostraverant. At illos novus excipiebat adversarius fatigatos : nec vulnerati, ut alias solent, acie poterant excedere, quum hostis instaret a fronte, et a tergo sui urgerent.

Alexander non ducis magis quam militis munera exsequebatur, opimum decus cæso rege expetens ; quippe Darius curru sublimis eminebat ; et suis ad se tuendum, et hostibus ad incessendum, ingens incitamentum. Ergo frater ejus Oxathres, quum Alexandrum instare ei cerneret, equites, quibus præerat, ante ipsum currum regis objecit : armis et robore corporis multum super ceteros eminens, animo vero et pietate in paucissimis, illo utique prœlio, clarus, alios improvide instantes prostravit, alios in fugam avertit. At Macedones, ut circa regem erant, mutua

avec lui sur cette cavalerie. Le carnage devint alors un massacre.

Autour du char de Darius gisaient les chefs les plus distingués de l'armée, morts d'un trépas honorable sous les yeux de leur roi, tous le visage contre terre, comme ils étaient tombés en combattant, tous ayant reçu par devant leurs blessures. Dans le nombre, on reconnaissait Atizyès, Rhéomithrès et Sabacès, le gouverneur de l'Égypte, qui, jadis, avait commandé de grandes expéditions; autour d'eux était entassée une foule moins illustre de cavaliers et de fantassins. Il y eut aussi des Macédoniens qui périrent, non pas en grand nombre, mais ce furent les plus vaillants : Alexandre lui-même eut la cuisse droite légèrement atteinte d'un coup d'épée. Cependant les chevaux qui traînaient Darius, percés de traits et effarouchés par la douleur, commençaient à secouer le joug et à faire chanceler le roi sur son char. Craignant alors de tomber vivant au pouvoir de ses ennemis, il saute à bas et se fait mettre sur un cheval qui le suivait pour cet usage; il a peur aussi que les ornements de la royauté ne trahissent sa fuite, et les rejette honteusement loin de lui. A ce coup, l'épouvante dissipe le reste de ses soldats : partout où un passage leur est ouvert pour fuir, ils s'y précipitent, jetant leurs armes, qu'un instant auparavant ils avaient prises pour se défendre : tant la peur leur fait redouter même leurs moyens de salut !

Un corps de cavalerie que Parménion avait détaché de l'aile gauche, poursuivait les fuyards, qui, par un singulier hasard,

---

adhortatione firmati, cum ipso in equitum agmen irrumpunt. Tum vero similis ruinæ strages erat.

Circa currum Darii jacebant nobilissimi duces, ante oculos regis egregia morte defuncti, omnes in ora proni, sicut dimicantes procubuerant, adverso corpore vulneribus acceptis. Inter hos Atizyes, et Rheomithres, et Sabaces prætor Ægypti, magnorum exercituum præfecti, noscitabantur : circa eos cumulata erat peditum equitumque obscurior turba. Macedonum quoque non quidem multi, sed promptissimi tamen cæsi sunt : inter quos Alexandri dextrum femur leviter mucrone perstrictum est. Jamque qui Darium vehebant equi, confossi hastis et dolore efferati, jugum quatere, et regem curru excutere cœperant: quum ille, veritus ne vivus veniret in hostium potestatem, desilit, et in equum, qui ad hoc sequebatur, imponitur; insignibus quoque imperii, ne fugam proderent, indecore abjectis. Tum vero ceteri dissipantur metu, et, qua cuique patebat ad fugam via, erumpunt, arma jacientes, quæ paulo ante ad tutelam corporum sumpserant : adeo pavor etiam auxilia formidat.

Instabat fugientibus eques a Parmenione missus, et forte in id cornu omnes fuga

s'étaient tous portés de ce côté; mais, à la droite, les Perses pressaient vivement la cavalerie Thessalienne; déjà même un escadron avait été renversé par l'impétuosité de leur choc, lorsque les Thessaliens, faisant rapidement tourner leurs chevaux, s'éloignent, et, revenant à la charge, font une affreuse boucherie des Barbares, que la confiance de la victoire avait débandés et mis en désordre. Les cavaliers Perses, ainsi que leurs montures, surchargés de plaques de fer, avaient peine à se former en escadrons, manœuvre qui exige surtout de l'agilité; et c'était en la faisant exécuter à leurs chevaux qu'ils avaient été surpris par les Thessaliens.

A la nouvelle de l'heureux succès de cet engagement, Alexandre, qui jusqu'alors n'avait pas osé poursuivre les Barbares, vainqueur des deux côtés, n'hésita plus à se lancer sur leur trace. Mille cavaliers au plus l'accompagnaient, et une oule innombrable de Perses tombaient sous leurs coups; mais dans la victoire ou dans la fuite, compte-t-on jamais l'ennemi? Ils couraient donc, chassés comme un troupeau par cette poignée d'hommes, et la même terreur qui les faisait fuir ralentissait leur fuite.

Cependant, les Grecs qui s'étaient rangés sous les enseignes de Darius, conduits par Amyntas, autrefois lieutenant d'Alexandre, aujourd'hui transfuge, marchaient séparés du reste de l'armée, et ce n'était pas en fuyards qu'ils avaient quitté le champ de bataille. Quant aux Barbares, la frayeur les emporta dans des routes toutes diverses : les uns suivirent celle qui conduisait directement en Perse; d'autres, par des détours,

abstulerat. At in dextro Persæ thessalos equites vehementer urgebant. Jamque una ala ipso impetu proculcata erat, quum Thessali strenue circumactis equis dilapsi, rursus in prœlium redeunt, sparsosque et incompositos victoriæ fiducia barbaros ingenti cæde prosternunt. Equi pariter equitesque Persarum, serie laminarum graves, agmen, quod celeritate maxime constat, ægrè moliebantur. Quippe in circumagendis equis suis Thessali inulti occupaverant.

Hac tam prospera pugna nuntiata, Alexander non ante ausus persequi barbaros, utrinque jam victor, instare fugientibus cœpit. Haud amplius regem quam mille equites sequebantur, quum ingens multitudo hostium caderet : sed quis, aut in victoria, aut in fuga copias numerat? Agebantur ergo a tam paucis pecorum modo, et idem metus, qui cogebat fugere, fugientes morabatur.

At Græci qui in Darii partibus steterant, Amynta duce (prætor hic Alexandri fuerat, tunc transfuga), abrupti a ceteris, haud sane fugientibus similes evaserant. Barbari longe diversam fugam intenderunt; alii qua rectum iter in Persidem ducebat, quidam circumitu rupes saltusque montium occultos petivere, pauci castra

gagnèrent les rochers et la retraite des bois dans les montagnes ; un petit nombre retournèrent au camp de Darius. Mais déjà l'ennemi vainqueur avait pénétré dans ce camp même, si plein de toutes sortes de richesses ? une immense quantité d'or et d'argent, vain appareil de luxe et non de guerre, était devenue la proie des soldats ; et, comme tous enlevaient plus qu'ils ne pouvaient porter, les chemins étaient jonchés d'objets de médiocre valeur, que leur avarice avait dédaignés par comparaison avec de plus précieux.

On était arrivé jusqu'aux femmes, à qui leurs ornements étaient arrachés avec d'autant plus de violence qu'ils leur sont plus chers : leurs personnes même n'étaient pas respectées par la brutale passion des soldats. Tout était dans le camp tumulte et désolation, selon les diverses fortunes de chacun, et nulle scène de désastre n'y manquait ; la cruauté et la licence du vainqueur s'étendant à tous les rangs et à tous les âges. C'est alors que l'on put se donner le spectacle des jeux cruels de la fortune : les mêmes hommes qui, naguère, avaient orné la tente de Darius avec tout l'éclat du luxe et de l'opulence, gardaient maintenant ses trésors pour Alexandre, comme pour un ancien maître : car il n'y avait que cela qu'eût épargné la main du soldat, d'après l'usage établi, que le vainqueur fût reçu dans la tente du roi vaincu.

Mais c'était la mère et l'épouse de Darius, toutes deux prisonnières, qui appelaient sur elles les regards et l'attention de tous : l'une, vénérable par la majesté de sa personne aussi bien que par son grand âge ; l'autre, d'une beauté que son in-

---

Darii. Sed jam illa quoque hostis victor intraverat, omni quidem opulentia ditia. Ingens auri argentique pondus, non belli, sed luxuriæ apparatum, diripuerant milites : quumque plus raperent, passim strata erant itinera vilioribus sarcinis, quas in comparatione meliorum avaritia contempserat.

Jamque ad feminas perventum erat, quibus, quo cariora ornamenta sunt, violentius detrahebantur ; nec corporibus quidem vis ac libido parcebat. Omnia planctu tumultuque, prout cuique fortuna erat, castra repleverant ; nec ulla facies mali deerat, quum per omnes ordines ætatesque victoris crudelitas ac licentia vagaretur. Tunc vero impotentis fortunæ species conspici potuit, quum ii, qui tum Dario tabernaculum exornaverant omni luxu et opulentia instructum, eadem illa Alexandro, quasi veteri domino, reservabant ; namque id solum intactum omiserant milites, ita tradito more, ut victorem victi regis tabernaculo exciperent.

Sed omnium oculos animosque in semet converterant captivæ mater conjuxque Darii : illa, non majestate solum, sed etiam ætate venerabilis ; hæc formæ pulchritudine, nec illa quidem sorte corrupta. Acceperat in sinum filium nondum sextum

fortune même n'avait en rien altérée. Elle entourait de ses bras son fils, qui n'avait point encore accompli sa sixième année, et qu'elle avait mis au jour dans l'espoir de cette haute fortune que son père venait de perdre. Sur le sein de la vieille reine étaient penchées les deux filles de Darius, déjà sorties de l'enfance, et accablées de la douleur de leur aïeule autant que de la leur. Autour d'elles s'étaient rassemblées une foule de femmes de distinction, qui s'arrachaient les cheveux et déchiraient leurs vêtements, n'ayant plus aucun souvenir de leur ancien rang : elles leur donnaient encore les noms de leurs reines, de leurs maîtresses, noms véritables autrefois, mais qui maintenant n'étaient plus faits pour elles. Les infortunées princesses, ne songeant point à leur propre misère, demandaient à quelle aile avait combattu Darius, quelle avait été l'issue de la bataille ; elles ne pouvaient se croire captives, si le roi était encore vivant. Mais le roi, changeant sans cesse de chevaux, avait été emporté déjà bien loin par la fuite.

Il périt dans cette bataille, du côté des Perses, cent mille fantassins et dix mille chevaux. Du côté d'Alexandre, les blessés furent au nombre de cinq cent quatre ; l'infanterie ne perdit en tout que trente-deux hommes, et la cavalerie ne compta pas plus de cent cinquante morts : voilà à quel faible prix s'acheta cette grande victoire !

XII. Après s'être fatigué longtemps à poursuivre Darius, Alexandre, voyant approcher la nuit sans espoir de l'atteindre, retourna au camp dont ses troupes venaient de s'emparer. Il fit alors inviter à sa table les plus familiers d'entre

ætatis annum egressum, in spem tantæ fortunæ, quantam paulo ante pater ejus amiserat, genitum. At in gremio anus aviæ jacebant adultæ virgines duæ, non suo tantum, sed etiam illius mœrore confectæ. Ingens circa eam nobilium feminarum turba constiterat, laceratis crinibus, abscissaque veste, pristini decoris immemores, reginas dominasque, veris quondam, tunc alienis nominibus, invocantes. Illæ, suæ calamitatis oblitæ, utro cornu Darius stetisset, quæ fortuna discriminis fuisset requirebant; negabant se captas, si viveret rex. Sed illum equos subinde mutantem longius fuga abstulerat.

In acie autem cæsa sunt Persarum peditum centum millia, decem vero millia interfecta equitum. At ex parte Alexandri quatuor et quingenti saucii fuere; triginta omnino et duo ex peditibus desiderati sunt, equitum centum quinquaginta interfecti; tantulo impendio ingens victoria stetit!

XII. Rex, diu Darium persequendo fatigatus, posteaquam et nox appetebat, et cum assequendi spes non erat, in castra paulo ante a suis capta pervenit. Invitari deinde amicos, quibus maxime assueverat, jussit, quippe summa duntaxat cutis in

ses amis ; car sa blessure, qui ne lui avait qu'effleuré légèrement la cuisse, ne l'empêchait point de prendre part au repas. Tout à coup part de la tente voisine un cri lugubre mêlé de hurlements et de lamentations à la manière des Barbares, qui vient effrayer les convives. La troupe qui gardait la tente du roi, craignant que ce ne fût le commencement de quelque mouvement sérieux, s'était empressée de prendre les armes. Or, la cause de cette alarme subite fut que la mère et l'épouse de Darius, avec les femmes de distinction qui partageaient leur captivité croyant ce prince mort, le pleuraient avec des gémissements et de bruyantes clameurs. C'était un des eunuques prisonniers que le hasard avait fait passer devant leur tente, et qui avait reconnu, aux mains de l'homme qui l'avait trouvé, le manteau de Darius, jeté, comme on l'a dit, par ce prince, pour que ses vêtements royaux ne le trahissent point : il s'était persuadé qu'on en avait dépouillé le roi tué, et avait apporté la fausse nouvelle de sa mort.

On rapporte qu'Alexandre, en apprenant l'erreur de ces femmes, versa des larmes sur la fortune de Darius et sur l'attachement qu'elles lui portaient. D'abord il avait choisi, pour aller les consoler, Mithrénès, qui lui avait livré Sardes, et qui connaissait la langue des Perses; mais, craignant que la vue de ce traître ne provoquât la colère des captives et n'aggravât leur chagrin, il leur envoya Léonnatus, l'un de ses courtisans, avec ordre de les informer qu'elles pleuraient sans sujet Darius, qui vivait encore. Celui-ci, accompagné d'un petit nombre de gardes, se présente devant la tente des reines prison-

---

femore perstricta non prohibebat interesse convivio; quum repente e proximo tabernaculo lugubris clamor, barbaro ululatu planctuque permistus, epulantes conterruit. Cohors quoque quæ excubabat ad tabernaculum regis, verita ne majoris motus principium esset, armare se cœperat. Causa pavoris subiti fuit, quod mater uxorque Darii cum captivis mulieribus nobilibus, regem, quem interfectum esse credebant, ingenti gemitu ejulatuque deflebant. Unus namque e captivis spadonibus, qui forte ante ipsarum tabernaculum steterat, amiculum, quod Darius, sicut paulo ante dictum est, ne cultu proderetur, abjecerat, in manibus ejus, qui repertum ferebat, agnovit; ratusque interfecto detractum esse, falsum nuntium mortis ejus attulerat.

Hoc mulierum errore comperto, Alexander fortunæ Darii et pietati earum illacrymasse fertur. Ac primo Mithrenem, qui Sardes tradiderat, peritum persicæ linguæ, ire ad consolandas eas jusserat; veritus deinde ne proditor captivarum iram doloremque gravaret, Leonnatum ex purpuratis suis misit, jussum indicare falso lamentari eas virum. Ille cum paucis armigeris in tabernaculum in quo captivæ

nières, et se fait annoncer comme envoyé par le roi. Mais ceux qui étaient à l'entrée, aussitôt qu'ils aperçoivent des hommes armés, se persuadent que c'en est fait de leurs maîtresses, et se précipitent dans la tente, leur criant que leur dernière heure est arrivée, et que des soldats ont été envoyés pour égorger les captives. Incapables de leur défendre l'entrée, et n'osant la leur permettre, les infortunées ne firent aucune réponse, et elles attendaient en silence les volontés du vainqueur.

Léonnatus resta longtemps sans être introduit ; puis, comme personne n'osait sortir, il laissa ses gardes dans le vestibule, et entra dans la tente. Ce fut un nouveau sujet d'alarme pour les prisonnières de le voir paraître ainsi au milieu d'elles, sans qu'elles l'y eussent admis. Aussi l'épouse et la mère, tombant à ses pieds, commencèrent à le supplier de leur permettre, avant qu'on les tuât, d'ensevelir les restes de Darius ; une fois libres de ce devoir suprême, elles sauraient mourir avec courage. Léonnatus leur répondit que Darius vivait, et que, pour elles, non-seulement leurs jours étaient assurés, mais qu'elles seraient toujours reines, avec les honneurs de leur ancienne fortune. La mère de Darius permit alors qu'on la relevât. Le lendemain, Alexandre ayant fait donner avec soin la sépulture à ceux de ses soldats dont on avait trouvé les corps, commanda qu'on rendît le même honneur aux principaux chefs de l'armée des Perses, et permit à la mère de Darius d'ensevelir, suivant les usages de son pays, ceux qu'il lui plairait de choisir. Celle-ci se contenta de faire inhumer le petit nombre

---

erant pervenit, missumque a rege se nuntiari jubet. At ii qui in vestibulo erant, ut armatos conspexere, rati actum esse de dominis, in tabernaculum currunt, vociferantes adesse supremam horam, missosque qui occiderent captas. Itaque, ut quæ nec prohibere possent, nec admittere auderent, nullo responso dato, tacitæ opperiebantur victoris arbitrium.

Leonnatus, exspectato diu qui se intromitteret, posteaquam nemo procedere audebat, relictis in vestibulo satellitibus, intrat in tabernaculum. Ea ipsa res turbaverat feminas, quod irrupisse non admissus videbatur. Itaque mater et conjux, provolutæ ad pedes, orare cœperunt, ut, priusquam interficerentur, Darii corpus ipsis patrio more sepelire permitteret ; functas supremo in regem officio se impigre morituras. Leonnatus, et vivere Darium, et ipsas non incolumes modo, sed etiam apparatu pristinæ fortunæ reginas fore. Tum mater Darii allevari se passa est. Alexander, postera die, cum cura sepultis militibus quorum corpora invenerat, Persarum quoque nobilissimis eumdem honorem haberi jubet, matrique Darii permittit quos vellet patrio more sepeliret. Illa paucos, arcta propinquitate conjunc-

de ses parents les plus proches, avec la simplicité que commandait sa fortune présente ; elle craignait que l'appareil usité chez les Perses dans les cérémonies funèbres n'offensât les regards, lorsqu'on brûlait avec si peu de pompe les corps des vainqueurs.

Ayant ainsi rendu aux morts les derniers devoirs, Alexandre fit prévenir les prisonnières qu'il venait en personne les visiter ; et, laissant derrière lui son escorte, il entra dans leur tente, accompagné d'Héphestion. Élevé jadis avec le roi, Héphestion, de tous ses amis, était le plus cher : c'était le confident de tous ses secrets ; nul autre n'avait le droit de l'avertir avec la même liberté, et il usait de ce droit de manière à ce qu'il parût une concession du roi plutôt qu'un privilége qu'il s'était arrogé. Son âge était le même que celui d'Alexandre, mais sa taille beaucoup plus haute. Aussi, le prenant pour le roi, les deux princesses l'honorèrent à la façon des Perses. Des eunuques prisonniers leur montrèrent Alexandre, et aussitôt Sysigambis se jeta à ses pieds, en s'excusant de sa méprise sur ce qu'elle ne l'avait jamais vu. Mais le roi lui tendant la main pour la relever : « Vous ne vous êtes pas trompée, ma mère, lui dit-il, car celui-ci est aussi Alexandre. »

Ah ! sans doute, s'il eût conservé jusqu'à la fin de sa vie cette modération de sentiments, il me paraîtrait bien plus heureux qu'il ne sembla l'être, lorsqu'il imitait le triomphe du dieu Bacchus, après avoir parcouru en vainqueur toutes les contrées depuis l'Hellespont jusqu'à l'Océan. Il eût vaincu ces

---

tos, pro habitu præsentis fortunæ humari jussit ; apparatum funerum, quo Persæ suprema officia celebrarent, invidiosum fore existimans, quum victores haud pretiose cremarentur.

Jamque justis defunctorum corporibus solutis, præmittit ad captivas, qui nuntiarent, ipsum venire : inhibitaque comitantium turba, tabernaculum cum Hephæstione intrat. Is longe omnium amicorum carissimus erat regi, cum ipso pariter educatus, secretorum omnium arbiter ; libertatis quoque in admonendo eo non alius jus habebat, quod tamen ita usurpabat, ut magis a rege permissum, quam vindicatum ab eo videretur : et sicut ætate par erat regi, ita corporis habitu præstabat. Ergo reginæ, illum regem esse ratæ, suo more veneratæ sunt. Inde ex spadonibus captivis, quis Alexander esset, monstrantibus, Sysigambis advoluta est pedibus ejus, ignorationem nunquam antea visi regis excusans ; quam manu allevans rex : « Non errasti, inquit, mater ; nam et hic Alexander est. »

Equidem, si hac continentia animi ad ultimum vitæ perseverare potuisset, feliciorem fuisse crederem, quam visus est esse, quum Liberi patris imitaretur triumphum, ab Hellesponto usque ad Oceanum omnes gentes victoria emensus. Vicisset

deux indomptables passions de son cœur, l'orgueil et la colère ; il ne se fût point souillé du meurtre de ses amis au milieu des festins ; il eût craint de faire périr, sans les entendre, d'illustres guerriers, conquérants avec lui de tant de nations. C'est que la fortune n'avait pas encore versé le poison dans son âme : il en reçut les premières faveurs avec modération et sagesse ; mais il finit par ne pouvoir plus en supporter l'excès. Dans la circonstance dont nous parlons, il surpassa en retenue et en clémence tous les rois qui l'avaient précédé.

Les filles de Darius étaient d'une grande beauté, et il les respecta comme si elles eussent eu le même père que lui. L'épouse de ce prince, la plus belle des femmes de son époque, fut aussi pour lui un objet sacré, et il mit le plus grand soin à préserver sa pudeur du moindre outrage. Il voulut que l'on rendît aux femmes toutes leurs parures ; et, dans leur captivité, il ne leur manqua rien de leur ancienne fortune, que la confiance. C'est pourquoi Sysigambis lui dit : « Roi, tu mérites que nous fassions pour toi les mêmes vœux que nous faisions naguère pour notre cher Darius ; et, je le vois, tu es digne d'avoir surpassé un si grand roi en fortune comme en noblesse d'âme. Tu me donnes les noms de mère et de reine, et moi je me reconnais pour ton esclave. Je ne suis point au-dessous de la hauteur de ma condition passée, et je puis supporter l'abaissement de celle où je me trouve. C'est à toi de voir si, maître absolu de notre destinée, tu veux manifester ton pouvoir par la clémence plutôt que par la rigueur. »

---

profecto superbiam atque iram, mala invicta ; abstinuisset inter epulas cædibus amicorum ; egregiosque bello viros et tot gentium secum domitores indicta causa veritus esset occidere. Sed nondum fortuna se animo ejus superfuderat : itaque orientem eam moderate et prudenter tulit ; ad ultimum magnitudinem ejus non cepit. Tum quidem ita se gessit, ut omnes ante eum reges et continentia et clementia vincerentur.

Virgines enim regias excellentis formæ tam sancte habuit, quam si eodem, quo ipse, parente genitæ forent : conjugem ejusdem, quam nulla ætatis suæ pulchritudine corporis vicit, adeo ipse non violavit, ut summam adhibuerit curam, ne quis captivo corpori illuderet : omnem cultum reddi feminis jussit, nec quidquam ex pristinæ fortunæ magnificentia captivis, præter fiduciam, defuit. Itaque Sysigambis : « Rex, inquit, mereris, ut ea precemur tibi, quæ Dario nostro quondam precatæ sumus ; et, ut video, dignus es, qui tantum regem non felicitate solum, sed etiam æquitate superaveris. Tu quidem matrem me et reginam vocas ; sed ego me tuam famulam esse confiteor : et præteritæ fortunæ fastigium capio, et præsentis jugum pati possum : tua interest, quantum in nos licuerit, si id potius clementia, quam sævitia, vis esse testatum. »

Le roi les invita à ne point perdre courage ; puis, il prit entre ses bras le fils de Darius. L'enfant, sans éprouver de frayeur à l'aspect d'un étranger qu'il voyait alors pour la première fois, lui passa ses mains autour du cou. Son assurance toucha Alexandre, qui, se tournant vers Héphestion : « Que je voudrais, lui dit-il, que Darius eût eu quelque chose de cet heureux naturel ! » Aussitôt après, il quitta la tente ; et ayant élevé sur les bords du Pinare trois autels consacrés à Jupiter, à Hercule et à Minerve, il prit la route de la Syrie : Parménion marchait en avant sur Damas, où étaient les trésors du roi de Perse.

XIII. Ce général apprit qu'un des satrapes de Darius l'avait devancé, et, craignant que le petit nombre de ses troupes ne fût regardé avec mépris, il résolut d'appeler des renforts. Mais le hasard fit tomber entre les mains de ses éclaireurs un soldat, Marde de nation, qui, amené devant lui, lui remit une lettre adressée à Alexandre par le gouverneur de Damas. Il ajoutait que, sans aucun doute, ce gouverneur était prêt à livrer tous les riches effets du roi avec son trésor. Parménion s'assura de l'homme, et, ouvrant ensuite la lettre, il y lut qu'Alexandre eût à envoyer au plus tôt quelqu'un de ses généraux avec une troupe peu nombreuse. Cette information prise, il renvoie sous escorte le Marde à son perfide maître. Mais celui-ci, s'étant échappé des mains de ses gardes, arriva à Damas avant le jour. Parménion éprouva quelque inquiétude de cette circonstance : il craignait un piége, et n'osait s'engager sans guide dans une route inconnue. Toutefois, se confiant en

---

Rex bonum animum habere eas jussit. Darii deinde filium collo suo admovit : atque nihil ille conspectu tunc primum a se visi conterritus, cervicem ejus manibus amplectitur : motus ergo rex constantia pueri, Hephæstionem intuens : « Quam vellem, inquit, Darius aliquid ex hac indole hausisset ! » Tum tabernaculo egressus, tribus aris, in ripa Pinari amnis, Jovi atque Herculi Minervæque sacratis, Syriam petit ; Damascum, ubi regis gaza erat, Parmenione præmisso.

XIII. Atque is, quum præcessisse, Darii satrapam comperisset, veritus ne paucitas suorum sperneretur, arcessere majorem manum statuit. Sed forte in exploratores ab eo præmissos incidit natione Mardus, qui ad Parmenionem perductus, litteras ad Alexandrum a præfecto Damasci missas tradit ei ; nec dubitare eum, quin omnem regiam supellectilem cum pecunia traderet, adjecit. Parmenio, asservari eo jusso, litteras aperit, in queis erat scriptum, ut mature Alexander aliquem ex ducibus suis mitteret cum manu exigua. Itaque, re cognita, Mardum datis comitibus ad proditorem remittit. Ille e manibus custodientium lapsus, Damascum ante lucem intrat. Turbaverat ea res Parmenionis animum, insidias timentis ; et ignotum iter

l'heureuse fortune de son roi, il ordonna qu'on lui amenât des paysans pour lui servir de guides : on n'eut pas de peine à en trouver, et, le quatrième jour, il arriva aux portes de Damas, lorsque déjà le gouverneur commençait à craindre qu'on n'eût pas ajouté foi à ses avis.

Le traître feignit alors de n'avoir nulle confiance aux fortifications de la ville, et, avant le lever du soleil, il fit mener dehors le trésor du roi, que les Perses appellent *gaza*, avec ses effets les plus précieux, faisant semblant de prendre la fuite, mais, dans le fait, pour aller offrir ce butin à l'ennemi. Des milliers d'hommes et de femmes accompagnaient sa marche hors des murs : spectacle de pitié pour tous, excepté pour l'homme à la foi duquel cette multitude était confiée. Car, pour que sa trahison fût mise à un plus haut prix, il se proposait de conduire à l'ennemi une proie bien plus agréable que le pouvaient être tous les trésors, la noblesse du royaume, les épouses et les enfants des lieutenants de Darius, et avec eux les députés des villes grecques, que le roi avait mis entre ses mains, comme dans la plus sûre de toutes les forteresses. Les Perses appellent *gangabas* les hommes qui font métier de porter les fardeaux; or, ceux que le gouverneur employait, ne pouvant endurer le froid (car une tempête soudaine avait fait tomber une neige épaisse et la terre gelait), se mirent à déployer les robes tissues d'or et de pourpre qu'ils transportaient avec l'argent du roi, et s'en revêtirent sans que personne osât les en empêcher, la fortune de Darius permettant tout contre lui, même aux hommes des rangs les plus inférieurs.

---

sine duce non audebat ingredi : felicitati tamen regis sui confisus, agrestes, qui duces itineris essent, excipi jussit : quibus celeriter repertis, quarto die ad urbem pervenit : jam metuente præfecto, ne sibi fides habita non esset.

Igitur, quasi parum munimentis oppidi fidens, ante solis ortum pecuniam regiam (gazam Persæ vocant) cum pretiosissimis rerum efferri jubet, fugam simulans; re vera, ut prædam hosti offerret. Multa millia virorum feminarumque excedentem oppido sequebantur : omnibus miserabilis turba, præter eum, cujus fidei commissa fuerat. Quippe quo major proditoris merces foret, objicere hosti parabat gratiorem omni pecunia prædam, nobiles viros, prætorum Darii conjuges liberosque, præter hos urbium græcarum legatos, quos Darius, velut in arce tutissima, in proditoris reliquerat manibus. *Gangabas* Persæ vocant humeris onera portantes : hi, quum frigus tolerare non possent (quippe et procella subito nivem effuderat, et humus rigebat gelu), tum adstrictas vestes, quas cum pecunia portabant, auro et purpura insignes, induunt, nullo prohibere auso, quum fortuna regis etiam humillimis in ipsum licentiam faceret.

Parménion, trompé par l'apparence, les prit pour une troupe qui n'était pas à mépriser ; sa vigilance s'en redouble, et exhortant les siens, en peu de mots, comme à un combat en règle, il leur commande de presser leurs chevaux de l'éperon et de fondre sur l'ennemi avec impétuosité. Mais ceux qui portaient des fardeaux, saisis de terreur, les laissent derrière eux et prennent la fuite : les soldats qui les escortaient, emportés par la même crainte, jettent leurs armes et gagnent des sentiers détournés qui leur sont connus. Le gouverneur, de son côté, feignant de partager leur effroi, avait partout répandu l'alarme. Les richesses royales jonchaient au loin la campagne : là, était l'argent destiné à la solde d'une si grande armée ; là, les parures de tant de nobles hommes et de femmes illustres par leur naissance ; des vases d'or, des freins d'or, des tentes ornées avec une magnificence royale ; des chariots abandonnés de leurs conducteurs, et chargés de toutes sortes de richesses : spectacle affligeant, même pour les pillards, si rien pouvait toucher l'avarice ! Il fallait voir en effet ce qu'avait amassé pendant des siècles une fortune si prodigieuse et si hors de croyance, déchiré par les buissons, ou plongé dans la fange, d'où on l'arrachait. Les mains qui pillaient ne suffisaient pas au pillage.

On atteignit bientôt ceux qui avaient fui les premiers : c'étaient des femmes, traînant la plupart leurs enfants, et parmi elles les trois filles d'Ochus, le prédécesseur de Darius, jeunes infortunées déjà déchues par une révolution des grandeurs paternelles, mais dont le sort aggravait alors bien davantage

Præbuere ergo Parmenioni non spernendi agminis speciem : qui intentiore cura suos quasi ad justum prœlium, paucis adhortatus, equis calcaria subdere jubet, et acri impetu in hostem invehi. At illi, qui sub oneribus erant, omissis per metum, capessunt fugam : armati, qui eos prosequebantur, eodem metu arma jactare, ac nota deverticula petere cœperunt. Præfectus, quasi et ipse conterritus (simulans), cuncta pavore compleverat. Jacebant totis campis opes regiæ : illa pecunia stipendio ingenti militum præparata ; ille cultus tot nobilium virorum, tot illustrium feminarum ; aurea vasa ; aurei freni ; tabernacula regali magnificentia ornata ; vehicula quoque a suis destituta, ingentis opulentiæ plena : facies etiam prædantibus tristis, si qua re avaritia moveretur. Quippe tot annorum incredibili et fidem excedente fortuna cumulata, tunc alia stirpibus lacerata, alia in cœnum demersa eruebantur : non sufficiebant prædantium manus prædæ.

Jamque etiam ad eos, qui primi fugerant, ventum erat : feminæ pleræque parvos trahentes liberos ibant ; inter quas tres fuere virgines, Ochi, qui ante Darium regnaverat, filiæ, olim quidem ex fastigio paterno rerum mutatione detractæ, sed

la triste condition. On y voyait aussi l'épouse de ce même Ochus, la fille d'Oxathrès, frère de Darius, la femme d'Artabaze, celui qui occupait le premier rang à la cour, ainsi que son fils, qui portait le nom d'Ilionée. Pharnabaze, à qui le roi avait confié le commandement suprême des provinces maritimes, eut son épouse et son fils prisonniers; Mentor, ses trois filles; et la femme de l'illustre capitaine Memnon, avec son fils, subit le même sort. A peine une seule des nobles maisons de la Perse fut-elle exempte de cette calamité. Enfin, furent comptés au nombre des captifs plusieurs citoyens de Lacédémone et d'Athènes, qui, au mépris de la foi des traités, avaient suivi le parti des Perses; parmi les Athéniens, Aristogiton, Dropidès et Iphicrate, distingués par leur naissance et par leur renommée; parmi les Lacédémoniens, Pausippus et Onomastoridès, Monimus et Callicratidas, illustres aussi entre leurs concitoyens.

Le montant de l'argent monnayé était de deux mille six cents talents; le poids de l'argent travaillé en valait cinq cents : trente mille hommes et sept mille bêtes de somme chargées de bagages, tombèrent en outre au pouvoir des vainqueurs. Au reste, les dieux ne tardèrent pas à frapper d'un juste châtiment l'homme qui avait trahi le dépôt d'une si grande fortune : un de ses complices, respectant sans doute encore la royauté, même en ses revers, le tua, et porta sa tête à Darius; consolation qui dut être douce à un prince trahi, puisqu'il était vengé d'un ennemi, et voyait par là que le souvenir de sa puissance n'était pas encore effacé de tous les esprits.

---

tum sortem earum crudelius aggravante fortuna. In eodem grege uxor quoque ejusdem Ochi fuit, Oxathrisque (frater hic erat Darii) filia, et conjux Artabazi principis purpuratorum, et filius, cui Ilioneo fuit nomen. Pharnabazi quoque, cui summum imperium maritimæ oræ rex dederat, uxor cum filio excepta est : Mentoris filiæ tres; ac nobilissimi ducis Memnonis conjux et filius : vixque ulla domus purpurati fuit tantæ cladis expers. Lacedæmonii quoque et Athenienses, societatis fide violata, Persas secuti; Aristogiton, Dropides et Iphicrates, inter Athenienses genere famaque longe clarissimi; Lacedæmonii, Pausippus et Onomastorides, cum Monimo et Callicratide, ii quoque domi nobiles.

Summa pecuniæ signatæ fuit talentorum duo millia et sexcenta; facti argenti pondus quingenta æquabat : præterea triginta millia hominum cum septem millibus jumentorum, dorso onera portantium, capta sunt. Ceterum dii tantæ fortunæ proditorem sepulturæ celeriter debita pœna persecuti sunt : namque unus e consciis ejus, credo, regis vicem etiam in illa sorte reveritus, interfecti proditoris caput ad Darium tulit, opportunum solatium prodito : quippe et ultus inimicum erat; et nondum in omnium animis memoriam majestatis suæ exolevisse cernebat.

LIVRE QUATRIÈME.

I. Darius, naguère le chef d'une si puissante armée, qui, plutôt en triomphateur qu'en combattant, avait livré bataille du haut d'un char, revoyait alors les mêmes lieux que tout à l'heure il avait presque couverts de ses innombrables soldats, mais déserts, mais transformés en une vaste solitude; et il les traversait en fuyant. La suite du roi était peu nombreuse : car tous n'avaient pas fui du même côté; et, faute de chevaux, ils ne pouvaient égaler en vitesse le roi qui relayait souvent. Bientôt il arriva à Onches, où il fut reçu par quatre mille Grecs : avec eux, il se dirigea sur l'Euphrate, n'espérant garder que ce qu'il déroberait à l'ennemi à force de vitesse. Cependant, Alexandre ordonna à Parménion, qui avait recueilli le butin de Damas, de le garder soigneusement, ainsi que les prisonniers, et lui donna le gouvernement de la Célésyrie.

Les Syriens, que les maux de la guerre n'avaient point encore assez domptés, refusaient de se soumettre à cette nouvelle domination; mais on les eut bientôt soumis, et ils obéirent aux ordres du vainqueur. L'île d'Arade se rendit aussi : Straton, roi de cette île, était alors maître de la côte et d'une assez grande étendue de pays dans l'intérieur des terres. Après avoir reçu sa soumission, Alexandre alla camper près de Marathus. Là, on lui remit une lettre de Darius : l'arrogance avec laquelle elle était écrite l'offensa vivement; ce qui le choqua

---

I. Darius tanti modo exercitus rex, qui, triumphantis magis quam dimicantis more, curru sublimis inierat prœlium, per loca, quæ prope immensis agminibus compleverat, jam inania et ingenti solitudine vasta, fugiebat. Pauci regem sequebantur : nam nec eodem omnes fugam intenderant; et, deficientibus equis, cursum eorum, quos rex subinde mutabat, æquare non poterant. Unchas deinde pervenit, ubi excepere eum Græcorum quatuor millia : cum quibus ad Euphraten contendit; id demum credens fore ipsius, quod celeritate præcipere potuisset. At Alexander Parmenionem, per quem apud Damascum recepta erat præda, jussum eam ipsam et captivos diligenti asservare custodia, Syriæ, quam Cœlen vocant, præfecit.

Novum imperium Syri, nondum belli cladibus satis domiti, aspernabantur : sed celeriter subacti obedienter imperata fecerunt. Aradus quoque insula deditur regi. Maritimam tum oram et pleraque longius etiam a mari recedentia, rex ejus insulæ Strato possidebat : quo in fidem accepto, castra movit ad urbem Marathon. Ibi illi litteræ a Dario redduntur, quibus ut superbe scriptis vehementer offensus est :

surtout, ce fut de voir Darius prendre le titre de roi, sans daigner le joindre au nom d'Alexandre. Il exigeait plutôt qu'il ne demandait, que pour une somme d'argent égale à ce que pouvait en renfermer toute la Macédoine, on lui rendît sa mère, sa femme et ses enfants : quant à l'empire, ils le disputeraient, s'il le voulait, les armes à la main. S'il était capable de se rendre enfin à de plus sages avis, il n'avait qu'à se contenter de l'héritage de ses pères, et s'éloigner des frontières d'un empire étranger : à ce prix, il serait son allié, son ami : il était prêt à lui en donner sa parole et à recevoir la sienne.

Alexandre lui répondit en ces termes : « Le roi Alexandre à Darius. Ce Darius, dont tu as pris le nom, a fait souffrir toute espèce de maux aux Grecs qui habitent la côte de l'Hellespont, et aux colonies grecques de l'Ionie; ensuite, il a passé la mer avec une armée immense, et porté la guerre au sein de la Grèce et de la Macédoine. Après lui, Xerxès est venu nous attaquer à la tête d'une foule innombrable de Barbares : vaincu dans une bataille navale, il laissa cependant Mardonius en Grèce, pour saccager, même absent, nos villes et brûler nos campagnes. Si Philippe, mon père, est mort assassiné, qui ne sait que ce fut par des hommes que vos agents avaient gagnés par l'espoir de riches trésors? Vous ne savez entreprendre que des guerres iniques, et, lorsque vous avez des armes, vous mettez cependant à prix les têtes de vos ennemis; c'est ainsi que toi-même, à la tête d'une si puissante armée, naguère encore tu as voulu acheter mille talents un assassin pour me frapper. Je ne fais donc que repousser la

---

præcipue eum movit, quod Darius sibi regis titulum, nec eumdem Alexandri nomini adscripserat. Postulabat autem magis quam petebat, ut, accepta pecunia, quantamcunque tota Macedonia caperet, matrem sibi ac conjugem liberosque restitueret ; de regno, æquo, si vellet, Marte contenderet. Si saniora consilia tandem pati potuisset, contentus patrio, cederet alieni imperii finibus; socius amicusque esset : in ea se fidem et dare paratum et accipere.

Contra Alexander in hunc maxime modum rescripsit : « Rex Alexander Dario. Ille, cujus nomen sumpsisti, Darius Græcos, qui oram Hellesponti tenent, coloniasque Græcorum Ionias omni clade vastavit : cum magno deinde exercitu mare trajecit, illato Macedoniæ et Græciæ bello. Rursus Xerxes, gentis ejusdem, ad oppugnandos nos cum immanium barbarorum copiis venit : qui, navali prælio victus, Mardonium tamen reliquit in Græcia, ut absens quoque popularetur urbes, agros ureret. Philippum vero parentem meum quis ignorat ab' iis interfectum esse, quos ingentis pecuniæ spe sollicitaverant vestri? impia enim bella suscipitis, et quum habeatis arma, licitamini hostium capita : sicut tu proxime talentis mille,

guerre, je ne l'apporte pas; et, grâce aux dieux, qui sont toujours pour la bonne cause, j'ai réduit sous mon obéissance, une grande partie de l'Asie; toi-même, je t'ai vaincu en bataille rangée. Infidèle à mon égard, même aux lois de la guerre, tu n'aurais droit de rien obtenir de moi; cependant, si tu me viens trouver en suppliant, je te promets de te rendre ta mère, ta femme et tes enfants, sans rançon,: car je sais en même temps vaincre et ménager les vaincus. Que si tu crains de te fier à nous, nous t'engageons notre parole que tu peux venir sans danger. Du reste, quand tu m'écriras, souviens-toi que tu écris à un roi et, qui plus est, à ton roi. » Thersippe fut chargé de porter cette lettre.

Alexandre descendit ensuite en Phénicie, et prit possession de la ville de Byblos, qui lui fut livrée. De là, il se rendit à Sidon, ville célèbre par son ancienneté et par le renom de ses fondateurs. Straton y régnait sous la protection de Darius; mais, comme il se soumit plutôt par la volonté des habitants que par la sienne propre, il fut jugé indigne de garder le commandement, et Héphestion eut la permission de choisir pour roi celui des Sidoniens qu'il jugerait le plus digne de ce rang élevé. Les hôtes d'Héphestion étaient des jeunes gens distingués parmi leurs compatriotes : il leur fit offre de la couronne ; mais ils refusèrent, alléguant que, d'après les lois du pays, nul ne pouvait occuper le rang suprême, s'il n'était issu du sang royal. Héphestion, admirant cette grandeur d'âme qui dédaignait ce que les autres poursuivent à travers le feu et la flamme : « Persis-

---

tanti exercitus rex, percussorem in me emere voluisti. Repello igitur bellum, non infero : et diis quoque pro meliore stantibus causa, magnam partem Asiæ in ditionem redegi meam : te ipsum acie vici. Quem etsi nihil a me impetrare oportebat, utpote qui ne belli quidem in me jura servaveris, tamen, si veneris supplex, et matrem, et conjugem, et liberos sine pretio recepturum te esse promitto : et vincere et consulere victis scio. Quod si te nobis committere times, dabimus fidem impune venturum. De cetero quum mihi scribes, memento non solum regi te, sed etiam tuo scribere. » Ad hanc perferendam Thersippus missus.

Ipse in Phœnicen deinde descendit, et oppidum Byblon traditum recepit. Inde ad Sidona ventum est, urbem vetustate famaque conditorum inclytam. Regnabat in ea Strato, Darii opibus adjutus; sed quia deditionem magis popularium, quam sua sponte fecerat, regno visus indignus, Hephæstionique permissum, ut, quem eo fastigio e Sidoniis dignissimum arbitraretur, constitueret regem. Erant Hephæstioni hospites, clari inter suos juvenes, qui, facta ipsis potestate regnandi, negaverunt, quemquam patrio more in id fastigium recipi, nisi regia stirpe ortum. Admiratus Hephæstio magnitudinem animi spernentis, quod alii per ignes ferrum-

tez dans ces nobles sentiments, leur dit-il, vous qui avez compris les premiers combien il est plus grand de refuser un royaume que de l'accepter. Au reste, désignez-moi quelqu'un du sang royal, qui se souvienne que c'est de vous qu'il tient la couronne. »

Ceux-ci voyant qu'un grand nombre de leurs concitoyens embrassaient cette haute espérance, et dans l'excès de leur ambition, courtisaient chacun des favoris d'Alexandre, déclarèrent que le plus digne de cet honneur était, suivant eux, un certain Abdalonyme, qui tenait par une longue suite d'aïeux au sang royal, mais était réduit, par indigence, à cultiver, pour un modique salaire, un jardin hors de la ville. La pauvreté, chez lui, comme chez beaucoup d'autres, était le fruit de la probité. Occupé de son travail de la journée, il n'avait point entendu le bruit des armes qui avait ébranlé toute l'Asie. Cependant, les jeunes gens, dont nous avons parlé, entrent tout à coup dans son jardin, avec les insignes de la royauté : il était occupé à le nettoyer, en sarclant les mauvaises herbes. Alors, le saluant du nom de roi, l'un d'eux lui dit : « Ces vêtements que tu vois dans mes mains doivent remplacer les haillons qui te couvrent. Purifie par le bain ton corps qu'ont sali de longues sueurs; prends les sentiments d'un roi, et, dans cette fortune dont tu es digne, porte la modération de ton âme. Quand tu seras assis sur le trône, arbitre de la vie et de la mort de tous les citoyens, garde-toi d'oublier l'état dans lequel tu reçois aujourd'hui la royauté, et qui te vaut même l'honneur de la recevoir. »

---

que peterent : « Vos quidem macti virtute, inquit, estote, qui primi intellexistis quanto majus esset regnum fastidire, quam accipere. Ceterum date aliquem regiæ stirpis, qui meminerit a vobis acceptum habere se regnum. »

At illi, quum multos imminere tantæ spei cernerent, singulis amicorum Alexandri, ob nimiam regni cupiditatem, adulantes, statuunt neminem esse potiorem quam Abdalonymum quemdam, longa quidem cognatione stirpi regiæ annexum, sed ob inopiam suburbanum hortum exigua colentem stipe. Causa ei paupertatis, sicut plerisque, probitas erat : intentusque operi diurno, strepitum armorum, qui totam Asiam concusserat, non exaudiebat. Subito deinde, de quibus ante dictum est, cum regiæ vestis insignibus hortum intrant, quem forte steriles herbas eligens Abdalonymus repurgabat. Tunc rege eo salutato, alter ex his : « Habitus, inquit, hic, quem cernis in meis manibus, cum isto squalore permutandus tibi est. Ablue corpus illuvie æternisque sordibus squalidum : cape regis animum, et in eam fortunam, qua dignus es, istam continentiam profer. Et quum in regali solio residebis, vitæ necisque omnium civium dominus, cave obliviscaris hujus status, in quo accipis regnum; immo hercule, propter quem. »

Il semblait à Abdalonyme que ce fût un songe; de temps en temps il leur demandait s'ils étaient bien dans leur bon sens, pour venir lui faire une si méchante raillerie. Mais lorsque, malgré sa résistance, on l'eût mis au bain et nettoyé, qu'on lui eût jeté sur les épaules un manteau enrichi de pourpre et d'or, et qu'on l'eût persuadé à force de serments, se croyant alors sérieusement roi, il se laissa conduire par eux au palais. Le bruit, comme c'est l'ordinaire, en courut promptement par toute la ville : un empressement favorable éclatait chez les uns, l'indignation chez les autres; il n'était pas un riche qui, auprès des amis d'Alexandre, ne fît un crime au nouveau roi de son humble condition et de sa pauvreté. Alexandre ordonna aussitôt qu'on le fît venir en sa présence; et, après l'avoir longtemps considéré : « Ton extérieur, lui dit-il, ne dément pas ce qu'on dit de ta naissance; mais j'aimerais à savoir si tu as supporté bien patiemment ton indigence? — Plaise aux dieux, répondit-il, que je puisse du même esprit supporter la royauté! Mes bras suffisaient à mes besoins : je n'avais rien, et rien ne me manquait. » Ces paroles lui firent concevoir une haute idée du caractère d'Abdalonyme : c'est pourquoi il lui fit donner, outre le mobilier royal de Straton, la plus grande partie du butin pris sur les Perses; il ajouta même à ses États tout le pays voisin de Sidon.

Cependant Amyntas, qui avait passé, comme nous l'avons dit, du parti d'Alexandre dans celui des Perses, arriva à Tripolis avec quatre mille Grecs qui, du champ de bataille, l'avaient accompagné dans sa fuite. Là, ayant fait embarquer ses

---

Somnio similis res Abdalonymo videbatur : interdum, satisne sani essent qui tam proterve sibi illuderent, percontabatur. Sed ut cunctanti squalor ablutus est, et injecta vestis purpura auroque distincta, et fides a jurantibus facta, serio jam rex, iisdem comitantibus, in regiam pervenit. Famâ, ut solet, strenue tota urbe discurrit : aliorum studium, aliorum indignatio eminebat : ditissimus quisque humilitatem inopiamque ejus apud amicos Alexandri criminabatur. Admitti eum rex protinus jussit, diuque contemplatus : « Corporis, inquit, habitus famæ generis non repugnat : sed libet scire inopiam qua patientia tuleris? » Tum ille : « Utinam, inquit, eodem animo regnum pati possim! hæ manus suffecere desiderio meo : nihil habenti nihil defuit. » Magnæ indolis specimen ex hoc sermone Abdalonymi cepit; itaque non Stratonis modo regiam supellectilem attribui ei jussit; sed pleraque etiam ex persica præda : regionem quoque urbi appositam ditioni ejus adjecit.

Interea Amyntas, quem ad Persas ab Alexandro transfugisse diximus, cum quatuor millibus Græcorum, ipsum ex acie persecutis, fuga Tripolin pervenit; inde, in naves militibus impositis, Cyprum transmisit : et quum in illo statu rerum id

troupes, il passa dans l'île de Chypre, et persuadé que, dans l'état présent des choses, chacun garderait, comme par droit légitime de possession, ce qu'il serait le premier à prendre, il résolut de se rendre en Égypte, également ennemi des deux rois, et s'abandonnant toujours aux caprices des circonstances. Afin d'encourager ses soldats à une aussi belle entreprise, il leur représente que Sabacès, gouverneur de l'Égypte, a péri dans la bataille; que la garnison des Perses est faible et sans chef; qu'ils seront reçus par les Égyptiens, toujours opposés à leurs gouverneurs, comme des alliés, non comme des ennemis. La nécessité les forçait à tout hasarder: car lorsque la fortune a trahi nos premières espérances, l'avenir semble toujours meilleur que le présent. Tous s'écrient donc d'une même voix, qu'il les conduise où il voudra. Amyntas jugea qu'il fallait profiter de cette disposition des esprits, pendant qu'ils étaient exaltés par l'espérance, et il entra aussitôt dans le port de Péluse, feignant d'être envoyé en avant par Darius. Maître de cette ville, il fait marcher ses troupes sur Memphis. A cette nouvelle, les Égyptiens, peuple léger et plus fait pour les révolutions que pour la guerre, quittent tous leurs bourgs et leurs villes, et accourent à l'envi pour détruire les garnisons des Perses. Ceux-ci, quoique effrayés, ne renoncèrent pas à l'espoir de conserver l'Égypte. Mais Amyntas les défit en un combat, et les renferma dans les murs de Memphis; puis, son camp établi, il mena ses soldats victorieux ravager la campagne; et les choses allaient, comme si l'ennemi eût tout livré à l'abandon.

---

quemque, quod occupasset, habiturum arbitraretur, velut certo jure possessum, Ægyptum petere decrevit, utrique regi hostis, et semper ex ancipiti mutatione temporum pendens; hortatusque milites ad spem tantæ rei, docet, Sabacem prætorem Ægypti cecidisse in acie: Persarum præsidium et sine duce esse et invalidum: Ægyptios, semper prætoribus eorum infestos, pro sociis ipsos, non pro hostibus æstimaturos. Omnia experiri necessitas cogebat: quippe quum primas spes fortuna destituit, futura præsentibus videntur esse potiora. Igitur conclamant, duceret quo videretur. Atque ille, utendum animis, dum spe calerent, ratus, ad Pelusii ostium penetrat, simulans a Dario se esse præmissum. Politus ergo Pelusii, Memphin copias promovit: ad cujus famam Ægyptii, vana gens et novandis, quam gerendis, aptior rebus, ex suis quisque vicis urbibusque, ad hoc ipsum concurrunt, ad delenda præsidia Persarum. Qui territi, tamen spem retinendi Ægyptum non amiserunt. Sed eos Amyntas prælio superatos in urbem compellit; castrisque positis, victores ad populandos agros eduxit: ac, velut in medio positis omnibus hostium, cuncta agebantur.

Mazacès, malgré l'épouvante laissée au cœur de ses soldats par un combat malheureux, leur fit voir les Grecs dispersés et imprudemment aveuglés par la confiance de la victoire, et les détermina à sortir de la ville pour reprendre ce qu'ils avaient perdu. L'entreprise, sagement conçue, ne fut pas moins heureusement exécutée : tous, jusqu'aux derniers, périrent avec leur chef. Ainsi fut puni Amyntas, également coupable envers les deux rois, et n'ayant pas su rester plus fidèle au nouveau maître qu'il s'était donné qu'au premier qu'il avait quitté.

Les lieutenants de Darius qui avaient survécu à la bataille d'Issus, ayant réuni aux troupes qui les avaient suivis dans leur fuite, la jeunesse de Cappadoce et de Paphlagonie, cherchaient à recouvrer la Lydie. Antigone, lieutenant d'Alexandre, gouvernait la Lydie : bien qu'il eût envoyé au roi la plus grande partie des soldats qui formaient ses garnisons, il affronta les Barbares et conduisit ses troupes au combat. La fortune fut ce qu'elle était d'ordinaire pour les deux partis : on combattit sur trois points différents, et les Perses furent vaincus.

Au même temps, la flotte macédonienne, que l'on avait fait venir de la Grèce, rencontra Aristomène, chargé par Darius de reconquérir la côte de l'Hellespont, et le défit, en lui coulant à fond ou lui prenant tous ses vaisseaux. Pharnabaze, qui commandait la flotte persane, alla ensuite lever des contributions sur les Milésiens et mettre une garnison dans la ville de Chios; puis, avec cent vaisseaux, il marcha sur Andros et Syphnos :

Itaque Mazaces, quanquam infelici prœlio suorum animos territos esse cognoverat, tamen palantes et victoriæ fiducia incautos ostentans, perpulit ne dubitarent ex urbe erumpere, et res amissas recuperare. Id consilium non ratione prudentius, quam eventu felicius fuit : ad unum omnes cum ipso duce occisi sunt. Has pœnas Amyntas utrique regi dedit, nihilo magis ei, ad quem transfugerat, fidus, quam illi, quem deseruerat.

Darii prætores, qui prœlio apud Isson superfuerant, cum omni manu, quæ fugientes secuta erat, assumpta etiam Cappadocum et Paphlagonum juventute, Lydiam recuperare tentabant. Antigonus, prætor Alexandri, Lydiæ præerat : qui, quanquam plerosque militum ex præsidiis ad regem dimiserat, tamen, barbaris spretis, in aciem suos eduxit. Eadem illic quoque fortuna partium fuit : tribus prœliis alia atque alia regione commissis, Persæ funduntur.

Eodem tempore classis Macedonum ex Græcia accita Aristomenem, qui ad Hellesponti oram recuperandam a Dario erat missus, captis ejus aut mersis navibus, superat. A Milesiis deinde Pharnabazus, præfectus persicæ classis, pecunia exacta, et præsidio in urbem Chium introducto, centum navibus Andrum et inde Syphnum

ces deux îles furent de même occupées par des garnisons et assujetties à un tribut. La grandeur de cette guerre, que se faisaient, pour la possession de l'empire du monde, les plus puissants rois de l'Europe et de l'Asie, avait fait aussi lever en armes la Grèce et la Crète. Agis, roi de Lacédémone, avait ramassé huit mille Grecs, qui de la Cilicie, d'où ils avaient fui, étaient rentrés dans leurs foyers, et, à leur tête, il allait déclarer la guerre à Antipater, gouverneur de la Macédoine. La Crète, entraînée tantôt dans un parti, tantôt dans l'autre, était tour à tour occupée par les garnisons des Spartiates ou des Macédoniens. Mais ce furent là des affaires d'une légère importance : une seule lutte, dont dépendait tout le reste, fixait les regards de la fortune.

II. Déjà la Syrie tout entière, déjà la Phénicie elle-même, à l'exception de Tyr, étaient au pouvoir des Macédoniens; et le roi avait assis son camp sur la terre ferme, dont la ville n'est séparée que par un étroit bras de mer. Tyr, la plus célèbre et la plus grande des villes de la Syrie et de la Phénicie, paraissait plus disposée à accepter l'alliance d'Alexandre que sa domination. Aussi les députés tyriens lui avaient-ils apporté en don une couronne d'or; et des vivres avaient été envoyés de la ville au camp avec la profusion d'une généreuse hospitalité. Alexandre commanda que l'on reçût ces présents comme un gage d'amitié; et, parlant avec bonté aux envoyés, il leur dit qu'il voulait offrir un sacrifice à Hercule, celui des dieux que les Tyriens honoraient par-dessus tous les autres. Les rois de Macédoine, ajouta-t-il, rapportaient à ce dieu leur

---

petiit : eas quoque insulas praesidiis occupat, pecunia multat. Magnitudo belli, quod ab opulentissimis Europae Asiaeque regibus, in spem totius orbis occupandi, gerebatur, Graeciae quoque et Cretae arma commoverat. Agis, Lacedaemoniorum rex, octo millibus Graecorum, qui ex Cilicia profugi domos repetierant, contractis, bellum Antipatro, Macedoniae praefecto, moliebatur. Cretenses, has aut illas partes secuti, nunc Spartanorum, nunc Macedonum praesidiis occupabantur. Sed leviora inter illos fuere discrimina ; unum certamen, ex quo cetera pendebant, intuente fortuna.

II. Jam tota Syria, jam Phœnice quoque, excepta Tyro, Macedonum erant; habebatque rex castra in continenti, a quo urbem angustum fretum dirimit. Tyrus, et claritate et magnitudine ante omnes urbes Syriae Phœnicesque memorabilis, facilius societatem Alexandri acceptura videbatur, quam imperium. Coronam igitur auream legati donum afferebant; commeatusque large et hospitaliter ex oppido advexerant. Ille dona ut ab amicis accipi jussit ; benigneque legatos allocutus, Herculi, quem praecipue Tyrii colerent, sacrificare velle se dixit : Macedonum reges credere ab illo deo ipsos genus ducere : se vero ut id faceret etiam oraculo mo-

origine, et c'était la voix même d'un oracle qui lui avait ordonné ce sacrifice. Les députés répondirent qu'il y avait un temple d'Hercule hors de la ville, dans l'endroit appelé Palætyros ; le roi pourrait y sacrifier au dieu selon le rite consacré. Alexandre, qui savait peu d'ailleurs maîtriser sa colère, ne put alors la retenir. « Ainsi, leur dit-il, confiants en votre position, parce que vous habitez une île, vous méprisez cette armée de terre ; mais je vous ferai bientôt voir que vous appartenez au continent. Sachez donc que j'entrerai dans votre ville, ou que je la prendrai d'assaut. »

Comme ils se retiraient avec cette réponse, on leur conseilla d'ouvrir leurs portes au roi, que la Syrie et la Phénicie n'avaient pas hésité à recevoir. Mais ils se fiaient à la position de leur ville, et ils se décidèrent à soutenir le siége. Tyr, en effet, est séparée du continent par un détroit de quatre stades, exposé surtout au souffle de l'Africus, qui fait rouler sur le rivage les flots amoncelés de la haute mer. Nul obstacle, plus que ce vent, n'était fait pour contrarier les ouvrages par lesquels les Macédoniens se préparaient à joindre l'île au continent : car à peine une jetée peut-elle se construire dans une mer tranquille et unie ; mais, quand les vagues sont soulevées par l'Africus, leur choc va renverser les premiers matériaux entassés ; et il n'est point de digue si solide que ne minent les eaux, en se faisant jour à travers les jointures, et en se répandant par-dessus tout l'ouvrage, si le vent souffle avec plus de violence.

---

nitum. Legati respondent, esse templum Herculis extra urbem in ea sede quam Palætyron ipsi vocent : ibi regem deo sacrum rite facturum. Non tenuit iram Alexander, cujus alioquin potens non erat. Itaque : « Vos quidem, inquit, fiducia loci, quod insulam incolitis, pedestrem hunc exercitum spernitis, sed brevi ostendam in continenti vos esse ; proinde sciatis licet, aut intraturum me urbem, aut oppugnaturum. »

Cum hoc responso dimissos monere cœperunt, ut regem quem Syria, quem Phœnice recepisset, ipsi quoque urbem intrare paterentur. At illi, loco satis fisi, obsidionem ferre decreverunt. Numque urbem a continenti quatuor stadiorum fretum dividit, Africo maxime objectum, crebros ex alto fluctus in littus evolvit ; nec accipiendo operi, quo Macedones continenti insulam jungere parabant, quidquam magis, quam ille ventus obstabat : quippe vix leni et tranquillo mari moles agi possunt ; Africus vero prima quæque congesta pulsu illisa maris subruit : nec ulla tam firma moles est, quam non exedant undæ per nexus operum manantes ; et ubi acrior flatus existit, summi operis fastigio superfusæ.

A cette difficulté s'en joignait une autre non moins grande : les murs et les tours de la ville étaient entourés d'une mer très-profonde ; ni les machines ne pouvaient jouer, si ce n'est de loin et sur des vaisseaux ; ni les échelles ne pouvaient s'appliquer aux murailles : le mur qui descendait à pic dans les eaux interdisait toute approche par terre ; et pour des vaisseaux, le roi n'en avait pas ; et quand il en eût fait approcher, ballottés et incertains dans leurs manœuvres, les projectiles de l'ennemi pouvaient les repousser. Au milieu de ces circonstances, un événement peu important vint accroître la confiance des Tyriens. Des députés carthaginois étaient venus alors, selon la coutume de leur pays, célébrer un sacrifice annuel : Carthage, en effet, colonie de Tyr, a toujours porté à la mère patrie un respect filial. Ces députés exhortèrent les Tyriens à soutenir le siége avec courage : Carthage leur enverrait bientôt des secours ; car, en ces temps, elle couvrait presque toute la mer de ses flottes.

La guerre fut donc décidée : les machines furent dressées sur les murs et sur les tours, des armes distribuées aux jeunes gens, et les ouvriers, qui étaient en grand nombre dans la ville, répartis dans les ateliers. Tout retentit des préparatifs de la guerre : on fabriquait en même temps des mains de fer, appelées *harpons*, pour les lancer sur les ouvrages de l'ennemi, des grappins, et une foule d'autres instruments imaginés pour la défense des villes. Mais, quand on eut placé sur les fourneaux le fer qu'il fallait forger, et que les soufflets eurent été mis en mouvement pour allumer le feu, on assure que sous

---

Præter hanc difficultatem haud minor alia erat : muros turresque urbis præaltum mare ambiebat ; non tormenta, nisi e navibus procul excussa, mitti, non scalæ mœnibus applicari poterant : præceps in salum murus pedestre interceperat iter ; naves nec habebat rex, et, si admovisset, pendentes et instabiles missilibus arceri poterant. Inter quæ parva dictu res Tyriorum fiduciam accendit. Carthaginiensium legati ad celebrandum anniversarium sacrum more patrio tunc venerant : quippe Carthaginem Tyrii condiderunt, semper parentum loco culti. Hortari ergo Pœni cœperunt, ut obsidionem forti animo paterentur ; brevi Carthagine auxilia ventura. Namque ea tempestate magna ex parte punicis classibus maria obsidebantur.

Igitur bello decreto, per muros turresque tormenta disponunt : arma junioribus dividunt ; opificesque, quorum copia urbs abundabat, in officinas distribuunt. Omnia belli apparatu strepunt : ferreæ quoque manus (*harpagonas* vocant), quas operibus hostium injicerent, corvique et alia tuendis urbibus excogitata, præparabantur. Sed quum fornacibus ferrum, quod excudi oportebat, impositum esset ; admotisque follibus ignem flatu accenderent ; sanguinis rivi sub ipsis flammis exsti-

les flammes mêmes furent vus des ruisseaux de sang, présage que les Tyriens interprétèrent comme effrayant pour leurs ennemis. Du côté des Macédoniens, des soldats, au moment où ils rompaient leur pain, en virent aussi sortir des gouttes de sang. Le roi en conçut de l'épouvante, et Aristandre, le plus habile des devins, déclara que si le sang eût coulé du dehors, c'eût été de mauvais augure pour les Macédoniens; mais qu'ayant coulé du dedans, il annonçait la perte de la ville qu'ils avaient résolu d'assiéger.

Cependant Alexandre voyait sa flotte éloignée, et sentait combien un long siége entraverait ses autres desseins. Il envoya donc aux Tyriens des hérauts pour les engager à la paix; mais ceux-ci, au mépris du droit des gens, les mirent à mort, et les précipitèrent dans la mer : ce lâche assassinat outra Alexandre, et dès lors il résolut le siége de la ville. Mais il fallait, avant tout, jeter une chaussée qui la joignît au continent. Un violent désespoir s'empara des soldats à la vue de cette profonde mer, qu'à peine la puissance divine était capable de combler. Où trouver des pierres assez grosses, des arbres assez grands? Il faudrait épuiser des contrées entières pour convertir en chaussée un pareil abîme; la mer était toujours agitée dans ce détroit, et, plus elle roulait ses flots à l'étroit entre l'île et le continent, plus elle était furieuse. Alexandre, qui avait appris à manier l'esprit du soldat, publia que, pendant son sommeil, Hercule lui était apparu, lui tendant la main, et que, conduit par ce dieu, qui lui ouvrait les

---

tisse dicuntur, idque omen in Macedonum metum verterunt Tyrii. Apud Macedonas quoque, quum forte panem quidam militum frangerent, manantis sanguinis guttas notaverunt; territoque rege, Aristander peritissimus vatum, si extrinsecus cruor fluxisset, Macedonibus id triste futurum ait : contra, quum ab interiore parte manaverit, urbi, quam obsidere destinassent, exitium portendere.

Alexander, quum et classem procul haberet, et longam obsidionem magno sibi ad cetera impedimento videret fore, caduceatores, qui ad pacem eos compellerent, misit : quos Tyrii contra jus gentium occisos præcipitaverunt in altum; atque ille, suorum tam indigna nece commotus, urbem obsidere statuit. Sed ante jacienda moles erat, quæ urbem continenti committeret. Ingens ergo animos militum desperatio incessit, cernentium profundum mare, quod vix divina ope posset impleri: quæ saxa tam vasta, quas tam proceras arbores posse reperiri? exhauriendas esse regiones, ut illud spatium aggeraretur; et exæstuare semper fretum, quoque arctius volutetur inter insulam et continentem, hoc acrius furere. At ille, haudquaquam rudis tractandi militares animos, speciem sibi Herculis in somno oblatam esse pronuntiat, dextram porrigentis : illo duce, illo aperiente, in urbem intrare

portes, il s'était vu entrer dans la ville. Poursuivant son discours, il leur représente ses hérauts assassinés, le droit des gens violé, une seule ville osant les arrêter dans leur course victorieuse.

Il charge ensuite les chefs de gourmander, chacun de son côté, ses soldats; et, lorsque tous eurent été assez aiguillonnés, on commença les travaux. On avait sous la main un amas considérable de pierres, fourni par l'ancienne Tyr; le bois nécessaire pour construire les radeaux et les tours était apporté du mont Liban. Déjà l'ouvrage s'élevait du fond de la mer à une certaine hauteur, sans cependant se trouver encore à fleur d'eau, et, à mesure que la chaussée s'éloignait du rivage, la mer, devenant plus profonde, absorbait en plus grande quantité les matériaux que l'on y jetait. Alors les Tyriens, s'avançant sur de légers bâtiments, se mirent à reprocher, avec dérision, à ces soldats si fameux par leurs exploits, de porter des fardeaux sur leur dos, comme des bêtes de somme : ils leur demandaient aussi, si leur Alexandre était plus puissant que Neptune? Ces invectives ne faisaient qu'enflammer l'activité du soldat. Bientôt les travaux montèrent un peu au-dessus de l'eau; en même temps la jetée s'élargissait et s'approchait de la ville; et les Tyriens reconnurent toute la grandeur de cet ouvrage, dont les progrès leur avaient d'abord échappé. Leurs barques entourèrent alors la chaussée, dont les parties étaient encore mal jointes, et ils chargèrent de traits ceux qui se trouvaient à la défense des travaux. Maîtres de porter en avant ou en arrière leurs légers bâtiments, ils en

---

se visum. Inter hæc, caduceatores interfectos, gentium jura violata, referebat : unam esse urbem, quæ cursum victoris morari ausa esset.

Ducibus deinde negotium datur, ut suos quisque castiget, satisque omnibus stimulatis, opus orsus est. Magna vis saxorum ad manum erat, Tyro vetere præbente : materies ex Libano monte ratibus et turribus faciendis vehebatur. Jamque a fundo maris in altitudinem modicam opus excreverat, nondum tamen aquæ fastigium æquabat; et, quo longius moles agebatur a littore, hoc magis, quidquid ingerebatur, præaltum absorbebat mare : quum Tyrii parvis navigiis admotis, per ludibrium exprobrabant, illos armis inclytos dorso, sicut jumenta, onera gestare : interrogabant etiam, num major Neptuno esset Alexander? hæc ipsa insectatio alacritatem militum accendit. Jamque paululum moles aquam eminebat, et simul aggeris latitudo crescebat urbique admovebatur, quum Tyrii magnitudine molis, cujus incrementum eos ante fefellerat, conspecta, levibus navigiis nondum commissum opus circumire cœperunt : missilibus eos quoque qui pro opere stabant incessere. Multis ergo impune vulneratis, quum et removere et appellere scaphas in

blessèrent impunément un grand nombre sans courir aucun risque, et les forcèrent d'abandonner les travaux pour veiller à leur propre sûreté. Mais Alexandre fit tendre des peaux et des voiles autour des ouvriers, pour les mettre à l'abri du trait ; en outre, il fit élever, à la pointe de la chaussée, deux tours d'où l'on pût tirer sur les barques qui s'approcheraient. De leur côté, les Tyriens gagnent le rivage, en se dérobant à la vue de l'ennemi, et débarquent des soldats, qui égorgent les hommes occupés à porter des pierres. Sur le Liban aussi, des paysans arabes attaquèrent les Macédoniens en désordre, leur tuèrent trente hommes, et leur firent un moindre nombre de prisonniers.

III. Cette circonstance força Alexandre de diviser ses troupes. Voulant éviter de paraître enchaîné au siége d'une seule ville, il laissa la conduite des travaux à Perdiccas et à Cratère, et se rendit lui-même, avec quelques troupes légères, en Arabie. Pendant ce temps, les Tyriens ayant armé un vaisseau d'une grandeur extraordinaire, le chargèrent du côté de la poupe, de pierres et de sable, de manière à tenir la proue beaucoup au-dessus de l'eau, l'enduisirent de bitume et de soufre, et le firent avancer à force de rames. Le vent, qui soufflait avec force, enfle les voiles, et en peu d'instants le bâtiment va donner contre la chaussée : alors, mettant le feu à la proue, les rameurs sautèrent dans des barques, qui, préparées pour cet objet, les avaient suivis. Le vaisseau, embrasé, commença à répandre au loin l'incendie, et avant qu'on pût les combattre, les flammes avaient gagné les tours et les autres ouvrages placés en tête de la jetée. Les hommes de l'équipage,

---

expedito esset, ad curam semet ipsos tuendi ab opere converterant. Igitur rex munientibus coria velaque jussit obtendi, ut extra teli ictum essent : duasque turres ex capite molis exerit, e quibus in subeuntes scaphas tela ingeri possent. Contra Tyrii navigia procul a conspectu hostium littori appellunt, expositisque militibus, eos qui saxa gestabant, obtruncant. In Libano quoque Arabum agrestes, incompositos Macedonas aggressi, triginta fere interficiunt, paucioribus captis.

III. Ea res Alexandrum dividere copias coegit : et, ne segniter assidere uni urbi videretur, operi Perdiccam Craterumque præfecit ; ipse cum expedita manu Arabiam petiit. Inter hæc Tyrii navem magnitudine eximia, saxis arenaque a puppi oneratam, ita ut multum prora emineret, bitumine ac sulphure illitam remis concitaverunt ; et quum magnam vim venti vela quoque concepissent, celeriter ad molem successit : tunc prora ejus accensa remiges desiliere in scaphas, quæ ad hoc ipsum præparatæ sequebantur. Navis autem igne concepto latius fundere incendium cœpit : quod, priusquam posset occurri, turres et cetera opera in capite molis

montés sur leurs petits bâtiments, lancent en même temps sur les travaux des torches et tout ce qui peut nourrir l'incendie. Déjà les tours des Macédoniens, et même leurs plus hauts échafaudages, avaient pris feu, et les soldats postés dans les tours avaient péri par les flammes, ou, jetant leurs armes, s'étaient élancés à la mer. Les Tyriens, qui aimaient mieux les faire prisonniers que de les tuer, leur déchiraient les mains pendant qu'ils nageaient, avec des perches et des bâtons, jusqu'à ce que, les voyant épuisés, ils pussent les recueillir sans danger dans leurs embarcations.

Du reste, l'incendie ne causa pas seul la ruine des ouvrages : le hasard voulut que ce même jour un vent violent poussât contre la chaussée la mer soulevée dans ses profondeurs ; le battement redoublé des flots en relâcha les jointures, et l'eau, se faisant jour à travers les pierres, rompit l'ouvrage par le milieu.

Lorsque se furent ainsi écroulés les monceaux de pierres sur lesquels la terre avait été jetée, et qui la soutenaient, tout fut en un instant englouti, et de ce travail gigantesque à peine restait-il quelques vestiges, lorsque Alexandre revint d'Arabie. On vit alors ce qui arrive toujours dans les circonstances fâcheuses : les chefs rejetaient la faute les uns sur les autres, lorsqu'avec bien plus de raison ils pouvaient s'en prendre tous à la violence de la mer. Le roi entreprit aussitôt l'œuvre d'une nouvelle jetée ; et cette fois il l'opposa, non de flanc, mais de front au vent : elle devait ainsi protéger les autres travaux, cachés, pour ainsi dire, sous son ombre ; il

---

posita comprehendit. At qui desilierant in parva navigia, faces et quidquid alendo igni aptum erat in eadem opera ingerunt. Jamque non modo Macedonum turres, sed etiam summa tabulata conceperant ignem, quum ii, qui in turribus erant, partim haurirentur incendio, partim, armis omissis, in mare semetipsi immiserent. At Tyrii, qui capere eos quam interficere mallent, natantium manus stipitibus saxisque lacerabant, donec debilitati impune navigiis excipi possent.

Nec incendio solum opera consumpta ; sed forte eodem die vehementior ventus motum ex profundo mare illisit in molem, crebrisque fluctibus compages operis verberatæ se laxavere, saxaque interluens unda medium opus rupit.

Prorutis igitur lapidum cumulis, quibus injecta terra sustinebatur, præceps in profundum ruit : tantæque molis vix ulla vestigia invenit Arabia rediens Alexander. Hic, quod in adversis rebus solet fieri, alius in alium culpam referebat, quum omnes verius de sævitia maris queri possent. Rex, novi operis molem orsus, in adversum ventum non latere, sed recta fronte direxit ; ea cetera opera, velut sub ipsa latentia, tuebatur : latitudinem quoque aggeri adjecit, ut turres in medio

donna aussi à la chaussée plus de largeur, afin que les tours élevées au milieu fussent hors de la portée du trait. Des arbres entiers, avec leurs grandes branches, étaient jetés dans la mer, et ensuite chargés de pierres : sur ce premier entassement, on jetait de nouveaux arbres ; on y amassait alors de la terre, et après un dernier amoncellement de pierres et d'arbres, on était parvenu à faire en quelque sorte une construction d'une seule pièce.

Les Tyriens, de leur côté, travaillaient à imaginer et à mettre en œuvre tout ce qui pouvait empêcher la digue. Leur principale ressource était des plongeurs qui descendaient sous l'eau loin de la vue des ennemis, et se glissaient secrètement jusque sous la chaussée : avec des faux, ils attiraient à eux les branches d'arbres qui débordaient, et qui, en venant, entraînaient à leur suite, dans la mer, la plus grande partie des matériaux : alors ils n'avaient pas de peine à ébranler les souches et les troncs soulagés de ce fardeau, et l'ouvrage, qui tout entier reposait sur ces pièces de bois, perdant leur appui, s'engloutissait avec elles. Alexandre, malade d'esprit, était incertain s'il continuerait l'entreprise, ou se retirerait, lorsque sa flotte arriva de Chypre, et qu'en même temps Cléandre lui amena les troupes grecques nouvellement débarquées en Asie. Il partagea en deux ailes ses cent quatre-vingt-dix vaisseaux : Pnytagoras, roi de Chypre, eut avec Cratère le commandement de la gauche ; Alexandre se plaça à la droite, monté sur la galère royale à cinq rangs de rames.

Les Tyriens, quoiqu'ils eussent une flotte, n'osaient engager

---

erectæ procul teli jactu abessent. Totas autem arbores cum ingentibus ramis in altum jaciebant, deinde saxis onerabant ; rursus cumulo eorum alias arbores injiciebant : tum humus aggerebatur ; superque alia strue saxorum arborumque cumulata, velut quodam nexu continens opus junxerant.

Nec Tyrii, quidquid ad impediendam molem excogitari poterat, segniter exsequebantur. Præcipuum auxilium erat, qui procul hostium conspectu subibant aquam, occultoque lapsu ad molem usque penetrabant, falcibus palmites arborum eminentium ad se trahentes : quæ ubi secutæ erant, pleraque secum in profundum dabant ; tum levatos onere stipites truncosque arborum haud ægre moliebantur : deinde totum opus, quod stipitibus fuerat innixum, fundamento lapso, sequebatur. Ægro animi Alexandro, nec perseveraret, an abiret, satis certo, classis Cypro advenit, eodemque tempore Cleander cum græcis militibus in Asiam nuper advectis. Centum et nonaginta navigia in duo dividit cornua ; lævum Pnytagoras, rex Cypriorum, cum Cratero tuebatur ; Alexandrum in dextro quinqueremis regia vehebat.

Nec Tyrii, quanquam classem habebant, ausi navale inire certamen, tres omnino

un combat naval, et se bornèrent à couvrir leurs murailles avec trois vaisseaux : le roi les attaqua et les coula à fond. Le lendemain, ayant fait approcher sa flotte des murailles, il les battit de tous côtés avec ses machines, et principalement à coups de bélier ; mais les Tyriens réparaient promptement les brèches avec des pierres, et ils commencèrent même à élever autour de la place un mur intérieur pour leur servir de défense, si le premier venait à manquer. Cependant le mal s'aggravait et les menaçait de toutes parts : les traits partis de la chaussée venaient les atteindre ; la flotte enveloppait leurs murailles ; ils souffraient à la fois les désastres d'un combat de terre et de mer. En effet, les Macédoniens avaient attaché deux à deux leurs galères à quatre rangs de rames, de manière que les proues se touchassent et que les poupes fussent le plus possible éloignées les unes des autres : cet intervalle entre les poupes était rempli par des antennes et des poutres fortement attachées, sur lesquelles on avait établi des ponts destinés à recevoir des soldats. Les galères, ainsi disposées, étaient poussées vers la ville ; et le soldat, à couvert derrière les proues, faisait pleuvoir en toute sûreté ses traits sur l'ennemi.

On était au milieu de la nuit ; le roi donna l'ordre à la flotte, rangée comme nous l'avons dit, d'investir les murs. Déjà les vaisseaux s'approchaient de tous côtés de la ville, et les Tyriens étaient plongés dans le désespoir, quand tout à coup d'épais nuages couvrirent le ciel, et tout ce qui s'échappait de clarté s'éteignit au milieu d'un vaste brouillard. Alors la mer frémissante commença peu à peu à se soulever ; bientôt, agitée

---

naves ante ipsa mœnia opposuerunt : quibus rex invectus psas demersit. Postera die, classe ad mœnia admota, undique tormentis, et maxime arietum pulsu, muros quatit : quos Tyrii raptim obstructis saxis refecerunt ; interiorem quoque murum, ut, si prior fefellisset, illo se tuerentur, undique orsi. Sed undique vis mali urgebat ; moles intra teli jactum erat ; classis mœnia circumibat : terrestri simul navalique clade obruebantur. Quippe binas quadriremes Macedones inter se ita junxerant, ut proræ cohæererent ; puppes intervallo, quantum capere possent, distarent : hoc puppium intervallum antennis asseribusque validis deligatis, superque eos pontibus stratis, qui militem sustinerent, impleverant : sic instructas quadriremes ad urbem agebant : inde missilia in propugnantes ingerebantur tuto, quia proris miles tegebatur.

Media nox erat, quum classem, sicuti dictum est, paratam, circumire muros jubet : jamque naves urbi undique admovebantur, et Tyrii desperatione torpebant, quum subito spissæ nubes intendere se cœlo, et quidquid lucis internitebat, effusa caligine exstinctum est. Tum inhorrescens mare paulatim levari, deinde acriori

par un vent plus violent, elle enfla ses vagues, et poussa les navires les uns contre les autres. Les liens qui attachaient les galères entre elles se rompent, les planchers qu'elles soutenaient s'écroulent et entraînent à leur suite les soldats dans l'abîme, avec un fracas épouvantable. Il n'y avait nul moyen, en effet, au milieu de l'élément ainsi déchaîné, de gouverner les vaisseaux serrés les uns contre les autres : le soldat gênait les manœuvres du matelot, le rameur embarrassait le soldat; et, comme il arrive en pareil cas, les habiles obéissaient aux ignorants : car les pilotes, accoutumés à commander dans d'autres temps, exécutaient alors, par crainte de la mort, les ordres qu'on leur donnait. Enfin la mer, obstinément battue par les rames, céda aux matelots, qui semblaient lui arracher les navires; et, la plupart endommagés, on les ramena vers le rivage.

Au même temps arrivèrent trente députés de Carthage, apportant aux assiégés des consolations plutôt que des secours : Ils annonçaient que leur patrie avait chez elle les embarras de la guerre; réduite à combattre, non plus pour l'empire, mais pour sa propre existence. Les Syracusains désolaient alors l'Afrique, et ils avaient placé leur camp non loin des murs de Carthage. Cependant les Tyriens, quoique privés d'une si grande espérance, ne perdirent pas courage; ils firent transporter à Carthage leurs femmes et leurs enfants, se sentant plus forts contre tout ce qui pouvait leur arriver, une fois que la plus chère partie d'eux-mêmes serait hors du partage de leurs périls. Un citoyen déclara en pleine assemblée qu'il

---

vento concitatum, fluctus ciere, et inter se navigia collidere. Jamque scindi cœperant vincula quibus connexæ quadriremes erant, ruere tabulata, et cum ingenti fragore in profundum secum milites trahere : neque enim conserta navigia ulla ope in turbido regi poterant : miles ministeria nautarum, remex militis officia turbabat; et, quod in hujusmodi casu accidit, periti ignaris parebant, quippe gubernatores, alias imperare soliti, tum metu mortis jussa exsequebantur. Tandem remis pertinacius everberatum mare, veluti eripientibus navigia classicis cessit : appulsaque sunt littori, lacerata pleraque.

Iisdem diebus forte Carthaginiensium legati triginta superveniunt, majus obsessis solatium, quam auxilium : quippe domestico bello Pœnos impediri; nec de imperio, sed pro salute dimicare nuntiabant. Syracusani tunc Africam urebant; et haud procul Carthaginis muris locaverant castra. Non tamen defecere animis Tyrii, quanquam ab ingenti spe destituti erant; sed conjuges liberosque devehendos Carthaginem tradiderunt : fortius quidquid accideret laturi, si carissimam sui partem extra communis periculi sortem habuissent. Quumque unus e civibus concioni indi-

avait vu en songe Apollon, un des dieux les plus religieusement honorés à Tyr, abandonnant la ville, et la chaussée que les Macédoniens avaient jetée sur la mer changée en un bois touffu. C'était peu de chose que le témoignage de cet homme ; mais, comme la crainte disposait les esprits à croire ce qu'il y avait de plus fâcheux, on attacha la statue du dieu avec une chaîne d'or, dont l'extrémité fut fixée à l'autel d'Hercule, sous la protection duquel Tyr était placée : on croyait ainsi, par la main d'Hercule, retenir Apollon. C'étaient les Carthaginois qui avaient apporté cette statue de Syracuse, et qui en avaient fait hommage à la mère patrie : toujours attentifs à orner Tyr, aussi bien que Carthage, des riches dépouilles des villes qu'ils avaient prises. On proposa aussi de reprendre une coutume religieuse tombée en oubli depuis des siècles, et que je ne saurais croire agréable aux dieux : c'était d'immoler à Saturne un enfant de condition libre. Ce sacrifice, ou plus exactement ce sacrilége, importé chez les Carthaginois par leurs fondateurs, resta, dit-on, en usage parmi eux jusqu'au temps où la ville fut détruite ; et sans l'opposition des vieillards, dont le conseil décidait de tout, une cruelle superstition eût triomphé de l'humanité.

Cependant la nécessité, plus puissante que tous les calculs, outre les moyens de défense ordinaires, leur en suggéra de nouveaux. Ainsi, pour incommoder les vaisseaux qui s'approchaient des murailles, ils avaient attaché à de fortes poutres des grappins et des harpons, et lorsque les machines avaient

---

casset, oblatam esse per somnum sibi speciem Apollinis, quem eximia religione colerent, urbem deserentis, molemque a Macedonibus jactam in salo, in silvestrem saltum esse mutatam : quanquam auctor levis erat, tamen ad deteriora credenda proni metu. aurea catena devinxere simulacrum, aræque Herculis, cujus numini urbem dicaverant, inseruere vinculum, quasi illo deo Apollinem retenturi. Syracusis id simulacrum devexerant Pœni, et in majore locaverant. patria : multisque aliis spoliis urbium, a semet captarum, non Carthaginem magis, quam Tyrum ornaverant. Sacrum quoque, quod quidem diis minime cordi esse crediderim, multis seculis intermissum repetendi auctores quidam erant, ut ingenuus puer Saturno immolaretur : quod sacrilegium verius, quam sacrum, Carthaginiénses a conditoribus traditum, usque ad excidium urbis suæ fecisse dicuntur ; ac nisi seniores obstitissent, quorum consilio cuncta agebantur, humanitatem dira superstitio vicisset.

Ceterum, efficacior omni arte necessitas non usitata modo præsidia, sed quædam etiam nova admovit. Namque ad implicanda navigia, quæ muros subibant, validis asseribus corvos et ferreas manus (cum uncis ac falcibus) illigaverant, ut, quum tormento asseres promovissent, subito laxatis funibus injicerent. Unci quoque et

mis ces poutres en mouvement, lâchant tout à coup les câbles, ils les lançaient sur l'ennemi. En même temps les crocs et les faux, dont elles étaient garnies, mettaient en pièces les assiégeants, ou même leurs navires. Ils imaginèrent aussi de faire rougir à force de feu des boucliers d'airain; puis, les remplissant de sable brûlant et de fange bouillante, ils les faisaient rouler du haut de leurs murailles. Il n'y avait point de fléau plus redoutable; car une fois que le sable enflammé avait pénétré la cuirasse et atteint le corps, il n'était aucun moyen de s'en délivrer, et tout ce qu'il touchait, il le brûlait. Jetant leurs armes et déchirant tout ce qui pouvait les garantir, les Macédoniens restaient, sans défense, exposés aux blessures, et la plupart étaient enlevés par les grappins et les harpons que lançaient les machines de l'ennemi.

IV. Le roi, fatigué, avait résolu de lever le siége et de passer en Égypte. Après avoir parcouru l'Asie avec une incroyable rapidité, il restait arrêté sous les murs d'une seule ville, et laissait échapper l'occasion de tant de grandes choses. Cependant, se retirer sans succès lui faisait autant de honte que de demeurer inactif. Il songeait aussi combien s'affaiblirait sa renommée, à laquelle il devait plus de conquêtes qu'à ses armes mêmes, s'il laissait Tyr derrière lui, comme pour témoigner qu'il pouvait être vaincu. Voulant donc ne négliger aucun effort, il fait approcher ses vaisseaux en plus grand nombre, et y embarque l'élite de ses soldats.

Le hasard voulut qu'un monstre marin, d'une grosseur extraordinaire, surmontant les vagues de son dos, vint appuyer

---

falces ex iisdem asseribus dependentes, aut propugnatores, aut ipsa navigia lacerabant. Clypeos vero æreos multo igne torrebant, quos repletos fervida arena, cœnoque decocto, e muris subito devolvebant. Nec ulla pestis magis timebatur : quippe ubi loricam corpusque fervens arena penetraverat, nec ulla vi excuti poterat, et quidquid attigerat, perurebat : jacientesque arma, laceratis omnibus queis protegi poterant, vulneribus inulti patebant : corvi vero et ferreæ manus tormentis emissæ plerosque rapiebant.

IV. Hic rex fatigatus statuerat, soluta obsidione, Ægyptum petere : quippe quum Asiam ingenti velocitate percurrisset, circa muros unius urbis hærebat, tot maximarum rerum opportunitate dimissa. Ceterum, tam discedere irritum, quam morari pudebat. Famam quoque, qua plura, quam armis, everterat, ratus leviorem fore, si Tyrum, quasi testem se posse vinci, reliquisset. Igitur ne quid inexpertum omitteret, plures naves admoveri jubet, delectosque militum imponi.

Et forte bellua inusitatæ magnitudinis, super ipsos fluctus dorso emineus, ad molem quam Macedones jecerant ingens corpus applicuit; diverberatisque fluctibus

sa masse gigantesque contre la chaussée qu'avaient construite les Macédoniens. Comme il battait les flots pour se soulever, on l'aperçut des deux côtés; parvenu ensuite à la tête de la jetée, il replongea sous les eaux; et tour à tour dominant les flots d'une grande partie de son corps, ou se cachant dans la mer, qui le couvrait tout entier, il alla se montrer au pied des remparts de la ville. La vue de ce monstre parut favorable aux deux partis : les Macédoniens prétendaient qu'il était venu leur marquer la ligne que devait suivre leur chaussée; selon les Tyriens, Neptune, vengeur de son élément envahi, avait entraîné le monstre au fond de l'eau, signe certain de la ruine prochaine des travaux ennemis. Heureux de ce présage, ils se livrèrent à la joie des festins, burent avec excès, et, encore accablés de leur ivresse, au lever du soleil ils montèrent sur leurs vaisseaux, ornés de guirlandes et de fleurs : tant ils concevaient d'espoir de vaincre, tant ils anticipaient même les réjouissances de leurs succès!

Alexandre avait par hasard porté sa flotte sur un autre point, et trente de ses moindres navires étaient seuls restés sur le rivage. Les Tyriens en prirent deux, et jetèrent parmi les autres une grande épouvante, jusqu'à ce qu'Alexandre, ayant entendu le cri des siens, fit approcher la flotte de l'endroit du rivage d'où le bruit était parti. Le premier vaisseau macédonien qui parut fut une galère à cinq rangs de rames, remarquable entre toutes par la rapidité de sa marche. Dès que les Tyriens l'aperçurent, deux de leurs navires vinrent de deux côtés opposés donner sur ses flancs : la galère se porte rapidement sur l'un d'eux, et du même coup elle est atteinte par l'éperon

---

allevans semet, utrinque conspecta est : deinde a capite molis rursus alto se immersit ; ac modo super undas eminens magna sui parte, modo superfusis fluctibus condita, haud procul munimentis urbis emersit. Utrisque lætus fuit belluæ adspectus : Macedones iter jaciendo operi monstrasse eam augurabantur; Tyrii Neptunum, occupati maris vindicem, abripuisse belluam, ac molem brevi profecto ruituram : lætique omine eo ad epulas dilapsi oneravere se vino ; quo graves, orto sole navigia conscendunt redimita coronis floribusque : adeo victoriæ, non omen modo, sed etiam gratulationem præceperant!

Forte rex classem in diversam partem agi jusserat, triginta minoribus navigii relictis in littore; e quibus Tyrii duobus captis, cetera ingenti terruerant metu : donec suorum clamore audito, Alexander classem littori, e quo fremitus acciderat admovit. Prima e Macedonum navibus quinqueremis velocitate inter ceteras eminens occurrit : quam ut conspexere Tyrii, duæ e diverso in latera ejus invectæ sunt ; in quarum alteram quinqueremis eadem concitata, et ipsa rostro icta est, et

du vaisseau ennemi, et le retient accroché elle-même. Restait le second bâtiment tyrien, qui n'était pas engagé, et déjà, libre dans sa marche, il s'avançait contre l'autre flanc de la quinquerème macédonienne, lorsque, saisissant merveilleusement l'occasion, une trirème de la flotte d'Alexandre se lance à sa rencontre avec une telle violence, que le pilote tyrien tombe du haut de la poupe dans la mer. Survinrent alors un plus grand nombre de navires macédoniens, et le roi avec eux : les Tyriens, à force de ramer en sens contraire, dégagèrent avec peine leur vaisseau accroché, et tous leurs bâtiments regagnèrent en même temps le port.

Le roi se mit aussitôt à leur poursuite : il ne put pas, il est vrai, entrer dans le port, parce que les traits lancés du haut des murailles l'en écartaient; mais il prit ou coula à fond presque tous leurs vaisseaux. Après avoir ensuite accordé deux jours de repos aux soldats, il fit approcher à la fois sa flotte et ses machines pour presser de toutes parts l'ennemi épouvanté; lui-même monta sur une tour fort élevée, avec un grand courage, et un danger plus grand encore. En effet, remarquable entre tous par les marques de la royauté et par l'éclat de son armure, il était le principal et l'unique but de tous les traits, et on le vit alors faire des choses dignes d'être offertes en spectacle au monde entier. Il perça de sa lance un grand nombre de ceux qui défendaient les murailles; il en fit rouler d'autres du haut en bas, en les frappant de près avec son épée ou avec son bouclier : car la tour d'où il combattait touchait presque les murs de la place.

---

illam invicem tenuit. Jamque ea, quæ non cohærebat, libero impetu evecta, in aliud quinqueremis latus invehebatur, quum opportunitate mira triremis e classe Alexandri in eam ipsam, quæ quinqueremi imminebat, tanta vi impulsa est, ut tyrius gubernator in mare excuteretur e puppi. Plures deinde Macedonum naves super veniunt, et rex quoque aderat, quum Tyrii inhibentes remis, ægre evellere navem quæ hærebat, portumque omnia simul navigia repetunt.

Confestim rex insecutus, portum quidem intrare non potuit, quum procul e muris missilibus submoveretur; naves autem omnes fere aut demersit, aut cepit. Biduo deinde ad quietem dato militibus, jussisque et classem et machinas pariter admovere, ut undique territis instaret, ipse in altissimam turrem ascendit ingenti animo, periculo majore; quippe regio insigni et armis fulgentibus conspicuus, unus præcipue telis petebatur; et digna prorsus spectaculo edidit : multos e muris propugnantes hasta transtulit; quosdam etiam cominus gladio clypeoque impulsos præcipitavit : quippe turris ex qua dimicabat muris hostium propemodum cohærebat.

Déjà les coups répétés du bélier avaient détaché les pierres des remparts qui commençaient à s'écrouler ; déjà la flotte était entrée dans le port, et quelques Macédoniens étaient allés se poster dans les tours abandonnées par l'ennemi, lorsque les Tyriens cédèrent à tant de maux à la fois : les uns vont en suppliants se réfugier dans les temples ; les autres ferment les portes de leurs maisons, préviennent leur destinée par une mort volontaire ; plusieurs se jettent sur l'ennemi, afin de ne pas mourir sans vengeance ; un grand nombre étaient montés sur les toits, d'où ils lançaient sur les assaillants des pierres et tout ce que le hasard mettait sous leurs mains. Alexandre ordonna que l'on fît périr tous les habitants, sauf ceux qui s'étaient réfugiés dans les temples, et que l'on mît le feu aux maisons. Cet ordre fut publié par des hérauts ; cependant aucun de ceux qui portaient les armes ne se résigna à demander le secours des dieux. Les enfants et les jeunes filles avaient rempli les temples ; les hommes se tenaient chacun à l'entrée de sa demeure, troupe réservée aux coups du vainqueur.

Toutefois, beaucoup d'entre eux furent sauvés par les Sidoniens, confondus dans les rangs de l'armée macédonienne. Ils étaient entrés avec les vainqueurs ; mais, se souvenant de leur communauté d'origine avec les Tyriens (car Agénor passait pour avoir fondé les deux villes), ils en prirent un grand nombre sous leur protection, et les conduisirent à leurs vaisseaux, qui, cachant leur marche, firent voile vers Sidon. Par cette supercherie, quinze mille hommes furent soustraits à la

---

Jamque crebris arietibus saxorum compage laxata, munimenta defecerant, et classis intraverat portum, et quidam Macedonum in turres hostium desertas evaserant, quum Tyrii, tot simul malis victi, alii supplices in templa confugiunt, alii foribus ædium obseratis occupant liberum mortis arbitrium : nonnulli ruunt in hostem, haud inulti tamen perituri ; magna pars summa tectorum obtinebat, saxa, et quidquid manibus fors dederat, ingerentes subeuntibus. Alexander, exceptis qui in templa confugerant, omnes interfici, ignemque tectis injici jubet. His per præcones pronuntiatis, nemo tamen armatus opem a diis petere sustinuit : pueri virginesque templa compleverant ; viri in vestibulo suarum quisque ædium stabant, parata sævientibus turba.

Multis tamen saluti fuere Sidonii, qui intra Macedonum præsidia erant. Hi urbem quidem inter victores intraverant, sed cognationis cum Tyriis memores (quippe utramque urbem Agenorem condidisse credebant), multos Tyriorum etiam protegentes, ad sua perduxere navigia : quibus occultatis, Sidona devecti sunt. Quindecim millia hoc furto subducta sævitiæ sunt, quantumque sanguinis fusum sit, vel ex

barbarie des vainqueurs ; et l'on peut juger de tout ce qu'il
y eut de sang répandu, en songeant que, seulement dans
l'enceinte des remparts, six mille combattants furent massacrés. La colère du roi donna ensuite un triste spectacle
à son armée victorieuse : deux mille hommes qu'avait
épargnés la rage épuisée du soldat furent attachés à des
croix, et pendus au loin, le long du rivage. Il fit grâce aux
envoyés de Carthage ; mais en y joignant une déclaration
de guerre, dont les circonstances l'obligeaient à retarder les
effets.

Ainsi fut prise, après sept mois de siége, Tyr, ville célèbre
dans le souvenir de la postérité par son antique origine et
par les fréquentes vicissitudes de sa fortune. Fondée par
Agénor, longtemps elle fut maîtresse des mers qui l'avoisi-
naient, et de toutes celles même où ses flottes pénétrèrent ; et,
s'il faut en croire la renommée, ses peuples furent les premiers qui enseignèrent ou apprirent l'usage de l'écriture. Ce
qu'il y a de certain, c'est que ses colonies étaient répandues
sur presque toute la face du monde : Carthage en Afrique,
Thèbes en Béotie, Gadès sur l'Océan. Sans doute, dans leurs
libres courses sur les mers, et leurs fréquents voyages en des
contrées inconnues aux autres nations, les Tyriens choisirent
ces lieux pour y établir leur jeunesse, alors trop nombreuse ;
ou peut-être aussi, suivant une autre tradition, fatigués des
continuels tremblements de terre qui désolaient leur pays,
ils furent forcés de se chercher par les armes de nouvelles
demeures au dehors. Cependant, après avoir traversé de nombreuses révolutions, et s'être relevée de ses ruines, Tyr a vu

hoc existimari potest, quod intra munimenta urbis sex millia armatorum trucidata
sunt. Triste deinde spectaculum victoribus ira præbuit regis : duo millia, in quibus
occidendis defecerat rabies, crucibus affixi per ingens littoris spatium pependerunt.
Carthaginiensium legatis pepercit ; addita denuntiatione belli, quod præsentium
rerum necessitas moraretur.

Tyrus septimo mense, quam oppugnari cœpta erat, capta est ; urbs et vetustate
originis, et crebra fortunæ varietate ad memoriam posteritatis insignis. Condita ab
Agenore, diu mare, non vicinum modo, sed quodcunque classes ejus adierunt,
ditionis suæ fecit ; et, si famæ libet credere, hæc gens litteras prima aut docuit,
aut didicit. Coloniæ certe ejus pæne orbe toto diffusæ sunt : Carthago in Africa, in
Bœotia Thebæ, Gades ad Oceanum. Credo libero commeantes mari, sæpiusque
adeundo ceteris incognitas terras, elegisse sedes juventuti qua tunc abundabant :
seu quia crebris motibus terræ (nam hoc quoque traditur) cultores ejus fatigati, nova
et externa domicilia armis sibimet quærere cogebantur. Multis ergo casibus defuncta,

tout renaître en son sein à la suite d'une longue paix, et elle se repose aujourd'hui à l'abri de la bienfaisante domination de Rome.

V. A peu près vers le même temps arriva une lettre de Darius, écrite enfin comme à un roi. Il proposait en mariage à Alexandre sa fille Statira : « elle aurait pour dot tout le pays situé entre l'Hellespont et le fleuve Halys; pour lui, il se contenterait désormais des contrées qui regardent l'Orient. Que si, par hasard, le roi hésitait à accepter ce qui lui était offert, il devait se souvenir que la fortune ne reste jamais longtemps au même point, et que les hommes, quelque brillante que soit leur prospérité, sont toujours plus enviés qu'heureux. Il craignait bien que, semblable aux oiseaux emportés vers les astres par leur légèreté naturelle, il ne s'abandonnât à un vain et puéril sentiment d'orgueil. Rien n'était plus difficile que de porter, dans un si jeune âge, le poids d'une si grande fortune. Lui-même, d'ailleurs, avait encore des débris considérables de sa puissance : on ne pourrait pas toujours le surprendre dans des défilés. Alexandre avait à passer l'Euphrate, le Tigre, l'Araxe et l'Hydaspe, ces grands boulevards de l'empire des Perses; il lui faudrait paraître dans des plaines où il aurait à rougir du petit nombre de ses soldats. Et la Médie, l'Hyrcanie, la Bactriane, les Indiens, voisins de l'Océan, quand y pénétrerait-il? sans parler des Sogdiens, des Arachosiens et des autres peuples qui habitent près du Caucase et du Tanaïs; il vieillirait à parcourir, même sans combattre, une aussi grande étendue de pays. Que, du reste,

et post excidium renata, nunc tamen longa pace cuncta refovente, sub tutela romanæ mansuetudinis acquiescit.

V. Iisdem ferme diebus Darii litteræ allatæ sunt, tandem ut regi scriptæ : petebat uti filiam suam, Statiræ erat nomen, nuptiis Alexander sibi adjungeret. Dotem fore omnem regionem inter Hellespontum et Halyn amnem sitam ; inde Orientem spectantibus terris contentum se fore. Si forte dubitaret, quod offerretur, accipere, nunquam diu eodem vestigio stare fortunam, semperque homines, quantamcumque felicitatem habeant, invidiam tamen sentire majorem. Vereri, ne se, avium modo, quas naturalis levitas ageret ad sidera, inani ac puerili mentis affectu efferret. Nihil difficilius esse, quam in illa ætate tantam capere fortunam. Multas se adhuc reliquias habere ; nec semper in augustiis posse deprehendi : transeundum esse Alexandro Euphraten, Tigrinque, et Araxen, et Hydaspen, magna munimenta regni sui : veniendum in campos, ubi paucitate suorum erubescendum sit. Mediam, Hyrcaniam, Bactra, et Indos Oceani accolas quando aditurum? Ne Sogdianos et Arachosios nominaret, ceterasque gentes ad Caucasum et Tanaim pertinentes, senescendum fore

il cessât de le provoquer, car il n'arriverait que trop tôt pour sa perte. »

Alexandre répondit à ceux qui avaient apporté la lettre, « que Darius lui promettait ce qui ne lui appartenait pas ; qu'il voulait partager ce qu'il avait perdu en entier. La dot qu'il lui offrait, c'était la Lydie, l'Ionie, l'Éolide et la côte de l'Hellespont, prix déjà assuré de sa victoire. D'ailleurs, c'était aux vainqueurs de dicter la loi, aux vaincus de l'accepter. Si Darius, seul au monde, ignorait leur position respective, il pouvait s'en éclaircir promptement par une bataille. Pour lui, quand il avait passé la mer, ce n'était pas la Lydie ou la Cilicie, faible prix d'une si grande guerre ; c'était Persépolis même, la capitale de l'empire ; c'était la Bactriane, Ecbatane et les contrées les plus reculées de l'Orient qu'il se proposait de ranger sous ses lois. Partout où Darius pourrait fuir, il pourrait bien le poursuivre. Qu'il cessât de chercher à l'épouvanter avec des fleuves, lorsqu'il savait qu'il avait traversé des mers. »

Voilà en quels termes s'étaient écrit les deux rois. Cependant les Rhodiens venaient de mettre au pouvoir d'Alexandre leur ville et leurs ports. Ce prince avait confié le gouvernement de la Cilicie à Socrate, et à Philotas celui du pays qui environne Tyr. Parménion remit la Célésyrie sous les ordres d'Andromachus, afin de prendre part au reste de la guerre. Après avoir commandé à Héphestion de suivre avec la flotte les côtes de la Phénicie, le roi se rendit à Gaza, à la tête de toutes ses forces. C'était le temps de la solennité des jeux

tantum terrarum vel sine prœlio obeunti. Se vero ad ipsum vocare desineret : namque illius exitio esse venturum.

Alexander iis qui litteras attulerant respondit, Darium sibi aliena promittere : quod totum amiserit, velle partiri. Doti sibi dari Lydiam, Ioniam, Æolidem, Hellesponti oram, victoriæ suæ præmia ; leges autem a victoribus dici, accipi a victis. In utro statu ambo essent, si solus ignoraret, quamprimum Marte decerneret. Se quoque, quum transisset mare, non Ciliciam, aut Lydiam (quippe tanti belli exiguam hanc esse mercedem), sed Persepolim caput regni ejus, Bactra deinde, et Ecbatana, ultimique Orientis oram imperio suo destinasse. Quacunque ille fugere potuisset, ipsum sequi posse : desineret terrere fluminibus, quem sciret maria transisse.

Reges quidem invicem hæc scripserant. Sed Rhodii urbem suam portusque dedebant Alexandro. Ille Ciliciam Socrati tradiderat, Philotæ regioni circa Tyrum jusso præsidere. Syriam, quæ Cœle appellatur, Andromacho Parmenio tradiderat, bello, quod supererat, interfuturus. Rex Hephæstione Phœnices oram classe prætervehi jusso, ad urbem Gazan cum omnibus copiis venit. Iisdem fere diebus solenne erat

Isthmiques, qui se célébraient en présence de toute la Grèce assemblée. Au milieu de cette réunion, les Grecs, selon leur génie toujours changeant avec les circonstances, décrétèrent que quinze députés seraient envoyés au roi, pour lui offrir, en reconnaissance de tout ce qu'il avait fait pour le salut et la liberté de la Grèce, une couronne d'or, présent destiné à la victoire. Quelques jours auparavant, ces mêmes Grecs prêtaient l'oreille à tous les bruits de l'incertaine renommée, décidés à suivre le parti où la fortune entraînerait leurs esprits flottants.

Alexandre, cependant, n'était pas seul à parcourir les villes qui refusaient de reconnaître son empire ; ses généraux, capitaines habiles, avaient aussi, presque partout, fait pour lui des conquêtes : Calas avait soumis la Paphlagonie, Antigonus la Lycaonie ; Balacre, après avoir vaincu Idarnès, l'un des lieutenants de Darius, avait pris Milet ; Amphotère et Hégéloque, avec une flotte de soixante voiles, avaient fait passer sous la domination d'Alexandre les îles situées entre l'Achaïe et l'Asie. Maîtres de Ténédos, ils avaient résolu de s'emparer de Chios, où la population les appelait ; mais Pharnabaze, lieutenant de Darius, fit saisir les partisans des Macédoniens, et livra de nouveau la ville, avec une faible garnison, à Apollonidès et à Athanagoras, qui lui étaient dévoués. Les généraux d'Alexandre poursuivaient néanmoins le siège, comptant moins sur leurs forces que sur les dispositions des assiégés. Leur espoir ne fut point trompé : une rixe élevée entre Apollonidès et les chefs de la garnison, leur fournit l'occasion de se jeter dans la ville ;

---

ludicrum Isthmiorum, quod conventu totius Græciæ celebratur. In eo concilio, ut sunt Græcorum temporaria ingenia, decernunt, ut quindecim legarentur ad regem, qui ob res pro salute Græciæ ac libertate gestas, coronam auream donum victoriæ ferrent. Iidem paulo ante incertæ famæ captaverant auram, ut, quocunque pendentes animos tulisset fortuna, sequerentur.

Ceterum, non ipse modo rex obibat urbes, imperii jugum adhuc recusantes; sed prætores quoque ipsius, egregii duces, pleraque invaserant. Calas Paphlagoniam, Antigonus Lycaoniam : Balacrus, Idarne prætore Darii superato, Milctum cepit : Amphoterus et Hegelochus, centum sexaginta navium classe, insulas inter Achaiam atque Asiam in ditionem Alexandri redegerunt. Tenedo quoque recepta, Chium, incolis ultro vocantibus, statuerant occupare : sed Pharnabazus, Darii prætor, comprehensis qui res ad Macedonas trahebant, rursus Apollonidi et Athanagoræ, suarum partium viris, urbem cum modico præsidio militum tradit. Præfecti Alexandri in obsidione urbis perseverabant, non tam suis viribus, quam ipsorum qui obsidebantur voluntate. Nec fefellit opinio ; namque inter Apollonidem et duces militum

et à peine une porte brisée eut-elle ouvert le passage aux troupes macédoniennes, que les assiégés, fidèles à leurs anciens projets de défection, se joignent à Amphotère et à Hégéloque, égorgent les soldats perses, et livrent enchaînés Pharnabaze avec Apollonidès et Athanagoras. Ils remirent en même temps au vainqueur douze trirèmes avec leurs soldats et leurs rameurs, trente bâtiments légers, sans équipages ou montés par des pirates, et trois mille Grecs au service des Perses. Ces soldats furent distribués dans les troupes macédoniennes pour les recruter, les pirates furent punis de mort, et les rameurs prisonniers ajoutés à ceux de la flotte.

Le hasard voulut qu'Aristonicus, tyran de Méthymne, ignorant ce qui venait de se passer à Chios, vint à la première veille se présenter à l'entrée du port avec quelques bâtiments de pirates. Les gardes lui ayant demandé qui il était, il leur dit qu'il était Aristonicus, et venait trouver Pharnabaze. Ceux-ci lui répondirent que Pharnabaze reposait en ce moment, et qu'on ne pouvait lui parler; qu'au surplus, en qualité d'hôte et d'ami, l'entrée du port lui était permise, et que le lendemain il serait libre de voir Pharnabaze. Aristonicus ne fit aucune difficulté d'entrer le premier, et les pirates suivirent leur chef; mais, tandis qu'ils amarrent leurs vaisseaux sur le quai, les gardes ferment la passe du port, et éveillent ceux de leurs compagnons qui se trouvent près d'eux; puis, sans qu'aucun de ces pirates osât faire la moindre résistance, ils furent tous chargés de chaînes. On les livra ensuite à Amphotère et à

---

orta seditio irrumpendi in urbem occasionem dedit; quumque porta effracta cohors Macedonum intrasset, oppidani, olim consilio proditionis agitato, aggregant se Amphotero et Hegelocho, Persarumque præsidio cæso, Pharnabazus cum Apollonide et Athanagora vincti traduntur : duodecim triremes cum suo milite ac remige ; præter eas triginta inanes et piratici lembi, Græcorumque tria millia a Persis mercede conducta : his in supplementum copiarum suarum distributis, piratisque supplicio affectis, captivos remiges adjecere classi suæ.

Forte Aristonicus, Methymnæorum tyrannus, cum piraticis navibus, ignarus omnium quæ ad Chium acta erant, prima vigilia ad portus claustra successit; interrogatusque a custodibus quis esset, Aristonicum ad Pharnabazum venire respondit. Illi Pharnabazum quidem jam quiescere, et non posse tum adiri; ceterum patere socio atque hospiti portum, et postero die Pharnabazi copiam fore affirmant. Nec dubitavit Aristonicus primus intrare : secuti sunt ducem piratici lembi; ac dum applicant navigia crepidini portus, objicitur a vigilibus claustrum, et qui proximi excubabant, ab iisdem excitantur : nulloque ex his auso repugnare, omnibus catenæ injectæ sunt. Amphotero deinde Hegelochoque traduntur. Hinc Mace-

Hégéloque. De là, les Macédoniens passèrent à Mitylène, que l'Athénien Charès avait prise depuis peu et occupait avec une garnison de deux mille Perses; mais, n'étant pas en état de soutenir un siége, il leur livra la ville, à condition qu'il aurait la vie sauve, et se retira à Imbros. Les Macédoniens firent grâce à la garnison, qui s'était rendue.

VI. Darius, désespérant de la paix qu'il avait cru pouvoir obtenir par ses lettres et ses envoyés, ne songea plus qu'à réparer ses forces et à renouveler activement la guerre. Il assigne donc un rendez-vous aux chefs de son armée dans la province de Babylone, et donne ordre à Bessus, gouverneur de la Bactriane, de le rejoindre avec le plus de soldats qu'il lui sera possible de rassembler. Les Bactriens sont de tous ces peuples d'Asie les plus courageux; leurs esprits farouches dédaignent le luxe des Perses : voisins de la belliqueuse nation des Scythes, et accoutumés à vivre de rapines, ils errent continuellement les armes à la main. Mais Bessus, soupçonné de perfidie, bien convaincu du moins de ne se contenter qu'avec peine du second rang, était, pour le roi, un objet de crainte : il aspirait à la royauté, et l'on redoutait en lui la trahison, qui seule pouvait l'y conduire.

Cependant Alexandre, malgré tous ses soins à rechercher en quel pays s'était retiré Darius, ne pouvait le découvrir : c'est l'usage des Perses, de garder avec une merveilleuse fidélité les secrets de leurs rois; ni la crainte, ni l'espérance ne sauraient leur arracher un mot qui trahisse ce qui doit être caché : un

---

dones transiere Mitylenen, quam Chares Atheniensis nuper occupatam, duorum millium Persarum præsidio tenebat, sed quum obsidionem tolerare non posset, urbe tradita, pactus ut incolumi abire liceret, Imbrum petit; deditis Macedones pepercerunt.

VI. Darius, desperata pace, quam per litteras legatosque impetrari posse crediderat, ad reparandas vires bellumque impigre renovandum intendit animum. Duces ergo copiarum Babyloniam convenire; Bessum quoque, Bactrianorum prætorem, quam maximo posset exercitu coacto, descendere ad se jubet. Sunt autem Bactriani inter illas gentes promptissimi, horridis ingeniis, multumque a Persarum luxu abhorrentibus; siti haud procul Scytharum bellicosissima gente, et rapto vivere assueti; semperque in armis errant. Sed Bessus, suspecta perfidia, haud sane æque animo in secundo se continens gradu, regem terrebat : nam quum regnum affectaret, proditio, qua sola id assequi poterat, timebatur.

Ceterum Alexander, quam regionem Darius petisset omni cura vestigans, tamen explorare non poterat, more quodam Persarum, arcana regum mira celantium fide; non metus, non spes elicit vocem, qua prodantur occulta; vetus disciplina regum

ancien règlement de leurs rois avait prescrit le silence sous peine de la vie. L'indiscrétion est plus sévèrement punie chez eux qu'aucun crime; et ils regardent comme incapable d'accomplir rien de grand, l'homme à qui il est pénible de se taire, c'est-à-dire de faire ce que la nature nous a rendu le plus facile. Alexandre, dans une ignorance complète de ce qui se passait du côté de l'ennemi, s'occupait d'assiéger la ville de Gaza. Elle avait pour gouverneur Bétis, homme plein de dévouement pour son roi; avec une faible garnison, il défendait une grande étendue d'ouvrages.

Alexandre, après avoir reconnu l'emplacement, ordonna que l'on creusât des mines : le sol, naturellement mou et léger, se prêtant sans peine à des travaux souterrains; car la mer voisine y jette une grande quantité de sable, et il n'y avait ni pierres ni cailloux qui empêchassent de pousser les galeries. Ayant donc commencé l'ouvrage d'un côté que les assiégés ne pouvaient apercevoir, pour en détourner leur attention il fit approcher les tours des murailles. Mais ce même terrain était peu favorable au transport des tours; le sable en s'affaissant retardait l'agilité des roues, et les planchers se brisaient : aussi l'ennemi blessa-t-il impunément beaucoup de soldats, trouvant autant de peine à retirer leurs tours qu'à les faire avancer.

Alexandre donna le signal de la retraite, et commanda pour le lendemain l'investissement de la place. Au lever du soleil, avant de mettre en mouvement son armée, il implorait le secours des dieux et leur offrait un sacrifice, selon l'usage de

---

silentium vitæ periculo sanxerat; lingua gravius castigatur quam ullum probrum; nec magnam rem sustineri posse credunt ab eo, cui tacere grave sit, quod homini facillimum voluerit esse natura. Ob hanc causam Alexander, omnium, quæ apud hostem gererentur, ignarus, urbem Gazan obsidebat. Præerat ei Betis, eximiæ in regem suum fidei; modicoque præsidio muros ingentis operis tuebatur.

Alexander, æstimato locorum situ, agi cuniculos jussit, facili ac levi humo acceptante occultum opus; quippe multam arenam vicinum mare evomit, nec saxa cotesque, quæ interpellent specus, obstabant. Igitur ab ea parte, quam oppidani conspicere non possent, opus orsus, ut a sensu ejus averteret, turres muris admoveri jubet. Sed eadem humus movendis inutilis turribus, desidente sabulo, agilitatem rotarum morabatur, et tabulata turrium perfringebat; multique vulnerabantur impune, quum idem recipiendis, qui admovendis turribus labor eos fatigaret.

Ergo, receptui signo dato, postero die muros corona circumdari jussit : ortoque sole, priusquam admoveret exercitum, opem deum exposcens, sacrum patrio more faciebat. Forte prætervolans corvus glebam, quam unguibus ferebat, subito omisit;

sa patrie : tout à coup un corbeau, traversant les airs, laissa échapper de ses serres une motte de terre qui tomba sur la tête du roi et se réduisit en poudre ; après quoi, l'oiseau alla se percher sur la tour la plus voisine. Cette tour étant enduite de soufre et de bitume, les ailes du corbeau s'y attachèrent, et, tandis qu'il faisait de vains efforts pour se dégager, il fut pris par ceux qui se trouvaient là. La chose parut mériter que l'on consultât les devins ; l'esprit du roi même n'était pas exempt de cette faiblesse superstitieuse. Aristandre, dont les prédictions avaient le plus de crédit, déclara que cet augure annonçait, il est vrai, la ruine de la ville, mais qu'il était à craindre que le roi ne fût blessé : il lui conseilla donc de ne rien entreprendre en ce jour. Ce prince, quelque impatient qu'il fût de voir une seule ville lui interdire un tranquille accès en Égypte, obéit néanmoins au devin, et donna le signal de la retraite.

Le courage des assiégés s'en accrut : sortis de leurs murailles, ils chargent l'ennemi, qui se retire, croyant trouver dans son hésitation une occasion de succès. Mais ils engagèrent plus vivement le combat qu'ils ne le soutinrent ; car aussitôt qu'ils virent se retourner les enseignes macédoniennes, ils s'arrêtèrent. Déjà le cri des combattants était parvenu jusqu'au roi. Ne songeant plus alors au danger dont on l'a menacé, il prend pourtant, à la prière de ses amis, sa cuirasse, qu'il ne revêtait que rarement, et se porte aux premiers rangs. En le voyant, un Arabe, soldat de Darius, conçoit une pensée plus haute que sa fortune, et, cachant son épée derrière son bou-

---

quæ, quum regis capiti incidisset, resoluta defluxit : ipsa autem avis in proxima turre consedit. Illita erat turris bitumine ac sulphure : in qua alis hærentibus, frustra se allevare conatus a circumstantibus capitur. Digna res visa de qua vates consulerentur, et erat non intactus ea superstitione mentis. Ergo Aristander, cui maxima fides habebatur, urbis quidem excidium augurio illo portendi ; ceterum, periculum esse, ne rex vulnus acciperet ; itaque monuit, ne quid eo die inciperet. Ille, quanquam unam urbem sibi, quo minus securus Ægyptum intraret, obstare ægre ferebat, tamen paruit vati, signumque receptui dedit.

Hinc animus crevit obsessis, egressique porta recedentibus inferunt signa ; cunctationem hostium fore suam occasionem rati. Sed acrius quam constantius prœlium inierunt : quippe ut Macedonum signa circumagi videre, repente sistunt gradum. Jamque ad regem prœliantium clamor pervenerat, quum denuntiati periculi haud sane memor, loricam tamen, quam raro induebat, amicis orantibus, sumpsit ; et ad prima signa pervenit. Quo conspecto, Arabs quidam, Darii miles, majus fortuna sua facinus ausus, clypeo gladium tegens, quasi transfuga genibus regis advolvitur ; ille

clier, il vient, comme transfuge, se jeter aux genoux du roi. Alexandre lui ordonna de se relever et de prendre rang parmi ses soldats. Mais le Barbare, faisant rapidement passer son épée dans sa main droite, la dirige contre la tête du roi, qui, par un léger mouvement de corps, évite le coup, et abat, du tranchant de son glaive, le bras tombé à faux du Barbare. Il se croyait dès-lors libre du péril qu'on lui avait prédit pour cette journée; mais sans doute la destinée est inévitable : car, au moment où, emporté par son ardeur, il combat aux premiers rangs, une flèche vient percer sa cuirasse et s'enfoncer dans son épaule, d'où elle est arrachée par Philippe, son médecin.

Le sang jaillit de la blessure avec abondance; tous en furent effrayés : jamais ils n'avaient vu un trait pénétrer si avant à travers la cuirasse. Pour lui, sans changer même de couleur, il ordonna que l'on arrêtât le sang et que l'on bandât la plaie. Longtemps on le vit encore aux premiers rangs, soit qu'il dissimulât sa souffrance, soit qu'il la maîtrisât; mais le sang, retenu d'abord par le pansement, recommença à couler avec plus d'abondance, et la blessure qui, dans les premiers moments, avait été sans douleur, s'enfla avec le sang qui se refroidissait. Bientôt ses forces l'abandonnèrent; ses genoux se dérobèrent sous lui; ceux qui l'entouraient le prirent dans leurs bras et le reportèrent au camp, pendant que Bétis, qui le croyait tué, rentrait dans la ville, triomphant de sa victoire. Mais Alexandre, sans attendre que sa blessure fût entièrement guérie, fit construire une chaussée d'une élévation égale à celle des remparts, et, sur plusieurs points, attaquer

---

assurgere supplicem, recipique inter suos jussit. At gladio barbarus strenue in dextram translato, cervicem appetit regis, qui, exigua corporis declinatione evitato ictu, in vanum manum barbari lapsam amputat gladio; denuntiato in illum diem periculo, ut arbitrabatur ipse, defunctus. Sed, ut opinor, inevitabile est fatum; quippe dum inter primores promptius dimicat, sagitta ictus est, quam per loricam adactam, stantem in humero medicus ejus Philippus evellit.

Plurimus deinde sanguis manare cœpit, omnibus territis, quia nunquam tam alte penetrasse telum, lorica obstante, cognoverant; ipse, ne oris quidem colore mutato, supprimi sanguinem, et vulnus obligari jussit. Diu ante ipsa signa vel dissimulato, vel victo dolore perstiterat, quum suppressus paulo ante sanguis medicamento manare latius cœpit; et vulnus, quod recens adhuc dolorem non moverat, frigente sanguine intumuit. Linqui deinde animo, et summitti genu cœpit; quem proximi exceptum in castra receperunt; et Betis interfectum ratus, urbem ovans victoria repetit. At Alexander nondum percurato vulnere, aggerem, quo mœnium altitudinem æquaret, exstruxit; et pluribus cuniculis muros subrui jussit. Oppidani

les murs par la mine. De leur côté, les assiégés ajoutèrent à l'ancienne hauteur des murailles des fortifications nouvelles; mais, avec cela encore, ils ne pouvaient atteindre aussi haut que les tours placées sur la chaussée; de sorte que l'intérieur même de la ville était exposé aux traits des assiégeants. Ce qui mit le comble à la détresse de la place, fut la chute d'un pan de mur abattu par la mine, et dont les débris ouvrirent un passage à l'ennemi.

Le roi lui-même marchait en tête des premiers drapeaux; comme il s'avançait avec trop peu de précaution, il fut atteint d'une pierre à la jambe : cependant, appuyé sur un javelot, car sa première blessure n'était pas encore cicatrisée, il ne laissa pas de combattre aux rangs les plus avancés, outré de colère d'avoir été blessé deux fois au siége de cette ville. Bétis, après avoir combattu en héros et reçu un grand nombre de blessures, avait été abandonné par les siens : il n'en continuait pas moins à se défendre avec courage, ayant ses armes teintes tout à la fois de son sang et de celui de ses ennemis. Mais comme de toutes parts les traits étaient dirigés contre lui seul, ses forces ne tardèrent pas à s'épuiser, et il tomba vivant au pouvoir de l'ennemi. On l'amena vers le roi : ce jeune prince, qui, en d'autres occasions, sut admirer le courage jusque chez ses ennemis, se livra alors aux transports d'une joie extraordinaire : « Tu ne mourras pas, Bétis, comme tu le voulais, lui dit-il; mais tout ce qu'on peut inventer contre un captif, attends-toi à le souffrir. » Celui-ci, regardant le roi d'un visage tranquille et qui semblait même le braver, ne répondit pas un seul mot à ses menaces. Alors Alexandre : « Voyez-vous,

---

ad pristinum fastigium mœnium novum exstruxere munimentum : sed ne id quidem turres aggeri impositas æquare poterat; itaque interiora quoque urbis infesta telis erant. Ultima pestis urbis fuit cuniculo subrutus murus, per cujus ruinas hostis intravit.

Ducebat ipse rex antesignanos; et dum incautius subit, saxo crus ejus affligitur; innixus tamen telo, nondum prioris vulneris obducta cicatrice, inter primores dimicat : ira quoque accensus, quod duo in obsidione urbis ejus acceperat vulnera. Betim, egregia edita pugna, multisque vulneribus confectum deseruerant sui : nec tamen segnius prœlium capessebat, lubricis armis suo pariter atque hostium sanguine. Sed quum undique unus omnium telis peteretur, ad postremum, exhaustis viribus, vivus in potestatem hostium pervenit; quo ad regem adducto, insolenti gaudio juvenis elatus, alias virtutis etiam in hoste mirator, « Non, ut voluisti, inquit, morieris, Beti; sed quidquid in captivum inveniri potest, passurum esse te cogita. » Ille non interrito modo, sed contumaci quoque vultu intuens regem, nul-

s'écria-t-il, comme il est obstiné à se taire? A-t-il fléchi le genou? a-t-il prononcé une seule parole de soumission? Je saurai bien pourtant vaincre ce silence, et si je ne le lui fais rompre d'une autre manière, ce sera du moins par des gémissements. »

Sa colère s'était tournée en rage, et déjà sa nouvelle fortune subissait l'influence des mœurs étrangères : on le vit, quand son ennemi respirait encore, lui faire traverser les talons par des courroies, et, attaché à un char, le faire traîner par des chevaux autour de la ville. Il se glorifiait d'imiter ainsi, dans sa vengeance, Achille, l'auteur de sa race. Il périt environ dix mille Perses et Arabes : la victoire coûta aussi beaucoup de sang aux Macédoniens. Au reste, ce siége est devenu célèbre, moins par l'importance de la ville, que par le double danger que courut le roi. Pressé alors de passer en Égypte, il envoya Amyntas en Macédoine, avec dix galères, pour y lever de nouvelles troupes; car les victoires même affaiblissaient son armée, et il avait moins de confiance aux soldats des peuples vaincus qu'à ceux de sa propre nation.

VII. Les Égyptiens, depuis longtemps ennemis de la puissance des Perses, qu'ils accusaient de les gouverner d'une manière avare et tyrannique, avaient relevé leur courage à l'espérance de l'arrivée d'Alexandre. On les avait vus recevoir avec enthousiasme le transfuge Amyntas, se présentant chez eux avec une autorité toute précaire. Aussi le peuple était-il accouru en foule à Péluse, par où l'on croyait que le roi devait entrer. Il y avait sept jours qu'il était parti de Gaza, lorsqu'il

---

lam ad minas ejus reddit vocem. Tum Alexander : « Videtisne obstinatum ad tacendum? inquit; num genu posuit? num supplicem vocem misit? Vincam tamen silentium, et si nihil aliud, certe gemitu interpellabo. »

Iram deinde vertit in rabiem, jam tum peregrinos ritus nova subeunte fortuna : per talos enim spirantis lora trajecta sunt, religatumque ad currum traxere circa urbem equi, gloriante rege Achillem, a quo genus ipse deduceret, imitatum se esse pœna in hostem capienda. Cecidere Persarum Arabumque circa decem millia : nec Macedonibus incruenta victoria fuit. Obsidio certe non tam claritate urbis nobilitata est, quam geminato periculo regis, qui Ægyptum adire festinans, Amyntam cum decem triremibus in Macedoniam ad inquisitionem novorum militum misit : namque prœliis etiam secundis atterebantur copiæ, devictarumque gentium militi minor quam domestico fides habebatur.

VII. Ægyptii olim Persarum opibus infensi, quippe avare et superbe imperitatum sibi esse credebant, ad spem adventus ejus erexerant animos : utpote qui Amyntam quoque transfugam, et cum precario imperio venientem, læti recepissent. Igitur ingens multitudo Pelusium, qua intraturus videbatur, convenerat; atque ille,

arriva dans la partie de l'Égypte que l'on appelle aujourd'hui le *Camp d'Alexandre*. Il commanda alors à son infanterie de gagner Péluse par terre, et lui-même, avec une élite de troupes légères, s'embarqua sur le Nil. Les Perses, qu'effrayait déjà la défection des Égyptiens, n'attendirent pas son arrivée. Il approchait de Memphis, lorsque Mazacès, à qui Darius avait laissé le commandement de la place, se hâtant de traverser le fleuve Orius, vint lui remettre huit cents talents, avec tout l'ameublement royal.

De Memphis, continuant sa route sur le Nil, il pénétra dans l'intérieur de l'Égypte; et, après avoir tout réglé sans rien changer aux coutumes nationales des Égyptiens, il forma le projet d'aller trouver l'oracle de Jupiter Ammon. Il fallait s'avancer dans des chemins à peine praticables pour une troupe peu nombreuse et sans équipages : la terre, pas plus que le ciel, n'y fournit d'eau ; partout s'étendent des sables stériles, qui, échauffés par les feux du soleil, rendent le sol brûlant pour les pieds du voyageur, et causent une chaleur insupportable. Ce n'est pas seulement contre les ardeurs et la sécheresse du pays que l'on trouve à combattre; il faut lutter encore contre un sable épais, qui, dans son extrême profondeur, se dérobant sous les pieds, ne permet qu'à grand'peine de se frayer un chemin.

Les Égyptiens exagéraient encore ces difficultés. Mais un vif désir pressait Alexandre d'aller trouver Jupiter, qu'il croyait ou voulait que l'on crût l'auteur de sa naissance, ne se contentant déjà plus d'avoir atteint le faîte des grandeurs humaines.

---

septimo die posteaquam a Gaza copias moverat, in regionem Ægypti, quam nunc *Castra Alexandri* vocant, pervenit. Deinde, pedestribus copiis Pelusium petere jussis, ipse cum expedita delectorum manu Nilo amne vectus est : nec sustinuere adventum ejus Persæ, defectione quoque perterriti. Jamque haud procul Memphi erat ; in cujus præsidio Mazaces prætor Darii relictus, Orio amne superato, octingenta talenta Alexandro, omnemque regiam supellectilem tradidit.

A Memphi eodem flumine vectus, ad interiora Ægypti penetrat, compositisque rebus ita, ut nihil ex patrio Ægyptiorum more mutaret, adire Jovis Ammonis oraculum statuit. Iter expeditis quoque et paucis vix tolerabile ingrediendum erat : terra cœloque aquarum penuria est; steriles arenæ jacent, quas ubi vapor solis accendit, fervido solo exurente vestigia, intolerabilis æstus exsistit; luctandumque est, non tantum cum ardore et siccitate regionis, sed etiam cum tenacissimo sabulo, quod præaltum, et vestigio cedens, ægre moliuntur pedes.

Hæc Ægyptii vero majora jactabant. Sed ingens cupido animum stimulabat adeundi Jovem, quem generis sui auctorem, haud contentus mortali fastigio, aut

Prenant donc avec lui ceux dont il avait résolu de se faire accompagner, il descendit le long du fleuve jusqu'au lac Maréotide, où des députés de Cyrène lui apportèrent des présents, lui demandant, avec la paix, la faveur de visiter leurs villes. Alexandre accueillit leurs présents, fit alliance avec eux, et poursuivit l'accomplissement de son projet. Le premier et le second jour la fatigue parut supportable : on n'était point encore engagé dans ces solitudes si vastes et si nues, et pourtant déjà la terre était stérile et morte. Mais lorsque se découvrirent à leurs regards ces plaines couvertes de profonds amas de sable, il leur sembla être lancés sur la pleine mer, et leurs yeux cherchaient de tous côtés la terre. Nul arbre, nulle trace de culture; l'eau même qu'ils avaient chargée dans des outres sur le dos de leur chameaux commençait à leur manquer, et il n'y en avait point à trouver sur ce sol aride et brûlant. Ajoutez à cela que les feux du soleil avaient tout embrasé : leurs bouches étaient sèches et brûlantes, lorsque tout à coup, soit hasard, soit bienfait des dieux, des nuages s'amoncelèrent et vinrent cacher le soleil; précieux soulagement pour des hommes que fatiguait la chaleur, alors même que l'eau eût continué à manquer. Mais bientôt les vents orageux firent tomber une pluie abondante, et chacun se mit, de son côté, à la recueillir, plusieurs même la bouche ouverte, dans l'impatience que leur causait la soif. Quatre jours se passèrent au milieu de ces vastes solitudes.

Déjà ils n'étaient plus qu'à peu de distance du siége de l'oracle, lorsque soudain une troupe de corbeaux vint se placer

---

credebat esse, aut credi volebat. Ergo cum iis quos ducere secum statuerat secundo amne descendit ad Mareotim paludem; eo legati Cyrenensium dona attulere, pacem, et ut adiret urbes suas, petentes. Ille, donis acceptis, amicitiaque conjuncta, destinata exsequi pergit. Ac primo quidem et sequenti die tolerabilis labor visus, nondum tam vastis nudisque solitudinibus aditis, jam tamen sterili et emoriente terra. Sed ut aperuere se campi alto obruti sabulo, haud secus quam profundum æquor ingressi, terram oculis requirebant. Nulla arbor, nullum culti soli occurrebat vestigium; aqua etiam defecerat, quam utribus cameli vexerant : et in arido solo ac fervido sabulo nulla erat. Ad hæc sol omnia incenderat, siccaque et adusta erant ora; quum repente, sive illud deorum munus, sive casus fuit, obductæ cœlo nubes condidere solem : ingens æstu fatigatis, etiamsi aqua deficeret, auxilium. Enimvero, ut largum quoque imbrem excusserunt procellæ, pro se quisque excipere eum, quidam, ob sitim impotentes sui, ore quoque hianti captare cœperunt. Quatriduum per vastas solitudines absumptum est.

Jamque haud procul oraculi sede aberant, quum complures corvi agmini ocur-

au-devant de leur marche, précédant d'un vol paisible les premières enseignes : tantôt ils s'abattaient sur la terre, quand l'armée s'avançait d'un pas plus lent; tantôt ils reprenaient leur vol, comme pour la devancer et lui montrer sa route. Enfin l'on arriva au temple du dieu. Chose incroyable! ce temple, situé au milieu de déserts immenses, est caché par des arbres qui l'environnent de toutes parts, et dont l'ombre touffue laisse à peine un passage aux rayons du soleil. Des sources nombreuses y répandent de côté et d'autre leurs eaux vives, qui nourrissent la fraîcheur des bois. La température de l'air y est aussi admirable : c'est la douce tiédeur du printemps régnant dans toutes les parties de l'année avec une salubrité toujours la même. Les habitants de ce lieu sont voisins des Éthiopiens, du côté de l'orient; au midi, ils regardent les Arabes, appelés *Troglodytes*, dont le pays s'étend jusqu'à la mer Rouge; à leur limite occidentale, se trouvent d'autres Éthiopiens, qui portent le nom de *Scénites*; au nord, les Nasamoniens, nation syrtique, qui se fait un gain de la dépouille des vaisseaux : sans cesse ils assiégent la côte, et vont, au milieu des bas-fonds qui leur sont connus, chercher les bâtiments que la mer y a laissés en se retirant.

Les habitants du bois, que l'on nomme *Ammoniens*, vivent dans des cabanes dispersées; le milieu du bois leur sert de citadelle : il est entouré d'une triple muraille. La première enceinte renfermait le palais de leurs anciens tyrans; dans la seconde séjournent leurs femmes avec leurs enfants et leurs concubines; c'est aussi là que réside l'oracle du dieu : les der-

---

runt, modico volatu prima signa antecedentes : et modo humi residebant, quum lentius agmen incederet; modo se pennis levabant, antecedentium iterque monstrantium ritu. Tandem ad sedem consecratam deo ventum est. Incredibile dictu, inter vastas solitudines sita, undique ambientibus ramis, vix in densam umbram cadente sole, contecta est : multique fontes dulcibus aquis passim manantibus alunt silvas. Cœli quoque mira temperies, verno tepori maxime similis, omnes anni partes pari salubritate percurrit. Accolæ sedis sunt ab oriente proximi Æthiopum : in meridiem versus Arabes spectant; Troglodytis cognomen est : quorum regio usque ad Rubrum mare excurrit; at qua vergit ad occidentem, alii Æthiopes colunt, quos Scenitas vocant : a septemtrione Nasamones sunt, gens syrtica, navigiorum spoliis quæstuosa; quippe obsident littora, et æstu destituta navigia notis sibi vadis occupant.

Incolæ nemoris, quos *Ammonios* vocant, dispersis tuguriis habitant : medium nemus pro arce habent, triplici muro circumdatum. Prima munitio tyrannorum veterum regiam clausit : in proxima conjuges eorum cum liberis et pellicibus habi-

niers remparts étaient occupés par les gardes et les hommes de guerre. Il y a encore un autre bois d'Ammon : au milieu se trouve une fontaine, que l'on appelle *l'eau du soleil* : le matin, elle coule tiède ; à midi, lorsque la chaleur a le plus de force, elle est froide ; à l'approche du soir, elle s'échauffe ; devient bouillante au milieu de la nuit ; et, à mesure que les ténèbres font place au jour, elle perd de sa chaleur nocturne, jusqu'à ce que, le matin, elle retourne, en décroissant, à sa tiédeur accoutumée.

Ce que l'on y adore comme un dieu n'a point la figure que les artistes prêtent d'ordinaire aux divinités ; la forme en est semblable à un nombril : c'est une émeraude entourée de pierres précieuses. Lorsqu'on vient le consulter, les prêtres le portent dans un vaisseau d'or, des deux côtés duquel pendent un nombre considérable de coupes d'argent : derrière eux marchent des matrones et des vierges chantant un hymne grossier de leur pays, par lequel elles croient rendre Jupiter propice et en obtenir une réponse infaillible.

A ce moment, comme le roi s'approchait, le plus âgé des prêtres le salua du nom de *fils* : c'était, assurait-il, Jupiter, son père, qui le lui donnait. Alexandre répondit qu'il acceptait et qu'il avouait ce nom ; il avait oublié sa condition humaine. Ensuite, il demanda si son père lui destinait, dans ses décrets, l'empire de l'univers. Le prêtre, fidèle à son rôle de flatteur, lui annonça qu'il serait le maître de toute la terre. Poursuivant ses questions, il s'informa si tous les meurtriers

---

tant : hic quoque dei oraculum est : ultima munimenta satellitum armigerorumque sedes erant. Est etiam aliud Ammonis nemus : in medio habet fontem ; aquam Solis vocant : sub lucis ortum tepida manat ; medio die, quum vehementissimus est calor, frigida eadem fluit ; inclinato in vesperam, calescit ; media nocte, fervida exæstuat : quoque propius nox vergit ad lucem, multum ex nocturno calore decrescit, donec sub ipsum diei ortum assueto tepore languescat.

Id quod pro deo colitur, non eamdem effigiem habet, quam vulgo diis artifices accommodaverunt : umbilico maxime similis est habitus, smaragdo et gemmis coagmentatus. Hunc, quum responsum petitur, navigio aurato gestant sacerdotes, multis argenteis pateris ab utroque navigii latere pendentibus : sequuntur matronæ virginesque patrio more inconditum quoddam carmen canentes, quo propitiari Jovem credunt, ut certum edat oraculum.

At tum quidem regem propius adeuntem maximus natu e sacerdotibus *filium* appellat ; hoc nomen illi parentem Jovem reddere affirmans. Ille se vero ait, et accipere, et agnoscere, humanæ sortis oblitus. Consuluit deinde, an totius orbis imperium fatis sibi destinaret pater ; vates, æque in adulationem compositus, terra-

de son père avaient été punis. Le prêtre lui dit que son père ne pouvait être victime d'aucun attentat : que pour les assassins de Philippe, tous avaient subi leur châtiment ; et il ajouta qu'il serait invincible jusqu'au moment où il irait prendre sa place parmi les dieux. Un sacrifice fut ensuite célébré et des présents offerts au dieu et aux prêtres ; puis Alexandre permit à ses amis de consulter à leur tour Jupiter. La seule question qu'ils lui adressèrent fut s'il les autorisait à rendre à leur roi les honneurs divins ? L'interprète sacré leur répondit que cela plairait aussi à Jupiter.

Une appréciation sincère et raisonnable de la bonne foi de l'oracle eût sans doute fait reconnaître la fausseté de ses réponses ; mais quand la fortune a conduit les hommes à ne plus croire qu'en elle, elle les rend avides de gloire plutôt que capables de la supporter. On le vit donc souffrir qu'on l'appelât *fils de Jupiter*, l'ordonner même ; et tandis qu'il prétendait, par ce titre, augmenter l'éclat de ses exploits, il ne fit que le ternir. De leur côté, les Macédoniens, accoutumés à vivre sous l'autorité monarchique, mais à l'ombre d'une liberté plus grande que celle des autres nations, se révoltèrent contre ses prétentions à la divinité, et plus hautement peut-être qu'il ne convenait à ses intérêts et aux leurs. Mais laissons ces choses, pour en parler en leur place. Je poursuis maintenant mon récit.

VIII. Lorsqu'à son retour d'Ammon, Alexandre passa devant le lac Maréotide, situé non loin de l'île de Pharos, l'aspect du

---

rum omnium rectorem fore ostendit. Post hæc institit quærere, an omnes parentis sui interfectores pœnas dedissent ? Sacerdos parentem ejus negat ullius scelere posse violari : Philippi autem omnes interfectores luisse supplicia : adjecit, invictum fore, donec excederet ad deos. Sacrificio deinde facto, dona et sacerdotibus et deo data sunt ; permissumque amicis, ut ipsi quoque consulerent Jovem. Nihil amplius quæsiverunt, quam, an auctor esset sibi divinis honoribus colendi suum regem ? Hoc quoque acceptum fore Jovi vates respondit.

Vere et salubriter æstimanti fidem oraculi vana profecto responsa videri potuissent : sed fortuna, quos uni sibi credere coegit, magna ex parte avidos gloriæ magis quam capaces facit. Jovis igitur filium se non solum appellari passus est, sed etiam jussit : rerumque gestarum famam, dum augere vult tali appellatione, corrumpit. Et Macedones, assueti quidem regio imperio, sed majore libertatis umbra quam ceteræ gentes, inmortalitatem affectantem contumacius, quam aut ipsis expediebat, aut regi, aversati sunt. Sed hæc suo quæque tempori reserventur. Nunc cetera exsequi pergam.

VIII. Alexander ab Ammone rediens, ut ad Mareotim paludem, haud procul

lieu lui inspira d'abord la pensée de fonder une ville nouvelle dans l'île même. Ayant ensuite reconnu que cette île ne pouvait fournir un grand emplacement, il adopta l'endroit où est maintenant Alexandrie, ainsi nommée de son fondateur. Tout ce qui s'étendait entre le lac et la mer fut embrassé dans ses plans, et une enceinte de quatre-vingts stades assignée aux murailles : des commissaires laissés sur les lieux devaient présider aux travaux de la ville, pendant qu'il se rendait à Memphis. Il avait conçu le désir, assez raisonnable d'ailleurs, mais tout à fait hors de saison, de visiter l'intérieur de l'Égypte et même l'Éthiopie. La curiosité de voir le fameux palais de Memnon et de Tithon allait entraîner cet esprit passionné pour l'antiquité presque au delà des bornes du soleil. Mais les soins pressants d'une guerre, dont la partie la plus difficile lui restait encore, ne lui laissait pas le temps de se promener en voyageur oisif.

Il remit donc le gouvernement de l'Égypte au Rhodien Eschyle et au Macédonien Peuceste. Quatre mille hommes leur furent laissés pour garder le pays, et la défense des bouches du Nil fut confiée à Polémon : on lui donna pour cela trente galères. Apollonius eut le commandement de la partie de l'Afrique qui touche à l'Égypte, et Cléomène fut chargé de percevoir les tributs de l'une et de l'autre de ces provinces. Des habitants des villes voisines, appelés à Alexandrie, remplirent d'une grande population les murs de la cité nouvelle. On dit qu'au moment où le roi, selon l'usage macédonien, faisait tracer avec de la farine l'enceinte destinée à la

---

insula Pharo sitam, venit contemplatus loci naturam, primum in ipsa insula statuerat urbem novam condere. Inde, ut apparuit magnæ sedis insulam haud capacem, elegit urbi locum, ubi nunc est Alexandria, appellationem trahens ex nomine auctoris. Complexus quidquid loci est inter paludem et mare, octoginta stadiorum muris ambitum destinat; et, qui exædificandæ urbi præessent, relictis, Memphim petit. Cupido, haud injusta quidem, ceterum intempestiva, incesserat, non interiora modo Ægypti, sed etiam Æthiopiam invisere; Memnonis Tithonique celebrata regia cognoscendæ vetustatis avidum trahebat pæne extra terminos solis. Sed imminens bellum, cujus multo major supererat moles, otiosæ peregrinationi tempora exemerat.

Itaque Ægypto præfecit Æschylum Rhodium et Peucestem Macedonem ; quatuor millibus militum in præsidium regionis ejus datis, claustra Nili fluminis Polemonem tueri jubet : triginta ad hoc triremes datæ. Africæ deinde, quæ Ægypto juncta est, præpositus Apollonius : vectigalibus ejusdem Africæ Ægyptique Cleomenes. Ex finitimis urbibus commigrare Alexandriam jussis, novam urbem magna

ville future, des essaims d'oiseaux y accoururent et mangèrent cette farine. Presque tous les esprits y voyaient un triste présage; mais les devins répondirent qu'un immense concours d'étrangers viendrait habiter cette ville, et qu'elle fournirait à un grand nombre de pays leur subsistance.

Comme le roi descendait le fleuve, Hector, fils de Parménion, jeune homme en la plus belle fleur de l'âge, et l'un de ceux que distinguait l'amitié d'Alexandre, était monté, désireux de le suivre, sur un petit bâtiment où l'on avait reçu plus de monde qu'il n'en pouvait contenir : la barque chavira et laissa au courant de l'eau tous les passagers. Hector lutta longtemps contre le fleuve, et, quoique ses vêtements mouillés et ses pieds embarrassés dans sa chaussure l'empêchassent de nager, il parvint cependant à gagner la rive à demi mort; mais aussitôt que, dans son épuisement, il voulut rendre cours à sa respiration, que la crainte avait suspendue, personne ne se trouvant là pour le secourir, et tous ses compagnons s'étant échappés d'un autre côté, il expira. Le roi fut vivement affligé de sa perte; et, quand on eut retrouvé son corps, il lui fit faire de magnifiques funérailles.

Sa douleur s'accrut de la nouvelle qui lui vint de la mort d'Andromachus, à qui il avait confié le gouvernement de la Syrie : les Samaritains l'avaient brûlé vif. Il partit avec toute la diligence possible pour le venger; mais, à son arrivée, on lui livra les auteurs de cet horrible attentat. Il remplaça Andromachus par Memnon, et fit périr les assassins au milieu des

---

multitudine implevit. Fama est, quum rex urbis futuræ muros polenta, ut Macedonum mos est, destinasset, avium greges advolasse, et polenta esse pastas, quumque id omen pro tristi a plerisque esset acceptum, respondisse vates, magnam illam urbem advenarum frequentiam culturam, multisque eam terris alimenta præbituram.

Regem, quum secundo amne deflueret, assequi cupiens, Hector, Parmenionis filius, eximio ætatis flore, in paucis Alexandro carus, parvum navigium conscendit, pluribus, quam capere posset, impositis; itaque mersa navis omnes destituit. Hector, diu flumini obluctatus, quum madens vestis et astricti crepidis pedes natare prohiberent, in ripam tamen semianimis evasit; et ut primum fatigatus spiritum laxavit, quem metus et periculum intenderant, nullo adjuvante (quippe in diversum evaserant alii), exanimatus est. Rex amissi ejus desiderio vehementer afflictus est : repertumque corpus magnifico extulit funere.

Oneravit hunc dolorem nuntius mortis Andromachi, quem præfecerat Syriæ : vivum Samaritæ cremaverant. Ad cujus interitum vindicandum, quanta maxima celeritate potuit, contendit; advenientique sunt traditi tanti sceleris auctores. Andromacho deinde Memnona substituit, affectis supplicio, qui prætorem interc-

supplices. Il livra aussi les tyrans, entre autres ceux de Méthymne, Aristonicus et Chrysolas, aux mains de leurs concitoyens : ils expièrent leurs outrages par les tortures et la mort. Vinrent ensuite les députés d'Athènes, de Rhodes et de Chios.

Les Athéniens félicitaient Alexandre de ses victoires et le priaient de rendre à leur patrie les prisonniers grecs; ceux de Rhodes et de Chios se plaignaient des garnisons qui leur étaient imposées : tous obtinrent ce qu'ils paraissaient désirer. Voulant aussi récompenser les Mityléniens de leur généreux dévouement à sa cause, il leur rendit tout l'argent qu'ils avaient dépensé pour la guerre, et ajouta à leur pays une grande étendue de territoire. Les Cypriotes, qui avaient quitté le parti de Darius pour le sien, et lui avaient envoyé une flotte au temps du siége de Tyr, furent honorablement payés de leurs services. Enfin, le commandant de la flotte macédonienne, Amphotère, qui avait été chargé de délivrer l'île de Crète, dont presque toutes les places étaient assiégées par les Perses et les Spartiates, reçut, avant tout, l'ordre de purger la mer des pirates qui l'infestaient : en effet, la guerre qui occupait les deux monarques la laissait ouverte à leurs brigandages. Ayant ainsi tout réglé, Alexandre consacra à Hercule Tyrien un cratère d'or avec trente petites coupes; et, ne songeant plus qu'à poursuivre Darius, il fit publier qu'on allait se mettre en marche sur l'Euphrate.

IX. Darius, en apprenant que l'ennémi était passé d'Égypte en Afrique, avait hésité s'il s'arrêterait aux environs de la Mé-

---

merant. Tyrannos inter eos Methymnæorum Aristonicum et Chrysolaum, popularibus suis tradidit : quos illi ob injurias tortos necaverunt. Atheniensium deinde, Rhodiorum, et Chiorum legatos audit.

Athenienses victoriam gratulabantur; et; ut captivi Græcorum suis restituerentur, orabant : Rhodii et Chii de præsidio querebantur : omnes ea, quæ desiderare visi, impetraverunt. Mitylenis quoque, ob egregiam in partes suas fidem, et pecuniam, quam in bellum impenderant, reddidit, et magnam regionem finibus eorum adjecit. Cypriorum quoque regibus, qui a Dario defecerant ad ipsum, et oppugnanti Tyrum miserant classem, pro merito honos habitus est. Amphoterus deinde, classis præfectus, ad liberandam Cretam missus (namque et Persarum et Spartanorum armis pleraque ejus insulæ obsidebantur), ante omnia mare a piraticis classibus vindicare jussus : quippe obnoxium prædonibus erat, in bellum utroque rege converso. His compositis, Herculi Tyrio ex auro crateram cum triginta pateris dicavit : imminensque Dario iter ad Euphraten pronuntiari jussit.

IX. Darius, quum ab Ægypto divertisse in Africam hostem comperisset, dubitaverat, utrumne circa Mesopotamiam subsisteret, an interiora regni sui peteret,

sopotamie, ou s'il gagnerait l'intérieur de ses États ; il comptait que sa présence déciderait bien plus puissamment à prendre une part active à la guerre les nations éloignées qu'il avait peine à mettre en mouvement par l'entremise de ses satrapes. Mais quand, sur des témoignages dignes de foi, la renommée eut publié qu'Alexandre le poursuivrait avec toutes ses forces en quelque pays qu'il se retirât, n'ignorant plus dès lors à quel infatigable ennemi il avait affaire, il ordonna que les secours des nations lointaines de son empire se rassemblassent tous dans la province de Babylone. Les Bactriens, les Scythes et les peuples de l'Inde s'y rendirent : les troupes des autres contrées étaient déjà venues se ranger sous ses ordres. Cependant, comme l'armée se trouvait presque deux fois plus nombreuse qu'elle ne l'avait été en Cilicie, les armes manquaient à un grand nombre, et l'on n'épargnait aucun soin pour leur en procurer.

Les cavaliers et les chevaux étaient couverts de lames de fer qui se tenaient les unes aux autres ; à ceux qui, auparavant, n'avaient reçu que des javelots pour toute armure, on donna de plus des boucliers et des épées : on distribua aux fantassins des troupeaux de chevaux à dompter, pour en accroître la force de la cavalerie ; et ce qui, dans l'opinion de Darius, devait frapper l'ennemi d'une extrême épouvante, deux cents chariots armés de faux, l'unique ressource de ces peuples, furent placés à la suite de l'armée. De l'extrémité du timon sortaient des piques garnies de fer : les deux côtés du joug étaient chacun armés de trois lames d'épée, et entre les raies des roues des pointes de dards se montraient en plus grand

---

haud dubie potentior auctor præsens futurus ultimis gentibus impigre bellum capessendi, quas ægre per præfectos suos moliebatur. Sed, ut idoneis auctoribus fama vulgavit, Alexandrum cum omnibus copiis, quamcumque ipse adisset regionem, petiturum, haud ignarus, quam cum strenuo res esset, omnia longinquarum gentium auxilia Babyloniam contrahi jussit. Bactriani, Scythæque, et Indi convenerant : nam et ceterarum gentium copiæ partibus simul adfuerunt. Ceterum quum dimidio ferme major esset exercitus, quam in Cilicia fuerat, multis arma decrant, quæ summa cura comparabantur.

Equitibus equisque tegumenta erant ex ferreis laminis serie inter se connexis : queis antea præter jacula nihil dederat, scuta gladiique adjiciebantur ; equorumque domandi greges peditibus distributi sunt, ut major pristino esset equitatus : ingensque, ut crediderat, terror hostium, ducentæ falcatæ quadrigæ, unicum illarum gentium auxilium, secutæ sunt. Ex summo temone hastæ præfixæ ferro eminebant : utrinque a jugo ternos direxerant gladios, et inter radios rotarum plura spicula

nombre ; enfin, des faux, les unes attachées au haut du cercle des roues, les autres abaissées vers la terre, devaient couper tout ce que les chevaux, impétueusement lancés, rencontreraient sur leur passage.

Ayant ainsi achevé d'équiper et d'armer ses troupes, il les fit partir de Babylone. A sa droite était le Tigre, fleuve célèbre ; l'Euphrate défendait sa gauche : l'armée couvrait dans sa marche les plaines de la Mésopotamie. Il venait de passer le Tigre, lorsqu'il apprit que l'ennemi n'était pas loin : aussitôt il envoya en avant Satropate, commandant de sa cavalerie, avec mille hommes de troupes choisies. Il en donna six mille à Mazée, l'un de ses lieutenants, pour interdire aux Macédoniens le passage du fleuve ; en même temps, il lui commanda de ravager et d'incendier le pays que devait traverser Alexandre. Il espérait vaincre par la famine un ennemi qui n'avait rien que ce que lui procurait le pillage : pour lui, soit par terre, soit par les eaux du Tigre, les vivres lui arrivaient en abondance. Déjà il avait atteint le bourg d'Arbèles, qu'il devait rendre fameux par sa défaite : là, ayant laissé la plus grande partie de ses provisions et de ses bagages, il jeta un pont sur la rivière de Lycus, et, comme naguère au passage de l'Euphrate, mit cinq jours à la faire traverser à son armée. S'étant ensuite avancé à la distance d'environ quatre-vingts stades, il campa sur les bords d'une autre rivière appelée *Bumade*. Le pays était fait pour qu'une armée pût s'y déployer : c'était une plaine vaste et bonne à la cavalerie ; pas un arbrisseau, pas un buisson n'y embarrassent le sol ; l'horizon y est vaste et peut

---

eminebant in adversum : aliæ deinde falces summis rotarum orbibus hærebant, et aliæ in terram dimissæ, quidquid obvium concitatis equis fuisset, amputaturæ.

Hoc modo instructo exercitu ac perarmato, Babylone copias movit. A parte dextra erat Tigris, nobilis fluvius ; lævam tegebat Euphrates : agmen Mesopotamiæ campos impleverat. Tigri deinde superato, quum audisset haud procul abesse hostem, Satropatem equitum præfectum cum mille delectis præmisit. Mazæo prætori sex millia data, quibus hostem transitu amnis arceret ; eidem mandatum, ut regionem, quam Alexander esset aditurus, popularetur atque ureret ; quippe credebat inopia debellari posse nihil habentem, nisi quod rapiendo occupasset : ipsi autem commeatus alii terra, alii Tigri amne subvehebantur. Jam pervenerat ad Arbela vicum, nobilem sua clade facturus ; hic commeatuum sarcinarumque majore parte deposita, Lycum amnem ponte junxit, et per dies quinque, sicut ante Euphraten, trajecit exercitum. Inde, octoginta fere stadia progressus, ad alterum amnem, *Bumado* nomen est, castra posuit. Opportuna explicandis copiis regio erat, equitabilis et vasta planities ; ne stirpes quidem et brevia virgulta operiunt solum :

atteindre aux objets les plus éloignés. Darius voulut encore que l'on rasât les moindres hauteurs qui pourraient s'y rencontrer, et que la surface en fût nivelée dans toute son étendue.

On vint rapporter à Alexandre le nombre des soldats de cette armée, autant que de loin on avait pu le reconnaître, et l'on eut de la peine à lui persuader qu'après la perte de tant de milliers d'hommes, Darius eût pu remettre sur pied des forces plus considérables. Au reste, méprisant tous les dangers, et surtout le nombre, il arriva sur l'Euphrate, après onze journées de marche. Des ponts y furent jetés, et il le fit traverser d'abord à sa cavalerie, puis à la phalange, sans que Mazée, qui s'était avancé avec six mille hommes pour empêcher son passage, osât courir les risques d'un combat. Ayant ensuite donné quelques jours à ses soldats, non pour se reposer, mais pour remettre leurs esprits, il se mit en toute hâte à la poursuite de l'ennemi : il craignait de lui laisser gagner l'intérieur de l'empire, où il faudrait le suivre à travers des pays déserts et sans nulle ressource. Il s'avance donc en quatre jours jusqu'au Tigre, laissant Arbèles derrière lui.

Toute la contrée au delà du fleuve fumait encore des suites récentes de l'incendie : c'était Mazée qui brûlait, en ennemi, chaque endroit où il passait. Au premier moment, l'obscurité répandue par la fumée, et qui cachait le jour, fit craindre à Alexandre quelque embûche : il s'arrêta; puis, lorsque les éclaireurs, qu'il avait envoyés en avant, lui eurent rapporté qu'il n'y avait aucun danger, il détacha quelques cavaliers pour aller sonder le lit du fleuve. Les chevaux eurent d'abord

---

liberque prospectus oculorum et ad ea, quæ procul recessere, permittitur. Itaque, si qua campi eminebant, jussit æquari, totumque fastigium extendi.

Alexandro, qui numerum copiarum ejus, quantum procul conjectari poterant, æstimabant, vix fecerunt fidem, tot millibus cæsis, majores copias esse reparatas. Ceterum omnis periculi et maxime multitudinis contemptor, undecimis castris pervenit ad Euphraten : quo pontibus juncto, equites primos ire, phalangem sequi jubet; Mazæo, qui, ad inhibendum transitum ejus, cum sex millibus equitum occurrerat, non auso periculum sui facere. Paucis deinde, non ad quietem, sed ad reparandos animos, diebus datis militi, strenue hostem insequi cœpit, metuens, ne interiora regni sui peteret, sequendusque esset per loca omni solitudine atque inopia vasta. Igitur quarto die præter Arbela penetrat ad Tigrim.

Tota regio ultra amnem recenti fumabat incendio ; quippe Mazæus, quæcunque adierat, haud secus quam hostis urebat. Ac primo, caligine, quam fumus effuderat, obscurante lucem, insidiarum metu substitit : deinde, ut speculatores præmissi tuta omnia nuntiaverunt, paucos equitum ad tentandum vadum fluminis præmisit :

de l'eau jusqu'au poitrail; bientôt, quand ils furent au milieu du courant, elle leur monta jusqu'au cou. Il n'est d'ailleurs, dans les contrées de l'Orient, aucun fleuve dont le cours soit aussi impétueux : outre les eaux d'un grand nombre de torrents, il roule encore avec lui des pierres; et c'est de la rapidité avec laquelle il coule, que lui est venu le nom de *Tigre* : car, dans la langue des Perses, *Tigris* veut dire une flèche. L'infanterie, divisée comme en deux ailes, et couverte, des deux côtés, par la cavalerie, pénétra sans peine jusqu'au lit du fleuve, en portant ses armes élevées au-dessus de la tête. Le roi, qui, le premier d'entre les fantassins, aborda sur l'autre rive, montrait de sa main le gué à ceux de ses soldats auxquels sa voix ne pouvait parvenir; mais il leur était difficile d'assurer leur pas, tantôt rencontrant des pierres glissantes, qui se dérobaient sous leurs pieds, tantôt entraînés par la rapidité du courant.

La plus grande fatigue était pour ceux qui portaient les bagages sur leurs épaules : incapables de se conduire eux-mêmes, ces fardeaux embarrassants les entraînaient dans des tournants rapides; et, pendant que chacun d'eux s'attache à ressaisir ce qu'il a perdu, ils étaient plus occupés de lutter entre eux que contre le fleuve : la plupart même furent heurtés par les amas de bagages qui flottaient çà et là. Le roi leur criait de se contenter de sauver leurs armes; qu'il leur rendrait le reste. Mais il n'y avait ni conseil, ni commandement qui pût leur parvenir : la crainte leur fermait les oreilles, sans comp-

---

cujus altitudo primo summa equorum pectora, mox ut in medium alveum ventum est, cervices quoque æquabat. Nec sane alius ad Orientis plagam tam violentus invehitur, multorum torrentium non aquas solum, sed etiam saxa secum trahens : itaque a celeritate qua defluit, *Tigri* nomen est inditum; quia persica lingua *Tigrim* sagittam appellant. Igitur pedes, velut divisus in cornua, circumdato equitatu, levatis super capita armis, haud ægre ad ipsum alveum penetrat. Primus inter pedites rex egressus in ripam, vadum militibus manu, quando vox exaudiri non poterat, ostendit; sed gradum firmare vix poterant, quum modo saxa lubrica vestigium fallerent, modo rapidior unda subduceret.

Præcipuus erat labor eorum qui humeris onera portabant : quippe quum semetipsos regere non possent, in rapidos gurgites incommodo onere auferebantur; et dum sua quisque spolia consequi studet, major inter ipsos, quam cum amne orta luctatio est; cumulique sarcinarum passim fluitantes plerosque perculerant. Rex monere, ut satis haberent, arma retinere ; cetera se redditurum. Sed neque consilium, neque imperium accipi poterat : obstrepebat hinc metus; præter hunc invicem nutantium mutuus clamor. Tandem, qua leniore tractu amnis aperit vadum,

ter les clameurs dont, en perdant pied, ils s'étourdissaient les uns les autres. Enfin, ils parvinrent à sortir du fleuve à l'endroit où le courant plus doux rendait le gué facile, et l'on n'eut à regretter que quelques bagages. L'armée pouvait être anéantie, si l'on eût osé la vaincre ; mais la fortune constante du roi détourna de là l'ennemi.

Ainsi, à la vue de tant de milliers d'hommes d'infanterie et de cavalerie qui couvraient l'autre rive, il avait passé le Granique ; ainsi, dans les gorges étroites de la Cilicie, il avait triomphé d'une si grande multitude d'ennemis. On peut aussi en mettre un peu moins sur le compte de l'audace, trait dominant de son caractère, quand on songe que jamais il n'y eut lieu de se demander s'il avait agi témérairement. Mazée, qui, sans aucun doute, eût écrasé l'armée macédonienne en désordre, s'il fût venu la surprendre à l'instant du passage, ne mit en mouvement sa cavalerie que lorsque l'ennemi était déjà, tout en armes, sur le rivage ; encore se borna-t-il à détacher mille chevaux. Alexandre en reconnut et en méprisa bientôt le petit nombre ; et il les fit charger à bride abattue par Ariston, le chef des Péoniens. Alors s'engagea un combat de cavalerie, glorieux pour les Macédoniens et en particulier pour Ariston : il blessa d'un coup de lance dans la gorge Satropate, le commandant des escadrons perses, le poursuivit, fuyant au milieu des rangs ennemis, le renversa de son cheval, et, comme il résistait encore, lui coupa la tête, et revint, couvert de gloire, la déposer aux pieds du roi.

Alexandre fit, en ce lieu, une halte de deux jours, et, pour le suivant, donna l'ordre du départ. Mais, vers la première

---

emersere : nec quidquam præter paucas sarcinas desideratum est. Deleri potuit exercitus, si quis ausus esset vincere : sed perpetua fortuna regis avertit inde hostem,

Sic Granicum, tot millibus equitum peditumque in ulteriore stantibus ripa, superavit ; sic angustis in Ciliciæ callibus, tantam multitudinem hostium. Audaciæ quoque, qua maxime viguit, ratio minui potest ; quia nunquam in discrimen venit, an temere fecisset. Mazæus, qui, si transeuntibus flumen supervenisset, haud dubie oppressurus fuit incompositos, in ripa demum, et jam perarmatos, adequitare cœpit. Mille admodum equites præmiserat. Quorum paucitate Alexander explorata, deinde contempta, præfectum Pæonum Aristona laxatis habenis invehi jussit. Insignis eo die pugna equitum, et præcipue Aristonis fuit : præfectum equitatus Persarum Satropatem, directa in gutture hasta, transfixit ; fugientemque per medios hostes consecutus, ex equo præcipitavit ; et obluctanti caput gladio dempsit, quod relatum magna cum laude ante regis pedes posuit.

X. Biduo ibi rex stativa habuit : in proximum deinde iter pronuntiari jussit. Sed

veille, la lune, s'éclipsant, commença par dérober l'éclat de son disque; puis, une sorte de voile de sang vint souiller sa lumière : inquiets déjà aux approches d'un si terrible hasard, les Macédoniens furent pénétrés d'une profonde impression religieuse, et en même temps de frayeur. C'était contre la volonté des dieux, disaient-ils, qu'on les entraînait aux extrémités de la terre : déjà les fleuves étaient inabordables et les astres ne prêtaient plus leur ancienne clarté; partout ils rencontraient des terres dévastées, partout des déserts : et pourquoi tant de sang? pour satisfaire la vanité d'un seul homme : il dédaignait sa patrie, il désavouait son père Philippe, et, dans l'orgueil de ses pensées, aspirait au ciel!

Une sédition allait éclater, lorsqu'Alexandre, toujours inaccessible à la crainte, commande aux chefs et aux principaux officiers de son armée de se rassembler en corps dans sa tente, et en même temps aux prêtres égyptiens, qu'il regardait comme très-habiles dans la connaissance du ciel et des astres, de faire connaître leur opinion. Ceux-ci savaient bien que, dans le cours des temps, s'accomplit une suite marquée de révolutions, et que la lune s'éclipse lorsqu'elle passe sous la terre, ou qu'elle est cachée par le soleil; mais ce que le calcul leur a révélé, ils se gardent bien d'en faire part au vulgaire. A les entendre, le soleil est l'astre des Grecs, la lune celui des Perses : aussi, toutes les fois qu'elle s'éclipse, c'est pour les Perses un présage de ruine et de désolation; et ils citent d'anciens exemples de rois de cet empire, à qui la lune, en s'éclipsant, témoigna qu'ils combattaient avec les dieux contraires.

prima fere vigilia, luna deficiens primum nitorem sideris sui condidit; deinde sanguinis colore suffuso lumen omne fœdavit; sollicitisque sub ipsum tanti discriminis casum ingens religio, et ex ea formido quædam incussa est. Diis invitis in ultimas terras trahi se querebantur; jam nec flumina posse adiri, nec sidera pristinum præstare fulgorem: vastas terras, deserta omnia occurrere : in unius hominis jactationem tot millium sanguinem impendi, fastidio esse patriam; abdicari Philippum patrem; cœlum vanis cogitationibus peti.

Jam pro seditione res erat, quum ad omnia interritus, duces principesque militum frequentes adesse prætorio, ægyptiosque vates, quos cœli ac siderum peritissimos esse credebat, quid sentirent, expromere jubet. At illi, quis satis scirent, temporum orbes implere destinatas vices, lunamque deficere, quum aut terram subiret, aut sole premeretur, rationem quidem ipsis perceptam non edocent vulgus : ceterum affirmant, solem Græcorum, lunam esse Persarum; quoties illa deficiat, ruinam stragemque illis gentibus portendi; veteraque exempla percensent Persidis regum, quos adversis diis pugnasse lunæ ostendisset defectio.

Rien ne gouverne si puissamment les esprits de la multitude que la superstition : emportée, cruelle, inconstante en toute autre occasion, dès que de vaines idées de religion la dominent, elle obéit à ses prêtres bien mieux qu'à ses chefs. Aussi, la réponse des Égyptiens, à peine publiée dans l'armée, fit renaître les esprits abattus à l'espoir et à la confiance. Le roi, voyant qu'il fallait profiter de l'élan des esprits, leva le camp dès la seconde veille : à sa droite était le Tigre; à sa gauche, les montagnes que l'on appelle *Gordéennes*. Il venait de se mettre en route, lorsqu'au point du jour ses coureurs lui annoncèrent que Darius approchait. Il fit alors préparer le soldat, ranger l'armée en ordre de bataille, et marcha à la tête. Mais ce n'étaient que les éclaireurs de l'ennemi, au nombre de mille environ, que l'on avait pris pour un corps d'armée considérable : car, lorsqu'on ne peut reconnaître la vérité, la crainte fait qu'on se livre à de fausses conjectures.
- Informé de la réalité, Alexandre, avec un petit nombre des siens, chargea cette troupe, qui se repliait sur le gros de l'armée, en tua plusieurs et en fit d'autres prisonniers. En même temps, il fit partir un détachement de cavalerie pour aller à la découverte, aussi bien que pour éteindre le feu que les Barbares avaient mis aux villages : car, dans leur fuite, ils avaient jeté à la hâte des matières embrasées sur les toits et sur les monceaux de blé, et la flamme, arrêtée en haut, n'avait point encore endommagé le bas. Aussi, lorsqu'on eut éteint le feu, on trouva une grande quantité de blé, et le reste commença de même à se rencontrer en abondance. Cette circon-

---

Nulla res efficacius multitudinem regit quam superstitio : alioquin impotens, sæva, mutabilis, ubi vana religione capta est, melius vatibus quam ducibus suis paret. Igitur edita in vulgus Ægyptiorum responsa rursus ad spem et fiduciam erexere torpentes. Rex, impetu animorum utendum ratus, secunda vigilia castra movit : dextra Tigrim habebat; a læva montes, quos *Gordæos* vocant. Hoc ingresso iter speculatores, qui præmissi erant, sub lucis ortum, Darium adventare nuntiaverunt. Instructo igitur milite, et composito agmine, antecedebat. Sed Persarum exploratores erant mille ferme, qui speciem agminis magni fecerant : quippe ubi explorari vera non possunt, falsa per metum augurantur.

His cognitis, rex, cum paucis suorum assecutus agmen refugientium ad suos, alios cecidit, alios cepit : equitesque præmisit simul speculatum ; simul ut ignem, quo Barbari cremaverant vicos, exstinguerent ; quippe fugientes raptim tectis acervisque frumenti injecerant flammas : quæ quum in summo hæsissent, ad inferiora nondum penetraverant. Exstincto igitur igne, plurimum frumenti repertum est : copia aliarum quoque rerum abundare cœperunt. Ea res ipsa militi ad persequendum hostem animum

stance engagea encore les Macédoniens à poursuivre l'ennemi : brûlant et ravageant le pays, comme il le faisait, il fallait qu'ils se hâtassent pour prévenir l'incendie, qui leur ravirait tout. On se fit donc une raison de la nécessité : et Mazée, qui, auparavant, avait à loisir brûlé les villages, content désormais de fuir, laissa presque tout derrière lui sans ravage. Alexandre venait d'être informé que Darius n'était plus qu'à la distance de cent cinquante stades; pourvu plus qu'abondamment de vivres, il séjourna quatre jours dans le même endroit.

Une lettre de Darius fut interceptée, par laquelle il engageait les soldats grecs à tuer le roi, ou à le lui livrer. Alexandre songea un instant à lire publiquement cette lettre en tête de l'armée, ayant pleine confiance à l'attachement et à la fidélité des Grecs; mais Parménion l'en détourna : il ne fallait pas, disait-il, faire retentir aux oreilles des soldats de semblables promesses; le roi était exposé à la trahison du premier venu, et il n'y avait rien que ne se permît l'avarice. Alexandre suivit ce conseil, et se remit en marche. Pendant la route, un des eunuques captifs qui accompagnaient l'épouse de Darius, lui vint dire qu'elle était défaillante et respirait à peine. Accablée par la fatigue d'une marche continuelle et le poids de ses chagrins, elle était tombée, et puis s'était éteinte entre les bras de sa belle-mère et des jeunes princesses ses filles : un autre messager vint apporter cette autre nouvelle. Le roi, comme si on lui eût annoncé la mort de sa propre mère, poussa de douloureux gémissements; et, versant des larmes telles que les eût versées Darius lui-même, il se transporta dans la tente où

incendit ; quippe, urente et populante eo terram, festinandum erat, ne incendio cuncta præriperet. In rationem ergo necessitas versa; quippe Mazæus, qui antea per otium vicos incenderat, jam fugere contentus, pleraque inviolata hosti reliquit. Alexander, haud longius centum quinquaginta stadiis Darium abesse compererat ; itaque ad satietatem quoque copia commeatuum instructus, quatriduo in eodem loco substitit.

Interceptæ deinde Darii litteræ sunt, quibus græci milites sollicitabantur, ut regem aut interficerent, aut proderent : dubitavitque, an eas pro concione recitaret, satis confisus Græcorum quoque erga se benevolentiæ ac fidei. Sed Parmenio deterruit; non esse talibus promissis imbuendas aures militum; patere vel unius insidiis regem; nihil nefas esse avaritiæ. Secutus consilii auctorem, castra movit. Iter facienti spado unus ex captivis, qui Darii uxorem comitabantur, deficere eam nuntiat, et vix spiritum ducere. Itineris continui labore animique ægritudine fatigata, inter socrus et virginum filiarum manus collapsa erat, deinde et exstincta : id ipsum nuntians alius supervenit. Et rex, haud secus quam si parentis suæ mors nuntiata esset, crebros edidit gemitus : lacrymisque obortis, quales Darius profudisset, in tabernaculum, in quo ma-

était la mère de Darius, assise auprès du corps de la princesse. Là, il sentit sa douleur se renouveler en voyant la malheureuse reine gisante sur la terre : ramenée par cette dernière infortune au souvenir de ses infortunes passées, elle tenait appuyées sur son sein les jeunes princesses, bien faites pour la consoler d'une douleur qui leur était commune, mais auxquelles elle devait elle-même ses consolations. Devant elle était son petit-fils, jeune enfant, d'autant plus à plaindre qu'il ne sentait pas encore un malheur dont la plus triste part était pour lui.

On eût dit qu'Alexandre pleurait au milieu de ses parents, et qu'au lieu de donner des consolations, il en cherchait ; du moins, il s'abstint de toute nourriture, et fit rendre au corps de la reine tous les honneurs qui lui appartenaient d'après la coutume des Perses, bien digne sans doute de recueillir encore aujourd'hui le fruit de tant de douceur et de continence. Il n'avait vu cette princesse qu'une fois : c'était le jour où elle fut prise ; encore n'était-ce pas elle, c'était la mère de Darius qu'il venait visiter, et sa rare beauté n'excita point en lui l'aiguillon des désirs, mais celui de la gloire.

Cependant un des eunuques placés auprès de la reine, Tyriotès, avait profité de ce moment de trouble et de douleur pour s'échapper par une porte qui, s'ouvrant du côté opposé à l'ennemi, était gardée avec moins de vigilance : il parvint au camp de Darius, et, recueilli par les sentinelles, fut conduit, baigné de larmes et les vêtements déchirés, dans la tente royale. Dès que Darius l'aperçut, saisi de mille craintes à la

---

ter erat Darii, defuncto assidens corpori, venit. Hic vero renovatus est mœror, ut prostratam humi vidit ; recenti malo priorum quoque admonita, receperat in gremium adultas virgines, magna quidem mutui doloris solatia, sed quibus ipsa deberet esse solatio. In conspectu erat nepos parvulus, ob id ipsum miserabilis, quod nondum sentiebat calamitatem, maxima ex parte ad ipsum redundantem.

Crederes, Alexandrum inter suas necessitudines flere, et solatia non adhibere, sed quærere ; cibo certe abstinuit, omnemque honorem funeri, patrio Persarum more, servavit : dignus, hercule, qui nunc quoque tantæ mansuetudinis et continentiæ ferat fructum. Semel omnino eam viderat, quo die capta est, nec ut ipsam, sed ut Darii matrem videret : eximiamque pulchritudinem formæ ejus non libidinis habuerat incitamentum, sed gloriæ.

E spadonibus, qui circa reginam erant, Tyriotes, inter trepidationem lugentium elapsus per eam portam, quæ, quia ab hoste aversa erat, levius custodiebatur, ad Darii castra pervenit : exceptusque a vigilibus, in tabernaculum regis perducitur, gemens et veste lacerata. Quem ut conspexit Darius, multiplici exspectatione commotus, et

fois et incertain de ce qu'il devait le plus redouter : « Ton aspect, lui dit-il, me présage je ne sais quel grand désastre : mais garde-toi d'épargner les oreilles d'un infortuné, car j'ai appris à être malheureux; et c'est souvent une consolation dans la misère, de connaître son sort tout entier. Viens-tu, ainsi que je le soupçonne et crains de le dire, m'annoncer le déshonneur de ma famille, plus affreux pour moi, et sans doute aussi pour elle, que toute espèce de supplice? » Tyriotès lui répondit : « Rien de semblable n'est arrivé; tout ce que des sujets peuvent rendre d'honneurs à leurs reines, les captives l'ont reçu du vainqueur; mais ton épouse, à l'instant même, vient de cesser de vivre. »

On entendit alors dans tout le camp, non-seulement des gémissements, mais des cris lamentables : Darius ne douta point qu'on ne l'eût assassinée, parce qu'elle n'avait pas voulu consentir à son déshonneur; et, dans l'égarement de sa douleur, il s'écriait : « Quel crime si grand ai-je donc commis, Alexandre? qui, de tes parents, ai-je fait périr, pour que tu aies payé ma cruauté d'un tel retour? Tu me hais sans que j'aie provoqué ta haine. Mais j'accorde que tu me fasses une guerre juste : fallait-il t'attaquer à des femmes? » Tyriotès prit à témoin les dieux de la patrie, que la reine n'avait été victime d'aucun attentat, que même Alexandre avait gémi sur sa mort, et versé d'aussi abondantes larmes qu'en versait le roi lui-même. Ces serments ne firent qu'éveiller l'inquiétude et le soupçon dans ce cœur violemment épris; tant de regrets pour une captive ne pouvaient venir, à ce qu'il se figurait, que des

---

quid potissimum timeret, incertus : « Vultus tuus, inquit, nescio quod ingens malum præfert : sed cave miseri hominis auribus parcas ; didici enim esse infelix, et sæpe calamitatis solatium est, nosse sortem suam. Num, quod maxime suspicor, et loqui timeo, ludibria meorum nuntiaturus es, mihi, et, ut credo, ipsis quoque, omni graviora supplicio? » Ad hæc Tyriotes : « Istud quidem procul abest, inquit : quantuscunque enim reginis honor ab iis qui parent, haberi potest, tuis a victore servatus est ; sed uxor tua paulo ante excessit e vita. »

Tum vero non gemitus modo, sed etiam ejulatus totis castris exaudiebantur : nec dubitavit Darius, quin interfecta esset, quia nequisset contumeliam pati, exclamatque amens dolore : « Quod ego tantum nefas commisi, Alexander? quem tuorum propinquorum necavi, ut hanc vicem sævitiæ meæ reddas? Odisti me, non quidem provocatus : sed finge justum intulisse te bellum; cum feminis ergo agere debueras? » Tyriotes affirmare per deos patrios, nihil in eam gravius esse consultum : ingemuisse etiam Alexandrum morti, et non parcius flevisse, quam ipse lacrymaretur. Ob hæc ipsa amantis animus in sollicitudinem suspicionemque revolutus est, desiderium cap-

habitudes d'un amour criminel. Ayant donc fait sortir tout le monde, et ne gardant auprès de lui que Tyriotès, il lui dit, non plus en pleurant, mais en soupirant : « Sais-tu bien, Tyriotès, que ce serait en vain que tu voudrais me tromper? en un instant, les instruments de la torture seront prêts; mais, au nom des dieux, n'attends pas jusque-là, si tu as quelque respect pour ton roi : ce que je désire savoir, ce que j'ai honte de demander, jeune et victorieux l'a-t-il osé faire? » Tyriotès offrit son corps à toutes les tortures, appela tous les dieux en témoignage de ses paroles, persistant à affirmer que la reine avait été traitée avec décence et respect.

Enfin, lorsque le roi fut convaincu que Tyriotès ne disait que la vérité, il se voila la tête et pleura longtemps. Puis, ses larmes coulant encore, il se découvrit le visage, et, les mains levées vers le ciel : « Dieux de mon pays! s'écria-t-il, affermissez avant tout mon empire; mais si déjà mon arrêt est prononcé, faites, je vous en supplie, que l'Asie n'ait pas d'autre roi que cet ennemi si juste, ce vainqueur si généreux! »

XI. Après avoir deux fois demandé la paix en vain, Darius avait tourné toutes ses pensées vers la guerre; mais vaincu alors par la modération de son ennemi, il lui envoya dix députés, choisis entre ses parents, pour lui porter de nouvelles conditions. Alexandre assembla son conseil, et les fit introduire. Alors le plus âgé d'entre eux parla en ces termes : « Aucune nécessité ne force aujourd'hui Darius à te demander la paix pour la troisième fois; ce sont ta justice et ta modéra-

---

tivæ profecto a consuetudine stupri ortum esse conjectans. Summotis igitur arbitris, uno duntaxat Tyriote retento, jam non flens, sed suspirans : « Videsne in te, Tyriote, locum mendacio non esse? tormenta jam hic erunt : sed ne exspectaveris per deos, si quid tui tibi regis reverentiæ est : num, quod et scire expeto, et quærere pudet, ausus est et dominus, et juvenis? » Ille quæstioni corpus offerre, deos testes invocare, caste sancteque habitam esse reginam.

Tandem, ut fides facta est, vera esse, quæ affirmaret spado, capite velato, diu flevit : manantibusque adhuc lacrymis, veste ab ore rejecta, ad cœlum manus tendens : « Dii patrii, inquit, primum mihi stabilite regnum; deinde, si de me jam transactum est, precor, ne quis Asiæ rex sit, quam iste tam justus hostis, tam misericors victor. »

XI. Itaque quanquam, pace frustra bis petita, omnia in bellum consilia converterat, victus tamen continentia hostis, ad novas pacis conditiones ferendas decem legatos, cognatorum principes, misit : quos Alexander, consilio advocato, introduci jussit. E quibus maximus natu : « Darium, inquit, ut pacem a te jam hoc tertio peteret, nulla vis subegit; sed justitia et continentia tua expressit. Matrem, conjugem,

tion qui l'y obligent. Sa mère, son épouse, ses enfants sont tombés captifs en tes mains, et il ne s'en est aperçu que parce qu'il n'était pas au milieu d'eux. Aussi jaloux de l'honneur de celles qui vivent encore que le serait un père, tu leur donnes le nom de reines, tu permets qu'elles conservent l'appareil de leur ancienne fortune. Je vois sur ton visage ce que je voyais sur celui de Darius, quand tout à l'heure nous le quittâmes; et cependant il pleure une épouse, tu ne pleures qu'une ennemie. Déjà tu serais sur le champ de bataille, si les soins de sa sépulture ne te retardaient. Faut-il donc s'étonner qu'il demande la paix à qui lui porte des sentiments si amis? à quoi bon les armes entre gens qui n'ont plus de haine? Naguère il te proposait pour limite de ton empire le fleuve Halys, qui borne la Lydie; maintenant il t'offre tout le pays compris entre l'Hellespont et l'Euphrate pour dot de sa fille, qu'il te donne en mariage : son fils Ochus est en ton pouvoir, garde-le comme un gage de la paix et de sa bonne foi; rends-lui sa mère et ses deux jeunes filles : il te demande d'accepter pour leur triple rançon trente mille talents d'or.

« Si je ne connaissais la modération de ton âme, je ne te dirais pas que c'est ici le moment où tu devrais non-seulement accorder la paix, mais t'empresser de la saisir. Regarde ce que tu as laissé derrière toi; considère ensuite ce qui te reste à parcourir! C'est une chose dangereuse, qu'un trop grand empire; il est difficile de retenir ce qu'on ne peut embrasser. Ne vois-tu pas comment les navires qui dépassent la mesure ordinaire sont impossibles à gouverner? Peut-être Darius n'a-t-il

---

liberosque ejus, nisi quod sine illo sunt, captos esse non sensit : pudicitiæ earum quæ supersunt curam haud secus quam parens agens, reginas appellas; speciem pristinæ fortunæ retinere pateris. Vultum tuum video, qualis Darii fuit, quum dimitteremur ab eo : et ille tamen uxorem, tu hostem luges. Jam in acie stares, nisi cura te sepulturæ ejus moraretur. Et quid mirum est, si tam ab amico animo pacem petit? quid opus est armis, inter quos odia sublata sunt? Antea imperio tuo finem destinabat Halyn amnem, qui Lydiam terminat. Nunc, quidquid inter Hellespontum et Euphratem est, in dotem filiæ offert, quam tibi tradit : Ochum filium, quem habes, pacis et fidei obsidem retine : matrem et duas virgines filias redde : pro tribus corporibus triginta millia talentum auri precatur accipias.

« Nisi moderationem animi tui notam haberem, non dicerem hoc ecce tempus, quo pacem non dare solum, sed etiam occupare deberes. Respice, quantum post te reliqueris : intuere quantum petas! Periculosum est prægrave imperium : difficile est continere quod capere non possis. Videsne, ut navigia, quæ modum excedunt, regi nequeant? Nescio an Darius ideo tam multa amiserit, quia nimiæ opes magnæ

tant perdu, que parce qu'une trop vaste puissance expose à de grands dommages. Il est des conquêtes plus faciles à faire qu'à garder : nos mains elles-mêmes ne saisissent-elles pas bien plus aisément qu'elles ne retiennent? La mort de l'épouse de Darius suffit pour t'avertir que déjà ta clémence peut moins qu'elle ne pouvait naguère. »

Alexandre fit sortir les députés de sa tente, et interrogea l'opinion de son conseil. Il y eut un long silence ; personne n'osait s'expliquer, faute de connaître la pensée du roi. Enfin, Parménion rappela l'avis qu'il avait donné, de rendre les prisonniers, lorsqu'il était question de les racheter près de Damas ; on aurait pu tirer une somme d'argent considérable de cette multitude dont la garde occupait les bras d'une foule de braves. Maintenant, plus que jamais, il était d'avis que l'on échangeât contre trente mille talents d'or une vieille femme et deux jeunes filles, qui ne servaient qu'à embarrasser la marche de l'armée. Le roi pouvait gagner un riche empire par un traité, sans recourir à la guerre ; personne, avant lui, n'avait possédé les contrées entre l'Ister et l'Euphrate, séparées par de si vastes espaces. Il devait ramener plutôt ses regards vers la Macédoine, que de les porter sur la Bactriane et sur l'Inde.

Ce discours déplut au roi. Dès que Parménion eut fini de parler : « Et moi aussi, dit-il, j'aimerais mieux l'argent que la gloire, si j'étais Parménion ; mais je suis Alexandre, et la pauvreté n'est pas ce que je crains : je n'ai point oublié que je suis roi, et non pas marchand. Je n'ai rien à vendre, et ce n'est certes pas ma fortune dont je veux trafiquer ? S'il faut

---

jacturæ locum faciunt. Facilius est quædam vincere, quam tueri : quam, hercule, expeditius manus nostræ rapiunt, quam continent! Ipsa mors uxoris Darii te admonere potest, minus jam misericordiæ tuæ licere, quam licuit. »

Alexander, legatis excedere tabernaculo jussis, quid placeret ad consilium refert. Diu nemo quid sentiret ausus est dicere, incerta regis voluntate. Tandem Parmenio, ante suassisse ait, ut captivos apud Damascum redimentibus redderet ; ingentem pecuniam potuisse redigi ex iis qui multi vincti virorum fortium occuparent manus. Et nunc magnopere censere, ut unam anum et duas puellas, itinerum agminumque impedimenta, triginta millibus talentis auri permutet. Opimum regnum occupari posse conditione, non bello : nec quemquam alium inter Istrum et Euphraten possedisse terras ingenti spatio intervalloque discretas. Macedoniam quoque respiceret potius, quam Bactra et Indos intueretur.

Ingrata oratio regi fuit. Itaque, ut finem dicendi fecit : « Et ego, inquit, pecuniam quam gloriam mallem, si Parmenio essem. Nunc Alexander, de paupertate securus sum : et me non mercatorem meminì esse, sed regem. Nihil quidem habeo venale ;

que je rende les prisonniers, j'aurai plus de gloire à les livrer à titre de don, qu'à les renvoyer à prix d'argent. »

Ayant ensuite fait rentrer les envoyés de Darius, il leur répondit en ces termes : « Allez dire à Darius, qu'en me montrant clément et généreux, je n'ai rien fait pour son amitié, mais tout par penchant de ma nature. Je ne sais point faire la guerre à des prisonniers ni à des femmes : il faut être armé pour être mon ennemi. Si encore il me demandait la paix de bonne foi, je verrais peut-être à la lui accorder ; mais lorsque, tantôt par ses lettres, il excite mes soldats à la trahison ; tantôt, par son or, il essaye d'armer contre moi le bras de mes amis, je ne puis que le poursuivre à toute outrance, non plus comme un ennemi loyal, mais comme un assassin et un empoisonneur. Quant aux conditions de paix que vous m'apportez, si je les acceptais, je lui donnerais la victoire.

« Il m'accorde généreusement ce qui est en deçà de l'Euphrate : où donc me parlez-vous aujourd'hui ? au delà de l'Euphrate, il me semble ; ce qu'il prétend m'offrir pour dot, mon camp en a dépassé la limite. Chassez-moi d'abord d'ici pour que je sache que ce que vous me cédez vous appartient. Avec la même libéralité, il me donne sa fille, comme si j'ignorais qu'il devait la marier à quelqu'un de ses esclaves ! Grand honneur, en effet, que de me préférer pour gendre à Mazée ! Allez donc, et annoncez à votre roi que ce qu'il a perdu, comme ce qu'il possède encore, est le prix de la guerre : par elle seront fixées les limites des deux empires, et chacun de nous aura en partage ce que la journée de demain lui donnera.»

---

sed fortunam meam utique non vendo. Captivos si placet reddi, honestius dono dabimus, quam pretio remittemus. »

Introductis deinde legatis, ad hunc modum respondit : « Nuntiate Dario, me, quæ fecerim clementer et liberaliter, non amicitiæ ejus tribuisse, sed naturæ meæ. Bellum cum captivis et feminis gerere non soleo : armatus sit oportet, quem oderim. Quod si saltem pacem bona fide peteret, deliberarem forsitan, an darem : verum enimvero quum modo milites meos litteris ad proditionem, modo amicos ad perniciem meam pecunia sollicitet, ad internecionem mihi persequendus est, non ut justus hostis, sed ut percussor et veneficus. Conditiones vero pacis, quas fertis, si accepero, victorem eum faciunt.

« Quæ post Euphraten sunt liberaliter donat : ubi igitur me affamini ? nempe ultra Euphraten sum : summum ergo dotis, quam promittit, terminum castra mea transeunt. Hinc me depellite, ut sciam vestrum esse quod ceditis. Eadem liberalitate mihi dat filiam suam ; nempe quam scio alicui servorum suorum nupturam : multum vero mihi præstat, si me Mazæo generum præponit! Ite, nuntiate regi vestro, et quæ amisit, et quæ adhuc habet, præmia esse belli : hoc regente utriusque terminos regni, id quemque habiturum, quod proximæ lucis assignatura fortuna est. »

Les envoyés répondirent que, puisqu'il était résolu à la guerre, il agissait franchement en ne les abusant pas par l'espoir de la paix; qu'ils lui demandaient de les renvoyer au plus tôt vers leur roi : lui aussi avait à se préparer à la guerre. Rentrés au camp, ils y annoncèrent qu'il fallait livrer bataille.

XII. Darius envoya sur-le-champ Mazée avec trois mille chevaux pour occuper les chemins par où devait passer l'ennemi. Alexandre, après avoir achevé de rendre les honneurs funèbres à l'épouse de Darius, et laissé tout ce qu'il y avait de trop pesant parmi ses bagages sous une faible garde dans l'enceinte des mêmes retranchements, marcha droit à l'ennemi. Il avait divisé son infanterie en deux colonnes, couvertes sur les flancs par la cavalerie; les bagages marchaient derrière. Il détacha ensuite Ménidas pour aller à toute bride reconnaître où était Darius. Mais trouvant Mazée près de là, Ménidas n'osa s'avancer plus loin, et apporta pour toute nouvelle qu'il avait entendu un bruit confus d'hommes et des hennissements de chevaux. Mazée, de son côté, ayant aperçu de loin des éclaireurs, regagna le camp, et y annonça l'approche de l'ennemi.

Aussitôt Darius, qui désirait combattre en rase campagne, fait prendre les armes à ses soldats et range son armée en bataille. A l'aile gauche, marchaient des cavaliers bactriens, au nombre de mille environ, autant de Dahiens; puis les Arachosiens et les Susiens, formant en tout une troupe de quatre mille hommes. Derrière eux, étaient cinquante chariots armés de faux, et, à leur suite, Bessus avec huit mille cavaliers

---

Legati respondent, quum bellum in animo sit, facere eum simpliciter, quod spe pacis non frustraretur; ipsos petere, quamprimum dimittantur ad regem: eum quoque bellum parare debere. Dimissi nuntiant adesse certamen.

XII. Ille quidem confestim Mazæum cum tribus millibus equitum ad itinera, quæ hostis petiturus erat, occupanda præmisit. Alexander, corpori uxoris ejus justis persolutis, omnique graviore comitatu intra eadem munimenta cum modico præsidio relicto, ad hostem contendit. In duo cornua diviserat peditem, in utrumque latus equite circumdato : impedimenta sequebantur agmen. Præmissum deinde concitis equis Menidan jubet explorare ubi Darius esset. At ille, quum Mazæus haud procul consedisset, non ausus ultra procedere, nihil aliud, quam fremitum hominum hennitumque equorum exaudisse nuntiat. Mazæus quoque, conspectis procul exploratoribus, in castra se recipit, adventus hostium nuntius.

Igitur Darius, qui in patentibus campis decernere optabat, armari militem jubet, aciemque disponit. In lævo cornu bactriani ibant equites, mille admodum; Dahæ totidem : et Arachosii Susiique quatuor millia explebant. Hos quinquaginta falcati currus sequebantur;. proximus quadrigis erat Bessus cum octo millibus equitum,

également venus de la Bactriane. Les Massagètes, au nombre de deux mille, fermaient la marche de ce corps. A cette cavalerie s'était jointe l'infanterie de plusieurs nations, non pas confondues, mais chacune marchant sous ses étendards. Venaient ensuite les Perses avec les Mardes et les Sogdiens, sous la conduite d'Ariobarzanes et d'Orobatès. Le commandement était partagé entre ces deux chefs; mais, au-dessus d'eux, était placé Orsinès, descendant des sept Perses, et faisant aussi remonter son origine au grand Cyrus. Ceux qui les suivaient étaient des peuples à peine connus, même de leurs compagnons d'armes; puis, cinquante chars attelés de quatre chevaux que précédait Phradate à la tête d'un corps considérable de Caspiens. Derrière les chars, se trouvaient les Indiens et les autres habitants des bords de la mer Rouge, qui apportaient là leurs noms plutôt que leur secours. Cinquante autres chars garnis de faux fermaient ce corps d'armée; on y avait joint une troupe de soldats mercenaires. A leur suite, se voyaient les peuples de la Petite Arménie; puis, les Babyloniens; puis, les Bélites et ceux qui habitent les monts Cosséens. Après ceux-ci, venaient les Gortuens, peuples originaires de l'Eubée, qui suivirent autrefois les Mèdes, mais alors dégénérés et étrangers aux mœurs de leurs pays. Ils étaient soutenus par les Phrygiens et les Cataoniens. Aux derniers rangs, marchaient les Parthes, qui habitaient le pays qu'occupe aujourd'hui la nation des Parthes de race scythique. Telle était la disposition de l'aile gauche.

La droite était composée des peuples de la Grande Arménie,

item Bactrianis. Massagetæ duobus millibus agmen ejus claudebant. Pedites his plurium gentium non mixtas, sed suæ quisque nationis, junxerant copias. Persas deinde, cum Mardis Sogdianisque, Ariobarzanes et Orobates ducebant. Illi partibus copiarum, summæ Orsines præerat, a septem Persis oriundus, ad Cyrum quoque nobilissimum regem originem sui referens. Hos aliæ gentes, ne sociis quidem satis notæ, sequebantur. Post quas, quinquaginta quadrigas Phradates magno Caspianorum agmine antecedebat. Indi ceterique Rubri maris accolæ, nomina verius quam auxilia, post currus erant. Claudebatur hoc agmen aliis falcatis curribus quinquaginta, queis peregrinum militem adjunxerat. Hunc Armenii, quos Minores vocant; Armenios Babylonii; utrosque Belitæ, et qui montes Cossæorum incolebant, sequebantur. Post hos ibant Gortuæ, gentes quidem euboicæ, Medos quondam secuti, sed jam degeneres, et patrii moris ignari. Applicuerat his Phrygas et Cataonas. Parthorum deinde gens, incolentium terras, quas nunc Parthi, Scythia profecti, tenent, claudebant agmen. Hæc sinistri cornu acies fuit.

Dextrum tenebat natio Majoris Armeniæ, Cadusiique, Cappadoces, et Syri, et

des Cadusiens, des Cappadociens, des Syriens et des Mèdes : ils étaient aussi accompagnés de cinquante chars armés de faux. L'armée montait en tout à quarante-cinq mille hommes de cavalerie, et à deux cent mille d'infanterie. Rangés comme nous venons de le dire, ils s'avancèrent de dix stades ; puis, ayant reçu l'ordre de s'arrêter, ils attendirent l'ennemi sous les armes. Cependant l'armée d'Alexandre avait été saisie d'une terreur panique : les soldats, hors d'eux-mêmes, avaient pris l'alarme, et une crainte secrète était passée dans tous les cœurs. Le ciel, enflammé comme aux jours d'été, offrait, dans ses éclats de lumière, l'image d'un incendie ; les soldats croyaient voir les flammes partir du camp de Darius, et s'être imprudemment engagés au milieu des postes ennemis. Si Mazée, qui gardait la route, fût survenu dans ce moment d'effroi, ils pouvaient essuyer une grande défaite ; mais il resta immobile sur la hauteur où il avait pris position, content de ne pas être attaqué. Alexandre, dès qu'il eut appris la frayeur de ses soldats, commanda une halte, et leur fit déposer leurs armes et prendre quelque repos. En même temps, il leur représenta que leur alarme était sans fondement, que l'ennemi était encore loin. Revenus enfin à eux-mêmes, ils reprirent à la fois leurs armes et leur courage. On jugea néanmoins que, pour le présent, le plus sûr était de se retrancher dans le lieu même où l'on se trouvait.

Le lendemain, Mazée, qui, avec un détachement de cavalerie d'élite, s'était posté sur une haute colline, d'où l'on découvrait le camp des Macédoniens, soit par crainte, soit qu'il

---

Medi ; his quoque falcati currus erant quinquaginta. Summa totius exercitus, equites quadraginta quinque millia : pedestris acies ducenta millia expleverat. Hoc modo instructi decem stadia procedunt, jussique subsistere, armati hostem exspectabant. Alexandri exercitum pavor, cujus causa non suberat, invasit : quippe lymphati trepidare cœperunt, omnium pectora occulto metu percurrente. Cœli fulgor, tempore æstivo ardenti similis internitens, ignis præbuit speciem ; flammasque ex Darii castris splendere, velut illati temere præsidiis, credebant. Quod si perculsis Mazæus, qui præsidebat itineri, supervenisset, ingens clades accipi potuit ; nunc dum ille segnis in eo, quem occupaverat, tumulo sedet, contentus non lacessi, Alexander, cognito pavore exercitus, signum ut consisterent dari, ipsos arma deponere, ac levare corpora jubet, admonens, nullam subiti causam esse timoris ; hostem procul stare. Tandem compotes sui pariter arma et animos recepere ; nec quidquam ex præsentibus tutius visum est, quam eodem loco castra munire.

Postero die Mazæus, qui cum delectis equitum in edito colle, ex quo Macedonum prospiciebantur castra, consederat, sive metu, sive quia speculari modo jussus erat,

n'eût été envoyé qu'en observation, retourna auprès de Darius. Les Macédoniens prirent possession de la colline même qu'il venait d'abandonner : c'était un poste plus sûr que la plaine, et l'on pouvait de là apercevoir l'armée ennemie, qui se déployait dans la campagne. Mais un brouillard, répandu alentour par l'humidité des montagnes, sans dérober l'ensemble du spectacle, empêchait cependant de distinguer l'ordonnance et la distribution des différents corps. Une multitude innombrable couvrait au loin la plaine ; et le bruit confus de tant de milliers d'hommes allait même au loin frapper l'oreille des Macédoniens. Le roi était dans une vive perplexité ; il pesait tour à tour son avis et celui de Parménion ; mais il était trop tard, car les choses en étaient venues à ce point, que l'armée ne pouvait échapper à un désastre que par la victoire. Aussi, cachant l'état de son âme, il ordonne aux escadrons péoniens qui étaient à sa solde de se porter en avant. La phalange, ainsi que nous l'avons dit plus haut, était divisée en deux ailes, dont chacune était couverte par la cavalerie. Déjà le brouillard s'était dissipé, et le jour, reprenant son éclat, montrait à découvert l'armée ennemie, lorsque les Macédoniens, soit allégresse, soit ennui d'une si longue attente, poussèrent un grand cri comme au moment où le combat s'engage ; ce cri fut répété par les Perses, et il retentit avec un bruit terrible dans les bois et dans les vallées d'alentour. L'ardeur des Macédoniens ne pouvait plus se contenir, ils allaient aborder l'ennemi au pas de course. Alexandre cependant, jugeant qu'il valait mieux encore se fortifier sur cette hauteur, donna l'ordre de construire des retranchements. L'ouvrage fut

---

ad Darium rediit. Macedones eum ipsum collem, quem deseruerat, occupaverunt : nam et tutior planitie erat, et inde acies hostium, quæ in campo explicabatur, conspici poterat. Sed caligo, quam circa humidi effuderant montes, universam quidem rei faciem non abstulit : ceterum agminum discrimina atque ordinem prohibuit perspici. Multitudo inundaverat campos ; fremitusque tot millium etiam procul stantium aures impleverat. Fluctuari animo rex, et modo suum, modo Parmenionis consilium, sera æstimatione perpendere ; quippe eo ventum erat, unde recipi exercitus, nisi victor, sine clade non posset. Itaque, dissimulato eo, mercenarium equitem ex Pæonia præcedere jubet. Ipse phalangem, sicut antea dictum est, in duo cornua extenderat : utrumque cornu equites tegebant. Jamque nitidior lux, discussa caligine, aciem hostium ostenderat : et Macedones, sive alacritate, sive tædio exspectationis, ingentem, pugnantium more, edidere clamorem : redditus et a Persis nemora vallesque circumjectas terribili sono impleverat. Nec jam contineri Macedones poterant, quin cursu quoque ad hostem contenderent. Melius adhuc ratus in eodem tumulo castra

promptement terminé, et le roi se retira dans sa tente, d'où il apercevait toute l'armée ennemie.

XIII. Il avait alors devant les yeux le tableau tout entier de la lutte qui allait s'engager; hommes et chevaux brillaient de leurs éclatantes armures; et l'activité des chefs, parcourant leurs rangs à cheval, témoignait avec quel soin tout se préparait chez l'ennemi. Mille choses insignifiantes pour la plupart, les voix confuses des hommes, le hennissement des chevaux, l'éclat que jetaient les armes, troublaient son esprit, tourmenté par l'attente. Soit donc qu'il ne sût à quoi s'arrêter, soit qu'il voulût éprouver ses compagnons, il appelle son conseil, et lui demande ce qu'il y a de mieux à faire.

Parménion, de tous ses généraux le plus habile dans les pratiques de la guerre, était d'avis d'une surprise, non d'une bataille en règle. On pouvait, à la faveur des ténèbres, tomber sur les ennemis : différents entre eux de mœurs et de langage, troublés par le sommeil et par l'aspect inattendu du danger, comment pourraient-ils se rallier au milieu du désordre de la nuit? Pendant le jour, au contraire, la première chose qui s'offrirait aux regards seraient les faces terribles des Scythes et des Bactriens, avec leur poil hérissé, leurs longues chevelures, et les énormes proportions de leur corps gigantesque; et l'on sait que de vains et frivoles objets font plus d'impression sur l'esprit du soldat, que des motifs réels d'épouvante. Ne pouvait-il se faire aussi qu'une si grande multitude enveloppât une armée moins nombreuse? Ce n'était plus dans les gorges étroites de la Cilicie et dans les sentiers inaccessibles des mon-

---

munire, vallum jaci jussit : strenueque opere perfecto, in tabernaculum, ex quo tota acies hostium conspiciebatur, secessit.

XIII. Tum vero universa futuri discriminis facies in oculis erat : armis insignibus equi verique splendebant; et, omnia intentiore cura præparari apud hostem, sollicitudo prætorum agmina sua interequitantium ostendebat; ac pleraque inania, sicut fremitus hominum, equorum hinnitus, armorum internitentium fulgor, sollicitam exspectatione mentem turbaverant. Igitur, sive dubius animi, ut suos experiretur, consilium adhibet, quid optimum factu esset, exquirens.

Parmenio, peritissimus inter duces artium belli, furto, non prœlio opus esse censebat : intempesta nocte opprimi posse hostes; discordes moribus, linguis, ad hæc somno et improviso periculo territos, quando in nocturna trepidatione coituros? At interdiu primum terribiles occursuras facies Scytharum Bactrianorumque : hirta illis ora et intonsas comas esse; præterea eximiam vastorum magnitudinem corporum, vanis et inanibus, militem magis, quam justis formidinis causis moveri. Deinde tan-

tagnes, c'était dans une plaine vaste et ouverte que l'on aurait à combattre.

Presque tous appuyaient l'avis de Parménion, et Polypercon soutenait fermement que la victoire y était attachée. Le roi se tourna vers lui, car il avait naguère parlé plus sévèrement qu'il n'eût voulu à Parménion, et craignait de le réprimander une seconde fois : « Ce stratagème que tu me conseilles, lui dit-il, serait bon pour des filous et des voleurs, car leur unique vœu est d'échapper aux regards. Pour moi, je ne permettrai pas que l'absence de Darius, ou l'avantage d'un défilé, ou une surprise nocturne viennent toujours porter atteinte à ma gloire : je suis décidé à attaquer l'ennemi ouvertement et en plein jour; j'aime mieux avoir à me plaindre de ma fortune, qu'à rougir de ma victoire. Je sais d'ailleurs, par mes rapports, que les Barbares font bonne garde et se tiennent sous les armes de manière à ne pouvoir être surpris. Ainsi donc, préparez-vous à la bataille. »

Après les avoir animés de la sorte, il les envoya prendre du repos. Darius, imaginant que l'ennemi ferait ce qu'avait proposé Parménion, avait ordonné que les chevaux restassent bridés, qu'une grande partie de l'armée demeurât en armes, et que la garde du camp se fît avec la plus attentive vigilance : une ligne de feux éclairait son camp dans toute son étendue. Lui-même, accompagné de ses généraux et de ses proches, allait de rang en rang, parmi les corps qui étaient sous les armes; invoquant le soleil sous son nom de Mithra, ainsi que le feu éternel et sacré, il les priait d'inspirer à ses soldats un

---

tam multitudinem circumfundi paucioribus posse ; non in Ciliciæ angustiis et inviis callibus, sed in aperta et lata planitie dimicandum fore.

Omnes ferme Parmenioni assentiebant : Polypercon haud dubie in eo consilio positam victoriam arbitrabatur : quem intuens rex (namque Parmenionem nuper acrius, quam vellet, increpitum, rursus castigare non sustinebat): « Latrunculorum, inquit, et furum ista solertia est, quam præcipis mihi : quippe illorum votum unicum est fallere. Meæ vero gloriæ semper aut absentiam Darii, aut angustias locorum, aut furtum noctis obstare non patiar : palam luce aggredi certum est ; malo me fortunæ pœniteat, quam victoriæ pudeat. Ad hæc, illud quoque accedit, vigilias agere Barbaros, et in armis stare, ut ne decipi quidem possint, compertum habeo ; itaque ad prœlium vos parate. »

Sic incitatos ad corpora curanda dimisit. Darius illud, quod Parmenio suaserat, hostem facturum esse conjectans, frenatos equos stare, magnamque exercitus partem in armis esse, ac vigilias intentiore cura servari jusserat ; ergo ignibus tota ejus castra fulgebant. Ipse cum ducibus propinquisque agmina in armis stantium circumibat, Solem Mithren, sacrumque et æternum invocans ignem, ut illis dignam

courage digne de leur ancienne gloire et des exemples de leurs ancêtres. Et certes, ajoutait-il, s'il était possible à l'esprit de l'homme de s'assurer en présage l'assistance divine, les dieux étaient pour eux : c'étaient eux qui, naguère, avaient répandu parmi les Macédoniens une soudaine épouvante : encore égarés par la crainte, on les voyait courir çà et là et jeter leurs armes; digne châtiment de leur folie, que leur infligeaient les divinités protectrices de l'empire des Perses. Leur chef lui-même n'était pas plus sensé qu'eux : semblable aux bêtes sauvages, il ne voyait que la proie, objet de ses désirs, et se jetait au-devant de sa perte qui était en avant de cette proie.

Du côté des Macédoniens ne régnait pas une moins inquiète vigilance : la nuit se passa dans les alarmes, tout comme si elle eût été choisie pour le combat. Alexandre, dont l'âme n'avait jamais éprouvé de transes aussi vives, fit venir Aristandre pour adresser au ciel des vœux et des prières. Celui-ci, vêtu d'une robe blanche, portant à la main des branches de verveine, la tête voilée, disait les prières que le roi répétait, pour se rendre favorables Jupiter, Minerve et la Victoire. Le sacrifice achevé selon les rites, il retourna dans sa tente pour s'y reposer le reste de la nuit. Mais il lui était impossible de trouver le sommeil, ni de supporter le repos : tantôt il se proposait de faire descendre son armée du haut de la colline, contre l'aile droite des Perses, tantôt d'attaquer de front; d'autres fois il hésitait s'il ne ferait pas mieux de se porter sur la gauche de l'ennemi. Enfin son corps, appesanti par la fatigue de l'esprit, tomba dans un profond sommeil.

---

vetere gloria majorumque monumentis fortitudinem inspirarent. Et profecto, s qua divinæ opis auguria humana mente concipi possent, deos stare secum; illos nuper Macedonum animis subitam incussisse formidinem : adhuc lymphatos ferri agique, arma jacientes : expetere præsides Persarum imperii deos debitas e vecordibus pœnas. Nec ipsum ducem saniorem esse; quippe ritu ferarum prædam modo, quam expeteret, intuentem, in perniciem, quæ antea prædam posita esset, incurrere.

Similis apud Macedones quoque sollicitudo erat : noctemque, velut in eam certamine edicto, metu egerunt. Alexander, non alias magis territus, ad vota et preces Aristandrum vocari jubet. Ille in candida veste, verbenas manu præferens, capite velato, præibat preces regi, Jovem, Minervam, victoriamque propitianti. Tunc quidem sacrificio rite perpetrato, reliquum noctis acquieturus in tabernaculum rediit. Sed nec somnum capere, nec quietem pati poterat; modo e jugo montis aciem in dextrum Persarum cornu demittere agitabat; modo recta fronte concurrere hosti : interdum hæsitare, an potius in lævum torqueret agmen? tandem gravatum animi anxietate corpus altior somnus oppressit.

Déjà il faisait jour, et les chefs s'étaient rassemblés pour recevoir ses ordres, surpris du silence inaccoutumé qui régnait autour de sa tente : car c'était lui qui, d'ordinaire, les faisait appeler, et parfois gourmandait leur lenteur. Ils s'étonnaient que la pensée même de cette journée décisive ne le tînt pas éveillé : ils allaient jusqu'à croire qu'il ne dormait pas, mais qu'il était engourdi par la peur. Cependant aucun des gardes de sa personne n'osait entrer dans sa tente, et pourtant les moments pressaient; et, sans l'ordre du chef, les soldats ne pouvaient ni s'armer, ni former les rangs. Après avoir longtemps attendu, Parménion se décida de lui-même à leur faire prendre de la nourriture. Il n'y avait plus un instant à perdre : Parménion entre alors dans la tente, appelle plusieurs fois le roi, et, ne pouvant se faire entendre, le touche pour l'éveiller. « Il fait grand jour, lui dit-il, l'armée ennemie s'avance en ordre de bataille, et la tienne attend encore tes ordres pour s'armer. Où est donc l'énergie ordinaire de ton âme? c'est toi qui, tous les jours, éveilles tes gardes. »

« Et crois-tu, répondit Alexandre, que j'aie pu m'endormir avant de décharger mon esprit de l'inquiétude qui empêchait mon repos? » Puis, il fit donner avec le clairon le signal du combat. Et comme Parménion continuait à s'étonner qu'il eût dormi d'un si tranquille sommeil : « Il n'y a rien là de surprenant, reprit-il : lorsque Darius brûlait les campagnes, ruinait les villages, détruisait tous les moyens de subsistance, alors je n'étais pas maître de moi; mais qu'ai-je à craindre

---

Jamque luce orta, duces ad accipienda imperia convenerant, insolito circa prætorium silentio attoniti; quippe alias arcessere ipsos, et interdum morantes castigare assueverat : tunc ne ultimo quidem rerum discrimine excitatum esse mirabantur; et non somno quiescere, sed pavore marcere credebant. Non tamen quisquam e custodibus corporis intrare tabernaculum audebat : et jam tempus instabat; nec miles, injussu ducis, aut arma capere poterat, aut in ordines ire. Diu Parmenio cunctatus, cibum ut caperent ipse pronuntiat. Jamque exire necesse erat : tunc demum intrat tabernaculum; sæpiusque nomine compellatum, quum voce non posset, tactu excitavit. « Multa lux, inquit, est; instructam aciem hostis admovit : tuus miles adhuc inermis exspectat imperium. Ubi est vigor ille animi tui? nempe excitare vigiles soles. »

Ad hæc Alexander : « Credisne me prius somnum capere potuisse, quam exonerarem animum sollicitudine, quæ quietem morabatur? » signumque pugnæ tuba dari jussit. Et quum in eadem admiratione Parmenio perseveraret quod securus somnum cepisset : « Minime, inquit, mirum est; ego enim, quum Darius terras ureret, vicos excideret, alimenta corrumperet, potens mei non eram : nunc vero quid

aujourd'hui, qu'il vient me présenter la bataille? Par Hercule! il a rempli le plus cher de mes vœux. Mais plus tard ma pensée vous sera mieux expliquée. Allez maintenant chacun vers la troupe qu'il commande : je serai près de vous tout à l'heure, et vous ferai part de mes volontés.... » Ce n'était que rarement et sur les instances de ses amis, lorsqu'il y avait à craindre quelque grand danger, qu'il se couvrait de son armure; cette fois, il la prit, et s'avança ensuite vers ses soldats. Jamais ils n'avaient vu à leur roi pareille allégresse : l'assurance qui régnait sur son visage était pour eux un gage assuré de la victoire.

A son commandement, les palissades furent abattues, les troupes sortirent, et il commença à former son ordre de bataille. A l'aile droite fut placé le corps de cavalerie appelé *agema*, que commandait Clitus : il y joignit les escadrons de Philotas, et, pour appuyer son flanc, les autres généraux de cavalerie. Le dernier corps était celui de Méléagre, que suivait la phalange. Après la phalange étaient les Argyraspides : ils marchaient sous les ordres de Nicanor, fils de Parménion. A la réserve se trouvait Cénus avec sa troupe, et, derrière lui, Oreste et Lynceste. Polypercon était ensuite à la tête des troupes étrangères, placées sous le commandement supérieur d'Amyntas. Philagus conduisait les Balacres, dont on avait naguère accepté l'alliance. Telle était la disposition de l'aile droite.

A l'aile gauche, Cratère conduisait la cavalerie du Péloponnèse et de l'Achaïe, renforcée de celle des Locriens et des Ma-

---

metuam, quum acie decernere paret? Hercule, votum meum implevit. Sed hujus quoque consilii ratio postea reddetur : vos ite ad copias, quibus quisque præest; ego jam adero, et quid fieri velim exponam.... » Raro admodum admonitu amicorum, quum metus discriminis aderat, uti solebat : tunc quoque, munimento corporis sumpto, processit ad milites. Haud alias tam alacrem viderant regem, et, vultu ejus interrito, certam spem victoriæ augurabantur.

Atque ille, proruto vallo, exire copias jubet, aciemque disponit. In dextro cornu locati sunt equites, quos *agema* appellant; præerat his Clitus, cui junxit Philotæ turmas, ceterosque præfectos equitum lateri ejus applicuit. Ultima Meleagri ala stabat, quam phalanx sequebatur. Post phalangem Argyraspides erant; his Nicanor Parmenionis filius præerat. In subsidiis cum manu sua Cœnos : post eum Orestes Lyncestesque. Post illos Polypercon, dux peregrini militis; hujus agminis Amyntas princeps erat. Philagus Balacros regebat, in societatem nuper accitos. Hæc dextri cornu facies erat.

In lævo, Craterus Peloponnensium equites habebat, Achæorumque; et Locren-

liens : les chevaux thessaliens fermaient la marche sous les ordres de Philippe. L'infanterie se trouvait couverte par la cavalerie. Ainsi se présentait l'aile gauche. Mais, pour éviter d'être enveloppé par le nombre, Alexandre avait placé à l'arrière-garde un corps considérable ; il jeta aussi sur les ailes quelques troupes de renfort, les disposant, non de front, mais de flanc, de manière que si l'ennemi essayait d'investir son corps de bataille, elles fussent prêtes à lui tenir tête. C'était là que se trouvaient les Agriens sous le commandement d'Attale, et, avec eux, les archers crétois. Les derniers rangs étaient disposés le dos tourné au front de bataille, pour que l'armée présentât une ligne de défense circulaire. On y voyait les Illyriens en même temps que la troupe des mercenaires. Les Thraces s'y trouvaient aussi avec leurs légères armures ; et telle était la facilité que cette armée ainsi rangée avait à se mouvoir, que les dernières files de soldats, au moment où on les voudrait envelopper, pouvaient faire volte face et présenter leur front à l'ennemi. De cette façon, ni les premiers rangs n'étaient mieux défendus que les flancs, ni les flancs mieux que les derrières.

Ces dispositions faites, il ordonna que, si les Barbares lançaient leurs chars armés de faux, en poussant des cris, ses soldats ouvrissent leurs rangs et n'opposassent que le silence à leur course impétueuse ; nul doute qu'ils passeraient sans faire aucun mal, s'ils ne rencontraient rien sur leur chemin. Si, au contraire, ces chars se précipitaient sans bruit, c'était à eux de jeter l'épouvante par leurs cris, et de diriger des deux côtés leurs traits contre les chevaux effarouchés. Ceux qui comman-

sium, et Maleon turmis sibi adjunctis ; hos thessali equites claudebant, Philippo duce. Peditum acies equitatu tegebatur ; frons lævi cornu hæc erat. Sed, ne circumiri posset a multitudine, ultimum agmen valida manu cinxerat ; cornua quoque subsidiis firmavit, non recta fronte, sed a latere positis, ut si hostis circumvenire aciem tentasset, parata pugnæ forent. Hic Agriani erant, quibus Attalus præerat, adjunctis sagittariis cretensibus. Ultimos ordines avertit a fronte, ut totam aciem orbe muniret. Illyrii hic erant, adjuncto milite mercede conducto. Thracas quoque simul objecerat leviter armatos ; adeoque aciem versatilem posuit, ut, qui ultimi stabant, ne circumirentur, verti tamen, et in frontem circumagi possent. Itaque non prima, quam latera, non latera munitiora fuere, quam terga.

His ita ordinatis, præcipit, ut, si falcatos currus cum fremitu Barbari emitterent, ipsi, laxatis ordinibus, impetum incurrentium silentio exciperent, haud dubius sine noxa transcursuros, si nemo se opponeret ; sin autem sine fremitu immisissent, eos ipsi clamore terrerent, pavidosque equos telis utrinque suffoderent. Qui cornibus

daient les ailes reçurent l'ordre de s'étendre assez pour qu'il ne fût pas possible d'investir leurs escadrons trop serrés, mais sans laisser toutefois le centre dégarni. Les bagages et les prisonniers, parmi lesquels se trouvaient la mère et les enfants de Darius, furent laissés sur une colline, à peu de distance du champ de bataille, confiés à la garde d'un petit nombre de soldats. L'aile gauche, comme à l'ordinaire, était sous les ordres de Parménion : le roi se tenait à la droite.

Les deux armées n'étaient pas encore à la portée du trait, quand un transfuge, nommé Bion, accourant en toute hâte, vint annoncer au roi que Darius avait dressé des chausse-trapes le long de la route par où il supposait que se lancerait la cavalerie ennemie ; et l'endroit avait été marqué par des signes reconnaissables, pour que les siens pussent éviter le piége. Alexandre commanda que l'on s'assurât du transfuge, et appela près de lui ses généraux : il leur fit part de ce qu'il venait d'apprendre, leur recommandant de se détourner de l'endroit indiqué et d'avertir du péril toute la cavalerie. Cependant sa voix ne pouvait se faire entendre d'une armée si considérable : le bruit qui retentissait des deux côtés assourdissait les oreilles : mais, à la vue de tous, il courait à cheval de côté et d'autre pour adresser la parole aux chefs et à ceux des soldats qui se trouvaient le plus près de lui.

XIV. « Après avoir parcouru tant de pays dans l'espérance de la victoire pour laquelle ils allaient combattre, il ne leur restait plus, disait-il, que ce hasard à courir. Il leur rappelait et les bords du Granique, et les montagnes de la Cilicie, et la

---

præerant, extendere ea jussi, ita ut nec circumvenirentur, si arctius starent, nec tamen mediam aciem exinanirent. Impedimenta cum captivis, inter quos mater liberique Darii custodiebantur, haud procul acie, in edito colle constituit, modico præsidio relicto. Lævum cornu, sicut alias, Parmenioni tuendum datum : ipse in dextro stabat.

Nondum ad teli jactum pervenerant, quum Bion quidam transfuga, quanto maximo cursu potuerat, ad regem pervenit, nuntians murices ferreos in terram defodisse Darium, quà hostem equites emissurum esse credebat : notatumque certo signo locum, ut fraus evitari a suis posset. Asservari transfuga jusso, duces convocat : expositoque quod nuntiatum erat, monet, ut regionem monstratam declinent, equitemque periculum edoceant. Ceterum hoc tantus exercitus exaudire non poterat, usum aurium intercipiente fremitu duorum agminum ; sed in conspectu omnium duces, et proximum quemque interequitans alloquebatur.

XIV. « Emensis tot terras in spem victoriæ, de qua dimicandum foret, hoc unum superesse discrimen ; Granicum hic amnem. Ciliciæque montes, et Syriam

Syrie, et l'Égypte conquises sur leur passage, gages précieux d'espérance et de gloire. Si les Perses, arrêtés dans leur fuite, allaient livrer bataille, c'était qu'ils ne pouvaient plus fuir : depuis trois jours, pâles de crainte et ployant sous le fardeau de leurs armes, ils demeuraient immobiles : la plus sûre preuve de leur désespoir était qu'ils brûlaient les villes et les campagnes; ils avouaient par là que tout ce qu'ils ne détruisaient pas était à l'ennemi. Qu'ils se gardassent seulement de craindre ces vains noms de nations inconnues; de quelle importance était-il pour le succès de la guerre que ces Barbares s'appelassent Scythes ou Cadusiens? S'ils n'étaient point connus, c'est qu'ils ne méritaient pas de l'être; jamais le courage ne restait ignoré. Des lâches arrachés de leurs retraites pouvaient-ils apporter au combat autre chose que leurs noms? Les Macédoniens, au contraire, avaient gagné par leur bravoure que des guerriers comme eux ne fussent ignorés en aucun coin de l'univers. Qu'ils jetassent les yeux sur cette multitude sans ordre : l'un ne portait avec lui qu'un javelot, l'autre une fronde pour lancer des pierres; un très-petit nombre avait une armure complète. Ainsi, d'un côté, il y avait plus d'hommes; de l'autre, plus de soldats. Et il ne leur demandait pas de se battre vaillamment, si lui-même ne leur donnait l'exemple de la vaillance; ils le verraient combattre en tête des premiers rangs : ses cicatrices, qui étaient pour son corps autant d'ornements, en répondaient pour lui. Ils savaient d'ailleurs que presque seul il s'exceptait du partage commun du butin; c'était à enrichir et à parer ses soldats qu'il consacrait

---

Ægyptumque præeuntibus raptas, ingentia spei gloriæque incitamenta, referebat. Reprehensos ex fuga Persas pugnaturos, quia fugere non possent : tertium diem jam metu exsangues, armis suis oneratos, in eodem vestigio hærere; nullum desperationis illorum majus indicium esse, quam quod urbes, quod agros suos urerent; quidquid non corrupissent, hostium esse confessi. Nomina modo vana gentium ignotarum ne extimescerent; neque enim ad belli discrimen pertinere, qui ab his Scythæ, quive Cadusii appellentur. Ob id ipsum, quod ignoti essent, ignobiles esse; nunquam ignorari viros fortes : at imbelles, ex latebris suis erutos, nihil præter nomina afferre; Macedones virtute assecutos, ne quis toto orbe locus esset qui tales viros ignoraret. Intuerentur Barbarorum inconditum agmen : alium nihil præter jaculum habere; alium funda saxa librare : paucis justa arma esse. Itaque illinc plures stare, hinc plures dimicaturos. Nec postulare se, ut fortiter capesserent prœlium, ni ipse ceteris fortitudinis fuisset exemplum; se ante prima signa dimicaturum : spondere pro se, quot cicatrices, totidem corporis decora : scire ipsos, unum pæne se prædæ communis exsortem, in illis colendis ornandisque usur-

les fruits de la victoire. C'était là ce qu'il avait à dire à des gens de cœur ; que s'il s'en trouvait parmi eux qui ne fussent pas de ce nombre, voici comment il leur parlerait : ils étaient arrivés au point qu'il ne leur était plus possible de fuir. Après avoir parcouru de si vastes espaces de terre, et laissé derrière eux tant de fleuves, tant de montagnes, il n'y avait plus pour eux de retour dans leur patrie et au sein de leurs pénates que le fer à la main. »

Ainsi furent animés et ses capitaines et ceux des soldats qui étaient à portée de sa voix. Darius était à l'aile gauche de son armée, entouré d'une troupe nombreuse, élite de sa cavalerie et de son infanterie. Il méprisait le petit nombre de l'ennemi, persuadé qu'en étendant ses ailes il avait dégarni son corps de bataille. Monté sur un char, du haut duquel il tournait à droite et à gauche ses regards et ses mains vers les bataillons qui l'environnaient, il leur parla en ces termes :

« Maîtres naguère des contrées que baigne d'un côté l'Océan et que l'Hellespont borne de l'autre, ce n'est déjà plus pour la gloire que vous avez à combattre, mais pour votre existence, et pour un bien qui vous est plus cher encore, pour la liberté. Ce jour va affermir ou renverser le plus grand empire qu'ait jamais vu aucun âge. Sur les bords du Granique nous n'avons opposé à l'ennemi que la moindre partie de nos forces. Vaincus en Cilicie, la Syrie nous offrait une retraite ; les grands boulevards de cet empire, le Tigre et l'Euphrate, nous restaient. Aujourd'hui les choses en sont à ce point, que, si nous sommes repoussés, la fuite même ne nous est plus permise : derrière nous, une guerre si longue a tout épuisé ; les villes n'ont plus

---

pare victoriæ præmia. Hæc se fortibus viris dicere. Si qui dissimiles eorum essent, illa fuisse dicturum : pervenisse eo unde fugere non possent : tot terrarum spatia emensis, tot amnibus montibusque post tergum objectis, iter in patriam et penates manu esse faciendum. »

Sic duces, sic proximi militum instincti sunt. Darius in lævo cornu erat, magno suorum agmine, delectis equitum peditumque stipatus ; contempseratque paucitatem hostis, vanam aciem esse extentis cornibus ratus. Ceterum, sicut curru eminebat, dextra lævaque ad circumstantium agmina oculos manusque circumferens :

« Terrarum, inquit, quas Oceanus hinc alluit, illinc claudit Hellespontus, paulo ante domini, jam non de gloria, sed de salute, et, quod saluti præpositis, de libertate pugnandum est. Hic dies imperium, quo nulla amplius vidit ætas, aut constituet, aut finiet. Apud Granicum minima virium parte cum hoste certavimus : in Cilicia victos Syria poterat excipere : magna munimenta regni Tigris atque Euphrates erant. Ventum est eo unde pulsis ne fugæ quidem locus est ; omnia tam

d'habitants, les campagnes plus de laboureurs. Nos femmes aussi et nos enfants suivent cette armée, proie réservée à l'ennemi, si nous ne couvrons de nos corps ces gages de notre tendresse. Pour ma part, vous le voyez, j'ai rassemblé une armée telle, que cette plaine immense a peine à la contenir ; j'ai fourni des armes et des chevaux ; j'ai pourvu à ce que les vivres ne manquassent pas à une si grande multitude ; enfin j'ai choisi un terrain où mon armée pût se déployer. Le reste dépend de vous : osez seulement vaincre, et méprisez le renom de votre ennemi, la plus faible de toutes les armes contre des gens de cœur.

« Ce que vous avez craint jusqu'ici comme du courage, n'est que de la témérité : le premier feu jeté, vous ne trouverez plus que de la faiblesse, comme chez certains animaux, dès qu'ils ont lancé leur dard. Il fallait ces vastes plaines pour mettre en évidence leur petit nombre, que les montagnes de la Cilicie nous avaient dérobé ; vous voyez comme leurs rangs sont clairs, leurs ailes étendues, leur centre faible et dégarni : les derniers rangs, le dos tourné, semblent déjà prêts à fuir. En vérité, ce serait assez du pied de nos chevaux pour les écraser, alors même que je ne lancerais contre eux que mes chars armés de faux. Et, songez-y bien, victorieux en ce combat, nous sortons victorieux de toute la guerre. Nulle part, en effet, le chemin ne leur est libre pour fuir : l'Euphrate d'un côté, le Tigre de l'autre, leur ferment le passage. Tout ce qui auparavant était pour eux, leur est désormais contraire. Notre armée est légère et facile à mouvoir; la leur, surchargée de

---

diutino bello exhausta post tergum sunt : non incolas suos urbes, non cultores habent terræ. Conjuges quoque et liberi sequuntur hanc aciem, parata hostibus præda, nisi pro carissimis pignoribus corpora opponimus. Quod mearum fuit partium, exercitum, quem pæne immensa planities vix caperet, comparavi : equos, arma distribui : commeatus ne tantæ multitudini deessent, providi : locum, in quo acies explicari posset, elegi. Cetera in vestra potestate sunt : audete modo vincere; famamque, infirmissimum adversus fortes viros telum, contemnite.

« Temeritas est, quam adhuc pro virtute timuistis : quæ, ubi primum impetum effudit, velut quædam animalia emisso aculeo, torpet. Hi vero campi deprehendere paucitatem, quam Ciliciæ montes absconderant ; videtis ordines raros, cornua extenta, mediam aciem vanam et exhaustam ; nam ultimi, quos locavit aversos, terga jam præbent. Obteri mehercule equorum ungulis possunt ; etiamsi nihil præter falcatos currus emisero. Et bello vicerimus, si vincimus prœlio : nam ne illis quidem ad fugam locus est : hinc Euphrates, illinc Tigris prohibet inclusos. Et, quæ antea pro illis erant, in contrarium versa sunt. Nostrum mobile et expeditum agmen

butin. Nous les égorgerons au milieu de nos dépouilles qui les embarrassent, et qui seront à la fois pour nous la cause et le prix de la victoire. Que s'il en est parmi vous qui s'effrayent du nom de cette nation, qu'ils songent bien que nous avons devant nous les armes des Macédoniens, non les Macédoniens eux-mêmes. Des flots de sang n'ont-ils pas coulé de part et d'autre? et la perte n'est-elle pas toujours plus sensible du côté du petit nombre? Car enfin, cet Alexandre, quelque grand qu'il puisse paraître à des âmes timides et lâches, ce n'est qu'un homme, et, si vous m'en croyez, un homme téméraire et insensé, plus heureux jusqu'ici de notre peur que de sa vaillance. Mais rien ne peut durer sans avoir pour fondement la raison ; et si le bonheur semble d'abord sourire à la témérité, il ne l'accompagne pas jusqu'au bout. Les choses humaines d'ailleurs, dans leur rapide cours, sont sujettes à mille changements, et jamais la fortune n'accorde franchement ses faveurs.

« Peut-être était-ce la volonté des dieux, que l'empire des Perses, élevé par leurs mains au faîte de la puissance à travers deux cent trente années de prospérités, fût ébranlé plutôt qu'abattu par une violente secousse, et que nous fussions ainsi avertis de la fragilité humaine, trop facilement oubliée au sein du bonheur. Naguère c'était nous qui allions porter nos armes en Grèce; aujourd'hui la guerre est apportée chez nous, et nous la repoussons : ainsi tour à tour Grecs et Perses, nous sommes ballottés par les jeux de la fortune. Apparemment l'empire que nous nous disputons est trop

---

est; illud præda grave ; implicatos ergo spoliis nostris trucidabimus : eademque res et causa victoriæ erit, et fructus. Quod si quem e vobis nomen gentis movet, cogitet Macedonum illic arma esse, non corpora ; multum enim sanguinis invicem hausimus ; et semper gravior in paucitate jactura est. Nam Alexander, quantuscunque ignavis et timidis videri potest, unum animal est, et, si quid mihi creditis, temerarium et vecors, adhuc nostro pavore, quam sua virtute felicius. Nihil autem potest esse diuturnum, cui non subest ratio ; licet felicitas aspirare videatur, tamen ad ultimum temeritati non sufficit. Præterea breves et mutabiles vices rerum sunt : et fortuna nunquam simpliciter indulget.

« Forsitan ita dii fata ordinaverunt, ut Persarum imperium, quod secundo cursu per ducentos triginta annos ad summum fastigium evexerant, magno motu concuterent magis, quam affligerent, admonerentque nos fragilitatis humanæ, cujus nimia in prosperis rebus oblivio est. Modo Græcis ultro bellum inferebamus : nunc in sedibus nostris propulsamus illatum ; jactamur invicem varietate fortunæ. Videlicet imperium, quod mutuo affectamus, una gens non capit. Ceterum, etiamsi spes

grand pour être le partage d'une seule nation. Au reste, quand l'espérance ne nous soutiendrait pas, la nécessité devrait aiguillonner nos courages. Nous voilà aux dernières extrémités. Ma mère, mes deux filles, Ochus, ce jeune prince né pour hériter de l'empire, tous ces rejetons de la race royale, tous ces chefs qui sont autant de rois, l'ennemi les tient dans les fers : sauf l'espoir que j'ai encore en vous, je suis captif dans la meilleure partie de moi-même.

« Arrachez de l'esclavage le plus pur de mon sang ; rendez-moi ces objets chéris pour lesquels je ne refuse pas de mourir, ma mère et mes enfants : car, mon épouse, je l'ai perdue dans cette prison. Voyez-les tous tendre vers vous leurs mains, implorer les dieux de vos pères, réclamer votre secours, votre compassion, votre fidélité, pour que vous les déliviriez de la servitude, des entraves et d'une existence précaire. Pensez-vous qu'ils se voient volontiers les esclaves de ceux dont ils dédaignent d'être les rois? Voici que l'armée ennemie s'avance; mais plus j'approche du moment décisif, moins je puis être content de ce que je vous ai dit. Par tous les dieux de notre patrie, par le feu éternel que l'on porte devant nous sur des autels, par l'éclat du soleil, qui se lève au sein de nos États, par la mémoire immortelle de Cyrus, qui, le premier, déposséda les Mèdes et les Lydiens de l'empire pour le donner à la Perse, sauvez notre nom, sauvez notre nation du dernier opprobre! Marchez pleins d'ardeur et de confiance, afin de transmettre à vos descendants la gloire que vous avez reçue de vos ancêtres. Votre liberté, toutes vos res-

---

non subesset, necessitas tamen stimulare deberet; ad extrema perventum est : matrem meam, duas filias, Ochum, in spem hujus imperii genitum principem, illam sobolem regiæ stirpis, duces vestros, regum instar, vinctos habet : nisi quod in vobis est, ipse ego majore mei parte captivus sum.

« Eripite viscera mea ex vinculis : restituite mihi pignora, pro quibus ipse mori non recuso, parentem, liberos; nam conjugem in illo carcere amisi. Credite nunc omnes tendere ad vos manus, implorare patrios deos, opem vestram, misericordiam, fidem exposcere, ut servitute, ut compedibus, ut precario victu ipsos liberetis. An creditis, æquo animo iis servire, quorum reges esse fastidiunt? Video admoveri hostium aciem : sed quo propius discrimen accedo, hoc minus iis, quæ dixi, possum esse contentus. Per ego vos deos patrios, æternumque ignem, qui præfertur altaribus, fulgoremque Solis intra fines regni mei orientis, per æternam memoriam Cyri, qui ademptum Medis Lydisque imperium primus in Persidem intulit : vindicate ab ultimo dedecore nomen gentemque Persarum. Ite alacres et spe pleni, ut, quam gloriam accepistis a majoribus vestris, posteris relinquatis. In dextris vestris

sources, tout l'espoir de votre avenir sont aujourd'hui dans vos mains. On évite la mort en sachant la mépriser : le plus timide est toujours celui qu'elle atteint. Moi-même, ce n'est pas seulement pour obéir à la coutume de nos pères, c'est aussi pour qu'on puisse m'apercevoir, que je suis monté sur ce char : et je consens à ce que vous m'imitiez, que je vous donne l'exemple du courage ou celui de la lâcheté. »

XV. Cependant Alexandre, afin d'éviter l'endroit périlleux que lui avait signalé le transfuge, et de se porter en même temps au-devant de Darius, qui commandait l'aile gauche, fit avancer son armée par un mouvement oblique. Darius fit manœuvrer la sienne dans le même sens, laissant l'ordre à Bessus de faire charger en flanc l'aile gauche d'Alexandre par la cavalerie des Massagètes. Il avait devant lui les chars armés de faux : à un signal donné, tous furent lancés ensemble contre l'ennemi. Les conducteurs se précipitaient à bride abattue pour ne pas laisser le temps aux Macédoniens de prévenir leur choc, et en écraser ainsi un plus grand nombre. Il y en eut en effet de blessés par les piques, qui dépassaient les timons, d'autres par les faux, qui débordaient de chaque côté ; tous, au lieu de reculer pas à pas, se débandèrent et fuirent en désordre.

Mazée, au milieu de ce trouble, vint les frapper d'une crainte nouvelle, en faisant passer mille chevaux sur leurs derrières, pour piller les bagages : il s'attendait que les prisonniers, qui étaient sous la même garde, briseraient leurs chaînes aussitôt qu'ils verraient approcher leurs amis. Cette manœuvre n'avait

---

jam libertatem, opem, spem futuri temporis geritis. Effugit mortem, quisquis contempserit : timidissimum quemque consequitur. Ipse non patrio more solum, sed etiam ut conspici possim, curru vehor : nec recuso quominus imitemini me, sive fortitudinis exemplum, sive ignaviæ fuero. »

XV. Interim Alexander, ut et demonstratum a transfuga insidiarum locum circumiret, et Dario, qui lævum cornu tuebatur, occurreret, agmen obliquum incedere jubet. Darius quoque eodem suum obvertit, Besso admonito, ut Massagetas equites in lævum Alexandri cornu a latere invehi juberet. Ipse ante se falcatos currus habebat : quos, signo dato, universos in hostem effudit : ruebant laxatis habenis aurigæ, quo plures, nondum satis proviso impetu, obtererent. Alios ergo hastæ multum ultra temones eminentes, alios ab utroque latere dimissæ falces laceravere ; nec sensim Macedones cedebant, sed effusa fuga turbaverant ordines.

Mazæus quoque perculsis metum incussit, mille equitibus ad diripienda hostis impedimenta circumvehi jussis : ratus captivos quoque, qui simul asservabantur, rupturos vincula, quum suos appropinquantes vidissent. Non fefellerat Parmenio-

pas échappé à Parménion, qui était à l'aile gauche : il envoie donc en toute hâte Polydamas près du roi pour l'avertir du danger, et lui demander ce qu'il voulait qu'on fît. Après que le roi eut entendu Polydamas : « Va, lui dit-il, va dire à Parménion que, si nous remportons la victoire, nous recouvrerons ce qui nous appartient, et deviendrons encore les maîtres de tout ce que possède l'ennemi. Qu'il se garde donc d'éloigner la moindre partie de ses forces du champ de bataille; mais que, digne de mon père Philippe et de moi, il sache mépriser la perte des bagages, et combattre vaillamment. »

Cependant les Barbares avaient jeté le trouble parmi le train. Voyant presque tous leurs gardes égorgés, les prisonniers brisent leurs fers et s'arment de tout ce qu'ils trouvent sous leurs mains ; puis, se joignant à la cavalerie de leur nation, ils fondent sur les Macédoniens, engagés dans un double péril. On s'empresse autour de Sysigambis : des cris de joie lui annoncent que Darius est vainqueur; que les ennemis ont été défaits avec un carnage horrible; qu'enfin ils ont perdu jusqu'à leurs bagages. La fortune, à ce qu'ils imaginaient, avait été partout la même, et les Perses, victorieux, s'étaient dispersés pour le pillage. Sysigambis, malgré tous les discours des captifs, qui l'exhortaient à soulager son cœur du chagrin qui l'accablait, demeura toujours dans la même situation d'esprit : pas un mot ne lui échappa; ni la couleur, ni les traits de son visage ne furent altérés : elle resta immobile à la même place, craignant sans doute d'irriter la fortune par

---

nem, qui in lævo cornu erat : propere igitur Polydamanta mittit ad regem, qui et periculum ostenderet, et quid fieri juberet, consuleret. Ille, audito Polydamante : « Abi, nuntia, inquit, Parmenioni, si acie vicerimus, non nostra solum nos recuperaturos, sed etiam quæ hostium sunt occupaturos. Proinde non est quod quidquam virium subducat ex acie, sed ut me, ut Philippo patre dignum est, contempto sarcinarum damno, fortiter dimicet. »

Interim Barbari impedimenta turbaverant : cæsisque plerisque custodum, captivi, vinculis ruptis, quidquid obvium erat, quo armari possent, arripiunt; et aggregati suorum equitibus, Macedonas ancipiti circumventos malo, invadunt : lætique circa Sysigambin vicisse Darium, ingenti cæde prostratos hostes, ad ultimum etiam impedimentis exutos esse nuntiant : quippe eamdem fortunam ubique esse credebant, et victores Persas ad prædam discurrisse. Sysigambis, hortantibus captivis, ut animum a mœrore allevaret, in eodem, quo antea fuit, perseveravit : non vox ulla excidit ei; non oris color vultusve mutatus est : sedit immobilis, credo, præ-

une joie prématurée ; tellement que, à la voir, on eût été embarrassé de dire ce qu'elle désirait le plus.

Sur ces entrefaites, Ménidas, commandant de la cavalerie d'Alexandre, était accouru avec quelques escadrons pour secourir les bagages : on ne sait si ce fut de son chef ou par l'ordre du roi ; mais il ne put soutenir le choc des Scythes et des Cadusiens. Il n'avait fait que tenter le combat, et il lui fallut retourner en fuyant vers Alexandre, après avoir été le témoin et non le vengeur de la perte des bagages. En ce moment le dépit triompha de la première résolution du roi : il craignait avec raison que le soin de recouvrer ce qui leur appartenait, ne détournât ses troupes du combat. C'est pourquoi il envoya contre les Scythes Arétès, commandant des piquiers, appelés *sarissophores*. Cependant les chars, après avoir jeté le désordre dans les premiers rangs de l'armée, avaient été poussés contre la phalange. Les Macédoniens, reprenant courage, ouvrirent leurs rangs pour les recevoir. Leurs lignes offraient l'image d'un mur : de leurs piques étroitement serrées ils perçaient, des deux côtés, les flancs des chevaux qui se lançaient au hasard ; bientôt ils investirent les chars et en précipitèrent les assaillants.

Les chevaux et les conducteurs, confondus en un même carnage, encombraient le champ de bataille ; les hommes ne pouvaient plus conduire leurs coursiers effarouchés : ceux-ci, à force de secouer la tête, non-seulement s'étaient séparés du joug, mais avaient même renversé les chariots ; blessés, ils ne

---

coce gaudio verita irritare fortunam, adeo ut quid mallet intuentibus fuerit incertum.

Inter hæc Menidas, præfectus equitum Alexandri, cum paucis turmis opem impedimentis laturus advenerat ; incertum, suone consilio, an regis imperio : sed non sustinuit Cadusiorum Scytharumque impetum : quippe vix tentato certamine refugit ad regem, amissorum impedimentorum testis magis, quam vindex. Jam consilium Alexandri dolor vicerat ; et, ne cura recuperandi sua militem a prœlio averteret, non immerito verebatur. Itaque Areten, ducem hastatorum (*saris. ophoros* vocabant), adversus Scythas mittit. Inter hæc currus, qui circa prima signa turbaverant aciem, in phalangem invecti erant. Macedones, confirmatis animis, in medium agmen accipiunt. Vallo similis acies erat : junxerant hastas ; et ab utroque latere temere incurrentium ilia suffodiebant ; circumire deinde currus, et propugnatores præcipitare cœperunt.

Ingens ruina equorum aurigarumque aciem compleverat ; hi territos regere non poterant : equi, crebra jactatione cervicum, non jugum modo excusserant, sed etiam currus everterant ; vulnerati interfectos trahebant : nec consistere territi,

traînaient plus que des morts, et l'effroi les empêchait de s'arrêter, la faiblesse, de se porter en avant. Il y eut pourtant quelques chars qui pénétrèrent jusqu'aux derniers rangs ; et ceux qu'ils trouvèrent sur leur passage périrent misérablement : la terre était jonchée de leurs membres coupés ; et comme leurs blessures, encore toutes récentes, étaient sans douleur, quoique faibles et mutilés, ils n'abandonnaient pas leurs armes, jusqu'à ce que, épuisés par la perte de leur sang, ils tombassent sans vie.

Cependant le chef des Scythes, qui pillaient les bagages, venait d'être tué, et Arétès pressait vivement ces Barbares épouvantés, lorsque survinrent les Bactriens envoyés par Darius, qui changèrent la fortune du combat. Beaucoup de Macédoniens furent renversés du premier choc; un plus grand nombre se réfugia près d'Alexandre. Alors les Perses, poussant un cri de victoire, chargent avec fureur l'ennemi, comme si partout il eût été en déroute. Alexandre prodigue à ses soldats effrayés les reproches et les exhortations ; seul, il ranime le combat, qui commençait à languir, et ayant enfin relevé leur courage, il les ramène contre l'ennemi. L'aile droite des Perses était dégarnie; c'était de là que s'étaient détachés les Bactriens pour tomber sur les bagages : Alexandre porte son effort contre les rangs qu'il trouve éclaircis, et, en se jetant sur l'ennemi, en fait un affreux carnage.

Mais les Perses de l'aile gauche, dans l'espoir de l'envelopper, transportèrent leurs forces sur ses derrières, et, pressé

---

nec progredi debiles poterant. Paucæ tamen evasere quadrigæ in ultimam aciem, iis, quibus inciderunt, miserabili morte consumptis; quippe amputata virorum membra humi jacebant : et quia calidis adhuc vulneribus aberat dolor, trunci quoque et debiles arma non omittebant, donec, multo sanguine effuso, exanimati procumberent.

Interim Aretes, Scytharum, qui impedimenta diripiebant, duce occiso, gravius territis instabat. Supervenere deinde missi a Dario Bactriani, pugnæque vertere fortunam. Multi ergo Macedonum primo impetu obtriti sunt : plures ad Alexandrum refugerunt. Tum Persæ, clamore sublato, qualem victores solent edere, ferociter in hostem, quasi ubique profligatum, incurrunt. Alexander territos castigare, adhortari ; prœlium, quod jam elanguerat, solus accendere; confirmatisque tandem animis, ire in hostem jubet. Rarior acies erat in dextro cornu Persarum ; namque inde Bactriani decesserant ad opprimenda impedimenta; itaque Alexander laxatos ordines invadit, et multa cæde hostium invehitur.

At qui in lævo cornu erant Persæ, spe posse eum includi, agmen suum a tergo dimicantis opponunt : ingensque periculum in medio hærens adisset, ni equites

entre une double attaque, il allait courir un grand péril, si les cavaliers agriens, accourant à toute bride, ne se fussent lancés sur les Barbares qui entouraient le roi, et, en les prenant en queue, ne les eussent forcés à leur faire face. Le désordre était dans les deux armées. Alexandre avait l'ennemi devant et derrière lui ; ceux qui le menaçaient par derrière étaient pressés par la cavalerie agrienne ; les Bactriens, de retour de leur attaque sur les bagages, ne pouvaient reprendre leurs rangs : une foule de corps séparés du gros de l'armée combattaient çà et là, selon que le hasard les avait engagés.

Les deux rois, tout près de se rencontrer, échauffaient le combat : les Perses tombaient en plus grand nombre ; celui des blessés était à peu près le même des deux parts. Darius était monté sur son char, Alexandre à cheval, tous deux avaient à leurs côtés une troupe de guerriers d'élite qui s'oubliaient pour la défense de leur roi : si leur roi venait à périr, ils ne voulaient ni ne pouvaient lui survivre : mourir sous ses ses yeux, était pour les uns et les autres le comble de l'honneur. Toutefois, le plus grand danger était pour qui se tenait le plus près de la personne royale, chacun ambitionnant, de son côté, la gloire de tuer le monarque ennemi. Au reste, soit illusion, soit réalité, ceux qui environnaient Alexandre, crurent voir un aigle planer d'un vol paisible un peu au-dessus de sa tête, sans s'effrayer du bruit des armes, ni des gémissements des mourants, et pendant longtemps il leur parut se suspendre en l'air plutôt que voler autour du cheval. Ce qu'il

---

agriani, calcaribus subditis, circumfusos regi Barbaros adorti essent, aversosque cædendo in se obverti coegissent. Turbata erat utraque acies. Alexander et a fronte et a tergo hostem habebat ; qui averso ei instabant, ab agrianis equitibus premebantur : Bactriani impedimentis hostium direptis reversi, ordines suos recuperare non poterant : plura simul abrupta a ceteris agmina, ubicunque alium alii fors miscuerat, dimicabant.

Duo reges junctis prope agminibus prœlium accendebant ; plures Persæ cadebant ; par ferme utrinque numerus vulnerabatur. Curru Darius, Alexander equo vehebatur : utrumque delecti tuebantur, sui immemores ; quippe, amisso rege, nec volebant salvi esse, nec poterant ; ante oculos sui quisque regis mortem occumbere ducebant egregium. Maximum tamen periculum adibant qui maxime tuebantur ; quippe sibi quisque cæsi regis expetebat decus. Ceterum, sive ludibrium oculorum, sive vera species fuit, qui circa Alexandrum erant, vidisse se crediderunt paululum super caput regis placide volantem aquilam, non sonitu armorum, non gemitu morientium territam : diuque circa equum Alexandri pendenti magis, quam volanti, similis apparuit. Certe vates Aristander, alba veste indutus, et dextra præferens

y a de certain, c'est que le devin Aristandre, vêtu de blanc, et portant à sa main une branche de laurier, montra aux soldats, dans le fort de la bataille, un oiseau, présage infaillible de la victoire. Dès lors la joie et la confiance animèrent au combat ces hommes naguère frappés d'épouvante; ce fut bien davantage encore, lorsque le conducteur des chevaux de Darius, assis devant lui dans le char, tomba percé d'un coup de javelot, et que Perses et Macédoniens ne doutèrent plus que le roi n'eût été tué lui-même. Soudain des hurlements lugubres, des clameurs confuses, des gémissements éclatèrent parmi les parents et les écuyers de Darius, et troublèrent presque toute son armée, qui combattait encore avec un avantage égal : l'aile gauche s'abondonna à la fuite, et laissa là le char, que ceux de l'aile droite reçurent au milieu de leurs rangs.

On dit que Darius, tirant son cimeterre, délibéra s'il n'éviterait pas la honte de la fuite par une mort honorable. Mais, du haut de son char, il voyait son armée, qui, tout entière encore, ne s'était pas retirée du combat, et il rougissait de l'abandonner. Tandis qu'il flottait entre l'espérance et le désespoir, les Perses reculaient insensiblement, et dégarnissaient leurs rangs. Alexandre ayant changé de cheval, car il en avait lassé plusieurs, frappait par devant ceux qui lui tenaient tête, par derrière les fuyards. Déjà ce n'était plus un combat, mais un massacre, lorsque Darius détourna aussi son char pour prendre la fuite. Le vainqueur était sur leurs pas; mais un nuage de poussière qui montait jusqu'au ciel empêchait de rien apercevoir : on errait comme dans les ténèbres; c'était

---

lauream, militibus in pugnam intentis avem monstravit, haud dubium victoriæ auspicium. Ingens ergo alacritas ac fiducia paulo ante territos accendit ad pugnam; utique postquam auriga Darii, qui ante ipsum sedens equos regebat, hasta transfixus est, nec aut Persæ, aut Macedones dubitavere quin ipse rex esset occisus. Lugubri ergo ululatu, et incondito clamore gemituque totam fere aciem adhuc æquo Marte pugnantium turbavere cognati Darii et armigeri, lævoque cornu in fugam effuso, destituerant currum; quem a dextra parte stipati in medium agmen receperunt.

Dicitur, acinace stricto, Darius dubitasse, an fugæ dedecus honesta morte vitaret. Sed eminens curru nondum omnem suorum aciem prœlio excedentem destituere erubescebat. Dum inter spem et desperationem hæsitat, sensim Persæ cedebant, et laxaverant ordines. Alexander, mutato equo, quippe plures fatigaverat, resistentium adversa ora fodiebat, fugientium terga. Jamque non pugna, sed cædes erat, quum Darius quoque currum suum in fugam vertit. Hærebat in tergis fugientium victor : sed prospectum oculorum nubes pulveris, quæ ad cœlum ferebatur,

le son d'une voix connue qui, de moment en moment, servait de signal pour se rallier. On entendait seulement le bruit des courroies dont étaient frappés de temps en temps les chevaux qui traînaient le char. Ce fut l'unique trace que l'on recueillit du roi fugitif.

XVI. Mais à l'aile gauche des Macédoniens, où Parménion commandait, ainsi que nous l'avons dit, les deux armées éprouvaient une fortune bien différente. Mazée, ayant fait une charge impétueuse avec toute sa cavalerie, serrait de près les escadrons macédoniens; et déjà, à la faveur du nombre, il avait commencé à envelopper leur corps d'armée, lorsque Parménion dépêcha quelques cavaliers à Alexandre pour lui annoncer le péril où il se trouvait : sans de prompts secours, la fuite devenait inévitable. Le roi, lancé à la poursuite des fuyards, avait déjà gagné beaucoup d'avance, quand lui vint, de la part de Parménion, ce triste message. Les cavaliers reçurent l'ordre d'arrêter leurs chevaux; toute la troupe fit halte, et l'on vit Alexandre frémir de rage, de ce que la victoire lui échappait, et que Darius était plus heureux à fuir, que lui à le poursuivre. Sur ces entrefaites, le bruit était venu à Mazée de la défaite de Darius. Quoiqu'il eût encore l'avantage, effrayé du sort de ses compagnons d'armes, il commença à presser moins vivement les Macédoniens épouvantés.

Parménion ignorait la cause qui ralentissait d'elles-mêmes les attaques de l'ennemi; toutefois, il saisit hardiment l'occasion de vaincre. Faisant approcher la cavalerie thessalienne :

---

abstulerat; ergo haud secus quum in tenebris errabant, ad sonitum notæ vocis, ut signum, subinde coeuntes. Exaudiebantur tantum strepitus habenarum, quibus equi currum trahentes identidem verberabantur : hæc sola fugientis vestigia excepta sunt.

XVI. At in lævo Macedonum cornu, quod Parmenio, sicut ante dictum, tuebatur, longe alia fortuna utriusque partis res gerebatur. Mazæus, cum omni suorum equitatu vehementer invectus, urgebat Macedonum ala : jamque abundans multitudine, aciem circumvehi cœperat, quum Parmenio equites nuntiare jubet Alexandro, in quo discrimine ipsi essent : nisi mature subveniretur, non posse sisti fugam. Jam multum viæ præceperat rex, imminens fugientium tergis, quum a Parmenione tristis nuntius venit; refrenare equos jussi, qui vehebantur, agmenque constitit, frendente Alexandro, eripi sibi victoriam e manibus, et Darium felicius fugere, quam se sequi. Interim ad Mazæum superati regis fama pervenerat. Itaque, quanquam validior erat, fortuna tamen partium territus, perculsis languidius instabat.

Parmenio ignorabat quidem causam sua sponte pugnæ remissæ; sed occasione vincendi strenue est usus. Thessalos equites ad se vocari jubet : « Ecquid, inquit,

« Voyez-vous, leur dit-il, ces hommes qui nous chargeaient tout à l'heure avec tant de fureur, comme ils reculent, glacés soudainement de crainte? c'est que la fortune de notre roi a vaincu aussi pour nous : les Perses ont jonché la plaine de leurs débris. Que tardez-vous? ne valez-vous pas même des gens qui fuient? » Tout annonçait qu'il disait vrai, et l'espérance venait, en même temps, de ranimer les courages languissants. Pressant donc leurs chevaux de l'éperon, ils s'élancent sur l'ennemi : ce ne fut plus alors une retraite insensible, mais précipitée, parmi les Perses, et pour être en fuite il ne leur manquait que de tourner le dos. Parménion, cependant, qui ne savait pas quelle avait été à l'aile gauche la fortune du roi, modéra l'ardeur des siens. Mazée, trouvant le champ libre pour fuir, alla passer le Tigre, non en droite ligne, mais par un chemin plus long et par là même plus sûr; puis, il entra dans Babylone avec les débris de l'armée vaincue.

Darius, avec une faible escorte, s'était dirigé vers le fleuve Lycus; après l'avoir passé, il songea un instant à détruire le pont, car on annonçait l'arrivée prochaine de l'ennemi. Mais tant de milliers des siens qui n'avaient pas encore atteint le fleuve, s'il coupait ce pont, allaient devenir la proie de l'ennemi. Lorsqu'en continuant sa marche il laissa le pont debout, on assure qu'il dit qu'il aimait mieux ouvrir un passage aux poursuites de l'ennemi, que de le fermer à son armée en déroute. Après avoir parcouru dans sa fuite une grande étendue de pays, il arriva vers le milieu de la nuit à Arbèles. Comment se représenter par l'imagination, ou décrire par la parole tous

---

videtis istos, qui ferociter modo instabant pedem, referre, subito pavore perterritos? Nimirum nobis quoque regis nostri fortuna vicit : omnia Persarum cæde strata sunt; quid cessatis? an ne fugientibus quidem pares estis? » Vera dicere videbatur, et spes languentes quoque erexerat; subditis calcaribus, proruere in hostem; et illi jam non sensim, sed citato gradu recedebant, nec quidquam fugæ, nisi quod terga nondum verterant, deerat. Parmenio tamen, ignarus quænam in dextro cornu fortuna regis esset, repressit suos : Mazæus, dato fugæ spatio, non recto itinere, sed majore, et ob id tutiore circumitu, Tigrim superat, et Babylonem cum reliquiis devicti exercitus intrat.

Darius, paucis fugæ comitibus, ad Lycum amnem contenderat; quo trajecto, dubitavit an solveret pontem, quippe hostem jam affore nuntiabatur. Sed tot millia suorum, quæ nondum ad amnem pervenerant, ponte reciso, prædam hostis fore videbat. Abeuntem, quum intactum sineret pontem, dixisse constat malle insequentibus iter dare, quam auferre fugientibus. Ipse, ingens spatium fuga emensus, media fere nocte Arbela pervenit. Quis tot ludibria fortunæ, ducum agminumque cædem

les jeux cruels de la fortune ? le massacre confus des chefs et de leurs bataillons, la fuite des vaincus, les désastres de tous et de chacun en particulier ? la fortune sembla vouloir accumuler dans cette journée les événements de tout un siècle. Les uns gagnaient le chemin le plus court qui se trouvait devant eux; les autres se jetaient dans des bois écartés et des sentiers inconnus à l'ennemi qui les poursuivait. N'ayant plus de chefs, cavaliers et fantassins, armés ou désarmés, blessés ou sans blessures, se confondaient les uns parmi les autres.

La compassion faisant ensuite place à la crainte, ceux qui ne pouvaient suivre étaient abandonnés au milieu des gémissements d'une douleur mutuelle. La soif était le principal tourment de ces malheureux, épuisés par la fatigue et par les blessures : on les voyait çà et là, le long des ruisseaux, avaler d'une bouche avide l'eau à son passage. Mais comme, dans leur précipitation, ils la buvaient trouble, leurs entrailles se gonflaient bientôt par la vase qui les remplissait, et leurs membres affaiblis se laissaient engourdir jusqu'au moment où survenait l'ennemi pour les réveiller par de nouvelles blessures. Quelques-uns, ne pouvant trouver place aux ruisseaux les plus proches, s'en allaient au loin pour découvrir, quelque caché qu'il fût, le moindre filet d'eau courante; et il n'y avait même aucune mare assez éloignée ni assez desséchée pour échapper à la soif qui les poursuivait. Des villages voisins de la route on entendait les cris lamentables des vieillards et des femmes, qui, à la manière des Barbares, invoquaient encore Darius comme leur roi.

---

multiplicem, devictorum fugam, clades nunc singulorum, nunc universorum, aut animo assequi queat, aut oratione complecti? Propemodum seculi res in unum illum diem fortuna cumulavit. Alii, qua brevissimum patebat iter, alii diversos saltus, et ignotos sequentibus calles petebant. Eques pedesque confusi, sine duce, armatis inermes, integris debiles implicabantur.

Deinde, misericordia in metum versa, qui sequi non poterant, inter mutuos gemitus deserebantur. Sitis præcipuæ fatigatos et saucios perurebat, passimque omnibus rivis prostraverant corpora, præterfluentem aquam hianti ore captantes; quam quum avide turbidam hausissent, tendebantur extemplo præcordia premente limo; resolutisque et torpentibus membris, quum supervenisset hostis, novis vulneribus excitabantur. Quidam, occupatis proximis rivis, diverterant longius, ut quidquid occulti humoris usquam manaret exciperent; nec ulla adeo avia et sicca lacuna erat, quæ vestigantium sitim falleret. E proximis vero itineri vicis senum ululatus feminarumque exaudiebantur, barbaro ritu Darium adhuc regem clamantium.

Alexandre, ainsi que nous venons de le dire, avait arrêté la course de ses soldats, en arrivant aux bords du Lycus. Là, une foule immense de fuyards surchargeait le pont, et la plupart, pressés par l'ennemi, se précipitaient dans le fleuve, où le poids de leurs armes et la fatigue du combat et de la fuite leur faisaient trouver la mort. Déjà le pont et le fleuve même ne suffisaient plus à la multitude, qui, dans son imprévoyance, venait de moment en moment s'y entasser par gros bataillons : car dès que la peur est entrée dans les esprits, ils ne savent plus craindre que ce qui les a effrayés d'abord. Alexandre fut pressé par ses soldats de leur laisser poursuivre l'ennemi, qui se retirait impunément : il leur objecta que leurs armes étaient émoussées, leurs bras fatigués, leurs corps épuisés par une si longue course, et que le jour penchait vers son déclin. La vérité est, qu'inquiet de son aile gauche, qu'il croyait encore engagée, il avait résolu de retourner sur ses pas, pour la secourir. A peine venait-il de faire volte-face, que des cavaliers détachés du corps de Parménion, lui annoncèrent qu'il était aussi victorieux sur ce point. Mais il ne courut pas en ce jour de plus grand danger, qu'au moment où il ramenait ses troupes au camp. Quelques soldats le suivaient à peine, sans aucun ordre et dans l'ivresse de leur victoire; ils croyaient tous les ennemis en fuite ou morts sur le champ de bataille. Soudain se présenta à lui face à face un gros de cavalerie, qui d'abord s'arrêta, puis, ayant reconnu le petit nombre des Macédoniens, se jeta à leur rencontre.

Alexander, ut supra dictum est, inhibito suorum cursu, ad Lycum amnem pervenerat; ubi ingens multitudo fugientium oneraverat pontem, et plerique, quum hostis urgeret, in flumen se præcipitaverant, gravesque armis, et prœlio ac fuga defatigati, gurgitibus hauriebantur. Jamque non pons modo fugientes, sed ne amnis quidem capiebat, agmina sua improvide subinde cumulantes; quippe, ubi intravit animos pavor, id solum metuunt quod primum formidare cœperunt. Alexander, instantibus suis, impune abeuntem hostem sequi permitteret; hebetia tela esse, et manus fatigatas, tantoque cursu corpora exhausta, et præceps in noctem diei tempus causatus est. Re vera de lævo cornu, quod adhuc in acie stare credebat, sollicitus, reverti ad ferendam opem suis statuit. Jamque signa converterat, quum equites, a Parmenione missi, illius quoque partis victoriam nuntiant. Sed nullum eo die majus periculum adiit, quam dum copias reducit in castra. Pauci eum et incompositi sequebantur, ovantes victoria; quippe omnes hostes, aut in fugam effusos, aut in acie credebant cecidisse; quum repente ex adverso apparuit agmen equitum, qui primo inhibuere cursum; deinde, Macedonum paucitate conspecta, turmas in obvios concitaverunt.

Le roi marchait en tête de la troupe, fermant les yeux sur le péril, sans toutefois le mépriser; mais le bonheur qui l'accompagnait d'ordinaire dans les circonstances difficiles, ne lui manqua pas. Le commandant des escadrons ennemis, impatient de combattre, s'était imprudemment lancé sur lui : il le perça de sa javeline, et pendant qu'il roulait à bas de son cheval, de la même arme il frappa le cavalier le plus proche, et, après lui, plusieurs autres. Les compagnons du roi fondirent à leur tour sur l'ennemi déjà en désordre; mais les Perses vendaient chèrement leur vie, et la masse des deux armées n'engagea pas la bataille avec plus d'acharnement que n'en mirent ces deux troupes dans une escarmouche. Enfin les Barbares, trouvant, à la faveur de l'obscurité, la fuite plus sûre que le combat, se dispersèrent. Le roi, échappé à ce péril inattendu, ramena ses soldats au camp sans aucune perte. Quarante mille Perses, selon le compte que purent en faire les vainqueurs, périrent en cette journée; les Macédoniens perdirent moins de trois cents hommes.

Au reste, le roi fut redevable de cette victoire bien plus à sa valeur qu'à la fortune; la supériorité du génie, et non, comme auparavant, l'avantage du lieu, le rendit vainqueur. Il sut disposer son armée avec une rare habileté, et combattit en héros; son coup d'œil lui fit dédaigner la perte de ses bagages, lorsqu'il voyait que tout allait se décider au fort même de la bataille : le succès de la journée était encore douteux, qu'il se tenait déjà vainqueur : une fois l'ennemi ébranlé, il le mit en déroute; et, ce que l'on croirait à peine d'un esprit aussi bouil-

---

Ante signa rex ibat, dissimulato magis periculo, quam spreto : nec defuit ei perpetua in dubiis rebus felicitas; namque præfectum equitatus avidum certaminis, et ob id ipsum incautius in se ruentem, hasta transfixit; quo ex equo lapso, proximum ac deinde plures eodem telo confodit. Invasere turbatos amici quoque; nec Persæ inulti cadebant : quippe non universæ acies quam hæ tumultuariæ manus, vehementius iniere certamen. Tandem Barbari, quum, obscura luce, fuga tutior videretur esse quam pugna, diversis agminibus abiere. Rex extraordinario periculo defunctus, incolumes suos reduxit in castra. Cecidere Persarum, quorum numerum victores finire potuerunt, millia xl; Macedonum minus quam ccc desiderati sunt.

Ceterum, hanc victoriam rex majore ex parte virtuti quam fortunæ suæ debuit; animo, non, ut antea, loco vicit. Nam et aciem peritissime instruxit, et promptissime ipse pugnavit; et magno consilio jacturam sarcinarum impedimentorumque contempsit, quum in ipsa acie summum rei videret esse discrimen : dubioque adhuc pugnæ eventu, pro victore se gessit : perculsos deinde hostes fudit : fugientes, quod in illo ardore animi vix credi potest, prudentius, quam avidius persecutus est. Nam

lant, il poursuivit les fuyards avec plus de prudence que d'emportement : car si, lorsqu'une partie de l'armée se battait encore, il se fût obstiné à la poursuite de Darius, il eût été vaincu par sa faute, ou bien il eût dû à un autre la victoire; enfin, s'il eût été intimidé par le nombre des cavaliers qui vinrent l'attaquer, vainqueur, il eût été réduit à fuir honteusement, ou à périr d'une mort misérable. Il ne faut pas, non plus, refuser aux chefs de l'armée la gloire qui leur appartient : car les blessures que reçut chacun d'eux témoignent assez de leur vaillance. Héphestion eut le bras percé d'un coup de javelot; Perdiccas, Cénos et Ménidas faillirent être tués des flèches dont ils furent atteints. Et si nous voulons rendre justice aux Macédoniens qui se trouvaient à cette journée, nous reconnaîtrons que le roi était digne de commander à de tels hommes, et ceux-ci dignes d'obéir à un si grand roi.

LIVRE CINQUIÈME.

I. Si je voulais rapporter à leur époque chacune des choses qui, pendant ce temps, s'accomplirent par les ordres et sous les auspices d'Alexandre, soit en Grèce, soit dans l'Illyrie et la Thrace, il me faudrait interrompre le fil des affaires d'Asie. Mais en offrir le spectacle complet jusqu'à la fuite et à la mort de Darius, et les rapprocher dans mon récit, comme elles se tiennent dans l'ordre des temps, paraîtra, sans doute, bien plus

---

si, parte exercitus adhuc in acie stante, instare cedentibus perseverasset, aut sua culpa victus esset, aut aliena virtute vicisset; jam, si multitudinem equitum occurrentium extimuisset, victori aut fœde fugiendum, aut miserabiliter cadendum fuit. Ne duces quidem copiarum sua laude fraudandi sunt; quippe vulnera, quæ quisque excepit; indicia virtutis sunt. Hephæstionis brachium hasta ictum est : Perdiccas, ac Cœnus, et Menidas sagittis prope occisi. Et, si vere æstimare Macedonas qui tunc erant volumus, fatebimur et regem talibus ministris, et illos tanto rege fuisse dignissimos.

I. Quæ interim ductu imperioque Alexandri, vel in Græcia, vel in Illyriis ac Thracia gesta sunt, si suis quæque temporibus reddere voluero, interrumpendæ sunt res Asiæ. Quas utique ad fugam mortemque Darii universas in conspectu dari,

convenable. Je commencerai donc par raconter, avant tout, ce qui se rattache à la bataille d'Arbèles.

Darius arriva dans cette ville vers le milieu de la nuit : la fortune y avait rassemblé, dans leur fuite, une grande partie de ses amis et de ses soldats. Il les convoqua, et leur dit qu'il ne doutait pas qu'Alexandre n'allât chercher les villes les plus populeuses et les campagnes où tout croissait en abondance. C'était vers ce butin si riche et si facile que se tournaient ses regards et ceux de ses soldats. « Dans l'état présent de ma fortune, ajouta-t-il, ce sera là mon salut : j'irai, avec une troupe légère, gagner les déserts. Les extrémités de mon empire n'ont point été entamées : j'y trouverai sans peine des forces pour renouveler la guerre. Que cette avide nation s'empare de tous mes trésors, qu'elle se gorge de cet or dont elle est, depuis si longtemps, affamée, c'est une proie qu'elle me prépare. L'expérience m'a appris que de riches ameublements, des concubines, des troupes d'eunuques ne sont autre chose que des embarras et des fardeaux. Quand Alexandre les traînera à sa suite, il sera vaincu par la même cause qui, auparavant, lui a donné la victoire. »

Ce discours semblait à tous l'expression du désespoir : ils voyaient Babylone, cette ville si opulente, livrée à l'ennemi; bientôt Suse, bientôt les autres cités, l'ornement de l'empire et le sujet de la guerre, allaient être aux mains du vainqueur. Mais Darius continua, en leur remontrant que, dans l'adversité, il faut s'attacher, non à ce qui est beau en paroles, mais utile

et, sicut inter se cohærent tempore, ita opere ipso conjungi, haud paulo aptius videri potest. Igitur ante, quæ prœlio apud Arbela conjuncta sunt, ordiar dicere.

Darius media fere nocte Arbela pervenit : eodemque magnæ partis amicorum ejus ac militum fugam fortuna compulerat; quibus convocatis, exponit haud dubitare se quin Alexander celeberrimas urbes, agrosque, omni copia rerum abundantes, petiturus esset : prædam opimam paratamque ipsum et milites ejus spectare. Id suis rebus tali in statu saluti fore, quippe se deserta cum expedita manu petiturum. Ultima regni adhuc intacta esse, inde bello vires haud ægre reparaturum. Occuparet sane gazam avidissima gens, et ex longa fame satiaret se auro, mox futura prædæ sibi : didicisse usu pretiosam supellectilem, pellicesque, et spadonum agmina nihil aliud fuisse quam onera et impedimenta; eadem trahentem Alexandrum, quibus antea vicisset, inferiorem fore.

Plena omnibus desperationis videbatur oratio; quippe Babylonem urbem opulentissimam dedi cernentibus; jam Susa, jam cetera ornamenta regni, causamque belli victorem occupaturum. At ille docere pergit, non speciosa dictu, sed usu necessaria in rebus adversis, sequenda esse. Ferro geri bella, non auro; viris, non urbium

en réalité ; que c'est avec le fer, non avec l'or, avec des hommes, non avec des maisons et des villes, que se fait la guerre : tout vient à qui a des soldats. C'était ainsi que ses ancêtres, au premier temps de l'empire, en butte à l'adversité, avaient promptement relevé leur fortune. Soit que ses exhortations eussent raffermi les courages, soit qu'en ordonnant il eût été mieux écouté qu'en conseillant, il passa les frontières de la Médie.

Peu de temps après, Arbèles fut livrée à Alexandre avec l'ameublement royal et les riches trésors qu'elle renfermait. On y trouva quatre mille talents, ainsi que des vêtements précieux : c'était dans cette place, comme nous l'avons dit plus haut, que toutes les richesses de l'armée avaient été entassées. Mais bientôt survinrent des maladies causées par l'odeur des cadavres qui couvraient au loin la campagne, et il fallut lever le camp en toute hâte. Dans leur marche, les Macédoniens laissaient à gauche l'Arabie, contrée célèbre par l'abondance de ses parfums : cette route était en plaines. Les terres qui s'étendent entre le Tigre et l'Euphrate sont si fertiles et si grasses, que l'on empêche, dit-on, les troupeaux d'y paître, de peur que la réplétion ne les tue. La cause de cette fertilité est dans l'infiltration des eaux des deux fleuves, qui pénètrent le sol en presque toute son étendue, et y entretiennent une humidité qui l'engraisse. Quant aux fleuves eux-mêmes, ils descendent l'un et l'autre des montagnes d'Arménie ; puis, laissant entre eux un vaste intervalle, ils poursuivent chacun leur course séparée. On a évalué à deux mille cinq cents stades leur plus grande distance au pied des montagnes d'Arménie. Lorsque ensuite ils commencent à baigner les campagnes de la Médie et le terri-

---

tectis : omnia sequi armatos. Sic majores suos, perculsos in principio rerum, celeriter pristinam reparasse fortunam. Igitur, sive, confirmatis eorum animis, sive imperium magis quam consilium sequentibus, Mediæ fines ingressus est.

Paulo post Alexandro traduntur Arbela, regia supellectili ditique gaza repleta; quatuor millia talentum fuere ; præterea pretiosæ vestes, totius, ut supra dictum est, exercitus opibus in illam sedem congestis. Ingruentibus deinde morbis, quos odor cadaverum totis jacentium campis vulgaverat, maturius castra movit. Euntibus a parte læva, Arabia, odorum fertilitate nobilis regio, campestre iter est. Inter Tigrin et Euphraten jacentia tam uberi et pingui solo sunt, ut a pastu repelli pecora dicantur, ne satietas perimat. Causa fertilitatis est humor, qui ex utroque amne manat, toto fere solo propter venas aquarum resudante. Ipsi amnes ex Armeniæ montibus profluunt, ac magno deinde aquarum divortio iter, quod cepere, percurrunt; duo millia et D stadia emensi sunt, qui amplissimum intervallum circa Armeniæ montes notaverunt. Iidem, quum Mediæ et Gordiæorum terras secare cœperunt,

toire des Gordiens, on les voit se rapprocher peu à peu, et plus ils avancent dans leur cours, plus se resserre l'espace qui les sépare.

C'est dans les plaines, que les habitants appellent du nom de Mésopotamie, qu'ils deviennent le plus voisins l'un de l'autre : des deux côtés ils forment la limite de cette province. Enfin, traversant le pays des Babyloniens, ils vont se jeter dans la mer Rouge. Alexandre, après quatre journées de marche, arriva sous les murs de la ville de Mennis. Là, se trouve une caverne d'où s'échappe à gros flots une source de bitume ; et l'on a pensé que c'est de ce bitume que furent enduits les murs de Babylone, ouvrage d'une construction gigantesque. Comme Alexandre marchait vers cette grande cité, Mazée, qui s'y était réfugié au sortir du champ de bataille, vint en suppliant à sa rencontre, avec ses enfants déjà grands, pour lui remettre la ville et sa personne. Sa venue fut agréable au roi : car c'eût été une grande affaire que le siége d'une place aussi bien fortifiée. Il comptait d'ailleurs qu'un homme de cette distinction, brave, et qui, dans la dernière bataille, s'était encore couvert de gloire, en entraînerait d'autres à se soumettre par son exemple. Il le reçut donc avec bonté, lui et ses enfants ; du reste, comme si l'on eût marché au combat, il rangea ses troupes en bataillon carré pour entrer dans la ville, et se mit à leur tête. Une grande partie des habitants de Babylone garnissait les murailles, curieuse de voir son nouveau roi ; une foule plus considérable encore était sortie à sa rencontre. De ce nombre était Bagophanès, gardien de la citadelle et des trésors de Darius,

---

paulatim in arctius coeunt, et quo longius manant, hoc angustius inter se spatium terræ relinquunt.

Vicini maxime sunt his campis, quos incolæ Mesopotamiam appellant ; mediam namque ab utroque latere concludunt. Iidem per Babyloniorum fines in Rubrum mare prorumpunt. Alexander quartis castris ad Mennin urbem pervenit. Caverna ibi est, ex qua fons ingentem vim bituminis effundit, adeo ut satis constet, babylonios muros ingentis operis hujus fontis bitumine interlitos esse. Ceterum Babylonem procedenti Alexandro Mazæus, qui ex acie in urbem eam confugerat, cum adultis liberis supplex occurrit, urbem seque dedens. Gratus adventus ejus fuit regi ; quippe magni operis futura erat obsidio tam munitæ urbis. Ad hoc vir illustris, et manu promptus, famaque etiam proximo prœlio celebris, et ceteros ad deditionem sui incitaturus exemplo videbatur. Igitur hunc quidem benigne cum liberis excipit : ceterum quadrato agmine, quod ipse ducebat, velut in aciem irent, ingredi suos jubet. Magna pars Babyloniorum constiterat in muris, avida cognoscendi novum regem : plures obviam egressi sunt. Inter quos Bagophanes, arcis et regiæ pecuniæ

qui, pour ne pas le céder en empressement à Mazée, avait fait joncher toute la route de fleurs et de couronnes, et dresser, de chaque côté, des autels d'argent, où fumaient, avec l'encens, mille autres parfums.

A sa suite étaient de riches présents : des troupeaux de bétail et de chevaux, des lions et des léopards enfermés dans des cages ; puis les mages chantant leurs hymnes nationaux. Derrière eux venaient les Chaldéens, et, outre les poëtes de Babylone, les musiciens même avec la lyre de leur pays. L'office de ceux-ci est de chanter la louange des rois ; celui des Chaldéens, d'expliquer le cours des astres et les révolutions périodiques des saisons. La marche était fermée par des cavaliers babyloniens, parés, ainsi que leurs chevaux, avec plus de luxe que de magnificence. Le roi, entouré de ses gardes, voulut que la foule du peuple se rangeât à la suite de son infanterie ; il entra dans la ville, monté sur un char, et se rendit lui-même au palais. Le lendemain, il fit la revue du riche ameublement de Darius et de tous ses trésors.

La beauté de la ville et son ancienneté attirèrent, comme elles le méritaient, l'attention d'Alexandre et de toute l'armée. Elle avait été fondée par Sémiramis, et non, comme on l'a cru, par Bélus, dont le palais se montre encore. Le mur qui en forme l'enceinte, bâti de briques, et enduit de bitume, a trente-deux pieds d'épaisseur ; des chars attelés de quatre chevaux peuvent, dit-on, s'y rencontrer et y passer sans danger. La hauteur est de cent coudées au-dessus du sol ; les tours sont de dix pieds

---

custos, ne studio a Mazæo vinceretur, totum iter floribus coronisque constraverat, argenteis altaribus utroque latere dispositis, quæ non thure modo, sed omnibus odoribus cumulaverat.

Eum dona sequebantur greges pecorum equorumque, leones quoque et pardales caveis præferebantur ; magi deinde suo more carmen canentes. Post hos Chaldæi, Babyloniorumque non vates modo, sed etiam artifices cum fidibus sui generis ibant. Laudes ii regum canere soliti : Chaldæi siderum motus et statas temporum vices ostendere. Equites deinde babylonii, suo atque equorum cultu ad luxuriam magis quam ad magnificentiam exacto, ultimi ibant. Rex, armatis stipatus, oppidanorum turbam post ultimos pedites ire jussit : ipse cum curru urbem, ac deinde regiam intravit. Postero die supellectilem Darii et omnem pecuniam recognovit.

Ceterum ipsius urbis pulchritudo ac vetustas non regis modo, sed etiam omnium oculos in semet haud immerito convertit. Semiramis eam condiderat, non, ut plerique credidere, Belus, cujus regia ostenditur. Murus instructus latérculo coctili, bitumine interlitus, spatium xxx et duorum pedum latitudinem amplectitur : quadrigæ inter se occurrentes sine periculo commeare dicuntur. Altitudo muri c cubi-

plus élevées que le mur. L'enceinte tout entière embrasse une étendue de trois cent soixante-huit stades, et, s'il faut en croire la renommée, l'on en bâtissait un stade par jour. Les édifices ne touchent point aux murailles, ils en sont éloignés de la distance d'environ un arpent. La ville même n'est pas entièrement occupée par les maisons; il n'y a que quatre-vingt-dix stades qui soient habités, et encore les bâtiments ne sont-ils pas tous contigus, sans doute parce qu'on a jugé plus sûr de les disperser; le reste du terrain est cultivé et ensemencé, afin qu'en cas d'attaque du dehors, le sol même de la ville fournisse des aliments à la population.

L'Euphrate la traverse, retenu dans son lit par des quais d'un travail immense. Mais, ce qui surpasse tous ces ouvrages, ce sont de vastes cavernes creusées profondément pour recevoir les grandes crues du fleuve : car, lorsque sa hauteur vient à excéder celle des quais, il entraînerait les maisons dans son cours, si des souterrains et des lacs ne s'ouvraient pour le recevoir. Ces bassins sont construits en briques cuites, et partout enduits de bitume. Un pont de pierre, élevé sur le fleuve, unit les deux côtés de la ville : c'est encore une des merveilles de l'Orient. L'Euphrate, en effet, roule une masse énorme de limon, et alors même que, pour asseoir des fondations, ce limon a été enlevé dans toute sa profondeur, on a peine à trouver un terrain solide pour recevoir les travaux. Des sables viennent en outre s'amonceler chaque jour, et, s'attachant aux piles du pont, retardent le cours du fleuve, qui, ainsi retenu,

---

torum eminet spatio : turres denis pedibus quam murus altiores sunt. Totius operis ambitus CCCLXVIII stadia complectitur : singulorum stadiorum structuram singulis diebus perfectam esse memoriæ proditum est. Ædificia non sunt admota muris, sed fere spatium unius jugeris absunt. Ac ne totam quidem urbem tectis occupaverunt; per XC stadia habitatur; nec omnia continua sunt; credo, quia tutius visum est, pluribus locis spargi; cetera serunt coluntque, ut, si externa vis ingruat, obsessis alimenta ex ipsius urbis solo subministrentur.

Euphrates interfluit, magnæque molis crepidinibus coercetur. Sed omnium operum magnitudinem circumveniunt cavernæ ingentes, in altitudinem pressæ ad accipiendum impetum fluminis; quod ubi appositæ crepidinis fastigium excessit, urbis tecta corriperet, nisi essent specus lacusque qui exciperent. Coctili laterculo structi sunt; totum opus bitumine adstringitur. Pons lapideus, flumini impositus, jungit urbem; hic quoque inter mirabilia Orientis opera numeratus est : quippe Euphrates altum limum vehit, quo penitus ad fundamenta jacienda egesto, vix sufficiendo operi firmum reperiunt solum; arenæ autem subinde cumulatæ, et saxis, quibus

vient les battre avec bien plus de force que s'il coulait en liberté.

On y voit aussi une citadelle qui a vingt stades de circuit; les fondations des tours descendent à trente pieds sous terre; le rempart en a quatre-vingts de hauteur. Au-dessus de la citadelle sont ces jardins suspendus, merveille devenue célèbre par les récits des Grecs; ils égalent en élévation le sommet des murailles, et doivent un grand charme à une foule d'arbres élevés et à leurs ombrages. Les piliers qui soutiennent tout l'ouvrage sont construits en pierre : au dessus de ces piliers est un lit de pierres carrées fait pour recevoir la terre que l'on y entasse à une grande profondeur, ainsi que l'eau dont elle est arrosée. Et telle est la force des arbres qui croissent sur ce sol créé par l'art, qu'ils ont à leur base jusqu'à huit coudées de circonférence, s'élancent à cinquante pieds de hauteur, et sont aussi riches en fruits que s'ils étaient nourris par leur terre maternelle. D'ordinaire le temps, dans son cours, détruit, en les minant sourdement, les travaux des hommes et jusqu'aux œuvres de la nature; ici, au contraire, cette construction gigantesque, pressée par les racines de tant d'arbres et surchargée du poids d'une si vaste forêt, dure sans avoir souffert aucun dommage : c'est que vingt larges murailles la soutiennent, séparées les unes des autres par un intervalle de onze pieds, de telle sorte que, dans le lointain, on dirait des bois qui couronnent la montagne où ils sont nés. La tradition rapporte qu'un roi de Syrie, qui régnait à Babylone, entreprit ce monument par tendresse pour son épouse, qui, sans cesse regrettant

---

pons sustinetur, adnexæ, morantur amnem; qui retentus acrius quam si libero cursu mearet, illiditur.

Arcem quoque ambitu xx stadia complexam habet; xxx pedes in terram turrium fundamenta demissa sunt : ad lxxx summum munimenti fastigium pervenit. Super arce vulgatum Græcorum fabulis miraculum, pensiles horti sunt, summam murorum altitudinem æquantes, multarumque arborum umbra et procoritate amœni. Saxo pilæ quæ totum opus sustinent, instructæ sunt : super pilas lapide quadrato solum stratum est, patiens terræ, quam altam injiciunt, et humoris, quo rigant terras: adeoque validas arbores sustinent moles, ut stipites earum viii cubitorum spatium crassitudine æquent, in l pedum altitudinem emineant, et frugiferæ æque sint, ac si terra sua alerentur. Et quum vetustas non opera solum manu facta, sed etiam ipsam naturam paulatim exedendo perimat, hæc moles, quæ tot arborum radicibus premitur, tantique nemoris pondere onerata est, inviolata durat; quippe xx lati parietes sustinent, undecim pedum intervallo distantes, ut procul visentibus silvæ montibus suis imminere videantur. Syriæ regem, Babylone regnantem, hoc opus

l'ombrage des bois et des forêts dans ce pays de plaines, obtint de lui d'imiter, par ce genre de travail, les agréments de la nature.

Le roi s'arrêta à Babylone plus longtemps qu'en nul autre lieu, et nul autre ne fut plus nuisible à la discipline militaire. Rien de plus corrompu que les mœurs de cette ville ; rien de plus fait pour exciter les sens par l'attrait immodéré des voluptés. Les parents et les maris permettent que leurs filles et leurs épouses se prostituent à leurs hôtes, pourvu qu'on leur paye leur déshonneur. Les joies des festins sont, dans toute la Perse, la passion favorite des rois et des grands ; les Babyloniens surtout se livrent sans réserve au vin et aux désordres qui suivent l'ivresse. Les femmes, en assistant à ces repas, ont d'abord un extérieur modeste ; bientôt après, elles dépouillent les habits qui voilent le haut de leur corps, et, peu à peu, en viennent à oublier toute pudeur : on les voit alors (que les chastes oreilles ne s'en offensent point) rejeter leurs derniers vêtements ; et ce ne sont pas des courtisanes qui se déshonorent ainsi, ce sont des femmes de distinction et des jeunes filles, pour qui c'est un devoir de politesse, que cette prostitution publique de leurs charmes.

Plongée pendant trente-quatre jours au milieu de pareilles débauches, cette armée, victorieuse de l'Asie, se fût trouvée sans doute trop faible contre les périls qui lui restaient à braver, si elle eût alors rencontré l'ennemi. Mais pour que le dommage fût moins sensible, des recrues, de temps en temps, venaient

---

esse molitum, memoriæ proditum est, amore conjugis victum, quæ, desiderio nemorum silvarumque in campestribus locis, virum compulit amœnitatem naturæ genere hujus operis imitari.

Diutius in hac urbe quam usquam constitit rex : nec ullus locus disciplinæ militari magis nocuit. Nihil urbis ejus corruptius moribus ; nihil ad irritandas illiciendasque immodicas voluptates instructius. Liberos conjugesque cum hospitibus stupro coire, modo pretium flagitii detur, parentes maritique patiuntur. Convivales ludi tota Perside regibus purpuratisque cordi sunt : Babylonii maxime in vinum, et quæ ebrietatem sequuntur, effusi sunt. Feminarum, convivia ineuntium, in principio modestus est habitus ; dein summa quæque amicula exuunt, paulatimque pudorem profanant : ad ultimum (honos auribus sit) ima corporum velamenta projiciunt ; nec meretricum hoc dedecus est, sed matronarum virginumque, apud quas comitas habetur vulgati corporis vilitas.

Inter hæc flagitia exercitus ille domitor Asiæ, per xxxiv dies saginatus, ad ea quæ sequebantur discrimina haud dubie debilior futurus fuit, si hostem habuisset. Ceterum, quo minus damnum sentiret, identidem incremento novabatur. Namque

la renouveler. Amyntas, fils d'Andromènes, était arrivé avec six mille hommes d'infanterie macédonienne qu'envoyait Antipater; il avait amené en même temps cinq cents cavaliers de la même nation, et six cents autres, venus de la Thrace, ainsi que trois mille cinq cents fantassins; enfin quatre mille mercenaires avaient été levés dans le Péloponnèse, avec trois cent quatre-vingts chevaux.

Le même Amyntas avait conduit au camp cinquante jeunes gens des premières familles de Macédoine, destinés à la garde particulière du roi; ce sont eux qui le servent à table, qui lui présentent ses chevaux aux jours de bataille, qui l'accompagnent à la chasse, qui se succèdent pour veiller pendant son sommeil; et c'est dans ces fonctions qu'ils se forment et s'exercent aux premiers emplois d'officiers et de capitaines. Cependant Alexandre mit sous les ordres d'Agathon la citadelle de Babylone, avec sept cents Macédoniens et trois cents mercenaires. Ménétès et Apollodore eurent le commandement de la Babylonie et de la Cilicie : il leur laissa deux mille fantassins et mille talents, avec l'ordre de lever des recrues. Il nomma le transfuge Mazée satrape de la province de Babylone, et emmena à sa suite Bagophanès, qui avait rendu la citadelle; l'Arménie fut confiée à Mithrène, par qui avait été livrée la ville de Sardes. Ensuite, sur l'argent qui lui avait été remis à Babylone, il distribua six cents deniers à chaque cavalier macédonien; les cavaliers étrangers en reçurent cinq cents; et l'on régla à deux cents la part des soldats d'infanterie.

Amyntas Andromenis ab Antipatro Macedonum peditum sex millia adduxit ; D præterea ejusdem generis equites; cum his DC Thracas, adjunctis peditibus suæ gentis III millibus et D; et ex Peloponneso mercenarius miles ad IV millia advenerat, cum CCCLXXX equitibus.

Idem Amyntas adduxerat L principum Macedoniæ liberos adultos ad custodiam corporis : quippe inter epulas hi sunt regis ministri; iidemque equos ineunti prælium admovent, venantemque comitantur, et vigiliarum vices ante cubiculi fores servant : magnorumque præfectorum et ducum hæc incrementa sunt et rudimenta. Igitur arci babyloniæ rex Agathone præsidere jusso, cum DCC Macedonum trecentisque mercede conductis, prætores, qui regioni babyloniæ ac Ciliciæ præessent, Menetem et Apollodorum reliquit. His duo millia peditum dat cum mille talentis : utrique præceptum, ut in supplementum milites legerent. Mazæum transfugam satrapea Babyloniæ donat ; Bagophanem, qui arcem tradiderat, se sequi jussit : Armenia Mithreni Sardium proditori data est. Ex pecunia deinde, Babyloniæ tradita, Macedonum equitibus sexceni denarii tributi; peregrinus eques quingenos accepit; ducenis pedestrium XX stipendium mensum est.

II. Après avoir pris toutes ces mesures, il entra dans le pays que l'on nomme Satrapène, terre fertile, riche en productions et abondante en ressources de tout genre. Aussi le roi y fit-il un assez long séjour; et, pour éviter que l'oisiveté n'amollît les courages, il nomma des juges et ouvrit une lice où se disputeraient les prix de la valeur guerrière. Les neuf qui seraient désignés comme les plus vaillants devaient chacun obtenir le commandement de mille soldats : on donnait à ces chefs le nom de *chiliarques*; et c'était la première fois que les troupes étaient ainsi divisées, car jusque-là les cohortes avaient été de cinq cents hommes, et l'on n'en avait point encore fait le prix du courage. Les soldats s'étaient rassemblés en foule pour assister à cette noble lutte, témoins à la fois des actions de chaque combattant, et juges de ceux qui devaient décerner la victoire. Que les palmes, en effet, fussent justement ou injustement distribuées, il était impossible qu'on l'ignorât. Le premier qui fut récompensé pour son courage fut le vieil Archias, qui, sous les murs d'Halicarnasse, s'était distingué en ranimant le combat, que les jeunes gens abandonnaient; Antigènes fut nommé après lui; Philotas Angée obtint le troisième prix; le quatrième fut donné à Amyntas; les deux suivants à Antigone et à Lyncestes Amyntas; le septième à Théodote, et le dernier à Hellanicus.

Alexandre fit aussi, dans la discipline militaire, de nombreux et utiles changements à ce qu'avaient établi ses prédécesseurs. Avant lui, la cavalerie était en corps séparés, nation par nation :

II. His ita compositis, in regionem, quæ Satrapene vocatur, pervenit; fertilis terra, copia rerum et omni commeatu abundans. Itaque diutius ibi substitit; ac ne desides otio demitterent animos, judices dedit, præmiaque proposuit de virtute militari certantibus. Novem, qui fortissimi indicati essent, singulis militum millibus præfuturi erant (*chiliarchas* vocabant), tum primum in hunc numerum copiis distributis : namque antea quingenariæ cohortes fuerant, nec fortitudinis præmia cesserant. Ingens militum turba convenerat, egregio interfutura certamini, testis eadem cujusque factorum, et de judicibus latura sententiam ; quippe verone an falso honos cuique haberetur, ignorari non poterat. Primus omnium, virtutis causa, donatus est Archias senior, qui omissum apud Halicarnasson a junioribus prœlium unus maxime accenderat; proximus ei Antigenes visus est; tertium locum Philotas Angeus obtinuit; quartus Amyntæ datus est; post hos Antigonus, et ab eo Lyncestes Amyntas fuit; septimum locum Theodotus; ultimum obtinuit Hellanicus.

In disciplina quoque militaris rei, pleraque a majoribus tradita utiliter mutavit. Nam quum ante equites in suam quisque gentem describerentur seorsum a ceteris, exempto nationum discrimine, præfectis, non utique suarum gentium, sed delectis,

il fit disparaître cette distinction, et les chefs ne furent plus ceux du pays, mais ceux de son choix. Lorsqu'il voulait lever le camp, c'était la trompette qui donnait le signal, et souvent, au milieu du frémissement tumultueux qui s'élevait, les sons ne pouvaient guère s'en faire entendre ; désormais, il établit qu'au dessus de la tente royale s'élèverait une perche que l'on pût partout apercevoir, et du haut de laquelle apparaîtrait un signal visible à tous les regards, du feu pendant la nuit, de la fumée pendant le jour. Comme il approchait de Suse, Abulitès, gouverneur de la province, soit par l'ordre de Darius, afin de retenir Alexandre par l'appât du butin, soit de son propre mouvement, envoya son fils au-devant de lui, avec la promesse de lui remettre la ville. Le roi accueillit ce jeune homme avec bienveillance, et, guidé par lui, arriva sur les bords du fleuve Choaspe, dont l'eau, s'il faut en croire la renommée, est réservée aux rois.

Ce fut là qu'Abulitès vint lui-même à sa rencontre avec des présents d'une magnificence royale. Dans le nombre étaient des dromadaires d'une agilité merveilleuse, et douze éléphants que Darius avait fait venir de l'Inde, non plus destinés, comme on l'avait espéré, à effrayer les Macédoniens, mais à accroître leur puissance, par un de ces jeux de la fortune, qui transportait au vainqueur ce qui avait fait la force du vaincu. Entré dans Suse, Alexandre tira des trésors de cette ville une somme d'argent presque incroyable : elle montait à cinquante mille talents non pas monnayés, mais en lingots. Une longue suite de rois avaient amassé d'âge en âge ces trésors, qu'ils croyaient transmettre à leurs enfants et à leur postérité, et une heure

---

attribuit. Tuba, quum castra movere vellet, signum dabat, cujus sonus plerumque, tumultuantium fremitu exoriente, haud satis exaudiebatur : ergo perticam, quæ undique conspici posset, supra prætorium statuit, ex qua signum eminebat pariter omnibus conspicuum ; observabatur ignis noctu, fumus interdiu. Jamque Susa adituro Abulites, regionis ejus præfectus, sive Darii jussu, ut Alexandrum præda retineret, sive sponte, filium obviam misit, traditurum se urbem promittens. Benigne juvenem excepit rex, et, eo duce, ad Choaspen amnem pervenit, dedicatam, ut fama est, vehentem aquam.

Hic Abulites cum donis regalis opulentiæ occurrit. Dromades cameli inter dona erant velocitatis eximiæ : xii elephanti a Dario ex India acciti, non jam terror, ut speraverant, Macedonum, sed auxilium ; opes victi ad victorem transferente fortuna. Ut vero urbem intravit, incredibilem ex thesauris summam pecuniæ egessit : L millia talentum argenti, non signati forma, sed rudi pondere. Multi reges tantas opes

avait suffi pour les faire passer aux mains d'un monarque étranger.

Il s'assit ensuite sur le trône des rois de Perse, qui se trouva beaucoup trop élevé pour sa taille : ses pieds ne pouvaient toucher à la dernière marche, et il fallut qu'un de ses jeunes pages lui apportât une table pour les soutenir. Un eunuque, qui avait appartenu à Darius, soupira à ce spectacle, et Alexandre, qui s'en aperçut, lui demanda la cause de sa tristesse. Celui-ci répondit que Darius prenait ordinairement ses repas sur cette table, et qu'il n'avait pu voir, sans verser des larmes, tomber en jouet ce meuble sacré. Le roi sentit quelque honte d'outrager les dieux de l'hospitalité; et déjà il ordonnait de retirer la table, lorsque Philotas lui dit : « Garde-toi de le faire, prince, et prends au contraire pour un heureux présage d'avoir sous tes pieds la table qui a servi aux repas de ton ennemi. »

Le roi, avant de se porter sur les frontières de la Perse, laissa Archelaüs à Suse avec une garnison de trois mille hommes : le commandement de la citadelle fut confié à Xénophile, et ceux qui la gardèrent sous ses ordres furent des Macédoniens affaiblis par l'âge. Callicrate fut commis à la surveillance des trésors, et Abulitès reprit le titre de satrape de la Susiane. Ce fut aussi dans cette ville qu'Alexandre laissa la mère et les enfants de Darius. Des habillements macédoniens et une grande quantité d'étoffes de pourpre lui avaient été envoyés en présent de la Macédoine; il les fit offrir à Sisygambis avec les ouvrières

---

longa ætate cumulaverant liberis posterisque, ut arbitrabantur, quas una hora in externi regis manus intulit.

Consedit deinde in regia sella, multo excelsiore quam pro habitu corporis. Itaque pedes quum imum gradum non contingerent, unus ex regiis pueris mensam subdidit pedibus; et quum spadonem, qui Darii fuerat, ingemiscentem conspexisset rex, causam mœstitiæ requisivit. Ille indicat, Darium vesci in ea solitum, seque sacram ejus mensam ad ludibrium recidentem sine lacrymis conspicere non posse. Subiit ergo regem verecundia violandi hospitales deos. Jamque subduci jubebat, quum Philotas : « Minime vero hæc feceris, rex, sed omen quoque accipe, mensam, ex qua libavit hostis epulas, tuis pedibus esse subjectam. »

Rex, Persidis fines aditurus, Susa urbem Archelao et præsidium III millium tradidit : Xenophilo arcis cura mandata est : Macedonum ætate graves præsidere arcis custodiæ jussi. Thesaurorum Callicrati tutela permissa; satrapia regionis Susiæ restituta Abuliti. Matrem quoque Darii et liberos in eadem urbe deponit. Ac forte macedonicas vestes multamque purpuram, dono ex Macedonia sibi missam, cum his quæ eam confecerant, tradi Sisygambi jussit : omni namque honore eam, et filii

qui les avaient fabriquées, car il lui rendait toute espèce d'honneur, et avait même pour elle la tendresse d'un fils. Il lui fit dire en même temps que, si ce vêtement lui plaisait, elle accoutumât ses petites-filles à en faire de semblables, et leur enseignât à les donner en présent. Les larmes qu'elle répandit en entendant ces mots témoignèrent son aversion pour une pareille tâche : c'est, en effet, pour les femmes persanes le comble de la honte que de travailler à la laine.

Ceux qui avaient porté les présents viennent annoncer au roi le chagrin de Sisygambis ; il crut lui devoir des excuses et des consolations. Il se rendit donc auprès d'elle, et lui dit : « Ma mère, ce vêtement que je porte n'est pas seulement un présent de mes sœurs, mais aussi leur ouvrage : nos usages m'ont trompé. Garde-toi, je t'en supplie, de prendre mon ignorance pour une injure. Ce que j'ai su des coutumes de ta nation, j'ose croire que je l'ai assez exactement observé. Je sais que chez vous il est défendu à un fils de s'asseoir en présence de sa mère avant qu'elle le lui ait permis : toutes les fois que je me suis approché de toi, je suis resté debout, jusqu'à ce que tu me fisses signe de m'asseoir. Souvent tu as voulu m'honorer en te prosternant à mes pieds, je m'y suis opposé ; et ce nom chéri de mère, que je dois à Olympias, je te le donne. »

Alexandre consola ainsi Sisygambis ; puis, en quatre journées de marche, il arriva sur les bords du fleuve que les habitants appellent *Pasitigris*. Sa source est dans les montagnes des Uxiens, et pendant cinquante stades, couvert de bois sur ses deux rives, il roule en se précipitant au milieu des rochers. Il

---

quoque pietate prosequebatur ; admonerique jussit, ut, si cordi quoque vestis esset, conficere eam neptes suas assuefaceret, donoque doceret dare ; ad hanc vocem lacrymæ obortæ prodidere animum aspernantis id munus : quippe non aliud magis in contumeliam Persarum feminæ accipiunt, quam admovere lanæ manus.

Nuntiant, qui dona tulerant, tristem esse Sisygambim ; dignaque res excusatione et solatio visa. Ipse ergo pervenit ad eam, et : « Mater, inquit, hanc vestem, qua indutus sum, sororum non solum donum, sed etiam opus vides ; nostri decepere me mores. Cave, obsecro, in contumeliam accipias ignorationem meam. Quæ tui moris esse cognovi, ut spero, abunde servata sunt. Scio, apud vos filium in conspectu matris nefas esse considere, nisi quum illa permisit : quotiescunque ad te veni, donec, ut considerem, annueres, restiti. Procumbens venerari me sæpe voluisti ; inhibui. Dulcissimæ matri Olympiadi nomen debitum tibi reddo. »

III. Mitigato animo ejus, rex quartis castris pervenit ad fluvium : Pasitigrim incolæ vocant: Oritur in montibus Uxiorum, et per L stadia silvestribus ripis præceps inter saxa devolvitur. Accipiunt deinde eum campi, quos clementiore alveo

est reçu ensuite dans des plaines, qu'il traverse d'un cours plus tranquille, assez profond déjà pour porter des bâtiments; et après avoir parcouru six cents stades d'un sol uni, il va mêler doucement ses eaux à celles du golfe Persique.

Alexandre passa ce fleuve, et avec neuf mille hommes d'infanterie, les mercenaires grecs et agriens, et trois mille Thraces, il entra dans le pays des Uxiens. Cette province est voisine de Suse, et s'étend jusqu'à l'entrée de la Perse, ne laissant entre elle et la Susiane qu'un étroit passage. Madatès y commandait, homme rare sans doute, puisqu'il était résolu à tout braver pour garder sa foi. Mais des gens qui connaissaient le pays enseignèrent à Alexandre un chemin caché, qui, par des sentiers détournés s'éloignait de la ville, et d'où, avec un petit nombre de soldats armés à la légère, il dominerait les têtes des ennemis. On approuva la proposition, et on les prit pour guides; quinze cents mercenaires et environ mille Agriens furent donnés à Tauron, avec l'ordre de se mettre en route après le coucher du soleil.

Le roi lui-même leva son camp à la troisième veille, franchit les défilés vers la pointe du jour, et après avoir fait couper du bois pour en fabriquer des claies et des mantelets, à l'abri desquels les tours pussent avancer hors des traits ennemis, il commença le siége de la ville. De tous côtés, le terrain était escarpé, hérissé de pierres et de cailloux. Les assiégeants, assaillis par une grêle de coups dans leur pénible lutte contre l'ennemi et plus encore contre les difficultés du sol, avançaient toutefois; leur roi était parmi eux, aux premiers rangs; il leur deman-

---

præterit, jam navium patiens; ne stadia sunt mollioris soli, per quod leni tractu aquarum Persico mari se insinuat.

Alexander, amne superato, cum ix millibus peditum, et agrianis atque Græcorum mercenariis, iii additis millibus Thracum, in regionem Uxiorum pervenit. Finitima Susis est, et in primam Persidem excurrit, arctum inter se et Susianos aditum relinquens. Madates erat hujus regionis præfectus, haud sane temporum multorum homo; quippe ultima pro fide experiri decreverat. Sed periti locorum Alexandrum docent, occultum iter esse per calles, et aversum ab urbe; si paucos misisset leviter armatos, super capita hostium evasuros. Quum consilium placuisset, iidem itinerum fuerunt duces; m et d mercede conducti et Agriani fere m Tauroni præfecto dati, ac post solis occasum iter ingredi jussi.

Ipse, tertia vigilia castris motis, circa lucis ortum superaverat angustias, cæsaque materia cratibus et pluteis faciendis, ut qui turres admoverent, extra teli ictum essent, urbem obsidere cœpit. Prærupta erant omnia, saxis et cotibus impedita; multis ergo vulneribus depulsi, ut quibus non cum hoste solum, sed etiam cum loco

dait si, vainqueurs de tant de villes, ils ne rougissaient pas de s'arrêter au siége d'un fort aussi chétif et aussi méprisable. Déjà il devenait le but des traits de l'ennemi, lorsque ses soldats, qui n'avaient pu lui persuader de quitter ce poste, firent la tortue avec leurs boucliers, pour le mettre à couvert.

Enfin Tauron se montra avec sa troupe au-dessus de la citadelle ; à son aspect, les Perses commencèrent à chanceler, et les Macédoniens à se porter au combat avec plus d'ardeur. Les assiégés étaient menacés d'un double péril, et l'on ne pouvait arrêter l'élan de l'ennemi ; quelques-uns eurent le courage de mourir, le plus grand nombre prit la fuite : la citadelle devint leur asile. Trente députés en sortirent pour implorer la clémence du roi, et rapportèrent la triste réponse qu'il n'y avait point de pardon à espérer. Tremblants alors, dans la crainte des supplices, ils envoient à Sisygambis, mère de Darius, par un chemin détourné et inconnu aux ennemis, quelques-uns d'entre eux pour la prier de fléchir le courroux d'Alexandre. Ils savaient que ce prince la chérissait et l'honorait comme une mère, et Madatès, marié à sa nièce, se trouvait ainsi proche parent de Darius. Longtemps Sisygambis repoussa leurs prières : dans l'état présent de sa fortune, il ne lui convenait pas, disait-elle, d'intercéder pour eux : elle craignait de lasser l'indulgence du vainqueur, et elle songeait plus souvent qu'elle était captive, qu'elle ne se souvenait d'avoir été reine.

Vaincue à la fin, elle écrivit à Alexandre, le suppliant, avant

---

dimicandum esset, subibant tamen; quia rex inter primos constiterat, interrogans, tot urbium victores an non erubescerent hærere in obsidione castelli exigui et ignobilis? simul jam inter hæc eminus petebatur; quum testudine objecta milites, qui, ut inde discederet, perpellere nequiverant, tuebantur.

Tandem Tauron super arcem urbis se cum suo agmine ostendit : ad cujus conspectum, et animi hostium labare, et Macedones acrius prœlium inire cœperunt. Anceps oppidanos malum urgebat; nec sisti vis hostium poterat; paucis ad moriendum, pluribus ad fugam animus fuit : magna pars in arcem concessit. Inde xxx oratoribus missis ad deprecandum, triste responsum a rege redditur, non esse veniæ locum. Itaque suppliciorum metu perculsi, ad Sisygambim, Darii matrem, occulto itinere ignotoque hostibus, mittunt, qui peterent, ut ipsa regem mitigaret, haud ignari, parentis eam loco diligi colique ; et Madates sororis ejus filiam secum matrimonio junxerat, Darium propinqua cognatione contingens. Diu Sisygambis supplicum precibus repugnavit, abnuens, deprecationem pro illis convenire fortunæ in qua esset : adjecitque, metuere sese, ne victoris indulgentiam fatigaret : sæpius cogitare, captivam esse se quam reginam fuisse.

Ad ultimum victa, litteris Alexandrum ita deprecata est, ut ipsum excusaret quod

tout, de lui pardonner le rôle même de suppliante : elle implorait sa clémence, sinon pour elle-même, au moins pour ces infortunés ; elle lui demandait la vie, et rien de plus, en faveur d'un parent qu'elle aimait, et qui ne se présentait plus les armes à la main, mais à genoux devant lui. Un seul mot suffira pour témoigner tout ce qu'Alexandre montra alors de modération et de clémence : non-seulement il pardonna à Madatès, mais il accorda aux prisonniers, comme à ceux qui s'étaient rendus, leur liberté avec exemption d'impôt ; la ville fut épargnée, et les habitants eurent la permission de cultiver leurs terres sans payer aucun tribut. La mère de Darius n'eût pas obtenu davantage de son fils victorieux.

Ayant achevé de soumettre le pays des Uxiens, il le réunit à la satrapie de la Susiane ; puis, partageant ses troupes avec Parménion, il lui ordonna de suivre la plaine, tandis qu'avec des troupes légères il gagna lui-même le sommet des montagnes, dont la chaîne s'étend sans interruption jusqu'au sein de la Perse. Il ravagea toute cette contrée, et, le troisième jour, il entra dans la Perse, le cinquième dans les gorges que l'on appelle les *Portes de Suse*. Ariobarzanes y avait pris position avec vingt-cinq mille hommes d'infanterie ; du haut de ces rochers, partout escarpés et taillés à pic, les Barbares, hors de la portée du trait, se tenaient à dessein immobiles et comme frappés de crainte : ils attendaient que l'armée ennemie se fût engagée dans les passages les plus étroits.

La voyant s'avancer sans s'inquiéter de leur présence, ils se mettent alors à faire rouler sur la pente des montagnes des

---

deprecaretur ; petere se, ut illis quoque, si minus, sibi ignosceret ; pro necessario ac propinquo suo, jam non hoste, sed supplice, tantum vitam precari. Moderationem clementiamque regis, quæ tunc fuit, vel una hæc res possit ostendere ; non Madati modo ignovit, sed omnes, et deditos, et captivos, libertate atque immunitate donavit ; urbem reliquit intactam : agros sine tributo colere permisit. A victore Dario plura mater non impetrasset.

Uxiorum deinde gentem subactam Susianorum satrapiæ contribuit : divisisque cum Parmenione copiis, illum campestri itinere procedere jubet ; ipse cum expedito agmine jugum montium cepit, quorum perpetuum dorsum in Persidem excurrit. Omni hac regione vastata, tertio die Persidem, quinto angustias, quas illi Susidas pylas vocant, intrat. Ariobarzanes has cum xxv millibus peditum occupaverat, rupes abscissas et undique præruptas, in quarum cacuminibus extra teli jactum Barbari stabant, de industria quieti et paventibus similes, donec in arctissimas fauces penetraret agmen.

Quod ubi contemptu sui pergere vident, tum vero ingentis magnitudinis saxa per montium prona devolvunt : quæ incussa sæpius subjacentibus petris majore vi incide-

roches d'une grandeur démesurée, et qui, presque toutes, heurtant contre des saillies qu'elles trouvaient sur leur passage, allaient tomber avec plus de force, et écrasaient non pas seulement des individus, mais des bataillons entiers. De toutes parts pleuvaient aussi des pierres lancées avec la fronde, ainsi que des flèches ; ce n'était pas là le plus douloureux pour ces braves, c'était de périr sans vengeance, pris au piége comme des bêtes fauves. Leur colère se tournait en rage ; et, pour parvenir jusqu'à l'ennemi, on les voyait saisir la pointe des rochers et s'efforcer de grimper en se soutenant les uns les autres : mais ces rochers même, embrassés par tant de mains, se détachaient et s'en allaient retomber sur ceux qui les avaient ébranlés. Ils ne pouvaient donc ni s'arrêter, ni gravir les hauteurs, ni même se mettre à couvert sous la tortue, rempart inutile contre les masses énormes qu'on roulait sur eux. La honte d'avoir témérairement engagé son armée dans ces défilés venait se mêler à l'affliction du roi. Invincible jusqu'à ce jour, il n'avait rien tenté sans succès : il avait pénétré impunément dans les gorges de la Cilicie ; il s'était frayé, le long de la mer, une route nouvelle en Pamphylie, et voilà que sa fortune, arrêtée dans son cours, commençait à hésiter ! Nulle ressource pour lui, que de retourner sur ses pas. Il donna donc le signal de la retraite, fit marcher ses troupes les rangs serrés et leurs boucliers rassemblés au-dessus de leurs têtes, et l'on sortit ainsi du défilé. Le chemin que l'on fit en arrière fut de trente stades.

IV. Ayant alors assis son camp dans la plaine, il se mit à délibérer sur ce qu'il avait à faire, et à consulter même les devins par un sentiment de superstition. Mais que pouvait en cette cir-

bant, nec singulos modo, sed agmina proterebant. Fundis quoque excussi lapides et sagittæ ingerebantur undique ; nec id miserrimum fortibus viris erat, sed quod inulti ferarum ritu, velut in fovea deprehensi cæderentur. Ira igitur in rabiem versa, eminentia saxa complexi, ut ad hostem perveniant, alius alium levantes, conabantur ascendere : ea ipsa multorum simul manibus correpta et convulsa, in eos qui commoverant recidebant. Nec stare ergo, nec niti, nec testudine quidem protegi poterant, quum tantæ molis onera propellerent Barbari. Regem non dolor modo, sed etiam pudor temere in illas angustias conjecti exercitus angebat. Invictus ad eam diem fuerat, nihil frustra ausus : impune Ciliciæ fauces intraverat : mari quoque novum iter in Pamphyliam aperuerat ; tunc hæsitabat deprehensa felicitas ; nec aliud remedium erat, quam reverti qua venerat. Itaque, signo receptui dato, densatis ordinibus, scutisque super capita consertis, retro evadere ex angustiis jubet : xxx fuere stadia, quæ remensi sunt.

IV. Tunc castris undique aperto loco positis, non consultare modo quid agendum esset, sed vates quoque adhibere cœpit a superstitione animi. Sed quid tunc prædicere

constance lui prédire Aristandre, le plus accrédité de ses devins? Renonçant donc à des sacrifices hors de saison, il fait assembler tous ceux qui connaissent le pays. On lui montrait un chemin sûr et sans obstacle à travers la Médie; mais il rougissait à l'idée de laisser ses soldats sans sépulture : car, d'après un usage immémorial, il n'y avait point à la guerre de devoir plus sacré que celui d'inhumer les morts. Les prisonniers naguère tombés entre ses mains sont appelés : l'un d'entre eux parlait également la langue grecque et celle des Perses; il lui affirme que vainement prétendrait-il conduire son armée dans la Perse par la crête des montagnes : ce ne sont que des sentiers de forêts à peine praticables à un seul homme; tout y est couvert de feuillage, tout y est fermé par les branches entrelacées des arbres.

La Perse, en effet, est fermée d'un côté par une suite non interrompue de montagnes qui ont seize cents stades de longueur et cent soixante-dix de largeur. Cette chaîne s'étend depuis le Caucase jusqu'au golfe Persique; et là, où elle vient finir, la mer présente une autre barrière. Au pied de ces monts est une plaine spacieuse, terre fertile et couverte au loin de villes et de villages. Le fleuve Araxe, qui traverse ces campagnes, porte dans le Médus les eaux d'un grand nombre de torrents: le Médus, moins étendu dans son cours que son affluent, va se rendre dans la mer, du côté du midi. Nul fleuve n'est plus favorable que celui-là à faire croître le gazon; il revêt de fleurs toutes les terres qu'il arrose. Des platanes et des peupliers couvrent aussi ses rives; et, à voir de loin les forêts qui

---

Aristander, cui tum plurimum credebat ex vatibus, poterat? Itaque intempestivis sacrificiis, peritos locorum convocari jubet. Per Mediam iter ostendebant tutum apertumque; sed rex dimittere milites insepultos erubescebat : ita tradito more, ut vix ullum militiæ tam solemne esset munus, quam humandi suos. Captivos ergo, quos nuper exceperat, vocari jubet; inter quos erat quidam græcæ persicæque linguæ peritus, qui frustra eum in Persidem montium dorso exercitum ducere affirmat; silvestres esse calles, vix singulis pervios : omnia contegi frondibus, implexosque arborum ramos silvas committere.

Namque Persis ab altero latere perpetuis montium jugis clauditur, quod in longitudinem MDC stadia, in latitudinem CLXX procurrit. Hoc dorsum a Caucaso monte ad Rubrum mare pertinet; quaque deficit mons, aliud munimentum, fretum objectum est. Planities deinde sub radicibus montium spatiosa procumbit, fertilis terra, multisque vicis atque urbibus frequens. Araxes amnis per hos campos multorum aquas torrentium evolvit in Medum : Medus a mari, et ad meridiem versus, minor amnis eo, quem accepit, evehitur; gignendæque herbæ non alius est aptior, quidquid alluit, floribus vestiens. Platani quoque et populi contegunt ripas; ita ut procul visentibus

le bordent, on les prendrait pour la suite de celles des montagnes. Le Médus, en effet, coule dans un lit profondément encaissé, et, par-dessus les arbres qui l'ombragent, s'élèvent encore des collines, couronnées elles-mêmes d'une riche verdure, qu'elles doivent à l'humidité qui pénètre leurs racines. Il n'est pas dans toute l'Asie de pays plus salubre : le climat y est tempéré ; d'un côté, cette longue chaîne de montagnes, par l'épaisseur de ses ombrages, modère les ardeurs du soleil ; de l'autre est la mer, dont le voisinage entretient dans les terres une douce chaleur.

Après que le prisonnier eut donné ces renseignements, le roi lui demanda si c'étaient choses qu'il eût ouï dire, ou qu'il eût vues de ses propres yeux? Il répondit qu'il avait été pâtre, et avait parcouru tous ces chemins; que deux fois il avait été fait prisonnier, la première fois par les Perses, en Lycie, et la seconde fois par lui-même. Alors revint en l'esprit du roi la réponse d'un oracle, qui lui avait annoncé qu'un Lycien lui servirait de guide pour entrer en Perse. Promettant donc à cet homme tout ce qu'exigeait la nécessité du moment, et ce qu'en même temps permettait sa condition, il le fit armer à la macédonienne, et lui demanda un chemin qui le menât sûrement à son but; quelque pénible et dangereux qu'il fût, il saurait y passer avec quelques hommes, à moins qu'il n'imaginât que là où il était allé chercher des pâturages, Alexandre ne pût aller chercher une gloire et un nom immortels. Le prisonnier insistait sur les difficultés du chemin, surtout pour des hommes armés : « Je me porte garant, dit le roi, qu'aucun

---

continuata videantur montibus nemora riparum, quippe obumbratus amnis presso in solum dilabitur alveo, imminentque colles, ipsi quoque frondibus læti, radices eorum humore subeunte. Regio non alia tota Asia salubrior habetur : temperatum cœlum : hinc perpetuum jugum opacum et umbrosum, quod æstus levat; illinc mare adjunctum, quod modico tepore terras fovet.

His expositis, captivus interrogatus a rege, auditune, an oculis comperta haberet, quæ diceret? pastorem se fuisse, et omnes eos calles percurrisse, respondit : bis captum, semel a Persis in Lycia, iterum ab ipso. Subit animum memoria regis oraculo editæ sortis ; quippe consulenti responsum erat, ducem in Persidem ferentis viæ Lycium civem fore. Igitur promissis, quanta et præsens necessitas exigebat, et ipsius fortuna capiebat, oneratum armari jubet Macedonum more, et, quod bene verteret, monstraret iter; quamvis arduum et præceps, evasurum se esse cum paucis : nisi forte crederet, quo ipse pecoris causa isset, Alexandrum pro gloria et perpetua laude ire non posse. Etiam atque etiam docere captivus, quam difficile

de ceux qui me suivent ne refusera d'aller où tu nous conduiras. »

Il laissa donc à Cratère la garde du camp, avec l'infanterie, qu'il commandait d'ordinaire, les troupes sous les ordres de Méléagre, et mille archers à cheval. Ses ordres étaient de laisser au camp toute l'étendue de ses lignes, et d'allumer même à dessein un plus grand nombre de feux, pour mieux persuader aux Barbares que le roi s'y trouvait. Si, du reste, Ariobarzanes était informé de sa marche à travers les sentiers des montagnes, et qu'il essayât de détacher une partie de ses troupes pour lui fermer le passage, Cratère devait l'effrayer et le tenir occupé d'un danger plus pressant; si, au contraire, le roi trompait l'ennemi et qu'il parvînt à se saisir des bois, aussitôt que Cratère entendrait les cris d'alarme des Barbares à la poursuite du roi, il devait sur-le-champ se jeter dans le passage dont ils avaient été chassés la veille; il le trouverait libre, puisque l'ennemi serait attiré à sa poursuite.

On était à la troisième veille, lorsque, dans le plus profond silence, et sans que la trompette même donnât le signal, Alexandre se mit en marche vers les sentiers dont la route lui avait été indiquée; toute sa troupe était légèrement armée et avait reçu l'ordre de prendre des vivres pour trois jours. Mais outre l'obstacle que leur présentaient des roches sans chemin tracé, et si escarpées que leur pied y glissait incessamment, la neige amoncelée par le vent fatiguait leur marche; ils s'y engloutissaient, comme s'ils fussent tombés dans des fossés, et

---

iter esset, maxime armatis; tum rex, « Prædem me, inquit, accipe, neminem eorum, qui sequuntur, recusaturum ire, qua duces. »

Cratero igitur ad custodiam castrorum relicto, cum peditibus, queis assueverat, et iis copiis, quas Meleager ducebat, et sagittariis equitibus м, præcepit, ut, castrorum specie manente, plures de industria ignes fieri imperet; quo magis Barbari crederent, ipsum regem in castris esse. Ceterum, si forte Ariobarzanes cognovisset, per callium anfractus eum intrare, et ad occupandum iter suum partem copiarum tentasset opponere, Craterus, in eum illato terrore, retineret ad propius periculum conversum agmen; sin autem ipse hostem fefellisset, et saltum occupasset, quum trepidantium Barbarorum tumultum exaudisset persequentium regem, id ipsum iter, quo pridie pulsi fuerant, ne dubitaret ingredi : quippe vacuum fore, hostibus in semet aversis.

Ipse tertia vigilia, silenti agmine, ac ne tuba quidem dato signo, pergit ad demonstratum iter callium : tridui alimenta portare militem jusserat leviter armatum. Sed præter invias rupes ac prærupta saxa, vestigium subinde fallentia, nix cumulata vento ingredientes fatigabat : quippe velut in foveas delati hauriebantur; et quum

leurs compagnons, en leur portant secours, étaient plutôt entraînés avec eux, qu'ils ne parvenaient à les retirer. La nuit, un pays inconnu, un guide dont la fidélité ne leur était point garantie, tout cela venait encore augmenter leur crainte; si cet homme échappait à ses gardes, ils pouvaient être surpris comme des bêtes sauvages; c'était de la loyauté ou de la vie même d'un prisonnier que dépendait le salut du roi et le leur.

Enfin ils atteignirent le sommet de la montagne : à droite était un chemin qui conduisait au camp même d'Ariobarzanes. Là, il laissa Philotas et Cénos, avec Amyntas et Polypercon, ayant quelques troupes légères sous leurs ordres; et, comme il se trouvait de la cavalerie parmi leur infanterie, il leur recommanda de choisir l'endroit où le terrain était le plus gras et le plus fertile en pâturages, et de s'avancer pas à pas : des guides leur furent donnés parmi les prisonniers. Pour lui, accompagné de ses écuyers et de l'escadron appelé *agéma*, il suivit, avec une peine extrême, un sentier roide, mais beaucoup plus éloigné des postes ennemis. Le jour était à son milieu, et les soldats, fatigués, avaient besoin de repos; il leur restait à parcourir autant de chemin qu'ils en avaient déjà fait, mais moins escarpé et moins difficile. Leur ayant donc fait prendre de la nourriture et du repos, il se leva à la seconde veille, et poursuivit sa route sans beaucoup de peine.

Cependant, à l'endroit où la pente de la montagne va insensiblement en s'abaissant, un ravin profond, que des torrents avaient creusé en y amassant leurs eaux, coupait le chemin.

a commilitonibus lavarentur, trahebant magis adjuvantes, quam sequebantur. Nox quoque, et ignota regio, ac dux, incertum an satis fidus, multiplicabant metum : si custodes fefellisset, quasi feras bestias ipsos posse deprehendi : ex unius captivi vel fide, vel anima, pendere et regis salutem, et suam.

Tandem venere in jugum : a dextra iter ad ipsum Ariobarzanem erat : hic Philotam et Cœnon cum Amynta et Polyperconte, expeditam habentes manum, reliquit, monitos ut, quia eques pediti erat mixtus, qua pinguissimum esset solum et pabuli fertile, sensim procederent : duces itineris de captivis dati. Ipse cum armigeris, et ala, quam *agema* appellant, ardua semita, sed longius a stationibus hostium remota, multa cum vexatione processit. Medius erat dies, et fatigatis necessaria quies : quippe tantumdem itineris supererat, quantum emensi erant; sed minus præcipitis atque ardui. Itaque refectis cibo somnoque militibus, secunda vigilia surgit ; et cetera quidem haud ægre præteriit.

Ceterum, qua se jugum montium paulatim ad planiora demittit, ingens vorago concursu cavata torrentium iter ruperat. Ad hæc arborum rami, alius alio implicati

Avec cela, les branches des arbres, entrelacées les unes dans les autres, et serrées étroitement, leur opposaient comme une haie sans fin. Un vif désespoir saisit alors les cœurs, et à peine pouvaient-ils se défendre de verser des larmes. L'obscurité surtout les épouvantait ; le peu de clarté que laissaient échapper les étoiles leur était dérobé par la masse épaisse du feuillage : leurs oreilles mêmes ne leur étaient d'aucun secours ; le vent ébranlait les forêts, et les branches, en s'entre-choquant, faisaient plus de bruit que son souffle n'avait de violence. Enfin le jour, longtemps attendu, vint diminuer les objets que la nuit avait rendus plus effrayants : la fondrière pouvait être tournée par un léger circuit, et chacun commençait à devenir son propre guide.

Ils gravissent donc une hauteur : arrivés au sommet, ils découvrent un poste ennemi ; saisissant aussitôt leurs armes, ils se montrent à l'improviste aux Barbares étonnés, et taillent en pièces le peu qui osent résister. Les gémissements des mourants, le désordre des fuyards qui sont venus rejoindre le gros de la troupe, effrayent ceux même que les Macédoniens n'ont pas atteints ; et, sans risquer le combat, ils prennent la fuite. Le bruit en parvient au camp où commandait Cratère : il fait alors avancer ses soldats pour occuper le défilé par où ils avaient échoué la veille ; tandis que Philotas, avec Polypercon, Amyntas et Cénos, arrivant par l'autre chemin qu'ils avaient reçu l'ordre de suivre, viennent apporter aux Barbares une nouvelle frayeur. Ainsi, de toutes parts, brillaient à leurs yeux les armes macédoniennes, et le danger se multipliait autour d'eux ; mais ils

et coeuntes, ut perpetuam objecerant sepem. Desperatio igitur ingens, adeo ut vix lacrymis abstinerent, incesserat. Præcipue obscuritas terrori erat : nam etiam si qua sidera internitebant, continenti fronde tectæ arbores conspicere prohibebant ; ne aurium quidem usus supererat, silvas quatiente vento ; quæ concurrentibus ramis majorem quam pro flatu sonum reddebant. Tandem exspectata lux omnia, quæ terribiliora nox fecerat, minuit : circumiri brevi spatio poterat eluvies ; et sibi quisque dux itineris cœperat fieri.

Evadunt ergo in editum verticem : ex quo hostium statione conspecta, strenue armati a tergo se ostendunt nihil tale metuentibus ; quorum pauci, qui congredi ausi erant, cæsi sunt. Itaque hinc morientium gemitus, hinc ad suos recurrentium miserabilis facies, integros quoque, antea quam discrimen experirentur, in fugam avertit. Fremitu deinde in castra, queis Craterus præerat, illato, ad occupandas angustias, in quibus pridie hæsitarat, miles educitur ; simul et Philotas cum Polyperconte Amyntaque et Cœno diversum iter ingredi jussus, alium terrorem intulit Barbaris. Ergo undique Macedonum armis fulgentibus, ancipiti malo oppressi, memorabile

n'en livrèrent pas moins un combat mémorable. Sans doute l'aiguillon de la nécessité se fait sentir à la lâcheté même, et souvent l'espérance naît du désespoir. Sans armes, ils se jetaient sur des hommes armés, et, les entraînant par terre, par le poids énorme de leurs corps, ils les perçaient la plupart de leurs propres traits. Cependant Ariobarzanes, accompagné d'environ quarante chevaux et de cinq mille fantassins, se fit jour à travers l'armée macédonienne, non sans qu'il en coûtât beaucoup de sang aux siens et aux ennemis. Il voulait, en toute hâte, occuper Persépolis, capitale de la province. Mais les troupes qui gardaient la ville lui en fermèrent les portes; et, poursuivi de près par l'ennemi, il périt dans un nouveau combat avec tous les compagnons de sa fuite. Cratère arrivait au même instant avec son armée, qu'il avait conduite à marches forcées.

V. Le roi plaça son camp à l'endroit même où il venait de battre les Perses. Quoiqu'en effet les Barbares, partout en déroute, lui eussent laissé la victoire, des fossés profonds et des précipices creusés en plusieurs endroits coupaient le chemin; il fallait s'avancer pas à pas et avec précaution, dans la crainte, non plus des piéges de l'ennemi, mais de ceux des lieux mêmes. Comme il était en marche, une lettre lui fut remise de la part de Tyridate, gardien du trésor royal : elle lui annonçait que ceux qui se trouvaient dans la ville, informés de son arrivée, voulaient mettre les trésors au pillage; livrés à l'abandon, c'était à lui de venir s'en emparer en toute hâte : la route était facile, quoique traversée par l'Araxe. De toutes les qualités

---

tamen prœlium edunt; ut opinor, ignaviam quoque necessitas acuit; et sæpe desperatio spei causa est. Nudi complectebantur armatos, et ingenti corporum mole secum ad terram detrahentes, ipsorum telis plerosque fodiebant. Ariobarzanes tamen, XL ferme equitibus et quinque millibus peditum stipatus, per mediam aciem Macedonum cum multo suorum atque hostium sanguine erupit, Persepolim urbem caput regionis occupare festinans. Sed a custodibus urbis exclusus, consecutis strenue hostibus, cum omnibus fugæ comitibus renovato prœlio cecidit. Craterus quoque raptim agmine acto supervenit.

V. Rex eodem loco, quo hostium copias fuderat, castra communivit. Quanquam enim undique fugati hostes victoriam concesserant, tamen præaltæ præcipitesque fossæ, pluribus locis objectæ, abruperant iter; sensimque et caute progrediendum erat, jam non hostium, sed locorum fraude suspecta. Procedenti ei litteræ redduntur a Tyridate, custode regiæ pecuniæ, indicantes, eos, qui in urbe essent, audito ejus adventu, diripere velle thesauros; properaret occupare dimissos : expeditum iter esse, quanquam Araxes amnis interfluat. Nullam virtutem regis istius magis, quam

d'Alexandre, aucune n'a mérité plus d'éloges que son activité. Laissant son infanterie en arrière, il marcha toute la nuit avec sa cavalerie, et, malgré les fatigues d'une si longue route, il arriva, au point du jour, sur les bords de l'Araxe. Quelques villages se trouvaient dans les environs : il les fit démolir, et, avec les matériaux qu'ils lui fournirent, et des piles de pierres, un pont fut bien vite jeté.

Déjà on était près de la ville, lorsqu'une troupe de malheureux, rare et mémorable exemple des rigueurs de la fortune, vint à la rencontre du roi. C'étaient des prisonniers grecs, au nombre d'environ quatre mille, à qui les Perses avaient fait subir différentes sortes de supplices : aux uns, ils avaient coupé les pieds ; aux autres, les mains et les oreilles ; et, marqués avec un fer chaud, de caractères barbares, ils les avaient réservés pour s'en faire un long objet de raillerie. Maintenant qu'à leur tour ils se voyaient passés sous une domination étrangère, ils les avaient laissés aller au-devant du roi. On eût cru voir des spectres extraordinaires, et non des hommes ; rien ne se pouvait reconnaître en eux que la voix : aussi firent-ils couler plus de larmes qu'ils n'en avaient versé eux-mêmes. Car, au milieu des jeux capricieux de la fortune dont chacun d'eux avait été victime, lorsque l'on contemplait les supplices tous semblables et pourtant divers dont ils portaient la trace, on ne savait décider quel était le plus misérable.

Mais lorsqu'ils s'écrièrent tous ensemble que Jupiter, vengeur de la Grèce, avait enfin ouvert les yeux, il n'y eut personne dans l'armée qui ne crût avoir sa part de leurs souffrances.

celeritatem laudaverim ; relictis enim pedestribus copiis, tota nocte cum equitibus, itineris tanto spatio fatigatis, ad Araxen prima luce pervenit. Vici erant in propinquo ; quibus dirutis, pontem ex materia eorum, subditis saxis, strenue induxit.

Jamque haud procul urbe erant, quum miserabile agmen, inter pauca fortunæ exempla memorandum, regi occurrit. Captivi erant Græci ad quatuor millia fere, quos Persæ vario suppliciorum modo affecerant ; alios pedibus, quosdam manibus auribusque amputatis, inustisque barbararum litterarum notis, in longum sui ludibrium reservaverant ; et quum se quoque alienæ ditionis esse cernerent, volentes regi occurrere non probibuerant. Inusitata simulacra, non homines videbantur ; nec quidquam in illis præter vocem poterat agnosci : plures igitur lacrymas commovere, quam profuderant ipsi ; quippe in tam multiplici variaque fortuna singulorum, intuentibus similes quidem, sed tamen dispares pœnas, quis maxime miserabilis esset, liquere non poterat.

Ut vero Jovem illi tandem Græciæ ultorem aperuisse oculos conclamavere, omnes pari supplicio affecti sibi videbantur. Rex abstersis, quas profuderat, lacrymis,

Le roi, après avoir essuyé les larmes qu'il avait versées, les exhorta à prendre courage, ajoutant qu'ils reverraient leur patrie et leurs épouses; puis, il alla camper à deux stades de la ville. Cependant les Grecs étaient sortis du camp pour délibérer sur ce qu'ils demanderaient de préférence au roi ; comme les uns voulaient solliciter des établissements en Asie, les autres retourner dans leurs familles, on rapporte qu'Euthymon de Cymée leur parla de la sorte :

« Eh quoi! dit-il, nous qui tout à l'heure rougissions de sortir des ténèbres de notre prison pour implorer des secours, voilà que maintenant nous ne craignons plus d'étaler les supplices, sujets de honte pour nous plus encore peut-être que de douleur, et que nous allons, comme un joyeux spectacle, les montrer à la Grèce! Cependant le meilleur moyen de supporter la misère est de la cacher; et il n'est pas de patrie qui convienne mieux à des infortunés que la solitude et l'oubli de leur situation première : car, sachez-le bien, espérer beaucoup de la compassion des siens, c'est ignorer combien les larmes se sèchent vite. On ne peut chérir fidèlement l'être en qui l'on trouve un objet de dégoût: l'infortune aime à se plaindre, et la prospérité est dédaigneuse. En s'occupant de la fortune d'autrui, chacun prend conseil de la sienne; et nous-mêmes, sans notre triste égalité de malheur, qui sait si nous ne fussions pas devenus, avec le temps, des objets de dégoût les uns pour les autres? Le moyen que l'homme heureux ne recherche pas l'homme heureux? Je vous en conjure, étrangers depuis si longtemps à la vie, cherchons un lieu où nous puissions ense-

---

bonum habere animum jubet; visuros urbes suas conjugesque : et castra inde duo ab urbe stadia communit. Græci excesserant vallo, deliberaturi, quid potissimum a rege peterent : quumque aliis sedes in Asia rogare, aliis reverti domos placeret, Euthymon Cymæus ita locutus ad eos fertur :

« Hi qui modo ad opem petendam ex tenebris et carcere procedere erubuimus, ut nunc est, supplicia (quorum nos pudeat magis, an pœniteat, incertum est) ostentare Græciæ velut lætum spectaculum cupimus? At ii optime miserias ferunt, qui abscondunt : nec ulla est tam familiaris infelicibus patria, quam solitudo, et status prioris oblivio : nam qui multum in suorum misericordia ponunt, ignorant, quam celeriter lacrymæ inarescant. Nemo fideliter dilegit, quem fastidit; nam et calamitas querula est, et superba felicitas : ita suam quisque fortunam in consilio habet, quum de aliena deliberat : nisi mutuo essemus miseri, olim alius alii potuissemus esse fastidio. Quid mirum est, fortunatos semper parem quærere? Obsecro vos, olim vita defuncti,

velir ces membres mutilés, où l'exil cache à jamais nos horribles cicatrices.

« Notre retour, en effet, serait bien agréable pour nos femmes que nous avons épousées jeunes encore! Nos enfants, brillants de jeunesse et de prospérité, s'empresseront de nous reconnaître? Nos frères reconnaîtront leurs frères dans ces hommes usés par les cachots? Et combien d'entre nous sont capables de parcourir tant de contrées? Loin de l'Europe, relégués au fond de l'Orient, vieux, faibles, privés de la plupart de nos membres, nous supporterons ce qui a fatigué des soldats victorieux! et ces femmes, que le sort et la nécessité nous ont unies, seule consolation de notre captivité; ces enfants, encore en bas âge, faudra-t-il les traîner avec nous, ou les laisser? Arrivant avec eux, personne ne voudra nous reconnaître; et nous nous hâterions d'abandonner ces gages chéris, qui appartiennent aujourd'hui à notre tendresse, incertains de trouver ceux que nous irions chercher? Non, il faut nous cacher parmi ceux qui ne nous ont connus que malheureux. »

Ainsi parla Euthymon. L'Athénien Théétète prit la parole pour lui répondre: « Selon lui, un homme sensible ne mesurerait jamais son affection sur l'aspect que lui offrirait le corps de ses parents, lorsque, surtout, c'était la cruauté de l'ennemi, non la nature, qui les avait frappés de cette disgrâce: c'était se rendre digne de toute espèce de maux, que de rougir des coups du sort; et l'on ne pouvait porter sur l'espèce humaine un si triste arrêt, et désespérer de la pitié, que parce qu'on la refuserait soi-même aux autres. Les dieux, plus favorables

---

quæramus locum, in quo hæc semesa membra obruamus, ubi horribiles cicatrices celet exsilium.

« Grati prorsus conjugibus, quas juvenes duximus, revertemur! Liberi in flore et ætatis et rerum agnoscent, et fratres ergastuli detrimenta? Et quota pars nostri tot obire terras potest? procul Europa in ultima Orientis relegati, senes, debiles, majore membrorum parte mulctati, tolerabimus scilicet, quæ armatos et victores fatigaverunt. Conjuges deinde, quas captis sors et necessitas unicum solatium applicuit, parvosque liberos trahimus nobiscum, an relinquimus? cum his venientes nemo agnoscere volet; relinquemus ergo extemplo præsentia pignora, quum incertum sit, an visuri simus ea quæ petimus? Inter hos latendum est, qui nos miseros nosse cœperunt. »

Hæc Euthymon. Contra Theætetus Atheniensis orsus est dicere: « Neminem pium habitu corporis suos æstimaturum, *utique sævitia hostis, non natura calamitosos. Dignum esse omni malo, qui erubesceret fortuita: tristem enim de mortalitate ferre sententiam, et desperare misericordiam, quia ipse alteri denegaturus

qu'ils n'auraient jamais osé le souhaiter, leur offraient patrie, femmes, enfants, tout ce que les hommes mettent au même prix que la vie, ou qu'ils rachètent par la mort. Pourquoi donc ne s'élanceraient-ils pas hors de cette prison? L'air de la patrie était tout autre, le ciel tout autre : leurs mœurs, leur religion, leur langue faisaient envie aux Barbares même ; tous ces avantages de la nature, ils allaient volontairement y renoncer, lorsque la privation qu'ils en éprouvaient était leur plus grand malheur. Pour lui, bien certainement, il irait retrouver sa patrie et ses pénates, et profiterait de la faveur signalée que leur accordait le roi ; et s'il en était quelques-uns que retenaient une union et des enfants que l'esclavage les avait forcés de reconnaître, ceux qui aimaient la patrie avant tout sauraient bien en faire le sacrifice. »

Un petit nombre fut de cet avis ; les autres cédèrent à l'habitude, plus puissante que la nature. Ils convinrent de demander au roi qu'il leur assignât un lieu pour s'établir. Cent députés furent choisis à cet effet. Alexandre, s'imaginant qu'ils venaient lui demander ce qu'il pensait faire pour eux : « J'ai commandé, leur dit-il, qu'on vous fournît des montures pour vous transporter, et que l'on vous donnât à chacun mille deniers. Lorsque vous serez de retour en Grèce, je saurai faire que personne, sauf vos infirmités, ne puisse trouver sa situation meilleure que la vôtre. » Baignés de larmes, ils regardaient la terre, et n'osaient ni lever les yeux ni parler ; à la fin, le roi voulant connaître la cause de leur tristesse, Euthymon lui ré-

---

sit. Deos, quod ipsi nunquam ausi optare forent, offerre patriam, conjuges, liberos, et quidquid homines vel vita æstimant, vel morte redimunt. Quin illi ex hoc carcere erumperent, alium domi esse cœli haustum, alium lucis aspectum : mores, sacra, linguæ commercium etiam a Barbaris expeti ; quæ ingenita ipsi omissuri sint sua sponte ; non ob aliud tam calamitosi, quam quod illis carere coacti essent. Se certe rediturum ad penates et in patriam, tantoque beneficio regis usurum : si quos contubernii liberorumque, quos servitus coegisset agnoscere, amor detineret, relinquerent, quibus nil patria carius est. »

Pauci hujus sententiæ fuere : ceteros consuetudo, natura potentior, vicit. Consenserunt, petendum esse a rege, ut aliquam ipsis attribueret sedem. Centum ad hoc electi sunt : quos Alexander ratus, quod ipse præstare cogitabat, petituros : « Jumenta, inquit, assignari quæ vos veherent, et singulis vestrum mille denarium dari jussi. Quum redieritis in Græciam, præstabo, ne quis statum suum, si hæc calamitas absit, vestro credat esse meliorem. » Illi, obortis lacrymis, terram intuebautur, nec aut erigere vultus, aut loqui audebant : tandem, rege tristitiæ causam exigente, Euthymon similia iis, quæ in consilio dixerat, respondit. Atque ille, non fortunæ

pondit dans le même sens qu'il avait parlé à l'assemblée. Alexandre, touché de leur misère, compatit aussi à la honte qu'ils en éprouvaient, et leur fit distribuer à chacun trois mille deniers; on y ajouta dix habits, des troupeaux et du blé, pour les mettre en état d'ensemencer et de cultiver les terres qui leur seraient assignées.

VI. Le lendemain, ayant convoqué ses officiers, il leur représenta qu'il n'y avait pas de ville plus ennemie de la Grèce que la capitale des anciens rois de Perse : c'était de là qu'avaient été vomies sur leur patrie ces innombrables armées; c'était de là que Darius, et après lui Xerxès, avaient apporté en Europe une guerre sacrilége : il fallait, par sa ruine, satisfaire aux mânes de leurs ancêtres. Déjà les Barbares avaient abandonné la ville pour fuir chacun où l'entraînait la peur, lorsque le roi, sans plus tarder, fit entrer la phalange. Plusieurs villes, pleines d'une royale opulence, avaient été emportées d'assaut, ou s'étaient volontairement soumises ; mais les richesses de celle-ci surpassaient ce qu'on avait vu jusqu'alors.

Les Barbares y avaient rassemblé les trésors de toute la Perse; l'or et l'argent s'y trouvaient par monceaux; les étoffes précieuses y abondaient, et un ameublement y était étalé, moins destiné à des usages réels, qu'à la vaine ostentation du luxe. Aussi y eut-il combat entre les vainqueurs mêmes : on traitait en ennemi celui qui s'était saisi d'une plus riche part de butin; et, comme ils ne pouvaient emporter tout ce qu'ils trouvaient, ils ne se hâtaient pas de prendre, ils choisissaient. On voyait les vêtements royaux déchirés par les mains qui se

---

solum eorum, sed etiam pœnitentiæ misertus, terna millia denarium singulis dari jussit : denæ vestes adjectæ sunt, et armenta cum pecoribus ac frumento data, ut coli serique attribuus iis ager posset.

VI. Postero die, convocatos duces copiarum docet, nullam infestiorem urbem Græcis esse quam regiam veterum Persidis regum ; hinc illa immensa agmina infusa : hinc Darium prius, deinde Xerxem Europæ impium intulisse bellum; excidio illius parentandum esse majoribus. Jamque Barbari, deserto oppido, qua quemque metus agebat, diffugerant : quum rex phalangem nil cunctatus inducit. Multas urbes, refertas opulentia regia, partim expugnaverat, partim in fidem acceperat : sed urbis hujus divitiæ vicere præterita.

In hanc totius Persidis opes congesserant Barbari; aurum argentumque cumulatum erat : vestis ingens modus : supellex non ad usum modo, sed ad ostentationem luxus comparata. Itaque inter ipsos victores ferro dimicabatur : pro hoste erat, qui pretiosiorem occupaverat prædam ; et quum omnia, quæ reperiebantur, capere non possent, jam res non occupabantur, sed æstimabantur. Lacerabant reges vestes, ad

les disputaient ; des vases d'un travail exquis brisés à coups de hache : rien qui restât intact, rien qui passât sans dommage à celui qui l'emportait ; les statues même s'en allaient en débris, et chacun traînait ce qu'il en avait pu saisir. La cruauté ne se déploya guère moins que l'avarice dans le sac de cette cité malheureuse : chargés d'or et d'argent, les soldats égorgeaient leurs prisonniers, vil objet de mépris pour eux; ceux que naguère le prix de leur possession avait fait trouver dignes de pitié, tombaient égorgés à mesure qu'on les rencontrait. Aussi un grand nombre d'habitants prévinrent-ils les coups de l'ennemi par une mort volontaire : revêtus de leurs habits les plus précieux, ils se précipitaient du haut des murailles avec leurs femmes et leurs enfants. D'autres, prévoyant ce qu'allait bientôt faire le vainqueur, mettaient eux-mêmes le feu à leurs maisons, pour s'y brûler vifs avec leurs familles. A la fin, le roi donna ordre d'épargner les personnes et la parure des femmes.

On fait monter à une somme énorme, et qui excède presque toute croyance, l'argent pris dans Persépolis. Ou il faut douter de tout le reste, ou il faut croire que dans le trésor de cette ville furent trouvés cent vingt mille talents. Le roi, qui voulait les emporter avec lui pour les besoins de la guerre, fit ramasser des bêtes de somme et des chameaux de Suse et de Babylone. A cette somme furent ajoutés six mille talents provenant de la prise de Pasagarde. La ville de Pasagarde avait été fondée par Cyrus; elle fut livrée à Alexandre par Gobarès, qui y commandait. Alexandre laissa dans la citadelle de Persépolis une gar-

se quisque partem trahentes : dolabris pretiosæ artis vasa cædebant : nihil neque intactum erat, neque integrum ferebatur : abrupta simulacrorum membra, ut quisque avellerat, trahebat. Neque avaritia solum, sed etiam crudelitas in capta urbe grassata est : auro argentoque onusti vilia captivorum corpora trucidabant; passimque obvii cædebantur, quos antea pretium sui miserabiles fecerat. Multi ergo hostium manus voluntaria morte occupaverunt ; pretiosissima vestium induti, e muris semetipsos cum conjugibus ac liberis in præceps jactantes. Quidam ignes, quod paulo post facturus hostis videbatur, subjecerant ædibus, ut cum suis vivi cremarentur. Tandem suos rex corporibus et cultu feminarum abstinere jussit.

Ingens pecuniæ captivæ modus traditur, prope ut fidem excedat; ceterum aut de aliis quoque dubitamus, aut credimus in hujus urbis gaza fuisse c et xx millia talenta: ad quæ vehenda, namque ad usus belli secum portare decreverat, jumenta et camelos a Susis et Babylone contrahi jussit. Accessere ad hanc pecuniæ summam, captis Pasagardis, sex millia talentorum. Cyrus Pasagardum urbem condiderat, quam Alexandro præfectus ejus Gobares tradidit. Rex arcem Persepolis, III millibus

nison de trois mille Macédoniens, et en confia la défense à Nicarchide. Tyridate, qui avait livré le trésor, fut maintenu dans le rang qu'il avait occupé près de Darius. Enfin, une grande partie de l'armée, avec les bagages, resta en arrière sous les ordres de Cratère et de Parménion,

Pour lui, accompagné de mille chevaux et d'un corps d'infanterie peu nombreux, il pénétra dans l'intérieur de la Perse à l'époque où se lèvent les Pléiades ; et, quoique contrarié par de grandes pluies et par une saison presque insupportable, il n'en persista pas moins dans sa marche. Il était arrivé en face d'un chemin couvert de neiges éternelles, que l'excès du froid avait durcies. Le triste aspect des lieux, l'inaccessible horreur des déserts épouvantaient le soldat, accablé de fatigue ; il se croyait aux extrémités du monde habité. Les regards se promenaient avec stupeur sur cette nature partout inanimée, et où les pas de l'homme n'avaient laissé aucune trace. Ils voulaient s'en retourner, avant que le ciel même et la lumière vinssent à leur manquer.

Alexandre remit à un autre temps de blâmer leur effroi ; il sauta de cheval, et continua lui-même à marcher à pied sur la neige et la glace durcies. On rougit de ne pas le suivre. Ses amis d'abord, puis les officiers, enfin les soldats s'ébranlèrent avec lui ; le premier, brisant la glace avec une hache, il se fit un chemin, et tous les autres l'imitèrent. Enfin, après avoir traversé des forêts presque impénétrables, ils trouvèrent quelques vestiges d'habitations humaines et des troupeaux errant çà et là. Les gens du pays, qui vivaient dans des cabanes éparses, et

---

Macedonum præsidio relictis, Nicarchidem tueri jubet : Tyridati quoque, gazam tradiderat, servatus est honos, quem apud Darium habuerat : magnaque excercitus parte et impedimentis ibi relictis, Parmenionem Craterumque præfecit.

Ipse cum mille equitibus peditumque expedita manu interiorem Persidis regionem, sub ipsum Vergiliarum sidus, petiit : multisque imbribus et prope intolerabili tempestate vexatus, procedere tamen, quo intenderat, perseveravit. Ventum erat ad iter perpetuis obsitum nivibus, quas frigoris vis gelu astrinxerat. Locorum squalor et solitudines inviæ fatigatum militem terrebant, humanarum rerum terminos se videre credentem. Omnia vasta, atque sine ullo humani cultus vestigio attoniti intuebantur ; et antequam lux quoque et cœlum ipsos dificerent, reverti jubebant.

Rex castigare territos supersedit : ceterum ipse equo desiliit, pedesque per nivem et concretam glaciem ingredi cœpit ; erubuerunt non sequi, primum amici, deinde copiarum duces, ad ultimum milites : primusque rex, dolabra glaciem perfringens, iter sibi fecit : exemplum regis ceteri imitati sunt. Tandem propemodum invias silvas emensi, humani cultus rara vestigia et passim errantes pecorum greges repe-

s'étaient toujours crus cachés derrière des sentiers inaccessibles, n'eurent pas plutôt aperçu l'armée ennemie, qu'ils tuèrent ceux qui ne pouvaient les suivre dans leur fuite, et s'enfoncèrent parmi les neiges, au plus profond de leurs montagnes. Peu à peu cependant leurs entretiens avec les prisonniers les rendirent plus traitables; ils se soumirent, et aucune rigueur ne fut exercée contre eux.

Après avoir ravagé ensuite le territoire de la Perse, et réduit sous son obéissance un assez grand nombre de bourgs, Alexandre entra dans le pays des Mardes, nation très-belliqueuse, et vivant tout autrement que le reste des Perses. Ils se creusent des cavernes dans les montagnes, et c'est là qu'ils vont s'enfouir avec leurs femmes et leurs enfants : leur nourriture est la chair de leurs troupeaux ou des bêtes sauvages. Les femmes même n'y ont pas le caractère ordinaire de leur sexe : elles portent leurs cheveux hérissés; leur vêtement ne descend pas jusqu'aux genoux; elles se ceignent le front d'une fronde, qui leur sert d'ornement de la tête et d'arme tout à la fois. Mais cette nation, comme les autres, céda à l'irrésistible fortune d'Alexandre. Trente jours après qu'il avait quitté Persépolis, il était rentré dans cette ville: Il fit des présents à ses amis et à ses autres compagnons, selon les mérites de chacun : presque tout le butin de Persépolis fut ainsi distribué.

VII. Mais ces nobles qualités du cœur, cet heureux naturel qui l'a placé au dessus de tous les rois, cette constance au milieu des dangers, cette promptitude à entreprendre et à exé-

rere : et incolæ, qui sparsis tuguriis habitabant, quum se callibus inviis septos esse credidissent, ut conspexere hostium agmen, interfectis qui comitari fugientes non poterant, devios montes, et obsitos nivibus petiverunt. Inde per colloquia captivorum paulatim feritate mitigata, tradidere se regi, nec in dediditos gravius consultum.

Vastatis deinde agris Persidis, vicisque compluribus redactis in potestatem, ventum est in Mardorum gentem bellicosissimam, et multum a ceteris Persis cultu vitæ abhorrentem. Specus in montibus fodiunt, in quos seque ac conjuges et liberos condunt : pecorum aut ferarum carne vescuntur. Ne feminis quidem pro naturæ habitu molliora ingenia sunt; comæ prominent hirtæ : vestis super genua est : funda vinciunt frontem; hoc et ornamentum capitis, et telum est. Sed hanc quoque gentem idem fortunæ impetus domuit. Itaque trigesimo die, posteaquam a Persepoli profectus erat, eodem rediit. Dona deinde amicis ceterisque pro cujusque merito dedit; propemodum omnia, quæ in ea urbe ceperat, distributa.

VII. Ceterum ingentia animi bona, illam indolem, qua omnes reges antecessit, illam in subeundis periculis constantiam, in rebus moliendis efficiendisque veloci-

cuter, cette bonne foi envers ceux qui se soumettaient, cette clémence envers les prisonniers, cette modération jusque dans les plaisirs permis et autorisés par l'usage, toutes ces vertus, il les souilla par sa passion inexcusable pour le vin. Tandis que son ennemi, le rival de sa puissance, s'occupait plus que jamais de recommencer la guerre; parmi des peuples nouvellement soumis et indociles à un joug tout récent encore, on le voyait donner en plein jour des festins auxquels assistaient des femmes, non de celles qu'on ne pouvait sans crime outrager, mais des courtisanes habituées à vivre en pleine licence au milieu des gens de guerre. Une d'entre elles, Thaïs, ivre elle-même, assura au roi qu'il acquerrait des droits immortels à la reconnaissance des Grecs, s'il livrait aux flammes le palais des rois de Perse : c'était une satisfaction qu'attendaient les peuples dont les Barbares avaient détruit les villes.

A peine cet arrêt de destruction était-il sorti de la bouche d'une courtisane dans l'ivresse, qu'un ou deux des assistants, chargés de vin comme elle, s'empressent d'y applaudir. Le roi lui-même était plus disposé à donner le signal qu'à l'attendre. « Eh bien, dit-il, que tardons-nous à venger la Grèce et à livrer cette ville aux flammes? » Tous étaient échauffés par le vin : ils se levèrent donc ivres pour brûler une ville qu'ils avaient respectée les armes à la main. Le roi, le premier, mit le feu au palais; puis, après lui, ses convives, ses officiers et la troupe des courtisanes. Une grande partie du palais était bâtie de bois de cèdre : le feu prit promptement, et l'incendie se répandit au loin. A ce spectacle, l'armée, dont les tentes s'étendaient à

---

tatem, in deditos fidem, in captivos clementiam, in voluptatibus permissis quoque et usitatis temperantiam, haud tolerabili vini cupiditate fœdavit. Hoste et æmulo regni reparante tum quum maxime bellum, nuper subactis quos vicerat, novumque imperium aspernantibus, de die inibat convivia, quibus feminæ intererant; non quidem quas violari nefas esset; quippe pellices licentius, quam decebat, cum armato vivere assuetæ. Ex his una Thais, et ipsa temulenta, maximam apud omnes Græcos initurum gratiam, affirmat, si regiam Persarum jussisset incendi; exspectare hoc eos, quorum urbes Barbari delessent.

Ebrio scorto de tanta re ferenti sententiam unus et alter, et ipsi mero onerati, assentiunt. Rex quoque fuit avidior, quam patientior : « Quin igitur ulciscimur Græciam, et urbi faces subdimus? » Omnes incaluerant mero : itaque surgunt temulenti ad incendendam urbem, cui armati pepercerant. Primus rex ignem regiæ injecit; tum convivæ, et ministri, pellicesque. Multa cedro ædificata erat regia : quæ celeriter, igne concepto, late fudit incendium. Quod ubi exercitus, qui haud procul

peu de distance de la ville, croyant que c'était l'effet du hasard, accourut pour apporter du secours; mais lorsque, arrivée à l'entrée du palais, les soldats voient le roi lui-même encore la torche à la main, ils laissent alors de côté l'eau qu'ils avaient portée avec eux, et se mettent à lancer au milieu des flammes des matières combustibles. Ainsi périt la capitale de tout l'Orient, cette cité où tant de nations venaient auparavant demander des lois, la patrie de tant de monarques, jadis l'unique terreur de la Grèce, et qui envoya contre elle une flotte de mille vaisseaux, et des armées dont l'Europe fut inondée, alors que l'on vit un pont jeté sur la mer, et des montagnes percées pour ouvrir un passage aux flots dans leur sein.

Et depuis le long espace de temps qui a suivi sa ruine, elle ne s'est pas relevée. Les rois de Macédoine ont possédé d'autres villes, qui existent aujourd'hui sous la domination des Parthes; mais de celle-ci nul vestige ne se retrouverait, si l'Araxe n'était pas là pour en montrer la place : il coulait près de ses murailles; et c'est d'après cela que les habitants du pays croient plutôt qu'ils ne savent qu'elle en était à vingt stades de distance. Les Macédoniens avaient honte de penser qu'une si noble cité eût été détruite par leur roi, au milieu d'une débauche : aussi envisagèrent-ils plus sérieusement la chose, et prirent sur eux de se persuader que c'était de cette manière que Persépolis devait finir. Lui-même, dès que le repos lui eut rendu sa raison troublée par l'ivresse, en éprouva, assure-t-on, du repentir, et dit que la Grèce eût été bien mieux vengée des Perses, s'ils

---

ab urbe tendebat, conspexit, fortuitum ratus, ad opem ferendam concurrit ; sed ut ad vestibulum regiæ ventum est, vident regem ipsum adhuc aggerentem faces. Omissa igitur, quam portaverant, aqua, aridam materiam in incendium jacere cœperunt. Hunc exitum habuit regia totius Orientis, unde tot gentes ante jura petebant, patria tot regum, unicus quondam Græciæ terror, molita mille navium classem, et exercitus, quibus Europa inundata est, contabulato mari molibus, perfossisque montibus, in quorum specus fretum immissum est.

Ac ne longa quidem ætate, quæ excidium ejus secuta est, resurrexit. Alias urbes habuere Macedonum reges, quas nunc habent Parthi : hujus vestigium non inveniretur, nisi Araxes amnis ostenderet : haud procul mœnibus fluxerat ; inde urbem fuisse xx stadiis distantem, credunt magis, quam sciunt accolæ. Pudebat Macedones, tam præclaram urbem a comessabundo rege deletam esse : itaque res in serium versa est; et imperaverunt sibi, ut crederent, illo potissimum modo fuisse delendam. Ipsum, ut primum gravatam ebrietate mentem quies reddidit, pœnituisse constat, et dixisse, majores pœnas Persas Græcis daturos fuisse, si ipsum in solio regiæque

avaient été condamnés à le voir assis sur le trône de Xerxès. Le lendemain, il fit don de trente talents au Lycien qui lui avait montré le chemin par lequel il était entré dans la Perse. De là, il passa dans le pays des Mèdes, où il reçut de nouvelles recrues qui arrivaient de Cilicie ; elles se composaient de cinq mille hommes de pied et mille chevaux : le tout était commandé par l'Athénien Platon. Avec ce renfort il résolut de poursuivre Darius.

VIII. Darius avait déjà atteint Ecbatane, capitale de la Médie ; cette ville appartient aujourd'hui aux Parthes, et, pendant l'été, elle est la résidence de leurs rois. Il voulait de là passer dans la Bactriane ; mais, craignant d'être gagné de vitesse par Alexandre, il changea d'avis et de route. Alexandre était à quinze cents stades derrière lui, mais nul espace ne lui semblait désormais assez long contre la rapidité de sa marche. Aussi se tenait-il prêt à combattre plutôt qu'à fuir ; trente mille fantassins le suivaient, et, parmi eux, quatre mille Grecs, dont la fidélité resta jusqu'au bout inébranlable. Il avait un corps de frondeurs et d'archers montant à ce même nombre, et avec eux trois mille trois cents hommes de cavalerie, en grande partie composée de Bactriens : Bessus, gouverneur de la Bactriane, les commandait.

Avec cette armée, Darius s'écarta un peu de la route militaire, en faisant marcher en avant les valets et les gardiens des bagages. Ensuite, convoquant son conseil : « Si la fortune, leur dit-il, m'avait associé à des lâches, préférant la vie, quelle

---

Xerxis respicere coacti essent. Postero die, Lycio, itineris, quo Persidem intraverat, duci, xxx talenta dono dedit. Hinc in regionem Mediæ transiit, ubi supplementum novorum militum a Cilicia occurrit : peditum erant quinque millia, equites mille : utrisque Plato Atheniensis præerat. His copiis auctus, Darium persequi statuit.

VIII. Ille jam Ecbatana pervenerat, caput Mediæ ; urbem hanc nunc tenent Parthi, eaque æstiva agentibus sedes est. Adire deinde Bactra decreverat : sed veritus, ne celeritate Alexandri occuparetur, consilium iterque mutavit. Aberat ab eo Alexander stadia mp ; sed jam nullum intervallum adversus celeritatem ejus satis longum videbatur. Itaque prœlio magis, quam fugæ se præparabat ; xxx millia peditum sequebantur, in quibus Græcorum erant iv millia, fide erga regem ad ultimum invicta ; funditorum quoque et sagittariorum manus iv millia expleverat : præter hos iii millia et ccc equites erant, maxime Bactrianorum ; Bessus præerat, Bactrianæ regionis præfectus.

Cum hoc agmine Darius paulum declinavit via militari, jussis præcedere lixis impedimentorumque custodibus. Concilio deinde advocato : « Si me cum ignavis, inquit, et pluris qualemcumque vitam honesta morte æstimantibus, fortuna junxisset,

qu'elle puisse être, à une mort honorable, je me tairais, au lieu de m'épuiser en vains discours; mais je n'ai mis qu'à une trop sûre épreuve votre courage et votre dévouement, et je dois bien plutôt m'efforcer de me rendre digne de pareils amis, que de mettre en doute si vous êtes encore semblables à vous-mêmes. Parmi tant de milliers d'hommes qui m'obéissaient, deux fois vaincu, deux fois réduit à fuir, vous seuls m'avez suivi. Grâce à votre fidélité et à votre constance, je puis encore croire que je suis roi. Des traîtres et des transfuges règnent dans mes villes : non, assurément, qu'on les juge dignes de tant d'honneur, mais pour que leurs récompenses soient un appât qui vous tente.

« Cependant, vous avez mieux aimé suivre ma fortune que celle du vainqueur, bien dignes sans doute, si vous ne l'êtes par moi, d'être récompensés par les dieux; et les dieux ne sauraient manquer de le faire. Il n'y aura point de si sourde postérité, de si ingrate histoire, qui, dans sa juste admiration, ne vous élève jusqu'aux cieux. Aussi, quand j'aurais songé à fuir, ce qui est bien loin de ma pensée, votre courage m'eût donné la confiance de marcher au-devant de l'ennemi. Jusques à quand, en effet, serai-je exilé au sein de mon empire, et fuirai-je à travers mes provinces devant un roi étranger, lorsque, en tentant la fortune des combats, je puis ou réparer mes pertes, ou trouver une mort honorable? à moins toutefois qu'il vaille mieux attendre le bon plaisir du vainqueur, et, à l'exemple de Mazée et de Mithrène, recevoir de sa main le commandement précaire d'une province, si encore il daigne consulter son hon-

---

tacerem potius quam frustra verba consumerem; sed majore, quam vellem documento, et virtutem vestram, et fidem expertus, magis etiam conniti debeo, ut dignus talibus amicis sim, quam dubitare, an vestri similes adhuc sitis. Ex tot millibus, quæ sub imperio fuerunt meo, bis me victum, bis fugientem persecuti estis. Fides vestra et constantia, ut regem me esse credam, facit. Proditores et transfugæ in urbibus meis regnant: non, hercule, qui tanto honore digni habeantur, sed ut præmiis eorum vestri sollicitentur animi.

« Meam tamen fortunam, quam victoris, maluistis sequi; dignissimi, quibus, si ego non possim, dii pro me gratiam referant; et, mehercule, referent. Nulla erit tam surda posteritas, nulla tam ingrata fama, quæ non in cœlum vos debitis laudibus ferat. Itaque, etiam si consilium fugæ, a qua multum abhorret animus, agitassem, vestra tamen virtute fretus obviam issem hosti. Quousque enim in regno exsulabo, et per fines imperii mei fugiam externum et advenam regem, quum liceat experto belli fortunam aut reparare, quæ amisi, aut honesta morte defungi? nisi forte satius est exspectare victoris arbitrium, et, Mazæi et Mithrenis exemplo, precarium

neur plutôt que sa colère. Me préservent les dieux de me voir enlever ou rendre par grâce ce diadème qui orne mon front! Non, jamais vivant je ne perdrai cet empire, et mon règne ne finira qu'avec ma vie.

« Si ces sentiments, si cette résolution sont les vôtres, notre liberté nous est à tous assurée; aucun de vous ne sera forcé de subir les dédains ni de soutenir les regards insolents des Macédoniens. Chacun saura de son propre bras venger ou finir tant de maux. Je puis bien m'offrir pour exemple des vicissitudes de la fortune, et j'ai quelque droit à attendre d'elle un retour moins sévère. Mais si les dieux n'ont plus de faveurs pour les guerres justes et légitimes, du moins une mort honorable sera toujours permise à des gens de cœur. Par les hauts faits de mes ancêtres, qui ont régné avec tant de gloire sur tout l'Orient; par ces vaillants hommes auxquels la Macédoine venait jadis apporter ses tributs; par toutes ces flottes envoyées contre la Grèce; par les trophées de tant de rois, je vous supplie, je vous conjure de prendre des sentiments dignes de votre noble origine, dignes de votre nation : avec la même fermeté de cœur que vous avez montrée dans vos épreuves passées, supportez celles que le sort peut vous réserver dans l'avenir. Pour moi, du moins, je saurai ennoblir à jamais mon nom par une victoire éclatante ou par un combat glorieux. »

IX. Pendant ce discours de Darius, l'image menaçante du danger avait glacé d'effroi les cœurs de tous ceux qui l'écoutaient, et ils ne savaient que résoudre et que dire, lorsque

---

accipere regnum nationis unius, ut jam malit ille gloriæ suæ, quam iræ obsequi. Nec dii siverint, ut hoc decus mei capitis, aut demere mihi quisquam, aut condonare possit : nec hoc imperium vivus amittam ; idemque erit regni mei, qui et spiritus, finis.

« Si hic animus, si hæc lex, nulli non parta libertas est : nemo e vobis fastidium Macedonum, nemo vultum superbum ferre cogetur. Sua cuique dextra, aut ultionem tot malorum pariet, aut finem. Equidem quam versabilis fortuna sit, documentum ipse sum ; nec immerito mitiores vices ejus exspecto ; sed si justa ac pia bella dii aversantur, fortibus tamen viris licebit honeste mori. Per ego vos decora majorum, qui totius Orientis regna cum memorabili laude tenuerunt, per illos viros, quibus stipendium Macedonia quondam tulit, per tot navium classes in Græciam missas, per tot tropæa regum, oro et obtestor, ut nobilitate vestra gentisque dignos spiritus capiatis, ut eadem constantia animorum, qua præterita tolerastis, experiamini, quidquid deinde fors tulerit. Me certe in perpetuum, aut victoria egregia nobilitabit, aut pugna. »

IX. Hæc dicente Dario, præsentis periculi species omnium simul corda animosque horrore perstrinxerat, nec aut consilium suppetebat, aut vox, quum Artabazus, ve-

Artabaze, le plus ancien de ses favoris, qui, ainsi que nous l'avons souvent répété, avait été l'hôte de Philippe, s'écria : « Eh bien donc, revêtus de nos vêtements les plus précieux et parés de nos armes les plus brillantes, nous suivrons le roi au combat, résolus à espérer la victoire sans reculer devant la mort. »

Toute l'assemblée approuva ce langage ; mais Nabarzanes, qui, d'accord avec Bessus, s'était associé à lui pour un forfait jusqu'alors inouï, avait résolu de faire saisir et enchaîner le roi par les troupes qu'ils commandaient tous deux. Leur projet était, dans le cas où Alexandre les poursuivrait, de lui livrer le roi vivant, et de gagner ainsi les bonnes grâces du vainqueur, qui attacherait sans doute un haut prix à la prise de Darius ; si, au contraire, ils pouvaient lui échapper, ils devaient tuer Darius, s'emparer de la couronne, et recommencer la guerre. Comme ils avaient médité de longue main ce parricide, Nabarzanes, pour préparer les voies à ses coupables espérances, s'exprima ainsi :

« Je sais que je vais énoncer une opinion qui, au premier abord, sera peu agréable à tes oreilles ; mais les médecins aussi guérissent les maladies graves par les remèdes violents, et le pilote, quand il craint le naufrage, rachète, en sacrifiant le reste, tout ce qu'il peut conserver. Encore n'est-ce pas un sacrifice que je te viens conseiller, c'est un moyen salutaire de te sauver avec ton empire. Nous sommes engagés dans une guerre où les dieux nous sont contraires ; la fortune opiniâtre

---

tustissimus amicorum, quem hospitem fuisse Philippi sæpe diximus : « Nos vero, inquit, pretiosissima vestium induti, armisque quanto maximo cultu possumus adornati, regem in aciem sequemur, ea quidem mente, victoriam ut speremus, mortem non recusemus. »

Assensu excepere ceteri hanc vocem ; sed Nabarzanes, qui in eodem consilio erat cum Besso, inauditi antea facinoris societate inita, regem suum per milites, quibus ambo præerant, comprehendere et vincire decreverant : ea mente, ut, si Alexander ipsos insecutus foret, tradito rege vivo, inirent gratiam victoris, magni profecto cepisse Darium æstimaturi ; sin autem eum effugere potuissent, interfecto Dario, regnum sibi occuparent, bellumque renovarent. Hoc parricidium quum diu volutassent, Nabarzanes, aditum nefariæ spei præparans :

« Scio, me, inquit, sententiam esse dicturum, prima specie, haudquaquam auribus tuis gratam ; sed medici quoque graviores morbos asperis remediis curant ; et gubernator, ubi naufragium timet, jactura, quidquid servari potest, redimit. Ego tamen, non ut damnum quidem facias, suadeo, sed ut te ac regnum tuum salubri ratione conserves. Diis adversis bellum inimus, et pertinax fortuna Persas urgere

ne cesse d'accabler les Perses de ses coups. Il nous faut chercher de nouveaux auspices qui donnent un autre cours à notre destinée. Abandonne pour un temps l'empire et les droits de la souveraineté à un autre qui porte le titre de roi, jusqu'à ce que l'ennemi soit sorti de l'Asie, et qui, vainqueur, te rendra la couronne. Ce retour de fortune ne saurait longtemps se faire attendre : la raison t'en est le garant. La Bactriane n'a point été entamée par l'ennemi ; les Indiens et les Saces sont encore sous ta domination : des peuples, des armées, des milliers de cavaliers et de fantassins ont leurs armes prêtes pour renouveler la guerre, et elle renaîtra avec un plus menaçant appareil que celui qui a été déployé jusqu'ici. Pourquoi, aussi aveugles que des bêtes sauvages, courir inutilement à notre perte ? Le vrai brave affronte la mort, mais sans haïr la vie. Souvent l'ennui de souffrir enseigne au lâche le mépris de son existence ; mais le courage ne recule devant aucune épreuve. La mort est la dernière de toutes, et c'est assez d'y marcher sans hésiter. Ainsi donc, si nous gagnons la Bactriane, la plus sûre retraite qui nous soit ouverte, que le gouverneur de cette province, que Bessus, selon le vœu des circonstances, devienne notre roi, et, lorsque nos affaires seront rétablies, alors il te rendra, comme au légitime souverain, le dépôt de l'empire. »

Il n'est pas étonnant que Darius n'ait pu retenir sa colère, quoiqu'il ignorât tout ce que ce coupable discours cachait de scélératesse. Aussi, « Misérable esclave, lui dit-il, tu as trouvé le moment que tu désirais, de dévoiler tes projets parricides ! »

---

non desinit ; novis initiis et ominibus opus est. Auspicium, et imperium alii trade interim, qui tam diu rex appelletur, donec Asia decedat hostis ; victor deinde, regnum tibi reddat. Hoc autem brevi futurum ratio promittit. Bactra intacta sunt : Indi et Sacæ in tua potestate : tot populi, tot exercitus, tot equitum peditumque millia ad renovandum bellum vires paratas habent, ut major belli moles supersit, quam exhausta sit. Quid ruimus, belluarum ritu, in perniciem non necessariam? Fortium virorum est, magis mortem contemnere, quam odisse vitam. Sæpe tædio laboris ad vilitatem sui compelluntur ignavi : at virtus nihil inexpertum omittit. Itaque ultimum omnium mors est, ad quam non pigre ire satis est. Proinde si Bactra, quod tutissimum receptaculum est, petimus, præfectum regionis ejus, Bessum, regem, temporis gratia, statuamus. Compositis rebus, justo regi tibi fiduciarum restituet imperium. »

Haud mirum est, Darium non temperasse animo, quanquam, tam impiæ voci quantum nefas subesset, latebat. Itaque : « Pessimum, inquit, mancipium, reperisti exoptatum tibi tempus quo parricidium aperires ! » Strictoque acinace interfecturus

et tirant son cimeterre, il allait le tuer; mais Bessus et les Bactriens, qui, malgré leur tristesse affectée, étaient résolus de le charger de chaînes s'il s'obstinait dans sa colère, l'eurent bientôt environné. Nabarzanes, pendant cette scène, s'était échappé; Bessus ne tarda pas à le suivre, et ils commandèrent aux troupes qu'ils avaient sous leurs ordres de se séparer du reste de l'armée pour tenir secrètement conseil. Artabaze, ouvrant un avis conforme à la fortune présente de son maître, essaya de calmer Darius, en lui faisant de moment en moment le tableau des circonstances : ces hommes, lui disait-il, quels qu'ils fussent, étaient ses serviteurs, et il fallait prendre en patience leur folie et leur erreur. Alexandre allait arriver, redoutable quand Darius aurait contre lui toutes ses forces : que serait-ce s'il était délaissé de ceux qui l'avaient accompagné dans sa fuite? Darius défera à l'avis d'Artabaze; il avait résolu de lever le camp; mais le trouble des esprits était trop grand, et il demeura dans le même endroit : abattu par la tristesse et le désespoir, il s'enferma dans sa tente.

On vit alors dans ce camp, où nul n'exerçait l'autorité du commandement, les esprits livrés à des mouvements divers; il n'y avait plus de délibération commune. Patron, chef des soldats grecs, leur ordonna de prendre les armes et de se tenir prêts à obéir au premier signal. Les Perses s'étaient retirés de leur côté : Bessus était avec ses Bactriens, et s'efforçait d'entraîner les Perses; il leur vantait la Bactriane et la richesse d'un pays que n'avait pas ravagé la guerre, et leur faisait voir les périls dont ils étaient menacés, s'ils restaient avec le roi. Il

---

videbatur, ni propere Bessus Bactrianique, tristium specie, ceterum, si perseveraret, vincturi, circumstetissent. Nabarzanes interim elapsus, mox et Bessus secutus, copias, quibus præerant, a cetero exercitu secedere jubent, secretum inituri concilium. Artabazus convenientem præsenti fortunæ sententiam orsus, mitigare Darium, temporum identidem admonens, cœpit : ferret æquo animo qualiumcunque, suorum tamen, vel stultitiam, vel errorem. Instare Alexandrum gravem, etiam si omnes præsto essent : quid futurum, si persecuti fugam ipsius, alienentur a rege? Ea re paruit Artabazo; et quanquam movere castra statuerat, turbatis tamen omnium animis, eodem in loco substitit; sed attonitus mœstitia simul et desperatione, tabernaculo se inclusit.

Ergo in castris, quæ nullius regebantur imperio, varii animorum motus erant; nec in commune, ut antea, consulebatur. Dux græcorum militum Patron arma capere suos jubet, paratosque esse ad exsequendum imperium. Persæ secesserant : Bessus cum Bactrianis erat, tentabatque Persas abducere, Bactra, et intactæ regionis opulentiam, simulque quæ manentibus instarent pericula, ostentans. Persarum om-

n'y eut presque qu'une voix parmi les Perses, c'est que ce serait un crime d'abandonner le roi. Cependant Artabaze remplissait tous les devoirs du commandement suprême : il parcourait les tentes des Perses, les encourageait, leur parlait tantôt séparément, tantôt en masse ; et il ne cessa de le faire qu'après s'être assuré qu'ils obéiraient à ses ordres. Il obtint aussi à grand'peine de Darius qu'il prît quelque nourriture et se souvînt qu'il était roi.

X. Cependant Bessus et Nabarzanes, dans leur ardent désir de régner, songent à consommer le crime qu'ils ont dès longtemps médité : tant que Darius vivrait, ils savaient qu'ils ne pourraient prétendre à une si haute fortune. Chez ces peuples, en effet, la majesté des rois est sacrée : les Barbares se rallient au nom seul de la royauté ; et les respects que l'on payait au monarque dans sa prospérité le suivent dans l'infortune. Ce qui donnait de l'audace aux deux traîtres, c'était le pays qu'ils commandaient, aussi riche en armes et en soldats, aussi puissant en étendue qu'aucune des contrées de l'empire des Perses : il forme le tiers de l'Asie, et la jeunesse qu'il renferme égalait en nombre les armées que Darius avait perdues. Aussi Bessus et Nabarzanes méprisaient-ils, à l'égal de ce prince, Alexandre lui-même : s'ils étaient une fois maîtres du pays, ils y trouveraient de quoi réparer les forces de l'empire.

Après avoir tout considéré, le projet auquel ils s'arrêtèrent fut de se saisir de Darius, au moyen des soldats bactriens, dont l'obéissance passive leur était assurée, et d'envoyer ensuite un messager vers Alexandre pour l'informer qu'ils gardaient le

---

nium eadem fere fuit vox, nefas esse deseri regem. Inter hæc Artabazus omnibus imperatoriis fungebatur officiis : ille Persarum tabernacula circumire, hortari, monere nunc singulos, nunc universos ; non ante destitit, quam satis constaret, imperata facturos. Idem ægre a Dario impetravit, ut cibum caperet animumque regis.

X. At Bessus et Nabarzanes olim agitatum scelus exsequi statuunt, regni cupiditate accensi : Dario autem incolumi, tantas opes sperare non poterant. Quippe in illis gentibus regum eximia majestas est ; ad nomen quoque barbari conveniunt ; et pristinæ veneratio fortunæ sequitur adversam. Inflabat impios animos regio, cui præerant, armis virisque, et spatio locorum nulli earum gentium secunda : tertiam partem Asiæ tenet : multitudo juniorum exercitus, quos amiserat Darius, æquabat. Itaque non illum modo, sed etiam Alexandrum spernebant, inde vires imperii repetituri, si regionis potiri contigissent.

Diu omnibus cogitatis, placuit per milites Bactrianos, ad omne obsequium destinatos, regem comprehendere, mittique nuntium ad Alexandrum, qui indicaret, vivum asservari eum. Si, id quod timebant, proditionem aspernatus esset, occisuri

roi vivant entre leurs mains. Si, comme ils le craignaient, leur trahison était mal accueillie, ils tueraient Darius, et gagneraient la Bactriane avec les troupes qui leur appartenaient. Cependant s'emparer de Darius à force ouverte était impossible parmi tant de milliers de Perses prêts à voler à son secours : il y avait aussi à craindre la fidélité des Grecs.

Ce qu'ils ne pouvaient gagner par la force, ils se décidèrent donc à l'obtenir par la ruse : ils voulaient feindre un grand repentir de leur défection, et se justifier auprès du roi du trouble qu'ils avaient causé. En même temps, des émissaires sont envoyés pour pratiquer les esprits des Perses. Tour à tour on emploie la crainte ou l'espérance pour remuer le soldat. Ils vont, leur dit-on, placer volontairement leur tête sous les ruines de l'empire; ils se laissent traîner à leur perte, lorsque la Bactriane leur est ouverte et leur offre des dons, une opulence telle qu'ils ne la peuvent imaginer. Au milieu de toutes ces menées, Artabaze vient les trouver, soit par l'ordre du roi, soit de son propre mouvement, et leur annonce que Darius est calmé, et que le même rang leur est toujours assuré dans la faveur du roi. Les traîtres versent alors des larmes : ils essayent de se justifier; ils supplient Artabaze de prendre leur défense et de porter au roi leurs prières. Ainsi se passa la nuit. Au lever du jour, Bessus et Nabarzanes, avec leurs soldats bactriens, se présentèrent à l'entrée de la tente royale, cachant leurs projets criminels sous le prétexte des devoirs accoutumés de l'obéissance. Darius donna le signal de partir, et, comme à l'ordinaire, monta sur son char.

Darium, et Bactra cum suarum gentium manu petituri. Ceterum propalam comprehendi Darius non poterat, tot Persarum millibus laturis opem regi : Græcorum quoque fides timebatur.

Itaque, quod non poterant vi, fraude assequi tentant : pœnitentiam secessionis simulare decreverant, et excusare apud regem consternationem suam. Interim, qui Persas sollicitarent, mittuntur : hinc spe, hinc metu militares animos versant; ruinæ rerum illos subdere capita ; in pernicem trahi; quum Bactra pateant, exceptura eos donis et opulentia, quantam animis concipere non possint. Hæc agitantibus Artabazus supervenit, sive regis jussu, sive sua sponte, affirmans, mitigatum esse Darium, eumdem illis amicitiæ gradum patere apud regem. Illi lacrymantes nunc purgare se, nunc Artabazum orare, ut causam ipsorum tueretur, precesque perferret. Sic peracta nocte, sub lucis ortum, Bessus et Nabarzanes cum bactrianis militibus in vestibulo prætorii aderant, titulum solemnis officii occulto sceleri præferentes. Darius, signo ad eundum dato, currum pristino more conscendit.

Nabarzanes et les autres parricides, se prosternant à terre, n'eurent pas honte d'adorer celui que, quelques instants après, ils allaient tenir dans les fers; ils allèrent jusqu'à verser des larmes de repentir : tant la dissimulation est facile au cœur de l'homme! Les prières, les supplications qu'ils y joignirent touchèrent l'âme naturellement douce et confiante de Darius; il crut à leurs protestations, il pleura même avec eux. Mais ils n'en éprouvèrent pas plus de remords de leur projet criminel, quoiqu'ils vissent quel prince et quel homme ils trompaient! Pour lui, sans crainte du péril qui le menaçait, il ne songeait qu'à fuir en toute hâte les mains d'Alexandre, qu'il croyait seules avoir à redouter.

XI. Cependant Patron, chef des troupes grecques, avait ordonné aux siens de se couvrir de leurs armes, qui, auparavant, étaient transportées avec les bagages, et d'être prêts et attentifs à tous ses commandements. Lui-même suivait le char du roi, épiant l'occasion de lui parler, car il avait pénétré les projets criminels de Bessus; mais Bessus, qui craignait cela même, gardait le roi plutôt qu'il ne l'accompagnait, et ne s'écartait pas du char. Patron hésita longtemps, et se retint plus d'une fois de parler : incertain entre le devoir et la crainte, il regardait le roi. Darius tourna enfin les yeux de son côté, et lui fit demander par l'eunuque Bubace, l'un de ceux qui suivaient de plus près le char, s'il avait quelque chose à lui dire. Patron répondit qu'il désirait lui parler, mais sans témoins. On le fit approcher, et sans se servir d'interprète, car

---

Nabarzanes ceterique parricidæ, procumbentes humi, quem paulo post in vinculis habituri erant, sustinuere venerari; lacrymas etiam pœnitentiæ indices profuderunt : adeo humanis ingeniis parata simulatio est! Preces deinde suppliciter admotæ Darium, natura simplicem et mitem, non credere modo, quæ affirmabant, sed etiam flere coegerunt. Ac ne tum quidem cogitati sceleris pœnituit, quum intuerentur, qualem et regem et virum fallerent. Ille quidem securus periculi, quod instabat, Alexandri manus, quas solas timebat, effugere properabat.

XI. Patron autem, Græcorum dux, præcepit suis, ut arma, quæ in sarcinis antea ferebantur, induerent, ad omne imperium suum parati et intenti. Ipse currum regis sequebatur, occasioni imminens alloquendi eum; quippe Bessi facinus præsenserat : sed Bessus, id ipsum metuens, custos verius, quam comes, a curru non recedebat. Diu ergo Patron cunctatus, ac sæpius sermone revocato, inter fidem timoremque hæsitans, regem intuebatur. Qui, ut tandem advertit oculos, Bubacen spadonem inter proximos currum sequentem percontari jubet, numquid ipsi velit dicere. Patron, se vero, sed remotis arbitris, loqui velle cum eo respondit. Jussusque propius accedere, sine interprete (nam haud rudis græcæ linguæ Darius erat):

Darius entendait bien la langue grecque : « Roi, lui dit-il, de cinquante mille Grecs que nous étions, nous ne restons plus qu'un petit nombre d'hommes, compagnons de toutes les vicissitudes de ta fortune; malheureux comme nous te voyons, nous sommes pour toi les mêmes que nous le fûmes au temps de ta splendeur. Quelque séjour que tu choisisses, nous l'adopterons pour notre patrie, pour nos foyers domestiques. Tes adversités comme tes prospérités nous ont inséparablement attachés à toi. C'est au nom de cette fidélité inaltérable que je te conjure et te supplie de placer ta tente au milieu de notre camp, de permettre que nous soyons les gardiens de ta personne. La Grèce est perdue pour nous; nous n'avons pas de Bactriane qui nous soit ouverte; toute notre espérance est en toi; plût aux dieux que nous pussions la placer aussi en d'autres! Il ne m'appartient pas d'en dire davantage. Mais, étranger comme je le suis, je ne solliciterais pas la garde de ta personne, si je croyais qu'elle pût être confiée à d'autres mains. »

Bessus n'entendait point la langue grecque, mais le cri de sa conscience lui disait que Patron l'avait dénoncé; et le rapport d'un interprète ne lui laissa plus de doute. Darius, cependant, sans témoigner le moindre effroi sur son visage, demanda à Patron les motifs du conseil qu'il lui donnait. Celui-ci, ne croyant plus qu'il fût permis de différer : « Bessus, dit-il, et Nabarzanes conspirent contre toi : tout à l'heure, peut-être, c'en est fait de ta fortune et de ta vie. Ce jour doit être le dernier pour toi ou pour les traîtres. » Patron venait

---

« Rex, inquit, ex L millibus Græcorum supersumus pauci, omnis fortunæ tuæ comites; et in hoc tuo statu idem, qui, florente te, fuimus, quascunque sedes elegeris, pro patria et domesticis rebus petituri. Secundæ adversæque res tuæ copulavere nos tecum. Per hanc fidem invictam oro et obtestor, in nostris castris tibi tabernaculum statue, nos corporis tui custodes esse patiaris. Amisimus Græciam; nulla Bactra sunt nobis; spes omnis in te, utinam et in ceteris esset! Plura dici non attinet. Custodiam corporis tui externus et alienigena non deposcerem, si crederem alium posse præstare. »

Bessus, quanquam erat græci sermonis ignarus, tamen, stimulante conscientia, indicium profecto Patronem detulisse credebat : et interpretis græci relato sermone exempta dubitatio. Darius autem, quantum ex vultu concipi poterat, haud sane territus, percontari Patrona causam consilii, quod afferret, cœpit. Ille non ultra differendum ratus : « Bessus, inquit, et Nabarzanes insidiantur tibi, in ultimo discrimine et fortunæ tuæ, et vitæ. Hic dies aut parricidis, aut tibi futurus ultimus. »
Et Patron quidem egregiam conservati regis gloriam tulerat. Eludant licet, quibus

de mériter l'insigne gloire de sauver le roi. Ceux-là sans doute en riront, qui se persuadent que les choses humaines roulent aveuglément au gré du hasard; pour moi, je suis convaincu que, d'après un ordre éternellement établi et un enchainement de causes cachées et fixées longtemps d'avance, chacun fournit immuablement le cours de sa destinée. Ce qu'il y a de certain, c'est que Darius répondit « que, tout assuré qu'il était du dévouement des soldats grecs, il ne se séparerait jamais de ceux de sa nation; il lui en coûtait plus de condamner que de se laisser tromper; et, quoi que le sort lui réservât, il aimait mieux le souffrir au milieu des siens que de se faire transfuge. Il mourrait encore trop tard, si ses soldats ne voulaient plus qu'il vécût. » Patron, désespérant de sauver le roi, retourna vers les troupes qu'il commandait, résolu de tout braver pour garder sa foi.

XII. Bessus avait conçu l'affreux dessein de tuer sur-le-champ le roi; mais, craignant de ne point gagner les bonnes grâces d'Alexandre, s'il ne le livrait pas vivant, il différa son crime jusqu'à la nuit suivante. Cependant il se mit à féliciter le roi d'avoir su, avec autant d'habileté que de prudence, échapper aux pièges d'un traître, déjà l'œil tourné vers la fortune d'Alexandre, et qui serait allé lui offrir en présent la tête du roi. Fallait-il s'étonner que tout fût vénal pour un mercenaire sans famille, sans patrie, exilé sur la surface de la terre, toujours prêt à devenir un ennemi et à se mettre aux ordres du plus offrant? Il se justifia ensuite, en prenant à témoin de sa fidélité les dieux de la patrie. Darius le regardait d'un air qui

---

forte ac temere humana negotia volvi agique persuasum est. Equidem æterna constitutione crediderim, nexuque causarum latentium, et multo ante destinatarum, suum quemque ordinem immutabili lege percurrere. Darius certe respondit, quanquam sibi græcorum militum fides nota sit, nunquam tamen a popularibus suis recessurum; difficilius sibi esse damnare, quam decipi; quidquid sors tulisset, inter suos perpeti malle, quam transfugam fieri. Sero se perire, si salvum esse sui milites nollent. Patron, desperata salute regis, ad eos, quibus præerat, rediit, omnia pro fide experiri paratus.

XII. At Bessus occidendi protinus regis impetum conceperat : sed veritus, ne gratiam Alexandri, ni vivum eum tradidisset, inire non posset, dilato in proximam noctem sceleris consilio, agere gratias incipit, quod perfidi hominis insidias, jam Alexandri opes spectantis, prudenter cauteque vitasset : donum eum hosti laturum fuisse regis caput ; nec mirari, hominem mercede conductum omnia habere venalia, sine pignore, sine lare, terrarum orbis exsulem; ancipitem hostem, ad nutum licentium circumferri. Purganti deinde se, deosque patrios testes fidei suæ invocanti,

semblait croire à ses protestations : non qu'il doutât de la vérité de ce que lui dénonçaient les Grecs ; mais, au point où les choses en étaient venues, il y avait autant de danger pour lui à se défier des siens qu'à se laisser tromper. Ceux dont il craignait la légèreté trop facilement exposée aux tentations du crime, étaient trente mille hommes ; Patron n'en avait que quatre mille : se mettre sous leur garde, c'était accuser hautement ses sujets d'infidélité et fournir une excuse au parricide : or, il aimait mieux subir une injuste violence que de la légitimer.

Cependant il répondit à la justification de Bessus, que l'équité d'Alexandre lui était aussi bien connue que sa valeur ; qu'attendre de ce prince le prix d'une trahison, c'était se tromper : que personne, au contraire, ne se montrerait plus ardent que lui à punir et à venger la foi violée. Déjà la nuit approchait, et les Perses ayant, selon l'usage, quitté leurs armes, s'étaient dispersés pour apporter du village voisin ce qui leur était nécessaire. Les Bactriens, de leur côté, d'après l'ordre que leur avait donné Bessus, étaient restés sous les armes. En ce moment, Darius fait appeler Artabaze, et lui communique les révélations de Patron. Artabaze ne douta pas que le roi ne dût passer dans le camp des Grecs : les Perses, ajouta-t-il, à la nouvelle du danger qu'il avait couru, s'empresseraient de l'y suivre. Se résignant à sa destinée, et désormais incapable d'entendre aucun avis salutaire, il embrasse Artabaze, son unique consolation dans sa triste fortune, comme s'il le voyait pour la dernière fois ; et, baigné de leurs communes larmes, il lui ordonne de s'arracher de ses bras ; puis, se voilant la tête pour ne pas voir,

---

Darius vultu assentiebat, haud dubius, quin vera deferrentur a Græcis : sed eo rerum ventum erat, ut tam periculosum esset non credere suis, quam decipi. xxx millia erant, quorum inclinata in scelus levitas timebatur ; quatuor millia Patron habebat : quibus si credidisset salutem suam, damnata popularium fide, parricidio excusationem videbat offerri : itaque præoptabat immerito, quam jure violari. »

Besso tamen, insidiarum consilium purganti, respondit, « Alexandri sibi non minus justitiam, quam virtutem esse perspectam. Falli eos, qui proditionis ab eo præmium exspectent ; violatæ fidei neminem acriorem fore vindicem ultoremque. »

Jamque nox appetebat, quum Persæ, more solito armis positis, ad necessaria ex proximo vico ferenda discurrunt ; at Bactriani, ut imperatum erat a Besso, armati stabant. Inter hæc Darius Artabazum acciri jubet ; expositisque, quæ Patron detulerat, haut dubitare Artabazus, quin transeundum esset in castra Græcorum : Persas quoque, periculo vulgato, secuturos. Destinatus sorti suæ, et jam nullius salubris consilii patiens, unicam in illa fortuna opem, Artabazum, ultimum illum visurus, amplectitur ; perfususque mutuis lacrymis, inhærentem sibi avelli jubet : capite

comme du haut du bûcher, s'éloigner son ami et entendre ses gémissements, il se jette le visage contre terre.

Alors les soldats qui formaient sa garde, et qui devaient, au péril même de leur vie, défendre la sienne, se dispersèrent, se trouvant trop faibles pour résister aux bandes armées qu'ils croyaient déjà voir arriver. Une solitude profonde régnait dans la tente royale; un petit nombre d'eunuques, sans autre asile où se retirer, étaient restés seuls autour du roi. Longtemps, sans témoins qui l'observassent, il roula dans sa pensée une succession de projets divers. Mais, fatigué à la fin de la solitude qu'il avait cherchée peu auparavant comme une consolation, il fit appeler Bubacès, et se tournant vers lui : « Allez, dit-il, songez à vous-mêmes, maintenant que vous avez rempli jusqu'au bout vos devoirs envers votre roi ; quant à moi, j'attends ici l'arrêt de ma destinée. Tu t'étonneras, peut-être, que je ne mette pas fin à mes jours? c'est que j'aime mieux périr par le crime d'un autre que par le mien. » En entendant ces mots, l'eunuque fit retentir de ses gémissements la tente et même le camp tout entier. Bientôt d'autres accoururent, et, déchirant leurs vêtements, se mirent à déplorer le sort de leur roi par les hurlements lugubres des Barbares. Les Perses, au bruit de ces cris, frappés d'épouvante, n'osaient ni prendre les armes de peur d'être attaqués par les Bactriens, ni demeurer dans l'inaction, pour ne point paraître abandonner lâchement leur monarque. Ce n'était, dans tout le camp, que clameurs confuses et discordantes; il n'y avait plus de chef dont la voix pût commander.

---

deinde velato, ne inter gemitus digredientem velut a rogo intueretur, in humum pronum corpus abjecit.

Tum vero custodiæ ejus assueti, quos regis salutem vel periculo vitæ tueri oportebat, dilapsi sunt, cum armatis, quos jam adventare credebant, haud rati se futuros pares. Ingens ergo in tabernaculo solitudo erat, paucis spadonibus, quia, quo discederent, non habebant, circumstantibus regem. At ille, remotis arbitris, diu aliud atque aliud consilium animo volutabat. Jamque solitudinem, quam paulo ante pro solatio petiverat, perosus, Bubacem vocari jubet; quem intuens : « Ite, inquit, consulite vobis, ad ultimum regi vestro, ut decebat, fide exhibita ; ego hic legem fati mei exspecto. Forsitan mireris, quod vitam non finiam? alieno scelere, quam meo mori malo. » Post hanc vocem, spado gemitu non modo tabernaculum, sed etiam castra complevit. Irrupere deinde alii; laceratisque vestibus, lugubri et barbaro ululatu regem deplorare cœperunt. Persæ, ad illos clamore perlato, attoniti metu, nec arma capere, ne in Bactrianos inciderent, nec quiescere audebant, ne impie deserere regem viderentur. Varius ac dissonus clamor, sine duce ac sine imperio, otis castris referebatur.

Cependant les partisans de Bessus et de Nabarzanes étaient venus leur annoncer que le roi s'était donné la mort : c'étaient les cris de ses serviteurs qui les avaient trompés. Ils accourent donc à bride abattue, suivis de ceux qu'ils avaient choisis pour ministres de leur crime ; et, lorsqu'à leur entrée dans la tente les eunuques leur apprennent que le roi est vivant, ils le font saisir et charger de chaînes. Ce roi, naguère monté sur un char, et adoré comme un dieu par ses sujets, maintenant leur prisonnier, sans qu'aucune main étrangère eût pris part à cette violence, fut jeté sur un sale chariot, couvert de peaux de tous côtés. Ses trésors et son ameublement furent pillés, comme par le droit de la guerre ; et, chargés d'un butin qu'ils avaient acquis par le dernier des forfaits, les traîtres prirent la fuite. Artabaze, avec les serviteurs encore fidèles et les Grecs, prit la route de la Parthiène, se croyant partout plus en sûreté qu'en la compagnie des parricides. Les Perses, comblés de promesses par Bessus, et ne trouvant d'ailleurs nul autre chef à suivre, se réunirent aux Bactriens, dont ils rejoignirent, trois jours après, le corps d'armée. Cependant, pour que la royauté ne fût pas privée de ses honneurs, Darius fut chargé de chaînes d'or, par une de ces cruelles dérisions que la fortune se plaît à imaginer sans cesse. En même temps, pour éviter que ses vêtements royaux le fissent reconnaître, le chariot fut recouvert de mauvaises peaux de bêtes : c'étaient des gens inconnus qui menaient les chevaux, afin de n'avoir pas à le montrer aux curieux sur la route : les gardes suivaient à distance.

Besso et Nabarzani nuntiaverant sui, regem a semet ipso interemptum esse; planctus eos deceperat. Itaque citatis equis advolant, sequentibus, quos ad ministerium sceleris delegerant : et quum tabernaculum intrassent, quia regem vivere spadones indicabant, comprehendi vincirique jusserunt. Rex, curru paulo ante vectus, et deorum a suis honoribus cultus, nulla externa ope admota, captivus servorum suorum, in sordidum vehiculum, pellibus undique contectum, imponitur. Pecunia regis et supellex, quasi jure belli, diripitur, onustique præda, per scelus ultimum parta, fugam intendunt. Artabazus cum iis, qui imperio parebant, græcisque militibus, Parthienen petebat, omnia tutiora parricidarum contuitu ratus. Persæ, promissis Bessi onerati, maxime quia nemo alius erat, quem sequerentur, conjunxere se Bactrianis, agmen eorum tertio assecuti die. Ne tamen honos regi non haberetur, aureis compedibus Darium vinciunt, nova ludibria subinde excogitante fortuna. Et, ne forte cultu regio posset agnosci, sordidis pellibus vehiculum intexerant : ignoti jumenta agebant, ne percontantibus in agmine monstrari posset : custodes procul sequebantur.

XIII. Lorsque Alexandre apprit que Darius avait quitté Ecbatane, laissant la route de la Médie, qui lui était ouverte, il se remit en toute hâte à sa poursuite. A l'extrémité de la Parétacène est la ville de Tabas : là, des transfuges lui annoncent que Darius, dans sa fuite précipitée, se dirige sur la Bactriane. Des renseignements plus certains lui furent bientôt donnés par le Babylonien Bagistanès : on ne lui parlait pas encore de la captivité du roi, mais du danger que courait sa vie ou du moins sa liberté. Alexandre ayant convoqué les chefs de l'armée : « Une grande tâche nous reste, leur dit-il, mais qui nous coûtera peu de peine : Darius n'est pas loin d'ici, abandonné des siens et peut-être leur victime. En sa personne est placée notre victoire ; et ce grand avantage sera pour nous le prix de la célérité. » Tous s'écrient d'une voix qu'ils sont prêts à le suivre, et qu'il ne leur épargnât ni fatigues ni dangers. Il emmène donc en toute hâte son armée, d'un pas qui ressemblait à une course plutôt qu'à une marche, sans même leur accorder le repos de la nuit pour les délasser des fatigues du jour.

Il parcourut ainsi cinq cents stades, et arriva dans le village où Bessus s'était emparé de la personne de Darius : on y trouva Mélon, interprète de ce prince, malade ; il n'avait pu suivre l'armée, et se voyant surpris par la rapidité d'Alexandre, il se donna pour transfuge. On apprit de lui tout ce qui s'était passé. Mais les soldats épuisés avaient besoin de repos ; Alexandre choisit donc parmi eux six mille hommes de cavalerie, auxquels il joignit trois cents de ceux que l'on appelait *Dimaques* : avec

---

XIII. Alexander, audito Darium movisse ab Ecbatanis, omisso itinere, quod patebat in Mediam, fugientem insequi pergit strenue. Tabas oppidum est in Parætacene ultima : ibi transfugæ nuntiant, præcipitem fuga Bactra petere Darium. Certiora deinde cognoscit ex Bagistane Babylonio, non equidem vinctum regem, sed in periculo esse aut mortis, aut vinculorum. Rex, ducibus convocatis : « Maximum, inquit, opus, sed labor brevissimus superest ; Darius haud procul destitutus a suis, aut oppressus. In illo corpore posita est victoria nostra : et tanta res, celeritatis præmium. » Omnes pariter conclamant, paratos ipsos sequi ; nec labori, nec periculo parcerret. Igitur raptim agmen cursus magis, quam itineris modo ducit, ne nocturna quidem quiete diurnum laborem relaxante.

Itaque quingenta stadia processit : perventumque erat in vicum, in quo Darium Bessus comprehenderat : ibi Melon, Darii interpres, excipitur : corpore æger non potuerat agmen sequi, et, deprehensus celeritate regis, transfugam se esse simulabat. Ex hoc acta cognoscit. Sed fatigatis necessaria quies erat. Itaque delectis equitum sex millibus trecentos, quos *Dimachas* appellabant, adjungit : dorso hi graviora

la lourde armure de l'infanterie, ils combattaient à cheval ; seulement on les mettait à pied, quand l'occasion ou le terrain le demandaient. Au milieu de ces dispositions arrivent, vers Alexandre, Orsillos et Mithracénès, qui, pleins d'horreur pour le parricide de Bessus, passaient dans les rangs ennemis : ils lui annoncent que les Perses sont à cinq cents stades ; qu'ils lui montreront un chemin plus court.

L'arrivée de ces transfuges fut agréable au roi : il les accepta pour guides ; et, sur le soir, avec un corps de cavalerie légère, il prit le chemin qu'ils lui indiquaient : l'ordre fut laissé à la phalange de le suivre avec toute la diligence possible. Pour lui, marchant en bataillon carré, il réglait le pas, de manière que les premiers pussent faire corps avec les derniers. On avait fait trois cents stades lorsqu'en rencontra Brocubélus, fils de Mazée, et jadis gouverneur de Syrie : il venait grossir le nombre des transfuges, et rapportait que Bessus n'était plus qu'à deux cents stades ; que son armée, ne songeant à aucune précaution, marchait débandée et sans ordre ; qu'elle paraissait se diriger sur l'Hyrcanie ; qu'en se hâtant de les poursuivre, on les surprendrait au milieu de leur désordre : qu'au reste Darius vivait encore. Les paroles du transfuge accrurent le désir déjà vif qu'éprouvait Alexandre d'atteindre l'ennemi. Tous à l'envi pressent leurs chevaux de l'éperon, et l'on se lance à toute bride. Déjà l'on entendait le bruit des bataillons ennemis en marche, mais un nuage de poussière en dérobait la vue : on s'arrêta donc un moment, jusqu'à ce que ce nuage fût abattu.

---

arma portabant, ceterum equis vehebantur ; quum res locusque posceret, pedestris acies erat. Hæc agentem Alexandrum adeunt Orsillos et Mithracenes, qui Bessi parricidium exosi transfugerant : nuntiabantque, stadia ᴅ abesse Persas ; ipsos brevius iter monstraturos.

Gratus regi adventus transfugarum fuit ; itaque, prima vespera, ducibus iisdem, cum expedita equitum manu monstratam viam ingreditur, phalange, quantum festinare posset, sequi jussa. Ipse quadrato agmine incedens, ita cursum regebat, ut primi conjungi ultimis possent. ccc stadia processerant, quum occurrit Brocubelus, Mazæi filius, Syriæ quondam prætor : is quoque transfuga nuntiabat, Bessum haud amplius quam cc stadia abesse. Exercitum, utpote qui nihil præcaveret, incompositum inordinatumque procedere : Hyrcaniam videri petituros ; si festinaret sequi, palantibus superventurum : Darium adhuc vivere. Strenuo alioqui cupiditatem consequendi transfuga injecerat : itaque, calcaribus subditis, effuso cursu eunt. Jamque fremitus hostium iter ingredientium exaudiebatur ; sed prospectum ademerat pulveris nubes ; paulisper ergo inhibuit cursum, donec consideret pulvis.

On se trouva alors en vue des Barbares, et l'on pouvait distinguer leurs bandes en retraite : la lutte n'eût pas été égale, si Bessus eût eu autant de résolution pour le combat qu'il en avait montré pour le parricide. Les Barbares, en effet, l'emportaient par le nombre et par la force; sans compter que leurs troupes toutes fraîches eussent trouvé devant elles un ennemi fatigué. Mais le grand nom d'Alexandre et sa renommée, avantages toujours si décisifs à la guerre, les firent fuir tout troublés d'épouvante. Bessus et ses complices ayant rejoint le chariot de Darius, se mirent à le presser de monter à cheval et de se dérober à l'ennemi par la fuite. Darius proteste que ce sont les dieux vengeurs qui viennent à son aide; et, implorant la loyauté d'Alexandre, il se refuse à suivre des parricides. Enflammés alors de colère, ils accablent le roi de leurs traits, et le laissent percé de coups. Ils couvrent aussi de blessures les chevaux qui le traînaient, pour les empêcher d'avancer davantage, et mettent à mort deux esclaves qui l'accompagnaient. Ayant ainsi consommé leur crime, Nabarzanes et Bessus, pour diviser la trace de leur fuite, gagnent l'un l'Hyrcanie, l'autre la Bactriane, avec une faible escorte de cavalerie. Les Barbares, sans chefs, se dispersent au gré de l'espérance ou de la peur; cinq cents cavaliers seulement s'étaient ralliés, incertains encore s'ils devaient résister ou fuir.

Alexandre, qui a reconnu le désordre des ennemis, fait courir en avant Nicanor avec une partie de sa cavalerie pour leur couper la retraite, et bientôt le suit lui-même avec le reste.

Jamque conspecti a Barbaris erant, et abeuntium agmen conspexerant, nequaquam futuri pares, si Besso tantum animi fuisset ad prœlium, quantum ad parricidium fuerat. Namque et numero Barbari præstabant, et robore : ad hoc, refecti cum fatigatis certamen inituri erant. Sed nomen Alexandri et fama, maximum in bello utique momentum, pavidos in fugam convertit. Bessus et ceteri facinoris ejus participes, vehiculum Darii assecuti, cœperunt hortari eum, ut conscenderet equum, et se hosti fuga eriperet. Ille deos ultores adesse testatur, et Alexandri fidem implorans, negat se parricidas velle comitari. Tum vero ira quoque accensi tela injiciunt in regem, multisque confossum vulneribus relinquunt. Jumenta quoque, ne longius prosequi possent, convulnerantur, duobus servis, qui regem comitabantur, occisis. Hoc edito facinore, ut vestigia fugæ spargerent, Nabarzanes Hyrcaniam, Bessus Bactra, paucis equitum comitantibus, petebant : barbari ducibus destituti, qua quemque aut spes ducebat, aut pavor, dissipabantur; quingenti tantum equites congregaverant se, incerti adhuc, resistere ne melius esset, an fugere.

Alexander, hostium trepidatione comperta, Nicanorem cum equitum parte ad inhibendam fugam præmittit; ipse cum ceteris sequitur : III ferme millia resisten-

Trois mille hommes environ périrent en disputant leur vie : les autres, prisonniers sans combat, étaient chassés, comme des troupeaux, devant l'armée macédonienne : l'ordre du roi était qu'on ne répandît pas leur sang. Cependant il n'y avait aucun des prisonniers qui sût indiquer le chariot où gisait Darius : chacun visitait ceux qu'il avait pu prendre ; nulle trace ne se rencontrait de la fuite du malheureux prince. Alexandre marchait avec une telle rapidité, qu'à peine trois mille cavaliers avaient pu le suivre : c'était à ceux qui marchaient plus lentement derrière lui que venaient s'offrir des bataillons entiers de fuyards. Chose à peine croyable ! il y avait plus de prisonniers que d'hommes pour les prendre : la fortune avait si complétement privé de leur raison ces Barbares épouvantés, qu'ils n'avaient d'yeux pour voir ni la faiblesse de l'ennemi, ni leur multitude.

Pendant ce temps, les chevaux qui traînaient Darius, abandonnés à eux-mêmes, s'étaient écartés de la grande route, et, après avoir erré l'espace de quatre stades, s'étaient arrêtés dans une vallée, épuisés à la fois par la chaleur et par leurs blessures. Non loin de là était une source : des gens du pays l'avaient indiquée au Macédonien Polystrate, que tourmentait une soif ardente, et il y était accouru. Tandis qu'il puise et boit de l'eau dans son casque, il aperçoit des chevaux percés de traits et se débattant contre la mort. Comme il s'étonnait de voir qu'on les eût ainsi blessés plutôt que de les emmener[1]
. . . .

---

tium occisa sunt ; reliquum agmen intactum, more pecudum, agebatur, jubente rege, ut cædibus abstineretur. Nemo captivorum erat, qui monstrare Darii vehiculum posset : singuli, ut quæque prehenderant, scrutabantur ; nec tamen ullum vestigium fugæ regis exstabat. Festinantem Alexandrum vix tria millia equitum persecuta sunt ; at in eos. qui lentius sequebantur, incidebant universa fugientium agmina. Vix credibile dictu, plures captivi, quam qui caperent, erant : adeo omnem sensum territis fortuna penitus excusserat, ut nec hostium paucitatem, nec multitudinem suam satis cernerent.

Interim jumenta, quæ Darium vehebant, nullo regente, decesserant militari via, et errore delata per iv stadia, in quadam valle constiterant, æstu, simulque vulneribus fatigata. Haud procul erat fons, ad quem monstratum a peritis Polystratus Macedo siti maceratus accessit : ac dum galea haustam aquam sorbet, tela jumentorum deficientium corporibus infixa conspexit ; miratusque confossa potius, quam abacta esse, semivivi. . . . .

---

1. Le reste de ce livre est perdu.

LIVRE SIXIÈME[1]

....
...... il se jeta au fort de la mêlée, renversa tout ce qui opposait le plus de résistance, et chassa devant lui une grande partie de l'armée macédonienne. Les vainqueurs étaient en fuite : et jusqu'à ce qu'ils eussent amené dans la plaine leur ennemi trop ardent à les poursuivre, ils tombèrent en foule sous ses coups ; mais une fois que le terrain leur eut permis de tenir ferme, on se battit à forces égales. Cependant, entre tous les Lacédémoniens, le roi se faisait remarquer, non-seulement par sa taille et l'éclat de son armure, mais aussi par la grandeur de son courage, qui, seul, ne put être vaincu. De tous côtés, soit de près, soit de loin, les traits étaient dirigés contre lui ; et longtemps couvert de ses armes, il para les coups avec son bouclier, ou par l'adresse de ses mouvements : mais enfin un coup de lance lui perça les cuisses, son sang coula en abondance, et ses jambes se dérobèrent sous lui. Ses écuyers le relèvent aussitôt, le placent sur son bouclier, et le rapportent au camp, à peine assez fort pour supporter la secousse donnée à ses blessures.

Les Lacédémoniens, cependant, n'abandonnèrent pas le combat, et, étant parvenus à se retrancher dans un poste qui leur donnait l'avantage sur l'ennemi, ils serrèrent leurs rangs,

....
.... pugnæ discrimen immisit, obtruncatisque, qui promptius resistebant, magnam partem hostium propulit. Cœperant fugere victores; et, donec avidius sequentes in planum deduxere, inulti cadebant; sed ut primum locus, in quo stare possent, fuit, æquis viribus dimicatum est. Inter omnes tamen Lacedæmonios rex eminebat, non armorum modo et corporis specie, sed etiam magnitudine animi, quo uno vinci non potuit. Undique nunc cominus, nunc eminus petebatur, diuque arma circumferens, alia tela clypeo excipiebat, corpore alia vitabat; donec hasta femora perfossa, plurimo sanguine effuso, destituere pugnantem. Ergo clypeo suo exceptum armigeri raptim in castra referebant, jactationem vulnerum haud facile tolerantem.

Non tamen omisere Lacædemonii pugnam, et, ut primum sibi quam hosti æquiorem locum capere potuerunt, densatis ordinibus effuse fluentem in se aciem exce-

---

1. Le commencement de ce livre est perdu.

pour recevoir les flots de l'armée macédonienne lancée contre eux. Jamais, dit-on, l'on ne vit de combat plus acharné. Entre les soldats des deux nations les plus belliqueuses du monde, le succès était égal. Les Lacédémoniens avaient devant les yeux leur ancienne gloire, les Macédoniens leur gloire présente : ceux-ci se battaient pour la liberté, ceux-là pour l'empire ; aux Lacédémoniens c'était leur chef, aux Macédoniens c'était la position qui manquait. Les chances variées de la journée venaient aussi accroître, pour les deux partis, les alternatives de la crainte et de l'espérance, comme si, entre de si braves guerriers, la fortune eût pris plaisir à laisser la lutte indécise. Du reste, l'étroit espace où s'était circonscrite la bataille ne leur permettait pas de déployer toutes leurs forces. Il y avait plus de spectateurs que de combattants ; et ceux qui étaient hors de la portée du trait, animaient à l'envi de leurs cris leurs compagnons d'armes.

Enfin l'armée lacédémonienne commença à faiblir ; les soldats ne portaient plus qu'à grand'peine leurs armures ruisselantes de sueur ; pressés ensuite par l'ennemi, ils reculèrent, et prirent ouvertement la fuite. Ainsi dispersés, le vainqueur les poursuivait, et après avoir traversé dans sa course tout l'espace qu'avaient couvert les troupes lacédémoniennes, c'était Agis lui-même qu'il cherchait à atteindre. Celui-ci, quand il vit la fuite des siens et l'approche des ennemis, commanda qu'on le mît à terre ; puis, après avoir essayé si son corps pourrait répondre à l'énergie de son âme, comme il se sentit défaillir, il se plaça sur ses genoux, prit son casque à la hâte, se

---

pere. Non aliud discrimen vehementius fuisse memoriæ proditum est. Duarum nobilissimarum bello gentium exercitus pari Marte pugnabant. Lacedæmonii vetera, Macedones præsentia decora intuebantur : illi pro libertate, hi pro dominatione pugnabant : Lacedæmoniis dux, Macedonibus locus deerat. Diei quoque unius tam multiplex casus modo spem, modo metum utriusque partis augebat, velut de industria inter fortissimos viros certamen æquante fortuna. Ceterum angustiæ loci, in quo hæserat pugna, non patiebantur totis ingredi viribus ; spectabant ergo plures, quam inierant prœlium, et, qui extra teli jactum erant, clamore invicem suos accendebant.

Tandem Laconum acies languescere, lubrica arma sudore vix sustinens ; pedem deinde referre cœpit, urgente hoste, ac apertius fugere. Insequebatur dissipatos victor, et emensus cursu omne spatium, quod acies Laconum obtinuerat, ipsum Agim persequebatur. Ille, ut fugam suorum et proximos hostium conspexit, deponi se jussit : expertusque membra an impetum animi sequi possent, postquam deficere se sensit, poplitibus semet excepit ; galeaque strenue sumpta, clypeo protegens

couvrit de son bouclier, et, brandissant sa lance, il appelait les ennemis, s'il en était d'assez hardis parmi eux pour venir, sur la terre où il gisait, chercher ses dépouilles. Personne n'osa l'attaquer de près : on lui lançait de loin des traits qu'il renvoyait à l'ennemi, lorsqu'enfin sa poitrine nue fut percée d'un javelot : l'ayant arraché de sa blessure, il posa un instant sur son bouclier sa tête inclinée et défaillante ; et bientôt, la vie l'abandonnant avec son sang, il tomba mort sur ses armes.

Cinq mille trois cents Lacédémoniens périrent dans cette bataille, et, du côté des Macédoniens, mille hommes au plus ; mais à peine un seul d'entre eux rentra au camp sans blessure. Cette victoire n'abattit pas seulement Sparte et ses alliés, mais aussi tous ceux qui avaient fixé les yeux sur le résultat de la guerre.

Antipater n'ignorait pas combien, en le félicitant, leurs cœurs démentaient leurs visages ; mais il voulait terminer la guerre, et avait besoin de se laisser tromper. Quoique d'ailleurs il s'applaudît de ses succès, l'envie lui faisait peur : car il avait plus fait que ne comportait la condition d'un lieutenant. Alexandre voulait bien que ses ennemis fussent vaincus ; mais qu'Antipater fût le vainqueur, il en exprimait tout haut son mécontentement : il regardait comme un vol fait à sa gloire tout ce qui s'ajoutait à celle d'un autre. Aussi Antipater, qui connaissait parfaitement cette âme hautaine, n'osa-t-il pas exercer lui-même les droits de la victoire ; il s'en remit, sur ce qu'il avait à faire, à l'assemblée générale des Grecs. Les Lacédémo-

---

corpus, hastam dextra vibrabat, ultro vocans hostem, si quis jacenti spolia demere auderet. Nec quisquam fuit, qui sustineret cominus congredi : procul missilibus appetebatur, ea ipsa in hostem retorquens, donec lancea nudo pectori infixa est : qua ex vulnere evulsa, inclinatum ac deficiens caput clypeo paulisper excepit ; deinde, linquente spiritu pariter ac sanguine, moribundus in arma procubuit.

Cecidere Lacedæmoniorum v millia et ccc, ex Macedonibus haud amplius mille ; ceterum vix quisquam nisi saucius revertit in castra. Hæc victoria non Spartam modo sociosque ejus, sed etiam omnes, qui fortunam belli spectaverant, fregit.

Nec fallebat Antipatrum, dissentire ab animis gratulantium vultus ; sed bellum finire cupienti opus erat decipi : et quanquam fortuna rerum placebat, invidiam tamen, quia majores res erant, quam quas præfecti modus caperet, metuebat. Quippe Alexander hostes vinci voluerat ; Antipatrum vicisse, ne tacitus quidem indignabatur : suæ demptum gloriæ existimans, quidquid cessisset alienæ. Itaque Antipater, qui probe nosset spiritus ejus, non est ausus ipse agere arbitria victoriæ ; sed concilium Græcorum, quid fieri placeret, consuluit. A quo Lacedæmonii, nihil aliud

niens y demandèrent pour toute grâce qu'il leur fût permis d'envoyer des députés au roi : leur pardon leur fut accordé, sans autre exception que celle des auteurs de la révolte. Quant aux Mégalopolitains, dont la ville avait été assiégée, les Achéens et les Étoliens, qui avaient pris part à la rébellion, furent condamnés à leur payer cent vingt talents. Telle fut l'issue de cette guerre, qui éclata soudainement et fut néanmoins terminée avant qu'Alexandre eût vaincu Darius à Arbèles.

II. Mais aussitôt que son esprit fut affranchi des soins pressants qui l'occupaient, ce prince, mieux fait pour les travaux de la guerre que pour le repos et l'oisiveté, se laissa aller aux plaisirs; et, invincible aux armes des Perses, il fut vaincu par leurs vices. Des festins aux heures les moins permises, une passion insensée pour l'excès du vin et des veilles, des jeux, des troupes de courtisanes, tout annonçait en lui le passage aux mœurs étrangères. En les adoptant comme préférables à celles de son pays, il choqua si fort les yeux et les esprits des Macédoniens, que parmi ses amis la plupart voyaient en lui un ennemi. En effet, des hommes fidèles à leur éducation et accoutumés à satisfaire simplement et à peu de frais les besoins de la nature, étaient entraînés par son exemple dans les vices étrangers, dans les corruptions des nations vaincues. De là, les complots fréquents contre sa vie, les mutineries des soldats, la liberté des entretiens où leur ressentiment se donnait un libre cours; de là aussi sa colère, les soupçons que faisait naître en lui une crainte sans motif, et d'autres semblables faiblesses dont nous allons être témoins.

quam ut oratores mittere ad regem liceret precati, veniam defectionis, præter auctores, impetraverunt. Megalopolitani, quorum urbs erat obsessa a defectione, Achæis et Ætolis cxx talenta dare jussi sunt. Hic fuit exitus belli, quod repente ortum, prius tamen finitum est, quam Darium Alexander apud Arbela superaret.

II. Sed ut primum instantibus curis laxatus est animus, militarium rerum quam quietis otiique patientior, excepere eum voluptates : et quem arma Persarum non fregerant, vitia vicerunt; intempestiva convivia, et perpotandi pervigilandique insana dulcedo, ludique, et greges pellicum, omnia in externum lapsa sunt morem; quem æmulatus quasi potiorem suo, ita popularium animos oculosque pariter offendit, ut a plerisque amicorum pro hoste haberetur. Tenaces quippe disciplinæ suæ, solitosque parco ac parabili victu ad implenda naturæ desideria defungi, in peregrina et devictarum gentium mala impulerat. Hinc sæpius comparatæ in caput ejus insidiæ; secessio militum, et liberior inter mutuas querelas dolor : ipsius deinde nunc ira, nunc suspiciones, quas excitabat inconsultus pavor, ceteraque his similia, quæ deinde dicentur.

Cependant, au milieu de ces nuits et de ces jours qui s'écoulaient dans le désordre des festins, des jeux étaient placés pour prévenir la satiété des plaisirs de la table. La foule des artistes qu'il avait fait venir de la Grèce ne lui suffisait plus, et il ordonnait à ses captives de chanter, à la manière de leur pays, des chansons sans art et faites pour choquer des oreilles qui n'y étaient pas accoutumées. Parmi ces femmes, le roi en distingua une plus triste que les autres, et qui résistait avec un air de modestie aux gardes qui la faisaient avancer. Elle était d'une beauté rare, que rehaussait la pudeur ; ses yeux baissés vers la terre, les efforts qu'elle faisait pour voiler son visage, firent soupçonner au roi qu'elle devait être de trop haute naissance pour se donner en spectacle parmi les jeux d'un festin. Il lui demanda donc qui elle était. Elle répondit qu'elle avait pour aïeul Ochus, naguère roi de Perse ; qu'elle était née de son fils et avait été mariée à Histaspe. Cet Histaspe était parent de Darius, et avait même eu le commandement d'une armée considérable.

Il y avait encore au fond du cœur d'Alexandre quelques faibles restes de son ancienne vertu : aussi, respectant la fortune d'une femme issue du sang royal, et le nom célèbre d'Ochus, il la fit mettre en liberté et lui rendit tous ses biens : il voulut même que l'on cherchât le mari pour le réunir à son épouse. Le lendemain, il commanda à Héphestion de faire amener dans le palais tous les prisonniers ; et, après avoir reconnu la condition de chacun d'entre eux, il sépara du nombre ceux que distinguait leur naissance. Ils étaient dix, et parmi eux

Igitur quum intempestivis conviviis dies pariter noctesque consumeret, satietatem epularum ludis interpolabat, non contentus artificum, quos e Græcia exciverat, turba : quippe captivæ feminarum jubebantur suo ritu canere inconditum et abhorrens peregrinis auribus carmen. Inter quas unam rex ipse conspexit mœstiorem quam ceteras, et producentibus eam verecunde reluctantem. Excellens erat forma, et formam pudor honestabat ; dejectis in terram oculis, et, quantum licebat, ore velato, suspicionem præbuit regi, nobiliorem esse, quam ut inter convivales ludos deberet ostendi. Ergo interrogata quænam esset, neptem se Ochi, qui nuper regnasset in Persis, filio ejus genitam esse, respondit ; uxorem Histaspis fuisse. Propinquus hic Darii fuerat, magni et ipse exercitus prætor.

Adhuc in animo regis tenues reliquiæ pristini moris hærebant : itaque fortunam regia stirpe genitæ et tam celebre nomen reveritus, non dimitti modo captivam, sed etiam restitui ei suas opes jussit : virum quoque requiri, ut reperto conjugem redderet. Postero autem die præcipit Hephæstioni, ut omnes captivos in regiam juberet adduci : ubi singulorum nobilitate spectata, secrevit a vulgo, quorum eminebat,

Oxathrès, frère de Darius, non moins digne de renom par ses nobles qualités, que par la haute fortune de son frère. Le dernier butin avait rapporté vingt-six mille talents, dont douze mille avaient été distribués aux soldats, à titre de gratification : une somme égale fut détournée par l'infidélité des gardiens. Il y avait un noble Perse, appelé Oxydatès, qui, réservé par Darius à la peine capitale, était retenu dans les fers ; Alexandre le délivra et le fit satrape de Médie : quant au frère de Darius, il l'admit dans la troupe des Amis, en lui conservant tous les honneurs de son ancien rang.

De là, on se mit en route pour le pays des Parthes, peuple alors inconnu, et aujourd'hui le premier de tous ceux qui, placés au delà de l'Euphrate et du Tigre, confinent à la mer Rouge. Les Scythes se sont établis dans la plaine, en une contrée fertile : ce sont encore, de nos jours, des voisins incommodes. Leurs demeures sont à la fois répandues en Europe et en Asie. Ceux qui habitent au-dessus du Bosphore appartiennent à l'Asie ; ceux d'Europe s'étendent depuis la gauche de la Thrace jusqu'au Borysthène, et de là en ligne droite jusqu'à un autre fleuve, qu'on nomme le *Tanaïs*. Le Tanaïs coule entre l'Europe et l'Asie ; et on ne doute pas que les Scythes, par qui fut fondé l'empire des Parthes, ne soient venus, non des rives du Bosphore, mais des contrées européennes. Hécatompylos, bâtie par les Grecs, était alors une ville célèbre : le roi y fit une halte, ayant pris soin que, de tous côtés, l'on y transportât des vivres. Aussitôt se répandit,

---

genus. Decem hi fuerunt ; inter quos repertus est Oxathres, Darii frater, non illius fortuna, quam indole animi sui clarior. Sex et viginti millia talentum proxima præda redacta erant : e queis duodecim millia in congiarium militum assumpta sunt ; par huic pecuniæ summa custodum fraude subtracta est. Oxydates erat nobilis Perses, qui a Dario capitali supplicio destinatus cohibebatur in vinculis ; huic liberato satrapiam Mediæ attribuit : fratremque Darii recepit in cohortem Amicorum, omni vetustæ claritatis honore servato.

Hinc in Parthenien perventum est, tunc ignobilem gentem, nunc caput omnium, qui post Euphraten et Tigrim amnes siti, Rubro mari terminantur. Scythæ regionem campestrem ac fertilem occupaverunt, graves adhuc accolæ ; sedes habent et in Europa, et in Asia. Qui super Bosporum colunt, adscribuntur Asiæ ; at qui in Europa sunt, a lævo Thraciæ latere ad Borysthenem, atque inde ad Tanain, alium amnem, recta plaga attinent. Tanais Europam et Asiam medius interfluit ; nec dubitatur, quin Scythæ, qui Parthos condidere, non a Bosporo, sed ex regione Europæ penetraverint. Urbs erat ea tempestate clara Hecatompylos, condita a Græcis : ibi stativa rex habuit commeatibus undique advectis. Itaque rumor, otiosi militis

sans nul fondement, un de ces bruits où se plaisent les imaginations du soldat oisif. Le roi, disait-on, content de ce qu'il avait fait, avait résolu de retourner au plus tôt en Macédoine. Semblables à des insensés, ils se précipitent alors dans leurs tentes et préparent leurs paquets pour la route ; on eût dit que le signal avait été donné de plier bagage. Dans tout le camp, c'est un tumulte d'hommes, les uns cherchant leurs camarades, les autres chargeant les voitures ; et le bruit en parvient aux oreilles du roi. Une circonstance avait accrédité cette fausse rumeur : c'était le licenciement des troupes grecques renvoyées dans leur patrie, avec une gratification de six mille deniers pour chaque cavalier. Ils s'imaginaient que le terme de leur service était de même arrivé.

Alexandre, dont la pensée était de porter ses armes dans les Indes et jusqu'aux extrémités de l'Orient, fut effrayé, comme il devait l'être. Il rassemble sur-le-champ, dans sa tente, ses principaux officiers, et, les larmes aux yeux, il se plaint d'être arrêté au milieu du cours de sa gloire, pour rapporter dans sa patrie la fortune d'un vaincu, plutôt que celle d'un vainqueur : et ce n'était pas la lâcheté de ses soldats, c'était la haine des dieux qui lui suscitait cet obstacle ; c'étaient eux qui avaient inspiré à de si braves guerriers ce désir subit de revoir leur patrie, où ils devaient bientôt retourner avec plus d'honneur et de renommée. Alors chacun de faire offre de sa personne ; chacun de réclamer le poste le plus périlleux : ils lui garantissent même l'obéissance des soldats, pour peu qu'il veuille calmer les esprits par des paroles douces et accommodées à la

---

vitium, sine auctore percrebuit, regem contentum rebus, quas gessisset, in Macedoniam protenus redire statuisse. Discurrunt lymphatis similes in tabernacula, et itineri sarcinas aptant : signum datum crederes, ut vasa colligerent. Totis castris tumultus hinc contubernales suos requirentium, hinc onerantium plaustra, perfertur ad regem. Fecerant fidem rumori temere vulgato Græci milites, redire jussi domos, quorum equitibus singulis denariorum sena millia dona dederat. Ipsis quoque finem militiæ adesse credebant.

Haud secus, quam par erat, territus Alexander, qui Indos atque ultima Orientis peragrare statuisset, præfectos copiarum in prætorium contrahit : obortisque lacrymis, ex medio gloriæ spatio revocari se, victi magis, quam victoris fortunam in patriam relaturum conquestus est : nec sibi ignaviam militum obstare, sed deorum invidiam, qui fortissimis viris subitum patriæ desiderium admovissent, paulo post in eamdem cum majore laude famaque redituris. Tum vero pro se quisque operam suam offerre : difficillima quæque poscere ; polliceri militum quoque obsequium, si animos eorum leni et apta oratione permulcere voluisset. Nunquam infractos et

circonstance : jamais on ne les avait vus se retirer dans l'abattement et le désespoir, lorsqu'ils avaient pu puiser auprès de lui l'enthousiasme et se pénétrer des sentiments de sa grande âme. Alexandre répondit qu'il ferait comme ils lui disaient ; que, de leur côté, ils préparassent la multitude à l'entendre. Lorsqu'ensuite tout fut disposé comme le voulait la circonstance, il ordonna de convoquer l'armée, et il la harangua en ces termes :

III. « Lorsque vous considérez, soldats, les grandes choses que nous avons faites, il est peu étonnant que le désir du repos et la satiété de la gloire entrent dans vos âmes. Sans parler des Illyriens, des Triballes, de la Béotie, de la Thrace, de Sparte, des Achéens, du Péloponnèse, de toutes ces contrées, les unes conquises sous mon propre commandement, les autres en mon nom et sous mes auspices, voilà que, portant la guerre aux bords de l'Hellespont, nous avons affranchi l'Ionie et l'Éolide, qui gémissaient en esclaves sous le despotisme barbare ; voilà que la Carie, la Lydie, la Cappadoce, la Phrygie, la Paphlagonie, la Pamphylie, le pays des Pisides, la Cilicie, la Syrie, la Phénicie, l'Arménie, la Perse, la Médie, la Parthiène, sont sous notre domination : j'ai embrassé dans mes conquêtes plus de provinces que les autres n'ont pris de villes ; et je ne sais si, en les énumérant, la multitude des noms n'en aura pas dérobé quelqu'une à ma mémoire. Aussi, si je regardais comme suffisamment assurée la possession des pays que nous avons conquis avec tant de rapidité, je vous le proteste, soldats, fissiez-vous tous vos efforts pour me retenir, je m'élancerais vers mes foyers, vers ma mère et ma sœur, vers mes autres concitoyens ;

---

abjectos recessisse, quoties ipsius alacritatem et tanti animi spiritus haurire potuissent. Ita se facturum esse respondit. Illi modo vulgi aures præparent sibi ; satisque omnibus, quæ in rem videbantur esse, compositis, vocari ad concionem exercitum jussit, apud quem talem orationem habuit.

III. « Magnitudinem rerum, quas gessimus, milites, intuentibus vobis, minime mirum est, et desiderium quietis, et satietatem gloriæ occurrere. Ut omittam Illyrios, Triballos, Bœotiam, Thraciam, Spartam, Achæos, Peloponnesum, quorum alia ductu meo, alia imperio auspicioque perdomui, ecce orsi bellum ab Hellesponto, Ionas, Æolidem, servitio barbariæ impotentis eximimus : Cariam, Lydiam, Cappadociam, Phrygiam, Paphlagoniam, Pamphyliam, Pisidas, Ciliciam, Syriam, Phœnicen, Armeniam, Persidem, Medos, Parthienen habemus in potestate ; plures provincias complexus sum, quam alii urbes ceperunt : et nescio, an enumeranti mihi quædam ipsarum rerum multitudo subduxerit. Itaque si crederem, satis certam esse possessionem terrarum, quas tanta velocitate domuimus, ego vero, milites, ad pe-

je m'empresserais d'aller jouir de l'honneur et de la gloire que j'ai gagnés avec vous, en ces lieux où nous attendent les plus riches fruits de la victoire, la joie de nos enfants, de nos épouses et de nos parents, la paix, le repos et la jouissance tranquille des biens que nous avons acquis par notre courage. Mais dans un état nouveau, et la vérité nous force de l'avouer, encore précaire, avec des barbares dont les têtes se roidissent contre le joug qu'elles viennent de recevoir, il faut du temps, soldats, pour qu'ils se pénètrent de sentiments plus doux, et que leurs esprits effarouchés prennent de plus paisibles habitudes. Les fruits de la terre même attendent, à une époque marquée, leur maturité : tant il est vrai qu'il existe aussi pour ces êtres inanimés une loi qui préside à leur insensible développement ! Eh quoi ! pensez-vous que tant de peuples accoutumés à l'empire et au nom d'un autre prince, n'ayant avec nous aucun rapport de religion, ni de mœurs, ni de langage, aient été domptés du même coup qui les a vaincus ? Ce sont vos armes, non leur génie, qui les tiennent dans l'obéissance ; présents, ils vous craignent, et redeviendront vos ennemis dans votre absence. Nous avons affaire à des animaux sauvages, qui, pris et enfermés, s'apprivoisent à la longue, contre le vœu de leur nature.

« Et je parle toujours comme si nos armes avaient soumis tout ce qui fut au pouvoir de Darius. Nabarzanes s'est emparé de l'Hyrcanie ; le parricide Bessus, non content de posséder la Bactriane, va jusqu'à nous menacer ; les Sogdiens, les Dahes,

---

nates meos, ad parentem sororesque, et ceteros cives, vel retinentibus vobis, erumperem, ut ibi potissimum parta vobiscum laude et gloria fruerer, ubi nos uberrima victoriæ præmia exspectant, liberorum, conjugum parentumque lætitia, pax, quies, rerum per virtutem partarum secura possessio. Sed in novo, et (si verum fateri volumus) precario imperio, adhuc jugum ejus rigida cervice subeuntibus barbaris, tempore, milites, opus est, dum mitioribus ingeniis imbuantur, et efferatos mollior consuetudo permulceat. Fruges quoque maturitatem statuto tempore exspectant : adeo etiam illa, sensus, omnis expertia, tamen sua lege mitescunt ! Quid ? creditis tot gentes alterius imperio ac nomine assuetas, non sacris, non moribus, non commercio linguæ nobiscum cohærentes, eodem prœlio domitas esse, quo victæ sunt ? Vestris armis continentur, non suis moribus ; et, qui præsentes metuunt, in absentia hostes erunt. Cum feris bestiis res est, quas captas et inclusas, quia ipsarum natura non potest, longior dies mitigat.

« Et adhuc sic ago, tanquam omnia subacta sint armis, quæ fuerunt in ditione Darii. Hyrcaniam Nabarzanes occupavit ; Bactra non possidet solum parricida Bessus, sed etiam minatur : Sogdiani, Dahæ, Massagetæ, Sacæ, Indi sui juris sunt. Omnes

les Massagètes, les Saces, les Indiens ont encore leur indépendance. Tous ces peuples, une fois qu'ils nous verront le dos tourné, s'attacheront à nos pas. Tous, en effet, forment une même nation; pour eux, nous sommes des étrangers et des hommes d'une autre race, et toujours on obéit plus volontiers à des maîtres indigènes, alors même que celui qui commande serait un tyran plus redoutable. Ainsi donc il faut ou abandonner nos conquêtes, ou conquérir ce que nous ne possédons pas. Comme dans un corps malade les médecins ne laissent rien de ce qui peut nuire, de même, soldats, abattons tout ce qui fait obstacle à notre empire. Souvent une légère étincelle que l'on a négligée allume un grand incendie. Il n'y a jamais sûreté à mépriser un ennemi; le dédaigner, c'est le rendre plus fort par votre incurie.

« Darius lui-même n'a pas reçu l'empire des Perses par droit héréditaire; c'est le crédit de Bagoas, d'un eunuque, qui l'a placé sur le trône de Cyrus : et vous croyez qu'il faudrait beaucoup de peine à Bessus pour se saisir de la royauté sans possesseur! Assurément, soldats, nous sommes bien coupables, si nous n'avons vaincu Darius que pour livrer l'empire à l'un de ses esclaves, à un traître, assez hardi pour oser le dernier des crimes contre son roi, réduit, comme il l'était, à avoir besoin de la pitié étrangère, tel enfin que nous, ses vainqueurs, nous l'eussions certainement épargné. Et ce Bessus l'a tenu prisonnier dans les fers! et, pour nous empêcher de lui sauver la vie, il l'a assassiné! Et ce serait à lui que vous laisseriez cet empire! Pour moi, je brûle d'impatience de le voir, attaché à un gibet, payer à tous les rois et à tous les peuples la juste peine

hi, simul terga nostra viderint, sequentur. Illi enim ejusdem nationis sunt; nos alienigenæ et externi : suis autem quique parent placidius, etiam quum is præest, qui magis timeri potest. Proinde aut, quæ cepimus, omittenda sunt, aut, quæ non habemus, occupanda. Sicut in corporibus ægris, milites, nihil quod nociturum est, medici relinquunt; sic nos, quidquid obstat imperio, recidamus. Parva sæpe scintilla contempta magnum excitavit incendium. Nihil tuto in hoste despicitur : quem spreveris, valentiorem negligentia facies.

« Ne Darius quidem hereditarium Persarum accepit imperium; sed in sedem Cyri, beneficio Bagoæ, castrati hominis, admissus : ne vos magno labore credatis Bessum vacuum regnum occupaturum. Nos vero peccavimus, milites, si Darium ob hoc vicimus, ut servo ejus traderemus imperium, qui ultimum ausus scelus, regem suum, etiam externæ opis egentem, certe, cui nos victores pepercissemus, quasi captivum in vinculis habuit, ad ultimum, ne a nobis conservari posset, occidit. Hunc vos regnare patiemini, quem equidem cruci affixum videre festino, omnibus regibus

de sa perfidie. Et, je vous le demande, si bientôt on vient vous annoncer que ce même homme ravage les villes de la Grèce ou les bords de l'Hellespont, de quelle douleur ne serez-vous pas accablés, en le voyant vous ravir les fruits de votre victoire? Vous vous hâterez alors de réclamer votre conquête; alors vous prendrez les armes. Combien ne vaut-il pas mieux aller l'écraser pendant qu'il est tout troublé encore et qu'il n'a point eu le temps de se recueillir! Quatre jours de marche, c'est là ce qui nous reste, à nous dont les pieds ont foulé tant de neiges, à nous qui avons traversé tant de fleuves et franchi les sommets de tant de montagnes. Cette mer, qui couvrait le chemin de ses vagues soulevées, n'est plus devant nous pour arrêter notre marche; les gorges et les défilés de la Cilicie ne nous ferment plus le passage : tout est plaine, tout nous ouvre une route facile. Nous ne sommes plus qu'à quelques pas de la victoire : une poignée de fugitifs, lâches assassins de leur maître, voilà les seuls ennemis qui nous restent. Ce sera, j'en atteste les dieux, une noble action qui se perpétuera dans le souvenir de la postérité, parmi vos plus beaux titres de gloire, d'avoir su, quoique Darius fût votre ennemi, oublier votre haine pour lui après sa mort, et d'avoir puni ses meurtriers, en vengeurs qui ne permettent à aucun traître d'échapper à leurs mains. Cette tâche accomplie, ne sentez-vous pas combien les Perses seront plus soumis, en voyant que vous avez pris les armes pour la justice, et poursuivi de votre colère le crime de Bessus, et non pas le nom de leur nation? »

IV. Ce discours fut accueilli par les soldats avec une allé-

---

gentibusque fidei, quam violavit, meritas pœnas solventem? At hercule, si mox eumdem Græcorum urbes, aut Hellespontum vastare nuntiatum erit vobis, quo dolore afficiemini, Bessum præmia vestræ occupasse victoriæ? Tunc ad repetendas res festinabitis : tunc arma capietis. Quanto autem præstat territum adhuc et vix mentis suæ compotem opprimere? Quatridui nobis' iter superest, qui tot proculcavimus nives, tot amnes superavimus, tot montium juga transcurrimus. Non mare illud, quod exæstuans iter fluctibus occupat, euntes nos moratur; non Ciliciæ fauces et angustiæ includunt : plana omnia et prona sunt In ipso limine victoriæ stamus; pauci nobis fugitivi et domini sui interfectores supersunt. Egregium me hercule opus, et inter prima gloriæ vestræ numerandum posteritati famæque tradetis, Darii quoque hostis, finito post mortem ejus odio, parricidas esse vos ultos, neminem impium effugisse manus vestras. Hoc perpetrato, quanto creditis Persas obsequentiores fore, quum intellexerint vos pia bella suscipere, et Bessi sceleri, non nomini suo, irasci? »

IV. Summa militum alacritate, jubentium, quocumque vellet, duceret, oratio

gresse extrême. Ils lui demandaient de les conduire partout où il le voudrait. Le roi ne laissa pas se ralentir leur enthousiasme ; et le troisième jour il arriva, en traversant le pays des Parthes, sur la frontière de l'Hyrcanie : Cratère restait avec les troupes sous ses ordres, le corps d'Amyntas et un renfort de six cents chevaux et d'un pareil nombre d'archers, pour défendre la Parthiène contre les incursions des Barbares. Érigyius fut chargé, avec une faible escorte, de conduire les bagages à travers la plaine. Pour lui, après s'être avancé de cent cinquante stades avec la phalange et sa cavalerie, il fortifia son camp dans une vallée par où l'on pénètre en Hyrcanie. Là, se trouve une forêt qui répand au loin ses hauts et touffus ombrages ; et le sol fertile de la vallée est arrosé par des eaux descendues du haut des rochers qui la dominent. Du pied même des montagnes s'élance le fleuve Ziobéris, qui coule en un seul bras l'espace d'environ trois stades ; puis, venant se briser contre un rocher qui ferme son lit étroit, il semble faire un partage égal de ses eaux et leur ouvre un double canal. Bientôt, aussi rapide qu'un torrent, et acquérant une nouvelle violence par l'âpreté des rocs sur lesquels il court, il disparaît sous terre. Il poursuit ainsi pendant trois cents stades sa course souterraine ; puis, il reparaît comme naissant d'une autre source, et s'ouvre un lit nouveau, bien plus étendu qu'il ne l'était auparavant, car il a jusqu'à treize stades de largeur. Non loin de là, ses rives se resserrent encore, et il se fraye une route difficile jusqu'à l'endroit où il va tomber dans un autre fleuve qui porte le nom de Rhidage. Les habitants assuraient que tout ce qu'on jetait dans la caverne la plus rapprochée de sa source, reparaissait à l'en-

---

excepta est ; nec rex moratus impetum, tertioque per Parthienen die, ad fines Hyrcaniæ penetrat, Cratero relicto cum iis copiis, quibus præerat, et ea manu, quam Amyntas ducebat, additis sexcentis equitibus et totidem sagittariis, ut ab incursione Barbarorum Parthienen tueretur. Erigyium impedimenta, modico præsidio dato, campestri itinere ducere jubet. Ipse cum phalange et equitatu CL stadia emensus, castra in valle, qua Hyrcaniam adeunt, communit. Nemus præaltis densisque arboribus umbrosum est, pingue vallis solum rigantibus aquis, quæ ex petris imminentibus manant. Ex ipsis radicibus montium Zioberis amnis effunditur, quia tria fere stadia in longitudinem universus fluit ; deinde saxo, quod alveolum interpellat, repercussus, duo itinera velut, dispensatis aquis, aperit. Inde torrens, et saxorum, per quæ incurrit, asperitate violentior terram præceps subit. Per ccc stadia conditus labitur ; rursusque velut ex alio fonte conceptus editur, et novum alveum intendit, priore sui parte spatiosior ; quippe in latitudinem XIII stadiorum diffunditur ; rursusque angustioribus coercitus ripis iter cogit ; tandem in alterum amnem cadit,

droit où les eaux s'ouvrent une nouvelle issue. Alexandre fit donc précipiter deux taureaux à la perte du fleuve; et ceux qu'il envoya pour assister à ce phénomène, virent en effet les corps de ces animaux vomis par les eaux, au lieu où elles ressortent de dessous terre.

Depuis quatre jours il faisait reposer ses troupes dans le même endroit, lorsque lui parvint une lettre de Nabarzanes, complice de Bessus dans son attentat sur Darius. Voici quel en était le sens : Il n'avait jamais, disait-il, été l'ennemi de Darius : tout au contraire, il lui avait conseillé ce qu'il croyait utile; et, pour lui avoir donné un avis salutaire, peu s'en était fallu qu'il ne pérît de sa main. Darius, au mépris de tout droit et de toute justice, avait songé à confier la garde de sa personne à une milice étrangère, accusant ainsi la loyauté de ses sujets, toujours inviolable envers leurs rois pendant deux cent trente années. Pour lui, placé dans une position périlleuse, et comme sur le bord d'un précipice, il avait pris conseil de la nécessité. Darius lui-même, en faisant périr Bagoas, avait donné pour toute excuse à ses peuples, qu'il était un traître, qui menaçait ses jours, qui conspirait contre lui. Rien n'est plus cher aux malheureux mortels que leur existence; c'était par amour pour la sienne qu'il s'était porté aux dernières extrémités, plus docile en cela au vœu de la nécessité qu'à celui de son cœur. Mais dans un malheur commun, chacun n'a-t-il pas ses intérêts? Cependant si Alexandre lui ordonnait de se rendre auprès de lui, il y viendrait sans crainte. Il ne craignait pas qu'un si grand roi violât sa parole : jamais les dieux n'avaient été trompés par

---

cui Rhidago nomen est. Incolæ affirmabant, quæcumque dimissa essent in cavernam, quæ propior est fonti, rursus, ubi aliud os amnis aperit, exsistere. Itaque Alexander duos tauros, qua subeunt aquæ terram, præcipitari jubet, quorum corpora, ubi rursus erumpit, expulsa videre, qui missi erant, ut exciperent.

Quartum jam diem eodem loco quietem militi dederat, quum litteras Nabarzanis, qui Darium cum Besso interceperat, accipit; quarum sententia hæc erat : Se Dario non fuisse inimicum; immo etiam, quæ credidisset utilia esse, suasisse : et quia fidele consilium regi dedisset, prope occisum ab eo. Agitasse Darium, custodiam corporis sui contra jus fasque peregrino militi tradere, damnata popularium fide, quam per ducentos et triginta annos inviolatam regibus suis præstitissent. Se in præcipiti et lubrico stantem, consilium a præsenti necessitate repetisse. Darium quoque, quum occidisset Bagoan, hoc excusatione satis fecisse popularibus, quod insidiantem sibi interemisset. Nihil esse miseris mortalibus spiritu carius; amore ejus ad ultima esse propulsum; sed ea magis esse secutum, quæ coegisset necessitas, quam quæ optasset. In communi calamitate suam quemque habere fortunam. Si venire se juberet, sine

un dieu. Si, du reste, il le jugeait indigne de lui engager sa foi, une foule de retraites s'ouvraient à lui pour y chercher l'exil : partout où l'homme de cœur fixait sa demeure, il savait trouver une patrie.

Alexandre ne fit aucune difficulté de lui donner sa parole, selon les formes en usage chez les Perses, que, s'il venait, il ne lui serait fait aucun mal. Cependant il marchait en bataillon carré, et toujours en bon ordre, envoyant de temps en temps des éclaireurs pour reconnaître le pays : les troupes légères ouvraient la marche; la phalange suivait, et derrière l'infanterie, les bagages. L'humeur belliqueuse de la population et la nature du terrain, d'un accès partout difficile, avaient éveillé l'attention du roi. C'est, en effet, une vallée qui se prolonge sans interruption jusqu'à la mer Caspienne. Ses deux flancs s'étendent comme autant de bras : au milieu le sol décrit une sinuosité légère, semblable au disque de la lune, lorsque ressortent les deux pointes de son croissant et que l'astre n'est pas encore dans son plein. A gauche de la vallée, sont les Cercètes, les Mosynes et les Chalybes; à droite, les Leucosyriens et les plaines des Amazones : les uns l'avoisinent du côté du septentrion, les autres du côté du couchant.

La mer Caspienne, dont l'eau est plus douce que celle d'aucune autre mer, nourrit des serpents d'une grandeur démesurée; ses poissons diffèrent en couleur de tous les autres. Au lieu de mer Caspienne, quelques-uns l'appellent mer d'Hyrcanie : d'autres aussi pensent que les Palus-Méotides viennent s'y

---

metu esse venturum. Non timere, ne fidem datam tantus rex violaret : deos a deo falli non solere. Ceterum si, cui fidem daret, videretur indignus, multa exsilia patere fugienti : patriam esse, ubicumque vir fortis sedem elegerit.

Nec dubitavit Alexander fidem, quo Persæ modo accipiebant, dare, inviolatum, si venisset, fore. Quadrato tamen agmine et composito ibat; speculatores subinde præmittens, qui explorarent loca; levis armatura ducebat agmen : phalanx eam sequebatur; post pedites erant impedimenta. Et gens bellicosa, et natura situs difficilis aditu curam regis intenderant. Namque perpetua vallis jacet, usque ad mare Caspium patens. Duo terræ ejus velut brachia excurrunt : media flexu modico sinum faciunt, lunæ maxime similem, quum eminent cornua, nondum totum orbem sidere implente. Cercetæ, Mosyni et Chalybes a læva sunt : ab altera parte Leucosyri et Amazonum campi; et illos, qua vergit ad septemtrionem, hos ad occasum conversa prospectat.

Mare Caspium, dulcius ceteris, ingentis magnitudinis serpentes alit ; piscium longe diversus ab aliis color est. Quidam Caspium, quidam Hyrcanum appellant : alii sunt, qui Mæotim paludem in id cadere putent : et argumentum afferunt aquam, quod

décharger; et leur preuve est la douceur même de ses eaux, moins salées que celles du reste des mers, parce que les Palus viennent y mêler les leurs. Du côté du septentrion, cette mer couvre une vaste étendue de rivage; elle pousse au loin ses vagues et laisse stagnantes une grande partie des eaux qu'elle entraîne dans son flux; mais, si l'état du ciel vient à changer, on la voit rentrer dans ses limites, et, retirant ses flots aussi impétueusement qu'elle les avait apportés, rendre à la terre son aspect naturel. Quelques géographes ont pensé que ce n'est pas la mer Caspienne, mais celle de l'Inde qui va baigner l'Hyrcanie, dont les hautes cimes, ainsi que nous le disions tout à l'heure, s'abaissent en une longue vallée.

De là, le roi s'avança de vingt stades par un sentier presque impraticable, que dominait une forêt et où des torrents et des fondrières retardaient sa marche. Cependant, comme il ne rencontra pas d'ennemi, il y pénétra et en atteignit enfin le terme. Parmi les provisions que ce pays fournissait alors en abondance, il y vient une grande quantité de fruits, et le sol y est particulièrement fertile en raisins. A chaque pas s'y rencontre un arbre, qui a l'aspect du chêne et dont les feuilles sont recouvertes d'une couche épaisse de miel; mais si les habitants ne devancent, pour le recueillir, le lever du soleil, la moindre chaleur fait évaporer ce suc délicat.

Le roi était arrivé à trente stades plus loin, lorsqu'il rencontra Phrataphernès, qui venait se livrer à lui avec ceux qui avaient pris la fuite après la mort de Darius; il les reçut avec bonté, et entra ensuite dans la ville d'Arves. Là, il trouva Cratère et Éri-

---

dulcior sit quam cetera maria, infuso paludis humore mitescere. A septemtrione ingens in littus mare incumbit, longeque agit fluctus, et magna parte exæstuans stagnat: idem alio cœli statu recipit in se fretum, eodemque impetu, quo effusum est, relabens, terram naturæ suæ reddit; et quidam crediderc, non Caspium mare esse, sed ex India in Hyrcaniam cadere, cujus fastigium, ut supra dictum est, perpetua valle submittitur.

Hinc rex xx stadia processit, semita propemodum invia, cui silva imminebat, torrentesque et eluvies iter morabantur; nullo tamen hoste obvio, penetravit; tandemque ad ulteriora parventum est. Præter alios commeatus, quorum tum copia regio abundabat, pomorum quoque ingens modus nascitur, et uberrimum gignendis uvis solum est. Frequens arbor faciem quercus habet, cujus folia multo melle tinguntur; sed, nisi solis ortum incolæ occupaverint, vel modico tepore succus exstinguitur.

Triginta hinc stadia processerat, quum Phraphernes ei occurrit, seque et eos, qui post Darii mortem profugerant, dedens: quibus benigne exceptis, ad oppidum Arvas pervenit; hic ei Craterus et Erigyius occurrunt. Præfectum Tapurorum gentis

gyius. Ils avaient amené avec eux Phradate, gouverneur du pays des Tapuriens : ce prisonnier fut aussi reçu en grâce, et son exemple en encouragea beaucoup d'autres à éprouver la clémence du roi. Il nomma ensuite satrape de l'Hyrcanie, Ménapis, qui, exilé sous le règne d'Ochus, s'était réfugié près de Philippe : il rendit à Phradate le gouvernement des Tapuriens.

V. Déjà Alexandre avait pénétré jusqu'au fond de l'Hyrcanie, lorsque Artabaze, dont nous avons raconté plus haut le dévouement envers Darius, se présenta, suivi des parents de ce malheureux prince, de ses propres enfants, et d'un petit corps de soldats grecs. En le voyant venir, le roi lui tendit la main ; Artabaze, en effet, avait été l'hôte de Philippe, pendant son exil sous le règne d'Ochus, et les droits de l'hospitalité le recommandaient encore moins que sa fidélité gardée jusqu'au bout envers son maître. Il fut donc accueilli avec bienveillance : « Prince, lui dit-il, puisses-tu jouir d'une constante félicité ! Parmi tant de sujets de joie, une seule pensée m'afflige, c'est de ne pouvoir, dans une vieillesse si avancée, profiter longtemps de tes bienfaits. » Artabaze était alors dans sa quatre-vingt-quinzième année. Neuf jeunes gens, ses fils, tous enfants de la même mère, l'accompagnaient. Il les fit avancer à la droite du roi, demandant au ciel qu'ils vécussent aussi longtemps qu'ils seraient utiles à Alexandre. Le roi cheminait le plus souvent à pied : ce jour-là, il fit amener des chevaux pour lui et pour Artabaze, craignant que ce vieillard, en le voyant à pied, ne rougît d'aller à cheval.

Phradaten adduxerant; hic quoque in fidem receptus, multis exemplo fuit experiendi clementiam regis. Satrapem deinde Hyrcaniæ dedit Menapim; exsul hic regnante Ocho ad Philippum pervenerat : Tapurorum quoque gentem Phradati reddidit.

V. Jamque rex ultima Hyrcaniæ intraverat, quum Artabazus, quem gario fidissimum fuisse supra diximus, cum propinquis Darii ac suis liberis modicaque græcorum militum manu occurrit. Dextram venienti obtulit rex; quippe et hospes Philippi fuerat, quum Ocho regnante exsularet, et hospiti pignora in regem suum ad ultimum fides conservata vincebat. Comiter igitur exceptus : « Tu quidem, inquit, rex, perpetua felicitate floreas; ego, ceteris lætus, hoc uno torqueor, quod, præcipiti senectute, diu frui tua bonitate non possum; » nonagesimum et quintum annum agebat. Novem juvenes, eadem matre geniti, patrem comitabantur : hos Artabazus dextræ regis admovit, precatus ut tam diu viverent, donec utiles Alexandro essent. Rex pedibus iter plerumque faciebat : tunc admoveri sibi et Artabazo equos jussit, ne, ipso ingrediente pedibus, senex equo vehi erubesceret.

Lorsque ensuite on eut campé, il fit appeler les Grecs qu'avait amenés Artabaze. Ceux-ci répondirent que, si l'on ne donnait une sauvegarde aux Lacédémoniens, ils délibéreraient sur ce qu'ils auraient à faire. C'étaient des députés de Lacédémone envoyés vers Darius, et qui, après la mort de ce prince, s'étaient réunis aux mercenaires grecs combattant dans l'armée des Perses. Le roi, sans vouloir, par aucune garantie, leur engager sa parole, les invita à se présenter, pour accepter le sort qu'il lui plairait de leur faire. Ils hésitèrent longtemps : les avis se partageaient à l'infini; mais ils promirent enfin de venir. L'Athénien Démocratès, qui s'était toujours signalé par son opposition à la puissance macédonienne, désespérant de son pardon, se perça de son épée; les autres, ainsi qu'ils l'avaient décidé, se remirent à la discrétion d'Alexandre. Ils étaient quinze cents soldats, sans compter les députés envoyés près de Darius, qui étaient au nombre de quatre-vingt-dix. Les soldats servirent à recruter l'armée; les autres furent renvoyés dans leurs foyers, à la réserve des Lacédémoniens, qui furent gardés en prison.

Aux frontières de l'Hyrcanie se trouvait la nation des Mardes, sauvage dans ses mœurs et accoutumée aux brigandages : seuls, ils n'avaient pas envoyé de députés, et ne paraissaient pas disposés à obéir. Le roi, indigné de penser qu'un seul peuple lui pût enlever la gloire de n'avoir jamais été vaincu, laisse derrière lui ses bagages avec des troupes pour les garder, et s'avance, accompagné d'une invincible élite. Il avait marché de nuit, et à la pointe du jour il était en présence de l'ennemi :

Deinde, ut castra sunt posita, Græcos, quos Artabazus adduxerat, convocari jubet : at illi, nisi Lacedæmoniis fides daretur, respondent, se quid agendum ipsis foret, deliberaturos. Legati erant Lacedæmoniorum missi ad Darium, quo victo, applicaverant se Græcis mercede apud Persas militantibus. Rex, omissis sponsionum fideique pignoribus, venire eos jussit, fortunam, quam ipse dedisset, habituros. Diu cunctantes, plerisque consilia variantibus, tandem venturos se pollicentur. At Democrates Atheniensis, qui maxime Macedonum opibus semper obstiterat, venia desperata, gladio se transfigit; ceteri, sicut constituerant, ditioni Alexandri se ipsos permittunt; mille et D milites erant; præter hos legati ad Darium missi xc. In supplementum distributus miles; ceteri remissi domum, præter Lacedæmonios, quos tradi in custodiam jussit.

Mardorum erat gens confinis Hyrcaniæ, cultu vitæ aspera et latrociniis assueta; hæc sola nec legatos miserat, nec videbatur imperata factura. Itaque rex indignatus, si una gens posset efficere, ne invictus esset, impedimentis cum præsidio relictis, invicta manu comitante procedit. Noctu iter fecerat, et prima luce hostis in con-

ce fut plutôt une scène de tumulte qu'un combat. Chassés des hauteurs dont ils s'étaient saisis, les Barbares s'enfuient, et l'on s'empare des bourgs voisins, abandonnés de leurs habitants. L'armée ne pouvait pénétrer dans l'intérieur du pays sans de grandes fatigues : d'épaisses forêts et des rochers inaccessibles défendent le sommet des montagnes; et tout ce qu'il y avait de plaines avait été fermé par les Barbares, au moyen d'une nouvelle espèce de retranchements. Ce sont des arbres plantés à dessein fort près les uns des autres, dont ils courbent avec la main les branches encore tendres, et à force de les plier, les font entrer en terre. De là, comme d'une racine nouvelle, sortent des souches plus vigoureuses; mais ils ne les laissent pas pousser au gré de la nature, ils les réunissent en les nouant, pour ainsi dire, l'une avec l'autre; et quand elles se sont revêtues d'un épais feuillage, la terre en est alors entièrement couverte : si bien que l'entrelacement caché des branches, comme un vaste filet, ferme partout la route et l'enveloppe d'une haie impénétrable.

Il n'y avait qu'une chose à faire, c'était de s'ouvrir un passage avec la hache; mais cela même était une tâche difficile, car les souches étaient hérissées de nœuds qui les rendaient plus dures, et les branches repliées les unes sur les autres, comme autant de cercles tendus en l'air, échappaient aux coups par leur flexible légèreté. D'un autre côté, les habitants accoutumés à se glisser au travers des broussailles, à la façon des bêtes sauvages, s'étaient enfoncés dans le bois et harcelaient l'ennemi de leurs traits, sans qu'on pût savoir d'où ils étaient partis. Alexandre, comme dans une chasse, fouilla leurs

---

spectu erat : tumultus magis quam prœlium fuit. Deturbati ex collibus, quos occupaverant, Barbari profugiunt; proximique vici ab incolis deserti capiuntur. Interiora regionis ejus haud sane adiri sine magna vexatione exercitus poterant. Juga montium præaltæ silvæ rupesque inviæ sepiunt; ea, quæ plana sunt, novo munimenti genere impedierant Barbari. Arbores densæ sunt ex industria consitæ, quarum teneros adhuc ramos manu flectunt, quos intortos rursus inserunt terræ; inde velut ex alia radice lætiores virent trunci; hos, qua natura fert, adolescere non sinunt : quippe alium alii quasi nexu conserunt, qui ubi multa fronde vestiti sunt, operiunt terram; itaque occulti nexus ramorum, velut laquei, perpetua sepe iter claudunt.

Una ratio erat cædendo aperire saltum; sed hoc quoque magni operis : crebri namque nodi duraverant stipites, et in se implicati arborum rami, suspensis circulis similes, lento vimine frustrabantur ictus. Incolæ autem, ritu ferarum, virgulta subire soliti, tum quoque intraverant saltum, occultisque telis hostem lacessebant. Ille, venantium modo latibula scrutatus, plerosque confodit : ad ultimum circumire

retraites et en tua un grand nombre : à la fin, il donna l'ordre à ses soldats d'investir le bois et de s'y jeter, s'ils y trouvaient quelque ouverture. Mais, parmi ces lieux inconnus, la plupart s'égaraient : il y en eut de pris, et, avec eux, le cheval du roi nommé *Bucéphale*, qu'Alexandre prisait bien au-dessus de tous les autres animaux : en effet, au roi seul il permettait de se placer sur son dos, et lorsque celui-ci voulait le monter, il pliait de lui-même les genoux pour le recevoir ; aussi croyait-on qu'il sentait quel cavalier il portait.

Emporté par la douleur et par la colère au delà de toute convenance, Alexandre ordonna que l'on cherchât son cheval, et fit publier par un interprète que, s'il ne lui était pas rendu, il ne ferait à personne grâce de la vie. Effrayés de cette menace, les Barbares lui ramenèrent le cheval avec d'autres présents. Mais ce ne fut pas assez, pour le calmer, d'une semblable déférence ; il commanda que l'on coupât les bois, et qu'avec de la terre ramassée dans les montagnes on recouvrît la plaine tout encombrée de branches d'arbres. Déjà l'ouvrage s'était élevé à une certaine hauteur, lorsque les Barbares, désespérant de se maintenir sur le terrain où ils s'étaient retranchés, firent leur soumission. Le roi accepta leurs otages et les remit aux mains de Phradate. Cinq jours après, il avait regagné son camp. Là, il doubla les honneurs dont Artabaze avait joui auprès de Darius, et le renvoya ensuite chez lui.

On venait d'arriver dans la ville d'Hyrcanie, où Darius tenait sa cour, lorsque Nabarzanes, sur la parole qu'il avait reçue, se présenta, apportant avec lui de riches présents. Dans

---

saltum milites jubet, ut, si qua pateret, irrumperent. Sed ignotis locis plerique oberrabant ; excepti sunt quidam ; inter quos equus regis, *Bucephalum* vocabant ; quem Alexander non eodem, quo ceteras pecudes, animo æstimabat ; nam ille nec in dorso insidere suo patiebatur alium, et regem, quum vellet ascendere, sponte sua genua submittens excipiebat, credebaturque sentire quem veheret.

Majore ergo, quam decebat, ira simul ac dolore stimulatus, equum vestigari jubet, et per interpretem pronuntiari, ni reddidissent, neminem esse victurum. Hac denuntiatione territi cum ceteris donis equum adducunt. Sed ne sic quidem mitigatus, cædi silvas jubet, aggestaque humo e montibus planitiem ramis impeditam exaggerari. Jam aliquantulum altitudinis opus creverat, quum Barbari, desperato regionem, quam occupaverant, posse retineri, gentem suam dedidere ; rex, obsidibus acceptis, Phradati tradere eos jussit. Inde quinto die in stativa revertitur. Artabazum deinde, geminato honore, quem Darius habuerat ei, remittit domum.

Jam ad urbem Hyrcaniæ, in qua regia Darii fuit, ventum erat. Ibi Nabarzanes accepta fide occurrit, dona ingentia ferens. Inter quæ Bagoas erat, specie singulari

le nombre se trouvait Bagoas, eunuque d'une rare beauté et encore dans la première fleur de l'adolescence; Darius l'avait eu pour favori; il fut bientôt celui d'Alexandre, et ce furent surtout ses prières qui obtinrent la grâce de Nabarzanes.

Non loin des frontières de l'Hyrcanie, étaient les Amazones, nation qui habitait la plaine de Thémiscyre, sur les bords du fleuve Thermodoon. Elle avait pour reine Thalestris, qui commandait à tous les peuples situés entre le mont Caucase et le fleuve du Phase. Cette femme, brûlant du désir de voir le roi, sortit de ses États; et, comme elle n'était plus qu'à peu de distance, elle envoya des messagers à Alexandre pour lui faire savoir qu'une reine, curieuse de le visiter et de le connaître, venait le trouver. Le roi lui ayant aussitôt permis d'approcher, elle fit rester en arrière le reste de sa suite, et s'avança, accompagnée de trois cents femmes. Dès qu'elle aperçut le roi, elle sauta toute seule à bas de son cheval, tenant deux javelots dans sa main droite. Le vêtement des Amazones ne leur couvre pas tout le corps : du côté gauche, elles ont le sein découvert; le reste est voilé, mais sans que toutefois le pan de leur robe, relevé par un nœud, descende au-dessous des genoux. Elles conservent une de leurs mamelles, pour nourrir leurs enfants quand ce sont des filles : la droite est brûlée, pour qu'elles puissent plus facilement bander leur arc et lancer la flèche.

Thalestris considérait le roi sans se troubler; elle parcourait des yeux sa personne, qui ne répondait nullement à la renommée de ses exploits : car les Barbares sont pleins de res-

---

spado, atque in ipso flore pueritiæ; cui et Darius fuerat assuetus, et mox Alexander assuevit; ejus maxime precibus motus Nabarzani ignovit.

Erat, ut supra dictum est, Hyrcaniæ finitima gens Amazonum, circa Thermodoonta amnem, Themiscyræ incolentium campos. Reginam habebant Thalestrin, omnibus inter Caucasum montem et Phasin amnem imperitantem. Hæc, cupidine visendi regis accensa, finibus regni sui excessit; et quum haud procul abesset, præmisit indicantes, venisse reginam adeundi ejus cognoscendique avidam. Protinus facta potestate veniendi, ceteris jussis subsistere, ccc feminarum comitata processit. Atque ut primum rex in conspectu fuit, equo ipsa desiliit, duas lanceas dextra præferens. Vestis non toto Amazonum corpore obducitur; nam læva pars ad pectus est nuda, cetera deinde velantur. Nec tamen sinus vestis, quem nodo colligunt, infra genua descendit. Altera papilla intacta servatur, qua muliebris sexus liberos alant; aduritur dextra, ut arcus facilius intendant, et tela vibrent.

Interrito vultu regem Thalestris intuebatur; habitum ejus haudquaquam rerum famæ parem oculis perlustrans, quippe hominibus barbaris in corporum majestate

pect pour la majesté des formes, et ils ne croient capables de grandes choses que ceux que la nature a favorisés d'un extérieur remarquable. Interrogée, si elle avait quelque chose à demander, elle avoua sans hésitation qu'elle était venue pour avoir des enfants avec le roi : elle était bien digne, disait-elle, de lui donner des héritiers de son empire; si l'enfant était du sexe féminin, elle le garderait; s'il était de l'autre sexe, elle le rendrait à son père. Alexandre lui ayant demandé si elle voulait faire la guerre avec lui, elle s'en excusa, en disant qu'elle avait laissé son royaume sans défense, et insista pour qu'il ne la laissât pas partir sans avoir rempli son espoir. La passion de cette femme, plus ardente que celle du roi, le décida à s'arrêter quelque temps : treize jours lui furent donnés pour la satisfaction de ses désirs; après quoi elle partit pour son royaume, et Alexandre pour la Parthiène.

VI. Ce fut là qu'il lâcha librement le frein à ses passions : la continence et la modération, vertus qui honorent les plus hautes fortunes, firent place chez lui à l'orgueil et à l'insolence. Les mœurs de son pays, la vie régulière sagement ordonnée des rois de Macédoine, leurs habitudes populaires, tout cela lui semblait au-dessous de sa grandeur, et il affectait le faste hautain de la cour de Perse, qui égalait la puissance des dieux. Il commença à permettre que l'on se prosternât pour l'adorer : peu à peu même, il prétendit assujettir à des fonctions serviles les vainqueurs de tant de nations, et les traiter à l'égal des captifs. On le vit mettre autour de sa tête

---

veneratio est ; magnorumque operum non alios capaces putant, quam quos eximia, specie donare natura dignata est. Ceterum interrogata, num aliquid petere vellet, haud dubitavit fateri, ad communicandos cum rege liberos se venisse : dignam, ex qua ipse regni generaret heredes; feminini sexus se retenturam, marem redditurnm patri. Alexander, an cum ipso militare vellet, interrogat : et illa, causata sine custode regnum reliquisse, petere perseverabat, ne se irritam spei pateretur abire. Acrior ad Venerem feminæ cupido quam regis, ut paucos dies subsisteret, perpulit; XIII dies in obsequium desiderii ejus absumpti sunt. Tum illa regnum suum, rex Parthienen petiverunt.

VI. Hic vero palam cupiditates suas solvit ;continentiamque et moderationem, in altissima quaque fortuna eminentia bona, in superbiam ac lasciviam vertit. Patrios mores disciplinamque Macedonum regum salubriter temperatam, et civilem habitum, velut leviora magnitudine sua ducens, persicæ regiæ, par deorum potentiæ, fastigium æmulabatur. Jacere humi venerabundos pati cœpit : paulatimque servilibus ministeriis tot victores gentium imbuere, et captivis pares facere expetebat. Itaque purpureum diadema distinctum albo, quale Darius habuerat, capiti circumdedit,

le diadème de pourpre, nuancé de blanc, tel que Darius l'avait porté, et se revêtir de l'habit persan, sans craindre même les présages qui pouvaient s'attacher à cet abandon du costume des vainqueurs pour celui des vaincus. C'étaient, disait-il, les dépouilles des Perses qu'il portait; mais, avec ces dépouilles, il avait pris leurs mœurs, et le faste des habits était suivi de l'arrogance des sentiments. Les lettres qu'il envoyait en Europe étaient, comme par le passé, scellées de la pierre de son anneau; mais celles qu'il expédiait pour l'Asie, il les cachetait du sceau de Darius, comme pour montrer que l'esprit d'un seul homme ne pouvait suffire à la fortune de deux.

La cavalerie des Amis, et avec eux les officiers de l'armée n'osant s'en défendre, malgré leur répugnance, avaient pris, par son ordre, l'habit des Perses. Trois cent soixante concubines, autant qu'en avait eu Darius, remplissaient son palais; à leur suite, étaient des troupes d'eunuques, accoutumés eux-mêmes à se prostituer comme des femmes. Cette contagion honteuse du luxe et des mœurs étrangères était un objet public d'aversion pour les vieux soldats de Philippe, gens peu faits pour les voluptés; et, dans tout le camp, il n'y avait qu'une seule opinion, un seul langage : on avait plus perdu, disait-on, par la victoire, que gagné par la guerre : c'était bien eux qui étaient vaincus désormais, et asservis au joug des mœurs étrangères : pour prix d'une si longue absence, ils retourneraient dans leurs foyers vêtus à peu près comme des captifs. Quelle honte pour eux de voir leur roi plus semblable aux vaincus qu'aux vainqueurs, et, de chef des Macédoniens devenu satrape de Darius!

---

vestemque persicam sumpsit, ne omen quidem veritus, quod a victoris insignibus in devicti transiret habitum ; et ille se quidem Persarum spolia gestare dicebat : sed cum illis quoque mores induerat; superbiamque habitus animi insolentia sequebatur. Litteras quoque, quas in Europam mitteret, veteris annuli gemma obsignabat : iis, quas in Asiam scriberet, Darii annulus imprimebatur, ut appareret, unum animum duorum non capere fortunam.

Amicos vero et equites, cumque his principes militum, aspernantes quidem, sed recusare non ausos, persicis ornaverat vestibus. Pellices ccc et lx, totidem quot Darii fuerant, regiam implebant; quas spadonum greges, et ipsi muliebria pati assueti, sequebantur. Hæc luxu et peregrinis infecta moribus veteres Philippi milites, rudis natio ad voluptates, palam aversabantur; totisque castris unus omnium sensus ac sermo erat, plus amissum victoria, quam bello quæsitum esse; tum maxime vinci ipsos, dedique alienis moribus et externis ; tantæ moræ pretium, domos quasi in captivo habitu reversuros ; pudere jam sui, regem victis quam victoribus similiorem, ex Macedoniæ imperatore Darii satrapen factum.

Alexandre n'ignorait pas les graves mécontentements de ses principaux amis et de son armée, et, à force de dons et de faveurs, il cherchait à regagner leur affection; mais, sans doute, pour les hommes libres, le prix de la servitude est toujours désagréable. Il était donc nécessaire, pour éviter une sédition, d'interrompre par la guerre cette dangereuse oisiveté; et une occasion favorable était comme tenue en réserve. En effet, Bessus, ayant pris la robe royale, se faisait nommer *Artaxerxès*, et appelait autour de lui les Scythes et les autres peuples voisins du Tanaïs. Ces nouvelles étaient apportées par Satibarzanes, dont le roi reçut les serments, et qu'il nomma gouverneur de la province où il avait auparavant commandé. L'armée, encombrée de dépouilles et de tout l'attirail du luxe, avait peine à se mouvoir : c'est pourquoi Alexandre fit prendre d'abord ses bagages, et ensuite ceux de toute l'armée, à l'exception des objets indispensables, et les fit rassembler en un même lieu. Ce fut dans une vaste plaine que les chariots tout chargés se réunirent. On attendait ce qu'il allait décider lorsqu'il donna l'ordre d'emmener les chevaux, et, jetant le premier la flamme sur ses bagages, commanda qu'on mît le feu au reste.

Ainsi périrent, brûlées par leurs propres maîtres, des richesses que souvent ils n'avaient enlevées des villes ennemies qu'en les sauvant de la flamme prête à les dévorer; et aucun d'entre eux n'osait pleurer le prix de son sang, lorsqu'il voyait la part que le roi s'était réservée, enveloppée dans le même incendie. Une courte harangue calma bientôt leur douleur; et, redevenus dispos pour la guerre et prêts à tout, ils se félicitaient d'avoir

---

Ille non ignarus, et principes amicorum et exercitum graviter offendi, gratiam liberalitate donisque recuperare tentabat; sed, opinor, liberis pretium servitutis ingratum est. Igitur, ne in seditionem res verteretur, otium interpellandum erat bello; cujus materia opportune alebatur. Namque Bessus, veste regia sumpta, Artaxerxen appellari se jusserat; Scythasque et ceteros Tanais accolas contrahebat. Hæc Satibarzanes nuntiabat : quem receptum in fidem, regioni, quam antea obtinuerat, præfecit. Et quum grave spoliis apparatuque luxuriæ agmen vix moveretur, suas primum, deinde totius exercitus sarcinas, exceptis admodum necessariis, conferri jussit in medium. Planities spatiosa erat, in quam vehicula onusta perduxerant. Exspectantibus cunctis, quid deinde esset imperaturus, jumenta jussit abduci; suisque primum sarcinis face subdita, ceteras incendi præcepit.

Flagrabant, exurentibus dominis, quæ ut intacta ex urbibus hostium raperent, sæpe flammas restinxerant; nullo sanguinis pretium audente deflere, quum regias opes idem ignis exureret. Brevis deinde oratio mitigavit dolorem; habilesque militiæ et ad omnia parati lætabantur, sarcinarum potius, quam disciplinæ fecisse jacturam.

perdu leurs bagages plutôt que leur discipline. On marchait donc vers la Bactriane. Une mort soudaine vint alors frapper Nicanor, fils de Parménion, et ce fut pour toute l'armée un profond regret. Le roi, plus affligé que personne, aurait voulu s'arrêter pour assister à ses funérailles; mais le défaut de vivres le forçait de marcher à la hâte. Ayant donc laissé en arrière Philotas avec deux mille six cents hommes, pour qu'il rendît les derniers devoirs à son frère, il continua de s'avancer contre Bessus.

Sur la route lui furent apportées des lettres des satrapes du voisinage, lui annonçant l'approche menaçante de Bessus avec une armée, et la défection de Satibarzanes, qu'il venait de nommer satrape des Ariens. Alexandre était à la veille d'atteindre Bessus; convaincu néanmoins que le mieux était d'en finir d'abord avec Satibarzanes, il prit avec lui son infanterie légère et sa cavalerie, et, après une marche forcée pendant toute la nuit, il tomba à l'improviste sur l'ennemi. A la nouvelle de son arrivée, Satibarzanes ramassa deux mille cavaliers, la précipitation ne lui ayant pas permis d'en réunir davantage, et il s'enfuit à Bactres : le reste de ses troupes alla se jeter dans les montagnes du voisinage.

Il y avait un rocher escarpé du côté de l'occident, mais qui, du côté de l'orient, s'abaissant par une plus douce pente, était ombragé d'un grand nombre d'arbres, et donnait naissance à une source intarissable, d'où s'échappaient d'abondantes eaux. Ce rocher a trente-deux stades de circuit; au sommet est une

---

Igitur bactrianam regionem petebant. Sed Nicanor, Parmenionis filius, subita morte correptus, magno desiderio sui affecerat cunctos. Rex, ante omnes mœstus, cupiebat quidem subsistere funeri affuturus ; sed penuria commeatuum festinare cogebat. Itaque Philotas cum ɪɪ millibus et ᴅᴄ relictus, ut justa fratri persolveret : ipse contendit ad Bessum.

Iter facienti litteræ ei afferuntur a finitimis satraparum ; e quibus cognoscit, Bessum quidem hostili animo occurrere cum exercitu : ceterum Satibarzanem, quem satrapen Ariorum ipse præfecisset, defecisse ab eo. Itaque, quanquam Besso imminebat, tamen ad Satibarzanem opprimendum præverti optimum ratus, levem armaturam et equestres copias educit, totaque nocte strenue facto itinere, improvisus hosti supervenit. Cujus cognito adventu, Satibarzanes cum ɪɪ millibus equitum (nec enim plures subito contrahi poterant) Bactra perfugit, ceteri proximos montes occupaverunt.

Prærupta rupes est, qua spectat occidentem : eadem, qua vergit ad orientem, eniore summissa fastigio, multis arboribus obsita, perennem habet fontem, ex quo argæ aquæ manant. Circumitus ejus xxx et ɪɪ stadia comprehendit ; in vertice her-

plaine riche en herbages. Ce fut là qu'ils placèrent la multitude hors d'état de combattre. Quant à eux, ils fortifièrent tous les abords du rocher avec des troncs d'arbres et de grosses pierres : ils étaient treize mille hommes armés.

Laissant à Cratère le soin de les assiéger, Alexandre se mit en toute hâte à la poursuite de Satibarzanes. Mais il apprit bientôt que le fugitif était à une trop grande distance, et revint sur ses pas pour attaquer l'ennemi qui avait pris position sur les hauteurs. Il commença par ordonner que l'on déblayât le terrain partout où l'on pourrait avancer, jusqu'à ce que, ne rencontrant plus que roches escarpées et pics inaccessibles, la nature leur sembla plus puissante que leurs efforts, et toute leur peine inutile. C'était un des traits du génie d'Alexandre, de savoir lutter contre tous les obstacles ; mais il trouvait ici autant de difficulté à avancer que de péril à reculer, et son esprit roulait mille pensées diverses, que la réflexion lui suggérait l'une après l'autre, comme il arrive lorsque nos idées nous déplaisent à mesure qu'elles nous viennent. Au milieu de ses hésitations, le parti que la raison ne pouvait lui dicter lui fut offert par la fortune.

Le vent d'ouest soufflait avec violence, et le soldat avait abattu une grande quantité de bois pour se frayer un chemin à travers les rocs : l'ardeur du soleil, en desséchant ces matériaux, y mit le feu. Alexandre ordonne alors d'y entasser d'autres arbres et de donner à la flamme des aliments : en peu de temps les souches accumulées s'élevèrent à la hauteur de la montagne, et le feu que l'on y jeta de toutes parts ne tarda pas à tout envelopper. Le vent poussait la flamme au visage des ennemis : une

---

hidus campus. In hoc multitudinem imbellem considere jubent : ipsi, qua rupes erat, arborum truncos et saxa obmoliuntur ; XIII millia armata erant.

In horum obsidione Cratero relicto, ipse Satibarzanem sequi festinat. Et quia longius eum abesse cognoverat, ad expugnandos eos, qui edita montium occupaverant, redit. Ac primo repurgari jubet, quidquid ingredi possent : deinde, ut occurrebant inviæ cautes præruptæque rupes, irritus labor videbatur, obstante natura. Ille, ut erat animi semper obluctantis difficultatibus, quum et progredi arduum, et reverti periculosum esset, versabat se ad omnes cogitationes, aliud atque aliud, ita ut fieri solet, ubi prima quæque damnamus, subjiciente animo. Hæsitanti, quod ratio non potuit, fortuna consilium subministravit.

Vehemens Favonius erat, et multam materiam ceciderat miles, aditum per saxa molitus ; hæc vapore torrida inaruerat. Ergo aggeri alias arbores jubet, et igni dari alimenta : celeriterque stipitibus cumulatis, fastigium montis æquatum est. Tunc undique ignis injectus cuncta comprehendit : flammam in hora hostium ventus fere-

vaste fumée avait caché le ciel comme dans un nuage. Les forêts retentissaient des éclats de l'incendie; et là même où le soldat n'avait pas mis le feu, l'embrasement, gagnant de proche en proche, allait se répandre. Les Barbares se précipitaient dans les espaces que leur laissait la flamme mourante pour échapper au dernier des supplices; mais où ils ne trouvaient pas le feu, ils trouvaient l'ennemi. Ils périrent donc de diverses manières : les uns s'élançaient au milieu des flammes, les autres sur la pointe des rochers; quelques-uns s'offrirent aux coups des ennemis; un petit nombre tombèrent dans ses mains à demi consumés.

De là, Alexandre alla rejoindre Cratère, qui assiégeait Artâcacna. Celui-ci, après avoir fait toutes ses dispositions, attendait l'arrivée du roi, pour lui laisser, comme il convenait, l'honneur de prendre la ville. Alexandre fait donc approcher les tours, et, à ce seul aspect, les Barbares épouvantés tendent du haut des murs leurs mains suppliantes, le priant de réserver sa colère contre Satibarzanes, l'auteur de la révolte, et de pardonner à des malheureux qui l'imploraient et se livraient à sa merci. Le roi leur fit grâce, et, outre qu'il leva le siège, il rendit aux habitants tous leurs biens.

Il venait de quitter cette ville, lorsque des recrues lui arrivèrent. Zoïlus avait amené de la Grèce cinq cents chevaux; Antipater en envoyait trois mille d'Illyrie. Cent trente cavaliers thessaliens accompagnaient Philippe, et deux mille six cents hommes de milices étrangères venaient de la Lydie, suivis de trois cents cavaliers de la même contrée. Après avoir réuni ces

---

bat; fumus ingens velut quadam nube absconderat cœlum. Sonabant incendio silvæ; atque ea quoque, quæ non incenderat miles, concepto igne, proxima quæque adurebant. Barbari suppliciorum ultimum, si qua intermoreretur ignis, effugere tentabant; sed, qua flamma dederat locum, hostis obstabat. Varia igitur cæde consumpti sunt. Alii in medios ignes, alii in petras præcipitavere se; quidam manibus hostium se obtulerunt : pauci semiustulati venere in potestatem.

Hinc ad Craterum, qui Artacacnam obsidebat, redit. Ille, omnibus præparatis, regis exspectabat adventum, captæ urbis titulo, sicut par erat, cedens. Igitur Alexander turres admoveri jubet; ipsoque adspectu territi Barbari, e muris supinas manus tendentes, orare cœperunt, iram in Satibarzanem defectionis auctorem reservaret; supplicibus semet dedentibus parceret. Rex, data venia, non obsidionem modo solvit, sed omnia sua incolis reddidit.

Ab hac urbe digresso supplementum novorum militum occurrit. Zoilus d equites ex Græcia adduxerat : iii millia ex Illyrico Antipater miserat. Thessali equites c et xxx cum Philippo erant : ex Lydia ii millia et dc, peregrinus miles, advenerant :

troupes à son armée, il entra dans le pays des Dranges, nation belliqueuse, qui avait pour satrape Barzaentès, complice de Bessus dans son attentat contre la personne de son roi. La crainte des supplices qu'il avait mérités engagea ce misérable à se sauver dans l'Inde.

VII. Il y avait neuf jours que l'on campait, lorsque Alexandre, toujours sans crainte et toujours même vainqueur des attaques du dehors, se vit exposé aux périls d'un attentat domestique. Un certain Dymnus, homme peu considéré et peu en faveur auprès du roi, était passionnément épris d'un jeune prostitué nommé Nicomaque : le lien de leur attachement était les honteuses complaisances que cet objet de ses amours avait pour lui seul. Ce Dymnus, un jour, saisi d'un trouble extraordinaire, qui se pouvait aisément lire sur son visage, emmena secrètement le jeune homme dans un temple, lui annonçant qu'il allait lui faire de mystérieuses et importantes révélations. Là, après l'avoir tenu quelque temps dans l'attente, il l'adjura, au nom de leur mutuelle tendresse et des gages qu'ils s'en étaient donnés, de s'engager par serment à taire ce qu'il allait lui confier. Nicomaque n'imaginant pas qu'il s'agît d'une chose qu'il lui fallût révéler, même au prix d'un parjure, appela en témoignage de sa foi les dieux présents dans le temple. Dymnus lui découvre alors que, dans trois jours, un complot doit éclater contre le roi, et qu'il est associé à ce projet avec des hommes de courage et de distinction. En entendant ces mots, le jeune homme déclare avec fermeté qu'il n'a pas engagé sa foi pour un parricide, et qu'aucun serment ne peut l'obliger à taire un crime.

---

ccc equites gentis ejusdem sequebantur. Hac manu adjecta, Drangas pervenit : bellicosa natio est ; satrapes erat Barzaentes, sceleris in regem suum particeps Besso. Is suppliciorum, quæ meruerat, metu, profugit in Indiam.

VII. Jam nonum diem stativa erant, quum externa vi non tutus modo rex, sed invictus, intestino facinore petebatur. Dymnus, modicæ apud regem auctoritatis et gratiæ, exoleti, cui Nicomacho erat nomen, amore flagrabat, obsequio uni sibi dediti corporis vinctus. Is, quod ex vultu quoque perspici poterat, similis attonito, remotis arbitris, cum juvene secessit in templum, arcana se et silenda afferre præfatus : suspensumque exspectatione, per mutuam caritatem et pignora utriusque animi, rogat, ut affirmet jurejurando, quæ commisisset, silentio esse tecturum. Et ille ratus, nihil, quod etiam cum perjurio detegendum foret, indicaturum, per præsentes deos jurat. Tum Dymnus aperit, in tertium diem insidias regi comparatas, seque ejus consilii fortibus viris et illustribus esse participem. Quibus juvenis auditis, se vero fidem in parricidio dedisse, constanter abnuit, nec ulla religione, ut scelus tegat, posse constringi.

Éperdu d'amour et de crainte, Dymnus serre la main de son ami, et, les larmes aux yeux, le prie d'abord de prendre part au projet et à son exécution ; que, s'il ne peut s'y résoudre, au moins qu'il ne le trahisse pas, lui dont il a reçu tant de marques d'attachement, et à l'instant même la plus forte de toutes, lorsqu'il vient de confier ses jours à sa foi, sans l'avoir encore mise à l'épreuve. Le voyant persévérer jusqu'au bout dans son aversion pour le crime, il essaye de l'épouvanter par la crainte de la mort : ce sera donc par sa tête que les conjurés commenceront à frapper leur glorieux coup. Un moment après, il le traite d'homme sans cœur, aussi timide qu'une femme ; puis, il lui reproche de trahir son ami ; puis enfin il fait briller à ses yeux les plus magnifiques promesses, parfois même celle de la royauté, et assiége ainsi dans tous les sens cette âme qu'il trouve pleine d'horreur pour un si monstrueux attentat. Il va jusqu'à tirer son épée, et tour à tour en approche la pointe de sa poitrine et de celle de Nicomaque ; et, à force de supplications et de menaces, il finit par lui arracher la promesse de son silence et même de sa coopération. Cependant, doué d'une âme ferme et digne d'avoir eu une vie plus chaste, Nicomaque n'avait rien changé à sa première résolution ; mais il feignait de ne pouvoir rien refuser à son amour pour Dymnus. Il poursuit donc, en lui demandant quels sont ceux avec qui il s'est associé dans cette grande entreprise. C'était beaucoup que le choix des hommes qui devaient mettre la main à une œuvre si mémorable. Dymnus, égaré par l'amour et par le crime, lui prodigue à la fois les remercîments et les félicitations : quel honneur pour lui de n'avoir pas craint de se joindre à l'élite

---

Dymnus, et amore et metu amens, dextram exoleti complexus et lacrymans, orare primum, ut particeps consilii operisque fieret : si id sustinere non posset, attamen ne proderet se, cujus erga ipsum benevolentiæ, præter alia, hoc quoque haberet fortissimum pignus, quod caput suum permisisset fidei adhuc inexpertæ. Ad ultimum aversari scelus perseverantem metu mortis terret : ab illo capite conjuratos pulcherrimum facinus inchoaturos. Alias deinde effeminatum et muliebriter timidum, alias proditorem amatoris appellans, nunc ingentia promittens, interdumque regnum quoque, versabat animum tanto facinore procul abhorrentem. Strictum deinde gladium modo illius, modo suo admovens jugulo, supplex idem et infestus, expressit tandem, ut non solum silentium, sed etiam operam polliceretur. Namque abunde constantis animi, et dignus, qui pudicus esset, nihil ex pristina voluntate mutaverat ; sed, se captum Dymni amore, simulabat nihil recusare. Sciscitari inde pergit, cum quibus tantæ rei societatem inisset. Plurimum referre, quales viri tam memorabili operi admoturi manus essent. Ille, et amore et scelere malesanus, simul gratias

de la jeunesse, à Démétrius, l'un des gardes de la personne du roi, à Peucolaüs, à Nicanor! et il ajoute à ces noms ceux d'Aphébétus, de Locée, de Dioxène, d'Archépolis, d'Amyntas.

Au sortir de cet entretien, Nicomaque va révéler ce qu'il a entendu à son frère, nommé Cébalinus. Le parti qu'ils prirent fut qu'il resterait dans sa tente, pour éviter, en entrant chez le roi, où l'on ne le voyait pas d'ordinaire, de laisser soupçonner aux conjurés qu'ils étaient trahis. Quant à Cébalinus, il alla se placer sous le vestibule de la tente royale, ne pouvant être admis à pénétrer plus avant, et attendit le passage de quelqu'un des premiers favoris du roi, pour être introduit en sa présence.

Le hasard voulut qu'ils fussent tous partis, à l'exception de Philotas, fils de Parménion, qui, on ne sait pour quel motif, était resté seul dans la tente. Cébalinus, le visage troublé, et avec toutes les marques d'une violente agitation, lui découvre ce qu'il tient de son frère, et le charge d'en instruire le roi sans aucun délai. Philotas le comble d'éloges et rentre aussitôt chez Alexandre; là, il entretient à loisir le roi de mille autres objets, et ne lui dit pas un mot des révélations de Cébalinus. Sur le soir, comme il traversait le vestibule, le jeune homme l'aborde et lui demande s'il s'est acquitté de sa commission. Philotas s'en excuse sur l'occasion qui lui a manqué d'en parler au roi, et se retire. Le lendemain, au moment où il allait entrer dans la tente, Cébalinus se trouva encore

---

agit, simul gratulatur, quod fortissimis juvenum non dubitasset se jungere, Demetrio corporis custodi, Peucolao, Nicanori; adjicit his Aphœbetum, Loceum, Dioxenum, Archepolym et Amyntam.

Ab hoc sermone dimissus Nicomachus, ad fratrem (Cebalino erat nomen), quæ acceperat defert. Placet ipsum subsistere in tabernaculo, ne, si regiam intrasset, non assuetus adire regem, conjurati proditos se esse resciscerent. Ipse Cebalinus ante vestibulum regiæ, neque enim propius aditus ei patebat, consistit, operiens aliquem ex prima cohorte amicorum, quo introduceretur ad regem.

Forte, ceteris dimissis, unus Philotas, Parmenionis filius, incertum quam ob causam, substiterat in regia. Huic Cebalinus, ore confuso magnæ perturbationis notas præ se ferens, aperit quæ ex fratre compererat; et sine cunctatione nuntiari regi jubet. Philotas, laudato eo, protinus intrat ad Alexandrum; multoque invicem de aliis rebus consumpto sermone, nihil eorum, quæ ex Cebalino cognoverat, nuntiat. Sub vesperam eum prodeuntem in vestibulo regiæ excipit juvenis, an mandatum exsecutus foret requirens. Ille, non vacasse sermoni suo regem, causatus, discessit. Postero die Cebalinus venienti in regiam præsto est, intrantemque admonet pridie

sur son passage et lui rappela l'avis qu'il lui avait donné la veille. Il répondit qu'il y songeait, et n'en parla pas davantage au roi.

Cébalinus commençait à se défier de lui. Jugeant donc que ce n'était plus à lui qu'il fallait s'adresser, il fait part du complot à un jeune homme de bonne famille, nommé Métron, qui était placé à la tête de l'arsenal. Celui-ci y cacha Cébalinus et sur-le-champ alla informer Alexandre, qui, par hasard, était alors dans le bain, du rapport qu'on venait de lui faire. Le roi, sans perdre de temps, envoya des gardes pour arrêter Dymnus ; puis, il entra dans l'arsenal. Cébalinus, dans le transport de sa joie, s'écria : « Voilà mon roi sauvé ! le voilà arraché des mains des traîtres ! »

Alexandre le questionna alors sur ce qu'il lui importait de savoir, et apprit de sa bouche tous les détails du complot. Il insista encore et lui demanda combien il y avait de temps que Nicomaque lui avait donné ces informations. Il convint qu'il y avait trois jours ; et, sur cet aveu, Alexandre, qui trouvait une loyauté bien douteuse dans des révélations si tardives, le fit mettre aux fers. Lui de se récrier aussitôt et d'affirmer qu'à l'instant même où il a tout su, il a tout rapporté à Philotas : on pouvait l'interroger. Le roi lui fait redire encore une fois s'il est bien vrai qu'il soit allé trouver Philotas ? s'il a insisté près de lui pour parvenir jusqu'à sa personne ? Et comme il persistait dans sa déclaration, Alexandre, les mains levées au ciel et le visage baigné de larmes, prenait les dieux à témoin de l'indigne retour dont il était payé par celui de ses amis qui lui avait été le plus cher.

---

communicatæ cum ipso rei. Ille curæ sibi esse respondit : ac ne tum quidem regi, quæ audierat, aperit.

Cœperat Cebalino esse suspectus. Itaque non ultra interpellandum ratus, nobili juveni, Metron erat ei nomen, super armamentarium posito, quod scelus pararetur, indicat. Ille, Cebalino in armamentario abscondito, protinus regi, corpus forte curanti, quid ei index detulisset, ostendit. Rex, ad comprehendendum Dymnum missis satellitibus, armamentarium intrat. Ibi Cebalinus, gaudio elatus : « Habeo te, inquit, incolumem ex impiorum manibus ereptum. »

Percontatus deinde Alexander, quæ noscenda erant, ordine cuncta cognoscit. Rursusque institit quærere, quotus dies esset, ex quo Nicomachus ad eum detulisset indicium ? Atque illo fatente jam tertium esse, existimans, haud incorrupta fide tanto post deferre quæ audierat, vinciri eum jussit. Ille clamitare cœpit, eodem temporis momento, quo audisset, ad Philotam decurrisse : ab eo percontaretur. Rex item quærens, an Philotam adisset ? an instituisset ei, ut perveniret ad se ? perseverante eo affirmare quæ dixerat, manus ad cœlum tendens, manantibus lacrymis, hanc sibi a carissimo quondam amicorum relatam gratiam querebatur.

Cependant Dymnus, soupçonnant bien pour quel motif il était appelé chez le roi, s'était frappé de son épée, qu'il portait par hasard; mais, retenu par la main des gardes, il fut transporté dans la tente royale. « Dymnus, lui dit Alexandre en le voyant, quel si grand tort ai-je donc eu envers toi, pour que tu trouvasses Philotas plus digne que moi de régner sur la Macédoine? » Mais déjà il avait perdu la parole; on le vit pousser un gémissement, détourner son visage de celui du roi, et un moment après s'évanouir et expirer.

Alexandre ayant alors envoyé chercher Philotas : « Cébalinus, lui dit-il, digne du dernier supplice, s'il est vrai qu'il ait tenu caché pendant deux jours un complot tramé contre ma vie, rejette le tort de ce coupable silence sur Philotas, à qui, s'il faut l'en croire, il est allé sur-le-champ tout révéler. Plus l'amitié t'a rapproché de moi, plus est grand le calme de ta dissimulation; mais ce crime, je l'avoue, est plutôt fait pour Cébalinus que pour Philotas. Tu as en moi un juge favorable, si ce que tu n'as pas dû commettre tu peux seulement le nier. » Philotas, sans éprouver le moindre trouble, autant du moins que l'âme peut se lire sur le visage, répondit qu'à la vérité Cébalinus lui avait rapporté le propos d'un homme de mauvaise vie; mais qu'il n'avait donné nulle créance à un si méprisable témoignage : il avait craint la risée publique, en portant aux oreilles du roi la querelle d'un débauché et de son vil complaisant. Il confessait cependant que, puisque Dymnus s'était donné la mort, quelle que fût cette disposition, il n'eût

---

Inter hæc Dymnus, haud ignarus, quam ob causam accerseretur a rege, gladio, quo forte erat cinctus, graviter se vulnerat, occursuque satellitum inhibitus, perfertur in regiam. Quem intuens rex : « Quod, inquit, in te, Dymne, tantum cogitavi nefas, ut tibi Macedonum regno dignior Philotas me quoque ipso videretur? » Illum jam defecerat vox. Itaque edito gemitu, vultuque a conspectu regis averso, subinde collapsus exstinguitur.

Rex, Philota venire in regiam jusso : « Cebalinus, inquit, ultimum supplicium meritus, si in caput meum præparatas insidias biduo texit, hujus criminis reum Philotam substituit; ad quem protinus indicium detulisse se affirmat : quo propiore gradu amicitiæ me contingis, hoc majus est dissimulationis tuæ facinus; et ego Cebalino magis, quam Philotæ, id convenire fateor. Faventem habes judicem, si quod admitti non oportuit, saltem negari potest. » Ad hoc Philotas haud sane trepidus, si animus vultu æstimaretur, Cebalinum quidem scorti sermonem ad se detulisse; sed ipsum tam levi auctori nihil credidisse respondit, veritum, ne jurgium inter amatorem et exoletum, non sine risu aliorum, detulisset. Quum Dymnus interemerit se, ipsum, qualiacumque erant, non fuisse reticenda. Complexusque regem, orare cœpit,

pas dû la supprimer. Puis, embrassant le roi, il commença à le supplier de jeter les yeux sur sa vie passée, plutôt que sur une faute dont, après tout, il était coupable, pour s'être tu, non pour avoir agi. On ne saurait dire si le roi l'en crut, ou s'il garda son ressentiment au fond du cœur : quoi qu'il en soit, il lui tendit la main en signe de réconciliation, et dit qu'en effet il lui paraissait qu'il avait plutôt méprisé, que caché à dessein l'avis de Cébalinus.

VIII. Cependant ayant réuni en conseil ses amis, sans y appeler cette fois Philotas, il donna l'ordre d'introduire Nicomaque. Celui-ci répéta mot pour mot sa précédente déposition. Cratère était au premier rang dans l'amitié d'Alexandre; et, à ce titre, la rivalité de faveur le rendait l'ennemi de Philotas. Il n'ignorait pas d'ailleurs que celui-ci avait plus d'une fois déplu à l'oreille du roi, en faisant sonner trop haut son mérite et ses services; et par là il s'était rendu suspect, non pas de trahison, mais d'une indocile arrogance. Trouvant l'occasion plus que jamais favorable pour accabler son ennemi, et sachant couvrir sa haine des apparences du dévouement : « Plût aux dieux, dit-il, que, dès l'origine de cette affaire, tu en eusses délibéré avec nous! nous t'eussions conseillé, si tu voulais pardonner à Philotas, de lui laisser ignorer tout ce qu'il te devait, plutôt que de l'amener jusqu'au point d'avoir craint la mort, et de le forcer à oublier ton bienfait pour ne se souvenir que de son danger : car il pourra toujours conspirer contre toi, tandis que tu ne pourras toujours lui pardonner. Et il ne faut pas croire

---

ut præteritam vitam potius, quam culpam silentii tamen, non facti ullius, intueretur. Haud facile dixerim, credideritne ei rex, an altius iram suppresserit; dextram reconciliatæ gratiæ pignus obtulit; et contemptum magis, quam celatum indicium esse videri sibi dixit.

VIII. Advocato tamen concilio amicorum, cui tum Philotas adhibitus non est, Nicomachum introduci jubet. Is eadem, quæ detulerat ad regem, ordine exposuit. Erat Craterus regi carus in paucis, et eo Philotæ, ob æmulationem dignitatis, adversus; neque ignorabat, sæpe Alexandri auribus nimia jactatione virtutis atque operæ gravem fuisse, et ob ea non quidem sceleris, sed contumaciæ tamen esse suspectum. Non aliam premendi inimici occasionem aptiorem futuram ratus, odio suo pietatis præferens speciem : « Utinam, inquit, in principio quoque hujus rei nobiscum deliberasses. Suasissemus, si Philotæ velles ignoscere, patereris potius ignorare eum, quantum deberet tibi, quam usque ad mortis metum adductum cogeres, potius de periculo suo, quam de tuo cogitare beneficio. Ille enim semper insidiari tibi poterit, tu non semper Philotæ poteris ignoscere. Nec est quod existimes, eum, qui tantum facinus ausus est, venia posse mutari; scit eos, qui misericordiam

que l'homme qui a osé un aussi grand crime puisse être changé par le pardon ; il sait trop bien que, pour qui a mis à bout la clémence, il n'y a plus rien à espérer. Mais alors même que, vaincu par le repentir ou par ton bienfait, il voudrait se tenir désormais en repos, Parménion, son père, qui commande une armée si puissante, Parménion dont la voix est depuis si longtemps respectée de tes soldats, et dont la grandeur touche presque à la tienne, ne se trouvera-t-il pas humilié de te devoir la grâce de son fils ? Il est des bienfaits qui nous sont odieux ; on a honte d'avouer qu'on a mérité la mort. Il n'en faut pas douter, il aimera mieux paraître avoir reçu une injure que la vie. Attends-toi donc que tu auras à leur disputer tes jours. Assez d'ennemis nous restent encore à poursuivre : sache seulement assurer ta tête contre les ennemis domestiques. Si tu écartes ceux-là, je ne crains rien de ceux du dehors. »

Ainsi parla Cratère. L'opinion des autres ne fut pas douteuse : « Assurément, disaient-ils, Philotas n'eût pas supprimé l'avis qu'il avait reçu de la conjuration, s'il n'en eût été le chef ou le complice. Quel homme, en effet, honnête et sensé, ne fût-il pas un des amis du prince, mais tiré des derniers rangs du peuple, aussitôt après avoir reçu une pareille confidence, ne se fût empressé de courir auprès du roi ? Et l'exemple même de Cébalinus, qui lui avait fait part des révélations de son frère, n'y avait pas déterminé le fils de Parménion, le chef de la cavalerie, le dépositaire de tous les secrets du roi ! C'était peu encore, et il avait feint de n'avoir pu trouver l'instant d'en parler à Alexandre, pour empêcher le dénonciateur de cher-

---

consumpserunt, amplius sperare non posse. At ego, etiam si ipse vel pœnitentia, vel beneficio tuo victus quiescere volet, patrem ejus Parmenionem, tanti ducem exercitus, et inveterata apud milites tuos auctoritate, haud multum infra magnitudinis tuæ fastigium positum, scio non æquo animo salutem filii sui debiturum tibi. Quædam beneficia odimus ; meruisse mortem confiteri pudet. Superest, ut malit videri injuriam accepisse, quam vitam : proinde scito, tibi cum illis de salute esse pugnandum. Satis hostium superest, ad quos persequendos ituri sumus : latus a domesticis hostibus muni ; hos si submoves, nihil metuo ab externo. »

Hæc Craterus. Nec ceteri dubitabant, quin conjurationis indicium suppressurus non fuisset, nisi auctor aut particeps. Quem enim pium et bonæ mentis, non amicum modo, sed ex ultima plebe, auditis quæ ad eum delata erant, non protinus ad regem fuisse cursurum ? Ne Cebalini quidem exemplo, qui ex fratre comperta ipsi nuntiasset, Parmenionis filium, præfectum equitatus, omnium arcanorum regis arbitrum ; simulasse etiam non vacasse sermoni suo regem, ne index alium internun-

cher un autre intermédiaire. Nicomaque, enchaîné par la religion du serment, s'était pourtant hâté de décharger sa conscience ; et Philotas, après avoir passé presque tout le jour à jouer et à rire, n'avait pu prendre sur lui de mêler quelques mots qui intéressaient la vie du roi, dans un entretien si long et peut-être si frivole! Mais, disait-il, il n'avait pas cru, dans la bouche de deux enfants, une si grave déposition : pourquoi donc avoir promené l'affaire pendant deux jours, comme s'il avait foi à leurs révélations? Il eût dû renvoyer Cébalinus, s'il méprisait son rapport. Libre à chacun, dans son propre danger, de faire parade d'héroïsme ; mais quand c'est pour les jours d'un roi qu'il y a à craindre, il faut être crédule, et admettre même les dépositions les plus futiles. » Tous conclurent donc à le mettre à la question, pour le contraindre à découvrir les complices de son crime.

Le roi exigea d'eux un profond silence sur cette délibération, et les congédia. Il fit ensuite signifier le départ pour le lendemain, afin d'éviter que rien ne transpirât de la nouvelle résolution qui venait d'être prise. Philotas fut même invité à sa table, où il prenait place pour la dernière fois; et Alexandre eut la force non-seulement de souper, mais même de s'entretenir familièrement avec celui qu'il venait de condamner. Cependant, à la seconde veille, lorsque les feux furent éteints, se rassemblent dans la tente royale avec quelques hommes de la suite, Héphestion, Cratère, Cénus et Érigyius, tous quatre des amis du roi ; et, parmi ses écuyers, Perdiccas et Léonnatus. L'ordre fut donné par eux aux gardes qui veil-

---

tium quæreret. Nicomachum, religione quoque deum astrictum, conscientiam suam exonerare properasse : Philotam, consumpto per ludum jocumque pæne toto die, gravatum esse pauca verba, ad caput regis pertinentia, tam longo et forsitan supervacuo inserere sermoni. At enim, si non credidisset talia deferentibus pueris, cur igitur extraxisset, biduum, tanquam indicio haberet fidem ; dimittendum fuisse Cebalinum, si delationem ejus damnabat. In suo quemque periculo magnum animum habere : quum de salute regis timeretur, credulos esse debere ; vana quoque deferentes admittere. Omnes igitur quæstionem de eo, ut participes sceleris indicare cogeretur, habendam esse decernunt.

Rex admonitos, ut consilium silentio premerent, dimittit. Pronuntiari deinde iter in posterum diem jubet, ne qua novi initi consilii daretur nota. Invitatus est etiam Philotas ad ultimas ipsi epulas ; et non cœnare modo, sed etiam familiariter colloqui cum eo, quem damnaverat, sustinuit. Secunda deinde vigilia, luminibus exstinctis, cum paucis in regiam coeunt Hephestion, et Craterus, et Cœnus, et Erigyius : hi ex amicis ; ex armigeris autem Perdiccas et Leonnatus. Per hos imperatum, ut, qui

laient autour de la tente, de passer la nuit sous les armes. Déjà des soldats avaient été distribués sur toutes les avenues; on avait même envoyé des détachements de cavalerie pour tenir les routes et empêcher quelque messager secret de se rendre vers Parménion, qui commandait alors en Médie, à la tête d'une armée considérable.

Attarras, de son côté, était entré dans la tente avec trois cents soldats : on lui donna encore dix gardes, dont chacun était accompagné de dix hommes de la suite. Ceux-ci furent dirigés sur divers points pour saisir la troupe des conjurés; quant à Attarras, envoyé chez Philotas avec ses trois cents hommes, il travaillait à forcer la porte, qui se trouvait fermée, à l'aide de cinquante de ses jeunes gens les plus résolus; le reste avait reçu l'ordre d'entourer partout la maison dans la crainte que Philotas ne s'échappât par quelque secrète issue. Celui-ci, soit tranquillité d'esprit, soit lassitude, s'était laissé aller au sommeil : il était encore tout engourdi, lorsque Attarras vint le surprendre. Réveillé enfin par les chaînes dont on le chargeait : « O mon roi, dit-il, la méchanceté de mes ennemis a triomphé de ta bonté! » et sans qu'il dît un mot de plus, on le mena, la tête voilée, dans la tente royale.

Le lendemain, Alexandre ordonna à tout ce qui portait les armes de se rassembler. Il se trouva environ six mille soldats, sans compter les goujats et valets d'armée, dont la foule remplissait le quartier du roi. Philotas était caché au milieu de la troupe des écuyers : on voulait le dérober aux yeux de la multitude jusqu'à ce que le roi eût harangué les soldats. D'après

---

ad prætorium excubabant, armati vigilarent. Jam ad omnes aditus dispositi milites; equites quoque itinera obsidere jussi, ne quis ad Parmenionem, qui tum Mediæ magnisque copiis præerat, occultus evaderet.

Attarras autem cum trecentis armatis intraverat regiam : huic decem satellites traduntur, quorum singulos deni armigeri sequebantur. Ii ad alios conjuratos comprehendendos distributi sunt : Attarras, cum trecentis ad Philotam missus, clausum aditum domus moliebatur, quinquaginta juvenum promptissimis stipatus; nam ceteros cingere undique domum jusserat, ne occulto aditu Philotas posset elabi. Illum, sive securitate animi, sive fatigatione resolutum, somnus oppresserat; quem Attarras torpentem adhuc occupat. Tandem ei sopore discusso quum injicerentur catenæ : « Vicit, inquit, bonitatem tuam, rex, inimicorum meorum acerbitas; » nec plura elocutum capite velato in regiam adducunt.

Postero die rex edixit, omnes armati coirent. Sex millia fere militum venerant; præterea turba lixarum calonumque impleverant regiam. Philotam armigeri agmine suo tegebant, ne ante conspici posset a vulgo quam rex allocutus milites esset. De

un ancien usage de la Macédoine, l'armée connaissait des crimes capitaux; en temps de paix, le même privilége appartenait au peuple et l'autorité des rois était impuissante, si elle n'avait fait auparavant approuver ses décisions. On commença donc par apporter le cadavre de Dymnus, dont la plupart ignoraient le crime aussi bien que la fin tragique.

IX. Le roi se présenta ensuite à l'assemblée, portant sur ses traits l'empreinte des chagrins de son âme. La tristesse de ses amis avait aussi fait naître une grande attente. Longtemps, le visage baissé contre terre, il resta dans une sorte d'abattement et de stupeur; enfin s'étant remis : « Soldats, leur dit-il, peu s'en est fallu que je ne vous fusse enlevé par le crime de quelques hommes : c'est à la providence des dieux et à leur miséricorde que je dois de vivre encore. Et le vénérable aspect de votre assemblée ne fait que redoubler ma colère contre les parricides : car ce qui soutient ma vie, ce qui en est pour moi l'unique prix, c'est le bonheur de pouvoir encore acquitter la dette de la reconnaissance envers tant de braves guerriers, tant de loyaux serviteurs. »

A ces paroles, les gémissements des soldats l'interrompirent, et des larmes coulèrent de tous les yeux. Reprenant alors : « Combien s'accroîtra, leur dit-il, l'indignation que je soulèverai dans vos âmes, quand je vous aurai révélé les auteurs d'un si noir attentat! malheureux, que je crains encore de faire connaître et que je m'abstiens de nommer, comme s'il était possible de les sauver! Mais il faut étouffer les souvenirs d'une vieille affection, et mettre au jour les complots de ces sujets impies. Le moyen de garder le silence sur un forfait

capitalibus rebus vetusto Macedonum modo inquirebat exercitus; in pace, erat vulgi : nihil potestas regum valebat, nisi prius valuisset auctoritas. Igitur primum Dymni cadaver infertur, plerisque, quid patrasset, quove casu exstinctus esset, ignaris.

IX. Rex deinde in concionem procedit, vultu præferens dolorem animi : amicorum quoque mœstitia exspectationem haud parvam rei fecerat. Diu rex, demisso in terram vultu, attonito stupentique similis stetit; tandem recepto animo : « Pæne, inquit, milites, hominum scelere vobis ereptus sum; deum providentia et misericordia vivo : conspectusque vestri venerabilis cogit, ut vehementius parricidis irascerer, quoniam spiritus, immo unus vitæ meæ fructus est, tot fortissimis viris, et de me optime meritis, referre adhuc gratiam posse. »

Interrupit orationem militum gemitus, obortæque sunt omnibus lacrymæ. Tum rex : « Quanto, inquit, majorem in animis vestris motum excitabo, quum tanti sceleris auctores ostendero; quorum mentionem adhuc reformido, et tanquam salvi esse possint, nominibus abstineo. Sed vincenda est memoria pristinæ caritatis, et conju-

aussi odieux? Parménion, à l'âge où il est, comblé de tant de bienfaits et par mon père et par moi; Parménion, le plus ancien de tous nos amis, s'est fait le chef de cette abominable entreprise. Philotas, son agent, a suborné Peucolaüs, Démétrius, ce Dymnus, dont vous voyez le corps, et quelques autres aussi insensés qu'eux, et les a armés contre mes jours. »

Les accents confus de l'indignation et de la plainte retentissaient dans toute l'assemblée, comme il arrive dans les grandes réunions d'hommes, surtout dans celles des gens de guerre, lorsqu'ils sont emportés par l'enthousiasme ou par la colère.

Nicomaque, Métron et Cébalinus furent ensuite amenés, et chacun exposa les faits qu'il avait dénoncés. Aucun de leurs témoignages n'inculpait Philotas comme complice de la conjuration : aussi l'indignation s'était-elle calmée, et la déposition des témoins avait été accueillie en silence. Alexandre reprit : « Quelles étaient, croyez-vous, les intentions de celui qui a supprimé l'avis qu'on lui donnait de ce complot? avis assez bien fondé, comme l'a prouvé la mort de Dymnus. Cébalinus n'était pas sûr des faits qu'il venait déposer, et pourtant il n'a point reculé devant la torture : Métron n'a pas attendu un seul instant pour se décharger de ce terrible secret, au point même qu'il s'est élancé dans la chambre où je me baignais. Philotas, lui seul, est resté sans crainte, seul il n'a rien cru! Homme véritablement magnanime! Quoi! il aurait été touché du danger de son roi, et nulle altération n'aurait paru sur son visage? il aurait entendu une pareille révélation, et n'en eût témoi-

---

ratio impiorum civium detegenda. Quomodo autem tantum nefas sileam ? Parmenio, illa ætate tot meis, tot parentis mei meritis devinctus, omnium nobis amicorum vetustissimus, ducem tanto sceleri se præbuit. Minister ejus Philotas Peucolaum, et Demetrium, et hunc Dymnum, cujus corpus aspicitis, ceterosque ejusdem amentiæ in caput meum subornavit. »

Fremitus undique indignantium querentiumque tota concione obstrepebat ; qualis solet esse multitudinis, et maxime militaris, ubi aut studio agitur, aut ira.

Nicomachus deinde, et Metron, et Cebalinus producti, quæ quisque detulerat, exponunt. Nullius eorum indicio Philotas particeps sceleris destinabatur : itaque, indignatione pressa, vox indicum silentio excepta est. Tum rex : « Qualis, inquit, ergo animi vobis videtur, qui hujus rei delatum indicium ad ipsum suppressit? Quod non fuisse vanum, Dymni exitus declarat. Incertam rem deferens, tormenta non timuit Cebalinus : Metron ne momentum quidem temporis distulit exonerare se, ut eò, ubi lavabar, irrumperet. Philotas solus nihil timuit, nihil credidit. O magni animi virum! Iste, si regis periculo commoveretur, vultum non mutaret? indicem

gné aucune inquiétude? Ah! n'en doutez pas, il y a un crime caché sous ce silence, et c'est l'avide espérance de régner qui l'a précipité en aveugle au dernier des forfaits. Son père commande en Médie; lui-même, puissant du crédit qu'il tient de moi auprès d'un grand nombre des officiers de mon armée, aspire à un pouvoir supérieur à sa condition. On méprise aussi mon trône sans héritier, parce que je n'ai pas d'enfants derrière moi. Mais Philotas se trompe : j'ai en vous des enfants, des parents, des proches; tant que sera assurée votre existence, je ne puis manquer d'héritiers. »

Il fit ensuite lecture d'une lettre interceptée, que Parménion avait écrite à ses deux fils, Nicanor et Philotas; et qui, du reste, ne fournissait l'indice d'aucun projet bien sérieux: car telle en était la substance : « Prenez d'abord soin de vous, ensuite des vôtres : c'est ainsi que nous parviendrons à nos fins. » Le roi ajouta : « Que cette lettre était conçue en de tels termes, que, si elle arrivait à ses fils, ils pussent la comprendre en gens qui connaissaient l'affaire, et que, si elle était interceptée, faute d'en avoir la clef, on n'en pût saisir le sens. Mais, me dira-t-on, Dymnus, en énumérant les autres complices, n'a pas nommé Philotas : certes, ce n'est point là une preuve de son innocence, mais de son pouvoir: il est tellement redouté de ceux même qui peuvent le trahir, qu'en avouant leur propre crime, ils cachent encore le sien. Voyez, du reste, la vie de Philotas : elle suffit pour le dénoncer. C'est lui qui, voyant Amyntas, mon cousin, ourdir en Macédoine des trames coupables contre ma vie, s'est fait son ami et son confident.

---

tantæ rei sollicitus non audiret? Subest nimirum silentio facinus, et avida spes regni præcipitem animum ad ultimum nefas impulit. Pater Mediæ præest; ipse, apud multos copiarum duces meis præpotens viribus, majora, quam capit, spirat. Orbitas quoque mea, quod sine liberis sum, spernitur. Sed errat Philotas; in vobis liberos, parentes, consanguineos habeo : vobis salvis, orbus esse non possum. »

Epistolam deinde Parmenionis interceptam, quam ad filios Nicanorem et Philotam scripserat, recitat, haud sane indicium gravioris consilii præferentem; namque summa ejus hæc erat : « Primum vestri curam agite, deinde vestrorum : sic enim quæ destinavimus, efficiemus. « Adjecitque rex : « Sic esse scriptam, ut, sive ad filios pervenisset, a consciis posset intelligi; sive intercepta esset, falleret ignaros. At enim Dymnus, quum ceteros participes sceleris indicaret, Philotam non nominavit : hoc quidem illius non innocentiæ, sed potentiæ indicium est, quod sic ab iis timetur etiam, a quibus prodi potest, ut quum de se fateantur, illum tamen celent. Ceterum Philotam ipsius indicat vita. Hic Amyntæ, qui mihi consobrinus fuit, et in

C'est lui qui a donné sa sœur en mariage à Attale, au plus acharné de tous mes ennemis. C'est lui qui, lorsque j'usais des droits de mon ancienne et familière amitié, pour lui écrire ce que m'avait dit l'oracle de Jupiter Ammon, eut l'audace de me répondre : « Qu'il me félicitait d'avoir été reçu au nombre des dieux ; mais qu'il plaignait ceux qui étaient condamnés à vivre sous un maître élevé au-dessus de la condition humaine. » Ne sont-ce pas là autant d'indices d'un esprit depuis longtemps aigri contre moi et jaloux de ma gloire? Tant que j'ai pu, soldats, j'ai tout renfermé au fond de mon cœur : il me semblait que ce serait m'arracher moi-même une partie de mes entrailles, que d'avilir à mes propres yeux des hommes sur lesquels j'avais amassé tant de bienfaits. Mais ce ne sont plus des propos qu'il s'agit de punir : de l'insolence du langage on est venu aux poignards. Ces poignards, soldats, si vous m'en croyez, c'est Philotas qui les a aiguisés contre moi. Et quand je le trouve coupable d'un tel crime, où me retirer désormais? à qui confier ma vie? Je l'ai mis seul à la tête de la cavalerie, la meilleure partie de mon armée ; j'ai placé sous ses ordres l'élite de notre plus noble jeunesse : mon salut, mes espérances, mes victoires, j'ai tout remis à la garde de son honneur et de sa loyauté. Son père, je l'ai élevé tout près de ce haut rang où vous m'avez placé vous-mêmes ; j'ai soumis à son commandement et à ses lois la Médie, la contrée de l'Asie la plus opulente, avec des milliers de nos concitoyens et de nos alliés. Et où je cherchais un appui, voilà que j'ai trouvé le

---

Macedonia capiti meo impias comparavit insidias, socium se et conscium adjunxit. Hic Attalo, quo graviorem inimicum non habui, sororem suam in matrimonium dedit. Hic, quum scripsissem ei, pro jure tam familiaris usus atque amicitiæ, qualis sors edita esset Jovis Ammonis oraculo, sustinuit rescribere mihi, se quidem gratulari, quod in numerum deorum receptus essem ; ceterum misereri eorum, quibus vivendum esset sub eo, qui modum hominis excederet. Hæc sunt etiam animi pridem alienati a me, et invidentis gloriæ meæ indicia ; quæ quidem, milites, quam diu licuit, in animo meo pressi. Videbar enim mihi partem viscerum meorum abrumpere, si, in quos tam magna contuleram, viliores mihi facerem. Sed jam non verba punienda sunt ; linguæ temeritas pervenit ad gladios. Hos, si mihi creditis, Philotas in me acuit. Id si ipse admisit, quo me conferam, milites? cui caput meum credam? Equitatui, optimæ exercitus parti, principibus nobilissimæ juventutis unum præfeci : salutem, spem, victoriam meam fidei ejus tutelæque commisi. Patrem in idem fastigium, in quo me ipsi posuistis, admovi : Mediam, qua nulla opulentior regio est, tot civium sociorumque millia imperio ejus ditionique subjeci. Unde præsidium petieram, periculum exstitit. Quam feliciter in acie occidissem, potius hostis præda,

danger! Combien il eût été préférable pour moi de périr dans une bataille, victime d'un ennemi plutôt que d'un compatriote! Maintenant, sauvé des périls, les seuls que je craignisse, j'ai rencontré ceux que je ne devais pas craindre. Mille fois, soldats, vous m'avez demandé d'épargner mes jours ; c'est à vous de faire pour moi ce que réclama si souvent votre sollicitude ; c'est entre vos bras, c'est sous la protection de vos armes que je me réfugie : je ne veux pas continuer de vivre malgré vous ; mais, si vous voulez que je vive, je ne le puis sans être vengé. »

Alors il ordonna d'amener Philotas, qui parut les mains liées derrière le dos, et revêtu d'un vieux manteau. Il était aisé de s'apercevoir que cet homme, naguère pour tous un objet d'envie, était devenu dans cet état un objet de pitié. La veille, ils l'avaient vu général de la cavalerie ; ils savaient qu'il avait assisté au repas du roi, et, tout à coup, ils le voyaient accusé, condamné même, et, pour comble d'outrage, chargé de fers. Leur pensée s'arrêtait aussi sur la fortune de Parménion, de ce grand capitaine, de cet illustre citoyen, qui, après avoir perdu récemment deux de ses fils, Hector et Nicanor, se trouvait, avec le seul qui lui fût resté dans son malheur, cité à un tribunal où on le jugeait en son absence. Aussi Amyntas, l'un des lieutenants du roi, voyant que l'assemblée inclinait à la compassion, ralluma sa colère par une violente invective contre Philotas : « On voulait, disait-il, les livrer aux Barbares. Aucun d'eux n'aurait revu sa femme, ni sa patrie, ni ses parents ; semblables à un corps mutilé, dont on a détaché la tête, sans âme et sans nom, ils seraient devenus sur une terre étrangère

---

quam civis victima! nunc servatus ex periculis, quæ sola timui, in hæc incidi, quæ timere non debui. Soletis identidem a me, milites, petere, ut saluti meæ parcam. Ipsi mihi præstare potestis, quod suadetis, ut faciam : ad vestras manus, ad vestra arma confugio : invitis vobis, salvus esse nolo ; volentibus, non possum, nisi vindicor. »

Tum Philotam, religatis post tergum manibus, obsoleto amiculo velatum, jussit induci. Facile apparebat, motos esse tam miserabili habitu non sine invidia paulo ante conspecti. Ducem equitatus pridie viderant ; sciebant, regis interfuisse convivio ; repente non reum modo, sed etiam damnatum, immo vinctum intuebantur. Subibat animos Parmenionis quoque, tanti ducis, tam clari civis, fortuna ; qui modo duobus filiis, Hectore et Nicanore, orbatus, cum eo, quem reliquum calamitas fecerat, absens diceret causam. Itaque Amyntas, regis prætor, inclinatam ad misericordiam concionem rursus aspera in Philotam oratione commovit. Proditos eos esse Barbaris ; neminem ad conjugem suam, neminem in patriam et ad parentes fuisse rediturum ; velut truncum corpus, dempto capite, sine spiritu, sine nomine, aliena

le jouet de l'ennemi. » Ces paroles, contre l'attente de l'orateur, ne plurent pas au roi : parler aux soldats de leurs femmes et de leur patrie, c'était refroidir leur zèle à le suivre désormais dans ses entreprises.

Ce fut le tour de Cénus, qui, marié à la sœur de Philotas, se déchaîna contre lui avec plus de violence qu'aucun autre : le traître, criait-il, s'était rendu coupable de parricide envers le roi, la patrie et l'armée ; et il alla jusqu'à saisir une pierre, qui se trouvait par hasard à ses pieds, pour la lui jeter. On a cru qu'il voulait par là le dérober à la torture ; mais le roi lui retint la main, en disant qu'il fallait d'abord laisser l'accusé plaider sa cause, et qu'il ne souffrirait pas que l'on procédât autrement.

Philotas reçut donc l'ordre de parler. Soit remords, soit accablement causé par la grandeur du danger, il n'osait lever les yeux ni ouvrir la bouche. Bientôt ses larmes coulèrent, ses forces défaillirent, et il se laissa tomber sur celui qui le tenait. On lui essuya les yeux avec son manteau, et reprenant alors par degrés le sentiment et la voix, il semblait prêt à commencer. Alexandre, le regardant, lui dit : «Ce sont les Macédoniens qui vont te juger ; je te demande si c'est dans la langue du pays que tu leur parleras ?» Philotas répondit : « Outre les Macédoniens, je vois ici en plus grand nombre d'autres assistants qui, je crois, entendront mieux ce que je dirai, si je m'exprime dans la même langue où tu as parlé toi-même, sans autre motif, il me semble, que d'être compris de plus de

---

terra ludibrium hostis futuros. Haudquaquam pro spe ipsius, Amyntæ oratio grata regi fuit, quod conjugum, quod patriæ admonitos, pigriores ad cetera munia exsequenda fecisset.

Tunc Cœnus, quanquam Philotæ sororem matrimonio secum conjunxerat, tamen acrius quam quisquam in Philotam invectus est ; parricidam esse regis, patriæ, exercitus, clamitans : saxumque, quod forte ante pedes jacebat, eripuit, emissurus in eum ; ut plerique credidere, tormentis subtrahere cupiens : sed rex manum ejus inhibuit, dicendi prius causam debere fieri potestatem reo, nec aliter judicari passurum se affirmans.

Tum dicere jussus Philotas, sive conscientia sceleris, sive periculi magnitudine amens et attonitus, non attollere oculos, non hiscere audebat. Lacrymis deinde manantibus, linquente animo, in eum, a quo tenebatur, incubuit : abstersisque amiculo ejus oculis, paulatim recipiens spiritum ac vocem, dicturus videbatur. Jamque rex, intuens eum : « Macedones, inquit, de te judicaturi sunt : quæro, an patrio sermone sis apud eos usurus. » Tum Philotas : « Præter Macedonas, inquit, plerique adsunt, quos facilius, quæ dicam, percepturos arbitror, si eadem lingua fuero usus, qua tu egisti ; non ob aliud, credo, quam ut oratio tua intelligi posset a pluribus. » Tum

monde. » — « Ne voyez-vous pas, s'écria le roi, qu'il a en horreur jusqu'à la langue de sa patrie ; seul, il dédaigne de la parler. Mais qu'il choisisse celle qui lui plaira le mieux, pourvu que vous vous souveniez qu'il a également en haine et nos coutumes et notre langage. » Et aussitôt il quitta l'assemblée.

X. Philotas commençant alors : « Les paroles, dit-il, sont faciles à trouver pour un innocent; mais la mesure dans les paroles est difficile à garder pour un malheureux. Aussi, jeté comme à l'abandon entre une conscience irréprochable et une fortune bien rigoureuse, je ne sais comment obéir tout ensemble à mes sentiments et aux circonstances. Le meilleur juge de ma cause n'est pas ici : pourquoi n'a-t-il pas voulu m'entendre? Je ne saurais l'imaginer, puisque, après avoir ouï l'accusation et la défense, il a le même pouvoir de me condamner et de m'absoudre; au lieu que, s'il ne les entend pas l'une et l'autre, je ne puis espérer qu'absent il m'acquitte, lorsque présent il m'a condamné. Mais, quoique la défense d'un homme dans les fers soit d'ordinaire superflue, ou même importune, parce qu'elle semble moins instruire le juge que l'accuser, cependant j'userai du droit de parler qu'on me laisse; je ne m'abandonnerai pas moi-même, et me garderai de paraître condamné par mon propre suffrage.

« De quoi m'accuse-t-on? c'est là d'abord ce que je ne puis comprendre. Parmi les conjurés, aucun ne me nomme : Nicomaque n'a rien dit de moi; Cébalinus n'a rien pu savoir au delà de ce qu'il avait ouï dire : et le roi me regarde comme

---

rex : « Ecquid videtis, adeo etiam sermonis patrii Philotam tædere? solus quippe fastidit eum dicere. Sed dicat sane utcunque cordi est, dum memineritis, æque illum a nostro more atque sermone abhorrere. » Atque ita concione excessit.

X. Tum Philotas : « Verba, inquit, innocenti reperire facile est; modum verborum misero tenere difficile. Itaque inter optimam conscientiam, et iniquissimam fortunam destitutus, ignoro, quomodo et animo meo et tempori paream. Abest quidem optimus causæ meæ judex : qui cur me ipse audire noluerit, non mehercule excogito, quum illi, utrinque cognita causa, tam damnare me liceat, quam absolvere; non cognita vero liberari ab absente non possum, qui a præsente damnatus sum. Sed quanquam vincti hominis non supervacua solum, sed etiam invisa defensio est, quæ judicem non docere videtur, sed arguere; tamen, utcunque licet dicere, memet ipse non deseram, nec committam, ut damnatus etiam mea sententia videar.

« Equidem cujus criminis reus sim, non video. Inter conjuratos nemo me nominat; de me Nicomachus nihil dixit; Cebalinus plus, quam audierat, scire non potuit.

lé chef de la conjuration! Dymnus a-t-il donc pu passer sous silence celui sous les ordres duquel il marchait? et cela, lorsque, interrogé sur les noms de ses complices, il eût dû me nommer, même à faux, pour mieux séduire un homme que la peur faisait reculer! Car ce n'est pas après la découverte du crime qu'il a tu mon nom, de manière à ce que l'on puisse croire qu'il voulait épargner un complice; mais il avouait tout à Nicomaque, dont il espérait la discrétion pour lui-même; et, en lui nommant les autres, il m'a seul excepté! Je vous le demande, compagnons, si Cébalinus ne fût pas venu me trouver, s'il lui eût plu de ne me rien dire de la conjuration, n'étant inculpé par personne, aurais-je aujourd'hui à plaider devant vous ma cause? Je suppose Dymnus vivant, je le suppose décidé à me ménager; mais les autres? ils s'avoueront eux-mêmes coupables, et ils se tairont sur moi! Non, non : le malheur n'a point cette bienveillance; et trop souvent, au contraire, le coupable, au milieu des tourments de son supplice, se console par le supplice d'un autre. Quoi! même sur le chevalet, tant de complices n'auraient pas confessé la vérité? Et pourtant, si l'on n'épargne guère l'homme qui va mourir, il n'épargne guère non plus personne.

« Il faut donc en revenir au véritable et au seul motif de l'accusation. — Pourquoi, me demande-t-on, as-tu gardé le silence sur le complot qu'on te dénonçait? pourquoi l'as-tu entendu avec une si impassible sécurité? Cette faute, quelle qu'elle soit, je l'ai avouée; et toi, Alexandre, en quelque lieu que tu te trouves, tu m'en as déchargé, tu m'as donné ta main à baiser, en signe de réconciliation; tu m'as même admis à ta

Atqui conjurationis caput me fuisse credit rex! Potuit ergo Dymnus eum præterire, quem sequebatur? præsertim quum quærenti socios vel falso fuerim nominandus, quo facilius, qui verebatur, posset impelli. Non enim detecto facinore nomen meum præteriit, ut posset videri socio pepercisse; sed Nicomacho, quem taciturum arcana de semet ipso credebat, confessus, aliis nominatis, me unum subtrahebat. Quæso, commilitones, si Cebalinus me non adisset, nihil me de conjuratis scire voluisset, num hodie dicerem causam nullo me nominante? Dymnus sane et vivat adhuc, et velit mihi parcere; quid ceteri? qui de se confitebuntur, me videlicet subtrahent! Maligna est calamitas; et fere noxius, quum suo supplicio cruciatur, acquiescit alieno. Tot conscii, ne in equuleum quidem impositi, verum fatebuntur! Atqui nemo parcit morituro; nec cuiquam moriturus, ut opinor.

« Ad verum crimen, et ad unum revertendum mihi est. Cur rem delatam, ad te tacuisti? cur tam securus audisti? hoc qualecunque est, confesso mihi, ubicunque es, Alexander, remisisti : dextram tuam amplexus reconciliati pignus animi, convivio

table. Si tu m'as cru, je suis absous; si tu m'as pardonné, je suis hors de cause : maintiens au moins ton propre jugement. Qu'ai-je fait depuis la nuit dernière où je quittai ta table? quel nouveau crime t'a-t-on rapporté qui ait pu changer tes sentiments? Je reposais d'un profond sommeil, endormi au bord de l'abîme, quand mes ennemis sont venus m'éveiller en me chargeant de chaînes. D'où peut venir à un traître et à un parricide ce calme d'un sommeil tranquille? Les scélérats ne peuvent dormir, sans cesse importunés par le cri de leur conscience : les Furies les tourmentent, et pendant qu'ils méditent et après qu'ils ont accompli leur crime. Moi, au contraire, j'étais en sécurité, par mon innocence d'abord, et ensuite par le gage sacré de ta main : je ne craignais pas qu'auprès de toi la cruauté des autres prévalût sur ta clémence. Faut-il, pour que tu ne te repentes pas de m'avoir cru, faut-il te rappeler que l'avis m'était donné par un enfant qui n'avait à produire ni témoin, ni preuve, et dont la déposition allait semer partout l'alarme, si l'on commençait à y prêter l'oreille? J'ai cru, pour mon malheur, que j'étais appelé en confident dans une querelle d'amant et de maîtresse, et j'ai soupçonné la sincérité du dénonciateur, parce qu'au lieu de parler lui-même, il avait préféré mettre en avant son frère : j'ai craint qu'ensuite il ne vînt à désavouer Cébalinus, et que la honte me restât d'avoir mis en péril plusieurs des amis du roi. Et lorsque je me suis ainsi efforcé de ne faire tort à personne, j'ai trouvé des hommes qui aimaient mieux ma mort que ma vie! Que d'inimitiés eussé-je donc amassées sur ma tête, si j'avais attaqué des innocents!

---

quoque interfui. Si credidisti mihi, absolutus sum; si pepercisti, dimissus : vel judicium tuum serva. Quid hac proxima nocte, qua digressus sum a mensa tua, feci? quod novum facinus delatum ad te mutavit animum tuum? Gravi sopore acquiescebam, quum me malis indormientem meis inimici vinciendo excitarunt. Unde et parricidæ et proditori tam alta quies somni, scelerati, conscientia obstrepente, quum dormire non possint? Agitant eos Furiæ, non consummato modo; sed et cogitato parricidio. At mihi securitatem primum innocentia mea, deinde dextra tua obtulerant : non timui, ne plus alienæ crudelitati apud te liceret, quam clementiæ tuæ. Sed ne te mihi credidisse pœniteat, res ad me deferebatur a puero, qui non testem, non pignus indicii exhibere poterat, impleturus omnes metu, si cœpisset audiri. Amatoris et scorti jurgio, interponi aures meas credidi infelix, et fidem ejus suspectam habui, quod non ipse deferret, sed fratrem potius subornaret : timui, ne negaret mandasse se Cebalino, et ego viderer multis amicorum regis fuisse periculi causa. Sic quoque, quum læserim neminem, inveni, qui mallet perire me, quam incolumem esse : quid inimicitiarum creditis excepturum fuisse, si insontes lacessissem?

« Mais enfin Dymnus s'est donné la mort ! — Pouvais-je donc deviner qu'il le ferait? Non sans doute, et la seule circonstance qui ait donné du poids à la dénonciation ne pouvait en avoir auprès de moi, au moment où j'ai reçu les confidences de Cébalinus. Mais s'il était vrai que je me fusse associé avec Dymnus dans cet odieux attentat, très-certainement ne lui aurais-je pas caché pendant deux jours que nous étions trahis, et Cébalinus lui-même ne m'eût guère coûté à faire disparaître. Lorsqu'ensuite, après le fatal rapport qui devait causer ma perte, je suis entré dans la chambre du roi, seul et armé, pourquoi ai-je différé le crime? serait-ce que je n'osais agir sans Dymnus? C'était donc lui qui était le chef de la conjuration ; et je me cachais sous son ombre, moi Philotas, qui prétends au trône de Macédoine ! Et qui de vous ai-je corrompu par mes présents? lequel des généraux, lequel des officiers ai-je cherché à séduire?

« On me reproche aussi de dédaigner la langue de notre pays, d'avoir en aversion les mœurs macédoniennes : ainsi donc c'est en méprisant un peuple que j'aspire à lui commander ! Mais depuis longtemps notre idiome maternel s'est altéré par le commerce des autres nations ; vainqueurs et vaincus, il nous a fallu également apprendre un nouveau langage. Ce ne sont pas là, j'en ai l'assurance, des imputations qui me puissent nuire; pas plus que le complot d'Amyntas, fils de Perdiccas, contre le roi. J'étais son ami, et je consens à accepter ce grief, parmi ceux dont j'ai à me défendre, si c'est un crime que d'avoir aimé le cousin du roi. Mais si, dans le haut

---

a At enim Dymnus se occidit? num igitur facturum eum divinare potui? minime. Ita quod solum indicio fidem fecit, id me, quum a Cebalino interpellatus sum, movere non poterat. At hercule, si conscius Dymno tanti sceleris fuissem, biduo illo proditos esse nos, dissimulare non debui, Cebalinus ipse tolli de medio nullo negotio potuit. Deinde post delatum indicium, quo periturus eram, cubiculum regis solus intravi, ferro quidem cinctus. Cur distuli facinus? an sine Dymno non sum ausus? ille igitur princeps conjurationis fuit : sub illius umbra Philotas latebam, qui regnum Macedonum affecto. Et quis e vobis corruptus est donis? quem ducem, quem præfectum impensius colui?

« Mihi quidem objicitur, quod societatem patrii sermonis asperner, quod Macedonum mores fastidiam : sic ergo imperio, quod dedignor, immineo. Jam pridem nativus ille sermo commercio aliarum gentium exolevit; tam victoribus, quam victis, peregrina lingua discenda est. Non mehercule ista me magis lædunt, quam quod Amyntas, Perdiccæ filius, insidiatus est regi; cum quo quod amicitia fuerit mihi, non recuso defendere, si fratrem regis non oportuit diligi a nobis : sin autem in illo for-

rang où l'avait placé la fortune, c'était un devoir même de le respecter, suis-je coupable, encore une fois, pour n'avoir pas su deviner? Serait-ce que les amis des criminels, fussent-ils innocents, doivent mourir avec eux? Si la justice le veut ainsi, pourquoi ai-je vécu si longtemps? si c'est une loi inique, pourquoi me faire périr aujourd'hui?

« Mais j'ai écrit que je plaignais ceux qui devaient vivre sous un prince qui se croyait fils de Jupiter! Confiance de l'amitié, dangereuse liberté d'un langage sincère, c'est vous qui m'avez trompé! c'est vous qui m'avez conseillé de ne pas taire ce que je pensais! Oui, je l'avoue, j'ai écrit ces mots au roi, mais non sur le roi; non pour le rendre odieux, mais parce que je craignais qu'il ne le devînt. Il me semblait plus digne d'Alexandre d'avoir en soi la conscience d'être fils de Jupiter, que d'en prendre publiquement le titre. Mais puisque les réponses de l'oracle sont infaillibles, que le dieu soit donc juge de ma cause : retenez-moi dans les fers, jusqu'à ce que l'on ait consulté Ammon sur ce mystérieux attentat. Sans doute le dieu qui a daigné reconnaître notre roi pour son fils ne laissera ignorer aucun de ceux qui ont médité contre sa race des projets criminels. Si vous croyez les tortures plus sûres que les oracles, je me soumets encore à cette épreuve pour faire luire la vérité au grand jour.

« D'ordinaire, dans les affaires capitales, les accusés font paraître devant vous leurs parents. Moi, j'ai tout récemment perdu mes deux frères, et quant à mon père, je ne puis l'amener ici et n'ose l'invoquer, enveloppé qu'il est lui-même dans

---

tunæ gradu positum etiam venerari necesse erat, utrum, quæso, quod non divinavi, reus sum? an impiorum amicis insontibus quoque moriendum est? Quod si æquum est, cur tamdiu vivo? si injustum, cur nunc demum occidor?

« At enim scripsi, misereri me eorum, quibus vivendum esset sub eo, qui se Jovis filium crederet! Fides amicitiæ, veri consilii periculosa libertas, vos me decepistis! vos, quæ sentiebam, ne reticerem, impulistis! Scripsisse me hæc fateor regi, non de rege scripsisse : non enim faciebam invidiam, sed pro eo timebam. Dignior mihi Alexander videbatur, qui Jovis stirpem tacitus agnosceret, quam qui prædicatione jactaret. Sed quoniam oraculi fides certa est, sit deus causæ meæ testis : retinete me in vinculis, dum consulitur Ammon in arcanum et occultum scelus. Interim, qui regem nostrum dignatus est filium, neminem eorum, qui stirpi suæ insidiati sunt, latere patietur. Si certiora oraculis credidis esse tormenta, ne hanc quidem exhibendæ veritatis fidem deprecor.

« Solent rei capitis adhibere vobis parentes : duos fratres ego nuper amisi; patrem nec ostendere possum, nec invocare audeo, quum et ipse tanti criminis reus

cette terrible accusation. C'est peu, en effet, pour un homme, tout à l'heure père de tant d'enfants et réduit à s'appuyer sur un seul fils, de perdre cette dernière espérance ; il faut que je le traîne encore avec moi sur le bûcher ! Ainsi donc, ô le plus aimé des pères! tu mourras, et à cause de moi, et avec moi! C'est moi qui t'ôte la vie, moi qui éteins ta vieillesse! Ah! pourquoi donnais-tu donc le jour à un malheureux fils, frappé en naissant de la colère des dieux? Était-ce pour recueillir de moi les fruits qui te sont réservés? Je ne sais lequel est le plus à plaindre, de mon jeune âge ou de ta vieillesse ; je vais être enlevé dans la fleur même des années, et toi tu vas perdre de la main du bourreau une vie que la nature était à la veille de te redemander, si la fortune eût voulu attendre quelques instants.

« Je n'ai pu parler de mon père sans me trouver averti de la prudente réserve avec laquelle je devais révéler ce que m'avait rapporté Cébalinus. Parménion, qui avait ouï dire que le médecin Philippe voulait empoisonner le roi, écrivit à Alexandre pour le détourner de prendre le breuvage que ce médecin se proposait de lui donner. En crut-on mon père? sa lettre eut-elle le moindre crédit? Moi-même, toutes les fois que j'ai donné quelque avis, on m'a renvoyé avec des railleries sur ma crédulité. Si l'on devient importun en dénonçant, suspect en se taisant, que faut-il donc faire? » Un des assistants s'étant alors écrié : « Ne pas conspirer contre tes bienfaiteurs. » — « Qui que tu sois, reprit Philotas, tu as dit vrai. Aussi je souscris bien volontiers à mon châtiment, si j'ai conspiré ; et je

---

sit. Parum est enim, tot modo liberorum parentem, in unico filio acquiescentem, eo quoque orbari, ni ipse in rogum meum imponitur. Ergo, carissime pater, et propter me morieris, et mecum? Ego tibi vitam adimo, ego senectutem tuam exstinguo! Quid enim me procreabas infelicem adversantibus diis? an ut hos ex me fructus perciperes, qui te manent? Nescio, adolescentia mea miserior sit, an senectus tua : ego in ipso robore ætatis eripior; tibi carnifex spiritum adimet, quem, si fortuna exspectare voluisset, natura reposcebat.

« Admonuit me patris mei mentio, quam timide et constanter, quæ Cebalinus detulerat ad me, indicare debuerim. Parmenio enim, quum audisset venenum a Philippo medico regi parari, deterrere eum voluit epistola scripta, quominus medicamentum biberet, quod medicus dare constituerat. Num creditum est patri meo? num ullam auctoritatem ejus litteræ habuerunt? Ego ipse, quoties, quæ audieram, detuli, cum ludibrio credulitatis repulsus sum. Si et, quum indicamus, invisi, et, quum tacemus, suspecti sumus, quid facere nos oportet? » Quumque unus e circumstantium turba exclamasset, « bene meritis non insidiari : » Philotas, « Recte, in-

termine ici mon discours, puisque mes dernières paroles ont paru choquer vos oreilles. » Il fut ensuite emmené par ceux qui le gardaient.

XI. Il y avait parmi les officiers de l'armée un certain Bélon, brave, mais tout à fait étranger aux arts de la paix et aux habitudes de la vie civile; vieux soldat, qui, des derniers rangs, s'était élevé au poste qu'il occupait alors. Comme les autres gardaient le silence, emporté par une audace brutale, il se mit à les haranguer : « Combien de fois, leur rappelait-il, chacun d'eux n'avait-il pas été chassé du logement qu'il s'était choisi, pour faire place à la lie des esclaves de Philotas, mieux traités que ses compagnons d'armes! Ses chariots, chargés d'or et d'argent, remplissaient des rues tout entières, et aucun de ses camarades ne pouvait trouver place dans le voisinage de sa demeure; mais des sentinelles, chargées de faire respecter son sommeil, écartaient au loin tout le monde, pour empêcher que le bruit, ou, pour mieux dire, le silence de leurs entretiens à voix basse, ne vînt à éveiller cette femme si délicate. Il prodiguait les railleries à ses grossiers compatriotes, et les appelait des Phrygiens et des Paphlagoniens. Né en Macédoine, il ne rougissait pas d'entendre par interprète ceux qui lui parlaient sa langue maternelle. Pourquoi voulait-il que l'on consultât l'oracle d'Ammon? lui qui avait accusé Jupiter d'imposture, lorsqu'il reconnaissait Alexandre pour son fils; et cela dans la crainte qu'on ne se révoltât d'un titre offert par les dieux! Quand il s'agissait de conspirer contre les jours de son roi et de son ami, il n'avait pas consulté Jupiter : maintenant

quit, quisquis es, dicis. Itaque, si insidiatus sum, pœnam non deprecor; et finem facio dicendi, quoniam ultima verba gravia sunt visa auribus vestris. » Abducitur deinde ab iis, qui custodiebant eum.

XI. Erat inter duces manu strenuus Belon quidam, pacis artium et civilis habitus rudis, vetus miles, ab humili ordine ad eum gradum, in quo tunc erat, promotus, qui tacentibus ceteris, stolida audacia ferox, admonere eos cœpit; quoties quisque diversoriis, quæ occupassent, proturbatus esset, ut purgamenta servorum Philotæ reciperentur eo, unde commilitones expulisset. Auro argentoque vehicula ejus onusta totis vicis stetisse; ac ne in vicina quidem diversorii quemquam commilitonum receptum esse; sed per dispositos, quos ad somnum habebat, omnes procul relegatos, ne femina illa murmurantium inter se silentio verius, quam sono excitaretur. Ludibrio ei fuisse rusticos homines, Phrygasque, et Paphlagonas appellatos; qui non erubesceret, Macedo natus, homines linguæ suæ per interpretem audire. Cur Ammonem consuli vellet? eumdem Jovis arguisse mendacium, Alexandrum filium agnoscentis : scilicet veritum, ne invidiosum esset, quod dii offerrent. Quum insidiaretur

il parlait d'envoyer vers l'oracle, pour laisser le temps à son père, qui commandait en Médie, de se mettre en mouvement, et, avec les trésors commis à sa garde, d'entraîner à partager son crime tout ce qu'il y avait de scélérats dans l'armée. C'est nous, oui nous-mêmes, ajouta-t-il, qui allons envoyer vers l'oracle, non pour demander à Jupiter ce que nous savons de la bouche du roi, mais pour lui offrir nos actions de grâces, et lui porter nos vœux pour la conservation du meilleur des rois. »

A ces paroles, tous les esprits s'enflammèrent, et le premier cri partit des gardes de la personne du roi, demandant de déchirer de leurs mains le parricide. Philotas, qui redoutait de plus cruels supplices, entendait ces clameurs sans déplaisir. Mais Alexandre, qui était rentré dans l'assemblée, soit qu'il voulût dans la prison même le mettre à la torture, soit qu'il fût curieux d'obtenir de plus exactes informations, remit la délibération au lendemain, et, quoique le jour fût sur son déclin, il convoqua ses amis. La plupart étaient d'avis qu'on le lapidât, suivant la coutume des Macédoniens; mais Héphestion, Cratère et Cénus insistèrent pour qu'on lui arrachât la vérité par les tortures; et les partisans de l'autre opinion finirent par se ranger à celle-ci. Le conseil fut donc congédié, et Héphestion, Cratère et Cénus se levèrent pour faire subir la question à Philotas. Le roi, toutefois, rappela Cratère, et après un entretien dont on ignore le sujet, il se retira dans la partie la plus retirée de son appartement, et, seul, y attendit, bien avant dans la nuit, le résultat de l'interrogatoire.

---

capiti regis et amici, non consuluisse eum Jovem : nunc ad oraculum mittere, dum pater ejus sollicitaretur, qui præsit in Media, et pecunia, cujus custodia commissa sit, perditos homines ad societatem sceleris impellat. Ipsos missuros ad oraculum, non qui Jovem interrogent, quod ex rege cognoverint; sed qui gratias agant, qui vota pro incolumitate regis optimi persolvant.

Tum vero universa concio accensa est; et a corporis custodibus initium factum, clamantibus, discerpendum esse parricidam manibus eorum. Id quidem Philotas, qui graviora supplicia metueret, haud sane iniquo animo audiebat. Rex in concionem reversus, sive ut in custodia quoque torqueret, sive ut diligentius cuncta cognosceret, concilium in posterum diem distulit : et quanquam in vesperam inclinabat dies, tamen amicos convocari jubet : et ceteris quidem placebat, Macedonum more obrui saxis; Hephæstion autem, et Craterus, et Cœnus tormentis veritatem exprimendam esse dixerunt : et illi quoque, qui aliud suaserant, in horum sententiam transeunt. Concilio ergo dimisso, Hephæstion cum Cratero et Cœno ad quæstionem de Philota habendam consurgunt. Rex, Cratero arcessito, et sermone habito, cujus summa non edita est, in intimam diversorii partem secessit, et remotis arbitris in multam noctem quæstionis exspectavit eventum.

Les bourreaux étalèrent aux yeux de Philotas tous les instruments de leurs cruautés. « Eh bien ! leur dit-il, en les provoquant, que tardez-vous à faire périr l'ennemi, l'assassin du roi, qui vous confesse son crime ? à quoi bon la question ? Oui, j'ai médité ce crime, je l'ai voulu. »

Cratère exigea qu'il répétât dans les tourments ce qu'il venait d'avouer. Tandis qu'on le saisit, qu'on lui bande les yeux, qu'on le dépouille de son vêtement, il invoque les dieux de la patrie et le droit des gens : vaines paroles qu'il adresse à des oreilles insensibles.

Bientôt, traité comme un condamné, on lui fait subir les tourments les plus cruels : ses ennemis, pour se faire auprès du roi un mérite de ses souffrances, le déchirent impitoyablement. Tour à tour c'étaient le feu et les coups, et non pas pour tirer de lui des aveux, mais pour le seul plaisir de le torturer. D'abord il sut étouffer toute parole et même tout gémissement ; mais, lorsque son corps, gonflé de plaies, n'eut plus la force de supporter les coups de fouet qui tombaient sur ses os dépouillés de chair, il leur promit alors de déclarer tout ce qu'ils désiraient savoir, pourvu qu'ils missent un terme à ses tortures. Mais il voulut qu'ils jurassent, sur la tête d'Alexandre, que la question n'irait pas plus loin et que les bourreaux seraient éloignés. Ayant obtenu l'un et l'autre, il dit à Cratère : « Explique-moi ce que tu veux que je dise. » Celui-ci, furieux de se voir joué, rappelait déjà les bourreaux, quand Philotas demanda qu'on lui laissât le temps de reprendre haleine ; il révèlerait ensuite tout ce qu'il savait.

Tortores in conspectu Philotæ omnia crudelitatis instrumenta proponunt. Et ille ultro : « Quid cessatis, inquit, regis inimicum, interfectorem, confitentem occidere ? quid quæstione opus est ? cogitavi, volui. »

Craterus exigere, ut, quæ confiteretur, in tormentis quoque diceret. Dum corripitur, dum obligantur oculi, dum vestis exuitur, deos patrios, gentium jura, nequidquam apud surdas aures invocabat.

Per ultimos deinde cruciatus, utpote et damnatus, et inimicis in gratiam regis torquentibus, laceratur. Ac primo, quanquam hinc ignis, illinc verbera, jam non ad quæstionem, sed ad pœnam ingerebantur, non vocem modo sed etiam gemitus habuit in potestate ; sed postquam intumescens corpus ulceribus flagellorum ictus nudis ossibus incussos ferre non poterat, si tormentis adhibituri modum essent, dicturum se, quæ scire expeterent, pollicetur. Sed finem quæstioni fore, jurare eos per Alexandri salutem volebat, removerique tortores. Et utroque impetrato, Cratero inquit : « Dic quid me velis dicere. » Illo indignante, ludificari eum, rursusque revocante tortores, tempus petere cœpit, dum reciperet spiritum, cuncta quæ sciret, indicaturus.

Cependant la plus noble élite de la cavalerie, et ceux surtout qui touchaient de près à Parménion par les liens du sang, dès que le bruit public leur apprit que Philotas était mis à la question, craignirent la loi de Macédoine, qui condamnait les parents de quiconque avait conspiré contre le roi à périr avec le coupable. Les uns se donnèrent la mort, les autres s'enfuirent au loin dans des montagnes inaccessibles et de vastes déserts; et une profonde terreur régna dans tout le camp, jusqu'à ce qu'Alexandre, informé de cette alarme, fit publier qu'il exemptait les parents des coupables de la loi qui ordonnait leur supplice.

Philotas, pour échapper à la torture, confessa-t-il la vérité, ou recourut-il au mensonge? c'est une question douteuse, la cessation de la souffrance étant également le prix d'un aveu faux ou véritable. Quoi qu'il en soit, il s'exprima ainsi : « Vous savez l'étroite liaison qui a existé entre mon père et Hégéloque. Je parle d'Hégéloque, qui a péri en combattant : c'est lui qui a été la cause de tous nos malheurs. Aussitôt que le roi eut ordonné qu'on le saluât du nom de fils de Jupiter, choqué de cette prétention : « Quoi! dit-il, nous reconnaîtrons pour notre roi celui qui ne veut plus de Philippe pour son père? C'en est fait de nous, si nous souffrons cette indignité. Ce ne sont pas les hommes seulement, ce sont aussi les dieux qu'il méprise, en prétendant passer pour un dieu. Nous avons perdu Alexandre, nous avons perdu notre roi : nous voilà tombés sous le joug d'un orgueil qui n'est supportable ni pour les dieux auxquels il s'égale, ni pour les hommes au-dessus desquels il se

---

Interim equites, nobilissimus quisque, et ii maxime, qui Parmenionem propinqua cognatione contingebant, postquam Philotam torqueri fama vulgaverat, legem Macedonum veriti, qua cautum erat, ut propinqui eorum, qui regi insidiati erant, cum ipsis necarentur, alii se interficiunt; alii in devios montes vastasque solitudines fugiunt : ingenti per tota castra terrore diffuso, donec rex, tumultu cognito, legem se supplicio conjunctis sontium remittere edixit.

Philotas, verone an mendacio liberare se a cruciatu voluerit, anceps conjectura est, quoniam et vera confessis, et falsa dicentibus, idem doloris finis ostenditur. Ceteroquin : «Pater, inquit, meus Hegelocho quam familiariter usus sit, non ignoratis. Illum dico Hegelochum, qui in acie cecidit : ille omnium malorum nobis causa fuit. Nam quum primum Jovis filium se salutari jussit rex, id indigne ferens ille : « Hunc igitur regem agnoscimus, inquit, qui Philippum dedignatur patrem? actum est de nobis, si ista perpeti possumus. Non homines solum, sed etiam deos despicit, qui postulat deus credi. Amisimus Alexandrum, amisimus regem : incidimus in superbiam, nec diis, quibus se exæquat, nec hominibus, quibus se eximit, tolerabilem.

place. Le prix de tout notre sang sera donc de faire un dieu qui nous dédaigne et qui ne s'abaisse qu'avec peine à la société des mortels? Croyez-m'en, et nous aussi, si nous sommes des gens de cœur, nous serons adoptés par les dieux. Alexandre, son bisaïeul, et Archélaüs et Perdiccas, tous trois assassinés, ont-ils eu des vengeurs? Et les meurtriers de son père, ne leur a-t-il pas pardonné?

« Tels furent les propos d'Hégéloque, au sortir d'un repas. Le lendemain, à la pointe du jour, mon père me fit appeler : il était triste et me voyait affligé : c'est qu'en effet nous avions entendu des choses faites pour nous donner à penser. Nous voulûmes donc nous assurer si c'étaient là des propos qui lui étaient échappés dans l'ivresse, ou bien la manifestation d'une pensée plus profonde : nous le fîmes mander. Il vint; et après avoir répété de son propre mouvement les mêmes paroles, il ajouta que, si nous avions le courage de nous placer à la tête de l'entreprise, il se chargeait, après nous, du premier rôle; que si nous ne l'osions pas, tout serait enseveli dans le silence. Comme Darius était encore vivant, Parménion trouvait l'affaire intempestive : ce n'était pas pour nous, c'était pour l'ennemi que nous aurions tué Alexandre; tandis que Darius une fois mort, l'Asie et tout l'Orient seraient, pour les meurtriers du roi, le prix du coup qu'ils auraient frappé. Cet avis fut approuvé, et l'on échangea de mutuels serments. Quant à l'affaire de Dymnus, je n'en ai nulle connaissance : et après ce que je viens d'avouer, je sens bien qu'il ne me sert de rien d'être entièrement étranger à ce complot. »

Nostrone sanguine deum fecimus, qui nos fastidiat, qui gravetur mortalium adire concilium? credite mihi, et nos, si viri sumus, a diis adoptabimur. Quis proavum hujus Alexandrum, quis deinde Archelaum, quis Perdiccam occisos ultus est? hic quidem interfectoribus patris ignovit.

« Hæc Hegelochus dixit supra cœnam; et postera die, prima luce, a patre arcessor. Tristis erat, et me mœstum videbat : audieramus enim, quæ sollicitudinem incuterent. Itaque ut experiremur, utrumne vino gravatus effudisset illa, an altiore concepta consilio, arcessiri eum placuit. Venit; eodemque sermone ultro repetito, adjecit se, sive auderemus duces esse, proximas a nobis partes vindicaturum; sive deesset animus, consilium silentio esse tecturum. Parmenioni, vivo adhuc Dario, intempestiva res videbatur; non enim sibi, sed hosti esse occisuros Alexandrum : Dario vero sublato, præmium regis occisi Asiam, et totum Orientem interfectoribus esse cessurum. Approbatoque consilio, in hæc fides et data est, et accepta. Quod ad Dymnum pertinet, nihil scio; et hæc confessus intelligo non prodesse mihi, quod prorsus sceleris expers sum. »

Les tortures recommencèrent alors, et ceux même qui y présidaient lui ayant frappé le visage et les yeux à coups de lance, lui arrachèrent encore l'aveu de ce dernier crime. Comme ils exigeaient ensuite qu'il leur exposât tout le plan de la conjuration, il répondit que, « prévoyant que la Bactriane arrêterait longtemps Alexandre, il avait craint que son père, âgé de soixante et dix ans, chef d'une nombreuse armée, et dépositaire de si grands trésors, ne mourût dans l'intervalle, et que, privé par là de toutes ces ressources, il n'eût plus de motif pour tuer le roi. Il s'était donc hâté d'agir, tandis que le prix de ses efforts était sous sa main. C'était là l'exposé fidèle de son projet; et s'ils ne voulaient pas croire que son père n'en fût pas l'auteur, tout incapable qu'il se sentait de supporter encore la torture, il ne la refusait pas. »

Ceux-ci, après en avoir conféré entre eux, trouvèrent l'enquête suffisante, et retournèrent auprès du roi. Le lendemain, Alexandre fit lire les déclarations de Philotas devant l'assemblée; et, comme il était hors d'état de marcher, il l'y fit apporter lui-même. Après qu'il eut confirmé tous ses aveux, on amena Démétrius, prévenu d'avoir trempé dans la dernière conspiration. Celui-ci, avec des serments réitérés, avec une inaltérable fermeté d'âme et de visage, nia qu'il eût rien médité contre le roi, et s'offrit même à la torture. Les yeux de Philotas étant tombés en ce moment sur un certain Calys, qui était à peu de distance de lui, il le pria de s'approcher davantage. L'autre, tout troublé, refusait de passer de son côté. « Eh quoi! lui dit-il, souffriras-tu que Démétrius mente de

---

Illi rursus tormentis admotis, quum ipsi quoque hastis os oculosque ejus everberarent, ut hoc quoque crimen confiteretur, expressere. Exigentibus deinde, ut ordinem cogitati sceleris exponeret, quum diu Bactra retentura regem viderentur, timuisse respondit, ne pater LXX natus annos, tanti exercitus dux, tantæ pecuniæ custos, interim exstingueretur, ipsique, spoliato tantis viribus, occidendi regis causa non esset. Festinasse ergo se, dum præmium haberet in manibus. Repræsentare consilium, cujus patrem fuisse auctorem nisi crederent; tormenta, quanquam tolerare non posset, tamen non recusaret.

Illi, collocuti satis quæsitum videri, ad regem revertuntur : qui postero die, et quæ confessus erat Philotas recitari, et ipsum, quia ingredi non poterat, jussit afferri. Omnia agnoscente eodem, Demetrius, qui proximi sceleris particeps esse arguebatur, producitur : multa affirmatione, animique pariter constantia, et vultu abnuens, quidquam sibi in regem cogitatum esse, tormenta etiam deposcebat in semetipsum. Quum Philotas, circumlatis oculis incideret in Calin quemdam, haud procul stantem, propius eum jussit accedere. Illo perturbato et, recusante transire ad eum : Patieris,

la sorte, et qu'on me fasse subir de nouveaux supplices. »
Calys n'avait plus ni sang ni voix : les Macédoniens, de leur
côté, soupçonnaient Philotas de vouloir charger des innocents ; car ils savaient que ce jeune homme n'avait été nommé
ni par Nicomaque, ni par Philotas lui-même au milieu des tortures. Mais lorsqu'il se vit entouré des lieutenants du roi, il
avoua que Démétrius et lui avaient pris part au complot.

Le signal fut donc donné, et, d'après la coutume macédonienne, tous ceux que Nicomaque avait dénoncés furent chargés de pierres. Alexandre venait de sauver ses jours d'un grand
péril, et d'échapper en même temps à bien des haines ; car
Parménion et Philotas, les premiers de ses amis, s'ils n'eussent
été publiquement convaincus, n'auraient pu être condamnés
sans que toute l'armée se soulevât d'indignation. Aussi la
question eut-elle une double face : tant que Philotas nia son
crime, on regarda ses tourments comme une cruauté ; après
qu'il l'eut avoué, il n'obtint pas même la pitié de ses amis.

LIVRE SEPTIÈME.

I. Si les soldats, au moment où les traces du crime de Philotas étaient récentes encore, avaient cru à la justice de son
châtiment, lorsque l'objet de leur haine eut cessé d'exister,
l'animosité fit place à la compassion. Ils se sentaient touchés

---

inquit, Demetrium mentiri, rursusque me excruciari? » Calin vox sanguisque defecerant; et Macedones Philotam inquinare innoxios velle suspicabantur, quia nec a
Nicomacho, nec ab ipso Philota, quum torqueretur, nominatus esset adolescens; qui
ut præfectos regis circumstantes se vidit, Demetrium et semetipsum id facinus cogitasse confessus est.

Omnes ergo a Nicomacho nominatos, more patrio, dato signo, saxis obruerunt.
Magno non modo salutis, sed etiam vitæ periculo liberatus erat Alexander : quippe
Parmenio et Philotas, principes amicorum, nisi palam sontes, sine indignatione totius exercitus non potuissent damnari. Itaque anceps quæstio fuit : dum inficiatus est
facinus, crudeliter torqueri videbatur; post confessionem Philotas ne amicorum quidem misericordiam meruit.

I. Philotam sicut recentibus sceleris ejus vestigiis jure affectum supplicio censuerant milites, ita postquam desierat esse, quem odissent, invidia in misericordiam

et de la gloire du jeune homme, et de la vieillesse, désormais sans appui, de son père. C'était lui qui, le premier, avait ouvert au roi le chemin de l'Asie, et s'était associé à tous ses périls dans les batailles; c'était toujours lui qui avait commandé l'aile gauche : il avait été plus qu'aucun autre cher à Philipppe, et si dévoué à Alexandre lui-même, que le prince ne voulut se reposer que sur lui du soin de tuer Attale. Ces pensées agitaient l'armée; et l'on rapportait au roi des propos séditieux. Il ne s'en laissa pas émouvoir, et, sachant bien que les désordres nés de l'oisiveté disparaissent dès qu'on n'est plus oisif, il les convoqua tous devant le vestibule de sa tente. Dès qu'il apprit que la foule y était réunie, il s'avança au milieu de l'assemblée.

Apharias, jouant sans doute une scène arrangée d'avance, se mit à demander que l'on représentât Alexandre Lyncestes, qui, longtemps avant Philotas, avait voulu assassiner le roi. Dénoncé, comme nous l'avons dit plus haut, par deux témoins, il était, depuis trois ans, gardé dans les fers : on savait aussi qu'il avait pris part à la conspiration de Pausanias contre les jours de Philippe; mais comme il avait été le premier à saluer roi Alexandre, on lui avait fait grâce du supplice, non de l'accusation. Les instances de son beau-père Antipater étaient encore un motif qui retenait la juste colère du roi. Mais son ressentiment assoupi se réveilla; la pensée du danger présent lui rendit le souvenir de celui qu'il avait couru jadis.

On amena donc Alexandre de sa prison; et l'ordre lui fut

---

vertit. Moverat et claritas juvenis, et patris ejus senectus atque orbitas. Primus Asiam aperuerat regi, omnium periculorum ejus particeps; semper alterum in acie cornu defenderat : Philippo quoque ante omnes amicus; et ipsi Alexandro tam fidus, ut occidendi Attalum non alio ministro uti mallet. Horum cogitatio subibat exercitum; seditiosæque voces referebantur ad regem; queis ille haud sane motus, satisque prudens, otii vitia negotio discuti, edicit, ut omnes in vestibulo regiæ præsto adforent; quos ubi frequentes adesse cognovit, in concionem processit.

Haud dubie ex composito Apharias postulare cœpit, ut Lyncestes Alexander, qui multo ante quam Philotas regem voluisset occidere, exhiberetur. A duobus indicibus, sicut supra diximus, delatus tertium jam annum custodiebatur in vinculis : eumdem in Philippi quoque cædem conjurasse cum Pausania, pro comperto fuit : sed, quia primus Alexandrum regem salutaverat, supplicio magis quam crimini fuerat exemptus. Tum quoque Antipatri, soceri ejus, preces justam regis iram morabantur. Ceterum recruduit soporatus dolor; quippe veteris periculi memoriam præsentis cura renovabat.

Igitur Alexander ex custodia educitur, jussusque dicere, quam toto triennio medi-

donné de prononcer sa défense, que, pendant trois années, il avait méditée. Plein d'hésitation et de trouble, il ne dit que peu de mots de ce qu'il avait préparé; et à la fin ce ne fut plus seulement la mémoire, mais la raison aussi qui l'abandonna. Personne ne doutait que son trouble ne fût l'indice de sa mauvaise conscience, plutôt que le tort de sa mémoire; aussi, pendant qu'il luttait encore contre l'oubli, plusieurs des gardes qui se trouvaient le plus près de lui le percèrent à coups de lance. Après que son corps eut été enlevé, le roi commanda que l'on introduisît Amyntas et Simmias : car Polémon, le plus jeune des trois frères, s'était enfui dès qu'il avait appris que Philotas était à la torture. Philotas n'avait point eu d'amis plus chers que ceux-là; c'était sa protection qui les avait élevés à de grands et d'honorables emplois, et le roi se rappelait le zèle ardent avec lequel il les lui avait recommandés. Aussi ne doutait-il pas qu'ils n'eussent pris part au dernier complot. Il déclara donc que déjà auparavant ils lui étaient suspects, grâce aux avis de sa mère qui lui avait écrit de se tenir en garde contre eux. Mais, malgré sa répugnance à croire le mal, il avait dû céder à des preuves plus manifestes, et les avait fait arrêter. En effet, il était hors de doute que la veille du jour où fut découvert le crime de Philotas, ils avaient eu avec lui une entrevue secrète. Et leur frère, qui s'était enfui pendant que Philotas était à la question, n'avait-il pas assez clairement fait connaître le motif de sa fuite? Dernièrement, contre l'usage et sous les apparences d'un zèle officieux, ils avaient profité de l'éloignement de ses autres

---

tatus erat defensionem, hæsitans et trepidus, pauca ex iis, quæ composuerat, protulit : ad ultimum non memoria solum, sed etiam mens eum destituit. Nulli erat dubium, quin trepidatio conscientiæ indicium esset, non memoriæ vitium; itaque ex iis, qui proxime adstiterant, obluctantem adhuc oblivioni lanceis confoderunt. Cujus corpore sublato, rex introduci jussit Amyntam et Simmiam : nam Polemon, minimus ex fratribus, quum Philotam torqueri comperisset, profugerat. Omnium Philotæ amicorum hi carissimi fuerant; ad magna et honorata ministeria illius maxime suffragatione producti : memineratque rex, summo studio ab eo conciliatos sibi ; nec dubitabat, hujus quoque ultimi consilii fuisse participes. Igitur, olim esse sibi suspectos matris suæ litteris, quibus esset admonitus, ut ab his salutem suam tueretur. Ceterum se invitum deteriora credentem, nunc manifestis indiciis victum, jussisse vinciri. Nam pridie quam detegeretur Philotæ scelus, quin in secreto cum ipso fuissent, non posse dubitari; fratrem vero, qui profugerit quum Philotas torqueretur, aperuisse fugæ causam. Nuper præter consuetudinem, officii specie, amotis longius ceteris, admovisse semetipsos lateri suo, nulla probabili causa : seque mirantem,

courtisans, pour se serrer à ses côtés, sans qu'aucune raison plausible les y appelât; et lui, étonné de les voir, hors de leur tour, lui rendre ce devoir, et effrayé de leur empressement même, il s'était replié en toute hâte sur ceux de ses gardes qui le suivaient de plus près. Outre cela, la veille de la découverte du complot de Philotas, Antiphanes, le fourrier de la cavalerie, ayant requis Amyntas de donner de ses chevaux, selon l'usage, à ceux qui avaient perdu les leurs, Amyntas lui avait fièrement répondu que, s'il ne renonçait à sa demande, il apprendrait bientôt qui il était. La violence de son langage, l'audace des invectives qu'il lançait contre son roi n'étaient-elles pas autant de révélations et de témoignages de ses intentions criminelles? Si tout cela était vrai, ils méritaient le même supplice que Philotas; si ce n'était que faussetés, il exigeait qu'ils les réfutassent.

On amène ensuite Antiphanes, qui témoigne du refus des chevaux et des menaces hautaines qui l'ont accompagné. Amyntas reçut alors la permission de parler : « Si la chose est indifférente au roi, dit-il, je demande à être délivré de mes chaînes, pendant que je vais parler. » Le roi les fait tous deux décharger de leurs fers; et Amyntas ayant même exprimé le désir que ses insignes d'écuyer du roi lui fussent rendus, Alexandre lui fit donner une lance. Il la saisit de la main droite, et se détournant de l'endroit où, peu de temps auparavant, gisait le corps de Lyncestes :

« Quel que soit, dit-il, le sort qui nous attend, prince, nous déclarons que, s'il est heureux, c'est à toi que nous le rap-

---

quod non vice sua tali fungerentur officio, et ipsa trepidatione eorum perterritum, strenue ad armigeros, qui proximi sequebantur, recessisse. Ad hoc accedere, quod quum Antiphanes, scriba equitum, Amyntæ denuntiasset, pridie quam Philotæ scelus deprehensum esset, ut ex suis equis more solito daret iis, qui amisissent suos, superbe respondisse, nisi incepto desisteret, brevi sciturum, quis ipse esset. Jam linguæ violentiam, temeritatemque verborum, quæ in semetipsum jacularentur, nihil aliud esse, quam scelesti animi indicem ac testem : quæ si vera essent, idem meruisse eos, quod Philotam; si falsa, exigere ipsum, ut refellant.

Productus deinde Antiphanes, de equis non traditis, et adjectis etiam superbe minis, indicat. Tum Amyntas, facta dicendi potestate : « Si nihil, inquit, interest regis, peto, ut dum dico, vinculis liberer. » Rex solvi utrumque jubet : desiderantique Amyntæ, ut habitus quoque redderetur armigeri, lanceam dari jussit. Quam ut læva comprehendit, evitato eo loco, in quo Alexandri corpus paulo ante jacuerat:

« Qualiscunque, inquit, exitus nos manet, rex, confitemur, prosperum eventum tibi debituros, tristiorem fortunæ imputaturos. Sine præjudicio dicimus causam, li-

porterons; malheureux, nous ne l'imputerons qu'à la fortune. Nulle prévention ne pèse sur nous, pendant que nous plaidons notre cause, puisque nous la plaidons l'âme et le corps libres : tu nous as même rendu le costume sous lequel, d'ordinaire, nous t'accompagnons. Notre cause ne saurait nous donner de crainte; la fortune cessera de nous en inspirer. Mais qu'il me soit permis de répondre, avant tout, au dernier des reproches que tu nous as adressés.

« Prince, nous ne portons en nous la conscience d'aucune parole prononcée contre ta souveraine majesté. Je dirais que, depuis longtemps, tu t'es placé au-dessus de l'envie, s'il n'y avait risque de te faire croire que je veux, par la flatterie, justifier des propos outrageants. Et quand il serait vrai qu'un de tes soldats, au milieu des fatigues et de l'épuisement de la marche, ou parmi les périls d'une bataille, ou dans sa tente enfin, malade et soignant ses blessures, eût laissé échapper quelque parole peu mesurée, n'avons-nous pas mérité, par tant d'actes de bravoure, que tu attribues ces indiscrétions plutôt à la circonstance qu'à notre volonté? Dès qu'un malheur nous arrive, tous deviennent coupables à nos yeux; nous portons sur nos corps, que pourtant nous ne haïssons pas, une main ennemie; que des parents même s'offrent à leurs enfants, ils deviennent, pour eux, un objet d'ennui et d'aversion. Sommes-nous au contraire honorés par des présents, revenons-nous chargés de récompenses, qui peut alors nous supporter? qui peut contenir les transports de notre allégresse? Chez le soldat, ni l'indignation ni la joie ne savent se modérer; nous nous laissons aller d'entraînement à toutes nos passions; et le blâme ou l'éloge, la pitié ou la colère, tout nous vient sous l'inspiration

---

beris corporibus animisque; habitum etiam, in quo te comitari solemus, reddidisti. Causam non possumus; fortunam timere desinemus. Te quæso, permittas mihi id primum defendere, quod a te ultimum objectum est.

« Nos, rex, sermonis adversus majestatem tuam habiti nullius conscii sumus nobis. Dicerem jam pridem, vicisse te invidiam, nisi periculum esset ne alia maligne dicta crederes blanda oratione purgari. Ceterum etiamsi militis tui, vel in agmine deficientis et fatigati, vel in acie periclitantis, vel in taberhaculo ægri, et vulnera curantis, aliqua vox asperior esset accepta, merueramus fortibus factis, ut malles ea tempori nostro imputare, quam animo. Quum quid accidit tristius, omnes rei sunt: corporibus nostris, quæ utique non odimus, infestas admovemus manus; parentes, liberis si occurrant, et ingrati et invisi sunt. Quum donis honoramur, quum præmiis onusti revertimur, quis ferre nos potest? quis illam animorum alacritatem continere? militantium nec indignatio nec lætitia moderata est. Ad omnes affectus, im-

du moment. Tantôt notre pensée est de marcher vers l'Inde et les bords de l'Océan; tantôt nos femmes, nos enfants, notre patrie nous reviennent à la mémoire. Mais toutes ces pensées, tous ces propos de conversation, le signal de la trompette y met un terme; nous courons chacun à nos rangs, et ce qu'on a amassé de colère sous la tente va se décharger sur la tête de l'ennemi. Plût aux dieux que Philotas n'eût été non plus coupable qu'en paroles!

« Ceci me ramène au motif de l'accusation qu'on nous intente. Oui, nous avons été les amis de Philotas, et, loin de le nier, j'avouerai hautement que nous avons cherché à l'être, et que nous en avons retiré de grands avantages. Mais quoi! il était le fils de Parménion, de l'homme que tu as le plus rapproché de toi; il surpassait en faveur presque tous tes amis, et tu t'étonnes qu'il ait été l'objet de nos empressements! C'est toi, prince, c'est toi-même, si tu veux écouter la vérité, qui as été pour nous la cause de ce péril. Quel autre que toi, en effet, a fait courir vers Philotas ceux qui voulaient te plaire? Présentés par lui, nous sommes montés au rang que nous occupions dans ton amitié. Il était assez haut auprès de toi pour que nous pussions souhaiter sa faveur et craindre sa colère.

« N'est-ce pas entre tes mains, et presque sous ta dictée, que nous tous, tes serviteurs, avons juré d'avoir les mêmes amis et les mêmes ennemis que tu aurais toi-même? et liés, comme nous étions, par ce saint engagement, nous nous serions détournés de l'homme que tu préférais à tous! Certes,

---

petu rapimur; vituperamus, laudamus, miseremur, irascimur, utcunque præsens movit affectio. Modo Indiam adire et Oceanum libet; modo conjugum, et liberorum, patriæque memoria occurrit. Sed has cogitationes, has inter se colloquentium voces, signum tuba datum finit : in suos ordines quisque currimus, et quidquid irarum in tabernaculo conceptum est, in hostium effunditur capita. Utinam Philotas quoque intra verba peccasset!

« Proinde ad id revertar, propter quod rei sumus. Amicitiam, quæ nobis cum Philota fuit, adeo non eo inficias, ut expetisse quoque nos, magnosque ex ea fructus percepisse confitear. An vero Parmenionis, quem tibi proximum esse voluisti, filium, omnes pæne amicos tuos dignatione vincentem, cultum a nobis esse miraris? Tu hercule, si verum audire vis, rex, hujus nobis periculi causa es. Quis enim alius effecit, ut ad Philotam decurrerrent, qui placere vellent tibi? Ab illo traditi ad hunc gradum amicitiæ tuæ ascendimus. Is apud te fuit, cujus gratiam expetere, et iram timere possemus.

« Annon propemodum in tua verba tui omnes, te præeunte, juravimus, eosdem nos inimicos amicosque habituros esse, quos tu haberes? hoc sacramento pietatis obstricti aversaremur scilicet, quem tu omnibus præferebas! Igitur si hoc crimen

si c'est là un crime, tu ne trouveras ici que bien peu d'innocents ; je dis plus, tu n'en trouveras pas un seul. Tous ont voulu être les amis de Philotas ; mais quiconque le voulait ne pouvait pas l'être : si donc tu n'établis pas de distinction entre ses complices et ses amis, entre ceux qui furent et ceux qui voulurent être ses amis tu n'en mettras pas davantage.

« Mais quelle preuve apporte-t-on de notre complicité ? c'est, je crois, que la veille il s'est entretenu avec nous familièrement et sans témoins ? Mais si, la veille, j'avais changé quelque chose à mon train de vie ordinaire, ce serait alors qu'il me serait impossible de me justifier. Si, au contraire, en cette journée si suspecte, nous n'avons fait que ce que nous faisions tous les jours, l'habitude suffira pour nous absoudre. Mais, ajoute-t-on, nous n'avons pas voulu donner de chevaux à Antiphanes ? et c'est encore la veille du jour où Philotas a été découvert que j'eus avec Antiphanes cette affaire ? Si cependant celui-ci prétend nous rendre suspects, pour lui avoir refusé ce jour-là des chevaux, je ne sais comment il pourra se justifier lui-même de les avoir demandés. Entre celui qui exige et celui qui s'abstient de donner, le débat est douteux ; avec cette différence toutefois, que garder son bien est plus excusable que de prétendre à celui d'autrui.

« Le fait est, prince, que j'ai eu jusqu'à dix chevaux : de ces chevaux, Antiphanes en avait déjà distribué huit à ceux qui avaient perdu les leurs ; il ne m'en restait plus que deux : ce sont ceux-là que voulait m'enlever cet homme plein de hauteur ou du moins d'injustice dans ses prétentions ; et à moins de

---

est, tu paucos innocentes habes ; immo hercule neminem. Omnes enim Philotæ amici esse voluerunt ; sed totidem, quot volebant esse, non poterant : ita si a consciis amicos non dividis, nec ab amicis quidem separabis illos, qui idem esse voluerunt.

« Quod igitur conscientiæ affertur indicium ? ut opinor, quia pridie familiariter et sine arbitris locutus est nobiscum ? At ego purgare non possem, si pridie quidquam ex vetere vita ac more mutassem. Nunc vero, si, ut omnibus diebus, illo quoque, qui suspectus est, fecimus, consuetudo diluet crimen. Sed equos Antiphani non dedimus ? et, pridie quam Philotas detectus est, hæc mihi cum Antiphane res erat ? qui si nos suspectos facere vult, quod illo die equos non dederimus, semetipsum, quod eos desideraverit, purgare non poterit. Anceps enim crimen est inter retinentem et exigentem ; nisi quod melior est causa suum non tradentis, quam poscentis alienum.

« Ceterum, rex, equos decem habui, e queis Antiphanes octo jam distribuerat iis qui amiserant suos. Omnino duos ipse habebam : quos quum vellet abducere homo superbissimus, certe iniquissimus, nisi pedes militare vellem, retinere cogebar. Nec

me résoudre à combattre à pied, j'étais bien forcé de les retenir. Et je ne me défends pas d'avoir parlé avec l'énergie d'une âme libre à un lâche dont tout le service à la guerre est de distribuer les chevaux des autres à ceux qui vont combattre, puisqu'enfin je suis arrivé à cet excès de misère, qu'il me faut rendre compte de mes paroles en même temps à Alexandre et à Antiphanes!

« Autre grief : ta mère nous a désignés dans ses lettres comme tes ennemis. Plût aux dieux que sa sollicitude pour son fils fût plus éclairée, et que son esprit inquiet ne se figurât pas aussi de vaines chimères! Pourquoi, en effet, n'exprime-t-elle pas, en même temps, le motif de ses craintes? pourquoi ne cite-t-elle aucun témoignage, aucune parole ou aucune action de notre part qui l'ait décidée à t'écrire des lettres aussi alarmantes? Triste condition où je suis, de trouver peut-être moins de danger à me taire qu'à parler! Mais, quoi qu'il en puisse arriver, j'aime mieux avoir devant toi le tort d'une imprudente défense, que celui d'une mauvaise cause.

« Et la vérité même de ce que je vais dire ne saurait t'échapper. Tu te souviens, en effet, qu'à l'époque où tu m'envoyas en Macédoine pour y lever des soldats, tu m'avertis que beaucoup de jeunes gens, propres au service, étaient cachés dans la maison de ta mère. Tu m'ordonnas, en conséquence, de ne connaître d'autre autorité que la tienne, et de t'amener tout ce qui se refusait à marcher sous les drapeaux. C'est ce que j'ai fait, et j'ai exécuté tes ordres avec plus de courage qu'il ne convenait peut-être à mes intérêts. Je t'ai amené Gorgias, Hécatée, Gorgotas, en qui tu trouves de vaillants soldats.

---

inficias eo, liberi hominis animo locutum esse me cum ignavissimo, et hoc unum militiæ suæ usurpante, ut alienos equos pugnaturis distribuat. Huc enim malorum ventum est, ut verba mea eodem tempore et Alexandro excusem et Antiphani.

« At hercule mater de nobis inimicis tuis scripsit. Utinam prudentius esset sollicita pro filio, et non inanes quoque species anxio animo figuraret! Quare enim non adscribit metus sui causam? Denique non ostendit auctorem, quo facto dictove nostro mota tam trepidas tibi litteras scripsit. O miseram conditionem meam, cui forsitan non periculosius est tacere quam dicere! sed utcunque cessura res est, malo tibi defensionem meam displicere, quam causam.

« Agnosces autem, quæ dicturus sum; quippe meministi, quum me ad perducendos ex Macedonia milites mitteres, dixisse te, multos integros juvenes in domo tuæ matris abscondi. Præcepisti igitur mihi, ne quem præter te intuerer; sed detrectantes militiam perducerem ad te. Quod equidem feci, et liberius, quam expediebat mihi, exsecutus sum imperium tuum. Gorgiam, Hecateum et Gorgotam, quorum bona opera uteris, inde perduxi.

« Qu'y aurait-il donc de plus injuste, que de me faire périr pour t'avoir obéi, moi qui, si j'avais osé désobéir, eusse été frappé d'un juste châtiment? Car si ta mère nous persécute, elle n'a qu'un tort à nous reprocher, c'est d'avoir préféré tes intérêts aux bonnes grâces d'une femme. Je t'ai amené six mille hommes d'infanterie macédonienne avec six cents cavaliers, dont une bonne partie sans doute ne fût pas venue à ma suite, si j'eusse prêté l'oreille à ceux qui voulaient se soustraire au service. Il s'ensuit que, tel étant le motif de la haine que nous porte ta mère, c'est à toi, qui nous as exposés à son courroux, qu'appartient le soin de l'apaiser. »

II. Amyntas en était là, quand survinrent tout à coup des soldats qui, ayant atteint dans sa fuite son frère Polémon, dont nous parlions tout à l'heure, le ramenaient chargé de fers. A peine put-on retenir l'assemblée, qui, dans son indignation, voulait, selon l'usage, le lapider sur-le-champ. Mais lui, sans montrer le moindre effroi : « Je ne demande aucune grâce pour moi, dit-il; que seulement ma fuite ne soit pas une charge contre mes frères innocents. Si c'est un crime inexcusable, qu'il m'appartienne tout entier. Leur cause n'en est que meilleure, si, pour avoir fui, moi je suis suspect. » L'assemblée tout entière applaudit à ces paroles. Des larmes commencèrent ensuite à couler de tous les yeux: un tel changement s'était opéré soudain dans les esprits, que ce qui parlait le plus haut en sa faveur était ce qui avait le plus indisposé contre lui.

C'était un jeune homme dans la première fleur de l'âge: il se trouvait parmi les cavaliers qu'avait alarmés l'interroga-

---

« Quid igitur iniquius est, quam me, qui, si tibi non paruissem, jure daturus fui pœnas, nunc perire, quia parui? Neque enim ulla alia matri tuæ persequendi nos causa est, quam quod utilitatem tuam muliebri præposuimus gratiæ. Sex millia Macedonum peditum et DC equites adduxi, quorum pars secutura me non erat, si militiam detrectantibus indulgere voluissem. Sequitur ergo, ut, quia illa propter hanc causam irascitur nobis, tu mitiges matrem, qui iræ ejus nos obtulisti. »

II. Dum hæc Amyntas agit, forte supervenerunt, qui fratrem ejus Polemonem, de quo ante dictum est, fugientem consecuti, vinctum reducebant. Infesta concio vix inhiberi potuit, quin protinus suo more saxa in eum jaceret. Atque ille sane interritus, « Nihil, inquit, pro me deprecor; modo ne fratrum innocentiæ fuga imputetur mea. Hæc si defendi non potest, meum crimen sit : horum ob id ipsum melior est causa, quod ego, qui profugi, suspectus sum. » At hæc elocuto universa concio assensa est. Lacrymæ deinde omnibus manare cœperunt, adeo in contrarium repente mutatis, ut solum pro eo esset, quod maxime læserat.

Juvenis erat primo ætatis flore pubescens, quem inter equites tormentis Philotæ

toire de Philotas, et s'était laissé entraîner par l'effroi des autres. Abandonné de ses compagnons, il hésitait s'il reviendrait sur ses pas, ou continuerait à fuir, lorsqu'il fut saisi par ceux qui s'étaient mis à sa poursuite. Alors il se mit à pleurer et à se frapper le visage, gémissant, non de son sort, mais de celui de ses frères qui étaient en danger à cause de lui. Déjà il avait ému l'assemblée et le roi lui-même ; son frère, seul entre tous, demeurait implacable, et le regardant d'un air terrible ; « Insensé, lui dit-il, il fallait pleurer alors que tu pressais les flancs de ton cheval, déserteur de tes frères, et associé à des déserteurs. Malheureux ! où fuyais-tu ? qui fuyais-tu ? Tu m'as réduit, sous le poids d'une accusation capitale, à prendre le langage d'un accusateur. » Polémon confessait qu'il était coupable, mais bien plus envers ses frères qu'envers lui-même.

On vit alors s'échapper sans contrainte et les pleurs et les acclamations, témoignage ordinaire des sentiments de la multitude. Il n'y avait qu'un seul cri, comme un seul avis : c'était que le roi fit grâce à des innocents, à des gens de cœur. Ses courtisans eux-mêmes, saisissant l'occasion de faire éclater leur pitié, se lèvent, et, les larmes aux yeux, supplient le roi de pardonner. Dès que l'on eut fait silence : « Et moi aussi, dit Alexandre, dans mon opinion, j'absous Amyntas et ses frères. Pour vous, jeunes gens, je désire que vous mettiez en oubli cette faveur, plutôt que de garder le souvenir de votre péril. Revenez à moi avec la même confiance que je reviens à vous. Si j'eusse laissé sans examen les rapports qui me sont parvenus, on eût pu me soupçonner de dissimulation. Mais il

---

conturbatos alienus terror abstulerat. Desertum eum a comitibus, et hæsitantem inter revertendi fugiendique consilium, qui secuti erant, occupaverunt. Is tum flere cœpit, et os suum converberare ; mœstus non suam vicem, sed propter ipsum periclitantium fratrum. Moveratque jam regem, non concionem modo : sed unus erat implacabilis frater ; qui terribili vultu intuens eum : « Tum, ait, demens, lacrymare debueras, quum equo calcaria subderes, fratrum desertor, et desertorum comes. Miser quo, et unde fugiebas ? Effecisti, ut reus capitis, accusatoris uterer verbis. » Ille peccasse se, sed gravius in fratres, quam in semetipsum, fatebatur.

Tum vero neque lacrymis, neque acclamationibus, quibus studia sua multitudo profitetur, temperaverunt. Una vox erat pari emissa consensu, ut insontibus et fortibus viris parceret. Amici quoque, data misericordiæ occasione, consurgunt, flentesque regem deprecantur. Ille silentio facto : « Et ipse, inquit, Amyntam mea sententia fratresque ejus absolvo. Vos autem, juvenes, malo beneficii mei oblivisci, quam periculi vestri meminisse. Eadem fide redite in gratiam mecum, qua ipse vobiscum revertor. Nisi, quæ delata essent, excussissem, valde dissimulatio mea sus-

vaut mieux, pour vous, d'avoir eu à vous justifier, que de rester sous le poids du soupçon. Songez que nul ne peut être absous s'il n'a plaidé sa cause. Et toi, Amyntas, pardonne à ton frère : ce sera un gage de plus du retour sincère de ton affection pour moi. »

Ayant ensuite congédié l'assemblée, il commanda que l'on fît venir Polydamas. C'était de tous les hommes le plus agréable à Parménion, celui qui se plaçait à ses côtés dans toutes les batailles. Il était entré dans le palais, sûr de sa conscience ; lorsque, cependant, il lui fut ordonné de faire paraître ses frères, tout jeunes encore et inconnus au roi à cause de leur âge, sa confiance se changea en inquiétude, et il commença à se troubler, plus occupé de ce qui pouvait le perdre que des moyens qu'il avait de se justifier.

Déjà les gardes, qui en avaient reçu l'ordre, les avaient amenés : le roi commande alors à Polydamas, glacé d'effroi, de s'approcher davantage. Congédiant ensuite tous ceux qui étaient là : « Le crime de Parménion, lui dit-il, nous touche également tous, mais toi et moi plus que personne, puisqu'il nous a trompés sous le masque de l'amitié. Pour le poursuivre et le punir (vois quelle est en toi ma confiance), c'est de ton bras que j'ai résolu de me servir : tes frères, pendant que tu m'obéiras, me resteront en otage. Pars pour la Médie, et porte à mes lieutenants des lettres écrites de ma main. Il faut de la promptitude, afin de devancer le vol rapide de la renommée. Je veux que tu arrives là de nuit, et que, le lendemain, tu exécutes ce que porteront tes instructions. Tu

---

pecta esse potuisset. Sed satius est, purgatos esse, quam suspectos. Cogitate, neminem absolvi posse, nisi qui dixerit causam. Tu, Amynta, ignosce fratri tuo : erit hoc simpliciter etiam mihi reconciliati animi tui pignus. »

Concione deinde dimissa, Polydamanta vocari jubet. Longe acceptissimus Parmenioni erat, proximus lateri in acie stare solitus. Et quanquam conscientia fretus in regiam venerat, tamen, ut jussus est fratres suos exhibere, admodum juvenes, et regi ignotos ob ætatem, fiducia in sollicitudinem versa trepidare cœpit, sæpius quæ nocere possent, quam quibus eluderet, reputans.

Jam armigeri, quibus imperatum erat, produxerant eos; quum exsanguem metu Polydamanta propius accedere jubet; submotisque omnibus : « Scelere, inquit, Parmenionis omnes pariter appetiti sumus, maxime ego ac tu ; quos amicitiæ specie fefellit : ad quem persequendum puniendumque (vide quantum fidei tuæ credam) te ministro uti statui : obsides, dum hoc peragis, erunt fratres tui. Proficiscere in Mediam, et ad præfectos meos litteras scriptas manu mea perfer. Velocitate opus est, qua celeritatem famæ antecedas : noctu pervenire illuc te volo; postero die, quæ

auras aussi des lettres pour Parménion : l'une de moi, l'autre écrite au nom de Philotas, dont le sceau est entre mes mains ; le père croira le cachet apposé par son fils, et, en te voyant, n'aura aucun soupçon. »

Polydamas, revenu d'une si grande frayeur, promit ses services au delà même de ce qu'on lui demandait. Après avoir été comblé de louanges, et accablé de promesses, il quitta l'habit qu'il portait et prit le costume arabe. Deux Arabes, dont les femmes et les enfants demeurèrent en otage auprès du roi, comme gages de leur fidélité, lui furent donnés pour compagnons. Après avoir traversé, sur des chameaux, un pays que sa sécheresse rendait désert, ils parvinrent, au bout de onze jours, à leur destination. Polydamas, avant que l'on annonçât son arrivée, reprit l'habit macédonien ; puis, à la quatrième veille, il se rendit dans la tente de Cléandre, l'un des généraux du roi. Lorsqu'ensuite il eut remis les lettres dont il était chargé, ils arrêtèrent ensemble de se trouver réunis chez Parménion, à la pointe du jour : car il avait aussi apporté des lettres pour les autres lieutenants.

Ils allaient s'y rendre, lorsqu'on annonça à Parménion l'arrivée de Polydamas. Plein de joie de la venue de son ami, et empressé de savoir ce que faisait le roi dont il n'avait reçu depuis longtemps aucune dépêche, il ordonne que l'on fasse venir Polydamas. Les habitations de ce pays sont environnées de grands parcs qu'embellissent des bois épais plantés de main d'homme : c'était là le plaisir favori des rois et des

---

scripta erunt, exsequi. Ad Parmenionem quoque epistolas feres ; unam a me, alteram Philotæ nomine scriptam : signum annuli ejus in mea potestate est ; sic pater credens a filio impressum, quum te viderit, nihil metuet. »

Polydamas, tanto liberatus metu, impensius etiam, quam exigebatur, promittit operam ; collaudatusque, et promissis oneratus, deposita veste, quam habebat, arabica induitur. Duo Arabes, quorum interim conjuges ac liberi, vinculum fidei, obsides apud regem erant, dati comites. Per deserta etiam ob siccitatem loca camelis, undecima die, quo destinaverat, perveniunt. Et prius quam ipsius nuntiaretur adventus, rursus Polydamas vestem macedonicam sumit, et in tabernaculum Cleandri (prætor hic regius erat) quarta vigilia pervenit. Redditis deinde litteris, constituerunt prima luce ad Parmenionem coire : namque ceteris quoque litteras regis attulerat.

Jam ad eum venturi erant, quum Parmenioni Polydamanta venisse nuntiaverunt ; qui dum lætatur adventu amici, simulque noscendi, quæ rex ageret, avidus (quippe longo intervallo nullam ab eo epistolam acceperat), Polydamanta requiri jubet. Deversoria regionis illius magnos recessus habent, amœnosque nemoribus manu consitis ; ea præcipue regum satraparumque voluptas erat. Spatiabatur in nemore Par-

satrapes. Parménion se promenait dans un bois, entouré des généraux à qui les lettres du roi avaient ordonné de le tuer. Mais le moment fixé pour frapper le coup devait être celui où il commencerait à lire les lettres que lui remettrait Polydamas. Celui-ci, d'aussi loin qu'il crut être aperçu de Parménion, la joie peinte sur le visage, accourut pour l'embrasser ; et, après qu'ils se furent mutuellement complimentés, il lui remit la lettre écrite de la main d'Alexandre. Tout en rompant le cachet, Parménion lui demanda ce que faisait le roi. Polydamas répondit qu'il l'apprendrait par la lettre même. Parménion ayant achevé de la lire : « Le roi, dit-il, prépare une expédition contre les Arachosiens : homme infatigable et qui ne connut jamais le repos ! Cependant, après tant de gloire acquise, il serait temps qu'il ménageât sa vie. » Il prit ensuite l'autre lettre, qui lui était écrite au nom de Philotas ; et, autant qu'on en pouvait juger à l'air de son visage, il la lisait avec plaisir, lorsque Cléandre lui traverse la gorge et ensuite le flanc de son épée ; les autres, même après qu'il est mort, le percent encore de coups.

Les gardes qui se tenaient à l'entrée du bois, instruits de ce meurtre, dont ils ignoraient la cause, se portent au camp, et, dans le tumulte que cause cette nouvelle, ameutent les soldats. Ceux-ci accourent en armes autour du bois où le meurtre a été commis, et déclarent que, si on ne leur livre Polydamas et ses complices, ils vont renverser le mur dont le parc est entouré, et offrir le sang de tous ceux qui sont là en expiation à leur général. Cléandre ordonne d'introduire leurs officiers,

---

menion medius inter duces, quibus erat imperatum litteris regis ut occiderent : agendæ autem rei constituerant tempus, quum Parmenion a Polydamante litteras traditas legere cœpisset. Polydamas procul veniens, ut a Parmenione conspectus, vultu lætitiæ speciem præferente, ad complectendum eum concurrit ; mutuaque gratulatione functi, Polydamas epistolam ab rege scriptam ei tradidit. Parmenion vinculum epistolæ solvens, quidnam rex ageret, requirebat. Ille ex ipsis litteris cogniturum esse respondit. Quibus Parmenion lectis : « Rex, inquit, expeditionem parat in Arachosios : strenuum hominem, et nunquam cessantem ! Sed tempus saluti suæ tanta jam parta gloria parcere. » Alteram deinde epistolam, Philotæ nomine scriptam, lætus, quod ex vultu notari poterat, legebat. Tum ejus latus gladio haurit Cleander, deinde jugulum ferit ; ceteri exanimem quoque confodiunt.

Et armigeri, qui ad aditum nemoris adstiterant, cognita cæde, cujus causa ignorabatur, in castra perveniunt, et tumultuoso nuntio milites concitant. Illi armati ad nemus, in quo perpetrata cædes erat, coeunt : et, ni Polydamas, ceterique ejusdem noxæ participes dedantur, murum circumdatum nemori eversuros, denuntiant, om-

et leur donne lecture des lettres écrites par Alexandre à ses soldats, lettres où se trouvait le détail du complot de Parménion, avec la prière de le venger.

Cette volonté du roi ainsi connue apaisa sinon l'indignation, du moins le tumulte. Le plus grand nombre se dispersa ; quelques-uns restèrent, qui demandèrent qu'on leur permît du moins de donner la sépulture au corps de leur général. Longtemps on le leur refusa : Cléandre craignait de déplaire au roi. Mais leurs instances devenaient de plus en plus pressantes ; il crut qu'il leur fallait ôter ce motif de mécontentement, et il leur permit d'inhumer le corps, dont il fit séparer la tête pour l'envoyer à Alexandre.

Ainsi finit Parménion, homme également illustre dans la guerre et dans la paix. Il avait obtenu de nombreux succès sans le roi, et, sans lui, le roi n'avait rien fait de grand : ayant pour maître un prince comblé de prospérité, et qui voulait que tout fût à la hauteur de sa fortune, il sut toujours le satisfaire. A l'âge de soixante et dix ans, il remplissait les fonctions d'un jeune capitaine, et souvent même celles d'un simple soldat : prompt à se décider, hardi dans l'exécution, il était aimé des chefs, et plus encore du commun de l'armée. Ces avantages lui inspirèrent-ils l'ambition de régner, ou l'en firent-ils seulement soupçonner ? C'est ce qu'on ne saurait décider, puisqu'au temps même où les faits, plus récents, pouvaient mieux être éclaircis, il resta douteux si Philotas, vaincu par l'excès des souffrances, avait dit la vérité sur des choses dont il était impossible d'acquérir la preuve, ou si,

---

niumque sanguine duci parentaturos. Cleander primores eorum intromitti jubet, litterasque regis scriptas ad milites recitat, quibus insidiæ Parmenionis in regem, precesque, ut ipsum vindicarent, continebantur.

Igitur cognita regis voluntate, non quidem indignatio, sed tamen seditio compressa est. Delapsis pluribus, pauci remanserunt, qui, saltem ut corpus ipsius sepelire permitterent, precabantur. Diu id negatum est, Cleandri metu, ne offenderet regem : pertinacius deinde precantibus, materiem consternationis subtrahendam ratus, capite deciso, truncum humare permisit ; ad regem caput missum est.

Hic exitus Parmenionis fuit, militiæ domique clari viri. Multa sine rege prospere ; rex sine illo nihil magnæ rei gesserat : felicissimo regi, et omnia ad fortunæ suæ exigenti modum, satisfecit. LXX natus annos, juvenis ducis, et sæpe etiam gregarii militis munia explevit ; acer consilio, manu strenuus, carus principibus, vulgo militum acceptior. Hæc impulerint illum ad regni cupiditatem, an tantum suspectum fecerint, ambigi potest ; quia Philotas ultimis cruciatibus victus verane dixerit, quæ

par de faux aveux, il avait cherché à mettre un terme à ses tortures.

Quelques soldats avaient murmuré de la mort de Parménion : Alexandre crut qu'il fallait les séparer du reste de l'armée ; et il les rassembla en une seule cohorte, sous le commandement de Léonidas, uni lui-même autrefois à Parménion par les liens d'une intime amitié. C'étaient presque tous des hommes contre lesquels le roi avait d'ailleurs des motifs de haine. Voulant, en effet, connaître les sentiments de ses soldats, il leur avait fait donner avis, que tous ceux qui auraient à écrire à leurs familles en Macédoine pouvaient charger de leurs lettres ses propres messagers, qui les remettraient fidèlement. Chacun avait fait à ses parents la sincère confidence de ses pensées : pénible pour quelques-uns, le service ne déplaisait pas au plus grand nombre. De cette manière, Alexandre sut se procurer les lettres et de ceux qui se louaient et de ceux qui se plaignaient de lui ; et quant aux imprudents à qui la lassitude avait dicté des plaintes, il en forma une troupe, qui devait camper, séparée des autres, pour cause d'ignominie : par là, il ne perdait pas leurs services à la guerre, en même temps qu'il éloignait de l'oreille crédule du soldat la liberté de leur langage. Cette résolution téméraire peut-être, car c'était aigrir, par le sentiment du déshonneur, une jeunesse pleine de bravoure, tourna, comme tout le reste, au profit du roi, par la constante faveur de la fortune. Il n'eut point de soldats plus intrépides que ceux-là : leur courage s'enflammait du désir d'effacer leur honte, et de l'éclat que de-

---

facta probari non poterant, an falsis tormentorum petierit finem, re quoque recenti, quum magis posset liquere, dubitatum est.

Alexander, quos mortem Parmenionis conquestos esse compererat, separandos a cetero exercitu ratus, in unam cohortem secrevit, ducemque his Leonidam dedit, et ipsum Parmenioni quondam intima familiaritate conjunctum. Fere iidem erant, quos alioqui rex habuerat invisos : nam quum experiri vellet militum animos, admonuit, qui litteras in Macedoniam ad suos scripsisset, iis, quos ipse mittebat, perlaturis cum fide traderet. Simpliciter ad necessarios suos quisque scripserat, quæ sentiebat : aliis gravis erat, plerisque non ingrata militia. Ita et agentium gratias, et querentium litteræ exceptæ sunt : et qui forte tædium laboris per litteras erant questi, hanc seorsum cohortem a ceteris tendere ignominiæ causa jubet, fortitudine usurus in bello, libertatem linguæ ab auribus credulis remoturus. Et consilium temerarium forsitan (quippe fortissimi juvenes contumeliis irritati erant), sicut omnia alia, felicitas regis excepit. Nihil illis ad bella promptius fuit ; incitabat virtutem

vaient recevoir leurs faits d'armes, au milieu d'un si petit nombre.

III. Ayant tout réglé de la sorte, Alexandre donna un satrape aux Ariens, et fit ensuite proclamer le départ de l'armée pour le pays des Agriaspes. Ces peuples avaient, dès ce temps, perdu leur nom pour celui d'Évergètes, et ce changement remontait à l'époque où l'armée de Cyrus, succombant de froid et de disette, avait reçu des logements et des vivres de leur générosité. Il y avait cinq jours qu'Alexandre était arrivé dans cette contrée, quand il apprit que Satibarzanes, qui était passé du côté de Bessus, avait fait une nouvelle invasion sur le territoire des Ariens, avec un corps de cavalerie. Il s'empressa d'y envoyer Caranus et Érigyius, assistés d'Artabaze et d'Andronicus, avec six mille hommes d'infanterie grecque et six cents chevaux. Quant à lui, il passa soixante jours à régler les affaires de la nation des Évergètes, et récompensa par des sommes d'argent considérables leur glorieuse fidélité envers Cyrus. Après avoir laissé, pour les gouverner, Aménidès, qui avait été secrétaire de Darius, il soumit les Arachosiens, dont le pays touche au Pont-Euxin.

Ce fut là qu'il fut rejoint par l'armée qui avait été sous les ordres de Parménion : elle était composée de six mille Macédoniens, de deux cents hommes des plus nobles familles, et de cinq mille Grecs, avec deux cents chevaux, sans contredit l'élite des troupes d'Alexandre. Ménon fut chargé de commander au pays des Arachosiens avec une garnison de quatre mille fantassins et de six cents hommes de cavalerie. Pendant

---

et ignominiæ demendæ cupido; et quia fortiora facta in paucis latere non poterant.

III. His ita compositis, Alexander, Arianorum satrape constituto, iter pronuntiari jubet in Agriaspas, quos jam tunc mutato nomine Evergetas appellabant, ex quo frigore victusque penuria Cyri exercitum affectum tectis et commeatibus juverant. Quintus dies erat, ut in eam regionem pervenerat ; cognoscit, Satibarzanem, qui ad Bessum defecerat, cum equitum manu irrupisse rursus in Arios. Itaque Caranum et Erigyium cum Artabazo, et Andronico, et sex millibus græcorum peditum ne equites sequebantur. Ipse LX diebus gentem Evergetarum ordinavit, magna pecunia ob egregiam in Cyrum fidem donata. Relicto deinde, qui iis præesset Ameuide (scriba is Darii fuerat), Arachosios, quorum regio ad Ponticum mare pertinet, subegit.

Ibi exercitum, qui sub Parmenione fuerat, occupavit : sex millia Macedonum erant, et CC nobiles, et quinque millia Græcorum cum equitibus ducentis, haud dubie robur omnium virium regis. Arachosiis datus Menon prætor, IV millibus peditum, et DC equitibus in præsidium relictis. Ipse rex nationem, ne finitimis quidem satis notam, quippe nullo commercio volentem mutuos usus, cum exercitu

ce temps, le roi pénétrait, avec son armée, chez un peuple à peine connu de ses voisins même, avec lesquels il n'avait jamais voulu avoir de commerce, ni entretenir aucune relation. C'étaient les Paropamisades, race sauvage et la moins civilisée de toutes les nations barbares. L'âpreté du climat était une des causes de la rudesse de leur caractère. Leur pays s'étend en grande partie vers la zone glacée du septentrion : à l'occident, il touche à la Bactriane, et, au midi, il regarde la mer des Indes. Les fondations de leurs cabanes sont en brique; et, comme le sol ne produit pas de bois, même sur la cime toute nue des montagnes, la même brique leur sert à bâtir jusqu'au comble de leurs demeures. Du reste, la construction, élargie vers sa base, se rétrécit graduellement à mesure qu'elle s'élève, et se termine à peu près en forme d'une carène de vaisseau : c'est à cet endroit qu'ils pratiquent une ouverture par où la lumière descend dans l'intérieur. Leur usage est d'enterrer le peu d'arbres et de vignes qui peuvent résister à la rigueur d'un tel climat. Profondément enfouis pendant l'hiver, ils reparaissent à l'air et au soleil, lorsqu'après la fonte des neiges le sol a commencé à se découvrir. Telle est cependant l'épaisseur des neiges dont la terre est chargée et qui se durcissent sous une gelée presque perpétuelle, qu'on n'y saurait trouver aucune trace ni d'oiseaux, ni de bêtes sauvages. Un ciel enveloppé d'ombre, qui n'a rien de la clarté du jour, et qui ressemble plutôt à la nuit, pèse au loin sur la terre, et laisse à peine apercevoir les objets les plus rapprochés.

Au milieu de cet isolement d'une nature où rien ne témoigne la présence de l'homme, l'armée, comme perdue, souffrit tout

---

intravit. Paropamisadæ appellantur, agreste hominum genus, et inter Barbaros maxime inconditum; locorum asperitas hominum quoque ingenia duraverat. Gelidissimum septemtrionis axem ex magna parte spectant; Bactrianis ad occidentem conjuncti sunt : meridiana regio ad mare Indicum vergit. Tuguria latere primo struunt, et, quia sterilis est terra materiæ, in nudo etiam montis dorso, usque ad summum ædificiorum fastigium, eodem laterculo utuntur. Ceterum structura latior ab imo paulatim incremento operis in arctius cogitur : ad ultimum in carinæ maxime modum coit; ibi foramine relicto, superne lumen accipiunt ad medium. Vites et arbores, si quæ in tanto terræ rigore durare potuerunt, obruunt humo : penitus hyeme defossæ latent : quum nive discussa aperiri humus cœpit, cœlo solique redduntur. Ceterum adeo altæ nives premunt terram, gelu et perpetuo pæne rigore constrictæ, ut ne avium quidem feræve ullius vestigium exstet. Obscura cœli verius umbra, quam lux, nocti similis premit terram, vix ut quæ prope sunt conspici possint.

In hac tamen omnis humani cultus solitudine destitutus exercitus, quidquid ma-

ce qu'on peut endurer de maux : la faim, le froid, la fatigue, le désespoir. Beaucoup d'entre eux périrent par le froid excessif de la neige ; il y en eut à qui elle brûla les pieds, un plus grand nombre à qui elle fit perdre les yeux. Elle fut surtout fatale à ceux qui étaient fatigués : car ils étendaient sur la glace même leurs corps défaillants ; et là, dans leur immobilité, la violence du froid les roidissait à ce point, qu'ils ne pouvaient faire le moindre effort pour se relever. Leurs compagnons tâchaient de les réveiller de leur engourdissement, et le seul remède qu'ils y pussent trouver, était de les contraindre à marcher. Alors seulement le mouvement leur rendait la chaleur vitale et leurs membres reprenaient quelque vigueur. Tous ceux qui purent gagner les cabanes des Barbares furent promptement remis ; mais telle était l'obscurité, que c'était à la fumée seule que l'on reconnaissait les habitations. Ceux-ci, qui n'avaient jamais vu d'étrangers dans leur pays, apercevant tout à coup des gens armés, étaient glacés d'effroi, et leur apportaient tout ce que contenaient leurs cabanes, les suppliant d'épargner leurs personnes.

Le roi parcourait les rangs à pied, relevant ceux qui étaient étendus par terre, et prêtant l'appui de son corps à ceux qui avaient peine à le suivre. Il était partout, à la tête, au centre, aux derniers rangs de l'armée, se multipliant pour la fatigue. Enfin l'on arriva dans des lieux moins sauvages, et où l'armée, avec des vivres abondants, trouva à se refaire ; ce fut là aussi que rejoignirent ceux qui n'avaient pu suivre.

---

lorum tolerari potest, pertulit ; inopiam, frigus, lassitudinem, desperationem. Multos exanimavit rigor insolitus nivis : multorum adussit pedes, plurimorum oculos. Præcipue pernicialis fuit fatigatis : quippe in ipso gelu deficientia corpora sternebant ; quæ quum moveri desissent, vis frigoris ita astringebat, ut rursus ad surgendum conniti non possent. A commilitonibus torpentes excitabantur : neque aliud remedium erat, quam ut ingredi cogerentur. Tum demum vitali calore moto, membris aliquis redibat vigor. Si qui tuguria Barbarorum adire potuerunt, celeriter refecti sunt ; sed tanta caligo erat, ut ædificia nulla alia res quam fumus ostenderet. Illi nunquam ante in terris suis advena viso, quum armatos repente conspicerent ; exanimati metu, quidquid in tuguriis erat afferebant, ut corporibus ipsorum parceretur, orantes.

Rex agmen circumibat pedes, jacentes quosdam erigens, et alios, quum ægre sequerentur, adminiculo corporis sui excipiens ; nunc ad prima signa, nunc in medio, nunc in ultimo agmine itineris multiplicato labore aderat. Tandem ad loca cultiora perventum est, commeatuque largo recreatus exercitus : simul et qui consequi non potuerant, in illa castra venerunt.

De là, on s'avança vers le mont Caucase, dont la chaîne s'étend, sans interruption, sur toute l'Asie qu'elle partage. Il fait face à la fois, d'un côté à la mer de la Cilicie, de l'autre à la mer Caspienne, au fleuve Araxe, et aux déserts de la Scythie. Le Taurus, dont la hauteur est moindre, se joint au Caucase; s'élevant du sein de la Cappadoce, il traverse la Cilicie, et va se confondre avec les montagnes de l'Arménie. Ainsi, dans leur enchaînement, toutes ces cimes forment une longue montagne d'où descendent presque tous les fleuves de l'Asie, pour se rendre les uns dans la mer Rouge, les autres dans la mer Caspienne, d'autres enfin dans la mer d'Hyrcanie et dans le Pont-Euxin. L'armée mit seize jours à passer le Caucase. On y voit un rocher qui a seize stades de circuit et plus de quatre de hauteur, sur lequel les récits antiques placent le supplice de Prométhée. Un emplacement fut choisi au pied de cette montagne, pour y bâtir une ville. Sept mille Macédoniens des plus âgés, et avec eux les soldats dont les services étaient devenus inutiles, eurent la permission de s'établir dans la cité nouvelle. Les habitants lui donnèrent le nom de leur roi, et ce fut une autre Alexandrie.

IV. Cependant Bessus était épouvanté de la célérité d'Alexandre. Après avoir offert aux dieux du pays un sacrifice solennel, il avait réuni en un festin ses amis et ses officiers, et, suivant l'usage de ces peuples, délibérait sur la guerre. Échauffés par le vin, ils exaltaient sans mesure leurs forces, et se riaient tantôt de la témérité, tantôt du petit nombre de

---

Inde agmen processit ad Caucasum montem, cujus dorsum Asiam perpetuo jugo dividit : hinc simul mare, quod Ciliciam subit, illinc Caspium fretum, et amnem Araxem, aliaque regionis Scythiæ deserta spectat. Taurus, secundæ magnitudinis, mons committitur Caucaso ; a Cappadocia se attollens Ciliciam præterit, Armeniæque montibus jungitur. Sic inter se tot juga velut serie cohærentia perpetuum habent dorsum, ex quo Asiæ omnia fere flumina, alia in Rubrum, alia in Caspium mare, alia in Hyrcanum et Ponticum decidunt. XVII dierum spatio Caucasum superavit exercitus. Rupes in eo X in circumitu stadia complectitur, quatuor in altitudinem excedit, in qua vinctum Promethea fuisse antiquitas tradit. Condendæ in radicibus montis urbi sedes electa est. VII millibus seniorum Macedonum, et præterea militibus, quorum opera uti desisset, permissum, in novam urbem considere. Hanc quoque Alexandriam incolæ appellaverunt.

IV. At Bessus, Alexandri celeritate perterritus, diis patriis sacrificio rite facto, sicut illis gentibus mos est, cum amicis ducibusque copiarum inter epulas de bello consultabat. Graves mero suas vires extollere : hostium nunc temeritatem, nunc paucitatem spernere. Præcipue Bessus, ferox verbis, et parto per scelus regno su-

leurs ennemis. Bessus, surtout, arrogant dans son langage, et fier d'une couronne acquise par le crime, jusqu'au point de n'être plus maître de lui-même, disait tout haut, « que les Macédoniens devaient la plus grande partie de leur renommée à l'imbécillité de Darius : il était allé les chercher dans les gorges étroites de la Cilicie, tandis qu'en rétrogradant il pouvait les attirer, sans qu'ils s'en doutassent, dans des lieux que la nature avait rendus impraticables, défendus par la barrière de tant de fleuves, par les retraites de tant de montagnes, au milieu desquelles, surpris, ils n'auraient pu trouver les moyens de resister, ni même de fuir. Pour lui, il était d'avis de se retirer chez les Sogdiens : il opposerait ainsi à l'ennemi le fleuve Oxus comme un boulevard, en attendant que de puissants secours lui arrivassent des nations voisines. Viendraient alors les Chorasmiens, les Dahes, les Saces, les Indiens, et les Scythes établis au delà du Tanaïs; guerriers dont il n'était pas un seul de si petite taille que ses épaules n'égalassent en hauteur le sommet de la tête d'un soldat macédonien. »

Égarés par l'ivresse, tous s'écrient que ce parti est le seul qui puisse les sauver, et Bessus fit circuler le vin avec plus d'abondance, pour achever à table la défaite d'Alexandre. A ce festin assistait Cobarès, Mède de nation, adonné à la magie, mais plus célèbre par ce qu'il prétendait savoir que par ce qu'il savait réellement dans cet art, si toutefois c'est un art, et non un moyen de tromper les esprits faibles; du reste, homme sage et honnête.

Il commença par dire qu'il savait bien que, pour un servi-

---

perbus, ac vix potens mentis, dicere : « socordia Darii crevisse hostium famam; occurrisse enim in Ciliciæ angustissimis faucibus, quum retrocedendo posset perducere incautos in loca, naturæ situ invia, tot fluminibus objectis, tot montium latebris, inter quas deprehensus hostis ne fugæ quidem, nedum resistendi occasionem fuerit habiturus. Sibi placere in Sogdianos recedere; Oxum amnem velut murum objecturum hosti, dum ex finitimis gentibus valida auxilia concurrerent. Venturos autem Chorasmios, et Dahas, Sacasque, et Indos, et ultra Tanaim amnem colentes Scythas; quorum neminem adeo humilem esse, ut humeri ejus non possent Macedonis militis verticem æquare. »

Conclamant temulenti, unam hanc sententiam salubrem esse : et Bessus circumferri merum largius jubet, debellaturus super mensam Alexandrum. Erat in eo convivio Cobares, natione Medus, sed magicæ artis (si modo ars est, non vanissimi cujusque ludibrium) magis professione, quam scientia celeber; alioquin moderatus et probus.

Is quum præfatus esset, scire servo utilius parere dicto, quam afferre consilium;

teur, obéir vaut mieux que donner des avis, parce qu'en obéissant on ne court d'autre danger que celui de tout le monde ; en conseillant, au contraire, on se met, pour son propre compte, en péril. Bessus lui passa alors la coupe qu'il tenait à la main ; Cobarès la prit et poursuivit de cette manière : « C'est un des torts les plus fâcheux que l'on puisse imputer à la nature humaine, que nous soyons tous moins clairvoyants dans nos affaires que dans celles d'autrui : il n'y a que trouble dans les conseils de qui ne consulte que soi-même. La crainte rend aveugle, d'autres fois la passion, d'autres fois la prévention qui nous est naturelle pour nos propres idées : car l'orgueil n'entre pas dans ton cœur. Tu l'as éprouvé : aux yeux de chacun, le seul bon avis, ou du moins le meilleur, est toujours celui qu'il a imaginé. Sur ta tête pèse un grand fardeau, le diadème royal : il faut le porter avec prudence, ou bien, ce qu'aux dieux ne plaise ! il t'écrasera. C'est de la sagesse qu'il faut ici, non de la précipitation. »

Il ajouta ensuite ce proverbe usité chez les Bactriens, que le chien peureux aboie plus fortement qu'il ne mord ; que les fleuves les plus profonds sont ceux qui coulent avec le moins de bruit : paroles que je rapporte pour donner une idée de ce que pouvait être la sagesse de ces Barbares. Ce début avait mis les assistants en attente de ce qu'il allait dire. Il ouvrit alors un avis plus salutaire qu'agréable à Bessus :

« Sur le seuil de ton palais, lui dit-il, est déjà un roi de la plus infatigable activité. Son camp sera levé plus vite que tu ne

---

quum illos, qui pareant, idem quod ceteros maneat ; qui vero suadeant, proprium periculum : poculum ei, quod habebat in manu, tradidit, quo accepto Cobares : « Natura, inquit, mortalium hoc quoque nomine prava et sinistra dici potest, quod in suo quisque negotio hebetior est, quam in alieno ; turbida sunt consilia eorum, qui sibi suadent. Obstat metus : aliis cupiditas ; nonnunquam naturalis eorum, quæ excogitaveris, amor : nam in te superbia non cadit. Expertus es, unumquemque, quod ipse repererit, aut solum, aut optimum ducere. Magnum onus sustines capite, regium insigne ; hoc aut moderate perferendum est, aut, quod abominor, in te ruet : consilio, non impetu opus est. »

Adjicit deinde, quod apud Bactrianos vulgo usurpabant, canem timidum vehementius latrare, quam mordere : altissima quæque flumina minimo sono labi. Quæ inserui, ut, qualiscunque inter Barbaros potuit esse prudentia, traderetur. In his audientium suspenderat exspectationem. Tum consilium aperit, utilius Besso, quam gratius :

« In vestibulo, inquit, regiæ tuæ velocissimus consistit rex. Ante ille agmen, quam tu measam istam movebis. Nunc ab Tanai exercitum arcesses, et armis flumina

te seras levé de cette table. Alors tu feras venir une armée des bords du Tanaïs, et aux armes tu opposeras des fleuves, comme si, partout où tu fuiras, l'ennemi ne pouvait te suivre! Mais la route est commune à tous deux, et plus sûre pour le vainqueur. Prête à la crainte autant d'agilité que tu le voudras, l'espérance marche encore plus promptement. Pourquoi donc ne pas courir au-devant des bonnes grâces d'un ennemi plus puissant que toi, et ne pas te remettre en son pouvoir, assuré que tu es de trouver, quoi qu'il arrive, un meilleur sort dans la soumission que dans la guerre? Possesseur d'un trône qui ne t'appartient pas, la perte t'en sera moins sensible : peut-être commenceras-tu à être un roi légitime, quand tu le seras des mains de celui qui peut te donner ou t'ôter la couronne. C'est un conseil loyal que je te donne; le développer plus longuement serait inutile. Pour gouverner un coursier vigoureux, il suffit de l'ombre d'une baguette; un cheval sans ardeur ne peut être animé même par l'éperon. »

Bessus, dont le naturel farouche était encore échauffé par le vin, entra dans une telle fureur, que ses amis arrêtèrent à peine son bras, qui, tenant déjà le cimeterre, allait frapper Cobarès : ce qu'il y a de sûr, c'est qu'il s'élança de la salle du festin tout hors de lui-même. Cobarès s'échappa à la faveur du tumulte, et passa dans le camp d'Alexandre.

Bessus avait sous les armes huit mille Bactriens : tant qu'ils crurent que, par crainte de leur climat rigoureux, l'ennemi se dirigerait de préférence vers l'Inde, ils obéirent volontiers à leur chef; mais, quand ils surent qu'Alexandre approchait, ils

---

oppones. Scilicet qua tu fugiturus es, hostis sequi non potest! iter utrique commune est, victori tutius. Licet strenuum metum putes esse, velocior tamen spes est. Quin validioris occupas gratiam, dedisque te, utcunque cesserit, meliorem fortunam deditus, quam hostis, habiturus? Alienum habes regnum, quo facilius eo careas : incipies forsitan justus esse rex, quum ipse fecerit, qui tibi et dare potest regnum et eripere. Consilium habes fidele, quod diutius exsequi supervacuum est. Nobilis equus umbra quoque virgæ regitur; ignavus ne calcari quidem concitari potest. »

Bessus, et ingenio et multo mero ferox, adeo exarsit, ut vix ab amicis, quo minus occideret eum (nam strinxerat quoque acinacem), contineretur. Certe e convivio prosilivit haudquaquam potens mentis. Cobares, inter tumultum elapsus, ad Alexandrum transfugit.

Octo millia Bactrianorum habebat armata Bessus, quæ, quamdiu propter cœli intemperiem Indiam potius Macedonas petituros crediderant, obedienter imperata fecerunt : postquam adventare Alexandrum compertum est, in suos quisque vicos

se dispersèrent chacun dans ses foyers, et abandonnèrent Bessus. Celui-ci, avec une poignée d'amis qui lui étaient restés fidèles, traversa l'Oxus, ayant soin de brûler les barques qui avaient servi à son passage, pour que l'ennemi ne pût en profiter, et alla rassembler de nouvelles troupes en Sogdiane.

Cependant Alexandre, comme on l'a dit, avait franchi le Caucase; mais le manque de blé avait presque mis la famine dans son armée. Avec le suc exprimé de la sésame, ils frottaient leurs membres comme avec de l'huile; mais chaque amphore de ce suc se vendait deux cent quarante deniers; celle de miel, trois cent quatre-vingt-dix; et celle de vin, trois cents. On ne trouvait presque point de blé. Les Barbares appelaient *siri* des greniers souterrains si adroitement pratiqués, que ceux-là seuls qui les ont creusés peuvent les reconnaître; c'est là qu'étaient enfouis leurs grains. A défaut de cet aliment, les soldats se nourrissaient d'herbages et de poissons de rivière. Cette ressource commençait à leur manquer, lorsque l'ordre leur fut donné de tuer les bêtes de somme qui portaient les bagages : ce fut la chair de ces animaux qui les soutint jusqu'à leur arrivée dans la Bactriane.

Le sol de la Bactriane est varié dans sa nature et dans ses productions : en quelques endroits, la vigne et d'autres arbres croissent en foule, et donnent des fruits abondants et savoureux; la terre, naturellement grasse, est arrosée par une multitude de sources; les parties les plus fertiles sont semées de blé; le reste est livré aux troupeaux en pâturages. Mais il est

---

dilapsi, Bessum reliquerunt. Ille cum clientium manu, qui non mutaverant fidem, Oxo amne superato, exustisque navigiis, quibus transierat, ne iisdem hostis uteretur, novas copias in Sogdianis contrahebat.

Alexander Caucasum quidem; ut supra dictum est, transierat; sed inopia frumenti prope ad famem ventum erat. Succo ex sesama expresso, haud secus quam oleo artus perungebant. Sed hujus succi ducenis quadragenis denariis amphoræ singulæ; mellis denariis trecenis nonagenis; trecenis vini æstimabantur; tritici nihil aut admodum exiguum reperiebatur. Siros vocabant Barbari : quos ita solerter abscondunt, ut, nisi qui defoderunt, invenire non possint. In iis conditæ fruges erant. In quarum penuria milites fluviatili pisce et herbis sustinebantur. Jamque hæc ipsa alimenta defecerant, quum jumenta, quibus onera portabant, cædere jussi sunt : horum carne, dum in Bactrianos perventum, traxere vitam.

Bactrianæ terræ multiplex et varia natura est; alibi multa arbor et vitis largos mitesque fructus alit : solum pingue crebri fontes rigant : quæ mitiora sunt, frumento conseruntur; cetera armentorum pabulo cedunt. Magnam deinde partem ejusdem terræ steriles arenæ tenent : squalida siccitate regio non hominem, non frugem alit :

une vaste étendue de cette même contrée que couvrent des sables stériles : la terre, dans sa désolante sécheresse, est sans habitants et sans productions : lorsque les vents soufflent du Pont-Euxin, ils balayent devant eux tout ce qu'il y a de sable dans les plaines, et, en s'amoncelant, ce sable offre de loin l'aspect de hautes collines, en même temps que toute trace des anciens chemins est effacée. Aussi ceux qui voyagent dans ces plaines, semblables aux navigateurs, observent, pendant la nuit, le cours des astres, d'après lequel ils dirigent leurs pas; et les ombres de la nuit fournissent, en quelque sorte, plus de clarté que le jour même. C'est ce qui fait que de jour ce pays est impraticable aux voyageurs, la terre ne leur offrant aucune trace pour les conduire, et la lumière des astres s'éteignant au milieu des brouillards. Ajoutez que, si par hasard le vent qui souffle de la mer vient à les surprendre, il les ensevelit sous le sable. Mais aux lieux où le sol est plus fertile, les hommes et les chevaux naissent en grand nombre, témoin les trente mille cavaliers qu'avait fournis la Bactriane. Bactres, capitale de la province, est située au pied du mont Paropamise. Le Bactrus baigne ses murs, et c'est cette rivière qui a donné son nom à la ville et au pays.

Le roi venait de s'y arrêter, lorsqu'il reçut, de Grèce, la nouvelle de la défection des Lacédémoniens et de tout le Péloponnèse : car la révolte n'était pas encore étouffée au départ des envoyés qui devaient lui en annoncer la naissance. En même temps lui arrive le bruit d'un péril plus menaçant : les Scythes des contrées au delà du Tanaïs viennent, dit-on, au secours de Bessus; et, pour dernière nouvelle, on lui apporte

---

quum vero venti a Pontico mari spirant, quidquid sabuli in campis jacet, converrunt. Quod ubi cumulatum est, magnorum collium procul species est, omniaque pristini itineris vestigia intereunt. Itaque qui transeunt campos, navigantium modo noctu sidera observant, ad quorum cursum iter dirigunt, et propemodum clarior est noctis umbra, quam lux. Ergo interdiu invia est regio, quia nec vestigium, quod sequantur, inveniunt, et nitor siderum caligine absconditur. Ceterum si quos ille ventus, qui a mari exoritur, deprehendit, arena obruit. Sed qua mitior terra est, ingens hominum equorumque multitudo gignitur : itaque Bactriani equites xxx millia expleverant. Ipsa Bactra, regionis ejus caput, sita sunt sub monte Paropamiso; Bactrus amnis præterit mœnia; is urbi et regioni dedit nomen.

Hic regi stativa habenti nuntiatur ex Græcia Peloponnensium Laconumque defectio; nondum enim victi erant, quum proficiscerentur tumultus ejus principia nuntiaturi : et alius præsens terror affertur; Scythas, qui ultra Tanaim amnem colunt,

le récit des opérations de Caranus et d'Érigyus au pays des Ariens.

Un combat s'était engagé entre les Ariens et l'armée macédonienne. Le transfuge Satibarzanes commandait les Barbares : voyant que, par la force égale des deux armées, l'action languissait, il poussa son cheval aux premiers rangs, et, ôtant son casque, en même temps qu'il arrêtait ceux qui lançaient leurs traits, il offrit le combat à qui voudrait se mesurer avec lui corps à corps, déclarant qu'il se battrait tête nue. Cette arrogance du Barbare enflamma le courroux du général macédonien Érigyius, déjà vieux, mais égal aux plus jeunes pour la vigueur de l'âme et du corps. Désarmant sa tête et découvrant ses cheveux blancs : « Le jour est venu, dit-il, où je montrerai, en sachant vaincre ou mourir avec gloire, ce que sont les amis et les soldats d'Alexandre. » Et, sans en dire davantage, il poussa son cheval contre l'ennemi.

On eût dit que l'ordre avait été donné aux deux armées de suspendre leurs coups : du moins, reculèrent-elles pour laisser le champ libre aux combattants ; uniquement occupées de ce que le sort allait prononcer sur elles, aussi bien que sur leur chef, dont elles ne pouvaient manquer de suivre la destinée. Le Barbare lança le premier son javelot, qu'Érigyius évita par un léger mouvement de tête. Pressant à son tour les flancs de son cheval, celui-ci enfonça sa lance dans la gorge du Barbare avec tant de force, qu'elle sortit par la nuque. Renversé de son cheval, Satibarzanes se défendait encore ; mais Érigyius,

---

adventare Besso ferentes opem. Eodem tempore, quæ in gente Ariorum Caranus et Erigyius gesserant, perferuntur.

Commissum erat prœlium inter Macedones Ariosque. Transfuga Satibarzanes Barbaris præerat ; qui quum pugnam segnem utrinque æquis viribus stare vidisset, in primos ordines adequitavit, demptaque galea, inhibitis, qui tela jaciebant, si quis viritim dimicare vellet, provocavit ad pugnam, nudum se caput in certamine habiturum. Non tulit ferociam Barbari dux exercitus Erigyius, gravis quidem ætate, sed et animi et corporis robore nulli juvenum postferendus. Is galea dempta canitiem ostentans : « Venit, inquit, dies, quo aut victoria, aut morte honestissima, quales amicos et milites Alexander habeat, ostendam. » Nec plura elocutus, equum in hostem agit.

Crederes imperatum ut acies utræque tela cohiberent ; protinus certe recesserunt dato libero spatio ; intenti in eventum, non duorum modo, sed etiam suæ sortis, quippe alienum discrimen secuturi. Prior Barbarus emisit hastam, quam Erigyius modica capitis declinatione vitavit. At ipse infestam sarissam, equo calcaribus concito, in medio Barbari gutture ita fixit, ut per cervicem emineret. Præcipitatus ex equo Barbarus adhuc tamen repugnabat ; sed ille extractam ex vulnere hastam

retirant sa lance de la blessure, la dirige de nouveau contre le visage de son adversaire, qui saisit l'arme de sa main, et, pour hâter sa mort, seconde le bras qui le frappe. Les Barbares, privés de leur chef, qu'ils avaient suivi par nécessité plutôt que par choix, se rappelèrent alors les bienfaits d'Alexandre, et rendirent les armes à Érigyius.

Le roi se réjouit de ce succès ; mais il n'était pas rassuré sur la révolte des Spartiates, quelque grandeur de courage qu'il eût montrée en l'apprenant : « Ils n'avaient pas osé, disait-il, découvrir leurs projets avant de le savoir parvenu aux frontières de l'Inde. » Cependant il fit marcher son armée à la poursuite de Bessus, et rencontra Érigyius qui venait au-devant de lui, portant les dépouilles de Satibarzanes, en trophée de sa victoire.

V. Ayant remis à Artabaze le gouvernement de la Bactriane, Alexandre y laissa les bagages et les équipages de l'armée, avec une garnison. Il entra alors, suivi de ses troupes légères, dans les déserts de la Sogdiane, marchant toujours pendant la nuit. L'eau manquait, comme nous le disions tout à l'heure, et la soif s'allumait plutôt par le désespoir que par le besoin de boire. Dans l'espace de quatre cents stades, on ne rencontre pas la moindre humidité. L'ardeur du soleil embrase les sables, et, une fois enflammés, ils se répandent au loin comme un incendie sans limite qui dévore tout. Un brouillard s'élève ensuite, produit par l'excessive chaleur de la terre, et dérobe la lumière ; ce qui donne aux campagnes l'aspect d'une mer vaste et profonde. La marche de nuit semblait tolérable par le sou-

---

rursus in os dirigit. Satibarzanes hastam manu complexus, quo maturius interiret, ictum hostis adjuvit ; et Barbari, duce amisso, quem magis necessitate, quam sponte secuti erant, tunc haud immemores meritorum Alexandri, arma Erigyio tradunt.

Rex his quidem lætus, de Spartanis haud quaquam securus, magno tamen animo defectionem eorum tulit, dicens, « non ante ausos consilia nudare, quam ipsum ad fines Indiæ pervenisse cognovissent. » Ipse Bessum persequens copias movit : cui Erigyius, barbarici opimum belli decus præferens, occurrit.

V. Igitur Bactrianorum regione Artabazo tradita, sarcinas et impedimenta ibi cum præsidio reliquit. Ipse cum expedito agmine loca deserta Sogdianorum intrat, nocturno itinere exercitum ducens. Aquarum, ut ante dictum est, penuria, prius desperatione, quam desiderio bibendi, sitim accendit. Per cccc stadia ne modicus quidem humor exsistit. Arenas vapor æstivi solis accendit, quæ ubi flagrare cœperunt, haud secus quam continenti incendio cuncta torrentur. Caligo deinde, immodico terræ fervore excitata, lucem tegit : camporumque non alia quam vasti et profundi æquoris species est. Nocturnum iter tolerabile videbatur, quia rore et matutino

lagement qu'apportaient aux corps la rosée et la fraîcheur du matin. Mais la chaleur commence avec le jour même; tout ce qu'il y a d'humidité naturelle est absorbé par la sécheresse, qui dessèche la bouche, et brûle jusqu'au fond des entrailles. Aussi ce fut le courage d'abord, puis les forces qui les abandonnèrent; il leur était également pénible de s'arrêter et de marcher. Un petit nombre, conduits par des guides qui connaissaient le pays, avaient trouvé de l'eau les premiers : pendant quelque temps leur soif en fut apaisée; mais avec la chaleur croissante revenait le besoin de se désaltérer. Il fallut leur verser tout ce qu'il y avait de vin et d'huile; et tel était le plaisir qu'ils trouvaient à boire, qu'ils ne s'inquiétaient plus du retour de la soif. Bientôt cependant, appesantis par l'abus qu'ils avaient fait de ces boissons, ils ne pouvaient plus porter leurs armes, ni faire un pas en avant; et ceux à qui l'eau avait manqué se trouvaient bien plus heureux, en voyant leurs compagnons forcés de rejeter celles qu'ils avaient prise sans mesure.

Tant de calamités affligeaient le roi; ses amis, qui l'environnaient, le suppliaient de songer à lui : « Sa grande âme, lui disaient-ils, pouvait seule soutenir l'armée défaillante. » A ce moment, deux des éclaireurs qui étaient allés en avant pour choisir l'emplacement du camp, arrivèrent chargés d'outres remplies d'eau. Ils les apportaient à leurs fils, qu'ils savaient faire partie de ce corps d'armée et souffrir cruellement de la soif. Alexandre les rencontra, et l'un d'eux, ouvrant aussitôt son outre, remplit un vase qu'il portait en même temps, et le présenta au roi. Il le prend, et leur demande à qui cette eau

---

frigore corpora levabantur. Ceterum cum ipsa luce æstus oritur : omnemque naturalem absorbet humorem siccitas; ora visceraque penitus uruntur. Itaque primum animi, deinde corpora deficere cœperunt; pigebat et consistere et progredi. Pauci a peritis regionis admoniti præpararant aquam; hæc paulisper repressit sitim : deinde crescente æstu rursum desiderium humoris accensum est. Ergo quidquid vini oleique erat, hominibus ingerebatur; tantaque dulcedo bibendi fuit, ut in posterum sitis non timeretur. Graves deinde avide hausto humore non sustinere arma, non ingredi poterant; et feliciores videbantur, quos aqua defecerat, quum ipsi sine modo infusam vomitu cogerentur egerere.

Anxium regem tantis malis circumfusi amici, ut meminisset sui, orabant; animi sui magnitudinem unicum remedium deficientis exercitus esse; quum ex iis, qui præcesserant ad capiendum locum castris, duo occurrunt utribus aquam gestantes, ut filiis suis, quos in eodem agmine esse, et ægre pati sitim non ignorabant, occurrerent : qui quum in regem incidissent, alter ex iis, utre resoluto, vas quod simul ferebat, implet, porrigens regi. Ille accipit; percontatus, quibus aquam portarent,

était destinée. Ils lui répondent que c'est à leurs fils. Alors leur rendant la coupe pleine comme il l'avait reçue : « Je ne saurais, dit-il, boire seul, ni partager entre tous si peu de chose. Courez donc donner à vos enfants ce que vous avez apporté pour eux. »

Enfin, aux approches de la nuit, il arriva sur les bords de l'Oxus. Mais une grande partie de l'armée n'avait pu le suivre : il fit donc allumer des feux sur une hauteur, pour que ceux qui avaient peine à suivre reconnussent qu'ils n'étaient pas loin du camp. Quant aux autres, arrivés avec lui les premiers, il les fit boire et manger en toute hâte pour reprendre des forces, et leur commanda de remplir, soit des outres, soit toute autre espèce de vases bons à transporter de l'eau, et d'aller au secours de leurs compagnons. Mais en buvant avec trop d'avidité, il y en eut qui s'étouffèrent et moururent, et le nombre en fut bien plus grand que celui des hommes que perdit Alexandre en aucune de ses batailles. Pour lui, encore revêtu de sa cuirasse, et sans avoir pris de boisson ni de nourriture, il se tenait sur le chemin par où venait l'armée : et il ne se retira pour prendre soin de sa personne, qu'après s'être assuré par ses yeux de l'arrivée de tous les traînards ; il passa la nuit même au milieu d'une extrême agitation d'esprit et d'une veille perpétuelle.

Le jour suivant ne fut guère plus heureux : on n'avait pas de bateaux, et il était impossible de construire un pont, le terrain qui environnait le fleuve étant entièrement nu et stérile, surtout en bois. Il fallut donc prendre le seul parti que

---

filiis ferre cognoscit. Tunc poculo pleno, sicut oblatum est, reddito : « Nec solus, inquit, bibere sustineo ; nec tam exiguum dividere omnibus possum. Vos currite, et liberis vestris, quod propter illos attulistis, date. »

Tandem ad flumen Oxum ipse pervenit prima fere vespera. Sed exercitus magna pars non potuerat consequi : in edito monte ignes jubet fieri, ut ii, qui ægre sequebantur, haud procul castris se abesse cognoscerent. Eos autem, qui primi agminis erant, mature cibo ac potione firmatos, implere alios utres, alios vasa, quibuscunque aqua possit portari, jussit, ac suis opem ferre. Sed qui intemperantius hauserant intercluso spiritu exstincti sunt ; multoque major horum numerus fuit, quam ullo amiserat prœlio. At ille thoracem adhuc indutus, nec aut cibo refectus aut potu, qua veniebat exercitus, constitit : nec ante ad curandum corpus recessit, quam præterierant, qui agmen sequebantur ; totamque eam noctem cum magno animi motu perpetuis vigiliis egit.

Nec postero die lætior erat, quia nec navigia habebat, nec pons erigi poterat, circum amnem nudo solo et materia maxime sterili. Consilium igitur, quod unum

conseillait la nécessité : des outres remplies de paille furent distribuées en aussi grand nombre qu'il était possible de le faire ; et les soldats, en y appuyant leurs corps, traversèrent le fleuve à la nage : les premiers arrivés se tenaient sous les armes, pendant que les autres passaient. Ce ne fut, de cette manière, qu'au bout de six jours qu'il transporta son armée sur l'autre rive. Déjà il se préparait à marcher à la poursuite de Bessus, lorsqu'il apprit ce qui se passait dans la Sogdiane.

Spitamènes était, de tous les amis de Bessus, celui qu'il avait le plus comblé de sa faveur ; mais il n'est pas de bienfaits qui puissent désarmer la perfidie, quoiqu'en cette occasion elle eût quelque chose de moins odieux, et que, contre un traître, meurtrier de son roi, comme l'était Bessus, tout moyen semblât permis. Venger Darius fut le prétexte spécieux qu'il donnait du complot ; mais c'était la fortune de Bessus, et non son crime, que l'on haïssait. Aussitôt donc que lui est parvenue la nouvelle qu'Alexandre a passé l'Oxus, Spitamènes fait part de ses projets à Dataphernes et Catènes, les plus intimes confidents de Bessus. Ils adoptent ses propositions avec plus d'empressement même qu'on ne le leur demandait ; et, après s'être assurés de huit jeunes gens d'une intrépidité reconnue, ils emploient le stratagème suivant.

Spitamènes se rend près de Bessus et, ayant fait éloigner tous les témoins, lui déclare que Dataphernes et Catènes conspirent contre lui : qu'au moment où ils se préparaient à le livrer à Alexandre, il les a arrêtés et les tient dans les fers. Bessus, dans

---

necessitas subjecerat, init : utres quamplurimos stramentis refertos dividit ; his incubantes transnavere amnem : quique primi transierant, in statione erant, dum trajicerent ceteri. Hoc modo sexto demum die in ulteriore ripa totum exercitum exposuit. Jamque ad persequendum Bessum statuerat progredi ; quum ea, quæ in Sogdianis erant, cognoscit.

Spitamenes erat inter omnes amicos præcipuo honore cultus a Besso ; sed nullis meritis perfidia mitigari potest ; quæ tamen jam minus in eo inviso esse poterat, quia nihil ulli nefastum in Bessum interfectorem regis sui videbatur. Titulus facinoris speciosus præferebatur, vindicta Darii : sed fortunam, non scelus oderant Bessi. Nam ut Alexandrum flumen Oxum superasse cognovit, Dataphernem et Catenem, quibus a Besso maxima fides habebatur, in societatem rei adsciscit. Illi promptius adeunt, quam rogabantur ; assumptisque octo fortissimis juvenibus, talem dolum intendunt.

Spitamenes pergit ad Bessum et, remotis arbitris, comperisse ait se, insidiari ei Dataphernem et Catenem : ut vivum Alexandro traderent agitantes, a semet occu-

la reconnaissance qu'il croit devoir à un si grand service, se répand en actions de grâces, et, impatient de punir les coupables, ordonne qu'on les lui amène. Ceux-ci, qui s'étaient fait volontairement attacher les mains, arrivèrent traînés par leurs complices: soudain Bessus, les regardant d'un œil menaçant, se lève, la main prête à les frapper. Mais les conjurés, cessant de feindre, l'entourent, et le chargent de liens, malgré sa résistance: ils lui arrachent en même temps de la tête le diadème royal, et déchirent la robe dont il avait dépouillé le roi, sa victime, pour s'en revêtir. Bessus reconnut que sa perte était l'ouvrage des dieux vengeurs de son crime: il ajouta qu'ils n'avaient pas été contraires à Darius, puisqu'ils lui accordaient cette satisfaction; mais qu'ils étaient bien favorables à Alexandre, puisque ses ennemis même avaient toujours travaillé à sa victoire. Peut-être la multitude allait-elle prendre parti pour Bessus, si ceux qui l'avaient arrêté, en répandant le faux bruit qu'ils avaient agi par ordre d'Alexandre, n'eussent frappé de terreur les esprits encore flottants. Ils le placent sur un cheval, et l'emmènent pour le livrer à Alexandre.

Cependant le roi, ayant retiré de son armée neuf cents hommes environ, dont le service était expiré, leur donna deux talents par cavalier, et trois mille deniers par fantassin; puis, après leur avoir recommandé de faire des enfants, il les renvoya dans leurs foyers. Il y en eut d'autres qui lui offrirent de servir jusqu'à la fin de la guerre, et qu'il remercia de leur dévouement.

---

patos esse, et vinctos teneri. Bessus tanto merito, ut credebat, obligatus, partim gratias agit, partim avidus explendi supplicii, adduci eos jubet. Illi manibus sua sponte religatis, a participibus consilii trahebantur : quos Bessus truci vultu intuens consurgit, manibus non temperaturus. At illi, simulatione omissa, circumsistunt eum, et frustra repugnantem vinciunt; direpto ex capite regni insigni, lacerataque veste, quam e spoliis occisi regis induerat. Ille deos sui sceleris ultores adesse confessus, adjecit, non Dario iniquos fuisse, quem sic ulciscerentur, sed Alexandro propitios, cujus victoriam semper etiam hostis adjuvisset. Multitudo an vindicatura Bessum fuerit, incertum est; nisi illi, qui vinxerant, jussu Alexandri fecisse ipsos ementiti, dubios adhuc animi terruissent. In equum impositum Alexandro tradituri ducunt.

Inter hæc rex, quibus matura erat missio, electis DCCCC fere, equiti bina talenta dedit, pediti terna denarium millia ; monitosque, ut liberos generarent, remisit domum. Ceteris gratiæ actæ, quod ad reliqua belli navaturos operam pollicebantur.

On était arrivé devant une petite ville, habitée par les Branchides. Jadis, à l'époque où Xerxès revint de Grèce, les Branchides, par son ordre, avaient quitté Milet, et étaient venus s'établir en cet endroit, forcés de s'exiler pour avoir profané, par complaisance pour ce monarque, le temple d'Apollon Didyméen. Les mœurs de leur ancienne patrie ne s'étaient point encore perdues ; mais déjà ils parlaient un double langage, où s'étaient mêlés peu à peu, en se corrompant, leur idiome naturel et l'idiome barbare. Ils reçurent le roi avec des transports de joie, remettant entre ses mains et leur ville et leurs personnes. Mais Alexandre ordonna de convoquer les Milésiens qui servaient sous ses drapeaux. Les Milésiens nourrissaient une vieille haine contre la famille des Branchides. Le roi abandonna donc ces derniers à leur discrétion, soit qu'ils conservassent le souvenir de leur trahison, soit qu'ils se laissassent fléchir par le souvenir d'une commune origine.

Comme les avis étaient partagés, il leur déclara qu'il déciderait lui-même ce qu'il y avait de mieux à faire. Le lendemain, les Milésiens étant venus le trouver, il ordonne aux Branchides de le suivre ; et, arrivé aux portes de leur ville, il y entre accompagné d'un détachement. La phalange reçut l'ordre d'investir les murailles, et, à un signal donné, de piller cette ville, asile de la trahison, et d'en égorger les habitants jusqu'au dernier. De tous côtés, ces malheureux sans défense sont massacrés ; et ni la communauté de langage, ni les vêtements sacrés des suppliants, ni leurs prières ne peuvent désarmer la cruauté des bourreaux.

Perventum erat in parvulum oppidum. Branchidæ ejus incolæ erant. Mileto quondam jussu Xerxis, quum e Græcia rediret, transierant, et in ea sede constiterant, quia templum, quod Didymeon appellatur, in gratiam Xerxis violaverant. Mores patrii nondum exoleverant ; sed jam bilingues erant, paulatim a domestico externo sermone degeneres. Magno igitur gaudio regem excipiunt, urbem seque dedentes. Ille Milesios, qui apud ipsum militarent, convocari jubet. Vetus odium Milesii gerebant in Branchidarum gentem. Proditis ergo, sive injuriæ, sive originis meminisse mallent, liberum de Branchidis permittit arbitrium.

Variantibus deinde sententiis, se ipsum consideraturum, quod optimum factu esset, ostendit. Postero die occurrentibus, Branchidas secum procedere jubet ; quumque ad urbem ventum esset, ipse cum expedita manu portam intrat. Phalanx mœnia oppidi circumiri jussa, et dato signo diripere urbem, proditorum receptaculum, ipsosque ad unum cædere. Illi inermes passim trucidantur, nec aut commercio linguæ, aut supplicum velamentis precibusque inhiberi crudelitas potest.

Enfin, pour anéantir leur ville, et n'en laisser aucune trace, les murailles en furent minées jusqu'en leurs fondements. Dans leur fureur, que rien n'arrêtait, les Macédoniens ne se contentèrent pas d'abattre, ils allèrent jusqu'à déraciner les arbres des bois sacrés, pour que leurs racines même, arrachées, ne laissassent plus qu'un vaste désert et un sol au loin stérile. Si ces rigueurs eussent été imaginées contre les auteurs mêmes de la trahison, on pourrait les regarder comme une juste vengeance, et non comme une barbarie; mais ce furent alors des arrière-neveux qui expièrent la faute de leurs ancêtres, des hommes qui n'avaient jamais vu Milet, loin d'avoir pu livrer cette ville à Xerxès.

De là, Alexandre marcha sur le Tanaïs. En ce moment lui fut amené Bessus, garrotté, et, pour comble d'affront, dépouillé de toute espèce de vêtement. Spitamènes le conduisait par une chaîne qu'il lui avait passée autour du cou : spectacle agréable aux Barbares, non moins qu'aux Macédoniens. « J'ai voulu, dit alors Spitamènes, venger à la fois mes deux maîtres, toi et Darius, et c'est pourquoi je t'ai amené cet assassin de son roi, m'étant saisi de lui, selon l'exemple qu'il en a donné lui-même. Puisse Darius ouvrir les yeux à ce spectacle! puisse-t-il sortir de la tombe, ce monarque si peu digne de son horrible fin, si digne de cette consolation! »

Alexandre, après avoir comblé d'éloges Spitamènes, se tourna vers Bessus : « Quelle bête féroce, lui dit-il, a versé sa rage dans ton cœur, pour que tu aies eu l'audace d'enchaîner d'abord et puis d'assassiner un roi, ton bienfaiteur? Mais en

---

Tandem, ut dejicerent, fundamenta murorum ab imo moliuntur, ne quod urbis vestigium exstaret. Nec mora, lucos quoque sacros non cædunt modo, sed etiam exstirpant; ut vasta solitudo et sterilis humus, excussis etiam radicibus, linqueretur. Quæ si in ipsos proditionis auctores excogitata essent, justa ultio esse, non crudelitas videretur : nunc culpam majorum posteri luere, qui ne viderant quidem Miletum, adeo Xerxi non potuerant prodere.

Inde processit ad Tanaim amnem. Quo perductus est Bessus non vinctus modo, sed etiam omni velamento corporis spoliatus. Spitamenes eum tenebat collo inserta catena; tam Barbaris, quam Macedonibus gratum spectaculum. Tum Spitamenes : « Et te, inquit, et Darium reges meos ultus, interfectorem domini sui adduxi, eo modo captum, cujus ipse fecit exemplum. Aperiat ad hoc spectaculum oculos Darius. Exsistat ab inferis, qui illo supplicio indignus fuit, et hoc solatio dignus est. »

Alexander, multum collaudato Spitamene, conversus ad Bessum : « Cujus, inquit, feræ rabies occupavit animum tuum, quum regem de te optime meritum prius vincire, deinde occidere sustinuisti! Sed hujus parricidii mercedem falso regis nomine

usurpant le titre de roi, tu t'es payé de ce parricide. » Bessus n'osait prononcer un seul mot pour justifier son crime : « S'il avait, dit-il, pris le nom de roi, c'était afin de pouvoir remettre ses provinces à Alexandre : en tardant à le faire, il eût laissé la place à un autre usurpateur. »

Cependant Alexandre fit approcher Oxathrès, frère de Darius, qu'il comptait parmi les gardes de sa personne, et ordonna qu'on lui livrât Bessus pour être mis en croix, les oreilles et le nez coupés, et être ensuite abandonné aux flèches des Barbares, qui veilleraient aussi sur son corps, et empêcheraient jusqu'aux oiseaux de proie d'y toucher. Oxathrès promit de se charger de tout : « Pour les oiseaux seulement, ajouta-t-il, nul autre que Catènes n'était capable de les écarter. » Il voulait ainsi faire connaître la merveilleuse adresse de cet homme. Catènes, en effet, visait d'une main si sûre, qu'il atteignait même les oiseaux au vol. Et quoique cette habileté à tirer de l'arc puisse paraître moins étonnante chez un peuple où l'usage en était si ordinaire, elle n'en fut pas moins un grand sujet d'admiration, et fit beaucoup d'honneur à Catènes. Des présents furent ensuite distribués à tous ceux qui avaient amené Bessus. Du reste, on différa son supplice, afin qu'il fût mis à mort au lieu même où il avait tué Darius.

VI. Cependant les Macédoniens, s'étant écartés en désordre pour aller aux fourrages, furent surpris par un parti de Barbares descendus des montagnes voisines; il y en eut toutefois plus de pris que de tués : quant aux Barbares, chassant devant eux leurs prisonniers, ils regagnèrent la montagne. Ces bri-

---

persolvisti. » Ibi ille facinus purgare non ausus, regis titulum se usurpasse dixit, ut gentem suam tradere ipsi possit; qui cessasset, alium fuisse regnum occupaturum.

At Alexander Oxathrem, fratrem Darii, quem inter corporis custodes habebat, propius jussit accedere; tradique Bessum ei, ut cruci affixum, mutilatis auribus naribusque, sagittis configerent Barbari; asservarentque corpus, ut ne aves quidem contingerent. Oxathres cetera sibi curae fore pollicetur. Aves non ab alio, quam a Catene posse prohiberi adjicit, eximiam ejus artem cupiens ostendere; namque adeo certo ictu destinata feriebat, ut aves quoque exciperet. Nam etsi forsitan sagittandi tam celebri usu minus admirabilis videri haec ars possit; tamen ingens visentibus miraculum, magnoque honori Cateni fuit. Dona deinde omnibus, qui Bessum adduxerant, data sunt. Ceterum supplicium ejus distulit, ut eo loco, in quo Darium ipse occiderat, necaretur.

VI. Interea Macedones ad petendum pabulum incomposito agmine egressi, a Barbaris, qui de proximis montibus decurrerunt, opprimuntur; pluresque capti sunt, quam occisi : Barbari autem, captivos prae se agentes, rursus in montem recesserunt.

gands étaient au nombre de vingt mille : ils attaquent leur ennemi avec des frondes et des flèches. Tandis que le roi les assiége et qu'il combat aux premiers rangs, il est atteint à la jambe d'une flèche, dont la pointe y reste enfoncée. Les Macédoniens, frappés de tristesse et de stupeur, le reportent au camp. Les Barbares s'aperçurent bien qu'on l'avait enlevé du champ de bataille : car, de leurs hauteurs, ils avaient tout vu.

Ils envoyèrent donc, le lendemain, des députés au roi : Alexandre les fit sur-le-champ introduire ; et, détachant les bandes qui entouraient sa blessure, pour leur en déguiser la gravité, il leur montra sa jambe. Invités à s'asseoir, ils déclarèrent que les Macédoniens n'avaient pas été plus affligés qu'eux-mêmes en apprenant la blessure du roi ; s'ils en eussent connu l'auteur, ils le lui auraient livré : car il n'appartenait qu'à des sacriléges de combattre contre les dieux ; que, du reste, cédant à son courage, ils se remettaient à sa discrétion. Le roi, après leur avoir donné sa foi et recouvré ses prisonniers, reçut ce peuple en son obéissance.

L'armée s'étant remise en route, on le plaça sur une litière de campagne que fantassins et cavaliers se disputaient l'honneur de porter. Les cavaliers, au milieu desquels le roi était accoutumé à combattre, prétendaient que c'était une de leurs prérogatives. Les fantassins, au contraire, qui portaient habituellement leurs compagnons blessés, se plaignaient qu'on leur enlevât un privilége qui leur appartenait, alors précisément qu'il s'agissait de porter le roi. Alexandre, au milieu de ces prétentions rivales, trouvant le choix difficile, et craignant

---

Viginti millia latronum erant ; fundis sagittisque pugnam invadunt. Quos dum obsidet rex, inter promptissimos dimicans sagitta ictus est, quæ in medio crure fixa reliquerat spiculum. Illum quidem mœsti et attoniti Macedones in castra referebant : sed nec Barbaros fefellit subductus ex acie ; quippe ex edito monte cuncta prospexerant.

Itaque postero die misere legatos ad regem, quos ille protinus jussit admitti ; solutisque fasciis magnitudinem vulneris dissimulans, crus Barbaris ostendit. Illi jussi considere affirmant non Macedonas, quam ipsos fuisse tristiores cognito vulnere ipsius ; cujus si auctorem reperissent, dedituros fuisse : cum diis enim pugnare sacrilegos tantum. Ceterum se gentem in fidem dedere, superatos virtute illius. Rex, fide data et captivis receptis, gentem in deditionem accepit.

Castris inde motis lectica militari ferebatur, quam pro se quisque eques pedesque subire certabant. Equites, cum quibus rex prœlia inire solitus erat, sui muneris id esse censebant. Pedites contra, quum saucios commilitones ipsi gestare assuevissent, eripi sibi proprium officium tum potissimum, quum rex gestandus esset, que-

de choquer ceux qu'il écarterait, décida que les uns et les autres le porteraient à leur tour.

On arriva quatre jours après devant Maracande : les murs de cette ville couvrent un espace de soixante et dix stades : la citadelle n'est défendue par aucune enceinte. Après y avoir mis une garnison, Alexandre ravagea et brûla les bourgs du voisinage. Bientôt lui arrivèrent les députés des Scythes Abiens, libres depuis la mort de Cyrus, mais disposés alors à se soumettre. Ils passaient pour le plus juste d'entre les peuples barbares, ne prenant pas les armes, à moins d'être provoqués. L'habitude d'une liberté tranquille et égale pour tous, avait élevé, chez eux, les petits au niveau des grands.

Alexandre leur parla avec bonté, et envoya, en même temps, aux Scythes d'Europe un de ses amis, nommé Péridas, pour leur signifier de ne point passer sans son ordre le Tanaïs, qui bornait leur territoire : sa mission était aussi de reconnaître le pays, et de s'avancer jusque chez les Scythes qui habitent sur le Bosphore. Le roi avait, en effet, choisi un emplacement sur les bords du Tanaïs, pour y bâtir une ville, barrière destinée à contenir et les peuples déjà soumis, et ceux qu'il comptait visiter dans la suite. Mais ce projet fut différé par la nouvelle de la défection des Sogdiens, qui entraîna aussi celle de la Bactriane. Sept mille cavaliers avaient donné le signal, et les autres s'étaient rangés à leur suite.

Alexandre fit venir Spitamènes et Catènes, qui lui avaient livré Bessus, ne doutant pas qu'il ne dépendît d'eux de faire

---

rebantur. Rex in tanto utriusque partis certamine et sibi difficilem, et præteritis gravem electionem futuram ratus, invicem subire eos jussit.

Hinc quarto die ad urbem Maracanda perventum est : septuaginta stadia murus urbis amplectitur : arx nullo cingitur muro. Præsidio urbi relicto, proximos vicos depopulatur atque urit. Legati deinde Abiorum Scytharum superveniunt liberi, ex quo decesserat Cyrus, tum imperata facturi. Justissimos Barbarorum constabat : armis abstinebant, nisi lacessiti. Libertatis modico et æquali usu, principibus humiliores pares fecerunt.

Hos benigne allocutus, ad eos Scythas, qui Europam incolunt, Peridam quemdam misit ex amicis, qui denuntiaret eis, ne Tanaim amnem regionis injussu regis transirent; eidem mandatum, ut contemplaretur locorum situm; et illos quoque Scythas, qui super Bosporo incolunt, viseret. Condendæ urbi sedem super ripam Tanais elegerat; claustrum et jam perdomitorum, et quos deinde adire decreverat. Sed consilium distulit Sogdianorum nuntiata defectio, quæ Bactrianos quoque traxit : vii millia equitum erant, quorum auctoritatem ceteri sequebantur.

Alexander Spitamenen et Catenen, a quibus ei traditus erat Bessus, haud dubius

rentrer les révoltés dans le devoir, en punissant les chefs de l'insurrection. Mais ils étaient eux-mêmes les auteurs de la rébellion qu'on les appelait à réprimer ; c'étaient eux qui avaient répandu le bruit que le roi voulait faire venir toute la cavalerie bactrienne pour la passer au fil de l'épée : que la commission leur en avait été donnée ; mais qu'ils n'avaient pu se résoudre à l'exécuter, de peur de se rendre coupables envers leurs compatriotes d'un crime impardonnable : qu'ils n'avaient pas vu avec moins d'horreur la barbarie d'Alexandre, que le parricide de Bessus. Les esprits, déjà émus par eux-mêmes, se laissèrent aisément entraîner à prendre les armes dans la crainte du châtiment.

Alexandre, instruit de la trahison des transfuges, ordonna à Cratère d'aller assiéger Cyropolis : lui-même prit par blocus une ville de la même contrée ; et, à un signal qu'il donna, la jeunesse fut massacrée : le reste de la population fut partagé entre les vainqueurs, et la ville rasée, afin de contenir les peuplades voisines par l'exemple de ce désastre. Les Mémacéniens, nation puissante, avaient résolu de s'exposer à un siége, comme au parti le plus honorable à la fois et le plus sûr. Le roi, dans l'espoir d'ébranler leur opiniâtreté, leur dépêcha cinquante cavaliers, chargés de les informer de sa clémence envers ceux qui se soumettraient, en même temps que de son inflexible rigueur envers les vaincus. Ils répondent qu'ils ne doutent ni de la sincérité ni de la puissance du roi ; et donnent ordre à ces cavaliers de camper hors des remparts de la ville. Leur prodiguant ensuite les dons de l'hospitalité, ils attendent

---

quin eorum opera redigi possent in potestatem, coercendo eos, qui novaverant res, jussit arcessiri. At illi defectionis, ad quam coercendam evocabantur, auctores vulgaverant famam, bactrianos equites a rege omnes, ut occiderentur, arcessiri : idque imperatum ipsis ; non sustinuisse tamen exsequi, ne inexpiabile in populares facinus admitterent. Non magis Alexandri sævitiam, quam Bessi parricidium ferre potuisse. Itaque sua sponte jam motos metu pœnæ haud difficulter concitaverunt ad arma.

Alexander, transfugarum defectione comperta, Craterum obsidere Cyropolim jubet : ipse aliam urbem regionis ejusdem corona capit ; signoque, ut puberes interficerentur, dato, reliqui in prædam cessere victoris : urbs diruta est, ut ceteri cladis exemplo continerentur. Memaceni, valida gens, obsidionem, non ut honestiorem modo, sed etiam ut tutiorem, ferre decreverant. Ad quorum pertinaciam mitigandam rex L equites præmisit, qui clementiam ipsius in deditos, simulque inexorabilem animum in devictos, ostenderent. Illi nec de fide, nec de potentia regis ipsos dubitare respondent ; equitesque tendere extra munimenta urbis jubent. Hospitaliter

le moment où ils les trouvent appesantis par les vapeurs du vin et par le sommeil, pour les attaquer au milieu de la nuit, et les massacrer.

Alexandre, indigné comme il devait l'être, investit la ville, et, la trouvant trop bien fortifiée pour être emportée d'un premier assaut, il s'adjoint à ce siége, Méléagre et Perdiccas, occupés, comme nous l'avons dit, à celui de Cyropolis. Il avait résolu d'épargner cette dernière cité, fondée par Cyrus : car, de tous les rois de ces contrées, c'était lui qu'il admirait le plus, et avec lui Sémiramis, parce qu'en eux il croyait voir briller au plus haut degré une grande âme et des actions immortelles. Mais l'opiniâtreté des habitants enflamma sa colère; et, quand la ville fut prise, il la livra à la juste fureur d'une troupe choisie de soldats macédoniens : puis, il alla rejoindre Perdiccas et Méléagre.

Mais aucune ville ne soutint le siége avec plus de vigueur que celle des Mémacéniens : les plus braves soldats de l'armée macédonienne y périrent, et le roi lui-même y courut le dernier danger. En effet, une pierre le frappa si violemment à la tête, qu'un nuage épais se répandit sur ses yeux, et que, privé de sentiment, il s'évanouit. Ce qui est certain, c'est que l'armée le pleura comme si elle l'eût perdu. Mais, invincible à ce qui frappe d'épouvante les autres hommes, il n'attendit pas que sa blessure fût entièrement guérie, et n'en pressa que plus vivement le siége, la colère enflammant encore son ardeur naturelle. Une mine fut donc pratiquée sous les murailles, et elle ouvrit une large brèche, à travers laquelle il se jeta dans

---

deinde exceptos, gravesque epulis et somno, intempesta nocte adorti interfecerunt.

Alexander haud secus, quam par erat, motus, urbem corona circumdedit munitiorem, quam ut primo impetu capi posset. Itaque Meleagrum et Perdiccam in obsidionem jungit, Cyropolim, ut ante dictum est, obsidentes. Statuerat autem parcere urbi conditæ a Cyro : quippe non alium gentium illarum magis admiratus est, quam hunc regem, et Semiramim, in queis et magnitudinem animi, et claritatem rerum longe emicuisse credebat. Ceterum pertinacia oppidanorum ejus iram accendit. Itaque captam urbem diripere jussit delectos Macedones, haud injuria infestos; et ad Meleagrum et Perdiccam redit.

Sed non alia urbs fortius obsidionem tulit : quippe et militum promptissimi cecidere, et ipse rex ad ultimum periculum venit : namque cervix ejus saxo ita icta est, ut oculis caligine offusa collaberetur, ne mentis quidem compos : exercitus certe velut erepto eo ingemuit. Sed invictus adversus ea, quæ ceteros terrent, nondum percurato vulnere, acrius obsidioni institit, naturalem celeritatem ira concitante.

la ville, et, vainqueur, ordonna de la raser. De là, il envoya à Maracande Ménédème avec trois mille fantassins et huit cents chevaux. Le transfuge Spitamènes, après en avoir chassé la garnison macédonienne, s'était renfermé dans cette ville : les habitants n'étaient pas favorables à sa défection; mais ils semblaient la partager, faute de pouvoir s'y opposer.

Cependant Alexandre retourne sur les bords du Tanaïs, et tout l'espace qu'avait occupé son camp, il l'entoure de murailles : l'enceinte de la ville fut de soixante stades, et il voulut que celle-là aussi prît le nom d'*Alexandrie*. L'ouvrage se poursuivit avec tant de rapidité, que, dix-sept jours après, les remparts, les maisons même de la ville furent achevés. Il y avait, entre les soldats, une émulation extraordinaire; c'était à qui montrerait le premier sa tâche achevée : car chacun avait la sienne. La nouvelle ville fut peuplée de captifs, qu'il racheta de leurs maîtres à prix d'argent; et aujourd'hui encore, après tant de siècles, le souvenir de ses premiers habitants s'est conservé, avec celui d'Alexandre, dans leur postérité.

VII. Le roi des Scythes, dont l'empire était alors au delà du Tanaïs, reconnut que cette ville, bâtie par les Macédoniens sur l'autre rive, était comme un joug placé sur sa tête. Il envoya donc son frère, nommé Cartasis, avec un corps nombreux de cavalerie, pour la détruire et repousser, loin du fleuve, les troupes macédoniennes. Le Tanaïs sépare les Bactriens des

---

Cuniculo ergo suffossa mœnia ingens nudavere spatium, per quod irrupit; victorque urbem dirui jussit. Hinc Menedemum cum III millibus peditum et DCCC equitibus ad urbem Maracanda misit. Spitamenes transfuga, præsidio Macedonum inde dejecto, muris urbis ejus incluserat se, haud oppidanis consilium defectionis approbantibus. Sequi tamen videbantur, quia prohibere non poterant.

Interim Alexander ad Tanaim amnem redit, et, quantum soli occupaverant castris, muro circumdedit : LX stadiorum urbis murus fuit : hanc quoque urbem *Alexandriam* appellari jussit. Opus tanta celeritate perfectum est, ut decimo septimo die, qua munimenta excitata erant, tecta quoque urbis absolverentur. Ingens militum certamen inter ipsos fuerat, ut suum quisque munus (nam divisum erat) primus ostenderet. Incolæ novæ urbi dati captivi, quos reddito pretio dominis liberavit, quorum posteri nunc quoque nondum apud eos tam longa ætate propter memoriam Alexandri exoleverunt.

VII. Rex Scytharum, cujus tum ultra Tanaim imperium erat, ratus eam urbem, quam in ripa amnis Macedones condiderant, suis impositam esse cervicibus, fratrem Cartasim nomine cum magna equitum manu misit ad diruendam eam, proculque amne submovendas Macedonum copias. Bactrianos Tanais ad Scythis, quos Euro-

Scythes appelés Européens; il coule aussi entre l'Europe et
l'Asie, auxquelles il sert de limite. Voisine de la Thrace, la
nation des Scythes s'étend de l'orient au septentrion : et elle
ne touche pas simplement, comme on l'a cru, aux Sarmates;
elle en fait partie. De là, en droite ligne, elle occupe une
autre contrée située au delà de l'Ister, en même temps qu'elle
confine à la Bactriane, c'est-à-dire aux extrémités de l'Asie.
Du côté le plus rapproché du septentrion, le pays s'enfonce
dans de profondes forêts et de vastes solitudes; mais ce qui
s'étend vers le Tanaïs et la Bactriane offre quelques traces de
culture humaine. Alexandre, sans y être préparé, se trouvait
forcé de faire le premier de tous la guerre à ce peuple : sous
ses yeux manœuvrait la cavalerie ennemie, et cela, pendant
qu'il était malade de sa blessure, et que la voix surtout lui
manquait, affaiblie par la privation de nourriture et les douleurs qu'il éprouvait à la tête. Il appela donc ses amis en
conseil.

Ce n'était pas l'ennemi qui l'effrayait, mais l'embarras des
circonstances : les Bactriens lui refusaient l'obéissance, les
Scythes osaient même l'attaquer; et il ne pouvait se tenir
debout, il ne pouvait monter à cheval, diriger ses soldats, les
encourager! Au milieu du double péril qui le menaçait, accusant jusqu'aux dieux, il se plaignait d'être enchaîné dans
son lit, lui dont personne n'avait pu éviter auparavant la rapidité. A peine ses soldats pouvaient-ils se défendre de croire
que sa maladie ne fût pas feinte! Depuis la défaite de Darius,
il avait cessé d'interroger les devins et la science de l'avenir;
mais, retombant alors dans une superstition dont l'humanité

pæos vocant, dividit : idem Asiam et Europam finis interfluit. Ceterum Scytharum
gens haud procul Thracia (sita ab oriente) ad septemtrionem se vertit; Sarmata-
rumque, ut quidam crediderē, non finitima, sed pars est. Recta deinde regionem
aliam ultra Istrum jacentem colit; ultima Asiæ, quæ Bactra sunt, stringit : quæ sep-
temtricni proxima sunt, profundæ inde silvæ, vastæque solitudines excipiunt. Rursus
quæ ad Tanaim et Bactra spectant, humano cultu haud disparia sunt. Primum cum
hac gente non provisum bellum Alexander gesturus, quum in conspectu ejus obequitaret hostis, adhuc æger ex vulnere, præcipue voce deficiens, quam et modicus cibus,
et cervicis extenuabat dolor, amicos in consilium advocari jubet.

Terrebat eum non hostis, sed iniquitas temporis. Bactriani defecerant; Scythæ
etiam lacessebant : ipse non insistere in terra, non equo vehi; non docēre, non
hortari suos poterat. Ancipiti periculo implicitus, deos quoque incusans, querebatur,
se jacere segnem, cujus velocitatem nemo antea valuisset effugere; vix suos credere, non simulari valetudinem. Itaque qui post Darium victum hariolos et vates

est le jouet, il donna ordre à Aristandre, qu'avait adopté sa crédulité, de sacrifier aux dieux pour les consulter sur le succès de ses affaires.

C'était l'usage des aruspices, d'examiner les entrailles des victimes hors de la présence du roi, et de lui rapporter les présages. Pendant qu'ils cherchent à lire dans les fibres des animaux les mystères de l'avenir, Alexandre fait asseoir ses amis, tout près de lui, pour éviter de rouvrir, par quelque effort de voix, sa blessure à peine cicatrisée. Dans sa tente étaient Héphestion, Cratère et Érigyius, avec ses gardes : « Les événements, leur dit-il, sont venus me surprendre dans une conjoncture plus favorable pour mes ennemis que pour moi ; mais la nécessité passe avant les conseils de la raison, à la guerre, où rarement on a le choix des circonstances. Les Bactriens, que nous venons de placer sous le joug, se sont révoltés ; et, aux dépens d'un autre peuple, ils veulent éprouver jusqu'où va notre courage. Nul doute que, si nous laissons impunie l'agression des Scythes, nous retournerons méprisés vers ceux qui se sont soustraits à notre domination. Mais si nous passons le Tanaïs ; si, par la ruine et l'extermination des Scythes, nous montrons que partout nous sommes invincibles, qui doutera alors que l'Europe même soit ouverte à nos conquêtes? Ce serait se tromper, que de mesurer la gloire qui nous attend à l'espace que nous avons à franchir. Ce n'est qu'un fleuve ; mais si nous le passons, nous portons nos armes en Europe. Et de quel prix n'est-il pas pour nous, pendant que nous conquérons l'Asie, d'aller élever des trophées en

---

consulere desierat, rursus ad superstitionem, humanarum gentium ludibria, revolutus, Aristandrum, cui credulitatem suam addixerat, explorare eventum rerum sacrificiis jubet.

Mos erat aruspicibus, exta sine rege spectare, et, quæ portenderentur, referre. Inter hæc rex, dum fibris pecudum explorantur eventus latentium rerum, propius ipsum considere amicos jubet, ne contentione vocis cicatricem infirmam adhuc rumperet. Hephæstion, Craterus et Erigyius erant cum custodibus in tabernaculum admissi : « Discrimen, inquit, me occupavit meliore hostium quam meo tempore ; sed necessitas ante rationem est, maxime in bello, quo raro permittitur tempora eligere. Defecere Bactriani, in quorum cervicibus stamus: et quantum in nobis animi sit, alieno Marte experiuntur. Haud dubie, si omiserimus Scythas ultro arma inferentes, contempti ad illos, qui defecerunt, revertemur. Si vero Tanaim transierimus, et ubique invictos esse nos Scytharum pernicie ac sanguine ostenderimus, quis dubitabit patere etiam Europæ victuribus? Fallitur, qui terminos gloriæ nostræ metitur spatio, quod transituri sumus. Unus amnis interfluit : quem si trajicimus, in

quelque sorte dans un autre univers, et de réunir entre elles, tout d'un coup, par une seule victoire, des contrées que la nature semble avoir séparées par de si lointains espaces? Que nous témoignions, au contraire, la moindre hésitation, et les Scythes paraîtront aussitôt sur nos derrières. Sommes-nous donc les seuls qui sachions passer les fleuves à la nage? mille choses qui, jusqu'ici, nous ont donné la victoire, tourneront contre nous. La fortune apprend aussi aux vaincus l'art de la guerre. Nous avons montré dernièrement l'exemple de traverser un fleuve avec des outres : peut-être les Scythes ne sauraient-ils pas l'imiter ; mais les Bactriens le leur enseigneront. Joignez-y qu'une seule armée de cette nation est encore arrivée : d'autres sont attendues. Ainsi, en évitant la guerre, nous ne ferons que l'appeler, et, quand nous pourrions attaquer, nous serons réduits à nous défendre.

« Les motifs sur lesquels se fonde mon avis sont assez clairs. Mais je crains que les Macédoniens ne me permettent pas de suivre les inspirations de mon courage; parce que, depuis le jour où j'ai reçu cette blessure, je n'ai pu marcher, ni monter à cheval. Cependant, mes amis, si vous consentez à me suivre, je suis guéri; je me sens assez de forces pour supporter cette fatigue; ou, si je touche au terme de ma vie, en quelle entreprise pourrais-je trouver une mort plus glorieuse ? »

Il avait prononcé ces mots d'une voix épuisée et qui semblait défaillir : à peine ceux qui se tenaient le plus près de lui avaient-ils pu l'entendre. Ce ne fut parmi eux tous qu'un même avis pour le détourner d'une résolution aussi précipitée:

Europam arma proferimus. Et quanti æstimandum est, dum Asiam subigimus, in alio quodammodo orbe tropæa statuere, et quæ tam longo intervallo natura videtur diremisse, una victoria subito committere? At hercule, si paululum cessaverimus, in tergis nostris Scythæ hærebunt. An soli sumus, qui flumina transnare possumus? multa in nosmetipsos recident, quibus adhuc vicimus. Fortuna belli artem victos quoque docet : utribus amnem trajiciendi exemplum fecimus nuper : hoc ut Scythæ imitari nesciant, Bactriani docebunt. Præterea unus gentis hujus adhuc exercitus venit : ceteri exspectantur; ita bellum vitando alemus; et, quod inferre possemus, accipere cogemur.

« Manifesta est consilii mei ratio. Sed an permissuri sint Macedones animo uti meo, dubito; quia, ex quo hoc vulnus accepi, non equo vectus sum, non pedibus ingressus; sed si me sequi vultis, valeo, amici. Satis virium est ad toleranda ista : aut si jam adest vitæ meæ finis, in quo tandem opere melius exstinguar ? »

Hæc quassa adhuc voce, subdeficiens, vix proximis exaudientibus dixerat, quum omnes a tam præcipiti consilio regem deterrere cœperunt : Erigyius maxime, qui,

Érigyius insistait surtout, et, trouvant apparemment l'autorité de ses conseils impuissante sur cette âme obstinée, il essaya de l'ébranler par la superstition, à laquelle le roi ne savait pas résister. Les dieux même, lui dit-il, s'opposaient à son dessein, et un grand péril le menaçait, s'il passait le fleuve. Érigyius, en effet, au moment d'entrer dans la tente du roi, avait rencontré Aristandre, qui lui avait fait part de la sinistre réponse que donnaient les victimes; et c'était d'après le témoignage du devin qu'il parlait. Alexandre lui imposa silence, et irrité, autant que confus, de voir mettre au jour une faiblesse qu'il avait cachée, il fit appeler Aristandre. Dès qu'il fut entré, fixant sur lui son regard : « Ce n'est pas comme roi, lui dit-il, c'est comme particulier que je t'ai ordonné un sacrifice : pourquoi donc révéler à un autre qu'à moi ce qui m'était présagé? Érigyius, par ton indiscrétion, a connu mes secrets et le fond caché de ma pensée : et c'est, j'en suis sûr, sous l'influence de ses craintes, qu'il nous explique l'état des entrailles des victimes. C'est à moi maintenant qu'il faut répondre; c'est moi qui te somme de me déclarer, aussi clairement qu'il se peut, ce que t'ont fait connaître les victimes, afin que tu ne puisses plus ensuite renier tes paroles. »

Aristandre demeurait immobile et interdit : la frayeur lui avait ôté jusqu'à la parole; mais cette frayeur même céda enfin à la crainte plus pressante de faire attendre le roi. « Ce que j'ai annoncé, dit-il, c'est que l'entreprise serait périlleuse, non qu'elle serait sans succès; et c'est moins ma science qui fait ici mes inquiétudes, que mon attachement à ta personne. Je vois ta santé altérée, et je sais qu'en toi seul sont toutes nos

haud sane auctoritate proficiens apud obstinatum animum, superstitionem, cujus potens non erat rex, incutere tentavit, dicendo, deos quoque obstare consilio, magnumque periculum, si flumen transisset, ostendi. Intranti Erigyio tabernaculum regis Aristander occurrerat, tristia exta fuisse significans : hæc ex vate comperta Erigyius nuntiabat. Quo inhibito, Alexander non ira solum, sed etiam pudore confusus, quod superstitio, quam celaverat, detegebatur, Aristandrum vocari jubet. Qui ut venit, intuens eum : « Non rex, inquit, sed privatus, sacrificium ut faceres, mandavi : quid eo portenderetur, cur apud alium, quam apud me, professus es? Erigyius arcana mea et secreta, te prodente, cognovit : quem certum mehercule habeo extorum interprete uti metu suo. Tibi autem quam potest, denuntio, ipse mihi indices, quid ex extis cognoveris; ne possis inficiari dixisse, quæ dixeris. »

Ille exsanguis, attonitoque similis stabat, per metum etiam voce suppressa : tandemque eodem metu stimulante, ne regis exspectationem moraretur : « Magni, inquit, laboris, non irriti discrimen instare prædixi; nec mea ars, quam benevolentia

ressources ; ma crainte est que tu ne puisses suffire à ta situation présente. » Le roi le renvoya, en l'engageant à se fier à sa fortune : les dieux, en effet, avaient encore pour lui de la gloire en réserve.

Comme il délibérait ensuite avec les mêmes conseillers sur les moyens de passer le fleuve, Aristandre revint, assurant qu'il n'avait jamais vu d'entrailles plus favorables : cette fois elles étaient bien différentes des premières. Alors s'étaient manifestés des sujets d'alarmes ; maintenant le sacrifice n'annonçait rien que de propice. Cependant des nouvelles furent apportées peu après au roi, qui mêlaient quelque ombre à l'éclat de ses continuelles prospérités. Il avait envoyé Ménédème, ainsi qu'on l'a dit plus haut, pour assiéger Spitamènes, auteur de la révolte des Bactriens. Celui-ci, quand il sut que l'ennemi approchait, craignant d'être enfermé dans ses murailles, et se flattant en même temps de le surprendre, alla se poster secrètement sur la route par où il savait qu'il devait passer. Le pays était ombragé de bois et propre à couvrir une embuscade ; il y cacha des Dahes. Leurs chevaux portent chacun deux hommes armés, qui, tour à tour, sautent subitement à terre et vont jeter le désordre dans les rangs de la cavalerie ennemie : l'agilité des hommes égale la vitesse des chevaux.

Spitamènes, qui leur avait ordonné de se répandre autour du bois, les montra tout à coup à l'ennemi, attaqué à la fois en flanc, en tête et en queue. Ménédème, enveloppé de toutes parts, malgré l'infériorité du nombre, ne laissa pas de faire

---

me perturbat. Infirmitatem valetudinis tunc video, et quantum in uno te sit, scio. Vereor, ne præsenti fortunæ tuæ sufficere non possis. » Rex jussum confidere felicitati suæ remisit : sibi enim ad alia gloriam concedere deos.

Consultanti deinde cum iisdem, quonam modo flumen transirent, supervenit Aristander, non alias lætiora exta vidisse se affirmans, utique prioribus longe diversa : tum sollicitudinis causas apparuisse ; nunc prorsus egregie litatum esse. Ceterum quæ subinde nuntiata sunt regi, continuæ felicitati rerum ejus imposuerant labem. Menedemum, ut supra dictum est, miserat ad obsidendum Spitamenem, bactrianæ defectionis auctorem : qui, comperto hostis adventu, ne muris urbis includeretur, simul fretus excipi posse, qua venturum sciebat, consedit occultus. Silvestre iter aptum insidiis tegendis erat : ibi Dahas condidit. Equi binos armatos vehunt, quorum invicem singuli repente desiliunt, et equestris pugnæ ordinem turbant : equorum velocitati par est hominum pernicitas.

Hos Spitamenes saltum circumire jussos pariter et a lateribus, et a fronte, et a tergo hosti ostendit. Menedemus undique inclusus, ne numero quidem par, diu

une longue résistance. Il criait sans cesse à ses soldats que, trompés par un terrain perfide, il ne leur restait plus que de chercher dans le sang ennemi la consolation de mourir avec gloire. Monté sur un coursier vigoureux, il s'était plusieurs fois élancé à bride abattue dans les rangs des Barbares, et en avait fait un carnage épouvantable; mais comme tous les traits étaient dirigés contre lui, épuisé bientôt par ses nombreuses blessures, il engagea un de ses amis, nommé Hypsidès, à monter à sa place et à prendre la fuite. Au milieu de ces paroles, la vie l'abandonna, et son corps roula à bas de son cheval sur la terre.

Hypsidès pouvait aisément s'échapper en fuyant; mais, après la perte de son ami, il aima mieux mourir, et n'eut plus qu'une seule pensée, celle de ne pas tomber sans vengeance. Pressant alors les flancs de son cheval, il se précipita au milieu des ennemis, et après des prodiges de valeur périt sous une grêle de traits. A cette vue, ceux qui avaient échappé au carnage se retranchent sur un tertre qui s'élevait à quelque hauteur au-dessus du champ de bataille; mais Spitamènes alla les assiéger, pour les contraindre à se rendre par la famine. Dans cette rencontre périrent deux mille fantassins et trois cents cavaliers. Alexandre, par des raisons de prudence, tint cette défaite cachée, menaçant de la mort ceux qui étaient revenus du combat, s'ils en publiaient les détails.

VIII. Las à la fin de montrer un visage en désaccord avec l'état de son âme, il se retira dans sa tente, placée à dessein sur le bord du fleuve. Là, pesant sans témoin les différentes

---

tamen restitit, clamitans, nihil aliud superesse locorum fraude deceptis, quam honestæ mortis solatium ex hostium cæde. Ipsum prævalens equus vehebat, quo sæpius in cuneos Barbarorum effusis habenis evectus, magna strage eos fuderat. Sed quum unum omnes peterent, multis vulneribus exsanguis Hypsiden quemdam ex amicis hortatus est, ut in equum suum ascenderet, et se fuga eriperet. Hæc agentem anima defecit, corpusque ex equo defluxit in terram.

Hypsides poterat quidem effugere; sed, amisso amico, mori statuit: una erat cura, ne inultus occideret. Itaque, subditis calcaribus equo, in medios hostes se immisit, et memorabili edita pugna obrutus telis est. Quod ubi videre, qui cædi supererant, tumulum paulo, quam cetera, editiorem capiunt: quos Spitamenes fame in deditionem subacturus obsedit. Cecidere eo prœlio peditum II millia, CCC equites. Quam cladem Alexander solerti consilio texit, morte denuntiata iis, qui ex prœlio venerant, si acta vulgassent.

VIII. Ceterum quum animo disparem vultum diutius ferre non posset, in tabernaculum super ripam fluminis de industria locatum secessit. Ibi sine arbitris singula

résolutions qui se succédaient dans son esprit, il veillait la nuit entière : souvent il levait les peaux de sa tente pour contempler les feux des ennemis, et juger par là du nombre de leurs guerriers. Déjà le jour paraissait, lorsque, revêtu de sa cuirasse, il se montra à ses soldats pour la première fois depuis sa dernière blessure. Ils portaient à leur roi une si grande vénération, que sa présence dissipa sans peine l'idée des périls qu'ils redoutaient. Pleins d'allégresse et versant des larmes de joie, ils le saluent de leurs hommages, et demandent à grands cris la guerre, à laquelle, peu auparavant, ils s'étaient refusés. Il leur déclare alors qu'il va transporter la phalange et sa cavalerie sur des radeaux, pendant que les troupes légères passeront à la nage sur des outres. Il n'était pas besoin d'en dire davantage, et sa santé même ne lui permettait pas un plus long discours.

Les soldats travaillèrent aux radeaux avec tant d'ardeur, qu'au bout de trois jours on en eut construit jusqu'à douze mille. Déjà tout était prêt pour le passage, lorsque vingt députés des Scythes entrèrent, selon l'usage de leur pays, à cheval dans le camp, et firent annoncer au roi qu'ils avaient une mission à remplir auprès de lui. Admis dans sa tente et invités à s'asseoir, leurs regards étaient fixés sur le visage d'Alexandre ; sans doute, pour des hommes accoutumés à juger la grandeur de l'âme par les proportions du corps, sa taille médiocre semblait mal répondre à sa renommée.

Les Scythes, au reste, n'ont pas, comme les autres Barbares,

---

animi consulta pensando, noctem vigiliis extraxit, sæpe pellibus tabernaculi allevatis, ut conspiceret hostium ignes, e quibus conjectare poterat, quanta hominum multitudo esset. Jamque lux apparebat, quum thoracem indutus procedit ad milites, tum primum post vulnus proxime acceptum. Tanta erat apud eos veneratio regis, ut facile periculi, quod horrebant, cogitationem præsentia ejus excuteret. Læti ergo, et manantibus præ gaudio lacrymis, consalutant eum, et, quod ante recusaverant, bellum feroces deposcunt. Ille, se ratibus equitem phalangemque transportaturum esse, pronuntiat; super utres jubet nare levius armatos. Plura nec dici res desideravit, nec rex dicere per valetudinem potuit.

Ceterum tanta alacritate militum rates junctæ sunt, ut in triduum ad xii millia effectæ sint. Jamque ad transeundum omnia aptaverant, quum legati Scytharum xx, more gentis per castra equis vecti, nuntiari jubent regi, velle ipsos ad eum mandata perferre. Admissi in tabernaculum, jussique considere, in vultu regis defixerant oculos; credo, quia magnitudine corporis animum æstimantibus modicus habitus haudquaquam famæ par videbatur.

Scythis autem non, ut ceteris Barbaris, rudis et inconditus sensus est : quidam

l'esprit grossier et sans culture : il en est, dit-on, parmi eux, qui ne sont pas étrangers à la sagesse, autant du moins qu'elle peut se rencontrer chez une nation toujours armée. Voici, d'après ce que l'on rapporte, comment ils parlèrent au roi. On trouvera peut-être leur éloquence bien étrangère à nos mœurs, qui ont l'avantage d'un temps et d'une civilisation plus éclairés; mais le mépris qu'on pourra faire de leur discours ne doit pas s'étendre à la fidélité de l'historien, qui recueille les traditions quelles qu'elles soient, sans les altérer. Il a donc été raconté que l'un d'eux, le plus avancé en âge, s'exprima en ces termes :

« Si les dieux eussent voulu égaler la grandeur de ton corps à l'avidité de ton esprit, l'univers ne te contiendrait pas : d'une main tu toucherais l'Orient, de l'autre l'Occident; et, parvenu à ce terme, tu voudrais savoir où vont se cacher les feux de l'astre puissant qui nous éclaire. Tel que tu es, tu désires ce que tu ne peux embrasser! De l'Europe tu vas en Asie, de l'Asie tu passes en Europe; et, lorsque enfin tu auras mis sous tes lois toute l'espèce humaine, tu iras sans doute faire la guerre aux forêts, aux neiges, aux fleuves et aux bêtes sauvages. Eh quoi! ignores-tu que les grands arbres sont longtemps à croître, et qu'une seule heure les déracine? Il n'y a qu'un fou qui en considère les fruits, sans en mesurer la hauteur. Prends garde, en cherchant à atteindre leur cime, de tomber avec les branches mêmes que tu auras saisies. Le lion lui-même a été quelquefois la pâture des plus chétifs oiseaux; et le fer a la rouille qui le dévore. Rien de si fort qui n'ait à craindre quelque danger de l'être le plus faible. Qu'y a-t-il

eorum sapientiam capere dicuntur, quantamcunque gens capit semper armata. Sicque locutos esse apud regem memoriæ proditum est : abhorrent forsitan moribus nostris, et tempora et ingenia cultiora sortitis; sed ut possit oratio eorum sperni, tamen fides nostra non debet; quæ, utcunque tradita sunt, incorrupta perferemus. Igitur unum ex his maximum natu ita locutum accepimus :

« Si dii habitum corporis tui aviditati animi parem esse voluissent, orbis te non caperet : altera manu Orientem, altera Occidentem contingeres ; et hoc assecutus, scire velles, ubi tanti numinis fulgor conderetur. Sic quoque concupiscis, quæ non capis : ab Europa petis Asiam; ex Asia transis in Europam : deinde, si humanum genus omne superaveris, cum silvis, et nivibus, et fluminibus, ferisque bestiis gesturus es bellum. Quid tu, ignoras arbores magnas diu crescere, una hora exstirpari? Stultus est, qui fructus earum spectat, altitudinem non metitur. Vide ne, dum ad cacumen pervenire contendis, cum ipsis ramis, quos comprehenderis, decidas. Leo quoque aliquando minimarum avium pabulum fuit; et ferrum rubigo consumit : nihil

entre toi et nous ? jamais nous n'avons mis le pied sur ton
territoire : dans les vastes forêts où nous vivons, ne nous est-il
pas permis d'ignorer qui tu es et d'où tu viens ? Nous ne pouvons être esclaves, pas plus que nous désirons être maîtres de
personne. Veux-tu connaître la nation des Scythes ? ce qu'elle
a reçu en partage se borne à un attelage de bœufs, une
charrue, une flèche, une lance et une coupe. Nous avons là
de quoi répondre à nos amis et à nos ennemis. A nos amis
nous donnons les biens que nous procure le travail de nos
bœufs ; la coupe nous sert à offrir avec eux des libations aux
dieux ; quant à nos ennemis, nous les combattons de loin
avec la flèche, de près avec la lance. Ainsi nous avons vaincu
le roi de Syrie, et ensuite ceux des Perses et des Mèdes ; ainsi
nous nous sommes frayé un chemin jusqu'en Égypte.

« Mais toi, qui te vantes de venir poursuivre des brigands,
pour toutes les nations que tu as visitées, qu'es-tu autre chose
qu'un brigand ? Tu as enlevé la Lydie, tu t'es emparé de la
Syrie, tu occupes la Perse, tu es maître de la Bactriane, tu as
pénétré dans les Indes ; et voilà que tu étends jusque sur nos
troupeaux tes mains avides et inquiètes. Qu'as-tu besoin de
richesses, qui ne font que te rendre plus affamé ? Tu es le
premier chez qui la faim soit née de la satiété ; plus tu possèdes, plus tu convoites ardemment ce que tu ne possèdes
pas.

« As-tu donc oublié depuis combien de temps tu es arrêté
à la conquête de la Bactriane ? Tandis que tu la soumets, les
Sogdiens ont commencé à prendre les armes : la guerre naît

---

tam firmum est, cui periculum non sit etiam ab invalido. Quid nobis tecum est ?
nunquam terram tuam attigimus. Qui sis, unde venias, licetne ignorare in vastis
silvis viventibus ? nec servire ulli possumus ; nec imperare desideramus. Dona nobis
data sunt, ne Scytharum gentem ignores, jugum boum, aratrum, hasta, sagitta et
patera : his utimur et cum amicis, et adversus inimicos. Fruges amicis damus boum
labore quæsitas ; patera, cum his vinum diis libamus ; inimicos sagitta eminus, hasta
cominus petimus : sic Syriæ regem, et postea Persarum Medorumque superavimus,
patuitque nobis iter usque in Ægyptum.

« At tu, qui te gloriaris ad latrones persequendos venire, omnium gentium, quas
adisti, latro es. Lydiam cepisti, Syriam occupasti, Persidem tenes, Bactrianos habes
in potestate, Indos petisti ; jam etiam ad pecora nostra avaras et instabiles manus
porrigis. Quid tibi divitiis opus est, quæ te esurire cogunt ? primus omnium satietate
parasti famem ; ut, quo plura haberes, acrius, quæ non habes, cuperes.

« Non succurrit tibi, quam diu circum Bactra hæreas ? dum illos subigis, Sogdiani
bellare cœperunt ; bellum tibi ex victoria nascitur : nam, ut major fortiorque sis

pour toi de la victoire : car tu as beau être le plus grand et le plus puissant des hommes, personne ne veut souffrir un étranger pour maître. Passe seulement le Tanaïs, tu sauras jusqu'où s'étendent nos contrées; jamais cependant tu n'atteindras les Scythes : notre pauvreté sera plus agile que ton armée, chargée du butin de tant de nations. Au moment où tu nous croiras le plus éloignés, tu nous verras dans ton camp : nous poursuivons et fuyons avec la même rapidité. J'entends dire que les solitudes de la Scythie ont même passé en proverbe chez les Grecs : pour nous, les lieux déserts et étrangers à la culture humaine ont plus de charmes que les villes et les campagnes.

« Ainsi donc serre bien étroitement entre tes mains ta fortune; elle est glissante, et l'on ne saurait la retenir malgré elle. L'avenir, mieux que le temps présent, te fera connaître la sagesse de ce conseil. Mets un frein à ta prospérité, tu ne l'en gouverneras que mieux. On dit, chez nous, que la fortune est sans pieds, qu'elle n'a que des mains et des ailes : lorsqu'elle présente les mains, elle ne permet pas que ses ailes soient en même temps saisies. Enfin, si tu es un dieu, tu dois répandre des bienfaits sur les mortels, et non leur enlever ce qu'ils possèdent; si tu n'es qu'un homme, songe toujours à ce que tu es, et ne crois pas être autre chose. C'est folie de te nourrir de pensées qui te forcent à t'oublier toi-même. Ceux à qui tu n'auras point porté la guerre pourront être pour toi des amis fidèles : car c'est entre égaux que l'amitié est la plus solide, et il y a égalité tant que l'on n'a pas fait un mutuel essai de ses forces. Ceux que tu auras vaincus, garde-toi de

---

quam quisquam, tamen alienigenam dominum pati nemo vult. Transi modo Tanaim : scies, quam late pateant; nunquam tamen consequeris Scythas : paupertas nostra velocior erit quam exercitus tuus, qui prædam tot nationum vehit. Rursus, quum procul abesse nos credes, videbis in tuis castris; eadem velocitate et sequimur, et fugimus. Scytharum solitudines græcis etiam proverbiis audio eludi; at nos deserta, et humano cultu vacua, magis quam urbes et opulentos agros sequimur.

« Proinde fortunam tuam pressis manibus tene : lubrica est, nec invita teneri potest. Salubre consilium sequens, quam præsens tempus, ostendet melius : impone felicitati tuæ frenos; facilius illam reges. Nostri sine pedibus dicunt esse fortunam, quæ manus et pennas tantum habet; quum manus porrigit, pennas quoque comprehendere non sinit. Denique, si deus es, tribuere mortalibus beneficia debes, non sua eripere : sin autem homo es, id quod es, semper esse te, cogita : stultum est eorum meminisse, propter quæ tui obliviscaris. Quibus bellum non intuleris, bonis amicis poteris uti : nam et firmissima est inter pares amicitia; et videntur pares,

les prendre pour tes amis : entre le maître et l'esclave nulle amitié n'est possible ; même au sein de la paix subsistent les droits de la guerre.

« Et ne crois pas que les Scythes sanctionnent par le serment leur alliance : garder leur foi, c'est là pour eux le serment. Ces précautions sont bonnes pour les Grecs, qui apposent un sceau à leurs actes et invoquent le témoignage des dieux : la religion, c'est dans la fidélité même à nos engagements que nous la plaçons. Qui ne respecte pas les hommes, trompe les dieux. Et tu n'as pas besoin d'un ami dont la bienveillance te serait suspecte. Au reste, tu trouveras en nous des sentinelles placées à la porte de l'Asie et de l'Europe : sauf le Tanaïs qui nous en sépare, nous touchons à la Bactriane ; au delà du Tanaïs nous étendons nos demeures jusqu'à la Thrace, et la Thrace, dit-on, confine à la Macédoine. Voisins de tes deux empires, c'est à toi de voir si tu nous veux pour ennemis ou pour amis. » Ainsi parla le Barbare.

IX. Le roi leur répondit qu'il s'en rapporterait à sa fortune et à leurs conseils : à sa fortune, pour prendre confiance en elle ; à leurs conseils, pour ne rien faire de téméraire et de hasardeux. Les ayant ensuite congédiés, il embarqua son armée sur les radeaux qu'il avait fait construire. A la proue, il avait placé une troupe armée de boucliers, avec ordre de se tenir à genoux pour se mieux garantir de l'atteinte des flèches. Derrière, étaient ceux qui devaient faire jouer les machines, protégés par devant et sur les côtés par des soldats ; le reste, qui avait pris rang en arrière des machines, mettait à couvert

---

qui non fecerunt inter se periculum virium. Quos viceris, amicos tibi esse, cave credas : inter dominum et servum nulla amicitia est; etiam in pace belli tamen jura servantur.

« Jurando gratiam Scythas sancire, ne credideris; colendo fidem, jurant. Græcorum ista cautio est, qui acta consignant, et deos invocant ; nos religionem in ipsa fide novimus : qui non reverentur homines, fallunt deos. Nec tibi amico opus est, de cujus benevolentia dubites. Ceterum nos et Asiæ et Europæ custodes habebis : Bactra, nisi dividat Tanais, contingimus ; ultra Tanaim usque ad Thraciam colimus; Thraciæ Macedoniam conjunctam esse fama est : utrique imperio tuo finitimos, hostes an amicos velis esse, considera. » Hæc Barbarus.

IX. Contra rex fortuna sua, et consiliis eorum se usurum esse respondet ; nam et fortunam, cui confidat, et consilium suadentium, ne quid temere et audacter faciat, secuturum ; dimissisque legatis, in præparatas rates exercitum imposuit : in proris clypeatos locaverat, jussos in genua subsidere, quo tutiores essent adversus ictus sagittarum. Post hos, qui tormenta intenderent, stabant; et ab utroque latere,

les rameurs, revêtus eux-mêmes de cuirasses, sous leurs boucliers réunis en tortue. Le même ordre avait été observé sur les radeaux qui portaient la cavalerie : la plus grande partie tenaient par la bride leurs chevaux, qui nageaient derrière la poupe; quant aux autres, qui se soutenaient sur des outres remplies de paille, les radeaux qui manœuvraient devant eux leur servaient de défense.

Le roi, avec la troupe d'élite qui l'accompagnait, mit le premier son radeau en mouvement, et commanda que l'on gouvernât vers l'autre rive; mais en face de lui étaient les Scythes, avec leur cavalerie, dont les rangs s'étaient avancés jusque sur le bord du fleuve, de manière à empêcher les radeaux de toucher même la terre. Troublés à l'aspect de cette armée qui dominait les rives du fleuve, les Macédoniens avaient encore un autre grand sujet de terreur : entraînés par le courant, les hommes placés au gouvernail ne pouvaient assurer leur marche, pendant que de leur côté les soldats chancelants, et craignant d'être renversés, troublaient les manœuvres de l'équipage. Avec tous leurs efforts, ils étaient même incapables de lancer leurs traits, plus occupés du soin de garder leur équilibre que de faire du mal à l'ennemi. Ce furent les machines qui les sauvèrent, les traits qu'elles faisaient pleuvoir allant donner contre des escadrons serrés et qui se jetaient témérairement au-devant des coups, ne restèrent pas sans effet. Les Barbares, de leur côté, envoyèrent une grêle de flèches sur les radeaux; et à peine y eut-il un bouclier qui ne fût percé en plusieurs endroits.

et a fronte circumdati armatis : reliqui, qui post tormenta constiterant, remigem lorica indutum scutorum testudine armati protegebant. Idem ordo in illis quoque ratibus, quæ equitem vehebant, servatus est : major pars a puppe nantes equos loris trahebat; at illos, quos utres stramento repleti vehebant, objectæ rates tuebantur.

Ipse rex cum delectis primus ratem solvit, et in ripam dirigi jussit : cui Scythæ admotos ordines equitum in primo ripæ margine opponunt, ut ne applicari quidem terræ rates possent. Ceterum præter hanc speciem ripis præsidentis exercitus, ingens navigantes terror invaserat : namque cursum gubernatores, quum obliquo flumine impellerentur, regere non poterant; vacillantesque milites, et ne excuterentur solliciti, nautarum ministeria turbaverant. Ne tela quidem conati nixu vibrare poterant; quum prior standi sine periculo, quam hostem incessendi, cura esset : tormenta saluti fuerunt; quibus in confertos ac temere se offerentes haud frustra excussa sunt tela. Barbari quoque ingentem vim sagittarum infudere ratibus; vixque ullum fuit scutum, quod non pluribus simul spiculis perforaretur.

Déjà les radeaux touchaient la terre, lorsque la troupe, armée de boucliers, se lève tout ensemble, et, libre alors dans ses mouvements, lance ses javelots d'une main assurée. Les chevaux effrayés reculent; pleins d'ardeur à cette vue, ils s'encouragent mutuellement et s'élancent à terre. Le trouble était dans les rangs des Barbares; ils les chargèrent avec vigueur, tandis que ceux des cavaliers qui avaient leurs chevaux bridés, achevaient de rompre la ligne de l'ennemi. Le reste de l'armée macédonienne, à couvert derrière les troupes engagées, se préparait pendant ce temps au combat. Le roi lui-même suppléait par l'énergie de son âme à ce qui manquait encore de forces à son corps malade. Sa voix, qui les exhortait, ne pouvait se faire entendre, à cause de la cicatrice non encore fermée de sa tête; mais tous le voyaient combattre. Aussi faisaient-ils eux-mêmes les fonctions de chefs; et, s'animant les uns les autres, sans prendre nul soin de leur vie, ils se précipitèrent contre l'ennemi.

Il fut alors impossible aux Barbares de soutenir le regard, ni le cri, ni les armes des Macédoniens; il n'y avait parmi eux que de la cavalerie, et tous prirent la fuite à bride abattue. Le roi, quoique incapable de supporter les souffrances de son corps affaibli, s'obstina néanmoins à les poursuivre l'espace de quatre-vingts stades. Se sentant à la fin défaillir, il ordonna aux siens de s'attacher à la poursuite des fuyards, tant qu'il leur resterait un peu de jour. Pour lui, les forces même de son esprit étant épuisées, il rentra dans le camp et y demeura. Déjà avaient été dépassées les bornes de Bacchus, marquées

---

Jamque terræ rates applicabantur, quum acies clypeata consurgit, et hastas certo ictu, utpote libero nixu, mittit e ratibus; et ut territos recipientesque equos videre, alacres et mutua adhortatio in terram desiliere. Turbatis acriter pedem inferre cœperunt : equitum deinde turmæ, quæ frenatos habebant equos, perfregere Barbarorum aciem. Interim ceteri agmine dimicantium tecti aptavere se pugnæ. Ipse rex, quod vigoris, ægro adhuc corpore, deerat, animi firmitate supplebat : vox adhortantis non poterat audiri, nondum bene obducta cicatrice cervicis; sed dimicantem cuncti videbant. Itaque ipsi quidem ducum fungebantur officio; aliusque alium adhortati in hostem salutis immemores ruere cœperunt.

Tum vero non ora, non arma, non clamorem hostium Barbari tolerare potuerunt; omnesque effusis habenis (namque equestris acies erat) capessunt fugam : quos rex, quanquam vexationem invalidi corporis pati non poterat, per LXXX tamen stadia insequi perseveravit. Jamque linquente animo suis præcepit, ut, donec lucis aliquid superesset, fugientium tergis inhærerent: ipse, exhaustis etiam animi viribus, in castra se recepit, reliquum substitit. Transierant jam Liberi patris terminos; quorum

par des pierres placées de distance en distance, et par de grands arbres dont les troncs étaient couverts de lierre; mais la fureur emporta plus loin les Macédoniens, et ils ne revinrent au camp que vers le milieu de la nuit, après avoir tué un grand nombre d'ennemis et en avoir pris davantage. Ils ramenèrent en outre avec eux dix-huit cents chevaux: leur perte se monta à soixante cavaliers et environ cent hommes d'infanterie; les blessés furent au nombre de mille.

Cette expédition, par la renommée d'une victoire remportée si à propos, remit sous le joug l'Asie en grande partie révoltée. On regardait les Scythes comme invincibles; en les voyant défaits, on reconnut qu'aucune nation n'était capable de résister aux armes macédoniennes. Aussi les Saces envoyèrent-ils une députation, chargée d'apporter au roi leur soumission. Ce qui les y déterminait, c'était moins peut-être la valeur du prince, que sa clémence envers les Scythes après la victoire. Il leur avait en effet renvoyé tous leurs prisonniers sans rançon, pour montrer qu'avec le peuple le plus belliqueux de l'Asie, il n'avait point combattu par haine, mais avait disputé le prix du courage.

Ayant donc reçu avec bonté les députés des Saces, il les fit accompagner par Excipinus, jeune homme qui avait gagné sa faveur par les grâces de son âge, égal en beauté à Héphestion, quoiqu'il fût loin d'avoir sa mâle prestance. Pour lui, laissant l'ordre à Cratère de le suivre à petites journées avec la plus grande partie de l'armée, il se rendit à Maracande. Spitamènes, à la nouvelle de son arrivée, avait quitté cette ville et

---

monumenta lapides erant crebris intervallis dispositi, arboresque procerae, quarum stipites hedera contexerat. Sed Macedonas ira longius provexit; quippe media fere nocte in castra redierunt, multis interfectis, pluribus captis, equosque MDCCC abegere: ceciderunt autem Macedonum equites LX, pedites C fere; mille saucii fuerunt.

Hæc expeditio deficientem magna ex parte Asiam fama tam opportunæ victoriæ domuit: invictos Scythas esse crediderant; quibus fractis nullam gentem Macedonum armis parem fore confitebantur. Itaque Sacæ misere legatos, qui pollicerentur, gentem imperata facturam. Moverat eos regis non virtus magis, quam clementia in devictos Scythas: quippe captivos omnes sine pretio remiserat, ut fidem faceret, sibi cum ferocissimis gentium de fortitudine, non de ira fuisse certamen.

Benigne igitur exceptis Sacarum legatis, comitem Excipinum dedit, admodum juvenem, ætatis flore conciliatum sibi; qui quum specie corporis æquaret Hephæstionem, ei lepore haud sane virili par non erat. Ipse, Cratero cum majore parte exercitus modicis itineribus sequi jusso, ad Maracanda urbem pervenit; ex qua Spi-

s'était réfugié à Bactres. Après avoir parcouru en quatre jours une grande étendue de pays, le roi parvint au lieu où avaient péri les deux mille fantassins et les trois cents chevaux confiés au commandement de Ménédème : il fit mettre leurs ossements dans la tombe et paya à leurs mânes le tribut accoutumé des honneurs funèbres. Déjà Cratère, qui avait l'ordre de marcher derrière avec la phalange, avait rejoint le roi. Pour faire alors peser également les maux de la guerre sur tous ceux qui avaient pris part à la révolte, il divisa ses troupes, et donna l'ordre de brûler les campagnes et de mettre à mort tout ce qui était dans l'âge de l'adolescence.

X. La Sogdiane est une contrée presque partout déserte : de vastes solitudes y occupent en largeur près de huit cents stades. Un espace considérable de pays est traversé en droite ligne par un fleuve, que les habitants ont nommé Polytimétus, et qui coule avec la rapidité d'un torrent. Resserré par ses rives en un lit étroit, il entre ensuite dans une caverne et se précipite sous terre. Là, son invisible cours n'est indiqué que par le bruit de ses eaux ; car le sol sous lequel roule un si grand fleuve n'exhale pas la moindre humidité.

Trente prisonniers sogdiens de distinction, tous remarquables par la rare vigueur de leur corps, avaient été amenés devant Alexandre. Ayant appris de la bouche d'un interprète, que, par l'ordre du roi, on les traînait au supplice, ils se mirent à entonner un chant d'allégresse, et à témoigner, par des danses et des gestes extravagants, la joie de leurs cœurs. Le roi, étonné

---

tamenes, cognito ejus adventu, Bactra perfugerat. Itaque quatriduo rex longum itineris spatium emensus, pervenerat in eum locum, in quo, Menedemo duce, ii millia peditum, et ccc equites amiserat : horum ossa tumulo contegi jussit, et inferias more patrio dedit. Jam Craterus, cum phalange subsequi jussus, ad regem pervenerat : itaque ut omnes, qui defecerant, pariter belli clade premerentur, copias dividit ; urique agros, et interfici puberes jussit.

X. Sogdiana regio majori ex parte deserta est : octingenta fere stadia in latitudinem vastæ solitudines tenent. Ingens spatium rectæ regionis est, per quam amnis, Polytimetum vocant incolæ, fertur torrens : eum ripæ in tenuem alveum cogunt ; deinde caverna accipit, et sub terram rapit. Cursus absconditi indicium est aquæ meantis sonus ; quum ipsum solum, sub quo tantus amnis fluit, ne modico quidem resudet humore.

Ex captivis Sogdianorum ad regem xxx nobilissimi, corporum robore eximio, perducti erant ; qui ut per interpretem cognoverunt, jussu regis ipsos ad supplicium trahi, carmen lætantium more canere, tripudiisque et lasciviori corporis motu gaudium quoddam animi ostentare cœperunt. Admiratus rex, tanta magnitudine animi

du courage avec lequel ils marchaient à la mort, les fit rappeler, et leur demanda d'où leur venaient ces transports de joie, lorsqu'ils avaient le supplice devant les yeux. Ils répondirent que, si un autre les eût fait périr, ils seraient morts tristes ; mais que, rendus à leurs ancêtres par un si grand roi, vainqueur de toutes les nations, ils allaient jouir d'une mort honorable, objet des vœux de tout homme de cœur, et qu'ils la célébraient par des chants à leur manière et par des témoignages d'allégresse. « Eh bien ! donc, leur dit Alexandre, me promettez-vous de vivre sans haine pour moi, si vous vivez par un bienfait de ma clémence ? » Ils répliquèrent qu'ils n'avaient jamais eu de haine pour lui ; mais que, provoqués à la guerre, ils avaient été ses ennemis. Que si on les avait mis à l'épreuve par des bienfaits plutôt que par des outrages, ils eussent essayé de ne pas se laisser vaincre en bons procédés. Et comme il leur demandait quel gage ils comptaient lui donner de leur fidélité : « La vie que nous avons reçue de toi sera ce gage, répondirent-ils ; nous serons prêts à te la rendre quand tu nous la redemanderas. » Et ils tinrent leur promesse. Ceux qui s'en retournèrent dans leurs demeures maintinrent leurs concitoyens dans l'obéissance ; et les quatre qui restèrent pour prendre leur place parmi les gardes de la personne royale, ne le cédèrent à aucun des Macédoniens en dévouement pour Alexandre. Après avoir laissé Peucolaüs dans la Sogdiane avec trois mille hommes d'infanterie, car une plus forte garnison n'était pas nécessaire, il se rendit à Bactres : de là, il fit conduire Bessus à Ecbatane, pour lui faire payer de sa tête le meurtre de Darius.

oppetere mortem, revocari eos jussit, causam tam effusæ lætitiæ, quum supplicium ante oculos haberent, requirens. Illi, si ab alio occiderentur, tristes morituros fuisse, respondent ; nunc a tanto rege, victore omnium gentium, majoribus suis redditos, honestam mortem, quam fortes viri voto quoque expeterent, carminibus sui moris lætitiaque celebrare. Tum rex : « Quæro itaque, inquit, an vivere velitis non inimici mihi, cujus beneficio victuri estis ? » Illi nunquam se inimicos ei ; sed bello lacessitos, hostes fuisse respondent : se quis ipsos beneficio, quam injuria experiri maluisset, certaturos fuisse, ne vincerentur officio. Interrogantique, quo pignore fidem obligaturi essent, vitam, quam acciperent, pignori futuram esse dixerunt : reddituros, quandoque repetisset. Nec promissum fefellerunt, nam, qui remissi domos ierant, in fide continuere populares ; quatuor, inter custodes corporis retenti, nulli Macedonum in regem caritate cesserunt. In Sogdianis Peucolao cum tribus millibus peditum (neque enim majori præsidio indigebat), relicto, Bactra pervenit : inde Bessum Ecbatana duci jussit, interfecto Dario pœnas capite persoluturum.

Ptolémée et Ménidas, vers le même temps, amenèrent au roi trois mille fantassins et mille chevaux de troupes mercenaires. Alexandre arriva de la Lycie avec un nombre égal de fantassins et cinq cents chevaux : il en vint autant de la Syrie, sous la conduite d'Asclépiodore ; et Antipater avait envoyé huit mille Grecs, parmi lesquels cinq cents hommes de cavalerie. Avec son armée ainsi recrutée, le roi se mit en marche pour rétablir le calme aux lieux troublés par la révolte ; et, après avoir puni de mort les auteurs du soulèvement, il arriva en quatre jours sur les bords de l'Oxus. Ce fleuve roule une grande quantité de limon, ce qui fait qu'il est toujours trouble et que l'eau en est malsaine. Les soldats se mirent donc à creuser des puits ; mais, quoique l'on fût entré dans la terre à une grande profondeur, on ne trouvait point d'eau, lorsque soudain dans la tente même du roi on découvrit une source. Comme elle n'avait été que tardivement reconnue, on prétendit qu'elle avait jailli tout à coup ; et le roi lui-même voulut faire croire que c'était le bienfait d'un dieu.

Ayant ensuite passé l'Ochus et l'Oxus, il arrive devant la ville de Marginie : on choisit dans les environs l'emplacement convenable pour bâtir six forteresses. Deux furent tournées du côté du Midi, et quatre du côté de l'Orient : elles étaient à peu de distance les unes des autres, pour n'avoir pas à chercher trop loin les secours qu'elles devaient se prêter. Toutes furent placées sur des collines élevées : c'était alors comme un frein pour les peuples conquis ; aujourd'hui elles ont oublié leur

---

Iisdem fere diebus Ptolemæus et Menidas peditum tria millia, et equites mille adduxerunt mercede militaturos. Alexander quoque ex Lycia cum pari numero peditum, et ᴅ equitibus venit : totidem e Syria Asclepiodorum sequebautur ; Antipater Græcorum vııı millia, in queis ᴅ equites erant, miserat. Itaque exercitu aucto, ad ea, quæ defectione turbata erant, componenda processit, interfectisque consternationis auctoribus, quarto die ad flumen Oxum perventum est : hic, quia limum vehit, turbidus semper, et insalubris est potu. Itaque puteos miles cœperat fodere ; nec tamen humo alte egesta exsistebat humor, quum in ipso tabernaculo regis conspectus est fons, quem, quia tarde notaverant, subito exstitisse finxerunt ; rexque ipse credi voluit donum dei id fuisse.

Superatis deinde amnibus Ocho et Oxo, ad urbem Marginiam pervenit : circa eam sex oppidi scondendis electa sedes est. Duo ad meridiem versa ; quatuor, spectantia orientem, modicis inter se spatiis distabant, ne procul repetendum esset mutuum auxilium. Hæc omnia sita sunt in editis collibus : tum velut freni domitarum gen-

origine et dépendent de ceux à qui elles ont commandé. Tout le pays se trouva ainsi pacifié.

XI. Un seul rocher restait occupé par le Sogdien Arimazes avec trente mille soldats et des provisions de vivres suffisantes pour nourrir un si grand nombre d'hommes, même pendant deux ans. Ce rocher a trente stades de hauteur sur cent cinquante de circuit ; taillé à pic et partout également escarpé, il n'est accessible que par un étroit sentier. A mi-côte se trouve une caverne dont l'entrée est étroite et obscure ; mais, à mesure qu'on avance, elle s'élargit insensiblement : au fond même elle offre de vastes retraites. Des sources l'arrosent dans presque toute son étendue, et leurs eaux réunies forment un fleuve qui s'écoule le long des flancs de la montagne.

Le roi, après avoir reconnu les difficultés du lieu, avait résolu de passer outre ; mais bientôt le désir lui vint de dompter la nature même. Toutefois, avant de courir les hasards d'un siége, il envoya aux Barbares Cophas, fils d'Artabaze, pour leur persuader de rendre la place. Arimazes, se fiant à sa position, lui répondit par une foule de paroles hautaines, et finit en demandant si Alexandre pouvait voler. Ces mots, rapportés au roi, le piquèrent au vif, et appelant auprès de lui ceux qu'il admettait d'ordinaire à ses conseils, il leur fit connaître l'insolence du Barbare, qui osait les railler parce qu'ils n'avaient point d'ailes. Mais, ajoutait-il, il comptait, dès la nuit suivante, le convaincre que les Macédoniens savaient, au besoin, voler. « Amenez-moi, dit-il, trois cents jeunes gens des

---

tium ; nunc originis suæ oblita serviunt, quibus imperaverunt. Et cetera quidem pacaverat rex.

XI. Una erat petra, quam Arimazes Sogdianus cum xxx millibus armatorum obtinebat, alimentis ante congestis, quæ tantæ multitudini vel per biennium suppeterent. Petra in altitudinem xxx eminet stadia ; circumitu c et L complectitur : undique abscissa et abrupta, semita perangusta aditur. In medio altitudinis spatio habet specum, cujus os arctum et obscurum est ; paulatim deinde ulteriora panduntur ; ultima etiam altos recessus habent : fontes per totum fere specum manant ; e quibus collatæ aquæ per prona montis flumen emittunt.

Rex, loci difficultate spectata, statuerat inde abire : cupido deinde incessit animo, naturam quoque fatigandi. Prius tamen, quam fortunam obsidionis experiretur, Cophan (Artabazi hic filius erat) misit ad Barbaros, qui suaderet, ut dederent rupem. Arimazes, loco fretus, superbe multa respondit : ad ultimum, an Alexander volare possit, interrogat. Quæ nuntiata regi sic accendere animum, ut adhibitis, cum quibus consultare erat solitus, indicaret insolentiam Barbari, eludentis ipsos, quia pennas non haberent : se autem proxima nocte effecturum, ut crederet Macedones

plus agiles, choisis dans les corps que chacun de vous commande, et qui tous aient été habitués à conduire chez eux les troupeaux à travers des sentiers et des rochers presque impraticables. »

Aussitôt lui sont amenés les hommes qu'il demandait, également remarquables par l'agilité de leurs corps et l'ardeur de leur esprit. « C'est avec vous, leur dit-il, en se tournant vers eux, c'est avec vous, jeunes gens, mes compagnons d'âge, que j'ai franchi les remparts d'une foule de villes auparavant inexpugnables; avec vous que j'ai gravi des montagnes chargées de neiges éternelles; que j'ai pénétré dans les gorges de la Cilicie; que j'ai supporté, sans en être abattu, les froids rigoureux de l'Inde. Vous avez appris à me connaître, comme aussi je vous connais moi-même. Ce rocher que vous voyez n'est accessible que d'un seul côté, et c'est là que se sont postés les Barbares : le reste est abandonné; il n'y a d'autres sentinelles que celles qui font face à notre camp. Vous trouverez un passage, si vous savez adroitement reconnaître tous les abords qui mènent au sommet : la nature n'a rien placé si haut que le courage ne puisse y atteindre. C'est pour avoir tenté ce qui a fait le désespoir des autres, que nous sommes devenus les maîtres de l'Asie. Gagnez le sommet; lorsque vous y serez parvenus, des pavillons blancs que vous agiterez m'en donneront le signal. J'approcherai alors avec nos troupes, et j'attirerai sur moi l'effort de l'ennemi tourné contre vous. Celui qui aura le premier touché à la cime aura dix talents de récompense; le second arrivé en aura un de moins, et la même proportion sera observée jusqu'au dixième. Mais,

---

etiam volare. « Trecentos, inquit, pernicissimos juvenes, ex suis quisque copiis, perducite ad me, qui per calles et pæne invias rupes domi pecora agere consueverint. »

Illi præstantes et levitate corporum et ardore animorum strenue adducunt; quos intuens rex : « Vobiscum, inquit, o juvenes, et mei æquales, urbium invictarum ante munimenta superavi; montium juga perenni nive obruta emensus sum; angustias Ciliciæ intravi; Indiæ sine lassitudine vim frigoris sum perpessus; et mei documenta vobis dedi, et vestri habeo. Petra, quam videtis, unum aditum habet, quem Barbari obsident; cetera negligunt : nullæ vigiliæ sunt, nisi quæ castra nostra spectant. Invenietis viam, si solerter rimati fueritis aditus ferentis ad cacumen : nihil tam alte natura constituit, quo virtus non possit eniti. Experiendo, quæ ceteri desperaverunt, Asiam habemus in potestate. Evadite in cacumen; quod quum ceperitis, candidis velis signum mihi dabitis : ego copiis admotis hostem in nos a vobis convertam. Præmium erit ei, qui primus occupaverit verticem, talenta x : uno minus accipiet,

j'en suis convaincu, mes largesses ont moins de prix pour vous que ma bienveillance. »

A voir l'enthousiasme qu'ils montrèrent en entendant le roi, on eût crû qu'ils étaient déjà au sommet de la montagne. Il les congédia, et leur occupation fut de se procurer de grosses cordes avec des coins de fer pour enfoncer entre les pierres. Le roi, après avoir fait le tour du rocher, leur désigna l'endroit où le chemin semblait le moins rude et le moins escarpé, et, à la seconde veille, leur ordonna de se mettre en marche, en leur souhaitant un heureux succès. Pourvus de vivres pour deux jours et armés seulement de leurs épées et de leurs piques, ils commencèrent à monter. D'abord ils ne s'aidèrent que leurs pieds; mais, quand ils furent parvenus aux endroits escarpés, les uns se hissèrent en embrassant de leurs mains les pointes saillantes des rochers; les autres grimpèrent à l'aide de leurs cordes attachées en nœud coulant, et de leurs coins qu'ils fichaient entre les pierres pour y appuyer de moment en moment leurs pas. Ils passèrent ainsi le jour entier entre la crainte et la fatigue. Après de si pénibles efforts, le plus rude leur restait encore à faire, et la hauteur du rocher semblait s'accroître. C'était un triste spectacle de voir les malheureux, sous qui se dérobaient leurs pieds chancelants, rouler du haut en bas, et offrir à leurs compagnons l'image du sort cruel qui les attendait eux-mêmes.

Cependant, à travers ces difficultés, ils arrivèrent enfin au sommet de la montagne, tous accablés par la fatigue d'un effort aussi continu, quelques-uns privés d'une partie de leurs

---

qui proximus ei venerit; eademque ad decem homines servabitur portio : certum autem habeo, vos non tam liberalitatem intueri meam, quam voluntatem. »

His animis regem audierunt, ut jam cepisse verticem viderentur : dimissique ferreos cuneos, quos inter saxa defigerent, validosque funes parabant. Rex circumvectus petram, qua minime asper ac præruptus aditus videbatur, secunda vigilia, quod bene verteret, ingredi jubet. Illi, alimentis in biduum sumptis, gladiis modo atque hastis armati subire cœperunt. Ac primo pedibus ingressi sunt : deinde, ut in prærupta perventum est, alii manibus eminentia saxa complexi levavere semet, alii adjectis funium laqueis evasere, quum cuneos inter saxa defigerent, gradus subinde queis insisterent. Diem inter metum laboremque consumpserunt. Per aspera enixis duriora restabant, et crescere altitudo petræ videbatur : illa vero miserabilis erat facies, quum ii, quos instabilis gradus fefellerat, ex præcipiti devolverentur; mox eadem in se patienda alieni casus ostendebat exemplum.

Per has tamen difficultates enituntur in verticem montis : omnes fatigatione continuati laboris affecti; quidam mulctati parte membrorum : pariterque eos et nox et

membres : la nuit et le sommeil vinrent en même temps les surprendre. Étendus çà et là au milieu des précipices et sur les pointes aiguës des rochers, oubliant le danger qui les menaçait, ils reposèrent jusqu'au jour. A la fin, ils sortirent de ce profond sommeil, et, comme ils tâchaient de découvrir, parmi l'enfoncement des vallées qui étaient à leurs pieds, où pouvait être enfermé un nombre d'ennemis aussi considérable, ils remarquèrent de la fumée qui sortait d'une caverne située au-dessous d'eux. Ils comprirent que c'était là la retraite de l'ennemi, et s'empressèrent de placer au bout de leurs piques le signal convenu. C'est alors qu'ils reconnurent que, de leur détachement, trente-deux hommes avaient péri dans la montée.

Le roi, qui n'éprouvait pas plus de désir d'être maître de la place, que d'inquiétude sur le sort des hommes qu'il avait envoyés à un danger si manifeste, demeura tout le jour les yeux fixés sur le sommet de la montagne : ce ne fut qu'à la nuit, lorsque l'obscurité fut venue tout dérober à ses regards, qu'il se retira pour prendre quelques repos. Le lendemain, quand la clarté du jour était encore douteuse, il vit flotter le premier les signaux qui annonçaient que le sommet de la montagne était occupé; mais il doutait si ses yeux ne le trompaient pas, à l'aspect changeant du ciel, qui tantôt laissait échapper quelques rayons du jour, tantôt se couvrait de nuages. Mais, lorsqu'une lumière plus transparente vint éclairer l'horizon, il ne lui resta plus aucun doute. Appelant alors Cophas, dont il s'était servi auprès des Barbares afin de sonder leurs dispositions, il le leur envoie de nouveau pour leur conseiller de prendre

somnus oppressit. Stratis passim corporibus in inviis et in asperis saxorum, periculi instantis obliti, in lucem quieverunt : tandemque velut ex alto sopore excitati, occultas subjectasque ipsis valles rimantes, ignari, in qua parte petræ tanta vis hostium condita esset, fumum specus infra se ipsos evolutum notaverunt. Ex quo intellectum est, illam hostium latebram esse : itaque hastis imposuere, quod convenerat, signum ; totoque e numero duos et xxx in ascensu interiisse cognoscunt.

Rex, non cupidine magis potiundi loci quam vicem eorum, quos ad tam manifestum periculum miserat, sollicitus, toto die cacumina montis intuens restitit; noctu demum, quum obscuritas conspectum oculorum ademisset, ad curandum corpus recessit. Postero die nondum satis clara luce primus vela, signum capti verticis, conspexit : sed ne falleretur acies, dubitare cogebat varietas cœli, nunc internitente lucis fulgore, nunc condito. Verum ut liquidior lux apparuit cœlo, dubitatio exempta est; vocatumque Cophan, per quem Barbarorum animos tentaverat, mittit ad eos,

cette fois du moins une plus sage résolution : que si, toujours confiants en leur position, ils persistaient dans leur refus, il n'avait qu'à leur montrer derrière eux ses soldats, maîtres du sommet de la montagne.

Cophas, quand on l'eut introduit, commença à engager Arimaze à livrer sa forteresse, lui promettant les bonnes grâces du roi s'il ne le contraignait pas, dans le cours de ses vastes projets, de s'arrêter au siége d'un seul rocher. Arimaze, plus fier encore et plus superbe qu'auparavant dans son langage, ordonne à Cophas de se retirer. Mais celui-ci, prenant le Barbare par la main, le prie de sortir avec lui de la caverne, et, quand il l'a obtenu, il lui montre les jeunes Macédoniens sur la crête du rocher; puis, par une juste moquerie de son orgueil, il lui dit que les soldats d'Alexandre ont en effet des ailes. Déjà du camp macédonien se faisaient entendre les fanfares et les cris de toute l'armée. Cette circonstance, comme tant d'autres vaines et insignifiantes à la guerre, décida la soumission des Barbares. Préoccupés de leur frayeur, ils ne pouvaient reconnaître le petit nombre de ceux qu'ils avaient derrière eux. Ils se hâtent donc de rappeler Cophas, qui les avait laissés tout émus, et font partir avec lui trente de leurs chefs pour rendre le rocher, à condition qu'ils en sortiront la vie sauve.

Alexandre, quoiqu'il craignît que les Barbares ne reconnussent la faiblesse de son détachement et ne le culbutassent, s'assurait cependant en sa fortune, et, indigné qu'il était de l'insolence d'Arimaze, il leur répondit qu'il ne voulait enten-

qui moneret, nunc saltem salubrius consilium inirent : sin autem fiducia loci perseverarent, ostendi a tergo jussit, qui ceperant verticem.

Cophas admissus suadere cœpit Arimazi, petram tradere, gratiam regis inituro, si tantas res molientem in unius rupis obsidione hærere non coegisset : ille, ferocius superbiusque, quam antea locutus, abire Cophan jubet. At is prehensum manu Barbarum rogat, ut secum extra specum prodeat : quo impetrato, juvenes in cacumine ostendit, ejusque superbiæ haud immerito illudens, pennas ait habere milites Alexandri. Jamque e Macedonum castris signorum concentus, et totius exercitus clamor audiebatur. Ea res, sicut pleraque belli vana et inania, Barbaros ad deditionem traxit; quippe occupati metu, paucitatem eorum, qui a tergo erant, æstimare non poterant. Itaque Cophan (nam trepidantes reliquerat) strenue revocant; et cum eo xxx principes mittunt, qui petram tradant, et, ut incolumibus abire liceat, paciscantur.

Ille quanquam verebatur, ne, conspecta juvenum paucitate, deturbarent eos Barbari, tamen, et fortunæ suæ confisus, et Arimazis superbiæ infensus, nullam se con-

dre aucune condition. Arimaze, sans espoir, plutôt que sans ressources, descendit au camp avec ses proches et les plus distingués de sa contrée : tous furent, par l'ordre du roi, battus de verges et mis en croix au pied de la montagne. La foule, qui s'était rendue à discrétion, fut donnée en présent aux habitants des nouvelles villes, avec l'argent du butin : Artabaze fut nommé gouverneur du rocher et du pays circonvoisin.

LIVRE HUITIÈME

I. Alexandre venait de gagner plus de renom que de gloire à la conquête de ce rocher, lorsque, sentant le besoin, devant un ennemi dispersé, de répandre ses troupes sur plusieurs points, il divisa son armée en trois corps. Il en plaça un sous le commandement d'Héphestion, un autre sous celui de Cénus, et se mit lui-même à la tête du reste. Mais les Barbares ne se conduisirent pas tous de même : quelques-uns cédèrent à la force ; un plus grand nombre se soumirent avant de combattre. A ceux-là, Alexandre distribua les villes et les terres de ceux qui avaient persisté dans leur révolte. Cependant les transfuges bactriens, accompagnés de huit cents chevaux massagètes, désolaient les bourgs du voisinage : pour réprimer leur audace, Attinas, gouverneur de cette contrée, sortit à la tête de trois cents cavaliers. Il ignorait le piége qu'on lui tendait. En effet, l'ennemi avait caché dans

ditionem deditionis accipere respondit. Arimazes, desperatis magis quam perditis rebus, cum propinquis nobilissimisque gentis suæ descendit in castra : quos omnes verberibus affectos sub ipsis radicibus petræ crucibus jussit affigi. Multitudo dedititiorum incolis novarum urbium cum pecunia capta dono data est : Artabazus in petræ regionisque, quæ apposita esset ei, tutela relictus.

I. Alexander, majore fama quam gloria in ditionem redacta petra, quum propter vagum hostem spargendæ manus essent, in tres partes divisit exercitum. Hephæstionem uni, Cœnon alteri duces dederat : ipse ceteris præerat. Sed non eadem mens omnibus Barbaris fuit : armis quidam subacti ; plures ante certamen imperata fecerunt, quibus eorum, qui in defectione perseveraverant, urbes agrosque jussit attribui. At exsules bactriani cum dccc equitibus Massagetarum proximos vicos vastaverunt : ad quos coercendos Attinas, regionis ejus præfectus, ccc equites, insidiarum, quæ parabantur, ignarus, eduxit. Namque hostis in silvis, quæ erant forte

les bois attenant à la plaine une troupe de soldats armés ; quelques hommes seulement se faisaient voir, chassant devant eux des troupeaux, et offrant à l'imprévoyance des Macédoniens l'appât du butin pour les attirer dans l'embuscade. Attinas se mit à leur poursuite, en désordre et les rangs débandés comme un homme qui va faire du butin ; mais il n'eut pas plutôt dépassé le bois, que les hommes qui s'y cachaient l'attaquèrent à l'improviste et le massacrèrent avec tous les siens.

La nouvelle de cet échec parvint bientôt à Cratère, qui accourut avec toute sa cavalerie : les Massagètes avaient déjà pris la fuite ; mille Dahes furent écrasés, et leur défaite mit un terme à la révolte de la province. Alexandre, de son côté, ayant remis les Sogdiens sous le joug, retourna à Maracande. Ce fut là que Péridas, qu'il avait envoyé chez les Scythes établis sur le Bosphore, vint le trouver avec une ambassade de ce peuple. Phrataphernes, gouverneur de la Chorasmie, et voisin du pays des Dahes et des Massagètes, avait en même temps chargé des députés d'apporter sa soumission. Les Scythes lui demandaient qu'il épousât la fille de leur roi, et, s'il dédaignait cette alliance, qu'il permît du moins que les plus marquants d'entre les Macédoniens s'unissent par le mariage aux premières familles de leur nation : ils lui annonçaient aussi que leur roi viendrait en personne le visiter. Après avoir accueilli avec bonté l'une et l'autre députation, il s'arrêta pour attendre Héphestion et Artabaze ; et, lorsqu'ils l'eurent rejoint, il entra dans la contrée appelée Bazaria.

---

campo junctæ, armatum militem condidit, paucis propellentibus pecora, ut improvidum ad insidias præda perduceret. Itaque incomposito agmine, solutisque ordinibus Attinas prædabundus sequebatur ; quem prætergressum silvam, qui in ea consederant, ex improviso adorti, cum omnibus interemerunt.

Celeriter ad Craterum hujus cladis fama perlata est ; qui cum omni equitatu supervenit : et Massagetæ quidem jam refugerant ; Dahæ mille oppressi sunt : quorum clade totius regionis finita defectio. Alexander quoque, Sogdianis rursus subactis, Maracanda repetit : ibi Peridas, quem ad Scythas super Bosporum colentes miserat, cum legatis gentis occurrit. Phrataphernes quoque, qui Chorasmiis præerat, Massagetis et Dahis regionum confinio adjunctus, miserat, qui facturum imperata pollicerentur. Scythæ petebant, ut regis sui filiam matrimonio sibi jungeret ; si dedignaretur affinitatem, principes Macedonum cum primoribus suæ gentis connubio coire paterètur : ipsum quoque regem venturum ad eum pollicebantur. Utraque legatione benigne audita, Hephæstionem et Artabazum opperiens, stativa habuit ; quibus adjunctis, in regionem, quæ appellatur Bazaria, pervenit.

Les plus éclatantes marques de l'opulence barbare sont, en ce pays, des troupeaux de bêtes fauves de noble race, enfermés dans des parcs et des bois immenses. On choisit à cet effet de vastes forêts, où d'abondantes sources d'eau vive entretiennent la fraîcheur ; les parcs sont entourés de murs, et des tours y servent de retraite aux chasseurs. Il y avait un de ces bois, qui, d'après une tradition constante, était resté intact depuis quatre générations consécutives. Alexandre y étant entré avec toute son armée, ordonna que l'on fît une battue générale. Le hasard voulut qu'un lion d'une taille extraordinaire s'élançât pour se jeter sur le roi lui-même. Déjà Lysimaque, qui fut roi dans la suite, et qui se trouvait alors le plus près d'Alexandre, avait présenté son épieu à l'animal, lorsque le roi le repoussa, et, lui ordonnant de se retirer, ajouta qu'il pouvait, aussi bien que Lysimaque, tuer à lui seul un lion. Lysimaque, en effet, un jour qu'il chassait en Syrie, avait tué seul un de ces animaux de la plus monstrueuse grosseur ; mais ayant eu l'épaule gauche déchirée jusqu'aux os, il avait couru un très-grand danger. Alexandre, qui lui reprochait cet accident même, montra plus de courage encore à agir qu'à parler ; car, non-seulement il ne manqua pas l'animal, mais il le tua du premier coup. Le bruit mensonger qui a couru qu'Alexandre avait exposé Lysimaque à la fureur d'un lion n'a d'autre source, à mon avis, que l'aventure dont nous parlions tout à l'heure.

Quel qu'eût été, du reste, le bonheur d'Alexandre à se tirer de ce péril, les Macédoniens arrêtèrent, en vertu d'une cou-

---

Barbaræ opulentiæ in illis locis haud ulla sunt majora indicia, quam magnis nemoribus saltibusque nobilium ferarum greges clausi. Spatiosas ad hoc eligunt silvas, crebris perennium aquarum fontibus amœnas : muris nemora cinguntur, turresque habent venantium receptacula. Quatuor continuis ætatibus intactum saltum fuisse constabat ; quem Alexander cum toto exercitu ingressus, agitari undique feras jussit. Inter quas quum leo magnitudinis raræ ipsum regem invasurus incurreret, forte Lysimachus, qui postea regnavit, proximus Alexandro, venabulum objicere feræ cœperat : quo rex repulso, et abire jusso, adjecit, tam a semet uno quam a Lysimacho leonem interfici posse. Lysimachus enim quondam quum venaretur in Syria, occiderat eximiæ magnitudinis feram solus : sed lævo humero usque ad ossa laceratus ad ultimum periculi pervenerat. Id ipsum exprobrans ei rex, fortius, quam locutus est, fecit ; nam feram non excepit modo, sed etiam uno vulnere occidit. Fabulam quæ objectum leoni a rege Lysimachum temere vulgavit, ab eo casu, quem supra diximus, ortam esse crediderim.

Ceterum Macedones, quanquam prospero eventu defunctus erat Alexander, tamen

tume de leur nation, qu'il ne chasserait plus à pied ou sans une escorte choisie parmi les principaux de sa cour et les *amis*. Quatre mille bêtes avaient été abattues, et toute l'armée mangea avec le roi dans ce même bois.

On retourna ensuite à Maracande. Le roi y reçut les excuses d'Artabaze, fondées sur son grand âge, et donna à Clitus la province qu'il commandait. C'était Clitus qui, au passage du Granique, avait couvert de son bouclier la tête nue d'Alexandre, et abattu d'un coup d'épée la main de Rhésacès levée sur le front du roi. Vieux soldat de Philippe, il s'était illustré par de nombreux faits d'armes. Hellanice, sa sœur, qui avait nourri le roi, en était aimée comme une mère. C'était pour ces motifs qu'il remettait à la garde de sa fidélité la plus importante province de son empire.

Déjà il avait reçu l'ordre de se tenir prêt à partir le lendemain, et le roi l'avait appelé à un festin solennel et commencé de bonne heure. Au milieu de ce repas, Alexandre, échauffé par le vin, se mit, dans une admiration outrée pour lui-même, à louer ses propres exploits : vanité importune à l'oreille même de ceux qui savaient qu'il ne disait que la vérité. Cependant les plus âgés gardèrent le silence jusqu'à ce que, ayant commencé à ravaler les hauts faits de Philippe, il réclama pour lui l'honneur de la célèbre victoire de Chéronée, et accusa l'envieuse malignité de son père de lui avoir ravi la gloire d'un si beau fait d'armes. Philippe, disait-il, lors de la querelle qui s'était élevée entre les soldats macédoniens et les mercenaires grecs, affaibli par une blessure reçue au milieu

---

scivere gentis suæ more, ne pedes venaretur, aut sine delectis principum amicorumque. Ille, IV millibus ferarum dejectis, in eodem saltu cum toto exercitu epulatus est.

Inde Maracanda reditum est; acceptaque ætatis excusatione ab Artabazo, provinciam ejus destinat Clito. Hic erat, qui apud Granicum amnem nudo capite regem dimicantem clypeo suo texit, et Rhœsacis manum capiti regis imminentem gladio amputavit : vetus Philippi miles, multisque bellicis operibus clarus. Hellanice, quæ Alexandrum educaverat, soror ejus, haud secus quam mater a rege diligebatur : ob has causas validissimam imperii partem fidei ejus tutelæque commisit.

Jamque iter parare in posterum jussus, solemni et tempestivo adhibetur convivio : in quo rex, quum multo incaluisset mero, immodicus æstimator sui, celebrare, quæ gesserat, cœpit; gravis etiam eorum auribus, qui sentiebant vera memorari. Silentium tamen habuere seniores, donec Philippi res orsus obterere, « nobilem apud Chæroneam victoriam sui operis fuisse jactavit ; ademptamque sibi malignitate et invidia patris tantæ rei gloriam. Illum quidem, seditione inter Macedones

de l'émeute, s'était couché par terre, ne trouvant de sûreté que dans une feinte mort ; et c'était lui qui l'avait couvert de son bouclier, lui qui avait tué de sa main les ennemis s'élançant pour le frapper. Ce fait, son père n'avait jamais aimé à l'avouer, ayant regret de devoir la vie à son fils. Aussi, dans l'expédition que lui-même avait faite seul contre les Illyriens, victorieux il avait écrit à son père que l'ennemi était battu et en fuite ; et Philippe n'avait pris à cette action aucune part. S'il y avait de la gloire, ce n'est pas pour ceux qui allaient assister aux initiations des Samothraces, alors qu'il fallait porter le fer et le feu dans l'Asie, c'était pour ceux qui, par la grandeur de leurs exploits, avaient passé toute croyance.

Ces propos et d'autres semblables furent entendus avec plaisir par les jeunes gens : ils déplurent aux vieux soldats, surtout à cause de Philippe, sous lequel s'était passée la plus grande partie de leur vie. Alors Clitus, qui n'avait pas lui-même la tête fort saine, se tournant vers les convives qui étaient à table au-dessous de lui, leur cita un passage d'Euripide, de manière que le son de sa voix plutôt que ses paroles arrivât au roi. Le sens en était que c'était un fâcheux usage chez les Grecs de n'inscrire sur les trophées que les noms des rois : on détournait ainsi à leur profit une gloire que le sang d'autrui avait achetée. Alexandre, soupçonnant que quelque trait de méchanceté venait de sortir de sa bouche, demanda à ses voisins ce qu'avait dit Clitus. Comme ils s'obstinaient à garder le silence, Clitus se mit insensiblement à hausser la voix, à rappe-

---

milites et Græcos mercenarios orta, debilitatum vulnere, quod in ea consternatione acceperat, jacuisse, non alias quam simulatione mortis tutiorem ; se corpus ejus protexisse clypeo suo, ruentesque in illum sua manu occisos. Quæ patrem nunquam æquo animo esse confessum, invitum filio debentem salutem suam : itaque post expeditionem, quam sine eo fecisset ipse in Illyrios, victorem scripsisse se patri, fusos fugatosque hostes ; nec adfuisse unquam Philippum. Laude dignos esse, non qui Samothracum initia viserent, quum Asiam uri vastarique oporteret, sed eos, qui magnitudine rerum fidem antecessissent. »

Hæc et his similia læti audiere juvenes ; ingrata senioribus erant, maxime propter Philippum, sub quo diutius vixerant. Tum Clitus, ne ipse quidem satis sobrius, ad eos, qui infra ipsum cubabant, conversus, Euripidis retulit carmen, ita ut sonus magis quam sermo exaudiri posset a rege. Quo significabatur, male instituisse Græcos, quod tropæis regum duntaxat nomina inscriberentur ; alieno enim sanguine partam gloriam intercipi. Itaque rex, quum suspicaretur malignius habitum esse sermonem, percontari proximos cœpit, quid ex Clito audissent. Et illis ad silentium

ler les actions de Philippe et ses guerres en Grèce, affectant de préférer le passé au présent.

Ce fut le signal d'un vif débat entre les jeunes et les vieux officiers. Le roi, malgré la patience apparente avec laquelle il entendait Clitus rabaisser sa gloire, était entré dans une violente colère. Disposé d'abord à se maîtriser, si Clitus mettait un terme à ses insolents discours, il le voyait continuer, et son courroux s'en allumait davantage. Déjà même Clitus osait justifier Parménion, et élevait la victoire de Philippe sur les Athéniens au-dessus de la destruction de Thèbes : tant l'ivresse l'égarait, et plus encore la fâcheuse opiniâtreté de son caractère ! « S'il faut mourir pour toi, dit-il à la fin, Clitus est le premier ; mais quand tu distribues les fruits de la victoire, la plus belle part est pour ceux qui outragent le plus insolemment la mémoire de ton père. Tu me donnes le gouvernement de la Sogdiane, de cette contrée tant de fois rebelle, et non-seulement indomptée, mais qui ne saurait même être soumise. On m'envoie parmi des bêtes sauvages que la nature a faites violentes. Mais je laisse là ce qui me regarde. Tu méprises les vétérans de Philippe, tu oublies que sans ce vieil Atharias, qui ramena au combat tes jeunes soldats découragés, nous serions encore devant Halicarnasse. Comment donc, avec cette jeunesse, as-tu pu conquérir l'Asie ? c'est que ton oncle disait vrai, lorsqu'il prétendait en Italie avoir eu des hommes à combattre, et toi des femmes. »

---

obstinatis, Clitus paulatim majore voce Philippi acta bellaque in Græcia gesta commemorat, omnia præsentibus præferens.

Hinc inter juniores senesque orta contentio est : et rex, velut patienter audiret, queis Clitus obterebat laudes ejus, ingentem iram conceperat. Ceterum quum animo videretur imperaturus, si finem procaciter orto sermoni Clitus imponeret, nihil eo remittente, magis exasperabatur. Jamque Clitus etiam Parmenionem defendere audebat et Philippi de Atheniensibus victoriam Thebarum præferebat excidio, non vino modo, sed etiam animi prava contentione provectus. Ad ultimum : « Si moriendum, inquit, est pro te, Clitus est primus : at quum victoriæ arbitrium agis, præcipuum ferunt præmium, qui procacissime patris tui memoriæ illudunt. Sogdianam regionem mihi attribuis, toties rebellem, et non modo indomitam, sed quæ ne subigi quidem possit; mittor ad feras bestias præcipitia ingenia sortitas. Sed quæ ad me pertinent transeo. Philippi milites spernis, oblitus, nisi hic Atharias senex juniores pugnam detrectantes revocasset, adhuc nos circa Halicarnassum hæsuros fuisse. Quomodo ergo Asiam etiam cum istis junioribus subjecisti? Verum est, ut opinor, quod avunculum tuum in Italia dixisse constat, ipsum in viros incidisse, te in feminas. »

De tous ces propos irréfléchis et téméraires aucun n'avait blessé plus vivement le roi que le nom de Parménion prononcé avec honneur. Il contraignit toutefois son ressentiment, et se contenta de lui ordonner de quitter la table. Une seule parole accompagna cet ordre, c'est que Clitus, s'il eût dit quelques mots de plus, allait sans doute lui reprocher la vie qu'il lui avait sauvée : plus d'une fois, en effet, il s'en était vanté avec orgueil. Comme il tardait encore à se lever, ceux qui étaient près de lui le saisissent, et tour à tour, avec les menaces et les prières, s'efforcent de l'emmener. Se sentant entraîner, la colère vient animer encore sa violence naturelle, et il s'écrie qu'il a couvert de sa poitrine le dos du roi, et qu'aujourd'hui, qu'est passé le temps d'un si grand service, la mémoire même lui en est odieuse. Il lui reprocha aussi le meurtre d'Attale, et finissant par une raillerie contre l'oracle de Jupiter, dont Alexandre prétendait être le fils, il se vanta d'avoir mieux dit au roi la vérité, que le dieu son père.

La colère d'Alexandre était portée à un point que, même à jeun, il n'en eût pas été le maître. Les sens égarés alors par le vin, il s'élança brusquement de son lit. Ses amis, effrayés, ne posent point leurs coupes, mais les jettent, et se lèvent ensemble, attentifs à ce qu'il va faire dans un mouvement si impétueux. Il arrache une javeline de la main d'un de ses gardes, et cherchant à en frapper Clitus, toujours livré à l'intempérance furieuse de sa langue, il en est empêché par Ptolémée et Perdiccas. Ils l'avaient saisi par le milieu du corps,

---

Nihil ex omnibus inconsulte ac temere actis regem magis moverat, quam Parmenionis cum honore mentio illata : dolorem tamen rex pressit; contentus jussisse, ut convivio excederet. Nec quidquam aliud adjecit, quam forsitan eum, si diutius locutus foret, exprobraturum sibi fuisse vitam a semet ipso datam; hoc enim superbe sæpe jactasse. Atque illum cunctantem adhuc surgere, qui proximi ei cubuerant, injectis manibus jurgantes monentesque conabantur abducere. Clitus, quum abstraheretur, ad pristinam violentiam ira quoque adjecta, suo pectore tergum illius esse defensum; nunc postquam tanti meriti præteriit tempus, etiam memoriam invisam esse proclamat. Attali quoque cædem objiciebat, et ad ultimum, Jovis, quem patrem sibi Alexander assereret, oraculum eludens, veriora se regi, quam patrem ejus respondisse, dicebat.

Jam tantum iræ conceperat rex, quantum vix sobrius ferre potuisset : enimvero olim mero sensibus victis, ex lecto repente prosiluit. Attoniti amici, ne positis quidem, sed abjectis poculis, consurgunt, in eventum rei, quam tanto impetu acturus esset, intenti. Alexander, rapta lancea ex manibus armigeri, Clitum adhuc eadem linguæ intemperantia furentem percutere conatus, a Ptolemæo et Perdicca inhi-

et le retenaient malgré tous ses efforts pour se dégager; Lysimaque et Léonnatus lui avaient même ôté sa javeline. Il invoque alors l'assistance de ses soldats : il s'écrie qu'il est arrêté par les plus chers de ses amis, comme naguère Darius, et commande que la trompette sonne le signal de se rassembler en armes autour du palais. Ptolémée et Perdiccas se jettent à ses genoux, et le supplient de ne point persévérer dans cet aveugle emportement, mais de se donner le temps de la réflexion : le lendemain il fera tout avec plus de justice. Mais il était sourd à leurs paroles : la colère lui fermait les oreilles. Hors de lui, il s'élance dans le vestibule du palais, et, arrachant au soldat de garde sa lance, il se place dans le passage par où les convives devaient nécessairement sortir. Tous étaient partis : Clitus sortait le dernier sans lumière. Le roi lui demande qui il est : jusque dans sa voix se trahissait l'atrocité du crime qu'il méditait. Celui-ci, qui, revenu de sa colère, ne se souvenait plus que de celle du roi, répondit qu'il était Clitus, et qu'il sortait de la salle du festin. Comme il disait ces mots, le roi lui perça le flanc d'un coup de lance, et, tout couvert du sang de l'infortuné qui expirait : « Va, lui dit-il, va rejoindre Philippe, Parménion et Attale. »

II. C'est un malheureux défaut de notre nature, de ne savoir guère réfléchir d'avance sur nos actions, et de ne le faire qu'après qu'elles sont consommées. Dès que fut tombée sa colère et que l'ivresse fut en même temps dissipée, le roi se sentit éclairé, par une tardive lumière, sur l'énormité de son

---

betur. Medium complexi et obluctari perseverantem morabantur : Lysimachus et Leonnatus etiam lanceam abstulerant. Ille militum fidem implorans, comprehendi se a proximis amicorum, quod Dario nuper accidisset, exclamat; signumque tuba dari, ut ad regiam armati coirent, jubet. Tum vero Ptolemæus et Perdiccas, genibus advoluti, orant, ne in tam præcipiti ira perseveret, spatiumque potius animo det; omnia postero die justius exsecuturum. Sed clausæ erant aures, obstrepente ira. Itaque impotens animi percurrit in regiæ vestibulum, et, vigili excubanti hasta ablata, constitit in aditu, quo necesse erat iis, qui simul cœnaverant, egredi : abierant ceteri, Clitus ultimus sine lumine exibat. Quem rex, quisnam esset, interrogat. Eminebat etiam in voce sceleris, quod parabat, atrocitas : et ille, jam non suæ, sed regis iræ memor, Clitum esse, et de convivio exire respondit. Hæc dicentis latus hasta transfixit, morientisque sanguine aspersus : « I nunc, inquit, ad Philippum, et Parmenionem, et Attalum. »

II. Male humanis ingeniis natura consuluit, quod plerumque non futura, sed transacta perpendimus : quippe rex, postquam ira mente decesserat, etiam ebrietate discussa, magnitudinem facinoris sera æstimatione perspexit. Videbat tunc immo-

crime. Il se voyait l'assassin d'un homme coupable sans doute de trop de liberté dans le langage, mais du reste officier distingué, et à qui, malgré la honte qu'il avait de l'avouer, il devait la vie. Roi, il avait usurpé l'horrible emploi de bourreau; il s'était vengé d'une licence de propos, dont le vin était peut-être la seule cause, par un meurtre abominable. Le vestibule était inondé du sang de celui qui, l'instant d'auparavant, avait été son convive. Les gardes, stupéfaits et comme pétrifiés, se tenaient à l'écart, et la solitude laissait un plus libre cours à son repentir. Tout à coup, retirant sa lance du corps étendu à ses pieds, il la tourna contre lui-même : déjà même il l'approchait de sa poitrine, lorsque ses gardes accourent, la lui arrachent des mains malgré sa résistance, et, le prenant entre leurs bras, le portent dans son appartement.

Là, couché sur la terre, il faisait retentir tout le palais de ses gémissements et de ses tristes lamentations; il se déchirait le visage avec ses ongles, et suppliait ceux qui l'entouraient de ne pas le laisser survivre à un si cruel déshonneur. La nuit se passa tout entière à répéter cette prière. Recherchant ensuite si ce n'était pas la colère des dieux qui l'avait poussé à un si exécrable forfait, il lui revint à l'esprit qu'il avait manqué l'époque d'un sacrifice annuel qu'il offrait à Bacchus. Ce meurtre, commis au milieu des joies de la table et du vin, était donc un signe manifeste de la colère du dieu. Mais ce qui le touchait le plus, c'était de voir la stupeur dont avaient été frappés tous ses amis : aucun ne se hasarderait plus désormais à parler avec lui; il lui faudrait vivre dans la solitude,

---

dica libertate abusum, sed alioqui egregium bello virum, et, nisi erubesceret fateri, servatorem sui, occisum. Detestabile carnificis ministerium occupaverat rex, verborum licentiam, quæ vino poterat imputari, nefanda cæde ultus. Manabat toto vestibulo cruor, paulo ante convivæ : vigiles attoniti et stupentibus similes procul stabant, liberioremque pœnitentiam solitudo excipiebat. Ergo hastam ex corpore jacentis evulsam retorsit in semet : jamque admoverat pectori, quum advolant vigiles, et repugnanti e manibus extorquent, allevatumque in tabernaculum deferunt.

Ille humi prostraverat corpus, gemitu ejulatuque miserabili tota personante regia : laniare deinde os unguibus, et circumstantes rogare, ne se tanto dedecori superstitem esse paterentur. In has preces tota nox exacta est; scrutantemque, num ira deorum ad tantum nefas actus esset, subit, anniversarium sacrificium Libero Patri non esse redditum statuto tempore : itaque inter vinum et epulas cæde commissa, iram dei fuisse manifestam. Ceterum magis eo movebatur, quod omnium amicorum animos videbat attonitos; neminem cum ipso sociare sermonem

comme les bêtes farouches, tour à tour tremblant et inspirant la terreur.

Au lever de l'aube, il demanda qu'on lui apportât dans sa tente le corps tout sanglant, tel qu'il était. Lorsqu'on l'eut placé devant lui, fondant en larmes : « Voilà donc, dit-il, la récompense que je réservais à ma nourrice, dont les deux fils sont morts pour moi sous les murs de Milet! Ce frère, l'unique consolation de sa vieillesse délaissée, je l'ai tué dans un festin! Que deviendra maintenant l'infortunée? De tous les siens, elle n'a plus que moi, et je suis le seul qu'elle ne pourra voir sans horreur. Assassin de ceux qui m'ont sauvé la vie, retournerai-je dans ma patrie, pour n'y pouvoir même offrir la main à ma nourrice sans lui rappeler son malheur? » Et comme ses larmes et ses plaintes n'avaient pas de fin, ses amis firent emporter le corps. Le roi resta trois jours couché sur la terre et enfermé. Ses écuyers et les gardes de sa personne, le voyant obstiné à mourir, se précipitèrent tous ensemble dans sa tente, et, à force de prières, obtinrent de lui à grand'peine qu'il prît quelque nourriture. Voulant même affaiblir en lui la honte de son crime, les Macédoniens déclarèrent que Clitus avait mérité la mort, et ils seraient allés jusqu'à lui interdire la sépulture, si le roi n'eût donné l'ordre de l'inhumer.

Après avoir passé dix jours près de Maracande, en témoignage éclatant de son repentir, il envoya Héphestion dans la

---

postea ausurum : vivendum esse in solitudine velut feræ bestiæ, terrenti alias, alias timenti.

Prima deinde luce tabernaculo corpus, sicut adhuc cruentum erat, jussit inferri. Quo posito ante ipsum, lacrymis obortis : « Hanc, inquit, nutrici meæ gratiam retuli, cujus duo filii apud Miletum pro mea gloria occubuere mortem : hic frater, unicum orbitatis solatium, a me inter epulas occisus est. Quo nunc se conferet misera? omnibus ejus unus supersum, quem solum æquis oculis videre non poterit. Et ego servatorum meorum latro, revertar in patriam, ut ne dextram quidem nutrici sine memoria calamitatis ejus offerre possim? » Et quum finis lacrymis querelisque non fieret, jussu amicorum corpus ablatum est : rex triduum jacuit inclusus. Quem ut armigeri corporisque custodes ad moriendum obstinatum esse cognoverunt ; universi in tabernaculum irrumpunt, diuque precibus ipsorum reluctatum ægre vicerunt, ut cibum caperet : quoque minus cædis puderet, jure interfectum Clitum Macedones decernunt, sepultura quoque prohibituri, ni rex humari jussisset.

Igitur decem diebus maxime ad confirmandum pudorem apud Maracanda consumptis, cum parte exercitus Hephæstionem in regionem Bactrianam misit, com-

Bactriane avec une partie de l'armée, afin d'y rassembler des provisions pour l'hiver. Le gouvernement qu'il avait destiné à Clitus fut donné à Amyntas. Il se rendit alors dans la Xénippe : c'est une province limitrophe de la Scythie, couverte d'un grand nombre de villages bien peuplés : car telle est la fertilité du sol, que non-seulement elle y fixe les naturels, mais elle y attire même les étrangers. Les fugitifs de la Bactriane, qui avaient pris parti contre Alexandre, étaient venus y chercher une retraite. Mais, chassés par les habitants au bruit de l'arrivée du roi, ils se réunirent au nombre d'environ deux mille deux cents. Ils étaient tous cavaliers, habitués, même en temps de paix, à vivre de brigandage : la guerre, et plus encore le désespoir du pardon, avait alors redoublé la férocité de leur sauvage nature. Ils vinrent donc attaquer Amyntas, le lieutenant d'Alexandre, contre lequel ils soutinrent un combat longtemps douteux. A la fin, ayant perdu sept cents des leurs, dont trois cents prisonniers, ils prirent la fuite; mais leur défaite ne fut pas sans vengeance : ils tuèrent aux Macédoniens quatre-vingts hommes, et leur en blessèrent trois cent cinquante. Cependant, même après cette seconde révolte, ils obtinrent encore leur pardon. Ayant reçu leurs serments, le roi se porta avec toute son armée dans le pays qu'on appelle Naura.

Le satrape de cette province était Sysimithrès, qui avait eu deux fils de sa propre mère : car, parmi ces peuples, le mariage est permis aux mères avec leurs enfants. Deux mille habitants en armes avaient fermé d'un fort retranchement

---

meatus in hyemem paraturum. Quam Clito autem destinaverat provinciam, Amyntæ dedit. Ipse Xenippa pervenit : Scythiæ confinis est regio, habitaturque pluribus ac frequentibus vicis, quia ubertas terræ non indigenas modo detinet, sed etiam advenas invitat. Bactrianorum exsulum, qui ab Alexandro defecerant, receptaculum fuerat. Sed postquam regem adventare compertum est, pulsi ab incolis, II millia fere et ducenti congregantur. Omnes equites erant, etiam in pace latrociniis assueti : tum ferocia ingenia non bellum modo, sed etiam veniæ desperatio efferaverat. Itaque ex improviso adorti Amyntam, prætorem Alexandri, diu anceps prœlium fecerant. Ad ultimum DCC suorum amissis, quorum CCC hostis cepit, dedere terga victoribus : haud sane inulti; quippe LXXX Macedonum interfecerunt, præterque eos CCC et L saucii facti sunt. Veniam tamen etiam post alteram defectionem impetraverunt. His in fidem acceptis, in regionem, quam Naura appellant, rex cum toto exercitu venit.

Satrapes erat Sysimithres duobus ex sua matre filiis genitis : quippe apud eos parentibus stupro coire cum liberis fas est : II millibus armatis popularibus, fauces

l'entrée du pays, à l'endroit où les gorges sont le plus étroitement resserrées. En avant, coulait un torrent, et derrière s'élevait un rocher à travers lequel on avait, à force de bras, creusé un passage. L'abord de ce souterrain est accessible au jour ; mais l'intérieur, à moins qu'on n'y porte la lumière, est tout entier obscur ; ses longues galeries communiquent avec la plaine par un chemin connu seulement des indigènes. Alexandre, quoique ces défilés, puissamment fortifiés par la nature, fussent encore défendus de la main des Barbares, fit néanmoins approcher les béliers, battit en brèche les ouvrages, et à coups de fronde et de flèches débusqua la plupart des combattants ; lorsque ensuite la fuite les eut dispersés, passant par-dessus les décombres des fortifications, il fit avancer son armée vers le rocher. Mais il en était encore séparé par le fleuve, dont les eaux, tombant des hauteurs, s'amassaient dans la vallée ; et combler un si vaste gouffre paraissait un bien difficile ouvrage. Toutefois, il ordonna de couper des arbres et d'entasser des pierres : une grande frayeur s'empara des Barbares, étrangers à de pareilles constructions, quand ils virent tout à coup s'élever cette chaussée au-dessus de l'eau. Convaincu dès lors que la crainte pourrait les amener à se rendre, le roi envoya Oxartes, homme de leur nation, mais qui avait reconnu son autorité, pour leur persuader de remettre le rocher en son pouvoir. En même temps, pour accroître leur effroi, il fit avancer les tours et lancer par ses machines une grêle de traits. Renonçant à toute autre défense, ils gagnèrent alors le haut de leur rocher.

regionis, qua in arctissimum cogitur, valido munimento sepserant : præterfluebat torrens amnis a tergo ; petra claudebat : hanc manu perviam incolæ fecerant. Sed aditus specus accipit lucem ; interiora nisi illato lumine obscura sunt : perpetuus cuniculus iter præbet in campos, ignotum nisi indigenis. At Alexander, quanquam angustias naturali situ munitas ac validas manu Barbari tuebantur, tamen arietibus admotis munimenta, quæ manu adjuncta erant, concussit, fundisque et sagittis propugnantium plerosque dejecit ; quos ubi dispersos fugavit, ruinas munimentorum supergressus, ad petram admovit exercitum. Ceterum interveniebat fluvius, coeuntibus aquis ex superiore fastigio in vallem ; magnique operis videbatur, tam vastam voraginem explere. Cædi tamen arbores et saxa congeri jussit : ingensque Barbaros pavor, rudes ad talia opera, concusserat, excitatam molem subito cernentes. Itaque rex, ad deditionem metu posse compelli ratus, Oxarten misit nationis ejusdem, sed ditionis suæ, qui suaderet duci, ut traderet petram. Interim ad augendam formidinem et turres admovebantur, et excussa tormentis tela emicabant. Itaque verticem petræ, omni alio præsidio damnato, petiverunt.

Oxartes, de son côté, trouvant Sysimithrès alarmé et inquiet de sa position, commença à lui conseiller de mettre à l'épreuve la bonne foi plutôt que la valeur macédonienne, et de ne point retarder l'impatience d'une armée victorieuse qui marchait sur l'Inde. Quiconque s'opposerait à son passage attirerait sur sa tête les malheurs destinés à d'autres. Sysimithrès était bien d'avis de se rendre; mais sa mère, en même temps son épouse, lui déclarait qu'elle mourrait plutôt que de tomber en des mains étrangères, et l'entraînait ainsi à un parti plus honorable que sûr : c'était pour lui trop de honte de voir des femmes attacher plus de prix à leur liberté que les hommes. Il renvoya donc ce messager de paix, et résolut de soutenir le siége. Mais, en comparant les forces de l'ennemi avec les siennes, le repentir lui revint d'avoir écouté un conseil de femme, qui lui semblait dicté par la folie plutôt que par la nécessité; et, se hâtant de rappeler Oxartes, il lui donna l'assurance qu'il se soumettrait, le priant seulement de ne point parler au roi de la résolution de sa mère ni de ses conseils, pour qu'elle pût ainsi plus aisément obtenir son pardon. Oxartes partit donc en avant, et Sysimithrès, avec sa mère, ses enfants et toute sa famille, le suivit sans même attendre aucune des garanties que celui-ci lui avait promises. Le roi leur envoya un cavalier avec l'ordre de retourner sur leurs pas et d'attendre sa présence; les ayant rejoints ensuite, il immola des victimes à Minerve et à la Victoire, rendit à Sysimithrès son gouvernement, et lui promit même une province plus importante s'il

---

At Oxartes trepidum diffidentemque rebus suis Sysimithrem cœpit hortari, ut fidem quam vim Macedonum mallet experiri; neu moraretur festinationem victoris exercitus, in Indiam tendentis : cui quisquis semet offerret, in suum caput alienam cladem esse versurum. Et ipse quidem Sysimithres deditionem annuebat : ceterum mater eademque conjux, morituram se ante denuntians, quam in ullius veniret potestatem, Barbari animum ad honestiora quam tutiora converterat; pudebatque, libertatis majus esse apud feminas quam apud viros pretium. Itaque, dimisso internuntio pacis, obsidionem ferre decreverat : sed quum hostis vires suasque pensaret, rursus muliebris consilii, quod præceps magis quam necessarium esse credebat, pœnitere eum cœpit : revocatoque strenue Oxarte, futurum se in regis potestate respondit; unum precatus, ne voluntatem et consilium matris suæ proderet, quo facilius venia illi quoque impetraretur. Præmissum igitur Oxarten cum matre liberisque et totius cognationis grege sequebatur, ne exspectato quidem fidei pignore, quod Oxartes promiserat. Rex, equite præmisso, qui reverti eos juberet, opperirique præsentiam ipsius, supervenit, et, victimis Minervæ ac Victoriæ cæsis, imperium Sysimithri restituit, spe majoris etiam provinciæ facta, si cum fide amicitiam ipsius

lui demeurait fidèlement attaché. Ses deux fils, qu'il remit en otage, reçurent l'ordre de suivre le roi dans les rangs de l'armée macédonienne. Laissant ensuite derrière la phalange, Alexandre se porta en avant avec sa cavalerie pour soumettre le reste des révoltés.

Ils cheminèrent d'abord comme ils le purent parmi les difficultés d'une route escarpée et pierreuse ; mais bientôt la corne du pied de leurs chevaux s'usa, la fatigue même les gagna, et le plus grand nombre devinrent incapables de suivre. De moment en moment, les rangs s'éclaircissaient, l'excès de la fatigue l'emportant, comme il arrive toujours, sur la honte de rester en arrière. Cependant le roi, qui de temps en temps changeait de chevaux, s'attachait sans relâche à la poursuite des fuyards. La jeune noblesse qui l'accompagnait d'ordinaire l'avait tout entière abandonné, à l'exception de Philippe, frère de Lysimaque, qui sortait à peine de l'adolescence, et portait en lui, comme il était aisé de le voir, les dons d'une rare nature. Ce jeune homme, chose incroyable ! suivit à pied, l'espace de cinq cents stades, le roi, qui était à cheval : plus d'une fois Lysimaque lui offrit le sien à monter ; mais rien ne put l'engager à s'écarter du roi, tout chargé qu'il était de sa cuirasse et de ses armes. Arrivé dans un bois où les Barbares s'étaient embusqués, il s'y distingua encore en combattant, et couvrit de son corps le roi qui se battait de près avec l'ennemi. Mais après que les Barbares, dispersés par la fuite, eurent abandonné le bois, cette âme guerrière, qui, dans l'ardeur du combat, avait soutenu le corps, se mit à défaillir : une sueur abondante coula subitement de tous ses membres, et il alla

---

coluisset. Duos illi juvenes patre tradente, secum militaturos sequi jussit ; relicta deinde phalange, ad subigendos, qui defecerant, cum equite processit.

Arduum et impeditum saxis iter primo utcunque tolerabant : mox equorum non ungulis modo attritis, sed corporibus etiam fatigatis, sequi plerique non poterant, et rarius subinde agmen fiebat, pudorem, ut fere fit, immodico labore vincente. Rex tamen, subinde equos mutans, sine intermissione fugientes insequebatur. Nobiles juvenes comitari eum soliti defecerant præter Philippum : Lysimachi erat frater, tum primum adultus, et, quod facile appareret, indolis raræ. Is pedes, incredibile dictu, per D stadia vectum regem comitatus est, sæpe equum suum offerente Lysimacho : nec tamen, ut digrederetur a rege, effici potuit, quum lorica indutus arma gestaret. Idem, quum perventum esset in saltum, in quo se Barbari abdiderant, nobilem edidit pugnam ; regemque cominus cum hoste dimicantem protexit. Sed postquam Barbari in fugam effusi deseruere silvas, animus, qui in ardore pugnæ corpus sustentaverat, liquit ; subitoque ex omnibus membris profuso sudore, ar-

s'appuyer contre le tronc d'un arbre voisin. Bientôt, cet appui même ne suffisant plus à le soutenir, il tomba entre les bras du roi, où il s'évanouit et rendit le dernier soupir. Au milieu de sa douleur, le roi fut atteint d'un autre cruel chagrin. Érigyius avait été du nombre de ses meilleurs capitaines : peu avant de rentrer dans le camp, il apprit qu'il venait de mourir. Les funérailles de l'un et de l'autre guerrier furent célébrées avec les plus magnifiques honneurs.

III. Il voulait ensuite marcher contre les Dahes : car il avait appris que c'était chez eux qu'était Spitamènes. Mais il en fut de cette expédition comme de beaucoup d'autres : la fortune, toujours infatigable à lui complaire, se chargea pour lui de la terminer. Spitamènes aimait éperdument sa femme, et, malgré le déplaisir qu'elle éprouvait à fuir sans cesse d'exil en exil, il la traînait avec lui parmi tous les dangers. Fatiguée de tant de maux, chaque jour elle employait auprès de lui les séductions de son sexe pour le décider à suspendre enfin sa fuite, à mettre à l'épreuve la clémence du vainqueur, et le fléchir, puisque aussi bien il ne pouvait lui échapper. Mère de trois fils déjà grands qu'elle avait eus de lui, elle les mettait dans les bras de leur père, le suppliant de prendre au moins pitié d'eux ; et pour donner plus d'autorité à ses prières, tout près de là était Alexandre. Spitamènes, prenant de semblables paroles pour une trahison, non pour un conseil, et s'imaginant que, confiante en sa beauté, elle brûlait d'être au plus tôt entre les mains d'Alexandre, tira son cimeterre, et il allait l'en frapper, si les frères de cette femme ne se fus-

---

boris proximæ stipiti se applicuit. Deinde ne illo quidem adminiculo sustinente, manibus regis exceptus est, inter quas collapsus exstinguitur. Mœstum regem alius haud levis dolor excepit. Erigyius inter claros duces fuerat; quem exstinctum esse paulo ante, quam reverteretur in castra, cognovit : utriusque funus omni apparatu atque honore celebratum est.

III. Dahas deinde statuerat petere : ibi namque Spitamenem esse cognoverat. Sed hanc quoque expeditionem, ut pleraque alia, fortuna, indulgendo ei nunquam fatigata, pro absente transegit. Spitamenes uxoris immodico amore flagrabat; quam, ægre fugam et nova subinde exsilia tolerantem, in omne discrimen comitem trahebat. Illa malis fatigata, identidem muliebres adhibere blanditias, ut tandem fugam sisteret, victorisque Alexandri clementiam experta, placaret, quem effugere non posset. Tres adulti erant liberi ex eo geniti, quos quum pectori patris admovisset, ut saltem eorum misereri vellet, orabat; et quo efficaciores essent preces, haud procul erat Alexander. Ille, se prodi, non moneri ratus, et formæ profecto fiducia cupere eam quam primum dedi Alexandro, acinacem strinxit, percussurus

sent jetés au-devant du coup pour l'arrêter. Il lui ordonna cependant de sortir de sa présence, la menaçant de la mort si elle s'offrait jamais à ses regards, et, pour se consoler de sa perte, il se mit à passer les nuits avec des concubines. Mais, avec le dégoût de la jouissance, se ralluma une passion qui régnait toujours dans le fond de son cœur. Il se rendit tout entier à son épouse, mais avec les plus instantes prières de ne plus lui donner un semblable conseil, et de se résigner au sort, quel qu'il fût, que leur préparait la fortune. Pour lui, la mort lui coûterait moins que la honte de se rendre. Elle se mit alors à se justifier de lui avoir conseillé une démarche qu'elle croyait utile, avec toute la faiblesse peut-être d'un cœur de femme, mais avec les plus loyales intentions ; du reste, ajoutait-elle, elle n'aurait jamais d'autre volonté que celle de son mari. Spitamènes, séduit par ce feint empressement à lui complaire, fait préparer de jour un festin : appesanti par les vapeurs du vin et de la bonne chère, on l'emporte dans sa chambre à moitié endormi. Sa femme, dès qu'elle le vit reposer d'un calme et profond sommeil, tire une épée qu'elle avait cachée sous sa robe, lui coupe la tête, et, toute souillée de sang, la remet à l'esclave complice de son crime. Accompagnée de ce même esclave, et avec sa robe encore tout ensanglantée, elle se rend au camp des Macédoniens, et fait dire à Alexandre qu'elle a des choses à lui annoncer qu'il ne doit entendre que de sa bouche.

Le roi donne aussitôt l'ordre d'introduire cette femme. Quand il la vit couverte de sang, convaincu qu'elle venait se

---

uxorem, nisi prohibitus esset fratrum ejus occursu. Ceterum abire conspectu jubet, addito metu mortis, si se oculis ejus obtulisset : et ad desiderium levandum noctes inter pellices agere cœpit. Sed penitus hærens amor fastidio præsentium accensus est : itaque rursus, uni ei deditus, orare non destitit, ut tali consilio abstineret, patereturque sortem, quamcunque eis fortuna fecisset ; sibi mortem deditione esse leviorem. At illa purgare se, quod, quæ utilia esse censebat, muliebriter forsitan, sed fida tamen mente suasisset; de cetero futuram in viri potestate. Spitamenes, simulato captus obsequio, de die convivium apparari jubet; vinoque et epulis gravis, semisomnus in cubiculum fertur. Quem ut alto et gravi somno sopitum esse sensit uxor, gladium, quem veste occultaverat, stringit, caputque ejus abscissum, cruore respersa, servo suo conscio facinoris tradit. Eodem comitante, sicut erat cruenta veste, in Macedonum castra pervenit, nuntiarique Alexandro jubet, esse, quæ ex ipsa deberet cognoscere.

Ille protinus Barbaram jussit admitti : quam ut aspersam cruore conspexit, ratus ad deplorandam contumeliam venisse, dicere, quæ vellet, jubet. At illa servum,

plaindre de quelque outrage, il l'invita à dire ce qu'elle souhaitait. Elle demanda alors que l'on fît entrer l'esclave qu'elle avait laissé dans le vestibule ; mais, en tenant enveloppée sous ses vêtements la tête de Spitamènes, cet homme avait inspiré des soupçons, et, fouillé par les gardes, il leur montra ce qu'il cachait. La pâleur de la mort avait renversé les traits de ce visage éteint, et il était impossible de le reconnaître. Lorsque le roi sut que l'esclave portait une tête d'homme, il sortit de sa tente, et lui demanda ce que c'était ; l'autre le satisfit sur-le-champ par sa réponse. A cet instant, mille pensées contraires vinrent agiter son esprit et le livrer à l'irrésolution. C'était un grand service qu'on venait de lui rendre de mettre à mort un transfuge, un traître, qui, s'il eût vécu, eût retardé le cours de ses grandes entreprises ; mais, d'un autre côté, il ne pouvait voir sans horreur un forfait si énorme, une femme qui avait assassiné l'homme à qui elle devait le plus, le père de ses enfants. Cependant l'atrocité du crime l'emporta sur l'importance du service, et il lui fit signifier de sortir du camp. Il craignait que cet exemple de la férocité barbare n'altérât les mœurs des Grecs et la douceur de leur caractère.

Les Dahes, à la nouvelle de la mort de Spitamènes, livrent enchaîné, à Alexandre, Dataphernes, le complice de sa trahison, et se soumettent eux-mêmes. Le roi, délivré pour le présent d'une grande partie de ses embarras, s'occupa de faire droit aux griefs des peuples qui souffraient du gouvernement avare et despotique de ses lieutenants. Il remit donc à Phra-

---

quem stare in vestibulo jusserat, introduci desideravit, qui, quia caput Spitamenis veste tectum habebat, suspectus, scrutantibus, quid occuleret, ostendit. Confuderat oris exsanguis notas pallor, nec, quis esset, nosci satis poterat : ergo rex certior factus, humanum caput afferre eum, tabernaculo excessit; percontatusque, quid rei sit, illo profitente, cognoscit. Variæ hinc cogitationes invicem animum diversa agitantem commoverant. Meritum ingens in semet esse credebat, quod transfuga et proditor, tantis rebus, si vixisset, injecturus moram, interfectus esset : contra facinus ingens aversabatur, quum optime meritum de ipsa, communium parentem liberorum, per insidias interemisset. Vicit tamen gratiam meriti sceleris atrocitas, denuntiarique jussit, ut excederet castris, neu licentiæ barbaræ exemplar in Græcorum mores et mitia ingenia transferret.

Dahæ, Spitamenis cæde comperta, Dataphernen, defectionis ejus participem, vinctum Alexandro seque dedunt. Ille, maxima præsentium curarum parte liberatus, convertit animum ad vindicandas injurias eorum, quibus a prætoribus suis avare ac superbe imperabatur. Ergo Phratapherni Hyrcaniam et Mardos cum Tapuris

tapherne l'Hyrcanie avec le pays des Mardes et des Tapuriens, le chargeant de lui envoyer Phradates, à qui il succédait, pour le punir par la prison. Arsamès, satrape des Dranges, fut remplacé par Stasanor. Arsace fut envoyé en Médie pour prendre le poste d'Oxydates. Le gouvernement de la Babylonie, vacant par la mort de Mazée, fut conféré à Déditamenès.

IV. Ces affaires terminées, il quitta, au bout de trois mois, ses quartiers d'hiver, pour s'acheminer vers une contrée nommée *Gabaza*. La première journée de marche fut tranquille ; la suivante, sans être encore orageuse ni pénible, fut cependant plus sombre que celle qui avait précédé, et laissa pressentir un temps plus rigoureux encore. Le troisième jour, les éclairs commencèrent à briller dans toutes les parties de l'horizon, et leur lueur, tour à tour perçant les ténèbres et s'y cachant, outre qu'elle éblouissait les yeux de l'armée en marche, frappait les esprits d'épouvante. Le ciel retentissait d'un grondement presque continuel ; de tous côtés, la foudre tombant s'offrait aux regards, et le soldat, les oreilles assourdies et le cœur glacé d'effroi, n'osait ni avancer ni s'arrêter. Un instant après, des torrents de pluie mêlée de grêle inondèrent la terre : ils s'en garantirent d'abord, à couvert sous leurs armes ; mais bientôt leurs mains glissantes et engourdies devinrent hors d'état de les tenir ; ils ne savaient même plus dans quelle direction se tourner, trouvant de chaque côté la tempête plus violente à mesure qu'ils s'efforçaient de l'éviter.

---

tradidit, mandavitque, ut Phradaten, cui succedebat, ad se in custodiam mitteret. Arsami, Drangarum præfecto, substitutus est Stasanor. Arsaces in Mediam missus, ut Oxydates inde discederet. Babylonia, mortuo Mazæo, Deditameni subjecta est.

IV. His compositis, tertio mense ex hibernis movit exercitum, regionem, quæ *Gabaza* appellatur, aditurus. Primus dies quietum iter præbuit : proximus ei nondum quidem procellosus et tristis, obscurior tamen pristino, non sine crescentis mali damno præteriit. Tertio ab omni parte cœli emicare fulgura, et, nunc internitente luce, nunc condita, non oculos modo meantis exercitus, sed etiam animos terrere cœperunt. Erat prope continuus cœli fragor, et passim cadentium fulminum species visebatur, attonitisque auribus, stupens agmen nec progredi, nec consistere audebat. Tum repente imber grandinem incutiens torrentis modo effunditur, ac primo quidem armis suis tecti exceperant ; sed jam nec retinere arma lubricæ et rigentes manus poterant, nec ipsi destinare, in quam regionem obverterent corpora, quum undique tempestatis violentia major, quam vitabatur, occurreret.

Alors, on les vit rompre leurs rangs, et se répandre en désordre dans toute la forêt ; plusieurs, abattus par la crainte avant de l'être par la fatigue, se couchèrent sur la terre, quoique l'excès du froid eût transformé la pluie en une couche de glace. D'autres s'appuyèrent contre des troncs d'arbres : ce fut là le soutien et l'abri du plus grand nombre. Ils n'ignoraient pas qu'ils ne faisaient que choisir une place pour y mourir, et que, dans leur immobilité, la chaleur vitale allait les abandonner ; mais l'inaction plaisait à leurs corps épuisés de lassitude, et une mort certaine ne les effrayait point, pourvu qu'ils se reposassent : car le fléau qui les frappait n'était pas seulement terrible, mais encore opiniâtre ; et la lumière, cette consolation naturelle de l'homme, déjà voilée par une tempête aussi sombre que la nuit, achevait de disparaître par l'épaisseur des bois.

Le roi seul, sachant supporter tant de maux, allait et venait autour des soldats, ralliait ceux qu'il trouvait dispersés, relevait de terre les malheureux qui s'y étaient étendus, leur montrait au loin la fumée qui sortait des cabanes, et les exhortait à gagner en toute hâte les abris les plus voisins. Et ce qui contribua surtout à les sauver, c'est que, voyant leur roi se multiplier lui-même pour la fatigue et supporter des maux auxquels ils avaient cédé, ils rougissaient de l'abandonner. A la fin, la nécessité, plus puissante dans la détresse que la raison même, leur fit trouver un remède contre l'excès du froid. La hache à la main, ils commencèrent à faire de grands abatis d'arbres, et de côté et d'autre mirent le feu au monceau de bois qu'ils avaient amassé. On eût dit qu'un vaste incendie

---

Ergo ordinibus solutis per totum saltum errabundum agmen ferebatur ; multique, prius metu, quam labore defatigati, prostraverant humi corpora, quanquam imbrem vis frigoris concreto gelu astrinxerat. Alii se stipitibus arborum admoverant ; id plurimis et adminiculum et suffugium erat. Nec fallebat ipsos morti locum eligere, quum immobiles vitalis calor linqueret : sed grata erat pigritia corporum fatigatis ; nec recusabant exstingui quiescendo : quippe non vehemens modo, sed etiam pertinax vis mali insistebat ; lucemque, naturale solatium, præter tempestatem, haud disparem nocti, silvarum quoque umbra suppresserat.

Rex, unus tanti mali patiens, circumire milites, contrahere dispersos, allevare prostratos, ostendere procul evolutum ex tuguriis fumum, hortarique ut proxima quæque suffugia occuparent. Nec ulla res magis saluti fuit, quam quod multiplicato labore sufficientem malis, quibus ipsi cessarant, regem deserere erubescebant. Ceterum efficacior in adversis necessitas, quam ratio, frigoris remedium invenit : dolabris enim silvas sternere aggressi, passim acervos struesque accenderunt. Conti-

consumait la forêt tout entière, et à peine quelque place restait-elle pour les soldats au milieu des flammes. Cependant cette chaleur rendit le mouvement à leurs membres engourdis, et peu à peu leur respiration, gênée par le froid, devint plus libre. Les uns se réfugièrent dans les cabanes des Barbares que la nécessité leur fit chercher jusqu'aux extrémités de la forêt ; les autres s'abritèrent sous leurs tentes, qu'ils établirent sur le sol tout humide, mais quand déjà commençaient à s'apaiser les rigueurs de l'orage. Cette tempête emporta mille hommes, tant soldats que valets et vivandiers.

On raconte qu'on en trouva plusieurs appuyés contre des troncs d'arbres, et qui paraissaient non-seulement vivre encore, mais même causer entre eux, leurs corps ayant gardé l'attitude où la mort était venue les surprendre. Un simple soldat macédonien, qui se traînait à grand'peine avec ses armes, avait été assez heureux pour gagner le camp. En le voyant, le roi, quoique ce fût le moment où il était occupé à se réchauffer lui-même, quitta précipitamment son siége, et, après l'avoir débarrassé de ses armes, fit asseoir à sa place le malheureux que l'engourdissement avait presque privé de l'usage de ses sens. Cet homme fut longtemps sans savoir où il était, ni qui l'avait recueilli ; enfin, ayant retrouvé la vie avec la chaleur, il reconnut le siége du roi et le roi lui-même, et se leva tout épouvanté. Mais Alexandre, le regardant : « Eh bien, soldat, lui dit-il, ne vois-tu pas combien, sous le roi que vous avez, votre condition vaut mieux que celle des Perses ?

---

nenti incendio ardere crederes saltum, et vix inter flammas agminibus relictum locum : hic calor stupentia membra commovit ; paulatimque spiritus, quem continuerat rigor, meare libere cœpit. Excepere alios tecta Barbarorum, quæ, in ultimo saltu abdita, necessitas investigaverat ; alios castra, quæ in humido quidem, sed jam cœli mitescente sævitia, locaverunt. Mille militum atque lixarum calonumque pestis illa consumpsit.

Memoriæ proditum est, quosdam applicatos arborum truncis, et non solum viventibus, sed et inter se colloquentibus similes, esse conspectos ; durante adhuc habitu, in quo mors quemque deprehenderat. Forte Macedo gregarius miles, seque et arma sustentans, tandem in castra pervenerat : quo viso, rex, quanquam ipse tunc maxime admoto igne refovebat artus, ex sella sua exsiluit, torpentemque militem, et vix compotem mentis, demptis armis, in sua sede jussit considere. Ille diu, nec ubi requiesceret, nec a quo esset exceptus, agnovit ; tandem, recepto calore vitali, ut regiam sedem regemque vidit, territus surgit : quem intuens Alexander : « Ecquid intelligis, miles, inquit, quanto meliore sorte, quam Persæ,

Pour un Perse, ce serait un crime capital de s'être assis sur le siége du roi ; et toi, c'est ce qui t'a sauvé. »

Le lendemain, ayant fait assembler ses amis et les principaux officiers, il les chargea d'annoncer qu'il rendrait tout ce qui avait été perdu, et il tint sa promesse. En effet, Sysimithrès lui ayant amené une grande quantité de bêtes de somme, et deux mille chameaux, avec des troupeaux de gros et de menu bétail, il fit tout distribuer aux soldats, qui se trouvèrent à la fois soulagés de la faim et de leurs pertes. Après avoir ensuite loué hautement le service que venait de lui rendre Sysimithrès, il donna l'ordre à ses troupes de prendre des vivres cuits pour six jours, et marcha contre les Saces ; il ravagea tout leur pays, et tira du butin trente mille têtes de bétail pour en faire présent à Sysimithrès. De là, on passa dans la contrée où commandait Cohortanus, satrape de grande distinction, qui se remit à la discrétion du roi. Alexandre lui rendit son gouvernement, et n'exigea de lui rien de plus que le service de deux de ses trois fils dans l'armée macédonienne. Le satrape lui livra celui même qu'on lui avait permis de garder.

Il avait préparé, pour recevoir le roi, un festin où régnait toute la magnificence asiatique. Occupé d'en faire les honneurs avec beaucoup de recherche, il fit amener trente jeunes vierges de nobles familles, et parmi elles sa propre fille, nommée Roxane, qui, à une beauté merveilleuse, unissait des grâces bien rares chez les Barbares. Quoique environnée d'une troupe de beautés choisies, elle attira sur elle tous

---

sub rege vivatis? illis enim in sella regis consedisse capitale foret ; tibi saluti fuit. »

Postero die convocatis amicis copiarumque ducibus, pronuntiari jussit, ipsum omnia, quæ amissa essent, redditurum ; et promisso fides exstitit. Nam Sysimithres multa jumenta, et camelorum duo millia adduxit, pecoraque et armenta ; quæ distributa pariter militem et damno et fame liberaverunt. Rex, gratiam sibi relatam a Sysimithre præfatus, sex dierum cocta cibaria ferre milites jussit, Sacas petens : totam hanc regionem depopulatus, xxx millia pecorum ex præda Sysimithri dono dat. Inde pervenit in regionem, cui Cohortanus, satrapes nobilis, præerat, qui se regis potestati fideique permisit : ille, imperio ei reddito, haud amplius, quam ut duo ex tribus filiis secum militarent, exegit. Satrapes etiam eum, qui penes ipsum relinquebatur, tradit.

Barbara opulentia convivium, quo regem accipiebat, instruxerat. Id quum multa comitate celebraret, introduci xxx nobiles virgines jussit : inter quas erat filia ipsius, Roxane nomine, eximia corporis specie, et decore habitus in Barbaris raro. Quæ, quanquam inter electas processerat, omnium tamen oculos convertit in se ; maxime

les regards, ceux du roi surtout, qui déjà ne commandait plus si bien à ses passions au milieu des faveurs de la fortune, dont les mortels ne savent jamais assez se garder. Aussi ce même prince qui avait vu l'épouse de Darius et ses filles, auxquelles nulle femme, hormis Roxane, ne pouvait être égalée en beauté, sans éprouver d'autres sentiments que ceux d'un père, se laissa-t-il aller à un fol amour pour une jeune fille de bien humble naissance auprès de l'éclat du sang royal; et on l'entendit dire hautement qu'il importait à l'affermissement de son empire que les Macédoniens et les Perses se mêlassent par des mariages; que c'était le seul moyen d'ôter et la honte aux vaincus et l'orgueil aux vainqueurs. Achille même dont il descendait, ne s'était-il pas uni à une captive? Qu'on se gardât donc de croire qu'il se déshonorait en voulant contracter une pareille alliance.

Le père accueillit ses paroles avec les transports d'une joie inespérée; et le roi, dans l'entraînement de son ardente passion, fit apporter un pain, selon la coutume de son pays: c'était là, chez les Macédoniens, le gage le plus sacré de l'union conjugale : on le coupait en deux avec une épée, et chacun des futurs époux en goûtait. Sans doute les premiers législateurs de cette nation, en choisissant cet aliment simple et peu coûteux, ont voulu enseigner à ceux qui associent leur fortune, de combien peu ils doivent se contenter. C'est ainsi que le maître de l'Asie et de l'Europe s'unit par le mariage à une femme amenée en spectacle au milieu des jeux d'un festin, et que, du sein d'une captive, dut naître l'héritier destiné à régner sur un peuple de vainqueurs. Ses amis avaient honte

---

regis, minus jam cupiditatibus suis imperantis inter obsequia fortunæ, contra quam non satis cauta mortalitas est. Itaque ille, qui uxorem Darii, qui duas filias virgines, quibus forma præter Roxanem comparari nulla poterat, haud alio animo quam parentis aspexerat, tunc in amorem virgunculæ, si regiæ stirpi comparetur, ignobilis, ita effusus est, ut diceret, ad stabiliendum regnum pertinere, Persas et Macedones connubio jungi; hoc uno modo et pudorem victis, et superbiam victoribus detrahi posse : Achillem quoque, a quo genus ipse deduceret, cum captiva coisse; ne inferri nefas arbitrarentur, ita matrimonii jure velle jungi.

Insperato gaudio lætus pater sermonem ejus excepit : et rex, medio cupiditatis ardore, jussit afferri patrio more panem; hoc erat apud Macedones sanctissimum coeuntium pignus, quem divisum gladio uterque libabat. Credo eos, qui gentis mores condiderunt, parco et parabili victu ostendere voluisse jungentibus opes, quantulo contenti esse deberent. Hoc modo rex Asiæ et Europæ introductam inter convivales ludos matrimonio sibi adjunxit, e captiva geniturus, qui victoribus imperaret. Pu-

de le voir, au milieu des vins et des mets, se choisir un beau-père dans la nation conquise; mais toute liberté ayant disparu depuis le meurtre de Clitus, ils donnaient l'air de l'approbation à leur visage, l'instrument de flatterie le plus complaisant.

V. Cependant, au moment de pénétrer dans l'Inde et de là jusqu'à l'Océan, il craignait de laisser derrière lui des éléments de révolte qui entravassent l'accomplissement de ses desseins. C'est pourquoi il ordonna que, parmi la jeunesse de toutes les provinces, on choisît trente mille hommes, et qu'on les lui amenât tout armés : c'était à la fois des otages et des soldats qu'il se procurait. Il envoya en même temps Cratère à la poursuite de Haustanès et de Catenès, qui s'étaient révoltés : Haustanès fut fait prisonnier, Catenès périt en combattant. Polyspercon soumit aussi la contrée appelée Bubacène. Le calme ainsi partout rétabli, il tourna toutes ses pensées vers la guerre de l'Inde. On vantait ce pays comme riche, non-seulement en or, mais en pierres précieuses et en perles, et offrant plutôt les pompes du luxe qu'une véritable magnificence. On racontait que les boucliers des soldats y étincelaient d'or et d'ivoire. Aussi Alexandre, pour ne le point céder en cela, lorsqu'il était supérieur en toute autre chose, fit garnir les boucliers des siens de plaques d'argent, et mettre aux chevaux des freins en or; les cuirasses furent ornées, les unes d'or, les autres d'argent; cent vingt mille soldats marchaient à sa suite dans cette expédition.

Déjà tous ces préparatifs étaient terminés, lorsque, croyant

---

debat amicos super vinum et epulas socerum ex deditis esse electum : sed, post Cliti cædem libertate sublata, vultu, qui maxime servit, assentiebantur.

V. Ceterum Indiam et inde Oceanum petiturus, ne quid a tergo, quod destinata impedire posset, moveretur, ex omnibus provinciis xxx millia juniorum legi jussit, et ad se armata perduci, obsides simul habiturus et milites. Craterum autem ad persequendos Haustanen et Catenen, qui ab ipso defecerant, misit : quorum Haustanes captus est, Catenes in prœlio occisus. Polyspercon quoque regionem, quæ Bubacene appellatur, in ditionem redegit. Itaque omnibus compositis, cogitationes in bellum indicum vertit. Dives regio habebatur non auro modo, sed gemmis quoque margaritisque, ad luxum magis quam ad magnificentiam exculta. Clypei militares auro et ebore fulgere dicebantur : itaque, necubi vinceretur, quum ceteris præstaret, scutis argenteas laminas, equis frenos aureos addidit; loricas quoque alias auro, alias argento adornavit : cxx millia armatorum erant, quæ regem ad id bellum sequebantur.

Jamque omnibus præparatis, quod olim prava mente conceperat, tunc esse ma-

le temps mûr pour accomplir la coupable résolution qu'il avait conçue autrefois, il se mit à songer aux moyens qu'il emploierait pour se faire rendre les honneurs divins. Il ne voulait pas seulement qu'on l'appelât, mais aussi qu'on le crût fils de Jupiter, comme s'il avait eu sur les consciences le même empire que sur les langues. Il exigea donc des Macédoniens de le saluer à la façon des Perses, en se prosternant à terre dans une humble adoration. Les encouragements de la flatterie ne manquaient pas à des prétentions si hautaines : éternel fléau des princes, dont la puissance périt plus souvent par l'adulation que sous les coups de leurs ennemis ! Et la faute n'en était pas aux Macédoniens; pas un seul ne laissa porter atteinte aux coutumes de sa patrie : elle était tout entière aux Grecs, qui, par leurs habitudes corrompues, avaient dégradé la noble culture des arts.

Un Argien, nommé Agis, le plus méchant faiseur de vers après Chérile, le Sicilien Cléon, flatteur autant par caractère que par vice national, et avec eux d'autres misérables, rebut des villes où ils étaient nés : tels étaient les hommes qu'Alexandre préférait même à ses proches et à ses plus renommés capitaines; tels étaient ceux qui lui ouvraient le ciel, et qui publiaient hautement qu'Hercule, que Bacchus, que Castor et Pollux s'effaceraient devant le nouveau dieu. Il fait donc, un jour de fête, préparer un banquet avec la plus somptueuse magnificence, se proposant d'y réunir, avec les principaux de ses amis, Grecs et Macédoniens, ce qu'il y avait de plus distingué parmi les Barbares. S'étant mis à table avec eux, il mangea un instant, et puis sortit de la salle du festin.

---

turum ratus, quonam modo cœlestes honores usurparet, cœpit agitare. Jovis filium non dici tantum se, sed etiam credi volebat, tanquam perinde animis imperare posset, ac linguis. Itaque more Persarum Macedones venerabundos ipsum salutare prosternentes humi corpora. Non deerat talia concupiscenti perniciosa adulatio, perpetuum malum regum, quorum opes sæpius assentatio, quam hostis, evertit. Nec Macedonum hæc erat culpa (nemo enim illorum quidquam ex patrio more labare sustinuit), sed Græcorum, qui professionem honestarum artium malis corruperant moribus.

Agis quidam Argivus, pessimorum carminum post Chœrilum conditor, et ex Sicilia Cleo (hic quidem non ingenii solum, sed etiam nationis vitio adulator), et cetera urbium suarum purgamenta, quæ propinquis etiam maximorumque exercituum ducibus a rege præferebantur : hi tum cœlum illi aperiebant, Herculemque et Patrem Liberum, et cum Polluce Castorem novo numini cessuros esse jactabant. Igitur festo die omni opulentia convivium exornari jubet, cui non Macedones modo et Græci principes amicorum, sed etiam nobiles adhiberentur : cum quibus quum discubuisset rex, paulisper epulatus, convivio egreditur.

Cléon, dont le rôle était préparé, débita alors un discours où l'admiration était prodiguée aux vertus du roi; il passa ensuite en revue ses services : à l'entendre, il n'y avait qu'une seule manière de les reconnaître, et c'était, puisqu'ils voyaient en lui un dieu, de le proclamer, et de payer par un peu d'encens de si mémorables bienfaits. Ce n'était pas seulement de la piété, c'était aussi de la sagesse chez les Perses d'honorer leurs rois comme des divinités : car la majesté du pouvoir suprême était la sauvegarde de sa durée. Hercule lui-même et Bacchus n'avaient été mis au rang des dieux qu'après avoir désarmé l'envie contemporaine. C'était sur le témoignage du temps présent que se réglaient les jugements de la postérité. Que si les autres hésitaient, lui-même, lorsque le roi entrerait dans la salle du festin, irait se prosterner à ses pieds; mais il fallait que le reste des convives en fît autant, ceux-là surtout qui faisaient profession de sagesse : car c'était à eux à donner l'exemple d'un culte respectueux envers le monarque.

Ce discours était, à n'en pas douter, dirigé contre Callisthènes : la sévérité de ce personnage et sa libre franchise déplaisaient au roi, comme si lui seul arrêtait les Macédoniens prêts à lui rendre un pareil hommage. On se taisait, et tous les regards étaient fixés sur lui; il prit alors la parole : « Si le roi, dit-il, eût assisté à ton discours, sans doute aucune voix n'aurait besoin de s'élever pour te répondre; lui-même te demanderait de ne pas le faire descendre à des coutumes étrangères, et de ne point attirer la haine sur ses prospérités par

---

Cleo, sicut præparaverat, sermonem cum admiratione laudum ejus instituit; merita deinde percensuit, quibus uno modo referri gratiam posse, si, quem intelligerent deum esse, confiterentur, exigua thuris impensa tanta beneficia pensaturi. Persas quidem non pie solum, sed etiam prudenter reges suos inter deos colere : majestatem enim imperii salutis esse tutelam. Nec Herculem quidem et Patrem Liberum prius dicatos deos, quam vicissent secum viventium invidiam : tantumdem quoque posteros credere, quantum præsens ætas spopondisset. Quod si ceteri dubitent, semetipsum, quum rex iniisset convivium, prostraturum humi corpus; debere idem facere ceteros, et in primis sapientia præditos : ab illis enim cultus in regem esse prodendum exemplum.

Haud perplexe in Callisthenem dirigebatur oratio; gravitas viri et prompta libertas invisa erat regi, quasi solûs Macedones paratos ad tale obsequium moraretur. Is tum, silentio facto, unum illum intuentibus ceteris : « Si rex, inquit, sermoni tuo adfuisset, nullius profecto vox responsuri tibi desideraretur; ipse enim peteret,

une semblable flatterie. Mais puisqu'il est absent, je te réponds pour lui, qu'il n'y a point de fruit qui soit en même temps précoce et durable; et que loin d'assurer au roi les honneurs divins, tu les lui ôtes. Il faut encore du temps avant qu'on le croie dieu, et c'est toujours la postérité qui décerne aux grands hommes cette récompense. Quant à moi, je ne souhaite à Alexandre qu'une immortalité tardive, afin que sa vie soit longue et sa majesté éternelle. Le titre de dieu peut suivre, mais n'accompagne jamais la vie de l'homme. Tu nous citais tout à l'heure l'apothéose de Bacchus et d'Hercule. Penses-tu qu'il ait suffit d'un décret, proclamé à table, pour les faire dieux? Ce qu'il y avait d'humain dans leur nature, a disparu aux yeux des hommes avant que la renommée les élevât au ciel. Ainsi donc, toi et moi, Cléon, nous faisons des dieux! C'est de nous que le roi recevra ses titres à la divinité! J'aimerais à mettre ta puissance à l'épreuve; fais seulement un roi, puisque tu peux faire un dieu : un empire est plus facile à donner que le ciel. Ah! puissent les dieux propices avoir entendu sans courroux ce qu'a dit Cléon, et laisser à la fortune de notre monarque le cours qu'elle a suivi jusqu'à ce jour; puissent-ils nous permettre de rester fidèles à nos mœurs! Je ne rougis point de ma patrie, et je n'ai pas besoin d'apprendre des vaincus de quelle façon je dois honorer le roi. Je les reconnais désormais pour nos vainqueurs, s'il faut que nous recevions d'eux les lois d'après lesquelles nous devons vivre. »

---

ne in peregrinos ritus degenerare se cogereris, neu rebus felicissime gestis invidiam tali adulatione contraheres. Sed quoniam abest, ego tibi pro illo respondeo : nullum esse eumdem et diuturnum et præcocem fructum; cœlestesque honores non dare te regi, sed auferre : intervallo enim opus est, ut credatur deus, semperque hanc gratiam magnis viris posteri reddunt. Ego autem seram immortalitatem precor regi, ut vita diuturna sit, et æterna majestas. Hominem consequitur aliquando, nunquam comitatur divinitas. Herculem modo et Patrem Liberum consecratæ immortalitatis exempla referebas. Credisne, illos unius convivii decreto deos factos? prius ab oculis mortalium amolita natura est, quam in cœlum fama perveheret. Scilicet ego et tu, Cleo, deos facimus! a nobis divinitatis suæ auctoritatem accepturus est rex! potentiam tuam experiri libet : fac aliquem regem, si deum potes facere; facilius est cœlum dare, quam imperium. Dii propitii sine invidia, quæ Cleo dixit, audierint, eodemque cursu, quo fluxere res, ire patiantur; nostris moribus velint nos esse contentos. Non pudet patriæ, nec desidero ad quem modum rex mihi colendus sit, discere; quos equidem victores esse confiteor, si ab illis leges, queis vivamus, accipimus. »

Callisthènes avait été entendu avec plaisir, comme le défenseur de la liberté publique. Il avait obtenu des signes et même des paroles d'approbation, surtout des vieillards, à qui déplaisait le changement de leur ancienne façon de vivre en des coutumes étrangères. Le roi n'ignorait rien de ce qui avait été dit de part et d'autre; il s'était constamment tenu derrière une tapisserie qu'il avait fait placer autour des lits. Il envoya donc dire à Agis et à Cléon de rompre l'entretien, et de laisser seulement les Barbares se prosterner, selon leur coutume, quand il reparaîtrait; et, peu après, comme s'il eût terminé quelque affaire importante, il rentra dans la salle du festin. Les Perses commencèrent la cérémonie de leur adoration; Polyspercon, qui occupait un lit au-dessus du roi, voyant l'un d'entre eux toucher la terre de son menton, se mit à l'exhorter ironiquement à frapper encore plus fort. Ce propos fit éclater la colère d'Alexandre, qu'il avait depuis longtemps peine à contenir. « Ainsi donc, dit-il, tu me refuseras tes respects? et pour toi seul je serai un objet de risée? » Polyspercon répondit que le roi ne devait être un objet de risée, pas plus que lui de mépris. Alors Alexandre l'arrachant de son lit, l'en jette à bas; et comme il était tombé la face contre terre : « Vois-tu, lui dit-il, comment tu viens de faire toi-même ce qui tout à l'heure te faisait rire dans un autre. » Et ayant ordonné qu'on le conduisît en prison, il congédia les convives. Dans la suite, il est vrai, il pardonna à Polyspercon, après lui avoir fait subir un long châtiment.

Æquis auribus Callisthenes veluti vindex publicæ libertatis audiebatur : expresserat non assensionem modo, sed etiam vocem, seniorum præcipue, quibus gravis erat inveterati moris externa mutatio. Nec quidquam eorum, quæ invicem jactata erant, rex ignorabat; quum post aulæam, quæ lectos obduxerat, staret. Igitur ad Agin et Cleonem misit, ut sermone finito Barbaros tantum, quum intrasset, procumbere suo more paterentur : et paulo post, quasi potiora quædam egisset, convivium repetit. Quem venerantibus Persis, Polyspercon, qui cubabat super regem, unum ex iis mento contingentem humum per ludibrium cœpit hortari, ut vehementius id quateret ad terram; elicuitque iram Alexandri, quam olim animo capere non poterat. Itaque rex : « Tu autem, inquit, non veneraberis me? An tibi uni digni videmur esse ludibrio? » Ille nec regem ludibrio, nec se contemptu dignum esse respondit. Tum detractum eum lecto rex præcipitat in terram; et quum is pronus corruisset : « Videsne, inquit, idem te fecisse, quod in alio paulo ante ridebas? » Et tradi eo in custodiam jusso, convivium solvit. Polysperconti quidem postea, castigato diu, ignovit.

VI. Il en fut autrement de Callisthènes. Depuis longtemps sa fierté faisait ombrage au roi, et il garda contre lui un ressentiment plus opiniâtre : l'occasion se présenta bientôt de le satisfaire. C'était, comme nous l'avons dit plus haut, un usage dans les premières familles de Macédoine, de placer auprès des rois leurs enfants dès qu'ils étaient adultes, pour y remplir des fonctions peu différentes de celles de la domesticité. Ils passaient les nuits, chacun à son tour, à la porte de l'appartement où couchait le roi ; c'étaient eux qui introduisaient les concubines par une autre porte que celle où se trouvaient les gardes. C'étaient eux aussi qui recevaient des mains des palefreniers et présentaient au roi les chevaux qu'il devait monter ; ils l'accompagnaient à la chasse, aussi bien que dans les combats ; et rien ne manquait à leur esprit de ce qui forme une éducation libérale. Une de leurs prérogatives, et celle qui leur faisait le plus d'honneur, était de pouvoir manger assis à la table du roi : en même temps, lui seul avait le droit de les châtier à coups de fouet. Ce corps était chez les Macédoniens comme une pépinière de généraux et d'officiers : de là sortirent par la suite ces rois dont les descendants furent, après plusieurs générations, dépouillés de leur puissance par les Romains.

Hermolaüs, jeune homme de noble famille, faisait partie de ce corps. Il lui était arrivé de blesser le premier de son épieu un sanglier que le roi avait réservé à ses coups, et celui-ci, en punition, l'avait fait battre de verges. Indigné de cet affront, Hermolaüs alla en pleurer auprès de Sostrate, l'un de

VI. In Callisthenem, olim contumaciæ suspectum, pervicacioris iræ fuit, cujus explendæ matura obvenit occasio. Mos erat, ut supra dictum est, principibus Macedonum, adultos liberos regibus tradere ad munia, haud multum servilibus ministeriis abhorrentia. Excubabant servatis noctium vicibus proximi foribus ædis, in qua rex acquiescebat ; per hos pellices introducebantur alio aditu, quam quem armati obsidebant. Iidem acceptos ab agasonibus equos, quum rex ascensurus esset, admovebant ; comitabanturque et venantem, et in prœliis, omnibus artibus studiorum liberalium exculti. Præcipuus honor habebatur, quod licebat sedentibus vesci cum rege : castigandi eos verberibus nullius potestas præter ipsum erat. Hæc cohors velut seminarium ducum præfectorumque apud Macedonas fuit : hinc habuere posteri reges, quorum stirpibus post multas ætates Romani opes ademerunt.

Igitur Hermolaüs, puer nobilis ex regia cohorte, quum aprum telo occupasset, quem rex ferire destinaverat, jussu ejus verberibus affectus est ; quam ignominiam ægre ferens, deflere apud Sostratum cœpit. Ex eadem cohorte erat Sostratus, amore ejus ardens : qui quum laceratum corpus, in quo deperibat, intueretur, forsitan

ses compagnons, et qui brûlait pour lui d'un ardent amour. Quand il vit déchiré de coups ce corps objet de sa passion, Sostrate, qui peut-être avait d'ailleurs quelque sujet de haine contre le roi, profita de l'émotion où le jeune homme était déjà par lui-même, pour le déterminer, sous la foi d'un mutuel serment, à former le projet d'assassiner Alexandre. Et ils ne conduisirent pas cette affaire avec l'étourderie de leur âge : ils mirent, au contraire, beaucoup d'adresse à choisir leurs complices ; Nicostrate, Antipater, Asclépiodore et Philotas furent ceux qu'ils convinrent de s'adjoindre ; et ceux-ci leur amenèrent Anticlès, Élaptonius et Épimènes. Au reste, l'exécution de ce projet n'était rien moins que facile ; il fallait que les conjurés fussent tous de service la même nuit pour ne point trouver d'obstacles dans leurs compagnons étrangers au complot ; et le hasard les mettait de garde à différentes nuits les uns des autres. Aussi trente-deux jours furent-ils employés à changer l'ordre du service, et à terminer les autres apprêts de la conspiration.

La nuit était arrivée où les conjurés devaient se trouver réunis dans la même garde, pleins d'une joyeuse assurance en leur mutuelle fidélité, que leur garantissait un silence de tant de jours. Aucun ne s'était laissé ébranler par la crainte, ni l'espérance, tant ils avaient tous de haine contre le roi, ou de respect pour leurs serments ! Ils se tenaient donc à la porte de la salle où le roi soupait, pour le conduire, au sortir de table, dans sa chambre à coucher. Mais sa fortune et l'intempérance entraînèrent tous les convives à boire plus largement ; les jeux même du festin en prolongèrent la durée. Les con-

---

olim ob aliam quoque causam regi infestus, juvenem, sua sponte jam motum, data fide acceptaque perpulit, ut occidendi regem consilium secum iniret. Nec puerili impetu rem exsecuti sunt : quippe solerter legerunt, quos in societatem sceleris adsciscerent : Nicostratum, Antipatrum, Asclepiodorumque, et Philotam placuit assumi ; per hos adjecti sunt Anticles, Elaptonius et Epimenes. Ceterum agendæ rei haud sane facilis patebat via : opus erat eadem omnes conjuratos nocte excubare, ne ab expertibus consilii impedirentur ; forte autem alius alia nocte excubabat. Itaque in permutandis stationum vicibus, ceteroque apparatu exsequendæ rei, triginta et duo dies absumpti sunt.

Aderat nox, qua conjurati excubare debebant, mutua fide læti, cujus documentum tot dies fuerant : neminem metus spesve mutaverat ; tanta omnibus vel in regem ira, vel fides inter ipsos fuit ! Stabant igitur ad fores ædis ejus, in qua rex vescebatur, ut convivio egressum in cubiculum deducerent. Sed fortuna ipsius, simulque epulantium comitas provexit omnes ad largius vinum ; ludi etiam convivales ex-

jurés cependant étaient partagés entre la joie de pouvoir le surprendre au milieu du sommeil, et l'inquiétude de voir le repas durer jusqu'au jour : car, au lever de l'aurore, ils devaient être relevés par d'autres pour ne reprendre le service que sept jours après; et ils ne pouvaient espérer que tous gardassent aussi longtemps leur foi.

Déjà le jour approchait, lorsqu'enfin on se leva de table, et les conjurés vinrent prendre le roi, ravis de ce que l'occasion s'offrait d'accomplir leur crime. Tout à coup une femme, dont l'esprit était, à ce que l'on crut, égaré, mais accoutumée à entrer dans la tente du roi, parce qu'une sorte d'inspiration semblait lui révéler l'avenir, se présenta sur son passage et alla jusqu'à l'arrêter : témoignant par ses regards et tout son visage le trouble de son âme, elle lui conseilla de rentrer dans la salle du festin. Alexandre répondit, en plaisantant, que l'avis des dieux était bon, et, ayant appelé ses amis, il continua de rester à table jusqu'à la deuxième heure du jour.

La garde avait été déjà remplacée par d'autres jeunes gens du même corps destinés à faire sentinelle à la porte de la chambre du roi. Les conjurés restaient cependant à leur poste, quoique leur service fût terminé, tant l'espérance est opiniâtre dans l'âme humaine, lorsque d'ardentes passions la dévorent ! Le roi, leur parlant avec plus de bonté que jamais, les engagea à se retirer pour prendre du repos, puisqu'ils avaient été sur pied toute la nuit. Il leur donna à chacun cinquante sesterces, et les loua fort de ce qu'après avoir remis le poste à d'autres,

---

traxere tempus, nunc lætis conjuratis, quod sopitum agressuri essent, nunc sollicitis, ne in lucem convivium extraheretur : quippe alios in stationem oportebat prima luce succedere; ipsorum post vii dies reditura vice : nec sperare poterant in illud tempus omnibus duraturam fidem.

Ceterum quum jam lux appeteret, et convivium solvitur, et conjurati exceperunt regem, læti occasionem exsequendi sceleris admotam ; quum mulier attonitæ, ut creditum est, mentis, conversari in regia solita, quia instinctu videbatur futura prædicere, non occurrit modo abeunti, sed etiam semet objecit; vultuque et oculis motum præferens animi, ut rediret in convivium monuit : et ille per ludum, bene deos suadere respondit ; revocatisque amicis in horam diei ferme secundam convivii tempus extraxit.

Jam alii ex cohorte in stationem successerant, ante cubiculi fores excubituri; adhuc tamen conjurati stabant, vice officii sui expleta : adeo pertinax spes est humanæ mentis, quam ingentes concupiscentiæ devorant. Rex benignius quam alias allocutus, discedere eos ad curanda corpora, quoniam tota nocte perstitissent, jubet. Data sunt singulis quinquaginta sestertia, collaudatique, quod, etiam aliis tradita

ils avaient encore continué leur faction. Déchus alors d'une si grande espérance, ils se retirèrent dans leurs quartiers, décidés à attendre la nuit où reviendrait leur service. Mais Épimènes, soit qu'il se fût senti changé par la bienveillance avec laquelle le roi l'avait accueilli parmi les autres conjurés, soit qu'il se persuadât que les dieux s'opposaient à l'entreprise, alla tout révéler à son frère Euryloque, qu'il avait voulu auparavant éloigner de toute participation au complot. Chacun avait devant les yeux le supplice de Philotas. Aussi la première chose que fit Euryloque fut d'arrêter son frère et de se rendre au palais. Là, éveillant les gardes, il leur déclare qu'il apporte des nouvelles qui intéressent la sûreté du roi.

L'heure à laquelle ils se présentaient, leurs visages qui ne témoignaient guère des âmes tranquilles, la tristesse de l'un des deux, frappèrent Ptolémée et Léonnatus, qui gardaient le seuil de la chambre à coucher. Ouvrant donc la porte et faisant apporter de la lumière, ils éveillent le roi appesanti par le vin et le sommeil. Celui-ci, recueillant peu à peu ses idées, leur demande ce qu'ils viennent lui annoncer. Euryloque, sans tarder un instant, s'écrie que les dieux ne se sont pas tout à fait détournés de sa maison, puisque son frère, coupable de la pensée d'un grand crime, a pourtant eu le bonheur de s'en repentir, et vient, par son entremise, en faire la révélation. Que la nuit même qui venait de finir, un attentat avait été préparé contre les jours du roi, et que les auteurs de ce projet criminel étaient ceux qu'il en soupçonnait le moins.

---

vice, tamen excubare perseverassent. Illi tanta spe destituti domos abeunt; et ceteri quidem exspectabant stationis suæ noctem : Epimenes, sive comitate regis, qua ipsum inter conjuratos exceperat, repente mutatus, sive quia cœptis deos obstare credebat, fratri suo Eurylocho, quem antea expertem esse consilii voluerat, quid pararetur, aperit. Omnibus Philotæ supplicium in oculis erat. Itaque protinus injicit fratri manum, et in regiam pervenit : excitatisque custodibus corporis, ad salutem regis pertinere, quæ afferret, affirmat.

Et tempus, quo venerant, et vultus haud sane securi animi index, et mœstitia e duobus alterius, Ptolemæum ac Leonnatum excubantes ad cubiculi limen excitaverunt : itaque, apertis foribus et lumine illato, sopitum mero ac somno excitant regem. Ille paulatim mente collecta, quid afferant, interrogat. Nec cunctatus Eurylochus, non ex toto domum suam aversari deos, dixit, quia frater ipsius, quanquam impium facinus ausus foret, tamen et pœnitentiam ejus ageret, et per se potissimum profiteretur indicium : in eam ipsam noctem, quæ decederet, insidias comparatas fuisse : auctores scelesti consilii esse, quos minime crederet rex.

Alors Épimènes expose le complot dans tous ses détails, et avec le nom de chacun des conjurés. Il était certain que celui de Callisthènes n'avait pas été prononcé dans le nombre; il avait seulement l'habitude de prêter une oreille trop facile aux propos haineux et aux accusations de ces jeunes gens contre le roi. Quelques-uns ajoutent qu'Hermolaüs étant venu se plaindre à lui d'avoir été fouetté par ordre d'Alexandre, Callisthènes lui dit qu'ils devaient tous se souvenir qu'ils étaient déjà des hommes. Voulait-il, par ces paroles, le consoler de sa disgrâce, ou enflammer les ressentiments de cette jeunesse? C'est ce qu'il fut impossible de décider. Le roi, n'ayant plus l'esprit ni le corps endormis, aperçut toute la grandeur du péril auquel il avait échappé. Il donna sur-le-champ à Euryloque cinquante talents et les biens d'un certain Tyridate, qui était fort riche; il lui rendit aussi son frère, sans lui laisser le temps de demander sa grâce. Quant aux auteurs de la conspiration, parmi lesquels fut rangé Callisthènes, il les fit charger de fers et mettre sous bonne garde. Dès qu'on les eut amenés dans le palais, fatigué de veilles et de débauches, Alexandre se reposa tout le jour et la nuit suivante. Le lendemain, il convoqua une nombreuse assemblée, à laquelle assistèrent les parents et les proches des accusés, peu rassurés eux-mêmes sur le sort qui les attendait : car ils devaient périr, selon la loi macédonienne, qui vouait à la mort tous ceux que les liens du sang unissaient aux coupables. L'ordre fut alors donné de faire entrer les conjurés, à l'exception de Callisthènes; et tous, sans hésiter, firent l'aveu de leur

---

Tum Epimenes cuncta ordine, consciorumque nomina exponit. Callisthenem non ut participem facinoris nominatum esse constabat; sed solitum puerorum sermonibus vituperantium criminantiumque regem faciles aures præbere. Quidam adjiciunt, quum Hermolaüs apud eum quoque verberatum se a rege quereretur, dixisse Callisthenem, meminisse debere eos jam viros esse : idque an ad consolandam patientiam verberum, an ad incitandum juvenum dolorem dictum esset, in ambiguo fuisse. Rex, animi corporisque sopore discusso, quum tanti periculi, quod evaserat, imago oculis oberraret, Eurylochum L talentis et cujusdam Tyridatis opulenti bonis donat protinus; fratremque, antequam pro salute ejus precaretur, restituit. Sceleris autem auctores, interque eos Callisthenem, vinctos asservari jubet : quibus in regiam adductis, toto die et nocte proxima, mero ac vigiliis gravis, acquievit. Postero autem frequens consilium adhibuit, cui patres propinquique eorum, de quibus agebatur, intererant, ne de sua quidem salute securi: quippe Macedonum more perire debebant, omnium devotis capitibus, qui sanguine contigissent eos. Rex introduci conjuratos præter Callisthenem jussit : atque quæ agitaverant, sine cunctatione confessi sunt.

crime. Un murmure universel s'éleva contre eux, et le roi lui-même leur demanda ce qu'il leur avait fait pour qu'ils méditassent contre sa personne un si énorme attentat.

VII. Tous demeuraient interdits : « Eh bien, dit Hermolaüs, puisque tu feins de l'ignorer, et que tu le demandes, ce qui nous a armés contre tes jours, c'est que tu ne nous gouvernes plus comme des hommes libres, mais nous commandes ainsi qu'à des esclaves. » Le premier de tous, Sopolis, père d'Hermolaüs, se lève et s'écrie que son parricide fils veut la mort de son père même : il lui met la main sur la bouche, et proteste qu'on ne doit pas écouter davantage un misérable égaré par le crime et le malheur. Le roi le fait retirer, et ordonne à Hermolaüs de dire ce qu'il a appris de son maître Callisthènes.

« Je profite de ta générosité, reprit alors Hermolaüs, et vais dire ce que m'ont appris nos malheurs. Combien reste-t-il de Macédoniens échappés à ta cruauté? combien en reste-t-il, sinon du sang le plus vulgaire? Attale, Philotas, Parménion, Alexandre Lyncestes, Clitus, si l'on ne demande compte de leurs jours qu'à l'ennemi, vivent encore ; ils sont fermes au milieu de la mêlée, ils te couvrent de leurs boucliers ; ils payent ta gloire et tes victoires au prix de leurs blessures. Que tu les en as dignement récompensés! L'un a arrosé ta table de son sang ; l'autre n'a pu même recevoir la mort d'un seul coup : il a fallu que les généraux de ton armée, placés sur le chevalet, fussent donnés en spectacle aux Perses qu'ils avaient vaincus. Parménion a été égorgé sans être entendu,

---

Increpantibus deinde universis eos, ipse rex, quo suo merito tantum in semet cogitassent facinus, interrogat.

VII. Stupentibus ceteris, Hermolaüs : « Nos vero, inquit, quoniam, quasi nescias, quæris occidendi te consilium inivimus, qui non ut ingenuis imperare cœpisti, sed quasi in mancipia dominaris. » Primus ex omnibus pater ipsius Sopolis, parricidam etiam parentis sui clamitans esse, consurgit, et ad os manu objecta, scelere et malis insanientem ultra negat audiendum. Rex, inhibito patre, dicere Hermolaüm jubet, quæ ex magistro didicisset Callisthene.

Et Hermolaüs : « Utor, inquit, beneficio tuo, et dico, quæ nostris malis didici. Quota pars Macedonum sævitiæ tuæ superest? quotusquisque non e vilissimo sanguine? Attalus, et Philotas, et Parmenio, et Lyncestes Alexander, et Clitus, quantum ad hostes pertinet, vivunt; stant in acie, te clypeis suis protegunt, et pro gloria tua, pro victoria vulnera accipiunt : quibus tu egregiam gratiam retulisti. Alius mensam tuam sanguine suo aspersit ; alius ne simplici quidem morte defunctus est : duces exercituum tuorum in equuleum impositi, Persis, quos vicerant, fuere

après que par ses mains tu avais immolé Attale : car tu fais tour à tour de ces malheureux autant de bourreaux pour frapper tes victimes. Et ceux qui, un moment auparavant, ont été les instruments de tes vengeances, tu les fais aussitôt massacrer par d'autres. »

Un cri général d'indignation couvrit à cet instant la voix d'Hermolaüs. Son père avait fini par tirer son épée, et allait l'en frapper infailliblement, s'il n'eût été arrêté par le roi, qui ordonna à Hermolaüs de continuer, et demanda qu'on l'écoutât patiemment, pendant qu'il fournissait de nouveaux motifs à son supplice.

Après que l'on eut à grand'peine calmé l'assemblée, Hermolaüs reprit : « Avec quelle générosité tu laisses discourir des enfants étrangers à l'art de la parole! Et cependant la voix de Callisthènes est enfermée dans les murs d'une prison, parce que seul il saurait parler! Pourquoi, en effet, ne pas le faire paraître en ce lieu, lorsqu'on entend ceux même qui ont tout avoué? C'est que tu redoutes la voix libre d'un homme innocent, et que tu ne saurais même soutenir ses regards. Eh bien! j'affirme, moi, qu'il n'a rien fait. Tous ceux qui sont entrés, avec moi, dans cette noble entreprise sont ici ; il n'en est aucun qui puisse dire qu'il ait été notre complice, encore qu'il soit depuis longtemps destiné à la mort par le plus juste et le plus clément des rois. Voilà donc le prix réservé aux Macédoniens, dont tu prodigues le sang comme une superfluité méprisable; et trente mille mulets traînent à ta suite l'or pris sur l'ennemi, tandis que tes soldats rapporteront chez eux

---

spectaculo. Parmenio, indicta causa, trucidatus est, per quem Attalum occideras. Invicem enim miserorum uteris manibus ad expetenda supplicia : et, quos paulo ante ministros cædis habuisti, subito ab aliis jubes trucidari. »

Obstrepunt subinde cuncti Hermolao : pater supremùm strinxerat ferrum, percussurus haud dubie, ni inhibitus esset a rege : quippe Hermolaum dicere jussit, petiitque ut causas supplicii augentem patienter audirent.

Ægre ergo coercitis, rursus Hermolaüs : « Quam liberaliter, inquit, pueris, rudibus ad dicendum, agere permittis! at Callisthenis vox carcere inclusa est, quia solus potest dicere. Cur enim non producitur, quum etiam confessi audiuntur? nempe quia liberam vocem innocentis audire metuis, ac ne vultum quidem pateris. Atqui nihil eum fecisse contendo : sunt hic, qui mecum rem pulcherrimam cogitaverunt; nemo est, qui conscium fuisse nobis Callisthenem dicat, quum morti olim destinatus sit a justissimo et patientissimo rege. Hæc ergo sunt Macedonum præmia, quorum ut supervacuo et sordido abuteris sanguine! At tibi xxx millia mulorum captivum aurum vehunt, quum milites nihil domum præter gratuitas cicatrices re-

pour tout bien des cicatrices sans récompenses! Tout cela, cependant, nous l'avons pu supporter, jusqu'au moment où il t'a plu de nous sacrifier aux Barbares, et, par une coutume nouvelle, de faire porter aux vainqueurs le joug des vaincus. L'habillement et les usages des Perses font tes délices : tu as pris en horreur les mœurs de ta patrie. C'est donc le roi de Perse, non celui des Macédoniens, que nous avons voulu faire périr : transfuge, nous te poursuivons en vertu des droits de la guerre. Tu as voulu que les Macédoniens fléchissent le genou devant toi et t'adorassent comme un dieu : tu désavoues Philippe pour ton père; et, s'il était quelque dieu au-dessus de Jupiter, tu renierais Jupiter lui-même. Et tu t'étonnes que des hommes libres ne puissent supporter ton orgueil! Qu'avions-nous à espérer de toi, je te le demande, nous, dont le sort était de mourir innocents, ou, ce qui est pis que la mort, de vivre en esclavage? Que si jamais tu peux te corriger, tu me devras beaucoup : car tu as commencé à apprendre de ma bouche ce que des hommes d'un sang libre ne peuvent souffrir. Épargne du reste nos parents, et ne prodigue pas les supplices à leur vieillesse délaissée. Pour nous, fais-nous-y conduire, et que le bienfait que nous attendions de ta mort, la nôtre nous le procure. » Ainsi parla Hermolaüs.

VIII. Le roi lui répliquant aussitôt : « Ma patience, dit-il, prouve assez la fausseté de ce que vient de dire ce jeune homme, tout plein des leçons de son maître. Coupable, d'après son propre aveu, du dernier des forfaits, je me suis toutefois commandé de l'entendre. J'ai fait plus, j'ai voulu que vous

laturi sint. Quæ tamen omnia tolerare potuimus, antequam nos Barbaris dederes, et, novo more, victores sub jugum mitteres. Persarum te vestis et disciplina delectat : patrios mores exosus es. Persarum ergo, non Macedonum regem occidere voluimus ; et te transfugam belli jure persequimur. Tu Macedonas voluisti genua tibi ponere, venerarique te, ut deum : tu Philippum patrem aversaris; et, si quis deorum ante Jovem haberetur, fastidires etiam Jovem. Miraris, si liberi homines superbiam tuam ferre non possumus? Quid speramus ex te, quibus aut insontibus moriendum est, aut, quod tristius morte est, in servitute vivendum? Tu quidem, si emendari potes, multum mihi debes : ex me enim scire cœpisti, quod ingenui homines ferre non possunt. De cetero parce his, quorum orbam senectutem suppliciis ne oneraveris : nos jube duci, ut, quod ex tua morte petieramus, consequamur ex nostra. » Hæc Hermolaüs.

VIII. At rex : « Quam falsa sint, inquit, quæ iste tradita a magistro suo dixit, patientia mea ostendet. Confessum enim ultimum facinus, tamen, ut vos quoque, non solum ipse, audiretis, expressi; non imprudens, quum permisissem huic latroni

l'entendissiez avec moi : et certes, je n'ignorais pas qu'en permettant de parler à ce misérable, il donnerait carrière à cette même rage qui l'a poussé à vouloir me tuer, moi qu'il devait respecter comme un père. Dernièrement, à la chasse, il se permit une insolence ; et, suivant un usage de notre pays, pratiqué de temps immémorial par les rois de Macédoine, je le fis châtier. Il en doit être ainsi ; et comme les tuteurs le font pour leurs pupilles, les maris pour leurs femmes, nous remettons aux esclaves le soin de fouetter les enfants de cet âge. Voilà la cruauté qu'il me reproche, et dont il a voulu se venger par un parricide : car, à l'égard de tous ceux qui me laissent suivre le penchant de ma nature, vous savez quelle est ma douceur, et je n'ai pas besoin de vous la rappeler. Qu'Hermolaüs désapprouve le supplice des traîtres, quand lui-même s'en est rendu digne, certes je ne m'en étonne guère : en faisant l'apologie de Parménion et de Philotas, c'est sa cause qu'il plaide. Quant à Alexandre Lyncestes, deux fois coupable d'attentat contre ma personne, je lui ai fait grâce, malgré une double dénonciation : convaincu d'un complot, j'ai encore différé deux ans de le punir, jusqu'à ce que vous réclamassiez vous-mêmes le juste châtiment de son forfait. Attale, vous vous en souvenez, avant que je fusse roi, s'était armé contre mes jours. Pour Clitus, plût au ciel qu'il n'eût pas provoqué ma colère ! et encore cette langue téméraire, qui vous prodiguait l'insulte en même temps qu'à moi, je l'ai endurée plus longtemps que lui-même n'eût enduré de semblables propos de ma bouche.

---

dicere, usurum eum rabie, qua compulsus est, ut me, quem parentis loco colere deberet, vellet occidere. Nuper, quum procacius se in venatione gessisset, more patrio et ab antiquissimis Macedoniæ regibus usurpato, eum castigari jussi : hoc et oportet fieri ; et, ut a tutoribus pupilli, a maritis uxores, servis quoque pueros hujus ætatis verberare concedimus. Hæc est sævitia in ipsum mea, quam impia cæde voluit ulcisci : nam in ceteros, qui mihi permittunt uti ingenio meo, quam mitis sim, non ignoratis ; et commemorare supervacuum est. Hermolao parricidarum supplicia non probari, quum eadem ipse meruerit, minime hercule admiror : nam quum Parmenionem et Philotam laudat, suæ servit causæ. Lyncesten vero Alexandrum, bis insidiatum capiti meo, a duobus indicibus liberavi : rursus convictum per biennium tamen distuli : donec vos postularetis, ut tandem debito supplicio scelus lueret. Attalum, antequam rex essem, hostem meo capiti fuisse meministis. Clitus utinam non coegisset me sibi irasci ! cujus temerariam linguam, probra dicentem mihi et vobis, diutius tuli, quam ille eadem me dicentem tulisset.

« La clémence des rois et des autres chefs ne tient pas seulement à leur caractère, elle dépend aussi des dispositions de ceux qui obéissent. La soumission adoucit les rigueurs du commandement ; mais lorsque le respect n'est plus dans les cœurs, et que la subordination a disparu, il faut la force pour repousser la force. Mais comment m'étonné-je que cet insensé me reproche ma cruauté, lorsqu'il n'a pas craint de m'accuser d'avarice ? Je ne veux point en appeler à chacun de vous en particulier ; je craindrais de vous rendre mes bienfaits odieux en vous forçant d'en rougir. Jetez un coup d'œil sur toute l'armée : combien de soldats qui naguère n'avaient rien que leurs armes, et qui dorment aujourd'hui sur des lits d'argent ! leur table est chargée de vaisselle d'or ; ils traînent à leur suite des troupeaux d'esclaves ; ils chancellent sous le poids des dépouilles de l'ennemi.

« Mais, ajoute-t-il, les Perses que nous avons vaincus sont, auprès de moi, en grand honneur. C'est, sans contredit, la preuve la plus frappante de ma modération, que de commander sans orgueil aux vaincus : je suis venu en Asie, non pour bouleverser les nations, ni pour faire un désert de la moitié de l'univers, mais pour apprendre aux peuples même que j'aurais conquis à ne pas regretter ma victoire. Aussi, vous voyez combattre avec vous, et répandre leur sang pour votre empire, ces mêmes hommes qui, traités avec hauteur, se fussent révoltés. Les conquêtes où l'on n'entre que par le glaive ne sont pas de longue durée ; la reconnaissance des bienfaits est immortelle. Si nous voulons posséder l'Asie, non la traverser, il

---

« Regum ducumque clementia non in ipsorum modo, sed etiam in illorum, qui parent, ingeniis sita est. Obsequio mitigantur imperia : ubi vero reverentia excessit animis, et summa imis confundimus, vi opus est, ut vim repellamus. Sed quid ego mirer, istum crudelitatem mihi objecisse, qui avaritiam exprobrare ausus sit? Nolo singulos vestrum excitare, ne invisam liberalitatem meam faciam, si pudori vestro gravem fecero. Totum exercitum aspicite : qui paulo ante nihil præter arma habebat, nunc argenteis cubat lectis ; mensas auro onerant ; greges servorum ducunt : spolia de hostibus sustinere non possunt.

« At enim Persæ, quos vicimus, in magno honore sunt apud me ! Equidem moderationis meæ certissimum indicium est, quod ne victis quidem superbe impero : veni enim in Asiam, non ut funditus everterem gentes, nec ut dimidiam partem terrarum solitudinem facerem, sed ut illos quoque, quos bello subegissem, victoriæ meæ non pœniteret. Itaque militant vobiscum, pro imperio vestro sanguinem fundunt, qui superbe habiti rebellassent. Non est diuturna possessio, in quam gladio inducimur ; beneficiorum gratia sempiterna est. Si habere Asiam, non transire vo-

faut admettre les peuples au partage de notre clémence : leur attachement rendra notre empire stable et éternel. Et assurément, nous avons plus que nous ne pouvons embrasser : il n'y a qu'une avarice insatiable qui veuille remplir encore un vase qui déborde déjà de toutes parts.

« Mais je suis coupable aussi de faire adopter aux Macédoniens les mœurs des vaincus ! C'est que chez plusieurs nations je vois beaucoup de choses qu'il n'y a pour nous nulle honte à imiter ; et un si grand empire ne peut être bien gouverné, sans que nous lui imposions quelques-uns de nos usages, et que nous en empruntions d'eux quelques autres. Ç'a été une chose presque risible, d'entendre Hermolaüs me demander de renier Jupiter, dont l'oracle me reconnaît. Suis-je donc maître aussi des réponses des dieux ? Il m'a honoré du nom de son fils : en l'acceptant, je n'ai pas nui, ce me semble, à l'œuvre même où nous sommes engagés. Plût au ciel que les Indiens me regardassent aussi comme un dieu ! car à la guerre la renommée fait tout, et souvent une croyance erronée a eu toute l'influence de la vérité.

« Pensez-vous que ce soit par goût pour le luxe que j'ai enrichi vos armes d'or et d'argent ? J'ai voulu montrer à des peuples pour lesquels il n'y a rien de plus commun que ces métaux, que les Macédoniens, invincibles en tout le reste, ne se laissaient pas vaincre même en or. Je surprendrai dès l'abord leurs yeux préparés à ne voir que des objets vulgaires et misérables, et je leur apprendrai que nous ne venons pas chercher de l'or et de l'argent, mais conquérir le monde. Cette

---

lumus, cum his communicanda est nostra clementia : horum fides stabile et æternum faciet imperium. Et sane plus habemus, quam capimus : insatiabilis autem avaritiæ est, adhuc implere velle, quod jam circumfluit.

« Verum tamen eorum mores in Macedonas transfundo ! In multis enim gentibus esse video, quæ non erubescamus imitari : nec aliter tantum imperium apte regi potest, quam ut quædam et tradamus illis, et ab iisdem discamus. Illud pæne dignum risu fuit, quod Hermolaüs postulabat a me, ut aversarer Jovem, cujus oraculo agnoscor. An etiam, quid dii respondeant, in mea potestate est ? Obtulit nomen filii mihi : recipere ipsis rebus, quas agimus, haud alienum fuit. Utinam Indi quoque deum esse me credant ! fama enim bella constant, et sæpe etiam, quod falso creditum est, veri vicem obtinuit.

« An me luxuriæ indulgentem putatis arma vestra auro argentoque adornasse ? Assuetis nihil vilius hac videre materia volui ostendere, Macedonas, invictos ceteris, nec auro quidem vinci. Oculos ergo primum eorum sordida omnia et humilia spectantium capiam ; et docebo, nos non auri aut argenti cupidos, sed orbem terrarum

gloire, lâche parricide, tu as voulu nous la ravir, et, en les privant de leur chef, livrer les Macédoniens à la merci des nations vaincues.

« Maintenant, tu me demandes de faire grâce à vos parents. Il eût été mieux sans doute de vous laisser ignorer ce que j'ordonnerai d'eux, et mourir avec un chagrin de plus, si toutefois vos parents ont quelque place dans votre souvenir et vos affections; mais cet usage de faire périr avec les coupables leurs parents et toute leur famille innocente, depuis longtemps je l'ai aboli, et je déclare hautement que tous conserveront le rang qu'ils avaient auparavant. Pour ton Callisthènes, qui, seul, trouve en toi un homme, parce qu'il y trouve un scélérat, je sais bien pourquoi tu voudrais qu'il fût appelé : tu sourirais d'entendre à la face de cette assemblée, sa bouche répéter les injures que tu m'as prodiguées tout à l'heure. S'il était Macédonien, j'aurais pu le faire comparaître avec toi, ce maître si digne de son élève; mais il est Olynthien, et il n'a pas les mêmes priviléges. »

Après ce discours il congédia l'assemblée, et ordonna que l'on remît les condamnés aux mains de leurs propres camarades. Ceux-ci, pour donner au roi dans leur cruauté un témoignage de leur dévouement, les firent périr au milieu des tortures. Callisthènes mourut aussi dans les tourments : il était étranger au complot tramé contre la vie du roi; mais son caractère n'était point fait pour la cour et pour les complaisances de la flatterie. Aussi nul meurtre n'excita davantage la haine des Grecs contre Alexandre : ce philo-

---

subacturos venisse. Quam gloriam tu parricida intercipere voluisti, et Macedonas, rege adempto, devictis gentibus dedere.

« At nunc mones me, ut vestris parentibus parcam! Non oportebat quidem vos scire, quid de his statuissem, quo tristiores periretis, si qua vobis parentum memoria et cura est : sed olim istum morem occidendi cum scelestis insontes propinquos parentesque solvi; et profiteor, in eodem honore futuros omnes eos, in quo fuerunt. Nam tuum Callisthenem, cui uni vir videris, quia latro es, scio, cur produci velis; ut coram his probra, quæ modo in me jecisti (modo audisti), illius quoque ore referantur : quem, si Macedo esset, tecum introduxissem, dignissimum te discipulo magistrum : nunc Olynthio non idem juris est. »

Post hæc consilium dimisit, tradique damnatos hominibus, qui ex eadem cohorte erant jussit. Illi, ut fidem suam sævitia regi approbarent, excruciatos necaverunt. Callisthenes quoque tortus interiit, initi consilii in caput regis innoxius, sed haudquaquam aulæ et assentantium accommodatus ingenio. Itaque nullius cædes majorem apud Græcos Alexandro excitavit invidiam, quod præditum optimis moribus arti-

sophe, de mœurs excellentes et d'un si rare savoir, dont la voix l'avait rappelé à la vie, lorsque, après le meurtre de Clitus, il voulait se laisser mourir, c'était peu de l'avoir fait périr, il l'avait encore livré aux tortures, sans même daigner l'entendre! il est vrai qu'il expia cette cruauté par un tardif repentir.

IX. Cependant, pour prévenir l'oisiveté si favorable aux propos séditieux, il se mit en marche vers l'Inde, toujours plus grand dans la guerre qu'après la victoire. L'Inde, presque tout entière tournée vers l'Orient, occupe en largeur moins d'étendue qu'en longueur. La partie exposée au midi forme un plateau de terres élevées; le reste n'est que plaines, et un grand nombre de fleuves célèbres, descendus du Caucase, y trouvent à travers les campagnes un cours paisible pour leurs eaux. L'Indus est le plus froid de tous; son eau est d'une couleur peu différente de celle de la mer. Le Gange, déjà considérable à sa source, se dirige vers le midi, et longe, en droite ligne, une chaîne de hautes montagnes. Des rochers qu'il rencontre sur son passage détournent ensuite son cours vers l'orient; et, au moment de se jeter dans la mer Rouge, il se perce une route à travers ses rives, et entraîne des amas d'arbres avec une portion considérable du sol. Parmi les rocs dont sa marche est embarrassée, on le voit revenir fréquemment sur lui-même; puis, quand il trouve un lit plus uni, ses eaux semblent dormir et forment des îles. L'Acésine vient le grossir. A l'instant où ce fleuve va tomber dans la mer, le Gange le reçoit, et tous deux s'entre-choquent avec violence; car le Gange oppose à son affluent la puissante barrière de son

busque, a quo revocatus ad vitam erat, quum interfecto Clito mori perseveraret, non tantum occiderit, sed etiam torserit, indicta quidem causa : quam crudelitatem sera pœnitentia consecuta est.

IX. Sed ne otium, serendis rumoribus natum, aleret, in Indiam movit; semper bello, quam post victoriam, clarior. India tota ferme spectat orientem, minus in latitudinem quam recta regione spatiosa. Quæ austrum accipiunt, in altius terræ fastigium excedunt; plana sunt cetera, multisque inclytis amnibus, Caucaso monte ortis, placidum per campos iter præbent. Indus gelidior est quam ceteri; aquas vehit, a colore maris haud multum abhorrentes. Ganges amnis, ab ortu eximius, ad meridianam regionem decurrit, et magnorum montium juga recto alveo stringit. Inde eum objectæ rupes inclinant ad orientem : utque Rubro mari accipitur, findens ripas, multas arbores cum magna soli parte exsorbet; saxis quoque impeditus crebro reverberatur : ubi mollius solum reperit, stagnat, insulasque molitur. Acesines eum

embouchure, et les eaux de celui-ci, quoique refoulées, ne cèdent point.

Le Dyardane a moins de célébrité, parce qu'il baigne l'extrémité de l'Inde : du reste, il nourrit non-seulement des crocodiles, comme le Nil, mais même des dauphins et d'autres monstres ailleurs inconnus. L'Érymanthe, qui se replie sur lui-même en de nombreuses sinuosités, est détourné par les riverains pour l'arrosement de leurs terres ; de là vient qu'il n'apporte à la mer qu'un mince filet d'eau, qui n'a déjà plus de nom. Bien d'autres fleuves traversent encore le pays dans tous les sens ; mais ils sont peu connus, parce qu'ils parcourent moins de pays. Le sol qui avoisine la mer est brûlé par les aquilons ; mais, arrêtés par les sommets des montagnes, ces vents ne pénètrent pas dans l'intérieur des terres, et c'est là ce qui en fait la fertilité. Du reste, sur ces plages lointaines, le cours des saisons est à ce point interverti, qu'à l'époque où les autres contrées sont dévorées par les ardeurs du soleil, l'Inde est couverte de neiges, et que réciproquement, lorsqu'il gèle ailleurs, la chaleur y est insupportable. Et jamais personne n'a pu se rendre compte de ce phénomène. Il est certain que la mer qui baigne l'Inde n'a pas une couleur différente de celle des autres mers : elle a pris son nom du roi Érythras ; ce qui a fait croire aux ignorants que ses eaux sont rouges.

La terre y est fertile en lin ; presque toute la population en tire ses vêtements. L'écorce tendre des arbres fournit comme une espèce de papier pour tracer des caractères. Les oiseaux

---

auget. Ganges decursurum in mare intercipit ; magnoque motu amnis uterque colliditur : quippe Ganges asperum os influenti objicit ; nec repercussæ aquæ cedunt.

Dyardanes minus celeber auditu est, quia per ultima Indiæ currit : ceterum, non crocodilos modo, uti Nilus, sed etiam delphines, ignotasque aliis gentibus belluas alit. Erymanthus, crebris flexibus subinde curvatus, ab incolis rigantibus carpitur : ea causa est, cur tenues reliquias jam sine nomine in mare emittat. Multis præter hos amnibus tota regio dividitur, sed ignobilibus, quia non adeo interfluunt. Ceterum, quæ propiora sunt mari, aquilones maxime deurunt : ii cohibiti jugis montium ad interiora non penetrant, ita alendis frugibus mitia. Sed adeo in illa plaga mundus statas temporum vices mutat, ut, quum alia fervore solis exæstuant, Indiam nives obruant, rursusque ubi cetera rigent, illic intolerandus æstus existat ; nec cur, ulli se naturæ causa ingessit. Mare certe, quo alluitur, ne colore quidem abhorret a ceteris : ab Erythra rege inditum est nomen, propter quod ignari rubere aquas credunt.

Terra lini ferax ; inde plerisque sunt vestes. Libri arborum teneri, haud secus

ont une facilité particulière à imiter les sons de la voix humaine. On y trouve des animaux inconnus aux autres régions, à moins qu'ils n'y aient été importés. L'Inde nourrit aussi des rhinocéros; mais ils n'y sont point indigènes. Les éléphants sont plus vigoureux que ceux que l'on dompte en Afrique, et leur grosseur répond à leur force. Les rivières roulent de l'or, celles du moins qui promènent dans leur cours doux et paisible leurs eaux paresseuses. La mer jette sur ses rivages des pierres précieuses et des perles; et c'est là pour le pays la principale source d'opulence, surtout depuis que, par le commerce, ils ont transporté leurs vices chez les nations étrangères : car ce dépôt, que laissent les flots en se retirant, n'a de prix que celui que le caprice y attache.

Là, comme partout ailleurs, le caractère des hommes est soumis aux influences du climat. Une robe de lin qui leur descend jusqu'aux pieds est leur vêtement : ils ont des sandales pour chaussures, et des bandes de toile leur ceignent la tête : des pierreries pendent à leurs oreilles; et des parures d'or attachées aux bras distinguent ceux qui ont parmi leurs compatriotes l'avantage de la naissance et de la fortune. Leurs cheveux sont peignés plus souvent que coupés; jamais ils ne se rasent le menton, et ils épilent le reste de leur visage, de manière que la barbe n'y laisse aucune trace. Le luxe de leurs monarques, qui, à les entendre, est de la magnificence, surpasse les folies de toutes les autres nations.

Lorsqu'un roi se laisse voir en public, ses officiers portent des encensoirs d'argent, et parfument dans toute son étendue

---

quam chartæ, litterarum notas capiunt. Aves ad imitandum humanæ vocis sonum dociles sunt; animalia inusitata ceteris gentibus, nisi invecta : eadem terra et rhinocerotas alit, non generat. Elephantorum major est vis, quam quos in Africa domitant, et viribus magnitudo respondet. Aurum flumina vehunt, quæ leni modicoque lapsu segnes aquas ducunt. Gemmas margaritasque mare littoribus infundit : neque alia illis major opulentiæ causa est, utique postquam vitiorum commercium vulgavere in exteras gentes; quippe æstimantur purgamenta æstuantis freti pretio, quod libido constituit.

Ingenia hominum, sicut ubique, apud illos locorum quoque situs format. Corpora usque pedes carbaso velant; soleis pedes, capita linteis vinciunt : lapilli ex auribus pendent; brachia quoque et lacertos auro colunt, quibus inter populares aut nobilitas, aut opes eminent. Capillum pectunt sæpius, quem tondent : mentum semper intonsum est; reliquam oris cutem ad speciem levitatis exæquant. Regum tamen luxuria, quam ipsi magnificentiam appellant, supra omnium gentium vitia.

Quum rex sane in publico conspici patitur, thuribula argentea ministri ferunt,

le chemin par où il doit être porté. Il est couché dans une litière d'or garnie de perles tout à l'entour. Sa robe de lin est enrichie d'or et de pourpre; des soldats armés, avec les gardes de la personne royale, suivent la litière, et, au milieu d'eux, sont suspendus à des branches d'arbres des oiseaux instruits à lui faire entendre leur chant au milieu des plus sérieuses occupations. Le palais du roi est soutenu par des colonnes dorées, autour desquelles serpente un cep de vigne ciselé en or, et ce riche ouvrage est lui-même embelli par l'image en argent des oiseaux qui flattent le plus leurs yeux. Le palais est ouvert à tous ceux qui se présentent pendant que l'on peigne et que l'on orne la chevelure du monarque; c'est alors qu'il donne audience aux ambassadeurs, et rend la justice à ses sujets. On lui ôte ses sandales pour lui frotter les pieds avec des parfums. La chasse est sa principale occupation : ce sont des animaux enfermés dans un parc qu'il perce à coups de flèches, accompagné des vœux et des chants de ses concubines. Ces flèches, dont la longueur est de deux coudées, se tirent avec plus de peine que d'effet : car le trait, dont toute la force est dans sa légèreté, se trouve amorti par le poids qui le surcharge. Il fait à cheval les voyages de courte durée; mais s'il s'agit d'une plus longue excursion, des éléphants traînent son char; le corps de ces énormes animaux est tout entier bardé d'or. Et, pour que rien ne manque à la dissolution des mœurs, une longue file de courtisanes le suit dans des litières d'or; cette troupe est séparée du cortége de la reine, mais l'égale en magnificence. Ce sont les femmes qui apprêtent les repas; elles servent aussi le vin, dont tous les Indiens font grand usage.

totumque iter, per quod ferri destinavit, odoribus complent. Aurea lectica margaritis circumpendentibus recubat : distincta sunt auro et purpura carbasa, quæ indutus est : lecticam sequuntur armati corporisque custodes; inter quos ramis aves pendent, quas cantu seriis rebus obstrepere docuerunt. Regia auratas columnas habet : totas eas vitis auro cælata percurrit; aviumque, quarum visu maxime gaudent, argenteæ effigies opera distinguunt. Regia adeuntibus patet, quum capillum pectit atque ornat : tunc responsa legationibus, tunc jura popularibus reddit. Demptis soleis, odoribus illinuntur pedes. Venatus maximus labor est, inclusa vivario animalia inter vota cantusque pellicum figere : binum cubitorum sagittæ sunt, quas emittunt majore nixu, quam effectu; quippe telum, cujus in levitate vis omnis est, inhabili pondere oneratur. Breviora itinera equo conficit : longior ubi expeditio est, elephanti vehunt currum; et tantarum belluarum corpora tota contegunt auro. Ac ne quid perditis moribus desit, lecticis aureis pellicum longus ordo sequitur : separatum à reginæ ordine agmen est, æquatque luxuria. Feminæ epulas parant; ab iisdem vinum

Lorsque te roi tombe appesanti par le vin et le sommeil, ses concubines le portent dans sa chambre à coucher, en invoquant par des chants consacrés les dieux de la nuit.

Qui croirait qu'au milieu de tant de vices il y ait placé pour la sagesse? Il existe cependant parmi eux une secte sauvage et grossière à laquelle est donné le nom de *sages*. A leurs yeux c'est une gloire de prévenir le jour de la mort, et ils se font brûler vivants, dès que les langueurs de l'âge ou la maladie commencent à les incommoder. La mort, quand on l'attend, est, selon eux, le déshonneur de la vie ; aussi ne rendent-ils aucun honneur aux corps qu'a détruits la vieillesse : le feu serait souillé s'il ne recevait l'homme respirant encore. Ceux qui habitent les villes, au milieu des usages de la vie commune, passent pour être habiles à observer les mouvements des astres et prédire l'avenir : ceux-là croient que l'homme n'avance jamais le jour de sa mort, s'il sait l'attendre sans effroi.

Ils comptent parmi leurs dieux tous les objets pour lesquels ils ont quelque respect : les arbres surtout, dont la profanation est chez eux un crime capital. Leurs mois se composent de quinze jours, sans que toutefois leur année en soit moins complète. Ils mesurent le temps d'après le cours de la lune; mais ce n'est pas, comme la plupart des autres peuples, par la révolution accomplie de cet astre, c'est par son croissant et son déclin. Voilà pourquoi ils ont des mois plus courts, la durée étant réglée sur chacune de ces phases de la lune. On raconte de ces peuples bien d'autres choses encore ; mais je n'ai pas jugé convenable d'en interrompre le fil de ma narration.

---

ministratur, cujus omnibus Indis largus est usus. Regem mero somnoque sopitum in cubiculum pellices referunt, patrio carmine noctium invocantes deos.

Quis credat, inter hæc vitia curam esse sapientiæ? Unum agreste et horridum genus est, quos sapientes vocant. Apud hos occupare fati diem pulchrum ; et vivos se cremari jubent, quibus aut segnis ætas, aut incommoda valetudo est : exspectatam mortem pro dedecore vitæ habent ; nec ullus corporibus, quæ senectus solvit, honos redditur : inquinari putant ignem, nisi qui spirantes recipit. Illi, qui in urbibus publicis moribus degunt, siderum motus scite spectare dicuntur, et futura prædicere ; nec quemquam admovere leti diem credunt, cui exspectare interrito liceat.

Deos putant, quidquid colere cœperunt; arbores maxime, quas violare capitale est. Menses in quinos denos descripserunt dies; anni plena spatia servant. Lunæ cursu notant tempora, non, ut plerique, quum orbem sidus implevit, sed quum se curvare cœpit in cornua. Et idcirco breviores habent menses, qui spatium eorum ad hunc lunæ modum dirigunt. Multa et alia traduntur, quibus morari ordinem rerum, haud sane operæ videbatur.

X. Alexandre avait dépassé la frontière de l'Inde, lorsque les petits rois de quelques peuplades vinrent à sa rencontre pour lui apporter leur soumission. Il était, leur dirent-ils, le troisième fils de Jupiter qui fût venu les visiter : la renommée leur avait appris les noms de Bacchus et d'Hercule ; mais lui, ils l'avaient devant eux, ils le voyaient. Le roi les accueillit avec bonté, et leur commanda de l'accompagner, comptant se servir d'eux comme de guides. Mais bientôt personne ne se présenta plus, et alors il envoya en avant Héphestion et Perdiccas, pour réduire ceux qui refuseraient de se soumettre. L'ordre leur était donné de s'avancer jusqu'à l'Indus, et de construire des bateaux pour faire passer l'armée sur l'autre rive. Ceux-ci, voyant devant eux plusieurs fleuves à traverser, disposèrent leurs embarcations de telle sorte qu'on pût, en les démontant, les transporter sur des chariots, et ensuite en rajuster les pièces. De son côté, Alexandre commanda à Cratère de le suivre avec la phalange ; et lui-même, à la tête de la cavalerie et de ses troupes légères, rencontra dans une escarmouche, et repoussa jusque dans la ville voisine, quelques troupes qui étaient venues l'attaquer. Cratère ne tarda pas à le rejoindre. Voulant alors frapper tout d'abord d'épouvante un peuple qui n'avait pas encore éprouvé les armes des Macédoniens, il ordonna de ne faire aucun quartier, et de livrer aux flammes les fortifications de la ville assiégée. Comme il faisait à cheval le tour des murailles, une flèche l'atteignit : il n'en prit pas moins la ville, dont les habitants furent tous massacrés, et les maisons même impitoyablement détruites.

X. Igitur Alexandro, fines Indiæ ingresso, gentium suarum reguli occurrerunt, imperata facturi, illum tertium Jove genitum ad ipsos pervenisse memorantes : Patrem Liberum atque Herculem fama cognitos esse : ipsum coram adesse cernique. Rex benigne exceptos sequi jussit, iisdem itinerum ducibus usurus. Ceterum, quum amplius nemo occurreret, Hephæstionem et Perdiccam cum copiarum parte præmisit ab subigendos, qui aversarentur imperium : jussitque ad flumen Indum procedere, et navigia facere, queis in ulteriora transportari posset exercitus. Illi, quia plura flumina superanda erant, sic junxere naves, ut solutæ plaustris vehi possent, rursusque conjungi. Post se Cratero cum phalange jusso sequi, equitatum ac levem armaturam eduxit ; eosque, qui occurrerant, levi prœlio in urbem proximam compulit. Jam supervenerat Craterus : itaque, ut principio terrorem incuteret genti, nondum arma Macedonum expertæ, præcipit, ne cui parceretur, munimentis urbis, quam obsidebat, incensis. Ceterum, dum obequitabat mœnibus, sagitta ictus est : cepit tamen oppidum, et, omnibus incolis ejus trucidatis, etiam in tecta sævitum est.

Après la défaite de cette obscure peuplade, il arriva devant la ville de Nysa. Comme il avait établi son camp sous les murs mêmes, dans un lieu couvert de bois, le froid de la nuit, plus rigoureux qu'on ne l'avait jamais senti, vint pénétrer et glacer toute l'armée. Mais le feu offrit à propos un remède au mal ; avec les arbres abattus fut allumé un bûcher : la flamme gagna de proche en proche jusqu'aux tombeaux des habitants ; construits avec du vieux cèdre, ils prirent aisément feu et répandirent au loin l'incendie, jusqu'à ce qu'enfin tout à l'entour eût disparu. Alors on entendit la ville retentir des aboiements des chiens, et même ensuite des voix confuses des hommes. Les habitants connurent par là que l'ennemi était à leurs portes, et les Macédoniens qu'ils étaient devant la ville.

Déjà le roi avait fait avancer ses troupes et commençait à investir les murs, lorsque les assiégés, ayant hasardé une sortie, furent écrasés sous une grêle de traits. La pensée vint aux uns de se rendre ; les autres étaient d'avis de courir les chances du combat. Alexandre, informé de leur irrésolution, se contenta de bloquer la place, et recommanda qu'on épargnât le sang : fatigués à la fin des souffrances du siége, ils capitulèrent. Ils prétendaient que leur ville avait été fondée par Bacchus ; et cette origine était véritable. Elle est située au pied d'une montagne que les gens du pays appellent Méron ; et c'est de ce nom que les Grecs se sont autorisés pour inventer la fable de Bacchus renfermé dans la cuisse de Jupiter. Le roi, après avoir appris des habitants la position de cette montagne, fit partir des vivres en avant, et en gravit le

Inde, domita ignobili gente, ad Nysam urbem pervenit. Forte castris ante mœnia ipsa in silvestri loco positis, nocturnum frigus vehementius, quam alias, horrore corpora affecit, opportunumque remedium ignis oblatum est. Cæsis quippe silvis, flammam excitaverunt, quæ igni alita oppidanorum sepulcra comprehendit ; vetusta cedro facta erant, conceptumque ignem late fudere, donec omnia solo æquata sunt. Et ex urbe primum canum latratus, deinde etiam hominum fremitus auditus est. Tum et oppidani hostem, et Macedones ipsos ad urbem venisse cognoscunt.

Jamque rex eduxerat copias, et mœnia obsidebat, quum hostium, qui discrimen tentaverant, obruti telis sunt. Aliis ergo deditionem, aliis pugnam experiri placebat : quorum dubitatione comperta, circumsideri tantum eos, et abstineri cædibus jussit ; tandemque obsidionis malis fatigati dedidere se. A Libero Patre conditos se esse dicebant ; et vera hæc origo erat. Sita est sub radicibus montis, quem Meron incolæ appellant ; inde Græci mentiendi traxere licentiam, Jovis femine Liberum Patrem esse celatum. Rex, situ montis cognito ex incolis, cum toto exercitu, præ-

sommet avec son armée. Dans toute son étendue, le lierre et la vigne y croissent en abondance : une foule de sources d'eau vive s'en échappent. On y trouve aussi une grande variété d'excellents fruits, produits naturels de la terre qui féconde d'elle-même des semences apportées par le hasard. Le laurier et d'autres arbres à baies couvrent ces rochers de leur agreste ombrage.

Ce ne fut pas sans doute une inspiration divine, mais plutôt un emportement de gaieté, qui entraîna les Macédoniens à cueillir çà et là des feuilles de lierre et de vigne pour s'en faire des couronnes, et à se répandre à travers les bois comme des bacchantes. Les montagnes et les coteaux retentissaient des voix confuses de ces milliers d'hommes, qui rendaient hommage au dieu de la forêt : car cette licence, d'abord l'ouvrage d'un petit nombre, avait fini, selon l'usage, par gagner toute l'armée. Aussi les voyait-on, comme en pleine paix, étendus sur le gazon et sur des monceaux de feuillage. Le roi, permettant volontiers une fête que le hasard avait commencée, leur fournit la bonne chère en abondance; et laissa ainsi, pendant dix jours, son armée sacrifier à Bacchus.

Qui peut nier que la gloire, même la plus belle, ne soit plus souvent un bienfait de la fortune, que le prix du courage? Au milieu même de leurs festins et du sommeil de l'ivresse, l'ennemi n'osa pas les attaquer; leurs hurlements et le fracas de leurs bacchanales l'effrayaient autant que l'eussent fait leurs cris de guerre. La même fortune les protégea encore, lorsque,

---

missis commeatibus, verticem ejus ascendit. Multa hedera vitisque toto gignitur monte : multæ perennes aquæ manant. Pomorum quoque varii salubresque succi sunt; sua sponte fortuitorum seminum fruges humo nutriente. Lauri baccæque, et multa in illis rupibus agrestis est silva.

Credo equidem, non divino instinctu, sed lascivia esse provectos, ut passim hederæ ac vitium folia decerperent, redimitique fronte toto nemore similes bacchantibus vagarentur. Vocibus ergo tot millium, præsidem nemoris ejus deum adorantium, juga montis collesque resonabant, quum orta licentia a paucis, ut fere fit, in omnes se repente vulgasset. Quippe, velut in media pace, per herbas congestamque frondem prostraverant corpora. Et rex, fortuitam lætitiam non aversatus, large ad epulas omnibus præbitis, per decem dies Libero Patri operatum habuit exercitum.

Quis neget, eximiam quoque gloriam sæpius fortunæ, quam virtutis esse beneficium? quippe ne epulantes quidem et sopitos mero aggredi ausus est hostis, haud secus bacchantium ululantiumque fremitu perterritus, quam si prœliantium clamor

revenus des bords de l'Océan, ils donnèrent aux ennemis le spectacle de leurs débauches.

De là, on se rendit dans le pays nommé Dédale. Les habitants avaient quitté leurs demeures, et s'étaient réfugiés sur des montagnes inaccessibles et couvertes de bois. Il passa donc dans l'Acadère, qu'il trouva de même ravagée par le feu, et déserte par la fuite de la population. La nécessité le contraignit alors de changer de tactique : il divisa ses troupes et montra ses armes sur plusieurs points à la fois; de cette manière, ceux que l'on surprit, et ceux qui attendaient l'ennemi, furent battus et réduits à se soumettre. Ptolémée prit le plus grand nombre des villes, Alexandre les plus importantes; et il rassembla de nouveau en un seul corps ses troupes qu'il avait disséminées.

Ayant ensuite passé le fleuve Choaspe, il laissa à Cénus le siége d'une ville considérable, appelée par les habitants Bézira; pour lui, il marcha sur Mazaga. Assacan, roi de cette contrée, venait de mourir, et Cléophas, sa mère, avait pris le commandement du pays et de la ville. Trente mille fantassins gardaient cette place, fortifiée à la fois par sa position et par la main des hommes. En effet, du côté de l'orient, un torrent la baigne, et ses deux rives, également escarpées, défendent l'approche des murs. Du côté de l'occident et du midi, la nature semble avoir amassé à dessein des rochers gigantesques, au-dessous desquels s'étendent des cavernes et des précipices creusés par le temps à une grande profondeur; et, à l'endroit où finissent ces défenses naturelles, un fossé, d'un travail immense, oppose

---

esset auditus. Eadem felicitas ab Oceano revertentes temulentos comessantesque inter ora hostium texit.

Hinc ad regionem, quæ Dædala vocatur, perventum est. Deseruerant incolæ sedes, et in avios silvestresque montes confugerant. Ergo Acadera transit, æque usta et destituta incolentium fuga. Itaque rationem belli necessitas mutavit : divisis enim copiis, pluribus simul locis arma ostendit: oppressique, et qui exspectaverant hostem, omni clade perdomiti sunt. Ptolemæus plurimas urbes, Alexander maximas cepit : rursusque, quas distribuerat, copias junxit.

Superato deinde Choaspe amne, Cœnon in obsidione urbis opulentæ (Beziram incolæ vocant) reliquit : ipse ad Mazagas venit. Nuper Assacano, cujus regnum fuerat, demortuo; regioni urbique præerat mater ejus Cleophes. Triginta millia peditum tuebantur urbem, non situ solum, sed etiam opere munitam. Nam qua spectat orientem, cingitur amne torrenti, qui præruptis utrinque ripis aditum ad urbem impedit. Ad occidentem et a meridie velut de industria rupes præaltas admolita naturâ est, infra quas cavernæ et voragines longa vetustate in altum cavatæ jacent; quaque

sa barrière. La ville est enceinte d'un mur de trente-cinq stades de tour, dont le bas est en pierre et le haut en brique crue. La brique a pour appui des pierres placées de distance en distance, qui prêtent à sa fragilité l'appui d'un corps plus dur, et auxquelles s'ajoute un ciment fait de terre et d'eau. Pour empêcher même tout cet ensemble de s'écrouler, on avait mis par-dessus de fortes poutres qui, recouvertes d'un plancher, servaient tout à la fois à garantir les murs et à y établir un chemin.

Tandis qu'Alexandre contemplait ces fortifications, incertain sur le parti qu'il prendrait (car les précipices ne pouvaient se combler qu'à force de matériaux, et les combler était le seul moyen de faire approcher les machines), un soldat ennemi lui décocha une flèche du haut de la muraille. Le trait l'atteignit au gras de la jambe; mais lui, se contentant d'arracher le fer, commanda que l'on fît avancer son cheval, le monta, et, sans même bander sa plaie, continua son inspection avec la même activité. Cependant, comme sa jambe blessée était pendante, et que la plaie, refroidie par le sang qui s'y figeait, lui causait une douleur de plus en plus vive, il lui échappa, à ce que l'on rapporte, de dire : « On m'appelle fils de Jupiter; mais je n'en sens pas moins les souffrances d'un corps malade. » Toutefois, il ne rentra dans le camp qu'après avoir tout examiné et donné ses instructions. D'après ses ordres, les uns démolissaient les maisons situées hors de la ville, et détachaient des masses énormes de matériaux pour en construire une chaussée ; les autres comblaient les précipices avec d'é-

---

desinunt, fossa ingentis operis objecta est : xxxv stadia murus urbis complectitur, cujus inferiora saxo, superiora crudo latere sunt structa. Lateri vinculum lapides sunt, quos interposuere, ut duriori materiæ fragilis incumberet, simulque terra humore diluta. Ne tamen universa consideret, impositæ erant trabes validæ, quibus injecta tabulata muros et tegebant, et pervios fecerant.

Hæc munimenta contemplantem Alexandrum, consiliique incertum, quia nec cavernas nisi aggere poterat implere, nec tormenta aliter muris admovere, quidam e muro sagitta percussit. Tum forte in suram incidit telum : cujus spiculo evulso admoveri equum jussit; quo vectus, ne obligato quidem vulnere, haud segnius destinata exsequebatur. Ceterum, quum crus saucium penderet, et cruore siccato frigescens vulnus aggravaret dolorem, dixisse fertur, se quidem Jovis filium dici, sed corporis ægri vitia sentire. Non tamen ante se recepit in castra, quam cuncta prospexit, et, quæ fieri vellet, edixit. Ergo, sicut imperatum erat, alii extra urbem tecta demoliebantur, ingentemque vim materiæ faciendo aggeri detrahebant ; alii magnarum arborum stipites cumulis ac moles saxorum in cavernas dejiciebant. Jamque agger

normes troncs d'arbres et des quartiers de rocs. Déjà la chaussée était au niveau du sol, et l'on commençait à élever les tours, par un prodige de l'activité du soldat, à qui neuf jours avaient suffi pour un si vaste ouvrage, lorsque le roi, dont la blessure n'était pas encore cicatrisée, vint visiter les travaux : il donna à ses soldats de grands éloges, et commanda que l'on mît en mouvement les machines. Une grêle de traits en partit aussitôt contre les assiégés. Étrangers à des constructions de ce genre, ce qui les effrayait surtout, c'étaient les tours mobiles : ces lourdes masses, auxquelles nul agent visible ne donnait le mouvement, leur semblaient poussées par la main des dieux : ils ne pouvaient croire, non plus, que les projectiles destinés à battre les murs, et les énormes javelots lancés par les machines, fussent des armes faites pour les mortels. Désespérant donc de défendre la ville, ils se retirèrent dans la citadelle, et comme il n'était question parmi eux que de capituler, des députés en descendirent bientôt pour aller implorer la clémence du roi. Leur grâce leur fut accordée, et la reine sortit alors des murs, accompagnée d'une troupe nombreuse de femmes de distinction qui faisaient des libations de vin avec des coupes d'or. Cette princesse, ayant mis aux genoux du roi son fils, encore en bas âge, obtint avec son pardon tous les honneurs de son ancienne fortune. Le titre de reine lui fut conservé; et l'on a cru qu'elle dut cette faveur à sa beauté bien plus qu'à la pitié du vainqueur. Ce qu'il y a de certain, c'est qu'ayant par la suite donné le jour à un fils, cet enfant, quel que fût son père, reçut le nom d'Alexandre.

æquaverat summæ fastigium terræ : itaque turres erigebantur; quæ opera ingenti militum ardore intra nonum diem absoluta sunt. Ad ea visenda rex nondum obducta vulneri cicatrice processit ; laudatisque militibus admovere machinas jussit : e quibus ingens vis telorum in propugnatores effusa est. Præcipue rudes talium operum terrebant mobiles turres ; tantasque moles nulla ope, quæ cerneretur, adductas, deorum numine agi credebant : pila quoque muralia et excussas tormentis prægraves hastas negabant convenire mortalibus. Itaque desperata urbis tutela, concessere in arcem. Inde, quia nihil obsessis præter deditionem placebat, legati ad regem descenderunt veniam petituri. Qua impetrata, regina cum magno nobilium feminarum grege, aureis pateris vina libantium, processit. Ipsa, genibus regis parvo filio admoto, non veniam modo, sed etiam pristinæ fortunæ impetravit decus : quippe appellata regina est; et credidere quidam, plus formæ, quam miserationi datum. Puero quoque certe postea ex ea utcunque genito, Alexandro fuit nomen.

XI. De là Polysperçon fut envoyé contre la ville d'Ora. Il en défit les habitants, qui s'étaient avancés en désordre, les poursuivit jusqu'au dedans de leurs retranchements, et se rendit maître de la place. Plusieurs autres villes de peu de renom tombèrent, désertes, au pouvoir du roi. Les habitants étaient allés se poster en armes sur un rocher appelé Aornos. La renommée publiait qu'Hercule l'avait assiégé inutilement, et qu'un tremblement de terre l'avait forcé de se retirer. A la vue de ce roc de tous côtés coupé à pic et inaccessible, Alexandre ne savait qu'imaginer, lorsqu'un vieillard, qui connaissait le pays, vint, avec ses deux fils, lui promettre, si sa peine était récompensée, de lui montrer un chemin. Alexandre s'engagea à lui donner quatre-vingts talents; et, gardant un de ses fils comme otage, il le congédia, pour qu'il allât remplir sa promesse. Un détachement de troupes légères partit sous les ordres de Mullinus, secrétaire du roi. Ils devaient tromper l'ennemi par un détour, et gagner le sommet. Ce rocher n'offre pas, comme beaucoup d'autres, une suite de pentes douces et insensibles; il s'élève tout à fait en forme de pyramide : large à sa base, il se rétrécit à mesure qu'il monte, et se termine au sommet en une pointe aiguë. Le pied en est baigné par le fleuve Indus, encaissé profondément entre ses deux rives, taillées à pic : de l'autre côté sont des précipices et d'affreux ravins. Il n'y avait pas d'autre moyen d'attaque, que de combler ces abîmes. On avait sous la main une forêt : le roi la fit couper, de manière qu'on ne jetât que les troncs dépouillés : car les branches avec leur feuillage eussent embarrassé ceux

XI. Hinc Polyspercon, ad urbem Oram cum exercitu missus, inconditos oppidanos prœlio vicit : intra monimenta compulsos secutus, urbem in ditionem redegit. Multa ignobilia oppida, deserta a suis, venere in regis potestatem. Quorum incolæ armati petram Aornon nomine occupaverunt. Hanc ab Hercule frustra obsessam esse, terræque motu coactum absistere, fama vulgaverat. Inopem consili Alexandrum, quia undique præceps et abrupta rupes erat, senior quidam peritus locorum cum duobus filiis adiit, si pretium operi esset, aditum se monstraturum esse promittens. Octoginta talenta constituit daturum Alexander ; et altero ex juvenibus obside retento, ipsum ad exsequenda, quæ obtulerat, dimisit. Leviter armatis dux datus est Mullinus, scriba regis. Hos enim circumitu, qui fallerent hostem, in summum jugum placebat evadere. Petra non, ut pleræque, modicis ac mollibus clivis in sublime fastigium crescit, sed in metæ maxime modum erecta est : cujus ima spatiosiora sunt, altiora in arctius coeunt, summa in acutum cacumen exsurgunt. Radices ejus Indus amnis subit, præaltus utriuque asperis ripis : ab altera parte voragines eluviesque præruptæ sunt. Nec alia expugnandi patebat via, quam ut replerentur. Ad

qui les portaient. Ce fut lui qui lança le premier tronc d'arbre : l'armée en poussa un cri d'allégresse, et nul n'hésita plus à prendre sa part d'un travail dont le roi avait donné l'exemple. Au bout de sept jours les précipices étaient comblés : alors Alexandre ordonna à ses archers et aux Agriens de gravir les flancs escarpés du roc, il fit marcher avec eux trente jeunes gens tirés de sa compagnie, auxquels il donna pour chefs Charus et Alexandre, rappelant au dernier le nom qui lui était commun avec son roi.

Au premier moment, le péril était si manifeste, que l'on ne voulut pas que le roi y exposât sa personne ; mais la trompette n'eut pas plutôt donné le signal, que l'intrépide guerrier, se tournant vers ses gardes, leur commanda de le suivre, et, le premier, il courut sur le rocher. Pas un homme ne resta dès lors en place parmi les Macédoniens ; ce fut à qui laisserait son poste pour s'élancer à la suite du roi. Il y en eut plusieurs qui périrent misérablement : roulant le long d'une pente si rapide, le fleuve qui passait au-dessous les engloutit dans ses eaux ; spectacle douloureux, même pour des hommes qui n'eussent pas couru le même danger! Mais le malheur des autres les avertissait de ce qu'ils avaient à redouter pour eux-mêmes ; et la pitié faisant place à la crainte, c'était leur propre sort, non celui des morts, qu'ils déploraient. Déjà ils étaient parvenus à une telle hauteur, qu'il n'y avait pour eux de sûreté à en revenir que victorieux : car les Barbares faisaient rouler sur leurs têtes d'énormes quartiers de rocs qui,

---

manum silva erat, quam rex ita cædi jussit, ut nudi stipites jacerentur : quippe rami frondi vestiti impedissent ferentes. Ipse primus truncam arborem jecit; clamorque exercitus, index alacritatis, secutus est, nullo detrectante munus, quod rex occupasset. Intra septimum diem cavernas expleverant, quum rex sagittarios et Agrianos jubet per ardua niti ; juvenesque promptissimos ex sua cohorte xxx delegit. Duces his dati sunt Charus et Alexander; quem rex nominis, quod sibi cum eo commune esset, admonuit.

Ac primo, quia tam manifestum periculum erat, ipsum regem discrimen subire non placuit : sed ut signum tuba datum est, vir audaciæ promptæ conversus ad corporis custodes sequi se jubet, primusque invadit in rupem. Nec deinde quisquam Macedonum substitit : relictisque stationibus sua sponte regem sequebantur. Multorum miserabilis fuit casus, quos ex prærupta rupe lapsos amnis præterfluens hausit, triste spectaculum etiam non periclitantibus : quum vero alieno exitio, quid ipsis timendum foret, admonerentur, in metum misericordia versa, non exstinctos, sed semet ipsos deflebant. Et jam eo perventum erat, unde sine pernicie nisi victores redire non possent, ingentia saxa in subeuntes provolventibus Barbaris, qui

venant les atteindre dans leur marche chancelante et mal assurée, les précipitaient en bas. Cependant Alexandre et Charus, envoyés en avant par le roi avec trente hommes d'élite, avaient gagné le sommet, et commencé à engager de près le combat; mais, comme les Barbares tiraient sur eux d'en haut, ils recevaient plus de coups qu'ils n'en portaient. Alexandre se souvint de son nom et de sa promesse : tandis qu'il combat avec plus d'ardeur que de prudence, il tombe, percé à la fois de mille traits. Charus, en voyant son compagnon renversé, oublia tout, hormis la vengeance, et s'élança sur les ennemis, dont il tua un grand nombre à coups de lance, et quelques autres du tranchant de son épée. Mais, attaqué seul par tant de bras à la fois, il tomba sans vie sur le corps de son ami.

Touché, comme il devait l'être, de la perte de cette vaillante jeunesse, et des soldats qui avaient péri avec elle, le roi donna le signal de la retraite. Ce qui sauva les Macédoniens, c'est qu'ils se retirèrent pas à pas et avec une ferme contenance : les Barbares, contents d'avoir repoussé l'ennemi, ne se mirent point à sa poursuite. Alexandre, quoique décidé à renoncer à l'entreprise (car il ne voyait aucun moyen de se rendre maître du rocher), fit semblant néanmoins de s'obstiner à pousser le siége. Il fit occuper toutes les avenues, approcher les tours, et remplaça par des troupes fraîches celles qui étaient fatiguées. Quand ils virent son opiniâtreté, les Indiens, pendant deux jours et deux nuits, affectèrent de faire parade de leur confiance et même de leur victoire, en se li-

---

perculsi instabili et lubrico gradu præcipites recidebant. Evaserant tamen Alexander et Charus, quos cum xxx delectis præmiserat rex, et jam pugnare cominus cœperant ; sed quum superne tela Barbari ingererent, sæpius ipsi feriebantur, quam vulnerabant. Ergo Alexander, et nominis sui et promissi memor, dum acrius, quam cautius dimicat, confossus undique obruitur. Quem ut Charus jacentem conspexit, ruere in hostem, omnium præter ultionem, immemor, cœpit, multosque hasta, quosdam gladio interemit. Sed quum tot unum incesserent manus, super amici corpus procubuit exanimis.

Haud secus, quam par erat, promptissimorum juvenum ceterorumque militum interitu commotus rex signum receptui dedit. Saluti fuit, quod sensim et intrepidi se receperunt ; et Barbari, hostem depulisse contenti, non institere cedentibus. Ceterum Alexander, quum statuisset desistere incepto (quippe nulla spes potiundæ petræ offerebatur), tamen speciem ostendit in obsidione perseverantis : nam et itinera obsideri jussit, et turres admoveri, et fatigatis alios succedere. Cujus pertinacia cognita, Indi per biduum quidem ac duas noctes, cum ostentatione non fiduciæ modo, sed

vrant à la bonne chère et battant le tambour à la façon de leur pays. La troisième nuit, le bruit des tambours avait cessé de se faire entendre ; mais, de tous côtés, la montagne était éclairée par des feux que les Barbares avaient allumés pour assurer leur fuite et diriger leur marche dans les ténèbres, parmi ces monts inaccessibles.

Le roi envoya Balacrus en reconnaissance, et apprit que les Indiens venaient de fuir et d'abandonner le rocher : donnant alors à ses soldats le signal de pousser ensemble un même cri, il répandit l'épouvante parmi les Barbares qui fuyaient en désordre ; plusieurs, comme s'ils eussent eu l'ennemi derrière eux, trouvèrent la mort en se jetant au milieu de pierres glissantes et de rocs impraticables. Un plus grand nombre, arrêtés par la perte de quelque membre, furent délaissés de leurs compagnons intacts. Alexandre, vainqueur de la nature plutôt que de l'ennemi, n'en acquitta pas moins sa dette envers les dieux par les hommages et les sacrifices qu'il leur eût offerts pour une victoire éclatante. On éleva sur le rocher des autels à Minerve et à la Victoire. Les guides qui avaient dirigé la marche des troupes légères, quoiqu'ils eussent tenu moins qu'ils n'avaient promis, reçurent fidèlement le prix convenu. La garde du rocher et du pays qui en dépendait fut confiée à Sisicostus.

XII. Il s'avança ensuite vers Ecbolime ; mais, ayant appris qu'un certain Éryx occupait les défilés de la route avec vingt mille hommes, il laissa à Cénus le soin de conduire à petites journées le gros de son armée. Pour lui, prenant les devants

etiam victoriæ, epulati sunt, tympana, suo more, pulsantes. Tertia vero nocte tympanorum quidem strepitus desierat audiri : ceterum ex tota petra faces refulgebant, quas accenderant Barbari, ut tutior esset ipsis fuga, obscura nocte per invia saxa cursuris.

Rex, Balacro, qui specularetur, præmisso, cognoscit, petram fuga Indorum esse desertam ; tum, dato signo, ut universi conclamarent, incomposite fugientibus metum incussit : multique, tanquam adesset hostis, per lubrica saxa, perque invias cotes præcipitati occiderunt, plures, aliqua membrorum parte mulctati, ab integris deserti sunt. Rex, locorum magis quam hostium victor, tamen magnæ victoriæ sacrificiis et cultu diis satisfecit. Aræ in petra locatæ sunt Minervæ Victoriæque. Ducibus itineris, quos subire jusserat leviter armatos, etsi promissis minora præstiterant, pretium cum fide redditum est. Petræ regionisque ei adjunctæ Sisicosto tutela permissa.

XII. Inde processit Ecbolima : et quum angustias itineris obsideri xx militibus armatorum ab Eryce quodam comperisset, gravius agmen exercitus Cœno ducendum

avec les frondeurs et les archers, il alla débusquer l'ennemi du bois qu'il occupait, et ouvrit le passage aux troupes qui venaient derrière lui. Les Indiens, soit par haine pour leur chef, soit pour gagner les bonnes grâces du vainqueur, attaquèrent Éryx dans sa fuite, et, l'ayant tué, apportèrent sa tête et ses armes à Alexandre. Ce prince consentit à laisser l'action impunie, mais non pas à honorer un pareil exemple. De là, après seize journées de marche, il arriva sur les bords de l'Indus, et, selon l'ordre qu'il en avait donné à Héphestion, il trouva tout disposé pour le passage.

Omphis régnait sur ces contrées; il avait conseillé à son père, quand il vivait, de remettre ses États dans les mains d'Alexandre. Depuis sa mort, il avait envoyé demander au roi s'il voulait qu'il gardât le titre provisoire de souverain, ou qu'il attendît, en simple particulier, sa venue. Il lui fut permis de régner, sans que toutefois il osât profiter du droit qu'on lui laissait. Il avait fait à Héphestion un accueil favorable, au point de fournir gratuitement du blé à ses troupes; mais il s'était abstenu de venir à sa rencontre, résolu de ne se mettre qu'à la discrétion d'Alexandre. Aussi, quand il le vit arriver, s'avança-t-il au-devant de lui avec son armée en bataille : des éléphants distribués dans les rangs, à peu de distance les uns des autres, offraient de loin l'aspect d'autant de châteaux forts.

Alexandre crut d'abord qu'il ne venait pas en allié, mais en ennemi ; et déjà il avait commandé à ses soldats de prendre

---

modicis itineribus tradidit. Ipse prægressus cum funditore ac sagittario, deturbatis, qui obsederant saltum, sequentibus se copiis viam fecit. Indi, sive odio ducis, sive gratiam victoris regis inituri, Erycem fugientem adorti interemerunt, caputque ejus atque arma ad Alexandrum detulerunt. Ille facto impunitatem dedit ; honorem denegavit exemplo. Hinc ad flumen Indum sextis decimis castris pervenit omniaque, ut præceperat, ad trajiciendum præparata ad Hephæstione reperit.

Regnabat in ea regione Omphis, qui patri quoque fuerat auctor dedendi regnum Alexandro. Et post mortem parentis legatos miserat, qui consulerent eum regnare se interim vellet, an privatum opperiri ejus adventum. Permissoque ut regnaret, non tamen jus datum usurpare sustinuit. Is benigne quidem exceperat Hephæstionem, gratuitum frumentum copiis ejus admensus : non tamen ei occurrerat, ne fidem ullius nisi regis experiretur. Itaque venienti obviam cum armato exercitu egressus est ; elephanti quoque, per modica intervalla militum agmini immixti, procul castellorum fecerant speciem.

Ac primo Alexander non socium, sed hostem adventare credebat ; jamque et ipse arma milites capere, et equites discedere in cornua jusserat, paratos ad pugnam :

les armes, et à sa cavalerie de se répandre sur les ailes, pour se préparer au combat. Mais l'Indien reconnut aussitôt l'erreur des Macédoniens, et, arrêtant la marche de son armée, il poussa en avant son cheval. Alexandre en fit autant : ami ou ennemi, il s'abandonnait à la loyauté du Barbare, ou à son propre courage. Ils s'abordèrent, comme on put le voir à leurs visages, avec des dispositions amicales; mais la conversation ne pouvait s'engager sans interprète : on en prit un, et le prince indien dit alors à Alexandre, qu'il l'était venu trouver avec son armée, pour lui remettre de suite toutes les forces de son empire; qu'il n'avait pas voulu attendre que des garanties lui fussent apportées par des ambassadeurs. Il livrait sa personne et ses États à un monarque qu'il savait ne combattre que pour la gloire et ne rien redouter autant que le renom honteux de la perfidie.

Charmé de la franchise d'Omphis, le roi lui donna la main, comme gage de sa foi, et lui rendit son royaume. Il avait cinquante-six éléphants dont il fit présent à Alexandre, en même temps qu'une grande quantité de bestiaux d'une taille extraordinaire. Dans le nombre étaient trois mille taureaux, animaux précieux en ces contrées, et particulièrement recherchés des rois. Comme Alexandre lui demandait s'il comptait plus de laboureurs que de soldats, il lui répondit qu'étant en guerre avec deux rois, il avait plus besoin de soldats que de laboureurs. Ces rois étaient Abisarès et Porus; mais Porus était le plus puissant : tous deux régnaient au delà de l'Hydaspe, et, quel que fût l'ennemi

---

at Indus, cognito Macedonum errore, jussis subsistere ceteris, ipse concitat equum, quo vehebatur : idem Alexander quoque fecit, sive hostis, sive amicus occurreret, vel sua virtute, vel illius fide tutus. Coivere, quod ex utriusque vultu posset intelligi, amicis animis; ceterum, sine interprete non poterat conseri sermo : itaque adhibito eo, Barbarus occurrisse se dixit cum exercitu, totas imperii vires protinus traditurum ; nec exspectasse, dum per nuntios daretur fides. Corpus suum et regnum permittere illi, quem sciret gloriæ militantem, nihil magis quam famam timere perfidiæ.

Lætus simplicitate Barbari rex, et dextram fidei suæ pignus dedit, et regnum restituit. LVI elephanti erant, quos tradidit Alexandro, multaque pecora, eximiæ magnitudinis : tauros ad III millia, pretiosum in ea regione acceptumque animis regnantium armentum. Quærenti Alexandro plures agricultores haberet, an milites; cum duobus regibus bellanti sibi majore militum, quam agrestium manu opus esse respondit. Abisares et Porus erant ; sed in Poro eminebat auctoritas : uterque

qui les attaquât, ils étaient décidés à courir les hasards de la guerre.

Omphis, avec la permission d'Alexandre, prit les insignes de la royauté, et reçut de ses sujets le nom de Taxile, qu'avait porté son père et qui passait à tout souverain avec l'empire. Après avoir, pendant trois jours, traité Alexandre avec toutes les largesses de l'hospitalité, le quatrième, il lui fit voir ce qu'il avait fourni de blé aux troupes sous les ordres d'Héphestion, offrit de plus au roi, ainsi qu'à ses courtisans, des couronnes d'or, et, en outre, quatre-vingts talents d'argent monnayé. Alexandre, sensible à une telle générosité, lui remit tous ses présents, en y ajoutant mille talents tirés du butin qu'il traînait à sa suite, une grande quantité de vaisselle d'or et d'argent, aussi bien que des vêtements pris sur les Perses, et trente chevaux de ses écuries, harnachés comme ils l'étaient lorsqu'il les montait lui-même. Cette libéralité, en lui assurant le cœur du Barbare, choqua vivement ses courtisans. Méléagre, entre autres, dit à table, dans la chaleur du vin, qu'il félicitait Alexandre d'avoir au moins trouvé dans l'Inde un homme qui valût mille talents. Le roi, qui n'avait pas oublié combien d'amers regrets il avait ressentis pour avoir tué Clitus, à cause de son trop libre langage, maîtrisa sa colère, mais ne put s'empêcher de dire que les envieux ne savaient qu'être leurs propres bourreaux.

XIII. Le lendemain, des ambassadeurs d'Abisarès vinrent

---

ultra Hydaspen amnem regnabat; et belli fortunam, quisquis arma inferret, experiri decreverat.

Omphis, permittente Alexandro, et regium insigne sumpsit, et more gentis suæ nomen, quod patris fuerat, Taxilen appellare populares, sequente nomine imperium in quemcunque transiret. Ergo quum per triduum hospitaliter Alexandrum accepisset, quarto die, et quantum frumenti copiis, quas Hephæstion duxerat, præbitum a se esset, ostendit, et aureas coronas ipsi amicisque omnibus, præter hæc signati argenti LXXX talenta, dono dedit. Qua benignitate ejus Alexander mire lætus, et, quæ is dederat, remisit, et mille talenta ex præda, quam vehebat, adjecit, multaque convivalia ex auro et argento vasa, plurimum persicæ vestis. XXX equos ex suis, cum iisdem insignibus, queis assueverant, quum ipsum veherent. Quæ liberalitas, sicut Barbarum obstrinxerat, ita amicos ipsius vehementer offendit. E quibus Meleager, super cœnam largiore vino usus, gratulari se Alexandro dixit, quod saltem in India reperisset dignum talentis mille. Rex, haud oblitus quam ægre tulisset, quod Clitum ob linguæ temeritatem occidisset, iram quidem tenuit, sed dixit, invidos homines nihil aliud, quam ipsorum esse tormenta.

XIII. Postero die, legati Abisaræ adiere regem : omnia ditioni ejus, ita ut man-

trouver le roi : ils lui apportèrent, selon leurs instructions, l'entière soumission de leur maître. Après un échange de garanties mutuelles, on les renvoya. Pensant que la terreur de son nom pourrait aussi amener Porus à se soumettre, Alexandre députa vers lui Cléocharès, pour lui signifier qu'il eût à se reconnaître tributaire, et à se transporter sur la frontière de ses États, afin d'y recevoir le roi. Porus répondit qu'il satisferait à la seconde de ces injonctions; qu'on le trouverait à l'entrée de son royaume, mais en armes. Déjà Alexandre s'apprêtait à passer l'Hydaspe, lorsqu'on lui amena, chargé de fers, Barzaentès, l'auteur de la révolte des Arachosiens, avec trente éléphants qui avaient été pris, et devaient prêter contre les Indiens un utile secours : car c'était en ces animaux, plus qu'en leur armée, que résidaient leur espérance et leur force. Gamaxus, roi d'une petite contrée de l'Inde, qui s'était joint à Barzaentès, fut amené aussi enchaîné.

Alexandre fit étroitement garder le transfuge et le petit prince indien, remit les éléphants à Taxile, et gagna les bords de l'Hydaspe : Porus s'était établi sur la rive opposée, pour empêcher le passage de l'ennemi. A son front de bataille, il avait placé quatre-vingt-cinq éléphants d'une vigueur extraordinaire; derrière, trois cents chars et trente mille hommes d'infanterie, parmi lesquels ses archers, armés, comme on l'a dit plus haut, de flèches trop pesantes pour être lancées sûrement. Lui-même était monté sur un éléphant qui surpassait tous les autres en grandeur : une armure enrichie d'or et d'argent relevait sa taille gigantesque; son courage égalait sa

---

datum erat, permittebant; firmataque invicem fide, remittuntur ad regem. Porum quoque nominis sui fama ratus ad deditionem posse compelli, misit ad eum Cleocharen, qui denuntiaret ei, ut stipendium penderet, et in primo finium suorum aditu occurreret regi. Porus alterum ex his facturum sese respondit, ut intranti regnum suum præsto esset, sed armatus. Jam Hydaspen Alexander superare decreverat, quum Barzaentes, defectionis Arachosiis auctor, vinctus, trigintaque elephanti simul capti perducuntur, opportunum adversus Indos auxilium : quippe plus in belluis, quam in exercitu, spei ac virium illis erat. Gamaxusque rex exiguæ partis Indorum, qui Barzaenti se conjunxerat, vinctus adductus est.

Igitur transfuga et regulo in custodiam, elephantis autem Taxili traditis, ad amnem Hydaspen pervenit; in cujus ulteriore ripa Porus consederat, transitu prohibiturus hostem. LXXXV elephantos objecerat eximio corporum robore; ultraque eos currus CCC, et peditum XXX fere millia, in queis erant sagittarii, sicuti ante dictum est, gravioribus telis, quam ut apte excuti possent. Ipsum vehebat elephantus super ceteras belluas eminens; armaque auro et argento distincta corpus raræ ma-

force, et il avait toute l'instruction possible au sein d'une nation barbare.

La présence de l'ennemi, en même temps que l'étendue du fleuve qu'ils avaient à traverser, effrayaient les Macédoniens. Sa largeur, de quatre stades, et la profondeur de son lit, qui nulle part n'offrait de gué, en faisaient comme une vaste mer : et l'on ne voyait pas, en proportion de l'immense espace où s'étalaient les eaux, diminuer leur impétuosité : comme s'il eût été étroitement encaissé entre ses rives, son cours rapide et heurté était celui d'un torrent, et l'on reconnaissait les rochers dérobés à la vue, au mouvement de l'eau qui, en plusieurs endroits, revenait sur elle-même. Mais le plus terrible, c'était l'aspect de la rive toute couverte d'hommes et de chevaux. Les éléphants s'y montraient avec la masse énorme de leurs corps gigantesques ; et, provoqués à dessein, fatiguaient les oreilles de leurs sifflements horribles. Ainsi, devant l'ennemi d'une part, et le fleuve de l'autre, ces cœurs auxquels ne manquait pourtant pas la confiance, et qui s'étaient éprouvés plus d'une fois eux-mêmes, avaient été surpris d'une terreur inattendue. Comment, en effet, avec de légères embarcations, se diriger et aborder en sûreté sur l'autre rive ? Il y avait au milieu du fleuve des îles nombreuses, où les Macédoniens et les Indiens passaient à la nage, en portant leurs armes au-dessus de leurs têtes. Là, s'engageaient de petits combats, et chacun des deux rois, par le succès de ces escarmouches, interrogeait la fortune sur l'issue de la guerre.

---

gnitudinis honestabant : par animus robori corporis ; et quanta inter rudes poterat esse sapientia.

Macedonas non conspectus hostium solum, sed etiam fluminis, quod transeundum erat, magnitudo terrebat : quatuor in latitudinem stadia diffusum, profundo alveo et nusquam vada aperiente, speciem vasti maris fecerat. Nec pro spatio aquarum late stagnantium impetum coercebat ; sed quasi in arctum coeuntibus ripis, torrens et elisus ferebatur : occultaque saxa inesse ostendebant pluribus locis undæ repercussæ. Terribilior erat facies ripæ, quam equi virique compleverant. Stabant ingentes vastorum corporum moles, et de industria irritatæ horrendo stridore aures fatigabant. Hinc hostis, hinc amnis capacia quidem bonæ spei pectora, et sæpe se experta, improviso tamen pavore percusserant. Quippe instabiles rates nec dirigi ad ripam, nec tuto applicari posse credebant. Erant in medio amne insulæ crebræ, in quas et Indi et Macedones nantes, levatis super capita armis, transibant. Ibi levia prœlia conserebant ; et uterque rex parvæ rei discrimine summæ experiebatur eventum.

Deux jeunes gens s'étaient distingués dans l'armée macédonienne par leur témérité et leur audace : c'étaient Symmachus et Nicanor, tous deux de noble famille ; et le bonheur continuel de leur parti les enhardissait à braver tous les dangers. Sous leur conduite, une troupe hardie de jeunes gens, armés seulement de leurs lances, gagnèrent à la nage une île où les Indiens étaient en force, et trouvant dans leur audace l'arme la plus redoutable, ils firent de l'ennemi un grand carnage. Ils pouvaient se retirer avec gloire, si jamais la témérité heureuse savait garder quelque mesure ; mais, tandis qu'ils attendent avec dédain et avec orgueil les nouveaux combattants qu'ils voient arriver, investis par d'autres qui avaient secrètement abordé, ils furent accablés de loin par une grêle de traits. Ceux qui avaient échappé à l'ennemi périrent emportés par le courant du fleuve ou engloutis dans les tournants. L'effet de ce combat fut d'exalter la confiance de Porus qui voyait tout de la rive.

Alexandre, ne sachant que faire, s'avisa enfin du stratagème suivant pour tromper l'ennemi. Il y avait dans le fleuve une île plus grande que les autres, couverte de bois, et propre à déguiser une embuscade ; non loin de la rive qu'occupait le roi était un fossé très-profond capable de cacher non-seulement de l'infanterie, mais même des cavaliers avec leurs chevaux. Voulant détourner l'attention de l'ennemi de ce poste avantageux, il commanda à Ptolémée de se porter avec toute sa cavalerie à une distance assez grande de l'île, et de donner de temps en temps l'alarme aux Indiens par des cris, comme

---

Ceterum, in Macedonum exercitu temeritate atque audacia insignes fuere Symmachus et Nicanor, nobiles juvenes, et perpetua partium felicitate ad spernendum omne periculum accensi : queis ducibus promptissimi juvenum lanceis modo armati transnavere in insulam, quam frequens hostis tenebat, multosque Indorum, nulla re magis, quam audacia armati, interemerunt. Abire cum gloria poterant, si unquam temeritas felix inveniret modum ; sed dum supervenientes contemptim et superbe quoque exspectant, circumventi ab iis qui occulti enataverant, eminus obruti telis sunt. Qui effugerant hostem, aut impetu amnis ablati sunt, aut vorticibus implicti ; eaque pugna multum fiduciam Pori erexit, cuncta cernentis e ripa.

Alexander inops consilii tandem ad fallendum hostem talem dolum intendit. Erat insula in flumine amplior ceteris, silvestris eadem, et tegendis insidiis apta ; fossa quoque præalta haud procul ripa, quam tenebat ipse, non pedites modo, sed etiam cum equis viros poterat abscondere. Igitur ut a custodia hujus opportunitatis oculos hostium averteret, Ptolemæum cum omnibus turmis obequitare jussit procul ab insula, et subinde Indos clamore terrere, quasi flumen transnaturus foret. Per complures

s'il se préparait à traverser le fleuve. Ptolémée répéta ce manége pendant plusieurs jours, et obligea par là Porus à porter aussi son armée du côté où il faisait mine de vouloir aborder.

Déjà l'île était hors de la vue de l'ennemi : alors Alexandre fit transporter sa tente sur un autre endroit de la rive, ranger en avant la garde qui, d'ordinaire, l'accompagnait, et déployer à dessein, aux yeux de l'ennemi, tout l'appareil de la magnificence royale. Attale, qui était de son âge, et qui, de loin surtout, lui ressemblait assez de visage et de corps, prit, par ses ordres, les vêtements royaux, pour faire croire que c'était le roi en personne qui commandait sur ce côté de la rive, et qu'il ne songeait nullement au passage. Un orage retarda d'abord l'exécution de ce projet, et finit par le favoriser, grâce à la fortune, accoutumée à tourner au profit du roi même les plus fâcheuses circonstances. Il se disposait, avec ce qui lui restait de troupes, à passer le fleuve dans la direction de l'île dont nous parlions tout à l'heure, laissant l'ennemi occupé contre ceux qui s'étaient portés plus bas avec Ptolémée, lorsque éclata une tempête avec des torrents de pluie à peine supportables sous l'abri des maisons; et les soldats, accablés par l'orage, se réfugièrent à terre, abandonnant leurs barques et leurs radeaux. Cependant, au milieu du fracas dont retentissaient les rives, leur tumultueux désordre ne pouvait être entendu de l'ennemi. Un moment après, la pluie cessa; mais des nuages si épais couvrirent le ciel, qu'ils cachaient entièrement la lumière, et permettaient à peine de se reconnaître en se parlant.

---

dies Ptolemæus id fecit; eoque consilio Porum quoque agmen suum ei parti, quam se petere simulabat, coegit advertere.

Jam extra conspectum hostis insula erat : Alexander in diversa parte ripæ statui suum tabernaculum jussit, assuetamque comitari ipsum cohortem ante id tabernaculum stare, et omnem apparatum regiæ magnificentiæ, hostium oculis de industria ostendi. Attalum, et æqualem sibi, et haud disparem habitu oris et corporis, utique quum procul viseretur, veste regia exornat, præbiturum speciem ipsum regem illi ripæ præsidere, nec agitare de transitu. Hujus consilii effectum primo morata tempestas est, mox adjuvit; incommoda quoque ad bonos eventus vertente fortuna. Trajicere amnem cum ceteris copiis in regionem insulæ, de qua ante dictum est, parabat, averso hoste in eos, qui cum Ptolemæo inferiorem obsederant ripam, quum procella imbrem, vix sub tectis tolerabilem, effudit; obrutique milites nimbo in terram refugerunt, navigiis ratibusque desertis : sed tumultuantium fremitus, obstrepentibus ventis, ab hoste non poterat audiri. Deinde momento temporis repressus est imber, ceterum adeo spissæ intendere se nubes, ut conderent lucem, vixque colloquentium inter ipsos facies noscitaretur.

Tout autre se fût laissé effrayer de cette nuit qui enveloppait l'atmosphère, alors surtout qu'il s'agissait de naviguer sur un fleuve inconnu, avec le risque de trouver l'ennemi sur la rive même que l'on gagnait dans une aveugle imprévoyance, et en cherchant la gloire dans le péril. Mais lui, regardant cette obscurité qui effrayait les autres comme une faveur de sa fortune, donna à ses troupes le signal de se rembarquer en silence, et fit pousser en avant de tous les autres le bâtiment qui le portait. La rive où ils se dirigeaient était toute dégarnie d'ennemis, car Porus était encore occupé uniquement de Ptolémée : toutes les barques, hors une seule que le flot fit échouer contre une pointe de rocher, arrivèrent donc à bon port; et aussitôt il ordonna aux soldats de s'armer et de prendre leurs rangs.

XIV. Déjà il était à la tête de son armée en ordre de bataille, quand on annonce à Porus que le rivage est couvert d'armes et de guerriers, et que le moment critique est arrivé. N'écoutant d'abord, par un travers de l'esprit humain, que ses espérances, il crut que c'était son allié Abisarès qui, d'après leurs conventions, venait se joindre à lui. Mais bientôt le ciel, en s'éclaircissant, lui découvrit l'ennemi, et il fit marcher à sa rencontre cent quadriges et trois mille chevaux. Le chef de ce détachement était Hagès, son propre frère : les chars en faisaient la force principale. Chacun portait six hommes, deux qui étaient armés de boucliers, puis deux archers placés de chaque côté du char; les autres faisaient les fonctions de conducteurs, mais n'étaient pas pour cela sans armes : car,

Terruisset alium obducta nox cœlo, quum ignoto amne navigandum esset, forsitan hoste eam ipsam ripam, quam cæci atque improvidi et ex periculo gloriam accersentes petebant, occupante. Obscuritatem, quæ ceteros terrebat, suam occasionem ratus, dato signo, ut omnes silentio ascenderent in rates, eam qua ipse vehebatur, primam jussit expelli. Vacua erat ab hostibus ripa quæ petebatur; quippe adhuc Porus Ptolemæum tantum intuebatur : una ergo navi, quam petræ fluctus illiserat, hærente, ceteræ evadunt; armaque capere milites, et ire in ordines jussit.

XIV. Jamque agmen in cornua divisum ipse ducebat, quum Poro nuntiatur, armis virisque ripam obtineri, et rerum adesse discrimen. Ac primo, humani ingenii vitio, spei suæ indulgens, Abisaren belli socium (et ita convenerat) adventare credebat. Mox liquidiore luce aperiente hostem, c quadrigas, et III millia equitum venienti agmini Porus objecit. Dux erat copiarum, quas præmisit, Hages, frater ipsius : summa virium in curribus : senos viros singuli vehebant, duos clypeatos, duos sagittarios ab utroque latere dispositos; ceteri aurigæ erant, haud sane inermes : quippe jacula complura, ubi cominus prœliandum erat, omissis habenis, in hostem ingerebant,

aussitôt que l'on combattait de près, ils quittaient les rênes, et avaient plusieurs dards à lancer contre l'ennemi. Du reste, cette ressource fut ce jour-là de bien peu d'usage : car la pluie, qui, ainsi que nous l'avons dit plus haut, était tombée avec une violence peu commune, avait rendu le terrain glissant et impraticable pour les chevaux, et les chars, presque immobiles par leur pesanteur, demeuraient engagés dans les amas de boue et dans les ravins. Alexandre, au contraire, avec des troupes légères et dégagées de tout embarras, fit une charge vigoureuse. Les Scythes et les Dahes furent les premiers à se lancer contre les Indiens ; Perdiccas fut ensuite envoyé contre leur aile droite avec la cavalerie.

Déjà le combat était engagé sur tous les points, lorsque ceux qui avaient la conduite des chars, les regardant comme la dernière ressource des leurs, commencèrent à les pousser à toute bride au milieu de la mêlée. On en souffrit également des deux côtés. Le premier choc écrasait des rangs entiers de l'infanterie macédonienne ; mais bientôt les chars lancés sur un terrain glissant et impraticable, renversaient leurs propres conducteurs. Ailleurs, les chevaux effarouchés les emportaient parmi les mares d'eau et les ravins, et, ce qui était pis, dans le fleuve même. Il y en eut cependant quelques-uns qui, après avoir traversé les rangs ennemis, pénétrèrent jusqu'au quartier de Porus, occupé à échauffer le combat de toute son ardeur. Quand il vit les chars dispersés errer sans conducteurs sur tout le champ de bataille, il distribua alors ses éléphants à ceux de ses amis qui se trouvaient près de lui. Derrière eux, il plaça l'infanterie, les archers et les hommes dont l'emploi

---

Ceterum vix ullus hujus usus auxilii eo die fuit : namque, ut supra dictum est, imber violentius quam alias fusus, campos lubricos et inequitabiles fecerat; gravesque et propemodum immobiles currus illuvie ac voraginibus hærebant. Contra Alexander expedito ac levi agmine strenue invectus est. Scythæ et Dahæ primi omnium invasere Indos ; Perdiccam deinde cum equitibus in dextrum cornu hostium emisit.

Jam undique pugna se moverat, quum ii qui currus agebant, illud ultimum auxilium suorum rati, effusis habenis, in medium discrimen ruere cœperunt. Anceps id malum utriusque erat : nam et Macedonum pedites primo impetu obterebantur, et per lubrica atque invia inimissi currus excutiebant eos a quibus regebantur. Aliorum turbati equi non in voragines modo lacunasque, sed etiam in amnem præcipitavere curricula. Pauci tamen hostium tenus exacti penetravere ad Porum acerrime pugnam cientem. Is, ut dissipatos tota acie currus vagari sine rectoribus vidit, proximis amicorum distribuit elephantos. Post eos posuerat pedites, ac sagittarios, et tympana

était de battre le tambour. Cet instrument servait aux Indiens au lieu de trompettes, et le bruit n'en effrayait pas les éléphants, dont les oreilles y étaient dès longtemps accoutumées. L'image d'Hercule était portée en tête de l'infanterie ; c'était pour les soldats le plus puissant encouragement, et l'on encourait la flétrissure militaire pour abandonner ceux qui la portaient. La peine de mort était même établie contre les lâches qui ne la rapporteraient pas du champ de bataille ; tant la terreur que leur avait jadis inspirée un tel ennemi, s'était depuis changée en une religieuse vénération.

A la vue des éléphants et de Porus lui-même, les Macédoniens s'arrêtèrent un moment. Distribués au milieu des combattants, ces gigantesques animaux ressemblaient de loin à des tours, et Porus était aussi d'une taille qui dépassait presque les proportions humaines. L'éléphant qu'il montait semblait encore ajouter à sa haute stature : il s'élevait autant au-dessus des autres éléphants, que Porus au-dessus des autres hommes. Aussi Alexandre, en contemplant le roi et l'armée des Indiens, s'écria-t-il : « Enfin je rencontre un danger égal à mon courage : j'ai à la fois pour ennemis des animaux et des guerriers redoutables. » Puis, se tournant vers Cénus : « Quand j'aurai, dit-il, avec Ptolémée, Perdiccas et Héphestion attaqué la gauche des ennemis, et que tu verras l'action chaudement engagée, fais avancer l'aile droite, et profite de leur désordre pour les charger. Toi, Antigène, toi, Léonnatus et toi, Tauron, donnez contre le centre, et poussez-les de front.

---

pulsare solitos ; id pro cantu tubarum Indis erat : nec strepitu eorum movebantur, olim ad notum sonum auribus mitigatis. Herculis simulacrum agmini peditum præferebatur ; id maximum erat bellantibus incitamentum, et deseruisse gestantes militare flagitium habebatur. Capitis etiam sanxerant pœnam iis, qui ex acie non retulissent ; metu, quem ex illo hoste quondam conceperant, etiam in religionem venerationemque converso.

Macedonas non belluarum modo, sed etiam ipsius regis aspectus parumper inhibuit. Belluæ dispositæ inter armatos speciem turrium procul fecerant. Ipse Porus humanæ magnitudinis propemodum excesserat formam. Magnitudini Pori adjicere videbatur bellua qua vehebatur, tantum inter ceteras eminens, quanto aliis ipse præstabat. Itaque Alexander, contemplatus et regem et agmen Indorum : « Tandem, inquit, par animo meo periculum video : cum bestiis simul et cum egregiis viris res est. » Intuensque Cœnum : « Quum ego, inquit, Ptolemæo, Perdiccaque, et Hephæstione comitatus, in lævum hostium cornu impetum fecero, viderisque me in medio ardore certaminis, ipse dextrum move, et turbatis signa infer. Tu, Antigenes, et tu, Leonnate, et Tauron, invehemini in mediam aciem, et urgebitis frontem. Hastæ

Nos piques longues et fortes ne pourront jamais mieux nous servir que contre les éléphants et leurs conducteurs : jetez à bas les hommes qui les montent, et mettez-les ensuite en désordre. C'est un secours bien hasardeux que celui de ces animaux, et ceux qui les emploient ont le plus à souffrir de leur fureur. La main qui leur commande les pousse contre l'ennemi; mais la peur les pousse contre leurs maîtres. »

Ayant ainsi parlé, il lance le premier son cheval. Déjà, selon son plan, il avait entamé les rangs ennemis, lorsque Cénus commença à charger vigoureusement l'aile gauche. La phalange, en même temps, donna tout d'une pièce contre le front de bataille des Indiens. Porus cependant avait fait avancer ses éléphants du côté où il avait vu charger la cavalerie; mais cet animal, presque immobile en sa pesanteur, ne pouvait égaler la légèreté des chevaux. Les Barbares ne tiraient non plus aucun parti de leurs flèches : le poids et la longueur en étaient tels, qu'à moins d'appuyer l'arc contre terre, il était impossible de les bien fixer sur la corde; et, comme le sol glissant contrariait leurs efforts, pendant qu'ils assuraient leurs coups, la promptitude de l'ennemi les avait prévenus. Aussi les ordres de leur roi étaient-ils oubliés; effet ordinaire des grandes alarmes, où la crainte commande plus haut que la voix du chef; et il y avait autant de généraux que de bataillons épars. L'un parlait de se réunir en corps de bataille, un autre de se séparer; quelques-uns voulaient tenir à leur poste, d'autres tourner les derrières de l'ennemi : on ne s'entendait sur rien.

---

nostræ prælongæ et validæ non alias magis quam adversus belluas rectoresque earum usui esse poterunt; deturbate eos qui vehuntur, et ipsas confundite. Anceps genus auxilii est, et in suos acrius furit. In hostem enim imperio, in suos pavore agitur. »

Hæc elocutus concitat equum primus. Jamque, ut destinatum erat, invaserat ordines hostium, quum Cœnus ingenti vi in lævum cornu invehitur. Phalanx quoque in mediam Indorum aciem uno impetu prorupit. At Porus, qua equitem invehi senserat, belluas agi jussit; sed tardum et pæne immobile animal equorum velocitatem æquare non poterat : ne sagittarum quidem ullus erat barbaris usus; quippe longæ et prægraves, nisi prius in terra statuerent arcum, haud satis apte et commode imponuntur. Tum humo lubrica, et ob id impediente conatum, molientes ictus celeritate hostium occupabantur. Ergo, spreto regis imperio (quod fere fit ubi turbatis acrius metus quam dux imperare cœpit), totidem erant imperatores, quot agmina errabant : alius jungere aciem, alius dividere; stare quidam, et nonnulli circumvehi terga hostium jubebant : nihil in medium consulebatur.

Cependant Porus, avec un petit nombre d'hommes, plus sensibles à la honte qu'à la crainte, ramasse ses soldats dispersés, et marche droit à l'ennemi, donnant l'ordre de faire avancer en tête les éléphants. Ces animaux causèrent une grande épouvante; et leurs cris inaccoutumés jetèrent la confusion, non-seulement parmi les chevaux, si ombrageux de leur nature, mais aussi parmi les hommes. Les rangs se troublèrent, et, tout à l'heure victorieux, les Macédoniens regardaient déjà autour d'eux pour fuir, lorsque Alexandre envoya contre les éléphants les Thraces et les Agriens, troupes légères, meilleures pour voltiger que pour combattre de près. Ils firent pleuvoir une grêle de traits sur les éléphants et sur ceux qui les conduisaient; et au même moment la phalange, qui les vit prendre l'effroi, se mit à les presser avec vigueur. Mais il y eut quelques soldats qui, en se lançant trop ardemment à leur poursuite, irritèrent contre eux ces animaux furieux de leurs blessures : écrasés sous leurs pieds, ils apprirent aux autres à les harceler avec plus de ménagement. Ce qu'il y avait de plus effrayant, c'était de les voir saisir avec leur trompe les armes et les hommes, et les livrer par-dessus leur tête à leur conducteur. Cette lutte incertaine contre les éléphants, tour à tour chassés par devant l'ennemi ou le chassant devant eux, prolongea bien avant dans la journée la fortune changeante du combat, jusqu'au moment où, avec des haches, autre ressource que l'on s'était préparée, l'on se mit à leur couper les jambes. On se servait aussi d'épées nommées *copides*, légèrement recourbées en forme de faux, pour porter des coups à leurs trompes. Il n'y avait rien enfin que ne fît

Porus tamen cum paucis, quibus metu potior fuerat pudor, colligere dispersos, obvius hosti ire pergit, elephantosque ante agmen suorum agi jubet. Magnum belluæ injecere terrorem; insolitusque stridor non equos modo, tam pavidum ad omnia animal, sed viros quoque ordinesque turbaverat. Jam fugæ circumspiciebant locum paulo ante victores; quum Alexander Agrianos et Thracas leviter armatos, meliorem concursatione quam cominus militem, emisit in belluas. Ingentem hi vim telorum injecere et elephantis, et regentibus eos : phalanx quoque instare constanter territis cœpit. Sed quidam, avidius persecuti, belluas in semet irritavere vulneribus : obtriti ergo pedibus earum, ceteris, ut parcius instarent, fuere documentum. Præcipue terribilis illa facies erat, quum manu arma virosque corriperent, et super se regentibus traderent. Anceps ergo pugna nunc sequentium, nunc fugientium elephantos, in multum diei varium certamen extraxit, donec securibus (id namque genus auxilii præparatum erat) pedes amputare cœperunt. Copidas vocant gladios leviter curvatos,

tenter la crainte de la mort, et surtout du nouveau genre de supplice dont la mort même était accompagnée.

A la fin, fatigués de leurs blessures, les éléphants vont se jeter à travers les rangs de l'armée indienne, et, renversant leurs propres conducteurs, les écrasent sous leurs pieds. Tremblants dès lors plutôt que redoutables, on les chassait, comme de faibles troupeaux, hors du champ de bataille. Porus, à cet instant, presque abandonné, commença à lancer contre ceux qui l'environnaient des flèches qu'il tenait dès longtemps en réserve : il blessa de loin un grand nombre d'ennemis; mais, exposé lui-même à leurs traits, il était assailli de toutes parts. Déjà, au dos comme à la poitrine, il avait reçu neuf blessures, et ses mains, affaiblies par le sang qu'il perdait en abondance, laissaient tomber les traits, plutôt qu'elles ne les lançaient. Son éléphant qu'aucune blessure n'avait atteint, tout plein encore de sa fureur, continuait cependant de l'emporter au milieu des rangs ennemis; mais bientôt le conducteur s'aperçut que le roi, chancelant et ne soutenant plus le poids de ses armes, était près de défaillir. Il entraîne alors l'animal dans une fuite précipitée. Alexandre le suit; mais son cheval, couvert de blessures et abandonné de ses forces, s'abattit, posant plutôt le roi que ne le jetant à terre; et le temps qu'il mit à en monter un autre le retarda dans sa poursuite. Cependant le frère du prince indien, Taxile, envoyé en avant par Alexandre, conseillait à Porus de ne pas s'obstiner à tenter les derniers hasards, et de se remettre aux mains du vainqueur. Mais celui-ci, quoique ses forces se fus-

---

falcibus similes, queis appetebant belluarum manus; nec quidquam inexpertum non mortis modo, sed etiam in ipsa morte novi supplicii timor omittebat.

Ergo elephanti, vulneribus tandem fatigati, suos impetu sternunt, et qui rexerant eos, præcipitati in terram, ab ipsis obterebantur. Itaque pecorum modo magis pavidi, quam infesti, ultra aciem exigebantur, quum Porus, destitutus a pluribus, tela multo ante præparata in circumfusos ex elephanto suo cœpit ingerere, multisque eminus vulneratis, expositus ipse ad ictus undique petebatur. Novem jam vulnera hinc tergo, illinc pectore exceperat, multoque sanguine profuso languidis manibus magis elapsa, quam excussa tela mittebat. Nec segnius bellua instincta rabie, nondum saucia invehebatur ordinibus; donec rector belluæ regem conspexit, fluentibus membris omissisque armis, vix compotem mentis. Tum belluam in fugam concitat sequente Alexandro : sed equus ejus multis vulneribus confossus deficiensque procubuit, posito magis rege, quam effuso, itaque dum equum mutat, tardius insecutus est. Interim frater Taxilis, regis Indorum, præmissus ab Alexandro, monere cœpit Porum, ne ultima experiri perseveraret, dederetque se victori. At ille, quanquam

sent épuisées et que le sang commençât à lui manquer, se ranimant à cette voix qui lui était connue : « Je reconnais, dit-il, le frère de Taxile ; du traître qui a livré sa patrie et son royaume ; » puis, saisissant un trait, le seul que lui eût laissé le hasard, il le lui lança, de manière à lui traverser de part en part la poitrine. Après ce dernier acte de courage, il se remit à fuir avec plus de rapidité ; mais son éléphant, blessé de plusieurs coups, perdait aussi ses forces : il suspendit donc sa fuite, et opposa le reste de son infanterie aux ennemis qui le poursuivaient.

Alexandre, qui avait rejoint Porus, témoin de son opiniâtreté, défendit de faire aucun quartier à ceux qui résisteraient. On vit donc voler une grêle de traits et contre l'infanterie et contre Porus lui-même, qui, accablé à la fin, commença à glisser en bas de sa monture. L'Indien, conducteur de l'éléphant, croyant que le roi descendait, fit, selon sa coutume, tomber à genoux l'animal ; mais à peine se fut-il agenouillé, que les autres, dressés à cette manœuvre, se mirent aussi à terre, circonstance qui livra aux vainqueurs Porus et sa suite. Alexandre, qui le croyait mort, ordonna de le dépouiller, et l'on accourut en foule pour lui ôter sa cuirasse et ses vêtements ; mais l'éléphant, défenseur de son maître, se mit à frapper ceux qui le dépouillaient, et l'enlevant avec sa trompe, le replaça sur son dos. Alors, de toutes parts, les traits pleuvent sur l'animal, et, quand il a succombé, l'on charge Porus sur un chariot.

exhaustæ erant vires, deficiebatque sanguis, tamen ad notam vocem excitatus : « Agnosco, inquit, Taxilis fratrem, imperii regnique sui proditoris ; » et telum quod unum forte non effluxerat, contorsit in eum, quod per medium pectus penetravit ad tergum. Hoc ultimo virtutis opere edito, fugere acrius cœpit ; sed elephantus quoque, qui multa exceperat tela, deliciebat : itaque sistit fugam, peditemque sequenti hosti objecit.

Jam Alexander consecutus erat, et, pertinacia Pori cognita, vetabat resistentibus parci. Ergo undique et in pedites, et in ipsum Porum tela congesta sunt : queis tandem gravatus labi ex bellua cœpit. Indus, qui elephantum regebat, descendere eum ratus, more solito elephantum procumbere jussit in genua ; qui ut se submisit, ceteri quoque, ita enim instituti erant, demisere corpora in terram : ea res et Porum, et ceteros victoribus tradidit. Rex spoliari corpus Pori, interemptum esse credens, jussit, et, qui detraherent loricam vestemque, concurrere, quum bellua dominum tueri et spoliantes cœpit appetere, levatumque corpus ejus rursus dorso suo imponere. Ergo telis undique obruitur, confossoque eo in vehiculum Porus imponitur.

Le roi, qui le vit entr'ouvrir les yeux, lui dit, dans un mouvement, non de haine, mais de compassion : « Malheureux ! instruit de mes exploits par la renommée, quelle folie t'a poussé à courir la fortune de la guerre, lorsque Taxile t'offrait un si proche exemple de ma clémence envers ceux qui se soumettent? » Mais lui : « Puisque tu m'interroges, dit-il, je te répondrai avec la liberté qu'autorise ta demande. Je ne croyais pas que personne fût plus vaillant que moi : car je connaissais mes forces, et n'avais pas éprouvé les tiennes. L'événement de la guerre a prouvé que tu étais plus vaillant ; mais je m'estime encore assez heureux d'être le premier après toi. » Alexandre lui ayant encore demandé ce qu'il pensait que le vainqueur dût décider de lui : « Ce que te conseillera cette journée, répondit Porus, où tu as éprouvé combien le bonheur est fragile ; » et, par cet avis, il obtint plus qu'il ne l'eût fait avec des prières. En effet, cette grandeur d'une âme inaccessible à la crainte, et que la fortune même ne pouvait abattre, ne fut pas seulement un objet de compassion pour le vainqueur, elle lui parut aussi digne d'être honorée. Il le fit traiter avec le même soin que s'il eût combattu pour lui ; et lorsque, contre toute espérance, il eut recouvré la santé, il le reçut au nombre de ses amis; bientôt même il lui donna un royaume plus étendu que celui qu'il avait possédé. Il n'y a peut-être pas de trait plus solide et plus constant dans le caractère d'Alexandre, que son admiration pour le vrai mérite et pour la gloire. Cependant il appréciait mieux la renommée dans un ennemi que dans un compatriote : c'est qu'il croyait

---

Quem rex ut vidit allevantem oculos, non odio, sed miseratione commotus: « Quæ, malum! inquit, amentia te coegit, rerum mearum cognita fama, belli fortunam experiri, quum Taxiles esset in deditos clementiæ meæ tam propinquum tibi exemplum? » At ille: « Quoniam, inquit, percontaris, respondebo ea libertate, quam interrogando fecisti. Neminem me fortiorem esse censebam; meas enim noveram vires, nondum expertus tuas: fortiorem esse te, belli docuit eventus. Sed ne sic quidem parum felix sum, secundus tibi. » Rursus interrogatus, quid ipse victorem statuere debere censeret: « Quod hic, inquit, dies tibi suadet, quo expertus es, quam caduca felicitas esset. » Plus monendo profecit, quam si precatus esset : quippe magnitudinem animi ejus interritam, ac ne fortuna quidem infractam, non misericordia modo, sed etiam honore excipere dignatus est. Ægrum curavit haud secus, quam si pro ipso pugnasset : confirmatum contra spem omnium in amicorum numerum recepit : mox donavit ampliore regno, quam tenuit. Nec sane quidquam ingenium ejus solidius aut constantius habuit, quam admirationem veræ laudis et gloriæ : simplicius tamen famam æstimabat in hoste, quam in cive : quippe a suis credebat magni-

que, de la part des siens, sa grandeur pouvait recevoir quelque atteinte, tandis qu'elle tirait un nouveau lustre de la réputation de ceux qu'il avait vaincus.

LIVRE NEUVIÈME.

I. Alexandre, joyeux d'une victoire aussi mémorable, par laquelle il voyait s'ouvrir devant lui les portes de l'Orient, immola des victimes au Soleil. Voulant ensuite animer ses soldats d'une nouvelle ardeur pour les travaux du reste de la guerre, il leur adressa des félicitations publiques, et leur fit entendre, « que tout ce que les Indiens avaient de forces avait succombé dans cette lutte ; le reste ne leur préparait qu'un vaste butin, et le pays où ils allaient entrer était signalé par ses richesses fameuses dans tout l'univers. Les dépouilles des Perses n'étaient plus que des objets vulgaires et sans prix. Désormais il allait remplir de perles et de pierreries, d'or et d'ivoire, non pas seulement leurs maisons, mais la Macédoine et la Grèce entière. » Les soldats, avides d'argent autant que de gloire, et se souvenant d'ailleurs de n'avoir jamais été trompés par ses promesses, s'engagent à le servir. Il les congédie alors, pleins des plus belles espérances, et donne l'ordre de construire des vaisseaux qui, après qu'il aura parcouru toute l'Asie, doivent lui servir à visiter la mer, limite dernière du monde. Le bois de construction abondait sur les montagnes

---

tudinem suam destrui posse; eamdem clariorem fore, quo majores fuissent, quos ipse vicisset.

I. Alexander, tam memorabili victoria lætus, qua sibi Orientis fines apertos esse censebat, Soli victimis cæsis, milites quoque, quo promptioribus animis reliqua belli munia obirent, pro concione laudatos docuit, quidquid Indis virium fuisset, illa dimicatione prostratum : cetera opimam prædam fore, celebratasque opes in ea regione eminere, quam peterent : proinde jam vilia et obsoleta esse spolia de Persis : gemmis margaritisque, et auro atque ebore Macedoniam Græciamque, non suas tantum domos repleturum. Avidi milites et pecuniæ et gloriæ, simul quia nunquam affirmatio ejus fefellerat eos, pollicentur operam; dimissisque cum bona spe, navigia ædificari jubet, ut, quum totam Asiam percurrisset, finem terrarum mare inviseret. Multa materia navalis in proximis montibus erat; quam cædere aggressi, magnitu-

voisines. Pendant qu'ils travaillaient à en couper, ils trouvèrent des serpents d'une grandeur monstrueuse. Le rhinocéros, animal rare partout ailleurs, se rencontrait aussi dans ces montagnes. Ce sont, du reste, les Grecs qui lui ont donné ce nom; les peuples auxquels cette langue est étrangère le nomment autrement dans leur idiome. Le roi, après avoir bâti deux villes sur les deux rives du fleuve qu'il avait passé, donna à chacun de ses généraux des couronnes et mille pièces d'or; les autres, en proportion de leur grade militaire, ou de l'importance de leurs services, furent aussi récompensés.

Abisarès, qui, avant la bataille livrée contre Porus, avait envoyé des ambassadeurs à Alexandre, lui en adressa de nouveaux. Il promettait de se soumettre à tous ses commandements, pourvu qu'il ne l'obligeât pas à se remettre entre ses mains : car il ne pouvait se résigner à vivre sans être roi, et il ne serait plus roi dès qu'il serait captif. Alexandre lui fit répondre que, s'il lui répugnait de venir le trouver, ce serait lui qui l'irait chercher.

Laissant ensuite derrière lui Porus et le fleuve, il s'enfonça dans l'intérieur de l'Inde. Des forêts s'étendaient à une distance presque infinie, et répandaient les ombrages de leurs grands arbres, élevés à une hauteur prodigieuse. La plupart des branches, grosses comme des troncs, descendaient jusqu'à terre, où elles se courbaient et se redressaient ensuite, offrant à l'œil le spectacle non plus d'une branche qui se relève, mais d'un arbre qui sort de ses racines. La température y est saine, l'épaisseur des ombrages diminue l'ardeur du soleil, et

---

dinis inusitatæ reperere serpentes. Rhinocerotes quoque, rarum alibi animal, in iisdem montibus erant; ceterum hoc nomen belluis ei inditum a Græcis : sermonis ejus ignari aliud lingua sua usurpant. Rex duabus urbibus conditis in utraque fluminis, quod superaverat, ripa, copiarum duces coronis et mille aureis singulos donat : ceteris quoque proportione aut gradus, quem in militia obtinebant, aut navatæ operæ, honos habitus est.

Abisares, qui prius, quam cum Poro dimicaretur, legatos ad Alexandrum miserat, rursus alios misit, pollicentes omnia facturum, quæ imperasset, modo ne cogeretur corpus suum dedere; neque enim aut sine regio imperio victurum, aut regnaturum esse captivum. Cui Alexander nuntiari jussit, si gravaretur ad se venire, ipsum ad eum esse venturum.

Hinc, Poro amneque superato, ad interiora Indiæ processit. Silvæ erant prope in immensum spatium diffusæ, procerisque et in eximiam altitudinem editis arboribus umbrosæ : plerique rami, instar ingentium stipitum flexi in humum, rursus, qua se curvaverant, erigebantur adeo, ut species esset non rami resurgentis, sed arboris

dés sources y répandent l'eau en abondance. Ces bois étaient aussi pleins de serpents, dont les écailles avaient tout l'éclat de l'or. Il n'en est point dont le venin soit plus dangereux ; la mort suivait immédiatement leur morsure, jusqu'au moment où un remède fut indiqué par les habitants. De là, en traversant des déserts, on arriva sur les bords du fleuve Hyarotès ; une forêt plantée d'arbres autre part inconnus, et remplis de paons sauvages, touchait au fleuve. Poursuivant sa marche, Alexandre prit par blocus une place située à peu de distance, et avec des otages en exigea un tribut. Il arriva ensuite devant une ville considérable pour ce pays, et qui, outre ses murs, avait un marais pour défense.

Les Barbares marchèrent à sa rencontre, montés sur des chariots attachés ensemble. Les uns étaient armés de flèches, les autres de piques ou de haches, et ils sautaient lestement de char en char lorsqu'ils voulaient secourir leurs compagnons en danger. Cette nouvelle manière de combattre effraya d'abord les Macédoniens, à qui les blessures arrivaient de loin ; mais, méprisant bientôt un moyen de défense aussi grossier, ils se répandirent des deux côtés autour des chariots, et accablèrent de traits les Barbares malgré leur résistance. En même temps le roi ordonna de couper les liens dont les chars étaient attachés, pour qu'on pût les entourer plus facilement un à un ; et l'ennemi alors, après avoir perdu huit mille combattants, chercha un refuge dans ses murs. Le lendemain, les échelles furent plantées sur tous les points, et les remparts escaladés ;

---

ex sua radice generatæ. Cœli temperies salubris : quippe et vim solis umbræ levant, et aquæ largæ manant e fontibus. Ceterum hic quoque serpentium magna vis erat, squamis fulgorem auri reddentibus ; virus haud ullum magis noxium est : quippe morsum præsens mors sequebatur ; donec ab incolis remedium oblatum est. Hinc per deserta ventum est ad flumen Hyaroten : junctum erat flumini nemus, opacum arboribus alibi inusitatis, agrestiumque pavonum multitudine frequens. Castris inde motis, oppidum haud procul positum corona capit, obsidibusque acceptis stipendium imponit. Ad magnam deinde, ut in ea regione, urbem pervenit, non muro solum, sed etiam palude munitam.

Ceterum Barbari vehiculis inter se junctis dimicaturi occurrerunt : tela aliis hastæ, aliis secures erant, transiliebantque in vehicula strenuo saltu, quum succurrere laborantibus suis vellent. Ac primo insolitum genus pugnæ Macedonas terruit ; quum eminus vulnerarentur : deinde, spreto tam incondito auxilio, ab utroque latere vehiculis circumfusi repugnantes fodere cœperunt. Et vincula, queis conserta erant, jussit incidi, quo facilius singula circumvenirentur ; itaque VIII millibus suorum amissis in oppidum refugerunt. Postero die, scalis undique admotis, muri occupantur : paucis

un petit nombre d'habitants durent leur salut à la rapidité de leur fuite. Voyant leur patrie détruite, ils passèrent le marais à la nage, et allèrent porter l'effroi dans les villes voisines, publiant qu'une armée invincible, une véritable armée de dieux, était venue les envahir.

Alexandre détacha Perdiccas avec quelques troupes légères pour ravager le pays; mit un autre corps d'armée sous les ordres d'Eumènes, pour que, de son côté, il forçât aussi les Barbares à la soumission; et lui-même, avec le reste, marcha contre une ville forte, où la population de plusieurs autres du voisinage s'était réfugiée. Les habitants, quoiqu'ils eussent envoyé implorer la clémence du roi, se préparaient néanmoins à la guerre. Une sédition, en effet, s'était élevée parmi le peuple, et avait partagé les esprits : les uns préféraient tout à la honte de se rendre, les autres se croyaient incapables de tenir. Mais, pendant qu'on ne sait rien décider en commun, les partisans de la soumission ouvrent les portes, et introduisent l'ennemi. Alexandre, quoiqu'il eût sujet d'être irrité contre ceux qui avaient conseillé la guerre, pardonna à tout le monde, et, après avoir pris des otages, alla camper devant la ville voisine. Les otages étaient conduits en tête de l'armée. Du haut de leurs murs, les habitants les reconnurent pour leurs compatriotes, et entrèrent en pourparler avec eux. Ceux-ci, par les récits qu'ils leur firent de la clémence du roi et de sa puissance, les déterminèrent à se rendre. Il reçut pareillement la soumission des autres villes.

---

pernicitas saluti fuit, qui, cognito urbis excidio, paludem transnavere, et in vicina oppida ingentem intulere terrorem, invictum exercitum et deorum profecto advenisse memorantes.

Alexander, ad vastandam eam regionem Perdicca cum expedita manu misso, partem copiarum Eumeni tradit, ut is quoque Barbaros ad deditionem compelleret : ipse ceteros ad urbem validam, in quam aliarum quoque confugerant incolae, duxit. Oppidani, missis qui regem deprecarentur, nihilominus bellum parabant : quippe orta seditio in diversa consilia diduxerat vulgum; alii omnia deditione potiora, quidam nullam opem in ipsis esse ducebant. Sed dum nihil in commune consulitur, qui deditioni imminebant, apertis portis hostem recipiunt. Alexander, quanquam belli auctoribus jure poterat irasci, tamen, omnibus venia data, et obsidibus acceptis, ad proximam deinde urbem castra movit. Obsides ducebantur ante agmen, quos, quum e muris agnovissent, utpote gentis ejusdem, in colloquium convocaverunt. Illi, clementiam regis simulque vim commemorando, ad deditionem eos compulere : ceterasque urbes simili modo deditas in fidem accepit.

De là, il passa dans le royaume de Sophitès. Cette nation, parmi des Barbares, est distinguée par sa sagesse et par les bonnes coutumes qui la régissent. Les nouveau-nés ne sont pas admis dans la famille, ni élevés selon ce qu'a décidé le caprice de leurs parents : cette décision appartient à des hommes chargés d'examiner la constitution des enfants; s'ils leur trouvent quelque monstruosité ou quelque membre inutile, ils les livrent à la mort. Les mariages ne se font pas d'après la naissance et d'après la noblesse : c'est la beauté qui règle les choix, parce qu'ils pensent qu'elle se reproduira dans les enfants.

La capitale de ce peuple, dont Alexandre avait fait approcher ses troupes, était occupée par Sophitès lui-même. Les portes étaient fermées; mais aucun homme en armes ne se montrait sur les murs, ni sur les tours, et les Macédoniens étaient incertains si les habitants avaient abandonné la ville, ou s'ils se cachaient par ruse. Tout à coup une porte s'ouvre, et l'on voit s'avancer, avec ses deux fils déjà adultes, le monarque indien, dont la taille dépassait de beaucoup celle des autres Barbares. Il portait une robe chamarrée d'or et de pourpre, qui lui descendait jusqu'au bas des jambes; ses sandales d'or étaient semées de pierreries; une parure de perles entourait aussi ses poignets et ses bras; de ses oreilles pendaient des diamants d'un éclat et d'une grosseur extraordinaires; son sceptre d'or était orné de béryls : il le présenta au roi, en le priant de l'accepter, et se remit à sa discrétion, lui, ses enfants et son peuple.

Hinc in regnum Sophitis perventum est. Gens, ut Barbari credunt, sapientia excellit, bonisque moribus regitur. Genitos liberos non parentum arbitrio tollunt aluntque, sed eorum, quibus spectandi infantium habitum cura mandata est. Si quos segnes, aut aliqua membrorum parte inutiles notaverunt, necari jubent. Nuptiis coeunt, non genere ac nobilitate conjunctis, sed electa corporum specie, quia eadem æstimatur in liberis.

Hujus gentis oppidum, cui Alexander admoverat copias, ab ipso Sophite obtinebatur : clausæ erant portæ; sed nulli in muris turribusque se armati ostenderant, dubitabantque Macedones, deseruissentne urbem incolæ, an fraude se occulerent; quum subito, patefacta porta, rex Indus cum duobus adultis filiis occurrit, multum inter omnes Barbaros eminens corporis specie. Vestis erat auro purpuraque distincta, quæ etiam crura velabat : aureis soleis inseruerat gemmas : lacerti quoque et brachia margaritis ornata erant. Pendebant ex auribus insignes candore et magnitudine lapilli. Baculum aureum berylli distinguebant : quo tradito precatus, ut hospes acciperet, se liberosque et gentem suam dedidit.

Il y a dans ce pays des chiens renommés pour la chasse; on dit qu'ils cessent d'aboyer aussitôt qu'ils ont vu la bête, et qu'ils sont surtout ennemis des lions. Pour donner à Alexandre le spectacle de leur vigueur, Sophitès fit lancer sous ses yeux un lion d'une taille prodigieuse, et amener quatre chiens seulement, qui eurent bientôt saisi l'animal : alors un homme, dont c'était l'emploi ordinaire, se mit à tirer la jambe d'un des chiens, attaché avec les autres à sa proie, et, comme il ne venait pas, la lui coupa; n'ayant pu de cette façon même vaincre son opiniâtreté, il lui trancha une autre partie du corps, et, rencontrant toujours un égal acharnement, il lui faisait toujours quelque nouvelle blessure. Au moment même de mourir, ce chien avait encore les dents enfoncées dans la plaie qu'il avait faite au lion : tant la nature a mis dans ces animaux une ardente passion pour la chasse, s'il faut ajouter foi à ce qu'on nous a raconté! Quant à moi, j'en écris plus que je n'en crois; car je ne puis me résoudre, ni à affirmer ce dont je doute, ni à supprimer ce que j'ai entendu dire.

Ayant laissé Sophitès dans ses États, le roi se dirigea vers le fleuve Hyphasis, où il fut rejoint par Héphestion, qui était allé soumettre une autre contrée. Phégée régnait sur le peuple voisin. Il ordonna à ses sujets de cultiver leurs terres comme de coutume, et s'avança avec des présents au-devant d'Alexandre, prêt à accomplir toutes ses volontés.

II. Le roi séjourna deux jours chez ce prince; le troisième, il avait résolu de passer le fleuve, entreprise difficile, et par

---

Nobiles ad venandum canes in ea regione sunt; latratu abstinere dicuntur, quum videre feram, leonibus maxime infesti. Horum vim ut ostenderet Alexandro, in consepto leonem eximiæ magnitudinis jussit emitti, et quatuor omnino admoveri canes qui celeriter occupaverunt feram; tum ex iis, qui assueverant talibus ministeriis, unus, canis leoni cum aliis inhærentis crus avellere, et, quia non sequebatur, ferro amputare cœpit : nec sic quidem pertinacia victa, rursus aliam partem secare institit; et deinde non segnius inhærentem ferro subinde cædebat. Ille in vulnere feræ dentes moribundus quoque infixerat; tantam in illis animalibus ad venandum cupiditatem ingenerasse naturam, memoriæ proditum est. Equidem plura transcribo, quam credo : nam nec affirmare sustineo, de quibus dubito, nec subducere, quæ accepi.

Relicto igitur Sophite in suo regno, ad fluvium Hyphasin processit, Hephæstione, qui diversam regionem subegerat, conjuncto. Phegeus erat gentis proximæ rex, qui popularibus suis colere agros, ut assueverant, jussis, Alexandro cum donis occurrit, nihil quod imperaret detrectans.

II. Biduum apud eum substitit rex : tertio die amnem superare decreverat, trans-

la largeur des eaux, et par les rochers dont le lit était embarrassé. Ayant donc pris auprès de Phégée les renseignements qui lui étaient nécessaires, il sut qu'au delà du fleuve il y avait une route de onze jours, à travers de vastes déserts; qu'on rencontrait alors le Gange, le plus grand des fleuves de l'Inde ; que, sur la rive opposée, habitaient les Gangarides et les Pharrasiens ; que leur roi Aggrammès occupait le passage avec vingt mille hommes de cavalerie, et deux cent mille d'infanterie ; qu'en outre il traînait après lui deux mille chars et des éléphants, principal objet de terreur, dont le nombre s'élevait à trois mille.

Tout cela paraissait incroyable au roi. Il s'informa donc auprès de Porus, qui l'accompagnait, si ce qu'on lui disait était véritable. Celui-ci assura que ce n'était pas sans raison que l'on vantait les forces de ces peuples et de leur empire; mais que le roi qui les gouvernait était sans nom, et sorti même de la condition la plus basse. Son père, barbier de profession, qui gagnait à peine chaque jour de quoi vivre, avait plu à la reine par son extérieur, qui n'était pas sans agréments. Appelé par elle au premier rang dans la faveur du prince qui régnait alors, il l'avait assassiné, et, sous le titre de tuteur, avait pris possession du trône; bientôt après, il avait fait périr les héritiers de la couronne, et donné naissance au roi maintenant régnant, prince haï et méprisé de ses sujets, et qui se souvenait mieux de la fortune de son père que de la sienne propre.

---

itu difficilem, non spatio solum aquarum, sed etiam saxis impeditum. Percontatus igitur Phegea, quæ noscenda erant, undecim dierum ultra flumen per vastas solitudines iter esse cognoscit : excipere deinde Gangem, maximum totius Indiæ fluminum : ulteriorem ripam colere gentes Gangaridas et Pharrasios; eorumque regem esse Aggrammen, xx millibus equitum ducentisque peditum obsidentem vias : ad hæc quadrigarum duo millia trahere, et præcipuum terrorem elephantos, quos trium millium numerum explere dicebat.

Incredibilia regi omnia videbantur : igitur Porum (nam cum eo erat) percontatur, an vera essent, quæ dicerentur. Ille vires quidem gentis et regni haud falso jactari affirmat; ceterum, qui regnaret, non modo ignobilem esse, sed etiam ultimæ sortis : quippe patrem ejus, tonsorem vix diurno quæstu propulsantem famem, propter habitum haud indecorum, cordi fuisse reginæ : ab ea in propiorem ejus, qui tum regnasset, amicitiæ locum admotum, interfecto eo per insidias, sub specie tutelæ liberûm ejus invasisse regnum; necatisque pueris hunc, qui nunc regnat, generasse, invisum vilemque popularibus, magis paternæ fortunæ, quam suæ memorem.

Ce témoignage de Porus jeta l'esprit du roi dans une grande perplexité. L'ennemi et ses éléphants ne l'inquiétaient guère ; il redoutait les difficultés des lieux et la grandeur des fleuves. Il lui semblait difficile de poursuivre des peuples relégués presque aux extrémités du monde, et de les arracher de leurs retraites. D'un autre côté, son avidité pour la gloire, et son insatiable désir de renommée ne lui permettaient de reconnaître de barrière ni de distance impossibles à franchir. Puis, il lui arrivait de se demander si les Macédoniens, après avoir parcouru de si vastes espaces, après avoir vieilli sur les champs de bataille et dans les camps, voudraient le suivre à travers tant de fleuves jetés sur son passage, à travers tant d'obstacles élevés par la nature. Riches et chargés de butin, ils aimaient mieux jouir de ce qu'ils possédaient, que de se fatiguer à acquérir encore. Ses soldats n'étaient pas dans les mêmes dispositions que lui. Pour lui, qui embrassait dans sa pensée l'empire du monde, il ne se voyait encore qu'au début de sa carrière ; mais eux, fatigués de leurs travaux, ne demandaient qu'à en recueillir au plus tôt le prix, et à se voir au terme de leurs périls. La passion toutefois l'emporta sur la raison, et, ayant assemblé ses troupes, il leur parla à peu près en ces termes :

« Je n'ignore point, soldats, que ces jours derniers les peuples de l'Inde ont à dessein répandu une foule de bruits propres à vous effrayer ; mais les vaines exagérations du mensonge ne sont point pour vous une nouveauté. C'est ainsi que les gorges de la Cilicie, les plaines de la Mésopotamie, le Tigre et l'Euphrate, que nous avons passés, l'un à gué, l'autre sur

---

Affirmatio Pori multiplicem animo regis injecerat curam : hostem belluasque spernebat; situm locorum et vim fluminum extimescebat : relegatos in ultimum pæne rerum humanarum terminum persequi et eruere, arduum videbatur. Rursus avaritia gloriæ et insatiabilis cupido famæ nihil invium, nihil remotum videri sinebat ; et interdum dubitabat, an Macedones, tot emensi spatia terrarum, in acie et in castris senes facti, per objecta flumina, per tot naturæ obstantes difficultates secuturi essent : abundantes onustosque præda, magis parta frui velle, quam acquirenda fatigari. Non idem sibi et militibus animi esse : se, totius orbis imperium mente complexum, adhuc in operum suorum primordio stare : militem, labore defatigatum, proximum quemque fructum, finito tandem periculo, expetere. Vicit ergo cupido rationem, et, ad concionem vocatis militibus ad hunc maxime modum disseruit :

« Non ignoro, milites, multa, quæ terrere vos possent, ab incolis Indiæ per hos dies de industria esse jactata ; sed non est improvisa vobis mentientium vanitas. Sic Ciliciæ fauces, sic Mesopotamiæ campos, Tigrin et Euphraten, quorum alterum vado

un pont, étaient dans les récits des Perses des objets si terribles. Jamais la renommée ne reste pure de tout mélange : il n'est rien qu'elle n'exagère ; notre gloire même, toute réelle qu'elle est, fait plus de bruit qu'elle ne nous a coûté d'efforts. A entendre ce qu'on nous disait naguère, et de ces monstrueux animaux, semblables à autant de murailles, et du fleuve Hydaspe, et de cent autres obstacles, tous faussement exagérés, qui eût cru que nous pussions jamais les affronter? Il y a bien longtemps que nous eussions fui l'Asie, s'il avait suffi de fables pour nous vaincre.

« Croyez-vous que les troupeaux d'éléphants soient ici plus nombreux que ceux de bœufs en d'autres climats ? cet animal n'est-il pas rare, difficile à prendre, et plus difficile encore à apprivoiser? Eh bien, il en est de même du reste des forces ennemies : infanterie, cavalerie, l'exagération en a fait le compte. Quant au fleuve, plus il s'étend en largeur, plus son cours est paisible. Les eaux resserrées entre leurs rives, et comme emprisonnées dans un lit trop étroit, se précipitent en torrents; un large canal leur donne une course plus lente. Tout le péril d'ailleurs est sur la rive, où, à l'instant de débarquer, l'on est attendu par l'ennemi ; et, quelle que soit l'étendue du fleuve, pour prendre terre, le risque sera toujours le même. Mais, supposons vrais tous ces rapports, est-ce la grosseur des animaux, ou le nombre des ennemis qui vous effraye? Les éléphants, nous en avons un tout récent exemple, se sont jetés avec plus de fureur contre leurs maîtres que contre

---

transivimus, alterum ponte, terribilem fecerant Persæ. Nunquam ad liquidum fama perducitur; omnia, illa tradente, majora sunt vero : nostra quoque gloria, quum sit ex solido, plus tamen habet nominis, quam operis. Modo quis belluas, offerentes mœnium speciem, quis Hydaspen amnem, quis cetera, auditu majora quam vero, sustinere posse credebat? Olim, hercule, fugissemus ex Asia, si nos fabulæ debellare potuissent.

« Creditisne elephantorum greges majores esse, quam usquam armentorum sunt? quum et rarum sit animal, nec facile capiatur, multoque difficilius mitigetur. Atqui eadem vanitas copias peditum equitumque numeravit : nam flumen, quo latius fusum est, hoc placidius stagnat; quippe angustis ripis coercita, et in angustiorem alveum elisa, torrentes aquas invehunt : contra spatio alvei segnior cursus est. Præterea in ripa omne periculum est, ubi applicantes navigia hostis exspectat. Ita, quantumcunque flumen intervenit, idem futurum discrimen est evadentium in terram. Sed omnia ista vera esse fingamus. Utrumne vos magnitudo belluarum, an multitudo hostium terret? Quod pertinet ad elephantos, præsens habemus exemplum : in suos vehementius, quam in nos incurrerunt; tam vasta corpora securibus falcibusque mu-

21.

nous ; des haches et des faux ont mutilé ces corps gigantesques. Qu'importe ensuite que l'on n'en compte pas plus qu'en avait Porus, ou qu'ils soient trois mille, lorsqu'un ou deux blessés suffisent pour mettre les autres en fuite ? Peu nombreux, on les gouverne avec peine ; rassemblés au nombre de tant de milliers, ils s'écraseront les uns les autres, du moment que leur masse inhabile et pesante ne saura ni rester en place, ni fuir. Pour moi, j'ai toujours fait si peu de cas de ces animaux, que, maître d'en opposer à l'ennemi, je n'ai pas voulu les employer : je savais trop bien qu'ils sont plus dangereux à l'armée où ils combattent qu'à l'armée contraire.

« Mais peut-être est-ce cette foule immense d'hommes et de chevaux qui vous épouvante ? Il est vrai que vous êtes accoutumés à ne combattre que des ennemis peu nombreux, et que, pour la première fois, vous rencontrerez devant vous une multitude désordonnée. J'en atteste le Granique, témoin du courage invincible des Macédoniens contre des bataillons innombrables ; la Cilicie, inondée du sang des Perses ; et Arbèles, dont les champs sont jonchés des ossements de ceux que nous avons vaincus. C'est commencer bien tard à compter les légions ennemies, aujourd'hui qu'à force de vaincre vous avez fait de l'Asie une solitude. C'était au moment de traverser l'Hellespont qu'il fallait regarder à notre faible nombre. Maintenant, les Scythes marchent à notre suite ; les forces des Bactriens sont à nous ; les Dahes et les Sogdiens combattent dans nos rangs. Ce n'est pas toutefois en leurs bandes que je me confie ; c'est sur vos bras que se fixent mes regards, c'est votre valeur qui m'assure et me garantit le succès de ce qui me

tilata sunt. Quid autem interest, totidem sint, quot Porus habuit, an tria millia, quum, uno aut altero vulneratis, ceteros in fugam declinari videamus ? Inde paucos quoque incommode regunt : congregata vero tot millia ipsa se elidunt, ubi nec stare, nec fugere potuerint inhabiles vastorum corporum moles. Equidem sic animalia ista contempsi, ut quum haberem, ipse non opposuerim, satis gnarus, plus suis, quam hostibus periculi inferre.

« At enim equitum peditumque multitudo vos commovet ! cum paucis enim pugnare soliti estis, et nunc primum inconditam sustinebitis turbam. Testis adversus multitudinem invicti Macedonum roboris Granicus amnis, et Cilicia, inundata cruore Persarum, et Arbela, cujus campi devictorum a nobis ossibus strati sunt. Sero hostium legiones numerare cœpistis, postquam solitudinem in Asia vincendo fecistis : quum per Hellespontum navigaremus, de paucitate nostra cogitandum fuit. Nunc nos Scythæ sequuntur ; bactriana auxilia præsto sunt ; Dahæ Sogdianique inter nos militant. Nec tamen illi turbæ confido ; vestras manus intueor ; vestram virtutem, rerum,

reste à faire. Tant que je me trouverai au milieu de vous sur le champ de bataille, je ne compterai ni mes troupes ni celles des ennemis. Montrez-moi seulement des esprits pleins d'ardeur et de confiance. Nous ne sommes plus à l'entrée de nos travaux et de nos fatigues; nous touchons à leur terme. Nous voilà arrivés aux lieux où se lève le soleil, et sur les bords de l'Océan, si le courage ne nous manque pas; et de là, vainqueurs, après avoir porté nos conquêtes aux extrémités de la terre, nous retournerons dans notre patrie.

« Gardez-vous d'imiter le laboureur paresseux qui, par indolence, laisse échapper de ses mains des fruits que la saison a mûris. Et combien ici les récompenses sont plus grandes que les dangers! Le pays est à la fois riche et efféminé, et c'est au pillage que je vous conduis plutôt qu'à la gloire. Les richesses que cette mer apporte sur ses rivages, vous êtes dignes de les remporter dans votre patrie, dignes de ne reculer devant aucune épreuve, de ne faire aucun sacrifice à la crainte. Ainsi donc, par vous-mêmes, et par votre gloire qui vous élève au-dessus de l'humanité, par les services que vous me devez et ceux que je vous dois, je vous supplie, je vous conjure de ne pas abandonner, au moment de toucher les limites du monde, votre élève, votre compagnon d'armes, je ne veux pas dire votre roi.

« Jusqu'ici je vous ai commandé; aujourd'hui, c'est une dette que je viens contracter envers vous : et celui qui vous prie, c'est moi, moi qui ne vous ai jamais rien ordonné sans aller le premier m'offrir au péril; qui souvent, au milieu du

---

quas gesturus sum, vadem prædemque habeo : quamdiu vobiscum in acie stabo, nec meos, nec hostium exercitus numeravero : vos modo animos mihi plenos alacritatis ac fiduciæ adhibete. Non in limine operum laborumque nostrorum, sed in exitu stamus : pervenimus ad solis ortum et Oceanum, nisi obstat ignavia : inde victores, perdomito fine terrarum, revertemur in patriam.

« Nolite, quod pigri agricolæ faciunt, maturos fructus per inertiam amittere e manibus. Majora sunt periculis præmia; dives eadem et imbellis est regio : itaque non tam ad gloriam vos duco, quam ad prædam. Digni estis, qui opes, quas illud mare littoribus invehit, referatis in patriam; digni, qui nihil inexpertum, nihil metu omissum relinquatis. Per vos gloriamque vestram, qua humanum fastigium exceditis, perque et mea in vos, et in me vestra merita, quibus invicti contendimus, oro quæsoque, ne humanarum rerum terminos adeuntem alumnum commilitonemque vestrum, ne dicam regem, deseratis.

« Cetera vobis imperavi; hoc unum debiturus sum : et is vos rogo, qui nihil unquam vobis præcepi, quin primus me periculis obtulerim; qui sæpe aciem clypeo

combat, vous ai couverts de mon bouclier. Ah! ne brisez pas dans mes mains une palme qui, si l'envie n'y met obstacle, égalera ma gloire à celle d'Hercule et de Bacchus; accordez cette grâce à mes prières, et rompez enfin un silence si obstiné. Où sont ces cris, témoignage de votre allégresse? où est ce visage de mes Macédoniens? Je ne vous reconnais plus, soldats, et il semble que je ne sois plus reconnu de vous. Depuis longtemps je ne parle plus qu'à de sourdes oreilles, et je me consume en efforts pour ranimer des esprits mécontents et abattus. »

Et comme les Macédoniens, la tête baissée, continuaient de garder le silence : « Je ne sais, reprit-il, de quel tort je me suis, sans le vouloir, rendu coupable envers vous, pour que vous ne daigniez pas même me regarder. Il me semble être seul au milieu d'un désert. Personne qui me réponde; personne qui me fasse entendre même un refus. A qui parlé-je, et que demandé-je? C'est de votre gloire, de votre propre grandeur qu'il s'agit ici. Où sont-ils, ceux que je vis naguère se disputer l'honneur de recevoir entre leurs bras leur roi blessé? Je suis abandonné, délaissé, livré à l'ennemi; mais, seul, je saurai encore poursuivre ma marche. Laissez-moi à la merci des fleuves, de ces monstrueux animaux, de ces nations dont les noms vous font trembler; j'en trouverai d'autres pour me suivre, si vous m'abandonnez. J'aurai avec moi les Scythes et les Bactriens, jadis mes ennemis, aujourd'hui mes soldats. Il vaut mieux mourir que de n'avoir qu'un commandement précaire. Allez, retournez dans vos demeures; partez, glorieux d'avoir délaissé votre roi. Quant à moi, je saurai

---

meo texi, ne infregeretis in manibus meis palmam, qua Herculem Liberumque Patrem, si invidia abfuerit, æquabo. Date hoc precibus meis, et tandem obstinatum silentium rumpite. Ubi est ille clamor, alacritatis vestræ index? ubi ille meorum Macedonum vultus? non agnosco vos, milites ; nec agnosci videor a vobis. Surdas jam dudum aures pulso : aversos animos et infractos excitare conor. »

Quumque illi in terram demissis capitibus tacere perseverarent : « Nescio quid, inquit, imprudens in vos deliqui, quod me ne intueri quidem vultis. In solitudine mihi videor esse : nemo respondet; nemo saltem negat. Quos alloquor? quid autem postulo? vestram gloriam et magnitudinem vindicamus. Ubi sunt illi, quorum certamen paulo ante vidi contendentium, qui potissimum vulnerati regis corpus exciperent? Desertus, destitutus sum, hostibus deditus. Sed solus quoque ire perseverabo : objicite me fluminibus, et belluis, et illis gentibus, quarum nomina horretis; inveniam, qui desertum a vobis sequantur. Scythæ Bactrianique erunt mecum, hostes paulo ante, nunc milites nostri. Mori præstat, quam precario imperatorem esse ; ite

trouver ici la victoire dont vous avez désespéré, ou une mort honorable. »

III. Ces derniers mots même ne purent arracher un mot à aucun des soldats. Ils attendaient que leurs généraux et les premiers de l'armée représentassent au roi qu'épuisés par leurs blessures et les travaux d'une guerre non interrompue, ils ne refusaient pas, mais étaient hors d'état de servir davantage. Cependant, immobiles de crainte, ils tenaient leurs regards fixés contre terre. Un murmure spontané s'éleva d'abord, bientôt après un sourd gémissement; puis, devenue plus libre, leur douleur s'exprima par des larmes, et le roi lui-même, passant de la colère à la compassion, ne put, malgré tous ses efforts, retenir les siennes. Les pleurs n'en coulaient qu'avec plus d'abondance dans toute l'assemblée, lorsqu'enfin Cénus, au milieu de l'hésitation de tous les autres, osa s'approcher du tribunal, en faisant signe qu'il voulait parler. Aussitôt que les soldats le virent ôter son casque de dessus sa tête, comme il était d'usage pour parler au roi, ils se mirent à l'engager à plaider la cause de l'armée.

Alors Cénus prenant la parole : « Nous préservent les dieux, dit-il, de ces coupables pensées ! et assurément elles sont loin de nos cœurs. L'esprit de tes soldats est ce qu'il fut toujours, d'aller où tes ordres les appelleront, de combattre, d'affronter les dangers, de verser leur sang pour illustrer ton nom dans la postérité. Si donc tu persistes dans tes projets, nus, sans armes, n'ayant plus de sang dans les veines, partout où tu voudras nous te suivrons, ou même nous te précéderons.

reduces domos; ite deserto rege ovantes : ego hic a vobis desperatæ victoriæ, aut honestæ morti locum inveniam. »

III. Ne sic quidem ulli militum vox exprimi potuit : exspectabant, ut duces principesque ad regem perferrent, vulneribus et continuo labore militiæ fatigatos non detrectare munia, sed sustinere non posse. Ceterum illi metu attoniti in terram ora defixerant. Ergo primo fremitus sua sponte, deinde gemitus quoque oritur; paulatimque liberius dolor erigi cœpit, manantibus lacrymis, adeo ut rex, ira in misericordiam versa, ne ipse quidem, quanquam cuperet, temperare oculis potuerit. Tandem, universa concione effusius flente, Cœnus ausus est, cunctantibus ceteris, propius tribunal accedere, significans, se loqui velle. Quem ut videre milites detrahentem galeam capiti (ita enim regem alloqui mos est), hortari cœperunt, ut causam exercitus ageret.

Tum Cœnus : « Dii prohibeant, inquit, a nobis impias mentes; et profecto prohibent. Idem animus est tuis, qui fuit semper, ire quo jusseris, pugnare, periclitari, sanguine nostro commendare posteritati tuum nomen. Proinde si perseveras, inermes

Mais, si tu veux entendre le cri de ton armée, un cri qui n'est pas dicté par le mensonge, mais arraché par la dernière nécessité, prête, je t'en conjure, une oreille favorable à des hommes qui ont constamment suivi tes drapeaux et ta fortune, et qui sont prêts, en quelque lieu que tu ailles, à les suivre.

« Prince, tu as vaincu, par la grandeur de tes exploits, non-seulement tes ennemis, mais encore tes soldats. Tout ce que pouvait faire l'humanité, nous l'avons accompli. Tant de mers et de terres que nous avons parcourues nous sont mieux connues qu'à ceux qui les habitent. Nous nous arrêtons presque aux limites extrêmes du monde. Cependant tu te prépares à passer dans un autre univers, et tu cherches une Inde inconnue aux Indiens eux-mêmes. Tu veux arracher de leurs retraites et du fond de leurs repaires des hommes qui vivent au milieu des bêtes fauves et des serpents, pour embrasser dans ta victoire de plus vastes espaces que le soleil n'en voit dans sa course. Pensée digne, sans doute, de ta grande âme, mais trop haute pour les nôtres! Car, tandis que ton courage ne cessera de grandir, nos forces sont à leur terme.

« Regarde ces corps défaillants, percés de tant de coups, défigurés par tant de cicatrices. Déjà nos traits sont émoussés; déjà les armes nous manquent. Nous avons pris le vêtement des Perses, faute de pouvoir en tirer de notre pays; nous nous sommes abaissés jusqu'à prendre un costume étranger. Combien s'en trouve-t-il qui aient une cuirasse? combien qui possèdent un cheval? Fais rechercher tous ceux d'entre nous que leurs esclaves ont suivis, et la part qui reste à chacun du

---

quoque, et nudi, et exsangues, utcunque tibi cordi est, sequimur, vel antecedimus. Sed si audire vis non fictas tuorum militum voces, verum necessitate ultima expressas; præbe, quæso, propitias aures imperium atque auspicium tuum constantissime secutis, et, quocunque pergis, secuturis.

« Vicisti, rex, magnitudine rerum non hostes modo, sed etiam milites : quidquid mortalitas capere poterat, implevimus, emensis maria terrasque melius nobis, quam incolis omnia nota sunt; pæne in ultimo mundi fine consistimus. In alium orbem paras ire, et Indiam quæris Indis quoque ignotam : inter feras serpentesque degentes eruere ex latebris et cubilibus suis expetis, ut plura, quam sol videt, victoria lustres. Digna prorsus cogitatio animo tuo! sed altior nostro : virtus enim tua semper in incremento erit; nostra vis in fine jam est.

« Intuere corpora exsanguia, tot perfossa vulneribus, tot cicatricibus putria. Jam tela hebetia sunt : jam arma deficiunt. Vestem persicam induimus, quia domestica subvehi non potest; in externum degeneravimus cultum. Quotocuique lorica est? quis equum habet? jube quæri, quam multos servi ipsorum persecuti sunt, quid cuique

butin. Nous avons tout vaincu, et nous manquons de tout. Et ce n'est pas le luxe dont nous portons la peine ; mais nous avons consumé les ressources de la guerre à faire la guerre. Cette armée si belle, iras-tu l'exposer nue et sans défense à des monstres sauvages ? Les Barbares, je le sais, nous en ont à dessein exagéré le nombre ; mais leur mensonge même nous prouve qu'il est encore considérable. Que si tu es invariablement décidé à pénétrer plus avant dans l'Inde, du côté du midi s'étendent de moins vastes contrées. Après les avoir conquises, tu seras le maître de descendre vers cette mer que la nature a donnée pour limite au séjour de l'homme. Pourquoi aller chercher par un détour la gloire qui se trouve placée sous ta main ? Ici, comme là, nous rencontrons l'Océan ; et, à moins que tu ne trouves plus de plaisir à promener tes armes errantes, nous sommes parvenus au terme où te conduit ta fortune. J'ai mieux aimé te parler ainsi à toi-même qu'à tes soldats hors de ta présence; non que j'aie prétendu par là gagner la faveur de l'armée qui nous entoure, mais seulement te faire entendre des paroles et des raisons, au lieu de gémissements et de murmures. »

Dès que Cénus eut cessé de parler, des cris mêlés de pleurs s'élevèrent de toutes parts ; on entendait des voix confuses répéter les noms de roi, de père et de maître. Déjà les autres chefs, surtout les vieillards, à qui leur âge donnait un prétexte plus honorable et une plus grande autorité, lui adressaient la même prière. Il était impossible à Alexandre de châtier l'obstination ou de calmer les ressentiments. Ne sachant donc quel parti prendre, il s'élança hors de son tribunal, et fit fermer

---

supersit ex præda. Omnium victores, omnium inopes sumus. Nec luxuria laboramus, sed bello instrumenta belli consumpsimus. Hunc tu pulcherrimum exercitum nudum objicies belluis? quarum ut multitudinem augeant de industria Barbari, magnum tamen esse numerum, etiam ex mendacio intelligo. Quod si adhuc penetrare in Indiam certum est, regio a meridie minus vasta est : qua subacta, licebit recurrere in illud mare, quod rebus humanis terminum voluit esse natura. Cur circumitu petis gloriam, quæ ad manum posita est? hic quoque occurrit Oceanus : nisi mavis errare, pervenimus, quo tua fortuna ducit. Hæc tecum, quam sine te cum his, loqui malui, non uti inirem circumstantis exercitus gratiam, sed ut vocem loquentium potius, quam gemitum murmurantium audires. »

Ut finem orationi Cœnus imposuit, clamor undique cum ploratu oritur, regem, patrem, dominum, confusis appellantium vocibus. Jamque et alii duces præcipueque seniores, queis ob ætatem et excusatio honestior erat, et auctoritas major, eadem precabantur. Ille nec castigare obstinatos, nec mitigare poterat iratos : itaque inops

sa tente, avec défense d'y admettre personne que ceux qui d'ordinaire en avaient l'entrée. Deux jours furent donnés à sa colère; le troisième, il reparut, et fit élever douze autels en pierres carrées, monuments de son expédition. Il ordonna aussi que l'on augmentât l'étendue des lignes du camp, et qu'on y laissât des lits dont les dimensions excédassent la proportion de la taille humaine. Prêtant ainsi à toute chose un aspect gigantesque, il préparait à l'admiration de la postérité de trompeuses merveilles.

Retournant ensuite sur ses pas, il vint camper sur les bords de l'Acésinès. Ce fut là que Cénus mourut de maladie. Le roi se montra sensible à sa perte, mais ne put se défendre d'ajouter qu'il avait fait, quelques jours auparavant, une bien longue harangue, comme s'il se fût flatté de revoir seul la Macédoine. Déjà la flotte qu'il avait ordonné de construire était sur l'eau. Memnon, sur ces entrefaites, lui amena de la Thrace un renfort de six mille cavaliers, qu'accompagnaient sept mille hommes d'infanterie envoyés pas Harpalus; il avait, en outre, apporté vingt-cinq mille armures garnies d'or et d'argent, qui furent distribuées en place des vieilles que l'on brûla. Prêt à se lancer sur l'Océan avec ses mille voiles, il apaisa les discordes et les anciennes haines qui s'étaient renouvelées entre les deux rois de l'Inde, Taxile et Porus, et les laissa derrière lui, dans leurs États, réconciliés par une solide alliance : tous deux avaient rivalisé de zèle pour l'aider à construire sa flotte. Il bâtit aussi deux villes qu'il appela, l'une *Nicée*, l'autre *Bucéphale*, pour honorer, par cette dédicace, le nom et la mé-

---

consilii desiluit e tribunali, claudique regiam jussit, omnibus, præter assuetos, adire prohibitis. Biduum iræ datum est; tertio die processit, erigique xii aras ex quadrato saxo, monumentum expeditionis suæ; munimenta quoque castrorum jussit extendi, cubiliaque amplioris formæ, quam pro corporum habitu relinqui, ut speciem omnium augeret, posteritati fallax miraculum præparans.

Hinc repetens, quæ emensus erat, ad flumen Acesinem locat castra. Ibi forte Cœnus morbo exstinctus est : cujus morte ingemuit rex quidem; adjecit tamen, propter paucos dies longam orationem eum exorsum, tanquam solus Macedoniam visurus esset. Jam in aqua classis, quam ædificari jusserat, stabat. Inter hæc Memnon ex Thracia in supplementum equitum sex millia, præter eos ab Harpalo peditum septem millia adduxerat; armaque xxv millia auro et argento cælata pertulerat, queis distributis, vetera cremari jussit. Mille navigiis aditurus Oceanum, discordes et vetera odia retractantes, Porum et Taxilem, Indiæ reges, firmata per affinitatem gratia, reliquit in suis regnis, summo in ædificanda classe amborum studio usus. Oppida quoque duo condidit, quorum alterum *Nicæam* appellavit, alterum *Bucephalon*,

moire du cheval qu'il avait perdu. Il donna ensuite l'ordre que les éléphants et les bagages le suivissent par terre, pendant qu'il descendait le fleuve. Il n'avançait guère que de quarante stades par jour, pour faire, de temps en temps, prendre terre à ses troupes, lorsqu'il trouvait un lieu favorable pour débarquer.

IV. On était arrivé à l'endroit où l'Hydaspe vient se joindre à l'Acésinès. De là il prend son cours vers les frontières des Sobiens. Ces peuples racontaient que leurs ancêtres faisaient partie de l'armée d'Hercule, et que, laissés malades par ce conquérant, ils avaient occupé le pays où on les voyait établis eux-mêmes. Ils portaient des peaux de bêtes pour vêtements, pour armes des massues; et, quoique les mœurs grecques se fussent perdues parmi eux, on y reconnaissait encore des traces nombreuses de leur origine. Alexandre débarqua en cet endroit, s'avança de deux cent cinquante stades au cœur du pays; et, après y avoir porté le ravage, en prit, par blocus, la capitale.

Une autre nation s'était présentée en armes avec quarante mille fantassins sur la rive opposée : il passa le fleuve, les mit en fuite, et les força jusque dans leurs murailles, où ils s'étaient renfermés : les jeunes gens furent égorgés, le reste de la population vendu. Il alla ensuite entreprendre le siége d'une autre ville; mais, cette fois, la vigoureuse résistance des habitants le fit reculer, et il perdit un grand nombre de Macédoniens. Comme il n'en persistait pas moins dans son entreprise, les assiégés, désespérant de leur salut, mirent le feu aux maisons, et se jetèrent, avec leurs femmes et leurs

---

equi, quem amiserat, memoriæ ac nomini dedicans urbem. Elephantis deinde et impedimentis terra sequi jussis, secundo amne defluxit, quadraginta ferme stadia singulis diebus procedens, ut opportunis locis exponi subinde copiæ possent.

IV. Perventum erat in regionem, in qua Hydaspes amnis Acesini committitur. Hinc decurrit in fines Sobiorum : hi de exercitu Herculis majores suos esse commemorant, ægros relictos esse; cepisse sedem, quam ipsi obtinebant. Pelles ferarum pro veste, clavæ pro telo erant : multaque etiam, quum græci mores exolevissent, stirpis ostendebant vestigia. Hinc, exscensione facta, cc et L stadia processit, depopulatosque regionem, oppidum, caput ejus, corona cepit.

Quadraginta peditum millia alia gens in ripa fluminum opposuerat, quam, amne superato, in fugam compulit, inclusosque mœnibus expugnat : puberes interfecti sunt, ceteri venierunt. Alteram deinde urbem expugnare adortus, magnaque vi defendentium pulsus, multos Macedonum amisit; sed quum in obsidione perseverasset, oppidani, deserta salute, ignem subjecere tectis; se quoque, ac liberos, conjugesque

enfants, parmi les flammes de l'incendie. Leurs mains travaillaient à l'alimenter, pendant que celles des Macédoniens s'efforçaient de l'éteindre; et de là un genre tout nouveau de combat : les habitants détruisaient leur ville, les ennemis la défendaient : tant la guerre peut bouleverser jusqu'aux droits de la nature ! La citadelle de cette ville était intacte : le roi y laissa une garnison. Il en fit lui-même le tour par eau : car trois fleuves, les plus grands de l'Inde après le Gange, baignent les murs de cette forteresse. Du côté du septentrion, elle est entourée par les eaux de l'Indus; du côté du midi, par celles de l'Acésinès et de l'Hydaspe. Ces fleuves, en se réunissant, forment des vagues semblables à celles de la mer; et quelquefois le choc de leurs eaux soulève des masses d'un épais limon, qui réduisent à un étroit canal le passage navigable pour les bâtiments. Les flots se succédaient donc avec rapidité, et venaient battre tantôt la proue, tantôt les flancs des navires; les matelots s'efforçaient de gagner terre : mais la peur, en même temps que l'impétueuse violence du torrent, contrariaient leurs manœuvres. Deux bâtiments des plus grands furent submergés, aux yeux de tout le monde : les plus légers, quoiqu'il fût également impossible de les gouverner, furent cependant poussés sur la rive, sans éprouver aucun dommage. Le roi lui-même donna dans des tourbillons très-rapides, où son navire, tournoyant sans cesse, était emporté de côté, incapable d'obéir au gouvernail.

Déjà il s'était dépouillé de ses vêtements, et allait s'élancer dans le fleuve; ses amis nageaient non loin de là pour le

---

incendio cremant. Quod quum ipsi augerent, hostes exstinguerent, nova forma pugnæ erat : delebant incolæ urbem; hostes defendebant : adeo etiam naturæ jura bellum in contrarium mutat. Arx erat oppidi intacta, in qua præsidium dereliquit : ipse navigio circumvectus est arcem; quippe tria flumina, tota India, præter Gangen, maxima, munimento arcis applicant undas. A septemtrione Indus alluit; a meridie Acesines Hydaspi confunditur. Ceterum amnium coitus maritimis similes fluctus movent; multoque ac turbido limo, quod aquarum concursu subinde turbatur, iter, qua meant navigia, in tenuem alveum cogitur. Itaque quum crebri fluctus se inveherent, et navium hinc proras, hinc latera pulsarent, subducere nautæ cœperunt; sed ministeria eorum hinc metu, hinc prærapida celeritate fluminum occupantur. In oculis duo majora omnium navigia submersa sunt; leviora, quum et ipsa nequirent regi, in ripam tamen innoxia expulsa sunt. Ipse rex in rapidissimos vortices incidit : quibus intorta navis, obliqua et gubernaculi impatiens agebatur.

Jam vestem detraxerat corpori, projecturus semet in flumen; amicique, ut exci-

recevoir; mais le danger était également menaçant, soit qu'il se jetât à la nage, soit qu'il continuât à naviguer. Les rameurs redoublèrent donc d'efforts, et tout ce que le bras de l'homme a de force fut employé à rompre les vagues qui se précipitaient de toutes parts. On eût dit que les eaux étaient déchirées sous leurs coups, et que les gouffres reculaient devant eux. Enfin le bâtiment fut dérobé à la fureur des eaux, mais sans pourtant gagner la rive : il fallut l'échouer sur un bas-fond, qui en était proche. C'était une sorte de guerre que l'on venait de faire contre le fleuve. Aussi Alexandre fit-il élever pour chaque fleuve un autel, et, après avoir offert un sacrifice, s'avança de trente stades. On entra dans le pays des Oxydraques et des Malliens, peuples d'ordinaire en guerre l'un avec l'autre, mais que la communauté du péril avait alors réunis. Ils avaient une infanterie de quatre-vingt-dix mille jeunes gens sous les armes, et, en outre, dix mille chevaux avec neuf cents chars.

Les Macédoniens, qui s'étaient crus au terme de toutes leurs épreuves, lorsqu'ils virent qu'une nouvelle guerre leur restait à commencer contre les nations les plus belliqueuses de l'Inde, furent frappés d'une crainte panique, et se remirent à éclater contre le roi en clameurs séditieuses : « On avait été forcé, disaient-ils, de renoncer au Gange et aux contrées au delà de ce fleuve : et cependant la guerre n'était pas finie; elle avait seulement changé de théâtre. On les poussait contre des peuplades indomptées, et leur sang allait couler pour ouvrir à leur roi une route vers l'Océan. Entraînés par delà le

---

perent eum, haud procul nabant; apparebatque anceps periculum tam naturi, quam navigare perseverantis. Ergo ingenti certamine concitant remos, quantaque vis humana esse poterat, admota est, ut fluctus, qui se invehebant, everberarentur. Findi crederes undas, et retro gurgites cedere : quibus tandem navis erepta, non tamen ripæ applicabatur, sed in proximum vadum illiditur. Cum amne bellum fuisse crederes : ergo aris pro numero fluminum positis, sacrificioque facto, xxx stadia processit. Inde ventum est in regionem Oxydracarum Mallorumque, quos alias bellare inter se solitos tunc periculi societas junxerat. Nonaginta millia juniorum peditum in armis erant; præter hos equitum x millia, nongentæque quadrigæ.

At Macedones, qui omni discrimine jam defunctos se esse crediderant, postquam integrum bellum cum ferocissimis Indiæ gentibus superesse cognoverunt, improviso metu territi, rursus seditiosis vocibus regem increpare cœperunt; Gangen amnem, et quæ ultra essent, coactos transmittere; non tamen finisse, sed mutasse bellum : indomitis gentibus se objectos, ut sanguine suo aperirent ei Oceanum : trahi extra

cours des astres et du soleil, ils allaient se perdre dans des pays dont la nature avait dérobé la vue aux yeux des humains; avec de nouvelles armes, c'était toujours pour eux de nouveaux ennemis. Et quand ils les auraient tous battus ou mis en fuite, quelle récompense les attendait? des brouillards, des ténèbres, et une mer enveloppée dans une nuit perpétuelle; des abîmes remplis de monstres énormes; des eaux immobiles, sur lesquelles la nature épuisée n'avait plus d'action. »

Le roi, tourmenté de l'inquiétude de ses soldats, non de la sienne, les réunit en assemblée, et leur dit, « que les peuples, objet de leur effroi, étaient inhabiles à la guerre; que c'était désormais le dernier obstacle qui leur restait à vaincre; qu'ils auraient alors traversé la terre dans toute son étendue, et toucheraient à la borne du monde, en même temps que de leurs travaux. Qu'il avait cédé à la crainte que leur inspiraient le Gange et les nombreuses nations situées au delà de ce fleuve, qu'il avait pris un autre chemin, où, avec moins de danger, il y avait autant de gloire. Que déjà ses regards découvraient l'Océan, déjà l'air de la mer venait souffler sur leurs visages; qu'ils ne lui enviassent pas cet honneur auquel il aspirait. En aidant leur roi à dépasser les limites d'Hercule et de Bacchus, ils lui donneraient, à bien peu de frais, une renommée immortelle. Qu'ils lui permissent enfin de sortir de l'Inde et de n'en pas fuir. »

C'est l'ordinaire de toute assemblée, surtout de gens de guerre, de se laisser emporter à de rapides changements. Aussi, arrêter une sédition ne coûte-t-il guère plus que de la

---

sidera et solem, cogique adire, quæ mortalium oculis natura subduxerit : novis identidem armis novos hostes exsistere ; quos ut omnes fundant fugentque, quod præmium ipsos manere? caliginem, ac tenebras, et perpetuam noctem profundo incubantem ; repletum immanium belluarum gregibus fretum : immobiles undas, in quibus emoriens natura defecerit.

Rex, non sua, sed militum sollicitudine anxius, concione advocata docet, imbelles esse, quos metuant : nihil deinde, præter has gentes, obstare, quo minus terrarum spatia emensi ad finem simul mundi laborumque perveniant : cessisse illis, metuentibus Gangen et multitudinem nationum, quæ ultra amnem essent; declinasse iter eo, ubi par gloria, minus periculum esset : jam prospicere se Oceanum : jam perflare ad ipsos auram maris : ne inviderent sibi laudem, quam peteret : Herculis et Liberi patris terminos transituros illos, regi suo parvo impendio immortalitatem famæ daturos; paterentur se ex India redire, non fugere.

Omnis multitudo, et maxime militaris, mobili impetu fertur : ita seditionis non

faire naître. Jamais son armée ne lui avait répondu par les cris d'un plus vif enthousiasme : ils lui demandaient de les mener au combat avec la protection des dieux, d'égaler sa gloire à celle des héros dont il s'était fait le rival. Charmé de ces acclamations, Alexandre marcha sur-le-champ à la rencontre des ennemis. C'étaient les peuples les plus puissants de l'Inde, et ils se préparaient vigoureusement à la guerre. Ils avaient choisi, parmi les Oxydraques, un chef d'une valeur éprouvée. Celui-ci établit son camp au pied d'une montagne, et fit allumer une longue ligne de feux, pour grossir ses forces aux yeux de l'ennemi : en même temps il essaya, mais sans succès, par des cris et des hurlements poussés par intervalle, d'une manière particulière à ces Barbares, de jeter la terreur parmi les Macédoniens endormis.

Déjà le jour commençait à poindre, lorsque le roi, plein de confiance et d'espoir, commande à ses soldats, tout prêts à le suivre, de prendre les armes et de marcher au combat. Mais, soit crainte, soit effet d'une sédition subite dans leur camp, les Barbares prirent aussitôt la fuite. Ce qui est certain, c'est qu'ils se jetèrent dans des montagnes escarpées et d'un accès difficile. Le roi poursuivit inutilement leur corps d'armée, et ne resta maître que de leurs bagages. Il arriva ensuite devant la ville des Oxydraques, où la plupart s'étaient réfugiés, n'ayant guère plus de confiance dans leurs murailles que dans leurs armes. Déjà il se préparait à l'attaquer, lorsqu'un devin lui conseilla de ne point s'y hasarder, ou tout au moins de différer le siège : car, d'après les présages, il y avait danger pour sa vie. Alexandre, se tournant vers Démophoon (c'était le nom

remedia, quam principia majora sunt. Non alias tam alacer clamor ab exercitu est redditus, jubentium duceret, diis secundis, et æquaret gloria, quos æmularetur. Lætus his acclamationibus ad hostes protinus castra movit. Validissimæ Indorum gentes erant, et bellum impigre parabant; ducemque ex natione Oxydracarum spectatæ virtutis elegerant. Qui sub radicibus montis castra posuit, lateque ignes, ut speciem multitudinis augeret, ostendit; clamore quoque ac sui moris ululatu identidem acquiescentes Macedonas frustra terrere conatus.

Jam lux appetebat, quum rex fiduciæ ac spei plenus alacres milites arma capere et exire in aciem jubet. Sed metune, an seditione oborta inter ipsos, subito profugerunt Barbari. Certe avios montes et impeditos occupaverunt : quorum agmen rex frustra persecutus, impedimenta cepit. Perventum deinde est ad oppidum Oxydracarum, in quod plerique confugerant, haud majore fiducia mœnium, quam armorum. Jam admovebat rex, quum vates monere eum cœpit, ne committeret, aut certe differret obsidionem : vitæ ejus periculum ostendi. Rex Demophoonta (is

du devin) : « Si quelqu'un, lui dit-il, venait t'interrompre ainsi au milieu des pratiques de ton art, lorsque tes regards sont fixés sur les entrailles des victimes, il me semble que tu le trouverais importun et fâcheux. — Sans doute, répondit celui-ci. — Eh bien donc! reprit Alexandre, crois-tu que, lorsque j'ai sous les yeux de si grands événements, et non des entrailles d'animaux, il puisse me survenir de pire contre-temps qu'un devin avec ses rêves superstitieux? » Et sans perdre un instant de plus, que celui de lui répondre, il fit planter ses échelles; puis, comme on tardait à le suivre, il s'élança sur le haut de la muraille.

Le couronnement de ce mur était étroit : la partie supérieure n'en était pas, comme d'ordinaire, hérissée de créneaux; mais un simple parapet, qui régnait tout autour, servait de barrière. Le roi se cramponnait donc, plutôt qu'il ne se tenait, au bord de la muraille, parant avec son bouclier les traits qu'on lui lançait de côté et d'autre : car, de toutes parts, on le visait du haut des tours. Et il était impossible à ses soldats de le rejoindre, écrasés qu'ils étaient par les traits qui pleuvaient sur eux. Enfin, la honte l'emporta sur la grandeur du péril; ils voyaient que leur lenteur livrait le roi aux ennemis. Mais leur empressement même retarda les secours qu'ils voulaient lui porter. Luttant de vitesse pour arriver en haut, ils chargèrent les échelles, qui ne purent résister à leur poids; et leur chute trompa l'unique espoir qui restât au roi : c'est ainsi qu'à la vue d'une si puissante armée, il restait délaissé comme dans une entière solitude.

---

namque vates erat) intuens : « Si quis, inquit, te arti tuæ intentum, et exta spectantem sic interpellet, non dubitem, quin incommodus ac molestus videri tibi possit. » Et quum ille, ita prorsus futurum, respondisset : « Censesne, inquit, tantas res, non pecudum fibras, ante oculos habenti ullum esse majus impedimentum, quam vatem superstitione captum? » Nec diutius quam respondit moratus, admoveri jubet scalas : cunctantibusque ceteris evadit in murum.

Angusta muri corona erat : non pinnæ, sicut alibi, fastigium ejus distinxerant; sed perpetua lorica obducta transitum sepserat. Itaque rex hærebat magis, quam stabat in margine, clypeo undique incidentia tela propulsans; nam ubique eminus ex turribus petebatur. Nec subire milites poterant, quia superne vi telorum obruebantur : tandem magnitudinem periculi pudor vicit; quippe cernebant cunctatione sua dedi hostibus regem. Sed festinando morabantur auxilia : nam dum pro se quisque certat evadere, oneravere scalas; queis non sufficientibus, devoluti unicam spem regis fefellerunt : stabat enim in conspectu tanti exercitus, velut in solitudine destitutus.

V. Déjà sa main gauche, avec laquelle il portait son bouclier au-devant des coups, commençait à se fatiguer : ses amis lui criaient de sauter au milieu d'eux, et se tenaient prêts à le recevoir; quand il hasarda une action incroyable et sans exemple, beaucoup plus propre à accroître son renom de témérité que sa gloire : il s'élança d'un saut au milieu de la ville remplie d'ennemis. A peine pouvait-il espérer d'y périr en combattant, et non sans vengeance : car, avant qu'il se relevât, on pouvait courir sur lui et le prendre vivant. Mais, par un heureux hasard, il avait sauté de manière à tomber sur ses pieds : il put donc tout d'abord combattre debout; et la fortune lui avait ménagé l'avantage de n'être point enveloppé.

Non loin du mur, un vieil arbre étendait ses branches revêtues d'un épais feuillage, comme pour offrir un abri au roi : il s'adossa au large tronc de cet arbre, pour éviter d'être investi, recevant sur son bouclier les traits qu'on lui lançait en face. Car, parmi tant de bras armés de loin contre un seul homme, aucun n'osait l'attaquer de près; et il se perdait plus de traits dans les branches, qu'il n'en tombait sur son bouclier.

Ce qui combattait pour le roi, c'était d'abord l'effroi de son nom, partout célèbre; c'était ensuite le désespoir, ce puissant encouragement à chercher une mort glorieuse. Mais le nombre des ennemis allait toujours croissant, et déjà son bouclier était chargé d'une multitude de dards; déjà les pierres avaient brisé son casque, et ses genoux, épuisés par une si longue fa-

---

V. Jamque lævam, qua clypeum ad ictus circumferebat, lassaverat, clamantibus amicis, ut ad ipsos desiliret, stabantque excepturi, quum ille ausus est rem incredibilem atque inauditam, multoque magis ad famam temeritatis, quam gloriæ insignem. Namque in urbem hostium plenam præcipiti saltu semet ipse immisit, quum vix sperare posset, dimicantem certe, et non inultum esse moriturum : quippe, antequam assurgeret, opprimi poterat, et capi vivus. Sed forte ita libraverat corpus, ut se pedibus exciperet : itaque stans init pugnam; et, ne circumiri posset, fortuna providerat.

Vetusta arbor, haud procul muro, ramos multa fronde vestitos, velut de industria regem protegentes, objecerat : hujus spatioso stipiti corpus, ne circumiri posset, applicuit, clypeo tela, quæ ex adverso ingerebantur, excipiens. Nam quum unum procul tot manus peterent, nemo tamen audebat propius accedere : missilia ramis plura, quam clypeo incidebant.

Pugnabat pro rege primum celebrati nominis fama; deinde desperatio, magnum ad honeste moriendum incitamentum. Sed quum subinde hostis afflueret, jam ingentem vim telorum exceperat clypeo; jam galeam saxa perfregerant; jam con-

tigue, se dérobaient sous lui. A cette vue, ceux des ennemis qui se tenaient le plus près, accoururent sur lui pleins d'audace et sans aucune précaution; mais il en reçut deux si vigoureusement avec son épée, qu'ils tombèrent morts à ses pieds; et il ne s'en trouva plus qui eussent le courage de l'attaquer d'aussi près : ils lui envoyaient de loin des javelots et des flèches. Exposé à tous les coups, c'était à grand'peine qu'il soutenait son corps appuyé sur ses jarrets, lorsqu'un Indien lui lança une flèche de deux coudées (car, ainsi que nous l'avons dit, les flèches indiennes étaient de cette longueur), de manière à traverser sa cuirasse un peu au-dessus du côté droit. Abattu par cette blessure et perdant son sang à grands flots, il laissa aller ses armes, comme s'il se fût senti mourir; et tel était son épuisement, que sa main même n'eut pas la force d'arracher le trait. L'homme qui l'a blessé, transporté de joie, accourt aussitôt pour le dépouiller; mais, dès qu'il a senti une main sur son corps, indigné sans doute de ce dernier outrage, Alexandre ranime ses esprits défaillants, et, soulevant son épée, la plonge dans le flanc découvert de son ennemi. Autour du roi gisaient trois corps privés de vie, objets de stupeur pour les autres qui se tenaient à distance. Voulant, avant que le dernier souffle l'abandonnât, périr au moins en combattant, il essaya de se soulever sur son bouclier; mais ses forces se refusèrent à ce dernier effort, et il se prit aux branches qui pendaient au-dessus de lui, pour se dresser, s'il se pouvait, sur ses pieds. Avec cet appui même, son corps ne pouvait se soutenir, et il retomba sur ses ge-

---

tinuo labore gravia genua succiderant. Itaque contemptim et incaute, qui proximi steterant, incurrerunt : e quibus duos gladio ita excepit, ut ante ipsum exanimes procumberent; nec cuiquam deinde propius incessendi eum animus fuit : procul jacula sagittasque mittebant. Ille, ad omnes ictus expositus, ægre jam exceptum poplitibus corpus tuebatur; donec Indus duorum cubitorum sagittam (namque Indis, ut antea diximus, hujus magnitudinis sagittæ erant) ita excussit, ut per thoracem paulum super latus dextrum infigeretur. Quo vulnere afflictus, magna vi sanguinis emicante, remisit arma, moribundo similis, adeoque resolutus, ut ne ad vellendum quidem telum sufficeret dextra. Itaque ad exspoliandum corpus, qui vulneraverat, alacer gaudio accurrit : quem ut injicere corpori suo manus sensit, credo, ultimi dedecoris indignitate commotus, linquentem revocavit animum, et nudum hostis latus subjecto mucrone hausit. Jacebant circa regem tria corpora, procul stupentibus ceteris : ille, ut, antequam ultimus spiritus deficeret, dimicans jam exstingueretur, clypeo se allevare conatus est; et postquam ad connitendum nihil supererat virium, dextra impendentes ramos complexus tentabat assur-

noux, défiant de sa main les ennemis, s'il s'en trouvait d'assez hardis pour l'attaquer.

Enfin Peucestas, après avoir, sur un autre point de la ville, culbuté les assiégés, arrive jusqu'au roi, en suivant la trace de ses pas sur la muraille. A sa vue, Alexandre, qui n'attendait plus de lui des secours, mais des consolations à l'heure de mourir, laisse tomber sur son bouclier ses membres défaillants. Bientôt survient Timée, puis Léonnatus, et Aristonus après lui. Les Indiens, de leur côté, quand ils savent que le roi est dans leurs murailles, abandonnent leurs postes pour accourir où il est, et attaquer vivement ses défenseurs. Timée, l'un d'eux, après avoir reçu par devant plusieurs blessures, et combattu avec vaillance, tomba sans vie; Peucestas, percé de trois javelots, couvrait cependant de son bouclier, non sa personne, mais celle du roi; Léonnatus, en repoussant les Barbares, qui le chargeaient avec fureur, reçut à la tête un coup violent, qui l'étendit à demi mort aux pieds d'Alexandre. Déjà même Peucestas, épuisé par ses blessures, lâchait son bouclier : il n'y avait plus d'espoir que dans Aristonus; et lui-même, grièvement blessé, ne pouvait plus longtemps faire face à tant d'ennemis à la fois.

Cependant le bruit s'était répandu parmi les Macédoniens, que le roi était mort. Ce qui en eût épouvanté d'autres ne fit que les animer : oubliant dès lors tout danger, ils battirent le mur à coups de hache, et, se précipitant dans la ville par la brèche qu'ils avaient ouverte, ils firent un affreux carnage

---

gere; sed ne sic quidem potens corporis, rursus in genua procumbit, manu provocans hostes, si quis congredi auderet.

Tandem Peucestas, per aliam oppidi partem deturbatis propugnatoribus, muri vestigia persequens, regi supervenit : quo conspecto, Alexander, jam non vitæ suæ, sed mortis solatium supervenisse ratus, clypeo fatigatum corpus excepit. Subit inde Timæus, et paulo post Leonnatus : huic Aristonus supervenit. Indi quoque, quum intra mœnia regem esse comperissent, omissis ceteris, illuc concurrerunt, urgebantque protegentes; ex quibus Timæus, multis adverso corpore vulneribus acceptis, egregiaque edita pugna, cecidit : Peucestas quoque, tribus jaculis confossus, non se tamen scuto, sed regem tuebatur : Leonnatus, dum avide ruentes Barbaros submovet, cervice graviter icta, semianimis procubuit ante regis pedes. Jam et Peucestas vulneribus fatigatus submiserat clypeum : in Aristono spes ultima hærebat : hic quoque graviter saucius tantam vim hostium ultra sustinere non poterat.

Inter hæc ad Macedonas regem cecidisse fama perlata est. Terruisset alios, quod illos incitavit; namque, periculi omnis immemores dolabris perfregere murum, et, qua moliti erant aditum, irrupere in urbem; Indosque plures fugientes, quam con-

des Indiens, plus empressés de fuir que de combattre. Vieillards, femmes, enfants, nul n'est épargné : tout ce qu'ils rencontrent est coupable à leurs yeux d'avoir frappé le roi ; enfin le massacre universel des ennemis donna une juste satisfaction à leur colère. Ptolémée, qui depuis fut roi, se trouva dans cette mêlée, s'il faut en croire Clitarque et Timagènes ; mais lui-même, que sans doute on n'accusera pas d'être contraire à sa propre gloire, rapporte qu'il était absent, ayant été détaché pour une autre expédition : tant il y a eu dans ceux qui ont rassemblé les anciens monuments de l'histoire, d'indifférence, ou, ce qui n'est pas un moindre défaut, de crédulité !

Quand on eut reporté le roi dans sa tente, les médecins coupèrent le bois de la flèche qui lui était entrée dans le corps, en ayant soin de ne pas ébranler le fer. Lorsqu'ensuite on lui eut ôté ses vêtements, ils observèrent que la pointe de l'arme avait des crochets, et qu'il n'y avait moyen de l'extraire sans danger, qu'en taillant la plaie pour l'agrandir. Mais ils craignaient qu'au milieu de cette opération le sang ne vînt à couler avec trop d'abondance : car le fer s'était enfoncé profondément et semblait avoir pénétré jusque dans les entrailles.

Critobule était un médecin d'un rare savoir ; mais ici la grandeur du péril l'effrayait ; il n'osait mettre la main à l'œuvre, de peur de voir retomber sur sa tête les conséquences d'une cure malheureuse. Ses larmes, son effroi, la pâleur que l'inquiétude répandait sur son visage, frappèrent les re-

---

gredi ausos, ceciderunt. Non senibus, non feminis, non infantibus parcitur : quisquis occurrerat, ab illo vulneratum regem esse credebant ; tandemque internecione hostium justæ iræ parentatum est. Ptolemæum, qui postea regnavit, huic pugnæ affuisse, auctor est Clitarchus et Timagenes ; sed ipse, scilicet gloriæ suæ non refragatus, abfuisse se, missum in expeditionem, memoriæ tradidit. Tanta componentium vetusta rerum monumenta vel securitas, vel, par huic vitium, credulitas fuit.

Rege in tabernaculum relato, medici lignum sagittæ corpori infixum ita, ne spiculum moveretur, abscindunt. Corpore deinde nudato, animadvertunt hamos inesse telo ; nec aliter id sine pernicie corporis extrahi posse, quam ut secando vulnus augerent. Ceterum, ne secantes profluvium sanguinis occuparet, verebantur ; quippe ingens telum adactum erat, et penetrasse in viscera videbatur.

Critobulus, inter medicos artis eximiæ, sed in tanto periculo territus, manus admovere metuebat, ne in ipsius caput parum prosperæ curationis recideret eventus. Lacrymantem eum, ac metuentem, et sollicitudine propemodum exsanguem rex con-

gards du roi : « Qui te retient? lui dit-il ; qu'attends-tu, et pourquoi ne pas me délivrer au plus vite de mes souffrances, puisqu'aussi bien je dois mourir? Crains-tu qu'on ne te fasse un crime de ma mort, lorsque la blessure que j'ai reçue est incurable? » Critobule, à la fin, délivré de sa crainte, ou la dissimulant, se mit à le prier de se laisser tenir, pendant qu'il arracherait le fer ; le moindre mouvement pouvait en effet lui devenir fatal. Le roi lui assura qu'il n'y avait aucun besoin de mains pour le tenir; et, selon ce qui lui était prescrit, il présenta à l'opération son corps immobile.

A peine la plaie eut-elle été élargie, et le fer retiré, que le sang commença à couler en grande abondance ; le roi s'évanouit, un brouillard se répandit sur ses yeux, et son corps était étendu comme s'il eût été près de mourir. Cependant le sang coulait, sans qu'aucun remède pût l'arrêter, et ce n'étaient que cris et gémissements parmi les amis du roi, persuadés qu'il était mort. Enfin l'hémorragie cessa ; le roi reprit peu à peu ses esprits, il commença même à reconnaître ceux qui l'entouraient. Pendant ce jour entier, et la nuit qui le suivit, les soldats, en armes, assiégèrent la tente du roi, témoignant tout haut que c'était par lui seul qu'ils vivaient tous : et ils ne se retirèrent qu'avec la nouvelle qu'il prenait un peu de repos. Ils rapportaient par là dans le camp l'espérance mieux fondée de sa guérison.

VI. Au bout de sept jours, la blessure était guérie ; mais la cicatrice n'était point fermée encore, lorsque le roi apprit que

---

spexerat. « Quid, inquit, quodve tempus exspectas, et non quamprimum hoc dolore me saltem moriturum liberas? An times ne reus sis, quum insanabile vulnus acceperim? » At Critobulus tandem, vel finito, vel dissimulato metu, hortari eum cœpit ut se continendum præberet, dum spiculum evelleret : etiam levem corporis motum noxium fore. Rex, quum affirmasset nihil opus esse iis qui semet continerent, sicut præceptum erat, sine motu præbuit corpus.

Igitur patefacto latius vulnere, et spiculo evulso, ingens vis sanguinis manare cœpit ; linquique animo rex, et, caligine oculis offusa, veluti moribundus extendi. Quumque profluvium medicamentis frustra inhiberent, clamor simul atque ploratus amicorum oritur, regem exspirasse credentium. Tandem constitit sanguis, paulatimque animum recepit, et circumstantes cœpit agnoscere. Toto eo die, ac nocte quæ secuta est, armatus exercitus regiam obsedit, confessus, omnes unius spiritu vivere, nec prius recesserunt, quam compertum est, somno paulisper acquiescere : hinc certiorem spem salutis ejus in castra retulerunt.

VI. Rex, septem diebus curato vulnere, nec dum obducta cicatrice, quum audisset convaluisse apud barbaros famam mortis suæ, duobus navigiis junctis, statui in

le bruit de sa mort était répandu parmi les Barbares. Faisant donc attacher deux barques ensemble, et dresser sa tente au milieu pour l'exposer à tous les regards, il se fit voir ainsi à ceux qui le croyaient mort. Son aspect détruisit les espérances que cette fausse nouvelle avait données aux ennemis. Il descendit ensuite le fleuve, tenant son navire un peu en avant du reste de sa flotte, pour éviter que le battement des rames troublât le repos encore nécessaire à sa faiblesse. Quatre jours après qu'il se fut embarqué, il arriva dans un pays abandonné de ses habitants, mais riche en grains et en bestiaux : ce lieu lui parut convenable pour s'y reposer avec son armée.

Il était d'usage que les premiers d'entre ses amis et les gardes de sa personne veillassent à la porte de la tente du roi, toutes les fois qu'il était malade. Fidèles encore alors à cette coutume, ils entrent tous à la fois dans sa chambre. Alexandre, en les voyant arriver ensemble, craint qu'ils ne lui apportent quelque fâcheuse nouvelle, et leur demande s'ils viennent lui annoncer l'approche de l'ennemi. Alors Cratère, chargé de lui apporter les prières de ses amis, prit la parole :

« Crois-tu donc, lui dit-il, que l'arrivée des ennemis, eussent-ils déjà le pied dans nos retranchements, nous donnât plus d'inquiétude que le soin de ta vie, dont tu es maintenant si dédaigneux? Que toutes les nations réunies conspirent contre nous; qu'elles remplissent de leurs armes et de leurs guerriers l'univers entier; qu'elles couvrent la mer de leurs flottes; qu'elles amènent contre nous des animaux monstrueux :

---

medium undique conspicuum tabernaculum jussit, ex quo se ostenderet periisse credentibus. Conspectusque ab incolis spem hostium falso nuntio conceptam inhibuit. Secundo deinde amne defluxit, aliquantum intervalli a cetera classe præcipiens, ne quies, corpori invalido adhuc necessaria, pulsu remorum impediretur. Quarto, postquam navigare cœperat, die, pervenit in regionem desertam quidem ab incolis, sed frumento et pecoribus abundantem : placuit is locus et ad suam, et ad militum requiem.

Mos erat principibus amicorum et custodibus corporis, excubare ante prætorium, quoties regi adversa valetudo incidisset : hoc tum more quoque servato, universi cubiculum ejus intrant. Ille, sollicitus ne quid novi afferrent, quia simul venerant, percontatur num hostium recens nuntiaretur adventus. At Craterus, cui mandatum erat, ut amicorum preces perferret ad eum :

« Credisne, inquit, adventu magis hostium, ut jam in vallo consisterent, quam cura salutis tuæ, ut nunc est tibi vilis, nos esse sollicitos? Quantalibet vis omnium gentium conspiret in nos; impleat armis virisque totum orbem; classibus maria consternat; inusitatas bellas inducat : tu nos præstabis invictos. Sed quis deorum

avec toi nous serons invincibles. Mais cet appui, cet astre de la Macédoine, quel dieu peut nous en garantir la durée, lorsque tu te jettes avec tant d'ardeur au-devant des dangers les plus manifestes, oubliant que tu exposes la vie de tant de milliers de tes compatriotes? Qui de nous, en effet, voudrait te survivre? qui le pourrait? Nous sommes arrivés si loin en suivant tes drapeaux et ta fortune, qu'il n'y a plus de retour pour nous, qu'avec toi, dans nos foyers. Que si tu en étais encore à disputer l'empire des Perses à Darius, on n'approuverait pas, mais on pourrait au moins concevoir la bouillante audace qui t'entraîne au milieu de tous les périls : car, lorsque la récompense est égale au danger, le succès porte avec lui de plus riches avantages, l'adversité de plus grandes consolations. Mais qu'au prix de ta tête tu achètes un misérable bourg, qui pourrait le souffrir, je ne dirai pas parmi tes soldats, mais même parmi les nations barbares qui ont connu ta grandeur? Je frémis d'horreur au souvenir de ce que nous vîmes, il y a quelques jours. Je tremble de rappeler que les plus lâches des hommes allaient porter les mains sur ce corps invincible pour le dépouiller, si la fortune, prenant pitié de nous, ne t'eût conservé au milieu de ce fatal abandon. Nous sommes autant de traîtres, autant de déserteurs, qu'il y en a parmi nous qui n'ont pu te suivre. Tu peux noter d'infamie tous tes soldats; personne ne refusera d'expier une faute que personne cependant n'a pu ne pas commettre. Mais, nous t'en supplions, veuille nous témoigner autrement ton mépris. Nous irons partout où tes ordres nous appelleront : les guerres obscures, les com-

---

hoc Macedoniæ columen ac sidus diuturnum fore polliceri potest, quum tam avide manifestis periculis offeras corpus, oblitus tot civium animas trahere te in casum? Quis enim tibi superstes aut optat esse, aut potest? eo pervenimus, auspicium atque imperium secuti tuum, unde, nisi te reduce, nulli ad penates suos iter est. Qui si adhuc de Persidis regno cum Dario dimicares, etsi nemo vellet, tamen ne admirari quidem posset, tam promptæ esse te ad omne discrimen audaciæ : nam ubi paria sunt periculum ac præmium, et secundis rebus amplior fructus est, et adversis solatium majus. Tuo vero capite ignobilem vicum emi, quis ferat, non tuorum modum militum, sed ullius etiam gentis barbaræ civis, qui tuam magnitudinem novit? Horret animus cogitatione rei, quam paulo ante vidimus. Eloqui timeo, invicti corporis spoliis inertissimos manus fuisse injecturos, nisi te interceptum misericors in nos fortuna servasset. Totidem proditores, totidem desertores sumus, quot te non potuimus persequi. Universos licet milites ignominia notes, nemo recusabit luere id, quod, ne admitteret, præstare non potuit. Patere nos, quæso, alio modo esse viles tibi. Quocunque jusseris, ibimus. Obscura pericula et ignobiles pugnas nobis deposcimus :

bats sans gloire, nous les réclamons pour nous ; mais toi, sache au moins te réserver pour des dangers qui sont dignes de ta grandeur. La gloire acquise contre un ennemi méprisable, passe bien vite; et il n'y a rien de plus indigne que de la prodiguer là où l'on ne peut la faire paraître avec éclat. »

Ptolémée lui tint à peu près le même langage. Tous, confondant leurs voix, le suppliaient de modérer enfin cette soif de renommée qu'il avait satisfaite outre mesure, et de songer à sa conservation, qui était celle de son peuple.

Le roi fut sensible à ce témoignage de l'attachement de ses amis ; il les embrassa affectueusement les uns après les autres, les fit asseoir, et, reprenant les choses de plus haut : « O vous, leur dit-il, les plus fidèles des sujets, les plus tendres des amis, grâces vous soient rendues ! Je ne vous suis pas seulement reconnaissant du sacrifice que vous faites aujourd'hui de votre conservation à la mienne, mais de ce dévouement dont vous ne m'avez refusé aucun gage, aucune preuve, depuis les commencements de la guerre. Aussi, dois-je l'avouer, jamais la vie ne m'a été si chère qu'elle me l'est devenue par l'espoir de jouir longtemps de votre affection. Cependant ma pensée n'est pas la même que celle des braves qui demandent à mourir pour moi, et dont mon courage a mérité, je crois, le généreux dévouement. Ce que vous désirez, en effet, c'est de tirer de moi des avantages durables, peut-être même perpétuels : moi, au contraire, ce n'est pas au nombre des années, c'est à la gloire que je mesure ma carrière.

---

temet ipsum ad ea serva, quæ magnitudinem tuam capiunt : cito gloria obsolescit in sordidis hostibus ; nec quidquam indignius est, quam consumi eam, ubi non possit ostendi. »

Eadem fere Ptolemæus, et similia iis ceteri ; jamque confusis vocibus eum orabant, ut tandem exsatiatæ laudi modum faceret, ac saluti suæ, id est publicæ, parceret.

Grata erat regi pietas amicorum ; itaque, singulos familiarius amplexus, considere jubet, altiusque sermone repetito : « Vobis quidem, inquit, o fidissimi piissimique civium atque amicorum, grates ago habeoque, non solum eo nomine, quod hodie salutem meam vestræ præponitis, sed quod a primordiis belli nullum erga me benevolentiæ pignus atque indicium omisistis ; adeo ut confitendum sit, nunquam mihi vitam meam fuisse tam caram, quam esse cœpit, ut vobis diu frui possim. Ceterum non eadem est cogitatio eorum qui pro me mori optant, et mea ; qui quidem hanc benevolentiam vestram virtute meruisse me judico : vos enim diuturnum fructum ex me, forsitan etiam perpetuum, percipere cupitis : ego me metior non ætatis spatio, sed gloriæ.

« J'aurais pu, content de l'héritage paternel, et me renfermant dans la Macédoine, attendre au sein de l'oisiveté une vieillesse obscure et sans nom; quoique, à vrai dire, les lâches ne règlent pas à leur gré les destinées, et que souvent on voie ceux qui prisaient par-dessus tout une longue vie, atteints d'une mort prématurée. Mais moi, qui compte mes victoires et non pas mes années, si je sais bien calculer les faveurs de la fortune, j'ai longtemps vécu. D'abord maître de la seule Macédoine, je possède la Grèce; j'ai soumis la Thrace et l'Illyrie; je commande aux Triballes et aux Mèdes; l'Asie enfin m'appartient depuis les bords de l'Hellespont jusqu'à ceux de la mer Rouge. Arrivé, pour ainsi dire, aux limites du monde, je vais les franchir, et j'ai résolu de m'ouvrir une autre nature, un autre univers. Le court espace d'une heure m'a transporté de l'Asie en Europe : vainqueur de ces deux continents dans la neuvième année de mon règne et la vingt-huitième de mon âge, pensez-vous que je puisse renoncer à ce culte de la gloire auquel j'ai voué ma vie? Non, je ne manquerai point à ma destinée, et, partout où je combattrai, je me croirai sur le théâtre de l'univers; j'ennoblirai les lieux inconnus; j'ouvrirai à toutes les nations des contrées que la nature avait reculées loin d'elles : succomber au milieu de ces travaux, si tel est l'arrêt du destin, est un sort glorieux ; et je suis d'un sang à devoir préférer une vie pleine à une longue vie. Rappelez-vous, je vous en conjure, que nous sommes dans des pays où le nom d'une femme est devenu à jamais célèbre par son courage. Que de villes a fondées Sémiramis ! que de

---

Licuit paternis opibus contento intra Macedoniæ terminos per otium corporis exspectare obscuram et ignobilem senectutem. Quanquam ne pigri quidem sibi fata disponunt ; sed unicum bonum diuturnam vitam æstimantes sæpe acerba mors occupat. Verum ego, qui non annos meos, sed victorias numero, si munera fortunæ bene computo, diu vixi. Orsus a Macedonia imperium, Græciam teneo : Thraciam et Illyrios subegi : Triballis Medisque imperito ; Asiam, qua Hellesponto, qua Rubro mari alluitur, possideo ; jamque haud procul absum a fine mundi, quem egressus, aliam naturam, alium orbem aperire mihi statui. Ex Asia in Europæ terminos momento unius horæ transivi. Victor utriusque regionis post nonum regni mei, post vigesimum atque octavum ætatis annum, videorne vobis in excolenda gloria, cui me uni devovi, posse cessare? Ego vero mihi non deero, et ubicunque pugnabo, in theatro terrarum orbis esse me credam. Dabo nobilitatem ignobilibus locis : aperiam cunctis gentibus terras, quas natura longe submoverat. In his operibus exstingui me, si sors ita feret, pulchrum est : ea stirpe sum genitus, ut multam prius, quam longam vitam debeam optare. Obsecro vos, cogitate nos pervenisse in terras, quibus feminæ ob

nations elle a soumises à son pouvoir! que de grands travaux elle a accomplis! Nous n'avons pas encore égalé la gloire d'une femme, et déjà nous sommes rassasiés de renommée! Que les dieux nous favorisent, et de plus grandes choses nous restent à faire. Mais, pour atteindre le but que nous nous proposons, il faut que nous ne trouvions rien de petit dans tout ce qui peut devenir pour nous une source de gloire. Garantissez-moi seulement de la trahison intérieure et des attentats domestiques, je saurai bien affronter intrépidement la guerre et ses hasards. Philippe a trouvé plus de sûreté sur le champ de bataille que dans l'enceinte d'un théâtre; échappé cent fois aux mains de l'ennemi, il ne put se soustraire aux coups des siens : rappelez-vous les autres rois; vous en trouverez un plus grand nombre immolés par leurs sujets que par l'ennemi.

« Au reste, puisque, maintenant, se présente l'occasion de vous découvrir un projet que j'ai longtemps médité, la plus grande récompense de mes fatigues et de mes travaux sera de voir consacrer à l'immortalité, quand elle sortira de la vie, ma mère Olympias. Si je puis, je lui rendrai moi-même cet hommage; si le destin m'enlève avant elle, rappelez-vous que je vous ai confié ce soin. » Il congédia alors ses amis, et, pendant plusieurs jours, resta campé dans le même endroit.

VII. Tandis que ces choses se passaient dans l'Inde, les soldats grecs que le roi avait distribués en colonies autour de

---

virtutem celeberrimum nomen est. Quas urbes Semiramis condidit! quas gentes redegit in potestatem! quanta opera molita est! Nondum feminam æquavimus gloria, et jam nos laudis satietas cepit! Dii faveant, majora adhuc restant; sed ita nostra erunt, quæ nondum attigimus, si nihil parvum duxerimus, in quo magnæ gloriæ locus est. Vos modo me ab intestina fraude et domesticorum insidiis præstate securum; belli Martisque discrimen impavidus subibo. Philippus in acie tutior, quam in theatro fuit : hostium manus sæpe vitavit, suorum effugere non valuit. Aliorum quoque regum exitus si reputaveritis, plures a suis, quam ab hoste interemptos numerabitis.

« Ceterum quoniam olim rei agitatæ in animo meo nunc promendæ occasio oblata est, mihi maximus laborum atque operum meorum erit fructus; si Olympias mater immortalitati consecretur, quandoque excesserit vita. Si licuerit, ipse præstabo hoc : si me præceperit fatum, vos mandasse mementote. » Ac tum quidem amicos dimisit : ceterum per complures dies ibi stativa habuit.

VII. Hæc dum in India geruntur, græci milites, nuper in colonias a rege deducti circa Bactra, orta inter ipsos seditione, defecerant, non tam Alexandro infensi, quam

Bactres, à la suite d'une querelle survenue entre eux, s'étaient mis en révolte. C'était moins toutefois par animosité contre Alexandre, que par crainte des supplices. En effet, ayant fait périr quelques-uns de leurs compatriotes, ceux qui étaient les plus forts commencèrent à prendre confiance dans leurs armes ; et, s'étant rendus maîtres de la citadelle de Bactres, qui leur parut être gardée plus négligemment que de coutume, ils avaient entraîné les Barbares eux-mêmes dans leur défection. Leur chef était Athénodore, qui même avait pris le titre de roi, moins par ambition que par le désir de retourner dans sa patrie, avec ceux qui reconnaissaient son autorité. Un certain Bicon, Grec comme lui, mais que la jalousie faisait son ennemi, conspira sa perte, et, l'ayant invité à un repas, l'y fit assassiner par Boxus, Macérien de nation. Le lendemain, Bicon rassemble les soldats, et parvient à persuader au plus grand nombre qu'Athénodore a le premier cherché à le perdre ; mais les autres soupçonnent sa trahison, et peu à peu ce soupçon gagne presque tous les esprits. Les Grecs prennent les armes, décidés à tuer Bicon, si l'occasion s'en présente ; mais la voix des chefs calma la colère de la multitude. Arraché, contre toute espérance, au danger qui le menaçait, Bicon ne tarda pas à méditer la perte de ceux à qui il devait son salut : sa perfidie fut découverte, et on l'arrêta, ainsi que Boxus. Boxus fut condamné à mourir sur-le-champ ; on voulut aggraver le supplice de Bicon par les tortures. Déjà il commençait à les subir, lorsque les soldats grecs, sans que l'on en sache la cause, courent aux armes, agités d'une sorte de transport frénétique. En entendant ce bruit,

metu supplicii. Quippe, occisis quibusdam popularium, qui validiores erant, arma spectare cœperunt ; et, bactriana arce, quæ quasi negligentius asservata erat, occupata, Barbaros quoque in societatem defectionis impulerant. Athenodorus erat princeps eorum, qui regis quoque nomen assumpserat, non tam imperii cupidine, quam in patriam revertendi cum iis qui auctoritatem ipsius sequebantur. Huic Bicon quidam nationis ejusdem, sed ob æmulationem infestus, comparavit insidias, invitatumque ad epulas per Boxum quemdam Macerianum in convivio occidit. Postero die concione advocata, Bicon, ultro insidiatum sibi Athenodorum plerisque persuaserat ; sed aliis suspecta fraus erat Biconis ; et paulatim in plures cœpit manare suspicio. Itaque græci milites arma capiunt, occisuri Biconem, si daretur occasio : ceteri principes eorum iram multitudinis mitigaverunt. Præter spem suam Bicon præsenti periculo ereptus, paulo post insidiatus auctoribus salutis suæ est : cujus dolo cognito, et ipsum comprehenderunt, et Boxum. Ceterum Boxum protinus placuit interfici : Biconem etiam per cruciatum necari : jamque corpori tormenta admovebantur, quum græci milites, incertum ob quam causam, lymphatis similes ad arma discurrunt. Quorum

les hommes chargés de torturer Bicon l'abandonnèrent; ils craignaient que la multitude, avec ses cris tumultueux, ne vînt s'opposer à l'exécution. Bicon, nu comme il l'était, va se présenter aux Grecs : l'aspect déplorable de ce malheureux destiné au supplice, fit dans les esprits une soudaine révolution, et ils le remirent en liberté. Sauvé ainsi pour la seconde fois du supplice, il partit avec ceux qui abandonnèrent les colonies que le roi leur avait assignées pour séjour, et retourna dans sa patrie. Tels furent les événements qui se passèrent aux environs de Bactres et sur la frontière de la Scythie.

Cependant, cent députés des deux nations, dont nous avons parlé plus haut, étaient venus trouver le roi. Montés tous sur des chars, ils se faisaient remarquer par leur haute taille, leur bonne mine, et l'éclat de leurs habits brodés d'or et enrichis de pourpre. Ils venaient lui annoncer qu'ils se remettaient sous son obéissance, avec leurs villes et tout leur territoire ; que pour la première fois ils faisaient l'abandon de leur liberté inviolable pendant des siècles, et la confiaient à sa loyauté et à sa puissance : c'étaient les dieux, et non pas la crainte, qui leur conseillaient la soumission, puisqu'aussi bien ils avaient encore toutes leurs forces au moment où ils acceptaient le joug. Le roi, après avoir tenu conseil, accepta leur soumission, en leur imposant le même tribut que ces peuples payaient aux Arachosiens; il leur demanda, en outre, deux mille cinq cents cavaliers; et les Barbares acquittèrent ponctuellement toutes ces charges. Ayant ensuite invité à sa table les députés de ces nations et leurs petits rois, il ordonna que l'on préparât un festin magnifique. Cent lits d'or étaient placés à

---

fremitu exaudito, qui torquere Biconem jussi erant, omisere, veriti ne id facere tumultuantium vociferatione prohiberentur. Ille, sicut nudatus erat, pervenit ad Græcos, et miserabilis facies supplicio destinati in diversum animos repente mutavit, dimittique eum jusserunt. Hoc modo pœna bis liberatus, cum ceteris, qui colonias a rege attributas reliquerunt, revertit in patriam. Hæc circa Bactra et Scytharum terminos gesta.

Interim regem duarum gentium, de quibus ante dictum est, centum legati adeunt. Omnes curru vehebantur, eximia magnitudine corporum, decoro habitu : lineæ vestes intextæ auro, purpuraque distinctæ. Ei se dedere ipsos, urbes agrosque referebant; per tot ætates inviolatam libertatem illius primum fidei ditionique permissuros. Deos sibi deditionis auctores, non metum; quippe intactis viribus jugum excipere. Rex, consilio habito, deditos in fidem accepit, stipendio, quod Arachosiis utraque natio pensitabat, imposito ; præterea II millia et D equites imperat : et omnia obedienter a Barbaris facta. Invitatis deinde ad epulas legatis gentium regulisque, exornari con-

peu de distance les uns des autres ; autour de ces lits étaient tendues des tapisseries resplendissantes d'or et de pourpre : tout ce que le vieux luxe des Perses ou le nouveau génie des Macédoniens avaient inventé dans l'art de la corruption, fut étalé à ce festin, comme pour donner le spectacle des vices réunis des deux nations.

Parmi les convives étaient l'Athénien Dioxippe, athlète fameux, connu et aimé du roi à cause de sa force extraordinaire. Des envieux et des méchants l'accusaient, moitié sérieusement, moitié par plaisanterie, de suivre l'armée comme un animal inutile, que la graisse surchargeait, et dont l'unique soin, pendant qu'on livrait bataille, était de se frotter d'huile et de préparer son estomac à la bonne chère. Le Macédonien Horratas, échauffé par le vin, se mit à lui adresser à table ces mêmes reproches, et le défia, s'il avait du cœur, de se mesurer le lendemain avec lui, l'épée à la main. Le roi, ajoutait-il, serait enfin juge de la témérité de l'un ou de la lâcheté de l'autre. Dioxippe, tout en accueillant avec mépris ce trait de fanfaronnade militaire, accepta le défi. Le lendemain, Alexandre leur voyant plus d'ardeur encore à réclamer le combat, sans que rien pût les en détourner, leur permit de vider leur différend.

Ce spectacle avait rassemblé une foule considérable de soldats, et parmi eux les Grecs, tous favorables à Dioxippe. Le Macédonien s'était revêtu d'une armure complète : il portait de la main gauche un bouclier d'airain et une pique, de celles qu'on appelle *sarisses*; de la main droite, un javelot, et au côté

---

vivium jussit. Centum aurei lecti modicis intervallis positi erant ; lectis circumdederat aulæa, purpura auroque fulgentia ; quidquid aut apud Persas vetere luxu, aut apud Macedonas nova immutatione corruptum erat, confūsis utriusque gentis vitiis, in illo convivio ostendens.

Intererat epulis Dioxippus Atheniensis, pugil nobilis, et ob eximiam virtutem virium regi pernotus et gratus. Invidi malignique increpabant per seria et ludum, saginati corporis sequi inutilem belluam, quum ipsi prœlium inirent, oleo madentem præparare ventrem epulis. Eadem igitur in convivio Horratas Macedo jam temulentus exprobrare ei cœpit, et postulare ut, si vir esset, postero die secum ferro decerneret : regem tandem, vel de sua temeritate, vel de illius ignavia judicaturum. Et a Dioxippo, contemptim militarem eludente ferociam, accepta conditio est. Ac postero die rex, quum etiam acrius certamen exposcerent, quia deterrere non poterat, destinata exsequi passus est.

Ingens hic militum, inter quos erant Græci, qui Dioxippo studebant, convenerat multitudo. Macedo justa arma sumpserat, æreum clypeum, hastam, quam *sarissam* vocant, læva tenens, dextra lanceam, gladioque cinctus, velut cum pluribus simul

une épée, comme s'il eût eu à combattre à la fois plusieurs ennemis. Dioxippe, luisant d'huile, et une couronne sur la tête, tenait de la main gauche un manteau d'un rouge éclatant, de la droite un gros bâton noueux. Cette circonstance même avait jeté tous les esprits dans l'attente. En voyant un homme nu affronter un ennemi armé, on ne trouvait pas que ce fût de la témérité, mais de la folie. Aussi le Macédonien, se croyant sûr de le tuer de loin, lui lança son javelot : Dioxippe l'évita par un léger mouvement de corps; puis, sans laisser le temps à son adversaire de faire passer sa pique de la main gauche dans la droite, il s'élança vers lui, et d'un coup de bâton la lui brisa en deux. Ayant ainsi perdu ses deux armes, le Macédonien se mettait en devoir de tirer son épée, quand Dioxippe le saisit, le serre entre ses bras, et, lui faisant perdre terre, le renverse à ses pieds : il lui arrache alors son épée, lui met le pied sur la gorge, et, brandissant son bâton, il allait en écraser la tête du vaincu, si le roi ne l'en eût empêché.

L'issue de ce combat déplut aux Macédoniens et mécontenta Alexandre lui-même, surtout parce que les Barbares y avaient assisté : il craignait que la valeur si renommée des Macédoniens ne fût plus pour eux qu'un objet de risée. Les oreilles du roi en devinrent plus facilement ouvertes aux imputations de la haine. Peu de jours après, dans un festin, une coupe d'or fut enlevée à dessein, et les serviteurs du roi, comme s'ils eussent perdu ce qui avait été détourné par leurs mains, vinrent l'en informer. L'innocent qu'on fait rougir a souvent

---

dimicaturus. Dioxippus, oleo nitens, et coronatus, læva puniceum amiculum, dextra validum nodosumque stipitem præferebat. Ea ipsa res omnium animos exspectatione suspenderat : quippe armato congredi nudum, dementia, non temeritas videbatur. Igitur Macedo, haud dubius eminus interfici posse, lanceam emisit : quam Dioxippus quum exigua corporis declinatione vitasset, antequam ille hastam transferret in dextram, assiluit, et stipite mediam eam fregit. Amisso utroque telo, Macedo gladium cœperat stringere, quem occupatum complexu, pedibus repente subductis, Dioxippus arietavit in terram; ereptoque gladio, pedem super cervicem jacentis imposuit, stipitem intentans, elisurusque eo victum, ni prohibitus esset a rege.

Tristis spectaculi eventus non Macedonibus modo, sed etiam Alexandro fuit; maxime, quia Barbari adfuerant : quippe celebratam Macedonum fortitudinem ad ludibrium recidisse verebatur. Hinc ad criminationem invidorum adapertæ sunt aures regis, et post paucos dies inter epulas aureum poculum ex composito subducitur ; ministrique, quasi amisissent quod amoverant, regem adeunt. Sæpe minus est constantiæ in rubore, quam in culpa; conjectum oculorum, quibus ut fur destinabatur,

moins d'assurance que le coupable même : Dioxippe ne put supporter les regards de l'assemblée qui le désignaient comme le voleur; et, quittant la table, il écrivit une lettre pour être remise au roi, et se tua d'un coup d'épée. Le roi fut sensible à sa mort, qui lui parut un témoignage d'indignation, et non de remords, surtout lorsque la fausseté de l'accusation fut démontrée par l'excessive joie de ses envieux.

VIII. Les députés indiens, que l'on avait renvoyés chez eux, revinrent peu de jours après avec des présents. C'étaient trois cents chevaux, mille trente quadriges, un certain nombre de vêtements de lin, mille boucliers indiens, avec du fer-blanc pour la valeur de cent talents, des lions et des tigres d'une grandeur extraordinaire, les uns et les autres apprivoisés, enfin des peaux de grands lézards et des écailles de tortues. Le roi commanda ensuite à Cratère de conduire l'armée non loin du fleuve, sur lequel il devait naviguer lui-même; et, faisant monter avec lui sur les navires son escorte ordinaire, il descendit le courant jusqu'aux frontières des Malliens. De là, il arriva chez les Sabraques, nation puissante de l'Inde, soumise au gouvernement populaire, et non à des rois : leur infanterie montait à soixante mille hommes, leur cavalerie à six mille; à la suite de ces troupes venaient trois cents chars. Ils avaient choisi pour chefs trois guerriers d'une valeur éprouvée.

Cependant les habitants des campagnes les plus rapprochées du fleuve (car dans ce pays les villages sont nombreux,

---

Dioxippus ferre non potuit; et, quum excessisset convivio, litteris conscriptis, quæ regi redderentur, ferro se interemit. Graviter mortem ejus tulit rex, existimans, indignationis esse, non pœnitentiæ testem; utique postquam, falso insimulatum eum, nimium invidorum gaudium ostendit.

VIII. Indorum legati, dimissi domos, paucis post diebus cum donis revertuntur : trecenti erant equi, mille triginta currus, quos quadrijugi equi ducebant, lineæ vestis aliquantum, mille scuta indica, et ferri candidi talenta centum; leonesque raræ magnitudinis, et tigres, utrumque animal ad mansuetudinem domitum : lacertarum quoque ingentium pelles, et dorsa testudinum. Cratero deinde imperat rex, haud procul amne, per quem erat ipse navigaturus, copias duceret; eos autem, qui comitari eum solebant, imponit in naves, et in fines Mallorum secundo amne devehitur. Inde Sabracas adiit, validam Indiæ gentem, quæ populi, non regum imperio regebatur : sexaginta millia peditum habebant, equitum sex millia; has copias currus quingenti sequebantur : tres duces spectatos virtute bellica elegerant.

At qui in agris erant proximi flumini (frequentes autem vicos, maxime in ripa, habebant), ut videre totum amnem, qua prospici poterat, navigiis constratum, et tot

surtout le long de la rive) n'eurent pas plutôt aperçu, aussi loin que leurs regards pouvaient s'étendre, le fleuve couvert de navires, et les armes resplendissantes de tant de milliers d'hommes, qu'effrayés de ce spectacle nouveau pour eux, ils crurent voir arriver une armée de dieux, et un autre Bacchus, nom fameux dans leurs contrées. Le cri des soldats, le battement des rames, les voix confuses des matelots commandant la manœuvre, remplissaient leurs oreilles épouvantées. Ils courent donc, tous ensemble, vers leurs compatriotes sous les armes; ils leur crient « que ce sont des insensés, qui vont combattre avec des dieux; qu'il est impossible de compter les vaisseaux qui portent ces ennemis invincibles. » Ils répandirent par là dans leur armée une si grande terreur, que des députés furent sur-le-champ envoyés pour porter la soumission de la nation entière.

Alexandre reçut leurs serments, et quatre jours après il arriva chez de nouveaux peuples. Ceux-ci n'eurent pas plus le courage de lui résister que les autres. Il fonda, parmi eux, une ville à laquelle il donna le nom d'*Alexandrie*, et entra sur le territoire des Musicains. Là, il prit connaissance de l'affaire du satrape Térioltès, qu'il avait donné pour gouverneur aux Paropamisades, et qui était accusé par eux. Ce Barbare ayant été convaincu d'une foule d'exactions et d'actes de tyrannie, il le fit mettre à mort. Oxathrès, qui commandait en Bactriane, fut non-seulement absous, mais récompensé par un gouvernement plus étendu. Ayant ensuite soumis le pays des Musicains, il mit une garnison dans leur capitale. Il passa de là chez les Prestes, autre nation indienne. Oxycanus, qui en était

---

millium arma fulgentia; territi nova facie, deorum exercitum, et alium Liberum Patrem, celebre in illis gentibus nomen, adventare credebant. Hinc militum clamor, hinc remorum pulsus, variæque nautarum voces hortantium, pavidas aures impleverant. Ergo universi ad eos, qui in armis erant, currunt, « furere clamitantes, cum diis prœlium inituros; navigia non posse numerari, quæ invictos veherent; » tantumque in exercitum suorum intulere terroris, ut legatos mitterent gentem dedituros.

His in fidem acceptis, ad alias deinde gentes quarto die pervenit. Nihilo plus animi his fuit, quam ceteris fuerat : itaque oppido ibi condito, quod *Alexandriam* appellari jusserat, fines eorum, qui Musicani appellantur, intravit. Hic de Teriolte satrape, quem Paropamisadis præfecerat, iisdem arguentibus, cognovit : multaque avare ac superbe fecisse convictum interfici jussi. Oxathres, prætor Bactrianorum, non absolutus modo, sed etiam jure amplioris imperii donatus est. Finibus musicanis deinde in ditionem redactis, urbi eorum præsidium imposuit. Inde Præstos, et

roi, s'était enfermé dans une place forte, avec un corps de troupes considérable. Alexandre l'emporta d'assaut, après trois jours de siége. Oxycanus, réfugié dans la citadelle, envoya des députés au roi pour traiter de sa soumission ; mais avant qu'ils fussent arrivés, deux tours s'écroulèrent avec un grand fracas, et, à travers leurs ruines, les Macédoniens s'élancèrent dans la citadelle : elle fut prise, et Oxycanus périt en la défendant avec une poignée de soldats. Alexandre la fit raser, vendit tous les prisonniers, et entra dans les États du roi Sabus. Plusieurs villes se soumirent volontairement : la plus forte du pays fut prise au moyen d'une mine.

Ce fut là une sorte de prodige aux yeux des Barbares, étrangers à tous les ouvrages militaires : au milieu de leur ville, ils voyaient l'ennemi sortir de terre, sans que la trace d'aucun souterrain, creusé auparavant, frappât leurs regards. Quatre-vingt mille Indiens furent égorgés dans ce pays, au rapport de Clitarque, et un grand nombre de captifs furent vendus à l'encan. Les Musicains se soulevèrent une seconde fois ; Pithon fut envoyé pour les réduire, et il amena prisonnier au roi le chef de cette nation, qui était en même temps l'auteur de la révolte : Alexandre le fit attacher à une croix, et regagna le fleuve, où il avait donné ordre à sa flotte de l'attendre.

Continuant d'en descendre le cours, il arriva quatre jours après devant une place par où l'on entrait dans le royaume

---

ipsam Indiæ gentem, perventum est. Oxycanus rex erat, qui se munitæ urbi cum magna manu popularium incluserat. Hanc Alexander tertio die, quam cœperat obsidere, expugnavit. Et Oxycanus, quum in arcem confugisset, legatos de conditione deditionis misit ad regem ; sed antequam adirent eum, duæ turres cum ingenti fragore prociderant, per quarum ruinas Macedones evasere in arcem ; qua capta, Oxycanus cum paucis repugnans occiditur. Diruta igitur arce, et omnibus captivis venumdatis, Sabi regis fines ingressus est ; multisque oppidis in fidem acceptis validissimam, gentis urbem cuniculo cepit.

Barbaris simile monstri visum est, rudibus militarium operum : quippe in media ferme urbe armati e terra exsistebant, nullo suffossi specus ante vestigio facto. Octoginta millia Indorum in ea regione cæsa, Clitarchus est auctor, multosque captivos sub corona venisse. Rursus Musicani defecerunt ; ad quos opprimendos missus est Pithon, qui captum principem gentis, eumdemque defectionis auctorem, adduxit ad regem : quo Alexander in crucem sublato, rursus amnem, in quo classem exspectare se jusserat, repetit.

Quarto deinde die, secundo amne, pervenit ad oppidum, qua iter in regnum erat Sabi. Nuper se ille dediderat ; sed oppidani detrectabant imperium, et clauserant

de Sabus. Ce prince s'était récemment soumis; mais les habitants de la ville refusaient leur obéissance, et avaient fermé leurs portes : méprisant leur petit nombre, Alexandre ordonna à cinq cents Agriens d'approcher des murailles, et, en reculant peu à peu, d'attirer hors de ses remparts l'ennemi, qui n'hésiterait pas à les suivre, s'il croyait qu'ils prissent la fuite. Les Agriens, fidèles à leurs instructions, ont à peine assailli l'ennemi, qu'ils tournent le dos : les Barbares s'élancent en désordre à leur poursuite, et vont tomber parmi d'autres soldats, au milieu desquels était le roi lui-même. Le combat recommença alors, et, de trois mille Barbares, cinq cents furent tués, mille prisonniers, et le reste renfermé dans l'enceinte de la ville. Mais cette victoire, heureuse au premier abord, le fut moins dans ses suites. Les Indiens avaient empoisonné le fer de leurs épées, et tout ce qu'il y avait de blessés expirait sur-le-champ, sans que les médecins pussent imaginer la cause d'une mort aussi prompte; les plaies les plus légères se trouvaient incurables. Les Barbares s'étaient flattés que le roi, dans sa téméraire imprévoyance, pourrait être ainsi frappé mortellement ; mais le hasard avait voulu que, mêlé aux plus hardis combattants, il échappât sain et sauf.

L'objet principal de ses inquiétudes était Ptolémée, qui, atteint légèrement à l'épaule gauche, courait un danger plus grand que ne l'était sa blessure. Il était allié par le sang à Alexandre, et l'on allait jusqu'à le dire fils de Philippe : au moins pouvait-on assurer qu'il était né d'une de ses concubines. Attaché à la garde du roi, et guerrier plein d'intrépidité, ses talents étaient plus grands et plus distingués encore

---

portas. Quorum paucitate contempta, rex quingentos Agrianos moenia subire jusserat, et sensim recedentes elicere extra muros hostem, secuturum profecto, si fugere eos crederet. Agriani, sicut imperatum erat, lacessito hoste, subito terga vertunt; quos Barbari effuse sequentes in alios, inter quos ipse rex erat, incidunt. Renovato ergo proelio ex tribus millibus Barbarorum quingenti cæsi sunt, mille capti, ceteri moenibus urbis inclusi. Sed non, ut prima specie læta victoria, ita eventu quoque fuit ; quippe Barbari veneno tinxerant gladios : itaque saucii subinde exspirabant ; nec causa tam strenuæ mortis excogitari poterat a medicis, quum etiam leves plagæ insanabiles essent. Barbari autem speraverant, incautum et temerarium regem excipi posse : et forte inter promptissimos dimicans intactus evaserat.

Præcipue Ptolemæus lævo humero leviter quidem saucius, sed majore periculo, quam vulnere affectus, regis sollicitudinem in se converterat. Sanguine conjunctus erat, et quidam Philippo genitum esse credebant ; certe pellice ejus ortum constabat. Idem corporis custos, promptissimusque bellator ; et pacis artibus, quam

dans la paix que dans la guerre; simple et modeste en ses habitudes, libéral surtout et d'un abord facile, il n'avait rien emprunté du faste royal. Tant de qualités laissaient dans le doute s'il était plus cher au roi ou à l'armée; du moins fut-ce la première épreuve qu'il fit de l'attachement de ses compatriotes, et elle fut si éclatante que les Macédoniens, en cet instant critique, semblèrent lui présager la haute fortune où il monta par la suite. En effet, ils ne lui témoignèrent pas moins d'intérêt qu'au roi lui-même. Celui-ci, veillant auprès de Ptolémée, se trouva épuisé par l'inquiétude, en même temps que par la fatigue du combat; et, pour prendre quelque repos, se fit apporter un lit.

A peine y fut-il entré, qu'il tomba aussitôt dans un profond sommeil. A son réveil, il raconta qu'un serpent lui était apparu en songe, portant dans sa gueule une plante, qu'il lui avait présentée comme un remède au poison. Il allait jusqu'à décrire la couleur de cette plante, assurant que, si on la trouvait, il saurait bien la reconnaître. A force de recherches, on la découvrit, et il l'appliqua sur la blessure : aussitôt la douleur cessa, et, en peu de temps, la plaie fut cicatrisée. Les Barbares, déçus dans leurs premières espérances, se rendirent avec leur ville. De là, Alexandre passa chez la nation voisine des Pathaliens; ils avaient pour roi Mœris, qui avait abandonné sa capitale pour se réfugier dans les montagnes. Alexandre, après avoir pris la ville, porta le ravage dans les campagnes, et y fit un butin considérable de gros et de menu bétail : il y trouva aussi une grande quantité de blé. Ayant

---

militiæ, major et clarior, modico civilique cultu, liberalis imprimis, aditusque facilis, nihil ex fastu regio adsumpserat. Ob hæc, regi, an popularibus carior esset, dubitari poterat : tum certe primum expertus suorum animos, adeo ut fortunam, in quam postea ascendit, in illo periculo Macedones ominati esse videantur; quippe non levior illis Ptolemæi fuit cura, quam regis : qui et prœlio et sollicitudine fatigatus, quum Ptolemæo assideret, lectum, in quo ipse acquiescere, jussit inferri.

In quem ut se recepit, protinus altior insecutus est somnus. Ex quo excitatus, per quietem vidisse se exponit speciem draconis oblatam herbam ferentis ore, quam veneni remedium esse monstrasset : colorem quoque herbæ referebat, agniturum, si quis reperisset, affirmans; inventamque deinde, quippe a multis erat requisita, vulneri imposuit : protinusque dolore finito, intra breve spatium cicatrix quoque obducta est. Barbaros ut prima spes fefellerat, se ipsos urbemque dediderunt. Hinc in proximam gentem Pathaliam perventum est. Rex erat Mœris, qui, urbe deserta, in montes profugerat. Itaque Alexander oppido potitur agrosque populatur. Magnæ inde prædæ actæ sunt pecorum armentorumque, magna vis reperta frumenti.

ensuite pris des guides à qui la navigation du fleuve était bien connue, il descendit jusqu'à une île qui s'était formée à peu près au milieu du lit.

IX. Obligé de s'y arrêter plus longtemps qu'il ne comptait, parce que les guides, gardés trop négligemment, avaient pris la fuite, il en envoya chercher d'autres : on n'en trouva pas. Mais tel était son opiniâtre désir de visiter l'Océan et de toucher aux bornes du monde, que, sans un seul homme qui eût l'expérience du pays, il ne craignit point de confier sa tête et les jours de tant de braves guerriers à la merci d'un fleuve inconnu. Ils voguaient donc dans l'entière ignorance des lieux par où ils passaient : à quelle distance étaient-ils de la mer, quels peuples habitaient ces contrées, jusqu'à quel point le fleuve était-il tranquille à son embouchure, et d'une navigation praticable pour leurs longs bâtiments? Sur tout cela leurs lumières se bornaient à de vagues et aveugles conjectures. Leur unique consolation, au milieu de cette course aventureuse, était le bonheur qui les avait toujours accompagnés. Ils avaient déjà fait quatre cents stades, lorsque les pilotes annoncent au roi qu'ils reconnaissent l'air de la mer, et qu'il leur semble que l'Océan doit être à peu de distance.

Transporté de joie, il exhorte les matelots à faire force de rames : « Ils touchaient, leur dit-il, à ce terme de leurs travaux qu'appelaient tous leurs vœux. Déjà rien ne manquait plus à leur gloire, et leur courage n'avait plus devant lui d'obstacles : sans qu'ils eussent désormais de combats à livrer, ni de sang à répandre, ils allaient prendre possession du monde. La nature elle-même ne pouvait s'avancer plus loin :

Ducibus deinde sumptis amnis peritis, defluxit ad insulam, medio ferme alveo enatam.

IX. Ibi diutius subsistere coactus, quia duces socordius asservati profugerant, misit, qui conquirerent alios ; nec repertis, pervicax cupido visendi Oceanum adeundique terminos mundi adegit, ut sine regionis peritis flumini ignoto caput suum, totque fortissimorum virorum salutem permitteret. Navigabant ergo omnium, per quæ ferebantur, ignari; quantum inde abesset mare, quæ gentes colerent, quam placidum amnis os, quam patiens longarum navium esset, anceps et cæca æstimatio augurabatur. Unum erat temeritatis solatium perpetua felicitas. Jam cccc stadia processerant, quum gubernatores, agnoscere ipsos auram maris, et haud procul videri sibi Oceanum abesse, indicant regi.

Lætus ille hortari nauticos cœpit, incumberent remis; adesse finem laboris omnibus votis expetitum. Jam nihil gloriæ deesse ; nihil obstare virtuti : sine ullo Martis discrimine, sine sanguine orbem terræ ab illis capi. Ne naturam quidem lon-

tout à l'heure ils verraient des choses inconnues à tous, hormis aux immortels. Cependant il jeta quelques hommes à terre, pour ramasser les paysans qu'ils trouveraient épars dans la campagne, espérant en tirer de plus sûrs renseignements. Après avoir fouillé toutes les cabanes, on en découvrit à la fin plusieurs qui s'étaient cachés. Comme on leur demandait à quelle distance on était de la mer, ils répondirent que la mer ne leur était pas même connue de nom; que, seulement, on pouvait, en trois jours, arriver dans un endroit où l'eau douce perdait son goût pour devenir amère. On comprit que c'était la mer, que désignaient ainsi des hommes à qui la nature de cet élément était inconnue. Les matelots se mirent donc à ramer avec une joyeuse ardeur, et chacune des journées suivantes, à mesure qu'approchait le terme de leurs espérances, leur enthousiasme redoublait.

Le troisième jour, la mer commençait à se mêler au fleuve; la marée, peu sensible encore, confondait la diversité de leurs eaux. Ils abordèrent alors à une autre île, située au milieu du fleuve, en avançant toutefois plus lentement, à cause du flux qui faisait reculer le courant; puis, ils se répandirent de côté et d'autre, pour chercher des provisions, n'ayant, dans leur ignorance, aucun soupçon de l'événement qui les attendait. Il était environ trois heures, lorsque l'Océan, obéissant à son mouvement périodique, commença à monter en soulevant ses vagues, et à pousser le fleuve en arrière. Le cours des eaux fut d'abord arrêté; mais, chassées ensuite avec une violence toujours croissante, elles refluèrent sur elles-mêmes, plus impétueusement qu'un torrent n'est emporté par la pente rapide

---

gius posse procedere; brevi incognita nisi inmortalibus esse visuros. Paucos tamen navigio emisit in ripam, qui agrestes vagos exciperent; e quibus certiora nosci posse sperabat; illi, scrutati omnia tuguria, tandem latentes reperere. Qui, interrogati quam procul abesset mare, responderunt, nullum ipsos mare ne fama quidem accepisse: ceterum tertio die perveniri posse ad aquam amaram, quæ corrumperet dulcem. Intellectum est, mare destinari ab ignaris naturæ ejus. Itaque ingenti alacritate nautici remigant, et proximo quoque die, quo propius spes admovebatur, crescebat ardor animorum.

Tertio jam die mixtum flumini subibat mare, leni adhuc æstu confundente dispares undas. Tum aliam insulam, medio amni sitam, evecti paulo lentius, quia cursus æstu reverberabatur, applicant classem: et ad commeatus petendos discurrunt, secuturi casus ejus, qui supervenit ignaris. Tertia ferme hora erat, quum stata vice Oceanus exæstuans invehi cœpit, et retro flumen urgere; quod primo coercitum, deinde vehementius pulsum, majore impetu adversum agebatur, quam tor-

de son lit. Ce phénomène était inconnu à la multitude, et elle croyait y voir des prodiges et des signes de la colère des dieux. Cependant la mer s'enflait de plus en plus, et couvrait les plaines, naguère à sec, d'une vaste inondation. Déjà même les navires avaient été soulevés par les flots, et toute la flotte dispersée, lorsque ceux qui étaient descendus à terre accoururent de toutes parts pour se rembarquer, tremblants et consternés de ce malheur imprévu. Mais, dans le désordre, la hâte même est une cause de retard : les uns tâchaient d'amener les bâtiments avec des crocs; d'autres, pour s'asseoir, empêchaient le service des rames; quelques-uns, trop pressés de gagner le large, et n'ayant pas attendu ceux qui devaient les seconder, ne faisaient avancer qu'à grand'peine les navires, chancelants et rebelles à la manœuvre; pendant qu'au contraire d'autres bâtiments n'avaient pu recevoir la foule qui s'y précipitait en désordre : et ainsi le trop et le trop peu de monde étaient une cause égale de retard. Ici l'on criait d'attendre, là de marcher; et, parmi ces voix discordantes, qui exprimaient des vœux tout contraires, il n'était pas plus possible de voir que d'entendre. Les pilotes même n'étaient d'aucun secours; le tumulte empêchait d'ouïr leur voix; le désordre et la frayeur, d'exécuter leurs commandements. Aussi vit-on bientôt les navires s'entre-choquer, les rames s'emporter les unes les autres, et vaisseaux contre vaisseaux se presser et se poursuivre. On eût dit que ce n'était pas là une seule flotte, mais deux armées navales qui se livraient bataille. Les proues heurtaient les poupes : on était poussé

---

rentia præcipiti alveo incurrunt. Ignota vulgo freti natura erat, monstraque et iræ deum indicia cernere videbantur. Identidem intumescere mare, et in campos, paulo ante siccos, descendere superfusum. Jamque levatis navigiis, et tota classe dispersa, qui expositi erant, undique ad naves trepidi, et improviso malo attoniti recurrunt. Sed in tumultu festinatio quoque tarda est : hi contis navigia appellebant; hi, dum remos aptari prohibebant, consederant; quidam, enavigare properantes, sed non exspectatis qui simul esse debebant, clauda et inhabilia navigia languide moliebantur : aliæ navium inconsulte ruentes non receperant; pariterque et multitudo, et paucitas festinantes morabatur. Clamor hinc exspectare, hinc ire jubentium, dissonæque voces nusquam idem ac unum tendentium, non oculorum modo usum, sed etiam aurium abstulerant. Ne in gubernatoribus quidem quidquam opis erat, quorum nec exaudiri vox a tumultuantibus poterat, nec imperium a territis incompositisque servari. Ergo collidi inter se naves, absterrerique invicem remi, et alii aliorum navigia urgere cœperunt. Crederes, non unius exercitus classem vehi, sed duorum navale inisse certamen. Incutiebantur puppibus proræ; premebantur

par derrière, après avoir chassé ceux qui étaient devant, et la colère finissait par porter les querelles jusqu'aux coups.

Déjà la mer avait inondé toutes les campagnes voisines du fleuve ; quelques collines seules s'élevaient au-dessus des flots, comme autant de petites îles : ce fut là que, dans leur effroi, la plupart des Macédoniens, quittant leurs vaisseaux, se réfugièrent à la nage. De leur flotte dispersée une partie voguait en plein canal, à l'endroit où le sol abaissé formait des vallées ; l'autre était échouée, suivant les inégalités du terrain qu'avaient couvert les eaux, lorsque soudain une frayeur nouvelle, et plus grande que la première, vint s'emparer des esprits. La mer commença à descendre, et ses eaux, regagnant à grands pas le sein de l'Océan, laissèrent à découvert les terres que, peu auparavant, elle avait submergées à une telle profondeur. Alors les navires, se trouvant à sec, sont renversés les uns sur la proue, les autres sur les flancs. Les campagnes étaient jonchées de bagages, d'armes, de planches détachées et de débris de rames. Le soldat n'osait ni descendre à terre, ni rester à bord, craignant à chaque instant de pires accidents que ceux qu'il avait subis. A peine pouvaient-ils en croire leurs yeux sur ce qu'ils éprouvaient : des naufrages sur la terre, et la mer au milieu d'un fleuve ! Et ce n'était pas encore là le terme de leurs maux : ne sachant pas que l'Océan ramènerait bientôt la marée qui remettrait à flot leurs navires, ils avaient en perspective la faim et les plus cruelles extrémités ; de plus, des monstres terribles, déposés par les flots, erraient autour d'eux.

---

a sequentibus, qui antecedentes turbaverant ; jurgantium ira perveniebat etiam ad manus.

Jamque æstus totos circa flumen campos inundaverat, tumulis duntaxat eminentibus, velut insulis parvis; in quos plerique trepidi, omissis navigiis, enare cœperunt. Dispersa classis partim in præalta aqua stabat, qua subsederant valles, partim in vado hærebat, utcunque inæquale terræ fastigium occupaverant undæ ; quum subito novus et pristino major terror incutitur. Reciprocari cœpit mare, magno tracto aquis in suum fretum recurrentibus, reddebatque terras paulo ante profundo salo mersas. Igitur destituta navigia alia præcipitantur in proras, alia in latera procumbunt. Strati erant campi sarcinis, armis, avulsarum tabularum remorumque fragmentis. Miles nec egredi in terram, nec in naves subsistere audebat, identidem præsentibus graviora, quæ sequerentur, exspectans. Vix, quæ perpetiebantur, videre ipsos credebant, in sicco naufragia, in amni mare. Nec finis malorum ; quippe æstum paulo post mare relaturum, quo navigia allevarentur, ignari, famem et ultima sibimet ominabantur : belluæ quoque, fluctibus destitutæ, terribiles vagabantur.

Déjà la nuit approchait, et le roi lui-même, n'ayant plus d'espoir de salut, était accablé par le chagrin. Son invincible cœur ne succomba pas cependant au poids de tant de soucis; toute la nuit il se tint aux aguets, et il envoya vers l'embouchure du fleuve des cavaliers pour prendre les devants, aussitôt qu'ils verraient la mer s'élever de nouveau. Il fit aussi radouber les vaisseaux qui avaient souffert, relever ceux que les flots avaient renversés, et commanda qu'on se tînt prêt et attentif au moment où la mer recommencerait à inonder les terres. Toute la nuit s'était ainsi passée à veiller et à donner des ordres, quand on vit tout d'un coup revenir les cavaliers à bride abattue et la marée sur leurs pas. S'élançant d'abord avec lenteur, elle commença à relever les bâtiments; bientôt, inondant toute la campagne, elle mit la flotte en mouvement. La rive du fleuve et les bords de la mer retentirent alors des acclamations des soldats et des matelots, qui, sauvés contre leur attente, faisaient éclater les transports d'une joie immodérée. « D'où la mer avait-elle pu revenir tout d'un coup si grande? où s'était-elle retirée la veille? quelle était la nature de cet élément, tantôt désordonné, tantôt soumis à la marche du temps? » Telles étaient les questions qu'ils faisaient dans leur étonnement. Le roi, présumant, d'après ce qui était arrivé, que le retour du phénomène devait avoir lieu après le lever du soleil, voulut prévenir la marée, et, au milieu de la nuit, descendit le fleuve avec un petit nombre de bâtiments. En ayant dépassé l'embouchure, il s'avança de quatre cents stades dans la mer, heureux d'être enfin arrivé au terme de

---

Jamque nox appetebat, et regem quoque desperatio salutis ægritudine affecerat: non tamen invictum animum curæ obruunt, quin tota nocte præsideret in speculis, equitesque præmitteret ad os amnis, ut, quum mare rursus exæstuare sensissent, præcederent. Navigia quoque lacerata refici, et eversa fluctibus erigi jubet, paratosque esse et intentos, quum rursus mare terras inundasset. Tota ea nocte inter vigilias adhortationesque consumpta, celeriter et equites ingenti cursu refugere; et secutus est æstus: qui primo, aquis leni tractu subeuntibus, cœpit levare navigia; mox, totis campis, inundans, etiam impulit classem: plaususque militum nauticorumque, insperatam salutem immodico celebrantium gaudio, littoribus ripisque resonabat. Unde tantum redisset subito mare? quo pridie refugisset? quænam esset ejusdem elementi natura, modo discors, modo imperio temporum obnoxia, mirabundi requirebant. Rex, quum ex eo, quod acciderat, conjectaret, post solis ortum statum tempus esse, media nocte, ut æstum occuparet, cum paucis navigiis secundo amne defluxit; evectusque os ejus, quadraginta stadia processit in mare, tandem

ses vœux : il offrit ensuite un sacrifice aux dieux de la mer et de ces contrées, et rejoignit sa flotte.

X. On remonta alors l'Indus, et, le second jour, on mouilla près d'un lac d'eau salée dont la nature inconnue trompa la plupart des soldats qui avaient eu la témérité de s'y baigner. Leur corps se couvrit aussitôt d'une gale, qui devint même contagieuse, et se répandit dans le reste de l'armée. On trouva dans l'huile un remède pour la guérir. Alexandre fit ensuite partir Léonnatus, pour creuser des puits sur la route de terre qu'il comptait faire suivre à son armée, et qui traversait des contrées arides ; pour lui, il s'arrêta avec ses troupes, en attendant le retour du printemps. Dans cet intervalle, il s'occupa à bâtir des villes et des ports. Il chargea Néarque et Onésicrite, marins expérimentés, d'emmener sur l'Océan ses meilleurs vaisseaux, et de s'avancer aussi loin qu'ils pourraient le faire avec sûreté, pour reconnaître la nature de cette mer ; leurs instructions les autorisaient à remonter indifféremment, ou le même fleuve, ou l'Euphrate, quand ils voudraient venir le rejoindre.

Comme l'hiver commençait à s'adoucir, il brûla ceux de ses vaisseaux qui lui paraissaient inutiles, et fit prendre à son armée la route de terre. Au bout de neuf journées, il entra dans le pays des Arabites ; puis, en autant de jours, dans celui des Gédrosiens. Ce peuple, qui se gouvernait librement, après avoir tenu conseil, se décida à se soumettre. On n'exigea d'eux que des vivres pour gage de leur obéissance. Cinq jours après, il arriva sur le bord d'un fleuve, appelé par les habitants

---

voti sui compos : præsidibusque maris et locorum diis sacrificio facto, ad classem rediit.

X. Hinc adversum flumen subiit classis ; et altero die appulsa est haud procul lacu salso, cujus ignota natura plerosque decepit, temere ingressos aquam ; quippe scabies corpora invasit, et contagium morbi etiam in alios vulgatum est : oleum remedio fuit. Leonnato deinde præmisso, ut puteos foderet, qua terrestri itinere ducturus exercitum videbatur (quippe sicca erat regio), ipse cum copiis substitit, vernum tempus exspectans. Interim et urbes portusque condidit. Nearcho atque Onesicrito, nauticæ rei peritis, imperavit, ut validissimas navium deducerent in Oceanum ; progressique quoad tuto possent, naturam maris noscerent : vel eodem amne vel Euphrate subire eos posse, quum reverti ad se vellent.

Jamque, mitigata hieme, et navibus, quæ inutiles videbantur, crematis, terra ducebat exercitum. Nonis castris in regionem Arabitarum, inde totidem diebus in Gedrosiorum regionem perventum est. Liber hic populus, concilio habito, dedidit se ; nec quidquam debitis præter commeatus imperatum est. Quinto hinc die venit

Arabus. Plus loin s'offrit à lui une contrée déserte et dépourvue d'eau ; après l'avoir traversée, il passa chez les Horites. Là, il remit à Héphestion la plus grande partie de son armée, et partagea avec Ptolémée et Léonnatus le commandement des troupes légères. Trois corps d'armée ravageaient ainsi à la fois les Indes, et un immense butin y fut recueilli. Ptolémée brûlait les côtes ; le roi et Léonnatus, chacun de leur côté, portaient la flamme dans le reste du pays. Une ville fut encore fondée en ces parages par Alexandre : il la peupla d'une colonie d'Arachosiens. De là, il entra dans l'Inde maritime : c'est un pays qui s'étend au loin en de vastes déserts, et dont les habitants n'ont pas, même avec leurs voisins, la moindre relation de commerce. Cet isolement a rendu plus farouche encore leur génie, naturellement sauvage : leurs ongles, qu'ils ne coupent jamais, sont d'une longueur démesurée ; leur chevelure, hérissée, croît dans toute sa longueur ; ils construisent leurs cabanes avec des coquillages et d'autres rebuts de la mer ; vêtus de peaux de bêtes, ils se nourrissent de poissons séchés au soleil, et de la chair des autres animaux plus gros que les flots jettent sur le rivage.

Les Macédoniens, qui avaient consommé toutes leurs provisions, commencèrent à éprouver d'abord la disette, et enfin même la famine : de tous côtés, ils cherchaient les racines du palmier, seul arbre qui croisse en cette contrée ; mais cet aliment même vint à leur manquer, et ils se mirent alors à tuer leurs bêtes de somme, sans épargner même les chevaux ; puis, comme ils n'avaient plus de moyens de transporter leurs

---

ad flumen ; *Arabum* incolæ appellant. Regio deserta et aquarum inops excipit ; quam emensus in Horitas transit : ibi majorem exercitus partem Hephæstioni tradidit ; levem armaturam cum Ptolemæo Leonnatoque partitus est. Tria simul agmina populabantur Indos ; magnæque prædæ actæ sunt : maritimos Ptolemæus, ceteros ipse rex, et ab alia parte Leonnatus urebant. In hac quoque regione urbem condidit, deductique sunt in eam Arachosii. Hinc pervenit ad maritimos Indos : desertam vastamque regionem late tenent, ac ne cum finitimis quidem ullo commercii jure miscentur. Ipsa solitudo natura quoque immitia efferavit ingenia : prominent ungues nunquam recisi ; comæ hirsutæ et intonsæ sunt : tuguria conchis et ceteris purgamentis maris instruunt ; ferarum pellibus tecti, piscibus sole duratis, et majorum quoque belluarum, quas fluctus ejicit, carne vescuntur.

Consumptis igitur alimentis, Macedones primo inopiam, deinde ad ultimum famem sentire cœperunt, radices palmarum (namque sola ea arbor gignitur) ubique rimantes. Sed quum hæc quoque alimenta defecerant, jumenta cædere aggressi, ne

bagages, ils livrèrent aux flammes les dépouilles de tant d'ennemis, pour lesquelles ils avaient parcouru les contrées les plus reculées de l'Orient.

La famine fut suivie de près par la peste : ces aliments malsains et nouveaux pour eux, joints aux fatigues de la marche et aux souffrances de l'âme, avaient multiplié les maladies. Ils ne pouvaient s'arrêter, ni avancer sans péril : s'ils s'arrêtaient, c'était la faim; s'ils s'avançaient, c'était la peste, qui, plus terrible, venait les atteindre. Les campagnes étaient jonchées de morts, et d'une foule, plus nombreuse peut-être, de mourants. Ceux même qui étaient le moins malades ne pouvaient suivre : car l'armée courait à marches forcées, chacun s'imaginant gagner autant de chances de salut qu'il ferait de pas en avant. On voyait donc les malheureux que leurs forces avaient abandonnés supplier les passants, qu'ils les connussent ou ne les connussent pas, de leur prêter une main secourable. Mais on n'avait pas de bêtes de somme pour les porter, et le soldat, déjà trop chargé de ses armes, avait encore devant les yeux l'image du danger qui le menaçait lui-même. Aussi, vingt fois rappelés, ils ne se retournaient même pas pour regarder leurs compagnons : la pitié dans leurs cœurs avait fait place à la crainte; les infortunés que l'on délaissait invoquaient alors le nom des dieux et le lien sacré de la religion; ils appelaient l'assistance du roi; puis, voyant qu'ils fatiguaient vainement des oreilles insensibles, le désespoir les faisait tomber dans la rage, et ils leur souhaitaient une fin comme la leur, avec des amis et des compagnons tels qu'ils étaient eux-mêmes.

equis quidem abstinebant; et quum deessent, quæ sarcinas veherent, spolia de hostibus, propter quæ ultima Orientis peragraverant, cremabant incendio.

Famem deinde pestilentia secuta est : quippe insalubrium ciborum novi succi, ad hoc itineris labor et ægritudo animi, vulgaverant morbos; et nec manere sine clade, nec progredi poterant : manentes fames, progressos acrior pestilentia urgebat. Ergo strati erant campi pæne pluribus semivivis, quam cadaveribus; ac ne levius quidem ægri sequi poterant : quippe agmen raptim agebatur, tantum singulis ad spem salutis ipsos proficere credentibus, quantum itineris festinando præriperent. Igitur, qui defecerant, notos ignotosque; ut allevarentur, orabant : sed nec jumenta erant, quibus excipi possent; et miles vix arma portabat, imminentisque etiam ipsis facies mali ante oculos erat. Ergo sæpius revocati, ne respicere quidem suos sustinebant, misericordia in formidinem versa. Illi relicti deos testes, sacra communia, regisque implorabant opem : quumque frustra surdas aures fatigarent, in rabiem desperatione versi, patem suo exitum, similesque ipsis amicos et contubernales precabantur.

Le roi, accablé à la fois de douleur et de honte, en songeant qu'il était l'auteur d'un si grand désastre, envoya l'ordre à Phratapherne, satrape des Parthes, de lui amener sur des chameaux des vivres tout cuits ; il informa aussi de sa détresse les autres gouverneurs des provinces voisines. Et ils ne demeurèrent pas oisifs. De cette manière l'armée fut, du moins, délivrée de la famine, et elle atteignit enfin les frontières de la Gédrosie. Cette contrée est fertile en toute espèce de productions : Alexandre y prit ses quartiers, pour réparer par le repos les forces épuisées de ses soldats. Là, il reçut une lettre de Léonnatus, qui l'informait qu'il avait combattu avec succès contre huit mille hommes d'infanterie et cinq cents cavaliers de la nation des Horites. Il lui vint aussi un courrier de Cratère ; celui-ci lui annonçait comment il avait surpris les deux nobles Persans Ozinès et Zariaspès, au moment où ils méditaient une révolte, et qu'il les tenait dans les fers.

Après avoir nommé Sibyrtius gouverneur de la Gédrosie, à la place de Ménon, que la maladie venait d'enlever, il marcha sur la Carmanie. Aspastès était le satrape de cette province : on le soupçonnait d'avoir voulu tenter une révolution, pendant que le roi était dans l'Inde : Alexandre, en le voyant venir à sa rencontre, dissimula sa colère ; il lui parla avec bienveillance, et, pendant qu'il vérifiait les rapports faits contre lui, il continua de le traiter avec la même distinction. Les gouverneurs de l'Inde lui ayant envoyé, d'après ses ordres, une grande quantité de chevaux et de bêtes d'attelage, ramassée dans tout le pays placé sous leur obéissance, il en distribua à ceux de ses soldats qui avaient perdu leurs équi-

---

Rex, dolore simul ac pudore anxius, quia causa tantæ cladis ipse esset, ad Phrataphernem, Parthorum satrapen, misit, qui juberet, camelis cocta cibaria afferre ; alios quoque finitimarum regionum præfectos certiores necessitatis suæ fecit. Nec cessatum est ab his. Itaque fame duntaxat vindicatus exercitus tandem in Gedrosiæ fines perducitur. Omnium rerum sola fertilis regio est, in qua stativa habuit, ut vexatos milites quiete firmaret. Hic Leonnati litteras accipit, conflixisse ipsum cum octo millibus peditum et quingentis equitibus Horitarum prospero eventu. A Cratero quoque nuntius venit, Ozinen et Zariaspen, nobiles Persas, defectionem molientes, oppressos a se, in vinculis esse.

Præposito igitur regioni Sibyrtio (namque Menon, præfectus ejus, nuper interierat morbo), in Carmaniam ipse processit. Aspastes erat satrapes gentis, suspectus res novare voluisse, dum in India rex esset. Quem occurrentem dissimulata ira comiter allocutus, dum exploraret quæ delata erant, in eodem honore habuit. Quum inde præfecti, sicut imperatum erat, equorum jumentorumque jugalium vim ingentem ex

pages. Il renouvela aussi le luxe des armures ; profitant pour cela du voisinage de la Perse, où, avec la paix, régnait l'opulence.

Cependant, jaloux, comme nous l'avons dit plus haut, de rivaliser avec Bacchus, Alexandre ne se contenta pas de la gloire qu'il avait rapportée des mêmes contrées ; il voulut encore, élevant l'orgueil de ses pensées au-dessus des grandeurs humaines, imiter l'éclat de son triomphe, soit que le dieu ait été réellement le premier auteur de cette fête, soit qu'elle n'ait été qu'un jeu de ses prêtres en délire. Il fit joncher de fleurs et de guirlandes les villages qu'il devait traverser, disposer sur le seuil des maisons des cratères remplis de vin, et d'autres vases d'une grandeur extraordinaire ; préparer enfin, de manière à contenir plusieurs soldats, des chariots couverts et décorés, ainsi que des tentes, les uns de voiles blancs, les autres d'étoffes précieuses. En tête du cortége marchaient les amis et la cohorte royale, tous couronnés de fleurs diverses et de guirlandes ; d'un côté les sons de la flûte, de l'autre les accords de la lyre, accompagnaient leurs pas. Venaient ensuite les soldats en débauche, sur des chariots, ornés selon les moyens de chacun, et d'où pendaient, tout alentour, ce qu'il y avait de plus riches armures. Le roi lui-même, avec ses convives, était monté sur un char tout rempli de cratères d'or et de grandes coupes du même métal. L'armée s'avança de cette manière pendant sept jours, dans une continuelle orgie : facile proie pour les vaincus, s'ils eussent seulement

---

omni, quæ sub imperio erat, regione misissent ; quibus deerant impedimenta, restituit. Arma quoque ad pristinum refecta sunt cultum : quippe haud procul a Perside aberant, non pacata modo, sed etiam opulenta.

Igitur, ut supra dictum est, æmulatus Patris Liberi non gloriam solum, quam ex illis gentibus deportaverat, sed etiam famam, sive illud triumphus fuit ab eo primum institutus, sive bacchantium lusus, statuit imitari, animo super humanum fastigium elato. Vicos, per quos iter erat, floribus coronisque sterni jubet ; liminibus ædium crateras vino repletos, et alia eximiæ magnitudinis vasa disponi ; vehicula deinde constrata, ut plures capere milites possent, in tabernaculorum modum ornari, alia candidis velis, alia veste pretiosa. Primi ibant amici et cohors regia, variis redimita floribus coronisque : alibi tibicinum cantus, alibi lyræ sonus audiebatur ; item in vehiculis, pro copia cujusque adornatis, comessabundus exercitus, armis, quæ maxime decora erant, circumpendentibus. Ipsum convivasque currus vehebat, crateris aureis ejusdemque materiæ ingentibus poculis prægravis. Hoc modo per dies septem bacchabundum agmen incessit : parata præda, si quid victis saltem adversus comessantes animi fuisset ; mille, hercule, viri modo et sobrii, septem dierum crapula

trouvé un peu d'audace contre leurs vainqueurs plongés dans la débauche. C'était assez de mille hommes, braves et à jeun, pour surprendre, au milieu de leurs fêtes triomphales, les Macédoniens appesantis par une ivresse de sept jours. Mais la fortune, qui donne aux choses leur prix et leur renom, fit encore une gloire pour les armes d'Alexandre de ce qui est d'ordinaire une honte. Ce fut un sujet d'admiration pour les contemporains, comme pour la postérité, que cette armée eût ainsi traversé, tout entière ivre, des nations encore mal soumises, et que les Barbares eussent pris pour de la confiance ce qui n'était que de la témérité. Cependant le bourreau marchait à la suite de ces fêtes; et Aspastès, dont nous parlions tout à l'heure, fut condamné à périr. Tant il est vrai que la cruauté n'a rien d'incompatible avec les plaisirs, ni les plaisirs avec la cruauté!

LIVRE DIXIÈME.

I. Vers le même temps arrivèrent Cléandre et Sitalcès, avec Héracon et Agathon : c'étaient eux qui avaient tué Parménion par l'ordre du roi. Ils amenaient cinq mille hommes d'infanterie et mille chevaux. Mais à leur suite venaient aussi des accusateurs, de la province qu'ils avaient gouvernée; et, pour compenser tant des crimes qu'ils avaient commis, c'était trop peu d'avoir prêté leur ministère à un meurtre agréable au roi. En effet, non contents de dépouiller tout ce qu'il y avait

---

graves in suo triumpho capere potuerunt. Sed fortuna, quæ rebus famam pretiumque constituit, hic quoque militiæ probrum vertit in gloriam; et præsens ætas, et posteritas deinde mirata est, per gentes nondum satis domitas incessisse temulentos, Barbaris, quod temeritas erat, fiduciam esse credentibus. Hunc apparatum carnifex sequebatur : quippe satrapes Aspastes, de quo ante dictum est, interfici jussus est; adeo nec luxuriæ quidquam crudelitas, nec crudelitati luxuria obstat.

I. Iisdem fere diebus Cleander et Sitalces, et cum Agathone Heracon superveniunt, qui Parmenionem jussu regis occiderant : quinque millia peditum cum equitibus mille; sed et accusatores eos, e provincia cui præfuerant, sequebantur; nec tot facinora, quot admiserant, compensare poterant cædis perquam gratæ regi ministerio. Quippe quum omnia profana spoliassent, ne sacris quidem abstinuerant : vir-

de profane, ils n'avaient pas même respecté les choses sacrées ; et les jeunes filles, ainsi que les plus nobles matrones, livrées au déshonneur, pleuraient les outrages que leur pudeur avait soufferts. Leur avarice et leur brutale licence avaient rendu odieux aux Barbares le nom macédonien. Parmi tant de déréglements, cependant, se faisait remarquer celui de Cléandre, qui, après avoir déshonoré une jeune fille d'illustre naissance, l'avait donnée pour concubine à un de ses esclaves. La plupart des amis d'Alexandre ne considéraient pas tant l'atrocité des forfaits imputés publiquement aux accusés, que le souvenir du meurtre de Parménion, quoique peut-être cette circonstance dût plaider tout bas leur cause auprès du roi : ils se félicitaient de voir que la colère de leur maître retombait sur ceux même qui en avaient été les ministres, et qu'un pouvoir acquis par le crime n'avait jamais de durée. Le roi, après avoir entendu la cause, prononça qu'un seul grief, mais le plus grave de tous, avait été omis par les accusateurs : c'est que les coupables avaient désespéré de sa vie : jamais, en effet, ils ne se fussent portés à des excès semblables, s'ils eussent souhaité, ou cru qu'il revînt de l'Inde sain et sauf. Il les fit donc mettre dans les fers, et ordonna le supplice de six cents soldats qui avaient été les ministres de leurs cruautés. Le même jour, furent aussi mis à mort les rebelles qui avaient tenté un soulèvement parmi les Perses, et que Cratère avait amenés.

Peu de temps après, arrivèrent Néarque et Onésicrite, qu'Alexandre avait chargés de s'avancer plus loin que lui sur l'Océan. Ils rapportaient, avec leurs propres observations,

---

ginesque et principes feminarum, stupra perpessæ, corporum ludibria deflebant. Invisum Macedonum nomen avaritia eorum ac libido Barbaris fecerat. Inter omnes tamen eminebat Cleandri furor, qui nobilem virginem constupratam servo suo pellicem dederat. Plerique amicorum Alexandri non tam criminum, quæ palam objiciebantur, atrocitatem, quam memoriam occisi per eos Parmenionis, quod tacitum prodesse reis apud regem poterat, intuebantur ; læti recidisse iram in iræ ministros, nec ullam potentiam, scelere quæsitam, cuiquam esse diuturnam. Rex, cognita causa, pronuntiavit, ab accusatoribus unum, et id maximum, crimen esse præteritum, desperationem salutis suæ : nunquam enim talia ausuros, qui ipsum ex India sospitem aut optassent reverti, aut credidissent reversurum. Igitur hos quidem vinxit ; nc autem militum, qui sævitiæ eorum ministri fuerant, interfici jussit. Eodem die sumptum est supplicium de iis quoque, quos auctores defectionis Persarum Craterus adduxerat.

Haud multo post Nearchus et Onesicritus, quos longius in Oceanum procedere jusserat, superveniunt. Nuntiabant autem quædam audita, alia comperta : « insulam

d'autres faits qu'ils avaient appris par ouï-dire : « L'île qui se présente à l'embouchure du fleuve était, disaient-ils, très-abondante en or, mais manquait de chevaux : ceux qui avaient la hardiesse d'en transporter du continent les vendaient un talent la pièce. La mer était remplie de monstres : on les voyait suivre le mouvement de la marée, égaux en grosseur aux plus grands vaisseaux : il avait fallu les effrayer par des cris menaçants pour les empêcher de suivre la flotte : ils s'étaient alors enfoncés sous les eaux, comme des navires qui s'abîment, avec un grand bruit.» Pour le reste, ils s'en étaient rapportés aux habitants : on leur avait dit « que la mer Rouge ne tirait pas son nom, comme c'était l'opinion commune, de la couleur de ses eaux, mais du roi Érythras ; que, non loin du continent, était une île plantée d'un grand nombre de palmiers, et que, environ au milieu du bois, s'élevait une colonne, monument consacré au roi Érythras, avec une inscription dans la langue du pays. On ajoutait que des bâtiments, chargés de vivandiers et de marchands, avaient été conduits dans cette île par des pilotes qu'attirait l'appât de l'or, et que l'on n'en avait revu aucun. » Le roi, brûlant du désir d'en savoir davantage, commanda aux deux marins de se remettre à longer les côtes, jusqu'à ce que leur flotte touchât à l'embouchure de l'Euphrate, et puis de remonter le fleuve jusqu'à Babylone. Pour lui, embrassant l'infini dans ses pensées, il avait résolu, après qu'il aurait conquis toute la région maritime de l'Orient, d'aller en Syrie s'embarquer pour l'Afrique, et porter la guerre à Carthage. De là, traversant les déserts de la Numidie, il voulait diriger sa course vers Gadès, où la renommée plaçait les

---

ostio amnis subjectam auro abundare ; inopem equorum esse : singulos equos, ab iis qui ex continenti trajicere auderent, singulis talentis emi : plenum esse belluarum mare : æstu secundo eas ferri magnarum navium corpora æquantes; truci cantu deterritas sequi classem; cum magno æquoris strepitu, velut demersa navigia subisse aquas. Cetera incolis crediderant; inter quæ, Rubrum mare non a colore undarum, ut plerique crederent, sed ab Erythra rege appellari. Esse haud procul a continenti insulam, palmis frequentibus consitam, et in medio fere nemore columnam eminere, Erythræ regis monumentum, litteris gentis ejus scriptam. Adjiciebant, navigia, quæ lixas mercatoresque vexissent, famam auri secutis gubernatoribus, in insulam esse transmissa, nec deinde ab his postea visa. » Rex, cognoscendi plura cupidine accensus, rursus eos terram legere jubet, donec ad Euphraten appellerent classem ; inde adverso amne Babylonem subituros. Ipse animo infinita complexus, statuerat, omni ad Orientem maritima regione perdomita, ex Syria petere Africam, Carthagini infensus; inde, Numidiæ solitudinibus peragratis, cursum Gadis

colonnes d'Hercule, gagner ensuite les Espagnes, que les Grecs appelaient Ibérie, du fleuve Ibère, et longer les Alpes et la côte d'Italie, d'où il n'y avait qu'un court trajet jusqu'en Épire. Il donna donc l'ordre aux gouverneurs de la Mésopotamie de couper des bois sur le mont Liban, et de les transporter à Thapsaque, ville de Syrie, où l'on en construirait de grandes carènes de vaisseaux : tous devaient avoir sept rangs de rames, et être conduits à Babylone. Il avait commandé aux rois de Chypre de fournir l'airain, l'étoupe et les voiles. Pendant que ces soins l'occupaient, des lettres lui furent remises des rois Porus et Taxile : ils lui annonçaient qu'Abisarès était mort de maladie; que Philippe, son lieutenant, avait été assassiné et les coupables punis. Le roi donna pour successeur à Philippe Eudémon, le chef des Thraces, et laissa au fils d'Abisarès le royaume de son père.

Il arriva ensuite chez les Persagades, nation de la Perse qui avait pour satrape Orsinès, illustre, parmi les Barbares, par sa naissance et par ses richesses. Il descendait de Cyrus, autrefois roi de Perse; de grands trésors lui avaient été transmis par ses aïeux, et il en avait amassé de nouveaux dans la longue possession du commandement. Orsinès vint au-devant du roi avec toute sorte de présents, non-seulement pour lui, mais pour ses amis. C'étaient des troupeaux de chevaux tout dressés, des chars ornés d'or et d'argent, des meubles précieux, des pierres rares, des vases d'or d'un grand poids, des vêtements de pourpre, et quatre mille talents d'argent monnayé.

---

dirigere (ibi namque columnam Herculis esse fama vulgaverat) : Hispanias deinde, quas *Iberiam* Græci a flumine Ibero vocabant, adire; et prætervehi Alpes, Italiæque oram, unde in Epirum brevis cursus est. Igitur Mesopotamiæ prætoribus imperavit, materia in Libano monte cæsa, devectaque ad urbem Syriæ Thapsacum, ingentium carinas navium ponere; septiremes omnes esse, deducique Babylonem. Cypriorum regibus imperatum, ut æs, stuppamque, et vela præberent. Hæc agenti Pori et Taxilis regum litteræ traduntur, Abisaren morbo, Philippum, præfectum ipsius, ex vulnere interiisse, oppressosque, qui vulnerassent eum. Igitur Philippo substituit Eudæmonem : dux erat Thracum. Abisaris regnum filio ejus attribuit.

Ventum est deinde Persagadas. Persica est gens, cujus satrapes Orsines erat, nobilitate ac divitiis inter omnes Barbaros eminens. Genus ducebat a Cyro, quondam rege Persarum : opes et a majoribus traditas habebat, et ipse longa imperii possessione cumulaverat. Is regi cum omnis generis donis, non ipsi modo ea, sed etiam amicis ejus daturus, occurrit. Equorum domiti greges sequebantur, currusque argento et auro adornati, pretiosa supellex, et nobiles gemmæ, aurea magni ponderis vasa, vestesque purpureæ, et signati argenti talentum quatuor

Tant de générosité causa cependant la mort du Barbare. Ayant, en effet, comblé de présents tous les amis du roi, au delà même de leurs vœux, il ne rendit aucun honneur à l'eunuque Bagoas, qui, en se prostituant à Alexandre, avait gagné sa faveur. On l'avertit combien cet eunuque était cher au roi : il répondit alors, « qu'il faisait sa cour aux amis d'Alexandre, non à ses concubines; et que ce n'était pas l'usage chez les Perses de regarder comme des hommes ceux que la prostitution égalait à des femmes.» Informé de cette réponse, l'eunuque tourna contre la tête d'un homme illustre et innocent une puissance qui était le prix de ses vices et de son déshonneur. Il suborna de faux accusateurs, pris parmi ce qu'il y avait de plus méprisable dans le pays, en leur donnant avis d'attendre ses ordres pour faire leurs dénonciations. Cependant, chaque fois qu'il se trouvait sans témoins avec le roi, il remplissait son oreille crédule de mille mensonges, cachant avec soin les motifs de son ressentiment, pour donner plus de poids à ses accusations. Orsinès n'était point encore suspect, mais déjà moins considéré. Son procès s'instruisait dans l'ombre, et il ignorait le péril caché qui le menaçait, tandis que l'infâme, acharné à le perdre, et fidèle à sa haine, alors même que dans les embrassements du roi il subissait le déshonneur, profitait de ces moments où la passion d'Alexandre était le plus vivement allumée pour accuser Orsinès de concussion, ou même de révolte. Déjà la calomnie était mûre pour la perte de l'innocent, et le destin, dont les décrets sont inévitables, allait s'accomplir. Alexandre avait par hasard ordonné d'ouvrir le

---

millia. Ceterum tanta benignitas Barbaro causa mortis fuit : nam quum omnes amicos regis donis super ipsorum vota coluisset, Bagoæ spadoni, qui Alexandrum obsequio corporis devinxerat sibi, nullum honorem habuit; admonitusque a quibusdam, quam Alexandro cordi esset, respondit, amicos regis, non scorta se colere, nec moris esse Persis, mares ducere, qui stupro effeminarentur. His auditis, spado potentiam flagitio et dedecore quæsitam in caput nobilissimi et insontis exercuit : namque gentis ejusdem levissimos falsis criminibus adstruxit, monitos, tum demum ea deferre, quum ipse jussisset. Interim quoties sine arbitris erat, credulas regis aures implebat, dissimulans causam iræ, quo gravior criminantis auctoritas esset. Nondum suspectus erat Orsines, jam tamen vilior. Reus enim in secreto agebatur, latentis periculi ignarus : et importunissimum scortum, ne in stupro quidem et dedecoris patientia fraudis oblitum, quoties amorem regis in se accenderat, Orsinen modo avaritiæ, interdum etiam defectionis, arguebat. Jam matura erant in perniciem innocentis mendacia; et fatum, cujus inevitabilis sors est, appetebat. Forte enim sepulcrum Cyri Alexander jussit aperiri, in quo erat conditum ejus corpus,

tombeau de Cyrus, où reposaient les restes de ce monarque, auxquels il destinait des honneurs funèbres. Il le croyait rempli d'or et d'argent, d'après ce que publiaient les Perses; mais, à l'exception d'un bouclier tombé en pourriture, de deux arcs de Scythie et d'un cimeterre, il ne trouva rien. Couvrant alors du manteau qu'il portait lui-même le trône sur lequel le corps était étendu, il y plaça une couronne d'or, et témoigna son étonnement de ce qu'un monarque si fameux, possesseur de tant de trésors, n'eût pas été plus richement enseveli qu'un homme de condition vulgaire. Aux côtés du roi était l'eunuque, qui, se tournant vers lui : « Qu'y a-t-il d'étonnant, dit-il, que les sépulcres des rois soient vides, quand les maisons des satrapes ne suffisent pas à contenir l'or qui en a été tiré? Pour moi, je n'avais jamais vu ce tombeau; mais j'ai ouï dire à Darius qu'on avait enterré avec Cyrus trois mille talents. Voilà la source de tant de largesses : ce qu'Orsinès ne pouvait garder impunément, il l'a donné, pour acheter du moins tes bonnes grâces à ce prix. » Ces paroles de l'eunuque avaient déjà excité la colère du roi, lorsque surviennent les délateurs apostés pour le seconder : Bagoas d'un côté, de l'autre ceux qu'il a subornés, font retentir à ses oreilles leurs imputations mensongères. Orsinès, avant de soupçonner même qu'il était accusé, fut jeté dans les fers. Non content du supplice de l'innocent, Bagoas osa porter sur lui la main au moment qu'il allait mourir. Orsinès lui dit, en le regardant : « J'avais bien ouï dire que des femmes avaient jadis régné en Asie; mais c'est une chose toute nouvelle d'y voir régner

cui dare volebat inferias. Auro argentoque repletum esse crediderat, quippe ita fama Persæ vulgaverant; sed præter clypeum ejus putrem, et arcus duos scythicos, et acinacem, nihil reperit. Ceterum corona aurea imposita, amiculo, cui assueverat ipse, solium, in quo corpus jacebat, velavit, miratus, tanti nominis regem, tantis præditum opibus, haud pretiosius sepultum esse, quam si fuisset e plebe. Proximus erat lateri spado, qui regem intuens : « Quid mirum, inquit, est, inania sepulcra esse regum, quum satraparum domus aurum inde egestum capere non possit? Quod ad me attinet, ipse hoc bustum antea non videram; sed ex Dario ita accepi, tria millia talentorum condita esse cum Cyro. Hinc illa benignitas in te, ut, quod impune habere non poterat Orsines, donando etiam gratiam iniret. » Concitaverat jam animum in iram, quum ii, quibus negotium idem dederat, superveniunt : hinc Bagoas, hinc ab eo subornati falsis criminibus occupant aures. Antequam accusari se suspicaretur Orsines, in vincula est traditus. Non contentus supplicio insontis spado, ipse morituro manum injecit. Quem Orsines intuens : « Audieram, inquit, in Asia olim regnasse feminas; hoc vero novum est, regnare castratum! » Hic

un eunuque. » Ainsi périt le plus illustre personnage d'entre les Perses, sans être coupable, et même après avoir montré envers le roi une générosité extraordinaire.

Dans le même temps, Phradate est mis à mort, sur le soupçon de prétendre à la couronne. Alexandre commençait à avoir grande hâte d'ordonner les supplices, aussi bien que de croire les fâcheux rapports. C'est que la prospérité a ce triste effet, de corrompre chez les hommes la nature, et que rarement nous savons être assez en garde contre notre bonne fortune. C'était en effet le même prince qui, peu d'années auparavant, n'avait pu se décider à condamner Alexandre Lynceste, inculpé par les dépositions de deux témoins; il avait même laissé absoudre de plus humbles accusés, malgré sa répugnance personnelle, parce que les autres croyaient à leur innocence; il avait rendu leurs États à des ennemis vaincus; et il finit par dégénérer tellement de lui-même, que, contre sa propre inclination, selon les caprices d'un eunuque, il donnait aux uns des royaumes, aux autres il ôtait la vie.

Ce fut à peu près vers la même époque que des lettres l'informèrent de ce qui s'était passé en Europe et en Asie tandis qu'il faisait la conquête l'Inde. Zopyrion, gouverneur de la Thrace, dans une expédition contre les Gètes, avait été surpris par des orages et de soudaines tempêtes, et avait péri avec toute son armée. Ce désastre avait été le signal, pour Seuthès, d'entraîner les Odryses, ses compatriotes, à la révolte. Pendant que la Thrace était ainsi presque perdue, la Grèce même. . . . .

fuit exitus nobilissimi Persarum, nec insontis modo, sed eximiæ quoque benignitatis in regem.

Eodem tempore Phradates regnum affectasse suspectus occiditur. Cœperat esse præceps ad repræsentanda supplicia; idem ad deteriora credenda. Scilicet res secundæ valent commutare naturam, et raro quisquam erga bona sua satis cautus est. Idem enim paulo ante Lyncesten Alexandrum delatum a duobus indicibus damnare non sustinuerat; humiliores quoque reos contra suam voluntatem, quia ceteris videbantur insontes, passus absolvi : hostibus victis regna reduxerat : ad ultimum a semet ipso degeneravit usque adeo, ut adversus libidinem animi, arbitrio scorti, aliis regna daret, aliis adimeret vitam.

Iisdem fere diebus litteras a Cœno accepit de rebus in Europa et Asia gestis, dum ipse Indiam subigit. Zopyrio, Thraciæ præpositus, dum expeditionem in Getas faceret, tempestatibus procellisque subito coortis, cum toto exercitu oppressus erat. Qua cognita clade, Seuthes Odrysas, populares suos, ad defectionem compulerat. Amissa propemodum Thracia, ne Græcia quidem. . . . .

II. Ils font donc voile vers Sunium avec trente vaisseaux : c'est un promontoire de l'Attique, d'où il comptait gagner le port même d'Athènes. Le roi, à cette nouvelle, également irrité contre Harpalus et les Athéniens, équipe une flotte, pour marcher aussitôt contre la ville rebelle. Pendant qu'il agite en secret ce dessein, une lettre lui est remise : elle lui annonçait qu'Harpalus était, il est vrai, entré dans Athènes, où il avait gagné, à force d'argent, les principaux citoyens ; mais que bientôt le peuple assemblé lui avait commandé de sortir de la ville ; qu'il s'était alors retiré vers les soldats grecs, qui l'avaient arrêté, et, d'après le conseil d'un certain Thimbron, l'avaient assassiné. Joyeux de ces nouvelles, Alexandre renonça au projet de passer en Europe ; mais il ordonna que les exilés des villes grecques, à la réserve de ceux qui étaient souillés du sang de leurs concitoyens, fussent tous reçus dans leur patrie. Les Grecs n'osèrent pas désobéir à ses commandements, quoiqu'ils vissent dans cette mesure une première atteinte portée à leurs lois ; ils rendirent même aux bannis ce qui restait de leurs biens. Les Athéniens seuls, fermes à maintenir avec leur liberté celle de toute la Grèce, repoussèrent loin de leurs frontières ce ramas d'hommes, qui les indignait : ils avaient appris à obéir, non pas aux ordres d'un roi, mais aux lois et aux mœurs de leur patrie, et étaient décidés à tout souffrir, plutôt que d'admettre dans leurs murs ce qui en avait été autrefois le rebut, et ce qui était maintenant la lie même de l'exil.

Alexandre, décidé à renvoyer ses vieux soldats dans leurs foyers, fit choisir treize mille hommes d'infanterie et deux

---

II. Igitur triginta navibus Sunium transmittunt : promontorium est atticæ terræ, unde portum urbis petere decreverant. His cognitis, rex, Harpalo Atheniensibusque juxta infestus, classem parari jubet, Athenas protinus petiturus. Quod consilium dum agitat clam, litteræ ei redduntur ; Harpalum intrasse quidem Athenas, pecunia conciliasse sibi principum animos ; mox concilio plebis habito jussum urbe excedere, ad græcos milites pervenisse, a quibus interceptum, et, Thimbrone quodam auctore, interemptum per insidias. His lætus in Europam trajiciendi consilium omisit : sed exsules, præter eos qui civili sanguine aspersi erant, recipi ab omnibus Græcorum civitatibus, queis pulsi erant, jussit. Et Græci, haud ausi imperium aspernari, quanquam solvendarum legum id principium esse censebant, bona quoque, quæ exstarent, restituere damnatis. Soli Athenienses, non suæ modo, sed etiam publicæ vindices libertatis, colluvionem hominum, quia ægre ferebant, non regio imperio, sed legibus moribusque patriis regi assueti, prohibuere finibus, omnia potius toleraturi, quam purgamenta quondam urbi suæ, tunc etiam exsilii, admitterent.

Alexander, senioribus militum in patriam remissis, tredecim millia peditum, et

mille cavaliers, pour les garder avec lui. Il comptait, avec cette faible armée, tenir en respect l'Asie, grâce aux garnisons qu'il avait distribuées sur différents points, en même temps qu'il se reposait sur les villes qu'il avait nouvellement fondées et peuplées de colonies, pour s'opposer à toute tentative de révolte. Cependant, avant de faire choix de ceux qui devaient rester, il exige de chacun de ses soldats un état de leurs dettes. Il savait que la plupart en étaient accablés, et, quoiqu'elles fussent l'effet de leurs désordres, il avait pourtant résolu de les acquitter. Ceux-ci, s'imaginant que c'était une épreuve pour mieux connaître l'économie des uns et la folle prodigalité des autres, avaient déjà, par des délais étudiés, traîné quelque temps l'affaire en longueur, lorsque le roi, sachant bien que c'était la honte, et non la désobéissance, qui empêchait cette déclaration, fit dresser des tables dans tout le camp et étaler dessus dix mille talents. Il n'en fallut pas moins pour qu'ils prissent confiance en ses intentions : ils avouèrent alors leurs dettes, et cent trente talents furent tout ce qui resta d'une somme si considérable : tant il est vrai que cette armée, victorieuse des plus riches nations du monde, remporta néanmoins de l'Asie plus de gloire que de butin !

Mais quand ils apprirent que les uns étaient congédiés, les autres retenus, ils se figurèrent alors que le roi voulait fixer à jamais en Asie le siége de son empire ; et, emportés par un esprit de vertige, ne se souvenant plus de la discipline militaire, ils remplirent le camp de leurs clameurs séditieuses. Ils abordent le roi plus audacieusement que jamais, ils lui de-

---

duo millia equitum, quæ in Asia retineret, eligi jussit, existimans, modico exercitu continere posse Asiam, quia pluribus locis præsidia disposuisset ; nuperque conditas urbes, quas colonis replesset, res renovare cupientibus obstare. Ceterum, prius quam secerneret quos erat retenturus, edixit, ut omnes milites æs alienum profiterentur. Grave plerisque esse compererat ; et quanquam ipsorum luxu contractum erat, dissolvere tamen ipse decreverat. Illi tentari ipsos rati, quo facilius ab integris sumptuosos decerneret, prolatando aliquantum extraxerant temporis ; et rex satis gnarus, professioni æris pudorem, non contumaciam obstare, mensas totis castris poni jussit, et decem millia talentorum proferri. Tum demum fide facta professi sunt, nec amplius ex tanta pecunia quam centum et triginta talenta superfuere : adeo ille exercitus, tot ditissimarum gentium victor, plus tamen victoriæ, quam prædæ deportavit ex Asia.

Ceterum, ut cognitum est, alios remitti domum, alios retineri, perpetuam eum regni sedem in Asia habiturum rati, vecordes, et disciplinæ militaris immemores, seditiosis vocibus castra complent, regemque ferocius quam alias adorti, omnes simul

mandent tous à la fois leur congé, en lui montrant leurs visages défigurés par les cicatrices, et leurs têtes blanchies. Ni les reproches de leurs officiers, ni le respect de la personne royale, ne les arrêtent : il veut parler, et ils l'interrompent par leurs cris tumultueux et tous les excès de la violence militaire, protestant hautement qu'ils ne partiront du lieu où ils sont que pour retourner dans leur patrie. Enfin ils firent silence, plutôt parce qu'ils croyaient le roi ébranlé, que parce qu'ils étaient disposés eux-mêmes à céder, et ils se tenaient en attente de ce qu'il allait dire.

« Que signifient, s'écria-t-il alors, ce tumulte soudain, cette licence si insolente et si effrénée? Je crains de le dire, mais vous avez ouvertement rompu les liens de l'obéissance, et je n'ai plus qu'une royauté précaire, moi à qui vous n'avez laissé le droit ni de vous haranguer, ni de vous reconnaître et de vous reprendre, ni même de vous regarder. Eh quoi! lorsque je veux renvoyer les uns dans leur patrie, et, bientôt après, y ramener avec moi les autres, j'entends les mêmes clameurs, et de ceux qui vont partir, et de ceux avec qui je me propose de les suivre! Qu'est-ce à dire, et pourquoi les mêmes cris avec des motifs si divers? Je voudrais bien savoir lesquels se plaignent de moi, ceux qui partent, ou ceux qui doivent rester. »

On eût dit que le cri de toute cette armée sortait d'une seule bouche, tant ils s'accordèrent, d'un bout à l'autre de l'assemblée, à répondre qu'ils se plaignaient tous.

---

missionem postulare cœperunt, deformia ora cicatricibus, canitiemque capitum ostentantes. Nec aut præfectorum castigatione, aut verecundia regis deterriti, tumultuoso clamore et militari violentia volentem loqui inhibebant, palam professi, nusquam inde, nisi in patriam, vestigium esse moturos. Tandem silentio facto, magis quia motum esse credebant, quam quia ipsi moveri poterant, quidnam dicturus esset, exspectabant.

Ille : « Quid hæc, inquit, repens consternatio, et tam procax atque effusa licentia denuntiat? Eloqui timeo : palam certe rupistis imperium ; et precario rex sum, cui non alloquendi, non noscendi monendique, aut intuendi vos jus reliquistis. Equidem quum alios dimittere in patriam, alios mecum paulo post deportare statuerim, tam illos acclamantes video, qui abituri sunt, quam hos, cum quibus præmissos subsequi statui. Quid hoc est rei? dispari in causa idem omnium clamor est! Pervelim scire, utrum, qui discedunt, an qui retinentur, de me querantur. »

Crederes uno ore omnes sustulisse clamorem; ita pariter ex tota concione responsum est, omnes queri.

« Non, reprit alors Alexandre, non jamais je ne consentirai à croire que le motif de cette plainte universelle soit celui que vous prétendez, et auquel la plus grande partie de l'armée est étrangère, puisque je congédie plus de soldats que je n'en garde. Il y a, sous ces apparences, il y a quelque mal plus profond qui vous éloigne tous de moi. Quand vit-on, en effet, une armée tout entière délaisser son roi? Des esclaves même ne désertent pas tous ensemble; ils ont une sorte de honte de quitter un maître que les autres abandonnent.

« Mais, que dis-je? oubliant la rage séditieuse qui vous possède, j'essaye des remèdes contre une maladie incurable. Oui, j'en atteste les dieux, toutes les espérances que j'avais conçues de vous, je les abjure, et j'ai résolu de vous traiter, non plus comme mes soldats, car désormais vous avez cessé de l'être, mais comme les plus ingrats des hommes. L'excès des prospérités qui vous environnent vous a rendus insensés; vous avez oublié l'état d'où vous ont tirés mes bienfaits, et dans lequel vous êtes, certes, bien dignes de vieillir, puisque vous savez mieux soutenir la mauvaise que la bonne fortune.

« Voilà que ces Macédoniens, naguère tributaires des Illyriens et des Perses, dédaignent aujourd'hui l'Asie et les dépouilles de tant de nations! Tout à l'heure à demi nus sous Philippe, ils regardent en mépris des manteaux de pourpre; leurs yeux ne peuvent souffrir l'or et l'argent : sans doute ils regrettent leur vaisselle de bois, leurs boucliers d'osier, et la rouille de leurs épées! C'est là pourtant le magnifique équi-

---

Tum ille : « Non hercule, inquit, potest fieri, ut adducar querendi simul omnibus hanc causam esse, quam ostenditis; in qua major pars exercitus non est, ut pote quum plures dimiserim, quam retenturus sum. Subest nimirum altius malum, quod omnes avertit a me. Quando enim regem universus exercitus deseruit? Ne servi quidem uno grege profugiunt dominos; sed est quidam in illis pudor, a ceteris destitutos relinquendi.

« Verum ego, tam furiosæ consternationis oblitus, remedia insanabilibus conor adhibere. Omnem, hercule, spem, quam ex vobis conceperam, damno; nec ut cum militibus meis, jam enim esse destitistis, sed ut cum ingratissimis oportet, agere decrevi. Secundis rebus, quæ circumfluunt vos, insanire cœpistis, obliti status ejus, quem beneficio exuistis meo; digni, hercule, qui in eodem consenescatis, quoniam facilius est vobis adversam, quam secundam regere fortunam.

« En tandem Illyriorum paulo ante et Persarum tributariis Asia et tot gentium spolia fastidio sunt. Modo sub Philippo seminudis amicula ex purpura sordent; aurum et argentum oculi ferre non possunt : lignea enim vasa desiderant, et ex cratibus scuta, rubiginemque gladiorum. Hoc cultu nitentes vos accepi, et quingenta talenta

page où je vous ai trouvés, et avec cela cinq cents talents de dettes, quand tout le mobilier royal n'en valait pas plus de soixante; fondements hasardeux pour des travaux tels que les miens, et sur lesquels cependant, je puis le dire sans orgueil, j'ai assis l'empire de la plus grande partie de la terre.

« Quoi! vous êtes las de l'Asie, où la gloire de vos exploits vous a égalés aux dieux! vous brûlez d'impatience de revoir l'Europe et d'abandonner votre roi, lorsque le plus grand nombre manquerait de ressources pour le voyage, si je n'eusse acquitté leurs dettes avec le butin même fait en Asie! Et vous ne rougissez pas, après avoir englouti les dépouilles des nations vaincues, d'en promener partout la honte, et de retourner vers vos femmes et vos enfants, à qui quelques-uns à peine pourront montrer les fruits de leurs victoires! Car les autres, devançant l'accomplissement de leurs vœux, sont allés jusqu'à engager leurs armes. Oh! les braves soldats que je vais perdre, dont la vie se passe dans le lit de leurs concubines, et qui n'ont gardé de tant de richesses que les objets pour lesquels on les prodigue!

« Fuyez donc, et que les chemins s'ouvrent librement devant vous: partez au plus vite. Moi-même, avec les Perses, je protégerai votre retraite. Je ne retiens personne: délivrez mes yeux de votre présence, sujets ingrats que vous êtes! Avec quelle joie vous accueilleront vos parents et vos enfants, quand ils vous verront revenir sans votre roi! comme ils accourront au-devant de transfuges et de traîtres! Je triompherai, n'en doutez pas, de votre fuite; et, partout où je serai, je saurai vous

---

æris alieni, quum omnis regia supellex haud amplius quam sexaginta talentorum esset, meorum operum fundamenta; quibus tamen (absit invidia) imperium maximæ terrarum partis imposui.

« Asiæne pertæsum est, quæ vos gloria rerum gestarum diis pares fecit? In Europam ire properatis, rege deserto, quum pluribus vestrum defuturum viaticum fuerit, ni æs alienum luissem, nempe in asiatica præda. Nec pudet profundo ventre devictarum gentium spolia circumferentes, reverti velle ad liberos conjugesque, quibus pauci præmia victoriæ potestis ostendere. Nam ceterorum, dum etiam spei vestræ obviam istis, arma quoque pignori sunt. Bonis vero militibus cariturus sum, pellicum suarum concubinis: quibus hoc solum ex tantis opibus superest, nisi in quod impenduntur.

« Proinde fugientibus me pateant limites: facessite hinc ocius! ego cum Persis abeuntium terga tutabor. Neminem teneo: liberate oculos meos, ingratissimi cives. Læti vos excipient parentes liberique sine vestro rege redeuntes! obviam ibunt desertoribus transfugisque! Triumphabo me hercule de fuga vestra, et, ubicunque

en punir, en comblant de faveurs et en vous préférant ceux avec qui vous me laissez. Vous apprendrez alors ce que c'est qu'une armée sans son roi, et tout ce que vaut ma seule personne. » Il s'élança ensuite, frémissant de rage, à bas de son tribunal, et entra au milieu des rangs de cette multitude armée : il avait remarqué ceux qui s'étaient exprimés avec le plus d'insolence, et, de sa main, il les saisit les uns après les autres. Aucun n'osa résister, et il en remit ainsi treize aux mains de ses gardes.

III. Qui croirait que cette multitude, un peu auparavant furieuse, demeura tout à coup immobile d'effroi, et qu'en voyant traîner au supplice quelques hommes, qui n'étaient pas plus coupables que les autres, toute leur licence désordonnée, toute leur violence séditieuse fut en un instant apaisée? Pas un n'avait fait de résistance, quand le roi s'était jeté au milieu d'eux; et on les vit, au contraire, à demi morts de frayeur et comme frappés de la foudre, attendre tous en silence ce qu'il lui plairait d'ordonner d'eux à leur tour. Soit respect du nom royal, aussi sacré que celui des dieux pour les peuples des monarchies, soit vénération particulière pour Alexandre, soit crainte enfin de l'assurance avec laquelle il venait d'exercer son vigoureux commandement, ce qui est certain, c'est qu'ils donnèrent un singulier exemple de patience. Non-seulement ils ne se révoltèrent pas en apprenant le supplice de leurs compagnons mis à mort à l'entrée de la nuit, mais ce fut entre eux un combat empressé de soumission et d'attachement. Lorsqu'en effet, le lendemain, s'étant pré-

ero, expetam pœnas, hos, cum quibus me relinquitis, colendo præferendoque vobis. Jam autem scietis, et quantum sine rege valeat exercitus, et quid opis in me uno sit. » Desiluit deinde frendens de tribunali, et in medium armatorum agmen se immisit; notatos quoque, qui ferocissime oblocuti erant, singulos manu corripuit : nec ausos repugnare tredecim asservandos custodibus corporis tradidit.

III. Quis crederet, sævam paulo ante concionem obtorpuisse subito metu, et quum ad supplicium videret trahi nihil ausos graviora quam ceteros, tam effusam antea licentiam, atque seditiosam militum violentiam ita compressam, ut non modo nullus ex omnibus irruenti regi restiterit, verum etiam cuncti pavore exanimati, attonitis similes, quid de ipsis quoque statuendum censeret, suspensa mente exspectarent. Itaque sive nominis, quod gentes quæ sub regibus sunt, inter deos colunt, sive propria ipsius veneratio, sive fiducia tanta vi exercentis imperium conterruit eos, singulare certe ediderunt patientiæ exemplum : adeoque non sunt accensi supplicio commilitonum, quum sub noctem interfectos esse nossent, ut nihil omiserint, quod singuli magis obedienter ac pie facerent. Nam quum postero die

sentés au quartier du roi, ils en furent repoussés, et qu'ils y virent admis les seuls Asiatiques, ils remplirent le camp de leurs cris de douleur, et déclarèrent qu'ils n'avaient plus qu'à mourir, si le roi persistait dans sa colère. Mais lui, inflexible dans ses résolutions, fit convoquer les troupes étrangères, sans permettre aux Macédoniens de sortir de leur camp, et lorsqu'elles se furent rassemblées en grand nombre, il leur parla ainsi, avec l'aide d'un interprète :

« Lorsque je passai d'Europe en Asie, je me promettais d'ajouter un grand nombre de nations fameuses et des millions d'hommes à mon empire. Et je n'ai point été trompé, en croyant sur ce point la renommée. Un autre avantage est venu s'y joindre : c'est que j'ai trouvé des hommes courageux et d'un attachement inviolable envers leurs rois. Je m'étais figuré que tout nageait dans le luxe, et que l'excès de la prospérité plongeait les âmes au sein des délices. Mais, les dieux m'en sont témoins ! vous savez supporter avec une égale vigueur d'âme et de corps les travaux de la guerre, et tout braves soldats que vous êtes, vous ne tenez pas plus à honneur le courage que la fidélité. C'est aujourd'hui pour la première fois que je vous rends tout haut ce témoignage; mais il y a longtemps que je le sais. Aussi ai-je pris parmi vous l'élite de la jeunesse, et l'ai-je incorporée dans mon armée. Vous portez le même vêtement, les mêmes armes; et, bien mieux que les autres, vous savez obéir et respecter le commandement. Moi-même, vous m'avez vu prendre pour épouse la fille du Perse Oxathrès, et ne pas dédaigner d'avoir

---

prohibiti aditu venissent, asiaticis modo militibus admissis, lugubrem totis castris edidere clamorem, denuntiantes se protinus esse morituros, si rex perseveraret irasci. At ille, pervicacis ad omnia, quæ agitasset, animi, peregrinorum militum concionem advocari jubet, Macedonibus intra castra cohibitis; et quum frequentes coissent, adhibito interprete, talem orationem habuit :

« Quum ex Europa trajicerem in Asiam, multas nobiles gentes, magnam vim hominum imperio meo me additurum esse sperabam. Nec deceptus sum, quod de his credidi famæ. Sed ad illa hoc quoque accessit, quod video fortes viros, erga reges suos pietatis invictæ. Luxu omnia fluere credideram, et nimia felicitate mergi in voluptates : at, hercule, munia militiæ hoc animorum corporumque robore æque impigre toleratis; et, quum fortes viri sitis, non fortitudinem magis quam fidem colitis. Hoc ego nunc primum profiteor, sed olim scio. Itaque et delectum e vobis juniorum habui; et vos meorum militum corpori immiscui. Idem habitus, eadem arma sunt vobis : obsequium vero et patientia imperii longe præstantior est, quam ceteris. Ergo ipse Oxathris Persæ filiam mecum in matrimonio junxi, non dedignatus

des enfants d'une captive. Bientôt, jaloux d'enrichir ma maison d'une postérité plus nombreuse, je me suis uni en mariage à la fille de Darius; et j'ai conseillé aux plus chers de mes amis de contracter avec des captives de semblables alliances, pour effacer, par ce lien sacré, les distinctions de vainqueurs et de vaincus. Croyez donc que vous êtes pour moi des soldats de naissance et non pas d'adoption. L'Asie et l'Europe ne forment qu'un seul royaume. Je vous donne les armes des Macédoniens. A ce qui était étranger et nouveau, j'ai conféré l'ancienneté : vous êtes mes concitoyens et mes soldats; tout a pris désormais la même couleur. Il n'y a de honte ni aux Perses de reproduire les usages des Macédoniens, ni aux Macédoniens d'imiter les Perses. La loi doit être la même pour des peuples destinés à vivre sous le même roi. »

(Ayant achevé ce discours, il confia aux Perses la garde de sa personne, fit des Perses ses satellites, des Perses les porteurs de ses ordres, et ce fut par leurs mains que les Macédoniens furent conduits enchaînés au supplice. On dit qu'alors un de ces malheureux, que son âge et son autorité rendaient respectable, s'adressa au roi en ces termes) :

IV. « Jusques à quand, lui dit-il, te satisferas-tu par des supplices empruntés aux mœurs étrangères? Tes soldats, tes concitoyens, sans jugement, et sous l'escorte de leurs propres prisonniers, sont traînés à la mort! Si tu crois qu'ils l'ont méritée, choisis au moins d'autres exécuteurs de ta justice. » L'avis partait d'une bouche amie, si Alexandre eût été capable d'entendre la vérité; mais sa colère avait fait place à la rage.

---

ex captiva liberos tollere. Mox deinde, quum stirpem generis mei latius propagare cuperem, uxorem Darii filiam duxi, proximisque amicorum auctor fui, ex captivis generandi liberos, ut hoc sacro fœdere omne discrimen victi et victoris excluderem. Proinde genitos esse vos mihi, non adscitos milites, credite. Asiæ et Europæ unum atque idem regnum est. Macedonum vobis arma do. Inveteravi peregrinam novitatem; et cives mei estis, et milites : omnia eumdem ducunt colorem. Nec Persis Macedonum morem adumbrare, nec Macedonibus Persas imitari indecorum est. Ejusdem juris esse debent, qui sub eodem rege victuri sunt. »

(Hac oratione habita, Persis corporis sui custodiam credidit; Persas satellites, Persas apparitores fecit. Per quos, quum Macedones, qui huic seditioni occasionem dedissent, vincti ad supplicia traherentur, unum ex iis auctoritate et ætate gravem, ad regem ita locutum ferunt) :

IV. « Quousque, inquit, animo tuo etiam per supplicia, et quidem externi moris, obsequeris? Milites tui, cives tui, incognita causa, captivis suis ducentibus, trahuntur ad pœnam? Si mortem meruisse judicas, saltem ministros supplicii muta. » Amico

Il aperçut un mouvement d'hésitation dans ceux qu'il avait chargés de ses ordres, et il leur réitéra le commandement de jeter les malheureux, enchaînés comme ils étaient, dans le fleuve.

Cette rigueur même n'excita pas de sédition parmi les soldats. Ils se rendirent, au contraire, par bandes séparées, auprès de leurs généraux et des amis du roi, leur demandant que, « si le roi trouvait encore parmi eux d'anciens coupables, il ordonnât leur supplice. Ils offraient leurs têtes à son courroux : il n'avait qu'à frapper. . . . .»

V. En le voyant, leurs larmes coulèrent ; ce n'était plus une armée visitant son roi, mais assistant déjà à ses funérailles. Cependant la douleur de ceux qui environnaient le lit éclatait sur leurs visages ; Alexandre, en les apercevant : « Trouverez-vous, leur dit-il, quand je ne serai plus, un roi digne de commander à de tels hommes ? » C'est une chose incroyable à dire et à entendre, qu'il ait pu demeurer immobile dans l'attitude qu'il avait prise pour recevoir ses soldats, jusqu'au moment où l'armée tout entière eut achevé de le saluer ; et, quand la foule se fut écoulée, se croyant libre désormais de toute dette envers la vie, il laissa retomber ses membres fatigués. Faisant alors approcher ses amis, car la voix même commençait à lui manquer, il ôta son anneau de son doigt et le remit à Perdiccas, en y joignant l'ordre de faire porter son corps au temple d'Ammon. On lui demanda à qui il laissait l'empire : « Au plus fort, » répondit-il ; et il ajouta qu'il prévoyait qu'à l'occasion de ce débat on lui préparait de grands

---

animo, si veri patiens fuisset, admonebatur; sed in rabiem ira pervenerat. Itaque rursus (nam parumper, quibus imperatum erat, dubitaverunt) mergi in amnem, sicut vincti erant, jussit.

Nec hoc quidem supplicium seditionem militum movit. Namque copiarum duces atque amicos ejus manipuli adeunt, petentes, ut, si quos adhuc pristina noxa judicaret esse contactos, juberet interfici : offerre se corpora irae; trucidaret. . . . .

V. Intuentibus lacrymæ obortæ præbuere speciem jam non regem, sed funus ejus visentis exercitus. Mœror tamen circumstantium lectum eminebat; quos ut rex adspexit : « Invenietis, inquit, quum excessero, dignum talibus viris regem ? » Incredibile dictu auditûque, in eodem habitu corporis, in quem se composuerat, quum admissurus milites esset, durasse, donec a toto exercitu illud ultimum persalutatus est : dimissoque vulgo, velut omni vitæ debito liberatus, fatigata membra rejecit. Propiusque adire jussis amicis (nam et vox deficere jam cœperat), detractum annulum digito Perdiccæ tradidit, adjectis mandatis, ut corpus suum ad Ammonem ferri juberet. Quærentibus his, cui relinqueret regnum, respondit : « Ei qui esset

jeux funèbres. Perdiccas lui ayant encore demandé quand il voulait qu'on lui rendît les honneurs divins : « Alors, leur dit-il, que vous serez heureux. » Ce furent là ses dernières paroles, et peu après il expira.

Au premier moment le palais tout entier retentit de pleurs, de gémissements et de cris de désespoir ; mais bientôt tout fut plongé dans un morne et profond silence ; de la douleur on passa aux réflexions sur l'avenir. La jeune noblesse, attachée au service de sa personne, était incapable de contenir l'excès de son affliction, ni de demeurer à l'entrée du palais : on les vit se répandre, comme des furieux, par toute la ville, la remplir de consternation et de deuil, et faire éclater toutes les plaintes que dicte la douleur en ces tristes circonstances.

Cependant tout ce qui se trouvait hors du palais, Macédoniens et Barbares, accourent en foule ; et, dans leur commun désespoir, les vaincus ne pouvaient se distinguer des vainqueurs. Les Perses pleuraient le plus juste et le plus doux des maîtres, les Macédoniens le meilleur et le plus vaillant des rois ; il y avait entre eux comme un combat de douleur. Et ce n'étaient pas seulement des paroles de regret, c'étaient des cris d'indignation qui se faisaient entendre. Ils accusaient les dieux jaloux d'avoir enlevé au monde ce héros si plein de vigueur, et dans la fleur même de son âge et de sa fortune. Son mâle courage, et l'air dont il menait ses troupes au combat, assiégeait les villes, montait à l'assaut, récompensait les braves en présence de l'armée, tout cela se représentait à leurs yeux.

---

optimus : ceterum prævidere jam, ob id certamen, magnos funebres ludos parari sibi. » Rursus Perdicca interrogante, quando cœlestes honores haberi sibi vellet, dixit, tum velle, quum ipsi felices essent. Suprema hæc vox fuit regis, et paulo post exstinguitur.

Ac primo ploratu, lamentisque, et planctibus tota regia personabat : mox, velut in vasta solitudine, omnia tristi silentio muta torpebant, ad cogitationes, quid deinde futurum esset, dolore converso. Nobiles pueri, custodiæ corporis ejus assueti, nec doloris magnitudinem capere, nec se ipsos intra vestibulum regiæ retinere potuerunt ; vagique et furentibus similes totam urbem luctu ac mærore compleverant, nullis questibus omissis, quos in tali casu dolor suggerit.

Ergo qui extra regiam adstiterant, Macedones pariter Barbarique, concurrunt ; nec poterant victi a victoribus in communi dolore discerni. Persæ, justissimum ac mitissimum dominum, Macedones, optimum ac fortissimum regem invocantes, certamen quoddam mœroris edebant. Nec mœstorum solum, sed etiam indignantium voces exaudiebantur ; tam viridem, et in flore ætatis fortunæque, invidia deum ereptum esse rebus humanis. Vigor ejus et vultus educentis in prœlium milites, ob-

Alors les Macédoniens se repentaient de lui avoir refusé les honneurs divins ; ils se reprochaient leur impiété et leur ingratitude, pour avoir privé son oreille d'un titre qui lui était dû. Et après s'être longtemps arrêtés sur ces sentiments, tantôt de regret, tantôt de vénération pour sa mémoire, ils ramenaient sur eux-mêmes leur compassion. Partis de la Macédoine, ils se voyaient au delà de l'Euphrate, abandonnés parmi des nations ennemies, mal façonnées à une domination nouvelle : point d'héritier reconnu du roi, point de successeur au trône ; chacun allait tirer à soi les forces publiques. Les guerres civiles, qui plus tard éclatèrent, se découvraient à eux dans l'avenir. Ils allaient recommencer, non plus pour l'empire de l'Asie, mais pour le choix d'un roi, à verser leur sang ; de nouvelles blessures allaient rouvrir leurs anciennes cicatrices ; vieux, mutilés, venant tout à l'heure de demander leur congé à leur prince légitime, il leur faudrait maintenant mourir peut-être pour la puissance de quelque obscur satellite.

Pendant qu'ils roulaient ces pensées, la nuit survint et augmenta leur terreur. Les soldats veillaient sous les armes : les Babyloniens, les uns du haut des murs, les autres du faîte de leurs maisons, portaient au loin leurs regards, comme pour mieux s'assurer de ce qui se passait. Aucun d'eux cependant n'osait allumer de flambeaux ; privés du secours de leurs yeux, ils prêtaient l'oreille au moindre bruit, au moindre son de la voix humaine, et à chaque instant assaillis de fausses alarmes, ils allaient se jeter dans des sentiers obscurs, où ils se heurtaient, objets les uns pour les autres de soupçon et d'inquié-

---

sidentis urbes, evadentis in muros, fortes viros pro concione donantis, occurrebant oculis. Tum Macedonas, divinos honores negasse ei, pœnitebat; impiosque et ingratos fuisse se confitebantur, quod aures ejus debita appellatione fraudassent. Et quum diu nunc in veneratione, nunc in desiderio regis hæsissent, in ipsos versa miseratio est. Macedonia profecti ultra Euphraten, mediis hostibus, novum imperium aspernantibus, destitutos se esse cernebant; sine certo regis herede, sine herede regni, publicas vires ad se quemque tracturum. Bella deinde civilia, quæ secuta sunt, mentibus augurabantur : iterum, non de regno Asiæ, sed de rege, ipsis sanguinem esse fundendum : novis vulneribus veteres rumpendas cicatrices ; senes, debiles, modo petita missione a justo rege, nunc morituros pro potentia forsitan satellitis alicujus ignobilis.

Has cogitationes volventibus nox supervenit, terroremque auxit : milites in armis vigilabant; Babylonii, alius e muris, alius culmine sui quisque tecti prospectabant, quasi certiora visuri : nec quisquam lumina audebat accendere, et, quia oculorum cessabat usus, fremitus vocesque auribus captabant; ac plerumque vano metu

tude. Les Perses, la chevelure rasée, selon leur usage, et en habits de deuil, avec leurs femmes et leurs enfants, donnaient au héros mort des regrets sincères, et le pleuraient, non pas comme leur vainqueur et leur ancien ennemi, mais comme le plus légitime des monarques. Accoutumés à vivre sous des rois, ils confessaient n'en avoir jamais eu de plus digne de leur commander. Et le deuil ne se renfermait pas au dedans des murs de la ville : bientôt la fatale nouvelle se fut répandue dans tout le pays voisin et la plus grande partie de l'Asie en deçà de l'Euphrate.

Elle ne tarda pas non plus à arriver à la mère de Darius. Aussitôt l'infortunée déchira la robe qu'elle portait, pour se vêtir de deuil ; et, s'arrachant les cheveux, elle se jeta le corps contre terre. Auprès d'elle était assise une de ses petites-filles, pleurant Héphestion, son époux, que naguère elle avait perdu, et retrouvant, au milieu de l'affliction commune, le souvenir de ses infortunes privées. Mais Sisygambis rassemblait seule en son cœur tous les maux de sa famille. Elle déplorait tout à la fois et le sort de ses petites-filles et le sien. Sa douleur récente lui rappelait aussi ses douleurs passées. On eût dit qu'elle ne faisait que de perdre Darius, et que la malheureuse mère avait à conduire les funérailles de deux fils tout ensemble. Elle pleurait les morts, elle pleurait aussi les vivants. Qui désormais prendrait soin de ces jeunes princesses ? où trouveraient-elles un autre Alexandre ? Une seconde fois elles étaient captives ; une seconde fois elles étaient déchues de la royauté. Après la mort de Darius, elles avaient trouvé un protecteur ;

---

territi, per obscuras semitas, alius alii occursantes, invicem suspecti et solliciti ferebantur. Persæ, comis suo more detonsis, in lugubri veste, cum conjugibus ac liberis, non ut victorem et modo hostem, sed ut gentis suæ justissimum regem, vero desiderio lugebant. Assueti sub rege vivere, non alium, qui imperaret ipsis, digniorem fuisse, confitebantur. Nec muris urbis luctus continebatur; sed proximam regionem ab ea, deinde magnam partem Asiæ cis Euphraten tanti mali fama pervaserat.

Ad Darii quoque matrem celeriter perlata est : abscissa ergo veste qua induta erat, lugubrem sumpsit ; laceratisque crinibus, humi corpus abjecit. Assidebat ei altera ex neptibus, nuper amissum Hephæstionem, cui nupserat, lugens; propriasque causas doloris in communi mœstitia retractabat. Sed omnium suorum mala Sisygambis una capiebat. Illa suam, illa neptium vicem flebat. Recens dolor etiam præterita revocaverat : crederes modo amissum Darium, et pariter miseræ duorum filiorum exsequias esse ducendas. Flebat mortuos simul vivosque. Quem enim puellarum acturum esse curam ? quem alium futurum esse Alexandrum ? iterum se captas,

après celle d'Alexandre, elles ne trouveraient personne qui daignât seulement les regarder. Au milieu de ces pensées, lui revenait celle de ses quatre-vingts frères égorgés en un jour par le barbare Ochus, et du père de cette grande famille, immolé sur les corps de ses fils : de sept enfants qu'elle avait mis au monde, un seul lui restait ; et Darius même n'avait eu un instant de prospérité, que pour trouver ensuite une fin plus cruelle. Succombant enfin à sa douleur, elle se voila la tête, écarta loin d'elle ses petits-fils et sa petite-fille qui étaient à ses genoux, et renonça en même temps à la nourriture et à la lumière : cinq jours après qu'elle eut pris le parti de se laisser mourir, elle expira. C'est sans doute un grand témoignage de la bonté d'Alexandre envers elle, et de sa justice à l'égard de tous ses prisonniers, que la mort de cette princesse, qui s'était senti la force de survivre à Darius, et qui rougit de survivre à Alexandre. Et certes, si l'on veut apprécier justement ce monarque, on trouvera que ses bonnes qualités appartinrent à sa nature, et ses vices à sa fortune et à son âge. Une force d'âme incroyable ; une patience dans les travaux presque portée à l'excès ; un courage qui le distinguait non-seulement parmi les rois, mais parmi ceux même dont c'est là l'unique vertu ; une libéralité qui souvent donnait plus qu'on ne demande aux dieux ; tant de clémence envers les vaincus, tant de royaumes, ou rendus à ceux sur qui il les avait conquis, ou donnés en pure largesse ; un mépris constant pour la mort, dont la crainte glace le cœur du reste des hommes ; une passion pour la gloire et la renommée, excessive peut-être, mais

---

iterum excidisse regno : qui mortuo Dario ipsas tueretur, reperisse ; qui post Alexandrum respiceret, utique non reperturas. Subibat inter hæc animum, octoginta fratres suos eodem die ab Ocho, sævissimo regum, trucidatos, abjectumque stragi tot filiorum patrem ; e septem liberis, quos genuisset ipsa, unum superesse ; ipsum Darium floruisse pauliper, ut crudelius posset exstingui. Ad ultimum dolori succumbit, obvolutoque capite, accidentes genibus suis neptem nepotemque aversata, cibo pariter abstinuit et luce ; quinto, postquam mori statuerat, die exstincta. Magnum profecto Alexandro indulgentiæ in eam, justitiæque in omnes captivos documentum est mors hujus, quæ, quum sustinuisset post Darium vivere, Alexandro esse superstes erubuit. Et, hercule, juste æstimantibus regem liquet, bona naturæ ejus fuisse ; vitia vel fortunæ, vel ætatis. Vis incredibilis animi ; laboris patientia propemodum nimia ; fortitudo non inter reges modo excellens, sed inter illos quoque quorum hæc sola virtus fuit ; liberalitas sæpe majora tribuentis, quam a diis petuntur ; clementia in devictos ; tot regna aut reddita quibus ea dempserat bello, aut dono data : mortis, cujus metus ceteros exanimat, perpetua contemptio ; gloriæ laudisque ut justo major

bien pardonnable à cet âge et au milieu d'une telle fortune ; envers ses parents, un dévouement filial attesté et par le projet qu'il avait de placer Olympias au rang des immortels, et par la vengeance qu'il tira des assassins de Philippe ; envers ses amis, presque sans exception, une bonté si grande ; envers ses soldats, tant de bienveillance ; autant de lumières que de grandeur dans l'esprit, et une habileté telle, qu'elle semblait faite à peine pour son âge ; une sage retenue dans les passions qui la comportent le moins ; un empire sur ses sens qui ne leur accordait rien au delà de ce que réclame la nature, et se bornait toujours aux plaisirs permis : c'étaient là sans doute de bien grandes qualités. Voici maintenant l'œuvre de la fortune : s'égaler aux dieux, réclamer les honneurs divins, croire aux oracles qui lui donnaient ce conseil ; s'emporter outre mesure contre ceux qui dédaignaient de l'adorer ; changer son vêtement contre des parures étrangères ; imiter les mœurs des nations vaincues, qu'il avait méprisées avant la victoire. Car, pour la colère et pour la passion du vin, comme la jeunesse en avait augmenté l'ardeur, la vieillesse eût pu les calmer. Cependant, il faut l'avouer, s'il dut beaucoup à sa vertu, il dut davantage à la fortune, que, seul de tous les mortels, il tint en son pouvoir. Combien de fois l'arracha-t-elle à la mort ! Combien de fois, engagé témérairement au milieu des périls, le couvrit-elle de ce bonheur qui ne l'abandonna jamais ! Elle donna aussi à sa vie le même terme qu'à sa gloire. Les destins l'attendirent jusqu'à ce qu'ayant achevé la conquête de l'Orient et atteint les bords de l'Océan, il eut accompli

---

cupido, ita et juveni, et in tantis admittenda rebus ; jam pietas erga parentes, quorum Olympiada immortalitati consecrare decreverat, Philippum ultus erat ; jam in omnes fere amicos benignitas ; erga milites benevolentia ; consilium par magnitudini animi, et quantam vix poterat ætas ejus capere, solertia ; modus immodicarum cupiditatum ; Veneris intra naturale desiderium usus, nec ulla nisi ex permisso voluptas, ingentes profecto dotes erant. Illa fortunæ : diis æquare se, et cœlestes honores accersere, et talia suadentibus oraculis credere, et dedignantibus venerari ipsum vehementius, quam par esset, irasci ; in externum habitum mutare corporis cultum ; imitari devictarum gentium mores, quas ante victoriam spreverat. Nam iracundiam et cupidinem vini sicuti juventa irritaverat, ita senectus mitigare potuisset. Fatendum est tamen, quum plurimum virtuti debuerit, plus debuisse fortunæ, quam solus omnium mortalium in potestate habuit. Quoties illum a morte revocavit ! quoties temere in pericula vectum perpetua felicitate protexit ! Vitæ quoque finem eumdem illi, quem gloriæ, statuit. Exspectavere eum fata, dum Oriente perdomito aditoque Oceano, quidquid mortalitas capiebat, impleret. Huic regi ducique suc-

tout ce qui était possible à l'humanité. Tel était le monarque et le capitaine auquel il fallait chercher un successeur ; mais le fardeau était trop pesant pour une seule tête. Aussi le nom d'Alexandre et la gloire de ses exploits peuplèrent-ils presque tout l'univers de rois et de royaumes, et l'on regarde comme de très-grands princes ceux qui s'approprièrent la moindre part de cette grande fortune.

VI. Cependant à Babylone (pour reprendre le fil de mon récit) les gardes de la personne royale convoquèrent dans le palais les principaux d'entre les *amis*, avec les chefs militaires. La foule des soldats s'y précipita à leur suite ; ils désiraient savoir à qui allait passer la fortune d'Alexandre. Plusieurs généraux, arrêtés par l'affluence de la multitude, ne purent entrer au palais : il fallut qu'un héraut en interdît l'entrée à quiconque n'y serait pas nominativement appelé ; mais le commandement n'était plus que précaire, et on le méprisait. Au premier moment, les cris de désespoir recommencèrent avec les larmes ; mais bientôt l'inquiète curiosité de l'avenir, en arrêtant les pleurs, commanda le silence. Alors Perdiccas, ayant exposé aux regards de l'assemblée le siége royal, sur lequel étaient le diadème et le manteau d'Alexandre avec ses armes, joignit à ces insignes l'anneau que le roi lui avait donné la veille ; et cet aspect, en faisant couler de nouvelles larmes, fit renaître toutes les douleurs. « Vous voyez, dit Perdiccas, cet anneau dont il scellait ses volontés, âme de son empire : il me l'a donné, et moi je vous le rends. Sans doute il n'est point de calamité que l'on puisse attendre du courroux des dieux,

cessor quærebatur : sed major moles erat, quam ut unus subire eam posset. Itaque nomen quoque ejus et fama rerum in totum propemodum orbem, reges ac regna diffudit ; clarissimi sunt habiti, qui etiam minimæ parti tantæ fortunæ adhæserunt.

VI. Ceterum Babylone (inde enim divertit oratio) corporis ejus custodes in regiam principes amicorum ducesque copiarum advocavere : secuta est militum turba, cupientium scire, in quem Alexandri fortuna esset transitura. Multi duces, frequentia militum exclusi, regiam intrare non poterant ; quum præco, exceptis qui nominatim citarentur, adire prohibuit : sed precarium spernebatur imperium. Ac primum ejulatus ingens ploratusque renovatus est : deinde futuri exspectatio, inhibitis lacrymis, silentium fecit. Tunc Perdiccas, regia sella in conspectu vulgi data, in qua diadema vestisque Alexandri cum armis erant, annulum sibi pridie traditum a rege in eadem sede posuit ; quorum aspectu rursus obortæ omnibus lacrymæ integravere luctum. Et Perdiccas : « Ego quidem, inquit, annulum, quo ille regni atque imperii vires obsignare erat solitus, traditum ab ipso mihi, reddo vobis. Ceterum, quanquam nulla clades huic, qua affecti sumus, par ab iratis diis excogitari potest,

égale à celle qui est venue nous frapper : si cependant nous considérons la grandeur des choses qu'il a faites, il est permis de croire que les dieux n'ont fait que prêter un tel héros à l'humanité, pour y accomplir sa destination, et retourner tout aussitôt vers le lieu de son origine. Ainsi donc, puisqu'il ne nous reste de lui que ce qui ne saurait avoir de part à l'immortalité, acquittons-nous au plus tôt de ce que nous devons à son corps et à sa mémoire, sans oublier en quelle ville, au milieu de quels peuples nous sommes, quel roi et quel protecteur nous avons perdu. Ce qui doit, compagnons, appeler nos soins et nos méditations, ce sont les moyens de nous assurer, parmi ceux que nous avons vaincus, le fruit de nos victoires. Il nous faut un chef : un ou plusieurs, c'est à vous d'en décider : car, vous devez le savoir, un rassemblement de soldats sans chef est un corps sans âme. Voilà six mois que Roxane est enceinte. Puisse-t-elle nous donner un prince, dont les dieux bénissent le règne, quand il sera en âge de nous gouverner ! Choisissez, en attendant, ceux à qui vous voulez obéir. » Ainsi parla Perdiccas.

Alors Néarque : « Personne, dit-il, n'avait droit de s'étonner que la dignité royale fût l'apanage exclusif du sang et de la postérité d'Alexandre. Mais attendre un roi qui n'était pas né, et en sacrifier un autre qui existait déjà, c'était un parti qui ne pouvait convenir aux dispositions des Macédoniens, non plus qu'aux circonstances présentes. Il y avait un fils du roi et de Barsine : c'était à lui qu'il fallait donner le diadème. » Cette proposition ne plut à personne : aussi entendait-on, selon

---

tamen magnitudinem rerum, quas egit, intuentibus credere licet, tantum virum deos accommodasse rebus humanis, quarum sorte completa, cito repeterent eum suæ stirpi. Proinde, quoniam nihil aliud ex eo superest, quam quod semper ab immortalitate subducitur, corpori nominique quàm primum justa solvamus, haud obliti, in qua urbe, inter quos simus, quali præside ac rege spoliati. Tractandum est, commilitones, cogitandumque, ut victoriam partam inter hos, de quibus parta est, obtinere possimus. Capite opus est : hocne uno, an pluribus, in vestra potestate est. Illud scire debetis, militarem sine duce turbam corpus esse sine spiritu. Sextus mensis est, in quo Roxane prægnans est. Optamus ut marem enitatur; cujus regnum diis approbantibus futurum, quando adoleverit : interim, a quibus regi velitis, destinate. » Hæc Perdiccas.

Tum Nearchus, Alexandri modo sanguinem ac stirpem regiæ majestati convenire, neminem ait posse mirari. Ceterum exspectari nondum ortum regem, et, qui jam sit, præteriri, nec animis Macedonum convenire, nec tempori rerum. Esse e Barsine filium regis : huic diadema dandum. Nulli placebat oratio : itaque suo more

l'usage, les piques frapper sans interruption contre les boucliers : déjà même l'obstination de Néarque à défendre son avis allait amener une sédition.

Ptolémée prit alors la parole : « Voilà, en effet, s'écria-t-il, une race bien digne de commander aux Macédoniens ! Le fils de Roxane ou celui de Barsine ! un enfant dont l'Europe se refusera même à prononcer le nom, et qui ne sera guère plus qu'un esclave ! Pourquoi donc avons-nous vaincu les Perses, s'il faut que nous obéissions à leur race, ce que Darius et Xerxès, monarques du moins légitimes, ont vainement prétendu avec tant de milliers d'hommes et des flottes si puissantes ? Mon avis est qu'autour du trône d'Alexandre, placé dans ce palais, se rassemblent ceux qui étaient admis à ses conseils toutes les fois qu'une délibération commune sera nécessaire ; qu'on s'en tienne à ce qu'aura décidé la majorité, et que les généraux et les officiers de l'armée y obéissent. »

L'avis de Ptolémée trouva quelques approbateurs ; celui de Perdiccas eut pour lui les principaux de l'assemblée. Aristonus se mit alors à dire, « qu'Alexandre, consulté sur le choix de son successeur, avait voulu que l'empire passât au plus fort ; et que le plus fort, il l'avait désigné lui-même lorsqu'il avait donné son anneau à Perdiccas. Celui-ci, en effet, ne se trouvait pas seul auprès de lui à l'instant de sa mort ; mais, en promenant ses regards sur ses amis qui l'entouraient, c'était lui qu'Alexandre avait choisi pour lui confier ce dépôt. Son opinion était donc de déférer la souveraineté à Perdiccas. »

---

hastis scuta quatientes obstrepere perseverabant. Jamque prope seditionem pervenerant, Nearcho pervicacius tuente sententiam.

Tum Ptolemæus : « Digna prorsus est soboles, inquit, quæ Macedonum imperet genti, Roxanes vel Barsinæ filius ; cujus nomen quoque Europam dicere pigebit, majore ex parte captivi ! Cur Persas vicerimus, ut stirpi eorum serviamus ? quod justi illi reges Darius et Xerxes tot millium agminibus tantisque classibus nequidquam petiverunt. Mea sententia hæc est, ut, sede Alexandri in regia posita, qui consiliis ejus adhibebantur, coeant quoties in commune consulto opus fuerit, eoque, quod major pars eorum decreverit, stetur ; duces præfectique copiarum his pareant. »

Ptolemæo quidam, potiores Perdiccæ assentiebantur. Tum Aristonus orsus est dicere, « Alexandrum consultum, cui relinqueret regnum, voluisse optimum deligi : judicatum autem ab ipso optimum Perdiccam, cui annulum tradidisset. Neque enim unum eum assedisse morienti ; sed circumferentem oculos ex turba amicorum delegisse, cui traderet. Placere igitur, summam imperii ad Perdiccam deferri. »

On ne douta pas qu'il ne dît la vérité. Aussi n'y eut-il qu'une voix pour inviter Perdiccas à s'avancer et à reprendre l'anneau du roi. Il flottait entre l'ambition et la honte, et se persuadait que, plus il montrerait de modération à convoiter l'objet de ses espérances, plus on le presserait d'accepter. Aussi, après bien des hésitations et une longue incertitude sur ce qu'il avait à faire, il finit par se retirer et se placer derrière les sièges les plus avancés. Cependant Méléagre, un des généraux, enhardi par l'irrésolution de Perdiccas, s'écria : « Aux dieux ne plaise que la fortune d'Alexandre et le fardeau d'un si grand empire tombent sur une pareille tête. Les hommes du moins ne le permettront pas. Je ne parle point ici de ceux qui sont supérieurs à Perdiccas; je parle seulement des gens de cœur, pour qui c'est un besoin de ne rien souffrir contre leur gré. Et peu importe que ce soit le fils de Roxane, en quelque temps qu'il vienne au monde, ou bien Perdiccas que vous ayez pour roi, puisque aussi bien ce sera toujours lui qui, avec le titre de tuteur, sera assis sur le trône. Aussi, n'y a-t-il de roi qui lui plaise que celui qui n'est point encore né; et au milieu de cet empressement que nous avons tous, si juste en même temps et si nécessaire, seul il attend patiemment le terme d'une grossesse, et déjà, dans le sein de la mère, entrevoit la naissance d'un fils, tout prêt, n'en doutez pas, à le supposer, s'il le faut. Oui, s'il était vrai qu'Alexandre nous eût laissé cet homme pour régner sur nous à sa place, de toutes ses volontés, ce serait la seule à laquelle je croirais que l'on dût désobéir. Que ne courez-vous donc au pillage de ses tré-

---

Nec dubitavere, quin vera censeret. Itaque universi, procedere in medium Perdiccam, et regis annulum tollere, jubebant. Hærebat inter cupiditatem pudoremque, et, quo modestius quod exspectabat appeteret, pervicacius oblaturos esse credebat. Itaque cunctatus, diuque quid ageret incertus, ad ultimum tamen recessit, et post eos, qui sederant proximi, constitit. At Meleager, unus e ducibus, confirmato animo, quem Perdiccæ cunctatio erexerat : « Nec dii siverint inquit, ut Alexandri fortuna, tantique regni fastigium in istos humeros ruat : homines certe non ferent. Nihil dico de nobilioribus, quam hic est, sed de viris tantum; quibus invitis nihil perpeti necesse est. Nec vero interest, Roxanes filium, quandoque genitus erit, an Perdiccam regem habeatis, quum iste sub tutelæ specie regnum occupaturus sit. Itaque nemo ei rex placet, nisi qui nondum natus est : et in tanta omnium festinatione, non justa modo, sed etiam necessaria, exactos menses solus exspectat, et jam divinat, marem esse conceptum ; quem vos dubitatis paratum esse vel subdere? Si, medius fidius, Alexander hunc nobis regem pro se reliquisset, id solum, ex iis quæ imperasset, non faciendum esse censerem. Quin igitur ad diripiendos thesauros

sors? car, à coup sûr, des richesses du roi c'est le peuple qui est l'héritier. » En achevant ces mots, il s'élança au travers de la multitude armée, qui s'ouvrit pour lui faire passage, et allait le suivre à l'œuvre dont il lui donnait le signal.

VII. Déjà s'était amassée autour de Méléagre une grosse troupe de soldats en armes, et l'assemblée n'était plus que tumulte et désordre, lorsqu'un homme des derniers rangs du peuple, inconnu à la plupart des Macédoniens, s'écria : « A quoi bon les armes et une guerre civile, quand vous avez le roi que vous cherchez? Aridée, fils de Philippe, et frère d'Alexandre, votre dernier roi, naguère associé à lui dans les sacrifices et les cérémonies religieuses, aujourd'hui son seul héritier, est laissé par vous dans l'oubli. Qu'a-t-il fait pour le mériter? Quel est son tort, pour être mis hors du droit commun des nations? Si vous cherchez un prince semblable à Alexandre, jamais vous ne le trouverez : si vous demandez son plus proche héritier, il n'y a que celui-là. » En entendant ces mots, l'assemblée, comme à un ordre qui lui eût été donné, se tint d'abord en silence; puis, on s'écria de toutes parts qu'il fallait appeler Aridée, et que ceux qui avaient convoqué l'assemblée sans lui avaient mérité la mort. Pithon se lève alors, les yeux pleins de larmes, et dit qu'en ce moment surtout Alexandre était bien malheureux d'être privé de la présence de tant de bons citoyens et de braves soldats, et de la jouissance de leur affection; qu'en effet, ne voyant rien que le nom et la mémoire de leur roi, ils s'aveuglaient sur tout le reste.... C'étaient évidemment autant de traits injurieux contre le jeune homme

---

discurritis? harum enim opum regiarum utique populus est heres. » Hæc elocutus, per medios armatos erupit, et, qui abeunti viam dederant, ipsum ad pronuntiatam prædam sequebantur.

VII. Jamque armatorum circa Meleagrum frequens globus erat, in seditionem ac discordiam versa concione, quum quidam, plerisque Macedonum ignotus, ex infima plebe : « Quid opus est, inquit, armis civilique bello habentibus regem quem quæritis? Aridæus, Philippo genitus, Alexandri paulo ante regis frater, sacrorum ceremoniarumque consors modo, nunc solus heres, præteritur a vobis. Quo merito suo? quidve fecit, cur etiam gentium communi jure fraudetur? Si Alexandro similem quæritis, nunquam reperietis; si proximum, hic solus est. » His auditis, concio primo silentium velut jussa habuit : conclamant deinde pariter, Aridæum vocandum esse, mortemque meritos, qui concionem sine eo habuissent. Tum Pithon, plenus lacrymarum, orditur dicere, nunc vel maxime miserabilem esse Alexandrum, qui tam bonorum civium militumque fructu et præsentia fraudatus esset. Nomen enim memoriamque regis sui tantum intuentes, ad cetera caligare eos,.... Haud ambigue

que l'on appelait au trône ; mais ils attirèrent plus de haine contre Pithon que de mépris contre Aridée : car la compassion est déjà un commencement de faveur. Ils déclarent donc, avec des acclamations obstinées, qu'ils ne permettront jamais de régner à un autre que celui qui est né pour cette haute espérance, et ils font appeler Aridée. Méléagre, qui haïssait Perdiccas, et en était haï, conduit en toute hâte le jeune prince au palais; et les soldats, après l'avoir salué du nom de *Philippe*, le proclament roi.

C'était là, du reste, le cri de la multitude : l'avis des grands était autre. Pithon, qui était du nombre, commença à mettre à exécution le projet de Perdiccas : il nomma pour tuteurs du fils qui devait naître de Roxane, Perdiccas lui-même et Léonnatus, tous deux issus du sang royal. Il fit donner ensuite à Cratère et à Antipater le gouvernement des affaires d'Europe ; on exigea enfin de chacun le serment de se soumettre au roi, fils d'Alexandre. Méléagre, que tourmentait la juste crainte du supplice, s'était retiré avec ses partisans. Mais il rentra bientôt au palais, traînant avec lui Philippe, et criant que les espérances tout à l'heure conçues de ce nouveau roi étaient confirmées par la force de son âge; qu'ils essayassent au moins d'un descendant de Philippe, du fils et du frère de deux de leurs rois ; qu'enfin ils s'en rapportassent à eux-mêmes. Il n'est point de si profond abîme, de mer si vaste et si orageuse, dont les flots soulevés égalent les mouvements de la multitude, lorsque surtout elle est dans l'ivresse d'une liberté nou-

in juvenem, cui regnum destinabatur, impensa probra; quæ magis ipsi odium, quam Aridæo contemptum attulerunt : quippe dum miserentur, etiam favere cœperunt. Igitur, non alium se quam eum qui ad hanc spem genitus esset, regnare passuros, pertinaci acclamatione declarant, vocarique Aridæum jubent. Quem Meleager, infestus invisusque Perdiccæ, strenue perducit in regiam; et milites *Philippum* consalutatum, regem appellant.

Ceterum hæc vulgi erat vox; principum alia sententia. E quibus Pithon consilium Perdiccæ exsequi cœpit, tutoresque destinat filio ex Roxane futuro, Perdiccam et Leonnatum stirpe regia genitos. Adjecit, ut in Europa Craterus et Antipater res administrarent. Tum jusjurandum a singulis exactum, futuros in potestate regis geniti Alexandro. Meleager, haud injuria metu supplicii territus, cum suis secesserat. Rursus Philippum trahens secum, irrupit regiam, clamitans suffragari rei publicæ de novo rege paulo ante concepto robur ætatis; experirentur modo stirpem Philippi, et filium ac fratrem regum duorum; sibimet ipsis potissimum crederent. Nullum profundum mare, nullum vastum fretum et procellosum tantos ciet fluctus quantos multitudo motus habet ; utique si nova et brevi duratura libertate luxuriat.

velle et passagère. Perdiccas, qui venait d'être élu, n'avait plus que quelques voix pour lui donner l'empire; Philippe en trouvait plus qu'il n'en avait espéré. Ils ne savaient longtemps admettre, ni rejeter longtemps un parti ; tour à tour ils se repentaient de leurs décisions et de leur repentir même. A la fin, cependant, les vœux se déclarèrent pour le sang royal. Aridée s'était retiré de l'assemblée, redoutant l'autorité des grands, et son absence avait plutôt réduit à se taire, qu'affaibli le zèle des soldats en sa faveur. Il fut rappelé, et on le revêtit de la robe de son frère, celle même qui avait été placée sur le trône, pendant que Méléagre, prenant sa cuirasse et ses armes, se rangea en satellite à la suite du nouveau roi. La phalange, frappant ses javelots contre ses boucliers, menaçait de se baigner dans le sang de ceux qui avaient osé prétendre à une couronne qui ne leur appartenait pas : ils se réjouissaient de voir le droit de succession se perpétuer dans la même famille, et la race royale appelée à la possession héréditaire de l'empire : ce nom même de Philippe, ajoutaient-ils, était pour eux un objet de culte et de vénération, et nul n'en était digne, s'il n'était destiné au trône par sa naissance.

Perdiccas épouvanté donne l'ordre de fermer l'appartement où gisait le corps d'Alexandre. Il avait avec lui six cents hommes d'une valeur éprouvée : Ptolémée était venu s'y joindre, ainsi que la jeune troupe des pages du roi. Tant de milliers d'hommes n'eurent pas de peine à rompre toutes les barrières : le roi lui-même s'était précipité avec eux, entouré du cortége de ses gardes, Méléagre à leur tête. Perdiccas, indigné, appelle

---

Pauci Perdiccæ modo electo, plures Philippo, quam speraverat, imperium dabant. Nec velle, nec nolle quidquam diu poterant; pœnitebatque modo consilii, modo pœnitentiæ ipsius. Ad ultimum tamen in stirpem regiam inclinavere studiis. Cesserat ex concione Aridæus principum auctoritate conterritus ; et, abeunte illo, conticuerat magis, quam languerat militaris favor. Itaque revocatus, vestem fratris eam ipsam, quæ in sella posita fuerat, induitur. Et Meleager, thorace sumpto, capit arma, novique regis satelles sequitur. Phalanx hastis clypeos quatiens, expleturam se sanguine illorum, qui affectaverant nihil ad ipsos pertinens regnum, minabatur : in eadem domo familiaque imperii vices remansuras esse gaudebant; hereditarium imperium stirpem regiam vindicaturam : assuetos se nomen ipsum colere, venerarique, nec quemquam id capere, nisi genitum ut regnaret.

Igitur Perdiccas territus conclave in quo Alexandri corpus jacebat observari jubet. Sexcenti cum ipso erant spectatæ virtutis : Ptolemæus quoque se adjunxerat ei, puerorumque regia cohors. Ceterum haud difficulter a tot millibus armatorum claustra perfracta sunt. Et rex quoque irruperat stipatus satellitum turba, quorum

à lui ceux qui veulent défendre le corps d'Alexandre ; mais les furieux, qui avaient forcé l'entrée, lançaient de loin leurs traits contre lui, et il y avait déjà plusieurs blessés, quand les plus anciens des soldats, ôtant leurs casques pour être mieux reconnus, se mirent à prier les partisans de Perdiccas de cesser le combat et de céder au roi et au nombre. Perdiccas déposa le premier les armes, et les autres suivirent son exemple. Méléagre voulut ensuite leur persuader de ne point quitter le corps d'Alexandre ; mais ils crurent qu'on cherchait à les tenir dans un piége, et, par un autre côté du palais, gagnèrent, en fuyant, l'Euphrate. La cavalerie, composée de l'élite de la jeune noblesse, suivit en grand nombre Perdiccas et Léonnatus. On voulait sortir de la ville et camper dans la plaine. Mais Perdiccas ne désespérait pas d'entraîner l'infanterie elle-même à sa suite ; et pour ne point paraître, en emmenant la cavalerie, rompre avec le reste de l'armée, il resta dans la ville.

VIII. Cependant Méléagre ne cessait de répéter au roi qu'il devait cimenter par la mort de Perdiccas ses droits à la couronne : si l'on ne prévenait cet esprit inquiet, nul doute qu'il n'amenât quelque révolution ; il savait trop bien sa conduite envers le roi, et l'on n'est guère fidèle à un maître que l'on craint. Le roi laissait plutôt dire qu'il n'approuvait. Méléagre prit son silence pour un ordre, et envoya chercher Perdiccas au nom du roi, avec injonction de le tuer s'il faisait difficulté de venir. Perdiccas, averti de l'arrivée des gardes, parut de-

---

princeps erat Meleager : iratusque Perdiccas, hos, qui Alexandri corpus tueri vellent, sevocat ; sed qui irruperant, eminus tela in ipsum jaciebant : multisque vulneratis, tandem seniores, demptis galeis, quo facilius nosci possent, precari, qui cum Perdicca erant, cœpere, ut absisterent bello, regique et pluribus cederent. Primus Perdiccas arma deposuit ; ceterique idem facere. Meleagro deinde suadente, ne a corpore Alexandri discederent, insidiis locum quæri rati, diversa regiæ parte ad Euphraten fugam intendunt. Equitatus, qui ex nobilissimis juvenum constabat, Perdiccam et Leonnatum frequens sequebatur ; placebatque excedere urbe, et tendere in campos. Sed Perdiccas ne pedites quidem secuturos ipsum desperabat : itaque, ne abducendo equites abrupisse a cetero exercitu videretur, in urbe substitit.

VIII. At Meleager regem monere non destitit, jus imperii Perdiccæ morte sanciendum esse : ni occupetur impotens animus, res novaturum. Meminisse cum, quid de rege meruisset, neminem autem ei satis fidum esse, quem metuat. Rex patiebatur magis, quam assentiebatur. Itaque Meleager silentium pro imperio habuit, misitque regis nomine, qui Perdiccam arcesserent : iisdem mandatum, ut occide-

vant eux sans autre escorte que celle de seize jeunes gens de la cohorte royale, sur le seuil de sa maison. Là, il les accable de reproches, il les appelle les esclaves de Méléagre; et, par la fermeté de son âme et de son visage, les effraye tellement, qu'ils s'enfuient tout éperdus. Perdiccas ordonne à ses jeunes compagnons de monter à cheval, et, avec un petit nombre d'amis, se rend auprès de Léonnatus, assuré de trouver contre la force un plus ferme appui, si l'on vient l'attaquer. Le lendemain, les Macédoniens s'indignèrent que la vie de Perdiccas eût été en danger, et ils étaient résolus d'aller punir, les armes à la main, l'insolence de Méléagre. Mais celui-ci, qui avait prévu l'orage, accourt auprès du roi, et lui demande si ce n'était pas lui-même qui avait donné l'ordre d'arrêter Perdiccas. Philippe répondit que cet ordre lui avait été dicté par Méléagre; qu'au reste, ce ne devait pas être pour eux une cause de tumulte, puisque Perdiccas vivait. Et il congédia l'assemblée. Méléagre, de son côté, alarmé surtout de la défection de la cavalerie, et incapable de rien résoudre, en se voyant tomber lui-même dans le péril où tout à l'heure il venait d'entraîner son ennemi, passa près de trois jours à rouler dans son esprit mille projets incertains.

Cependant l'image d'une cour continuait d'exister comme auparavant; les ambassadeurs des nations s'adressaient au roi, les généraux se rassemblaient autour de lui, et le vestibule de son palais était rempli de gardes et de soldats sous les armes. Mais partout régnait un sentiment involontaire de tristesse,

---

rent, si venire dubitaret. Perdiccas, nuntiato satellitum adventu, sexdecim omnino pueris regiæ cohortis comitatus, in limine domus suæ constitit; castigatosque, et Meleagri mancipia identidem appellans, sic animi vultusque constantia terruit, ut vix mentis compotes fugerent. Perdiccas pueros equos jussit conscendere, et cum paucis amicorum ad Leonnatum pervenit, jam firmiore præsidio vim populsaturus, si quis inferret. Postero die indigna res Macedonibus videbatur, Perdiccam ad mortis periculum adductum; et Meleagri temeritatem armis ultum ire decreverant: atque ille, seditione provisa, quum regem adiisset, interrogare eum cœpit, an Perdiccam comprehendi ipse jussisset: ille Meleagri instinctu se jussisse respondit; ceterum non debere tumultuari eos; Perdiccam enim vivere. Igitur, concione dimissa, Meleager, equitum maxime defectione perterritus, inopsque consilii (quippe in ipsum periculum reciderat, quod inimico paulo ante intenderat), triduum fere consumpsit incerta consilia volvendo.

Et pristina quidem regiæ species manebat : nam et legati gentium regem adibant, et copiarum duces aderant, et vestibulum satellites armatique compleverant. Sed ingens sua sponte mœstitia ultimæ desperationis index erat : suspectique invicem

qui témoignait l'excès du désespoir. On se regardait avec une mutuelle défiance, on n'osait ni s'aborder, ni se parler; chacun roulait au dedans de soi ses secrètes pensées, et la comparaison du nouveau roi avec celui qu'on avait perdu réveillait tous les regrets. Où était, se demandaient-ils, le monarque sous le commandement et les auspices duquel ils avaient marché? Ils se voyaient abandonnés parmi des nations ennemies et indomptées, qui, à la première occassion, demanderaient vengeance de toutes leurs défaites. Telles étaient les pensées où se consumaient leurs esprits, lorsqu'on leur annonce que la cavalerie sous les ordres de Perdiccas, maîtresse des plaines qui entourent Babylone, vient d'arrêter le blé que l'on amenait à la ville. Il y eut d'abord disette, puis famine, et ceux qui étaient renfermés dans les murs furent d'avis qu'il fallait se réconcilier avec Perdiccas ou lui livrer bataille.

Le hasard avait voulu que les gens de la campagne, craignant le pillage de leurs bourgs et de leurs métairies, se fussent réfugiés dans la ville, tandis que les citadins en avaient été chassés par le défaut de vivres; les uns et les autres s'attendaient à trouver hors de chez eux plus de sûreté qu'en leurs demeures. Les Macédoniens, qui redoutaient quelque émeute parmi cette population, s'assemblent au palais, et y proposent leur avis; c'était d'envoyer des députés à la cavalerie, pour convenir de laisser là leurs querelles et de poser les armes. Le roi députa, en conséquence, le Thessalien Pasas, Amissas de Mégalopolis, et Perilaüs. En réponse aux propositions qu'ils apportaient, on leur déclara que la cavalerie ne poserait l'épée

---

non adire propius, non colloqui audebant, secretas cogitationes intra se quisque volventes; et ex comparatione regis novi desiderium excitabatur amissi. Ubi ille esset, cujus imperium, cujus auspicium secuti erant, requirebant : destitutos se inter infestas indomitasque gentes, expetituras tot cladium suarum pœnas, quandoque oblata esset occasio. His cogitationibus animos exedebant, quum annuntiatur equites, qui sub Perdicca essent, occupatis circa Babylonem campis, frumentum, quod in urbem invehebatur, retinuisse. Itaque inopia primum, deinde fames esse cœpit; et qui in urbe erant, aut reconciliandam gratiam cum Perdicca, aut armis certandum esse, censebant.

Forte ita acciderat, ut, qui in agris erant, populationem villarum vicorumque veriti, confugerent in urbem; oppidani, quum ipsos alimenta deficerent, urbe excederent, et utrique generi tutior aliena sedes, quam sua videretur. Quorum consternationem Macedones veriti, in regiam coeunt; quæque ipsorum sententia esset, exponunt. Placebat autem, legatos ad equites mitti de finienda discordia, armisque ponendis. Igitur a rege legatur Pasas Thessalus, et Amissas Megalopolitanus, et

que si le roi lui livrait les auteurs de la discorde. Informés de cette réponse, les soldats courent aux armes. Leur bruit attire Philippe hors du palais. « Il n'est pas besoin, leur dit-il, de tout ce tumulte ; car, en vous armant les uns contre les autres, vous laisserez à qui restera neutre le prix du combat. Souvenez-vous aussi que vous avez affaire à des compatriotes, et que leur enlever tout espoir de réconciliation, c'est vous précipiter dans la guerre civile. Essayons de calmer leurs esprits par une seconde ambassade ; et j'ose croire que lorsque les restes du roi n'ont pas reçu encore la sépulture, tout le monde se réunira dans l'accomplissement de ce saint devoir. Pour moi, j'aime mieux vous rendre cet empire, que de le garder au prix du sang de mes concitoyens ; et s'il n'y a pas d'autre moyen de rétablir l'union, je vous en prie et vous en conjure, choisissez un souverain mieux fait que moi pour vous commander. » Puis, les yeux baignés de larmes, il ôta le diadème de sa tête, et avança la main droite, dont il le tenait, pour le présenter à quiconque se croirait plus digne de le porter.

La modération de ses paroles fit concevoir une haute espérance de son caractère, éclipsé jusqu'alors par l'éclatante gloire de son frère. Aussi le pressa-t-on de toutes parts de mettre son projet à exécution. Il renvoya les mêmes députés, en les chargeant de proposer aux deux chefs de s'adjoindre Méléagre pour collègue. On l'obtint sans peine. Perdiccas voulait avant tout écarter Méléagre de la personne du roi, et il se flattait que, seul contre deux, ce chef ne pourrait préva-

---

Perilaüs : qui quum mandata regis edidissent, non aliter posituros arma equites, quam si rex discordiæ auctores dedidisset, tulere responsum. His renuntiatis, sua sponte milites arma capiunt; quorum tumultu e regia Philippus excitus : « Nihil, inquit, seditione est opus; nam inter se certantium præmia, qui quieverint, occupabunt. Simul mementote, rem esse cum civibus; quibus spem gratiæ cito abrumpere, ad bellum civile properantium est. Altera legatione an mitigari possint, experiamur : et credo, nondum regis corpore sepulto, ad præstanda ei justa omnes esse coituros. Quod ad me attinet, reddere hoc imperium malo, quam exercere civium sanguine ; et si nulla alia concordiæ spes est, oro quæsoque, eligite potiorem. » Obortis deinde lacrymis, diadema detrahit capiti, dextram, qua id tenebat, protendens, ut, si quis se digniorem profiteretur, acciperet.

Ingentem spem indolis, ante eum diem fratris claritate suppressæ, ea moderata excitavit oratio. Itaque cuncti instare cœperunt, ut, quæ agitasset, exsequi vellet. Eosdem rursus legat petituros, ut Meleagrum tertium ducem acciperent. Haud ægre id impetratum est : nam et abducere Meleagrum Perdiccas a rege cupiebat; et unum duobus imparem futurum esse censebat. Igitur Meleagro cum phalange

loir. Méléagre étant donc sorti avec la phalange, Perdiccas vint à sa rencontre à la tête de la cavalerie, et les deux corps, après s'être salués mutuellement, se réunirent, bien persuadés que la concorde et la paix étaient assurées pour jamais.

IX. Mais déjà les destins préparaient à la nation macédonienne des guerres civiles : car le trône ne peut se partager, et plusieurs y prétendaient. Ils rassemblèrent d'abord leurs forces, puis ils les dispersèrent; et comme ils avaient surchargé le corps, le reste des membres commença à défaillir, et leur empire qui, avec un seul chef, eût pu subsister, dès que plusieurs en soutinrent le poids, s'écroula. Aussi est-ce avec une juste reconnaissance que le peuple romain proclame hautement pour son sauveur le prince qui est venu, comme un astre nouveau, briller au milieu de cette nuit qui faillit être pour nous une nuit éternelle. Oui, c'est lui, et non pas le soleil, qui s'est levé pour rendre la lumière au monde, plongé dans les ténèbres, au temps où les membres de l'empire, privés de leurs chefs et déchirés en lambeaux, étaient tout palpitants. Que de torches ardentes il a éteintes alors! que d'épées il a fait rentrer dans le fourreau! quelle tempête il a dissipée par une soudaine sérénité! Aussi l'empire ne renaît-il pas seulement à la vie, il est déjà florissant. Puisse la jalousie des dieux ne pas nous poursuivre, et les siècles qui succéderont au nôtre verront cette même maison se perpétuer dans une longue, sinon dans une éternelle postérité!

Mais revenons à mon récit, d'où je me suis laissé détourner par le spectacle de la félicité publique. Perdiccas n'avait d'es-

---

obviam egresso, Perdiccas equitum turmas antecedens occurrit. Utrumque agmen, mutua salutatione facta, coit, in perpetuum, ut arbitrabantur, concordia et pace firmata.

IX. Sed jam fatis admovebantur Macedonum genti bella civilia : nam et insociabile est regnum, et a pluribus expetebatur. Primum ergo collegere vires; deinde dispersurunt : et quum pluribus corpus, quam capiebat, onerassent, cetera membra deficere cœperunt : quodque imperium sub uno stare potuisset, dum a pluribus sustinetur, ruit. Proinde jure meritoque populus romanus salutem se principi suo debere profitetur, cui noctis, quam pæne supremam habuimus, novum sidus illuxit. Hujus hercule, non solis ortus, lucem caliganti reddidit mundo, quum sine suo capite discordia membra trepidarent. Quot ille tum exstinxit faces? quot condidit gladios? quantam tempestatem subita serenitate discussit? Non ergo revirescit solum, sed etiam floret imperium. Absit modo invidia, excipiet hujus seculi tempora ejusdem domus utinam perpetua, certe diuturna posteritas.

Ceterum ut ad ordinem, a quo me contemplatio publicæ felicitatis averterat, re-

poir de salut que dans la mort de Méléagre : il le savait inconstant et sans foi, toujours prêt à remuer, et d'ailleurs son ennemi mortel ; il fallait le prévenir. Mais il enveloppait ses desseins d'une profonde dissimulation, afin de le surprendre. Il chargea donc secrètement quelques-uns des soldats qui servaient sous lui de se plaindre tout haut, mais comme à son insu, que Méléagre fût égalé à Perdiccas. Informé de ce propos, Méléagre va, tout furieux, le reporter à Perdiccas. Celui-ci, comme effrayé d'une nouvelle inattendue, s'étonne, se plaint, témoigne toutes les apparences d'un vif déplaisir ; enfin il reste convenu entre eux de faire arrêter les auteurs de cette parole séditieuse. Méléagre comble Perdiccas de remerciments, il l'embrasse, et rend hommage à sa loyauté et à son affection. Alors, d'un commun accord, ils règlent la manière dont on surprendra les coupables : ils ordonneront pour l'armée la solennité nationale des *lustrations* ; leurs discordes passées en fournissaient un motif assez plausible.

Voici de quelle façon les rois de Macédoine accomplissaient cette cérémonie expiatoire. Aux deux extrémités de la plaine où l'armée devait être conduite, étaient jetées les entrailles d'une chienne éventrée : dans cet espace devaient se tenir les troupes en armes ; d'un côté, la cavalerie, de l'autre, la phalange. Le jour donc qu'ils avaient marqué pour la cérémonie, le roi, à la tête des chevaux et des éléphants, s'était placé en face de la phalange que commandait Méléagre. Déjà la cavalerie était en mouvement, lorsqu'une alarme soudaine se ré-

---

deam, Perdiccas unicam spem salutis suæ in Meleagri morte deponebat : vanum eumdem et infidum, celeriterque res novaturum, et sibi maxime infestum occupandum esse. Sed alta dissimulatione consilium premebat, ut opprimeret incautum. Ergo clam quosdam ex copiis, quibus præerat, subornavit, ut quasi ignoraret ipse, conquererentur palam, Meleagrum æquatum esse Perdiccæ. Quorum sermone Meleager ad se relato, furens ira, Perdiccæ quæ comperisset, exponit. Ille, velut nova re exterritus, admirari, queri, dolentisque speciem ostentare ei cœpit ; ad ultimum convenit, ut comprehenderentur tam seditiosæ vocis auctores. Agit Meleager gratias, amplexusque Perdiccam, fidem ejus in se ac benevolentiam collaudat. Tum communi consilio rationem opprimendi noxios ineunt : placet exercitum patrio more lustrari : et probabilis causa videbatur præterita discordia.

Macedonum reges ita lustrare soliti erant milites, ut discissæ canis viscera ultimo in campo, in quem deduceretur exercitus, ab utraque abjicerentur parte ; intra id spatium armati omnes starent, hinc equites, illinc phalanx. Itaque eo die, quem huic sacro destinaverant, rex cum equitibus elephantisque constiterat contra pedites, queis Meleager præerat. Jam equestre agmen movebatur, et pedites subita

pandit parmi l'infanterie. Le souvenir des récentes discordes faisait craindre des dispositions peu pacifiques, et ils balancèrent un moment s'ils ne se retireraient pas dans la ville : car la plaine donnait l'avantage à la cavalerie. Mais pour ne pas avoir l'air de se défier sans raison de la bonne foi de leurs compagnons d'armes, ils demeurèrent, bien décidés à se défendre, si on les attaquait. Les deux corps étaient au moment de se joindre, et il n'y avait plus qu'un étroit intervalle qui les séparât. Le roi se détache alors au-devant de la phalange avec un seul escadron, et, à l'instigation de Perdiccas, il réclame pour les livrer au supplice les auteurs de la sédition, ceux que lui-même eût dû protéger, les menaçant, s'ils font la moindre résistance, de les charger avec toute la cavalerie et les éléphants. Tous demeurèrent interdits à ce coup inattendu. Méléagre lui-même ne trouva ni plus de présence d'esprit, ni plus de résolution que les autres; le parti qui leur semblait le plus sûr était d'attendre, plutôt que de hâter les événements.

Perdiccas vit que la terreur les livrait à sa discrétion : il fit donc sortir des rangs environ trois cents hommes, les mêmes qui avaient suivi Méléagre lorsqu'il avait violemment quitté la première assemblée tenue après la mort d'Alexandre; et, à la vue de l'armée entière, il les fit jeter sous les pieds des éléphants, qui les écrasèrent tous. Philippe n'empêcha ni n'ordonna rien : il semblait disposé à n'avouer que ce que justifierait l'événement. Ce fut là pour les Macédoniens le présage et le commencement des guerres civiles. Méléagre re-

---

formidine ob recentem discordiam, haud sane pacati quidquam exspectantes, parumper addubitavere, an in urbem subducerent copias ; quippe pro equitibus planities erat. Ceterum veriti, ne temere commilitonum fidem damnarent, substitere, præparatis ad dimicandum animis, si quis vim inferret : jam agmina coibant, parvumque intervallum erat, quod aciem utramque divideret. Itaque rex cum una ala obequitare peditibus cœpit, discordiæ auctores, quos tueri ipse debebat, instinctu Perdiccæ ad supplicia deposcens; minabaturque, omnes turmas cum elephantis inducturum se in recusantes. Stupebant improviso malo pedites; nec plus in ipso Meleagro erat aut consilii, aut animi : tutissimum ex præsentibus videbatur, exspectare potius, quam movere fortunam.

Tum Perdiccas, ut torpentes et obnoxios vidit, ccc fere, qui Meleagrum erumpentem ex concione, quæ prima habita est post mortem Alexandri, secuti erant, a ceteris discretos, elephantis in conspectu totius exercitus objicit; omnesque belluarum pedibus obtriti sunt, nec prohibente Philippo, nec auctore; apparebatque id modo pro suo vindicaturum, quod approbasset eventus. Hoc bellorum civilium Macedo-

connut, mais trop tard, l'artifice de Perdiccas. Cependant, comme on n'attenta rien, à cet instant, sur sa personne, il resta tranquille à son poste. Mais, renonçant bientôt à tout espoir de salut, et voyant ses ennemis abuser, pour sa perte, du nom de celui qu'il avait fait roi, il se réfugia dans un temple. La sainteté même du lieu ne le protégea pas, et il y fut massacré.

X. Perdiccas, ayant fait rentrer l'armée dans la ville, rassembla en conseil les principaux chefs, et l'on y régla le partage de l'empire. La souveraineté resta toujours au roi : Ptolémée fut nommé satrape de l'Égypte et de la partie de l'Afrique qui avait été conquise; la Syrie fut donnée à Laomédon, avec la Phénicie; on assigna la Cilicie à Philotas; la Lycie ainsi que la Pamphylie et la grande Phrygie échurent à Antigone; on envoya Cassandre dans la Carie, et Ménandre dans la Lydie. La grande Phrygie, voisine de l'Hellespont, fut le partage de Léonnatus; et la Cappadoce passa, avec la Paphlagonie, à Eumène. On le chargea de la défense de ce pays jusqu'à Trapézonte, et de la guerre contre Arbate : c'était le seul prince qui refusât de se soumettre. Pithon eut le gouvernement de la Médie, Lysimaque celui de la Thrace, en même temps que des nations voisines répandues sur les bords du Pont-Euxin. Quant aux gouverneurs de l'Inde, de la Bactriane, de la Sogdiane et des autres peuples qui habitaient les côtes de l'Océan ou de la mer Rouge, on laissa à chacun d'eux, sur la même étendue de pays, la même autorité. Il fut enfin décidé

---

nibus et omen et principium fuit. Meleager, sero intellecta fraude Perdiccæ, tum quidem, quia ipsius corpori vis non afferebatur, in agmine quietus stetit : at mox, damnata spe salutis, quum ejus nomine, quem ipse fecerat regem, in perniciem suam abutentes videret inimicos, confugit in templum ; ac ne loci quidem religione defensus, occiditur.

X. Perdiccas, perducto in urbem exercitu, consilium principum virorum habuit, in quo imperium ita dividi placuit, ut rex quidem summam ejus obtineret; satrapes Ptolemæus, Ægypti et Africæ gentium, quæ in ditione erant. Laomedonti Syria cum Phœnice data est; Philotæ Cilicia destinata : Lyciam cum Pamphylia et majore Phrygia obtinere jussus Antigonus : in Cariam Cassander, Meuander in Lydiam missi. Phrygiam majorem Hellesponto adjunctam Leonnati provinciam esse jusserunt. Cappadocia Eumeni cum Paphlagonia cessit. Præceptum est, ut regionem eam usque ad Trapezunta defenderet, bellum cum Arbate gereret : solus hic detrectabat imperium. Pithon Mediam, Lysimachus Thraciam, appositasque Thraciæ ponticas, gentes obtinere jussi. Qui Indiæ, quique Bactris, et Sogdianis, ceterisque aut Oceani, aut Rubri maris accolis præerant, quibus quisque finibus habuisset, imperii etiam jus

que Perdiccas resterait auprès du roi, avec le commandement des troupes attachées à la personne royale.

On a cru qu'Alexandre avait réglé par son testament le partage des provinces ; mais nous sommes assurés que cette tradition, bien qu'appuyée de quelques autorités, est sans fondement. Une fois la division de l'empire accomplie, chacun pouvait sans doute garder la puissance qu'il s'était créée lui-même, si jamais il y avait des bornes contre le torrent des passions. Naguère simples serviteurs d'un roi, ils venaient, sous le prétexte d'exercer une autorité étrangère, de s'approprier de grands royaumes, et nulle cause de rivalité n'existait entre eux, puisqu'ils étaient tous de la même nation, et que des limites bien marquées séparaient leurs divers États ; mais il était difficile qu'ils se contentassent de ce que l'occasion leur avait offert : on dédaigne un premier bien, lorsqu'on en espère un plus riche ; et il leur parut plus facile à tous d'accroître leur puissance qu'il ne l'avait été de l'obtenir.

Il y avait sept jours que le corps du roi était sur son lit de parade, et le soin de régler les affaires publiques avait détourné tous les esprits du devoir solennel des funérailles. Or, il n'est point de contrée où la chaleur soit plus ardente que dans les plaines de Mésopotamie, et souvent les animaux qu'elle surprend en rase campagne y sont frappés de mort : tant le soleil échauffe ce ciel enflammé, qui dévore tout comme le feu ! Les sources d'eau sont rares, et cachées par la ruse des habitants : la jouissance leur en est libre, mais dérobée aux étran-

---

obtineret. Decretum est, ut Perdiccas cum rege esset, copiisque præesset, quæ regem sequebantur.

Credidere quidam, testamento Alexandri distributas esse provincias; sed famam ejus rei, quanquam ab auctoribus tradita est, vanam fuisse comperimus. Et quidem suas quisque opes, divisis imperii partibus, tuebantur, quas ipsi fundaverant, si unquam adversus immodicas cupiditates terminus staret. Quippe, paulo ante regis ministri, specie imperii alieni procurandi, singuli ingentia invaserant regna; sublatis certaminum causis, quum et omnes ejusdem gentis essent, et a ceteris suis quisque imperii regione discreti. Sed difficile erat, eo contentos esse, quod obtulerat occasio : quippe sordent prima quæque, quum majora sperantur. Itaque omnibus expeditius videbatur augere regna, quam fuisset accipere.

Septimus dies erat ex quo corpus regis jacebat in solio, curis omnium ad formandum publicum statum a tam solenni munere aversis. Et non aliis quam Mesopotamiæ regione fervidior æstus exsistit, adeo ut pleraque animalia, quæ in nudo solo deprehendit, exstinguat : tantus est vapor solis et cœli, quo cuncta velut igne torrentur! Fontes aquarum et rari sunt, et incolentium fraude celantur : ipsis usus

gers. Cependant lorsque les amis d'Alexandre purent enfin donner leurs soins à son corps inanimé, ils le trouvèrent, en entrant, sain et sans la moindre trace d'altération : cette fraîcheur même, qui tient au souffle de la vie, n'avait pas abandonné son visage. Aussi les Égyptiens et les Chaldéens, chargés de l'embaumer selon les pratiques de leur pays, crurent qu'il respirait encore, et n'osèrent d'abord y mettre la main. Après l'avoir ensuite prié de permettre que des mortels le touchassent, ils nettoyèrent le corps ; on l'enferma dans un cercueil d'or rempli de parfums, en lui mettant sur la tête le symbole éclatant de sa fortune. L'opinion générale est qu'il périt par le poison ; et que ce fut Iollas, fils d'Antipater, un de ses officiers, qui le lui versa. Ce qui est certain, c'est qu'on entendit Alexandre répéter souvent qu'Antipater aspirait à la royauté, que sa puissance était au-dessus de celle d'un lieutenant, et qu'enorgueilli de sa victoire sur les Spartiates, il prétendait ne devoir qu'à lui-même tout ce qu'il tenait du roi. On croyait même que Cratère avait été envoyé, avec un corps de vieilles troupes pour le mettre à mort. On sait aussi que la Macédoine produit un poison si violent, qu'il va jusqu'à consumer le fer, et ne se laisse garder que dans un vase de corne. Le nom de Styx a été donné à la fontaine d'où découle ce venin mortel. Cassandre l'apporta et le remit à son frère Iollas, qui le mêla au dernier breuvage du roi. Quoi qu'il en soit de ces bruits, ils furent bientôt étouffés par la puissance de ceux que la rumeur publique avait accusés. Antipater, en effet, s'empara du royaume de Macédoine, en même temps

patet ; ignotus est advenis. Ut tandem curare corpus exanimum amicis vacavit, nulla tabe, ne minimo quidem livore corruptum videre, qui intraverant : vigor quoque, qui constat ex spiritu, non destituerat vultum. Itaque Ægyptii Chaldæique, jussi corpus suo more curare, primo non sunt ausi admovere velut spiranti manus : deinde precati ut jus fasque esset mortalibus attrectare eum, purgavere corpus ; repletumque est odoribus aureum solium, et capiti adjecta fortunæ ejus insignia. Veneno necatum esse credidere plerique : filium Antipatri inter ministros, Iollam nomine, patris jussu dedisse. Sæpe certe audita erat vox Alexandri, Antipatrum regium affectare fastigium ; majoremque esse præfecti opibus, ac titulo spartanæ victoriæ inflatum, omnia a se data asserentem sibi. Credebant etiam, Craterum cum veterum militum manu ad interficiendum eum missum. Vim autem veneni, quod in Macedonia gignitur, talem esse constat, ut ferrum quoque exurat, ungulæ jumenti duntaxat patiens. Stygem appellant fontem, ex quo pestiferum virus emanat. Hoc per Cassandrum allatum, traditumque fratri Iollæ, et ab eo supremæ regis potioni inditum. Hæc utcunque sunt tradita, eorum, quos rumor aspersetat, mox potentia

que de la Grèce, et il eut pour successeur son fils, qui fit massacrer tout ce qui tenait, même par une parenté éloignée, au sang d'Alexandre. Cependant le corps de ce monarque fut transporté par Ptolémée, le nouveau maître de l'Égypte, à Memphis, et de là, peu d'années après, à Alexandrie, où l'on rend toute espèce d'honneur à sa mémoire et à son nom.

exstinxit. Regnum enim Macedoniæ Antipater, et Græciam quoque invasit : soboles deinde excepit, interfectis omnibus quicumque Alexandrum etiam longinqua cognatione contigerant. Ceterum corpus ejus a Ptolemæo, cui Ægyptus cesserat, Memphin, et inde paucis post annis Alexandriam, translatum est; omnisque memoriæ ac nomini honos habetur.

TABLE DES MATIÈRES

Notice sur Quinte-Curce. 1

Livre III. 1

— IV. 46

— V. 128

— VI. 179

— VII. 232

— VIII. 292

— IX. 361

— X. 412

FIN DE LA TABLE.

Paris. — Imprimerie de P.-A. BOURDIER et Cie, 30, rue Mazarine.

www.ingramcontent.com/pod-product-compliance
Lightning Source LLC
Chambersburg PA
CBHW070210240426
43671CB00007B/611